I0198327

Caro lettore,

il libro che hai tra le mani non è come tutti gli altri. È stato infatti prodotto attraverso un sistema di *print on demand*. Ciò significa che la tua copia è stata confezionata appositamente per te, in seguito al tuo ordine. Non è una copia stampata tra mille altre e lasciata lì in attesa che qualcuno l'acquistasse; è *tua*. Ti chiediamo dunque scusa se per averla hai dovuto sopportare qualche piccolo disagio, se hai dovuto affrontare spese di spedizione o tempi di attesa più lunghi del previsto; in compenso, questo sistema di stampa e distribuzione ti ha permesso di poter acquistare un libro – il tuo libro – che altri editori, legati ai sistemi tradizionali, avrebbero considerato inutile ristampare. Noi, al contrario, così facendo ti offriamo la possibilità di leggerlo.

Nel salutarti ti ringraziamo di avere scelto le Edizioni Trabant e ci auguriamo di rivederti sulle pagine di un altro volume.

Buona lettura.

le Edizioni Trabant

Pillole per la memoria – 25

Isbn 978-88-96576-73-1

Prima edizione: 2016
Seconda edizione: 2021
Edizioni Trabant – Brindisi
www.edizionitrabant.it
redazione@edizionitrabant.it

La presente opera è di pubblico dominio.
La veste grafica, le immagini, gli apparati di prefazione e note del curatore, ove non
diversamente specificato, sono © 2016 Edizioni Trabant - tutti i diritti riservati.

Raffaele De Cesare

La fine di un regno

I

Edizioni
Trabant

SVETONIO SOTTO IL VESUVIO

Accade talvolta, quando le passioni sono accese, specialmente quelle politiche, che i ben intenzionati siano clamorosamente fraintesi. Spesso è un giochetto intenzionale. E così avvenne che Raffaele De Cesare, di per sé un liberale e un moderato, fosse un bel giorno accusato di essere un nostalgico del dominio borbonico. Il fatto ebbe luogo nell'ambito della tornata elettorale del 1904. De Cesare, nella sua pur breve esperienza politica, si era messo contro nientemeno che Giovanni Giolitti: scattò allora un fenomeno che era un'abitudine oggi come allora, e che noi chiameremmo *macchina del fango*.

Lo spunto venne dall'imponente opera saggistica a cui De Cesare dava in quegli anni gli ultimi ritocchi, intitolata *La fine di un regno*: nelle intenzioni, un quadro particolareggiato degli ultimi anni del Regno delle Due Sicilie, dal 1848 all'entrata di Garibaldi a Napoli. Piccolo particolare: il declino dei Borboni non era narrato con l'acrimonia tipica di tanti pubblicisti, ma con pacatezza, quasi con un velo – se non di solidarietà – di simpatia. Ciò prestò fin troppo facilmente il fianco ai propagandisti: ecco, si disse, De Cesare è in fondo un filo-borbonico, rimpiange l'antico regime e via di questo passo. Allo storico costò la mancata rielezione alla Camera dei Deputati e l'apparente fine della carriera politica (apparente, perché, sei anni più tardi, sarebbe stato nominato Senatore del Regno).

Quello citato è un caso limite, tra le critiche ricevute nel tempo dall'opera che presentiamo. In effetti, a conti fatti ben pochi hanno equivocato a tal punto da attribuire al De Cesare simpatie filo-borboniche. Gli appunti mossi alla *Fine di un regno*, semmai, si sono concentrati sulla serietà storiografica del testo: non di storia si tratta, hanno detto in molti, ma di storia del costume, ai limiti del pettegolezzo. "Ora sappiamo solo come questo regno è finito, non perché è finito" fu il commento in un necrologio all'indomani della scomparsa dell'autore.[1] Tale posizione, sebbene non priva di interesse, risulta però ingenerosa se rapportata alle intenzioni con cui l'opera è stata scritta. Cercheremo di spiegare quindi perché, nonostante i loro evidenti limiti, questi due volumi sono secondo noi di enorme interesse.

Raffaele De Cesare, innanzitutto, non era né un nostalgico dell'antico regime, né un conservatore. Apparteneva a una famiglia dell'entroterra barese discretamente in vista (lo zio Carlo fu un famoso economista dell'epoca) e di tradizioni liberali, non al punto da essere degli espliciti oppositori del regime borbonico, ma abbastanza per entrare nel mirino delle repressioni seguite ai moti insurrezionali del 1799 prima e, più recentemente, del 1848. Il nostro, però, per semplici ragioni anagrafiche (nacque nel 1845) non poté vivere da protagonista il Risorgimento ed entrò nella vita adulta quando il regime dei Borboni era ormai caduto. Trasferitosi prima a Napoli per compiere gli studi e in seguito a Roma, visse una carriera abbastanza prestigiosa nel giornalismo, coronata da incarichi di responsabilità (la direzione de *La Nuova Patria*) e alcuni di quegli scandali che aiutano a farsi un nome (come nel 1889 un processo per oltraggio alla

---

[1] Il commento era di Antonio Panella, come riportato da Ruggero Moscati in *Introduzione* a *La fine di un regno*, Roma 1975, saggio che consigliamo per l'ottimo approccio all'opera e alla sua accoglienza da parte della critica.

Corona, concluso con l'assoluzione, a seguito di un articolo in cui si criticava l'operato politico del monarca). De Cesare nasce dunque come giornalista e tale attitudine resterà anche nei suoi libri. Bisogna tenerne conto. E, infatti, la stessa *Fine di un regno* vide la prima luce nel 1894 come un servizio giornalistico per il *Corriere di Napoli*.

Era intenzione dell'autore, almeno all'inizio, limitarsi alle vicende del regno "al di qua del faro" (vale a dire la parte continentale). Nel corso delle successive verifiche, complice anche l'accesso all'archivio del generale Carlo Filangieri, lo sguardo si allargò anche alla Sicilia. E questo aspetto della consultazione di un archivio privato non è marginale: è segno invece della particolare direzione che De Cesare intendeva imprimere alla sua storia. Una narrazione non limitata alle grandi vicende politiche, ma spesso e volentieri anche al dietro le quinte, alle intime relazioni tra i personaggi, alle motivazioni personali e psicologiche delle loro decisioni. Non solo, molte pagine erano dedicate alla ricostruzione della vita quotidiana negli anni del regime borbonico, le riviste più in voga, gli avvenimenti culturali, le polemiche letterarie, i piccoli e grandi problemi cui andavano incontro le diverse fasce sociali nella Capitale e in provincia. C'è in questo un mal celato aspetto nostalgico. Nel parlare del mondo pre-unitario, De Cesare parlava in fondo, nel bene o nel male, della sua infanzia, e lo stesso valeva per gran parte dei suoi lettori.

Ma non c'era soltanto sterile nostalgia. In più occasioni De Cesare si lascia andare a delle considerazioni dalle quali traspare anche un certo rimpianto per degli aspetti positivi, ormai scomparsi del mondo andato. Nel capitolo V del secondo volume, per esempio, una volta tracciato un quadro sintetico della vita di provincia dell'epoca, esprime un commento che soltanto a una lettura superficiale potrebbe sembrare nostalgico o addirittura reazionario, e che rivela imparzialità e lucidità di analisi, tanto più in considerazione del liberalismo dell'autore:

Ecco in breve la vita delle provincie col suo male e col suo bene, come tutte le cose umane, ma che rispondeva ad una condizione sociale e morale, storica ed economica, che poteva venirsi modificando via via, ma che non era lecito mutare di punto in bianco. E la rivoluzione violentemente la mutò, nella sua parte esteriore, con un diritto pubblico, il quale non fu inteso altrimenti, che come reazione meccanica a tutto il passato. Il nuovo diritto non rifece l'uomo, anzi lo pervertì. La vecchia società si trovò come ubbriacata da una moltitudine di esigenze e pregiudizii nuovi, per cui ciascuno vedeva nel passato tutto il male e nelle così dette idee moderne tutto il bene, donde il bisogno di por mano a creare tante cose ad un tempo, utili e inutili.

E lo stesso ritratto di Ferdinando II, se rapportato a tante ricostruzioni che a seconda dei casi lo vedono ora come il monarca perfetto, ora come un mostro sanguinario, mostra un lodevole equilibrio: non ne nasconde i limiti, ma allo stesso tempo trova l'onestà di ammettere che sotto il profilo umano non fosse una persona disprezzabile.

Furono forse questi gli aspetti alla base del successo del libro. Il pubblico infatti gradì parecchio e ciò convinse l'autore a tornare più volte sulla sua opera, ormai destinata alla pubblicazione in volume, con continue aggiunte e limature che lo impegnarono fin quasi agli ultimi anni. A furia di stratificarsi, raggiunse alla fine lo stato attuale: un saggio-fiume, talmente ricco di dettagli e digressioni da dare a volte l'impressione di non seguire un filo preciso, una narrazione che indaga il particolare fino a perdersi alle volte nell'aneddotica o nel pettegolezzo.

De Cesare, influenzato da alcune critiche positive, si convinse di essere il portatore di un nuovo modo di fare storia. Lo provano certe sue affermazioni dell'età matura, nelle quali rivendica con orgoglio di avere dato importanza a tanti particolari apparentemente minori con l'intento di opporre, alla storia convenzionale, una nuova forma di storia "democratica" e "sociale".

Per certi aspetti, però, *La fine di un regno,* più che inaugurare un nuovo corso, sembra invece uno degli ultimi, tardivi colpi di coda di quella scienza, l'antiquaria, dedita alla ricostruzione minuziosa, a volte maniacale, di usi e costumi del passato; scienza che aveva conosciuto grande fortuna nell'*ancient régime* e che, in epoca contemporanea, era stata via via accantonata, con l'accusa di essere un mero esercizio di stile, a favore di una storiografia tutta concentrata sugli intrighi politici e diplomatici. Col risultato di ottenere, forse, uno squilibrio di segno opposto.

Ma sono proprio i difetti dell'opera quelli che, secondo noi, la rendono preziosa. Nello sconfinato numero della letteratura sul Regno delle Due Sicilie, che si tratti di autori simpatizzanti o avversari, si trovano fiumi di inchiostro sulle vicende politiche e sociali, sui moti insurrezionali e le repressioni del regime, sulle sfaccettature della politica interna ed estera; in pochi però si sono fermati a descrivere la vita quotidiana. De Cesare lo ha fatto, tramandando ai posteri l'affresco di un paese in cui, nonostante le mille contraddizioni, si viveva e si moriva, si producevano giornali e si andava a teatro, si spettegolava su grandi e piccoli scandali. Può forse dare l'idea di avere esagerato, quando si spinge a fornirci dettagli come il colore dei biglietti del treno. Ma anche questi particolari hanno una loro importanza, se appartengono a una fase storica sulla quale dopo il 1861 si è cercato di stendere un velo di oblio, come un passato imbarazzante e da rimuovere, "la negazione di Dio", per usare le parole di lord Gladstone.[2]

Inutile quindi pretendere dal De Cesare ciò che non era nelle sue corde. Il nostro non era né un antiborbonico sfrenato, che scrive

---

[2] Vedi in proposito WILLIAM E. GLADSTONE, *Lettere sul Regno di Napoli*, Edizioni Trabant 2015.

usando la penna come una baionetta garibaldina, né un reazionario in lotta col proprio tempo, impegnato a svelare al mondo le malefatte dei suoi avversari. Per fare un paragone con un altro illustre storico delle Due Sicilie – fatte ovviamente le debite proporzioni – se Giacinto De Sivo è Tacito, Raffaele De Cesare è Svetonio. Ammettiamolo: c'è bisogno di entrambi. È essenziale analizzare le motivazioni politiche, sociali ed economiche dietro le decisioni storiche prese dai grandi del passato nelle sale di rappresentanza; ma non è disprezzabile neppure andare a indagare cosa è accaduto di sera, quando il personaggio storico, lasciata la sala, si è andato a rifugiare nel suo appartamento privato. Un lavoro sporco, un lavoro – si dirà – da guardoni; ma, come si suol dire, qualcuno deve pur farlo.

LA FINE DI UN REGNO

Edizione di riferimento: Città di Castello, 1900.

Alla duchessa Teresa Ravaschieri Fieschi
NATA FILANGIERI

Mia nobile e cara amica,

Dedico a Lei questi due volumi della *Fine di un Regno*, per attestarle la mia profonda gratitudine. Senza il Suo concorso, io non avrei potuto condurre a termine un'opera, ch'è il resultato di pazienti ricerche fatte in molti archivi privati, ma soprattutto in quello del palazzo Como, che fu della Sua famiglia, e che Suo fratello Gaetano, con regale munificenza, donò alla città di Napoli. È in questo archivio, che io ho consultati i documenti dell'impresa di Sicilia del 1848 e 1849, e della successiva luogotenenza, e i pochi ricordi del principe di Satriano sui casi di Napoli, nei primi mesi del Regno di Francesco II. Se non è questa tutta la vita di Suo padre, che Ella, così benevola, desidera che io scriva, n'è l'ultimo periodo, il più vivo e interessante per la nostra storia politica. Il primo periodo, compreso nell'epoca napoleonica e murattista, sarà da me narrato sulla scorta delle Memorie di lui, le quali, come Ella sa, terminano al 1848.

Il generale Filangieri, come tutti gli uomini che lasciano un'orma incancellabile del loro passaggio nel mondo, fu vittima di appassionati e severi giudizi per l'impresa di Sicilia, e per il suo breve governo, come primo ministro di Francesco II. Ma non si fu giusti con lui. L'impresa di Sicilia non era simpatica, anzi fu odiosa per la parte liberale; ma risulta dai documenti, pubblicati per la prima volta in questi volumi, che egli la compì come un dovere militare e civile: dovere che intese altamente e gli costò non poche amarezze, obbligandolo a dimettersi e dandogli la coscienza chiarissima che, col sistema dei Borboni, la Sicilia presto o tardi sarebbe perduta per la Monarchia.

La sua opera nei quattro mesi che fu al Governo, dopo la morte di Ferdinando II, mirò all'alleanza col Piemonte, al concorso delle armi napoletane nella guerra dell'indipendenza e alla formazione di due grandi Stati al nord e al sud d'Italia, confederati a comune difesa e senza stranieri. Ideò una Costituzione assai diversa da quella del 1848, e l'interessante disegno del nuovo Statuto, redatto da Giovanni Manna, si pubblica qui per la prima volta, ad onore di entrambi.

Io Le devo inoltre, mia nobile amica, non poche notizie sulla vita di Napoli negli ultimi anni dell'antico regime. Veda, che a nessuno, meglio che a Lei, può appartenere questo libro, nel quale con la più sincera obiettività è narrata la vita del Regno nell'ultimo decennio, e di tutto il Regno, mentre invece, come Ella ricorda, il volume, che detti alle stampe nel 1896, era limitato alle provincie del Continente. Oggi l'opera, ricca di documenti, rivelazioni e confessioni nuove, abbraccia l'una e l'altra Sicilia. Non oso affermare che sia tutta la storia di quel periodo, ma son convinto che, qualunque ne sia lo storico, non potrà trascurare queste pagine, per la cognizione più precisa dei fatti e delle persone, e l'importanza dei documenti. Se considerando questi, il passato sembra meno detestabile, non è men vero che il motto di Cicerone, essere la storia maestra della vita, rivela piuttosto la necessità di scoprire e narrare fedelmente le cagioni intime dei fatti, che non l'efficacia della storia sul miglioramento morale dei popoli. Per il nostro Mezzogiorno invero, l'esaltazione momentanea e l'incorreggibile credulità furono in ogni tempo la cagione storica delle facili mutazioni di dominio e delle molte incoerenze e debolezze morali, che oggi col sistema rappresentativo hanno mutato forma soltanto.

Questo libro non ha pretese, e se leggendolo si riuscirà a spiegare, come potè avvenire che un pugno di uomini, votati alla morte più che al successo, riuscisse a liberare la Sicilia in poche settimane, e in quattro mesi tutto un Regno, che contava 126 anni di esistenza, il fine sarà conseguito. Ad ogni modo io voglio che questo libro porti in fronte il nome di Lei, come augurio di fortuna, e come doveroso omaggio a una santa creatura, che scrive pagine immortali nella storia della carità umana.

Natale del 1899.

R. DE CESARE.

PARTE I

REGNO DI FERDINANDO II

CAPITOLO I

SOMMARIO: Luogotenenza in Sicilia e ministero di Sicilia a Napoli
– Carlo Filangieri, luogotenente del Re – La rivoluzione del 1848
nell'Isola, sue ingenuità, errori e contradizioni – L'opera del principe di Satriano – Cassisi, ministro di Sicilia a Napoli – Il primo
Consiglio di governo in Sicilia. – Ferri, Antonelli e Ventimiglia –
Lo stile del *Giornale di Sicilia* – Il *biribisso* – Maniscalco, direttore
di polizia – Alcuni particolari su la polizia d'allora – Le ritrattazioni degli ex Pari od ex deputati – Diversità di sistema a Napoli e in
Sicilia – Testo ufficiale della petizione per abolire lo Statuto – Come
si raccoglievano le firme – La politica di Filangieri in Sicilia –
Opinione posteriore di Francesco Crispi – Rimesso l'ordine, rinasce la vita sociale nell'Isola – La villa del duca di Caccamo e i versi
del Meli – Il Re promette di andare in Sicilia, non a Palermo.

Con decreto del 26 luglio 1849, Ferdinando II aveva ripristinato il
ministero di Sicilia a Napoli, e con un altro del 27 settembre, dello
stesso anno, ripristinò la luogotenenza. Questo decreto, riconfermando
do l'obbligo per la Sicilia di contribuire nella proporzione del quarto
alle spese generali del Regno, cioè della Casa Reale, degli affari esteri,
della guerra e marina, sanzionava una specie di autonomia per gli
affari civili, ecclesiastici e di pubblica sicurezza, i quali vennero affidati al luogotenente, e ad un Consiglio di quattro direttori.
Autonomia più di nome che di sostanza, perchè, circa gli affari i quali
richiedevano l'approvazione sovrana, ed erano quasi tutti, il luogotenente doveva riferire, col parere del suo Consiglio, al ministro di
Sicilia in Napoli, cui toccava il diritto e l'obbligo di esaminarli e farne
relazione alla presidenza dei ministri e al Re.

Con simile ordinamento non era umano, tenuto conto delle facili suscettibilità dell'indole meridionale e dei precedenti dell'ultimo mezzo secolo, che fra il luogotenente e il ministro di Sicilia a Napoli non sorgessero gelosie e attriti. Filangieri, prevedendo queste difficoltà, rifiutò in sulle prime l'ardua missione, e in data degli 8 ottobre 1849, scriveva al Re: "L'unica mia ambizione, il solo mio desiderio, il più ardente dei miei voti, essendo quello di meritare la Sua sovrana approvazione, io La scongiuro, per quanto ha di più caro al mondo, di restituirmi al mio impiego militare, ove spenderò tutto me stesso per contentare di nuovo V. M., com'ebbi la bella sorte di farlo altra volta. Giammai ho esercitato funzioni civili, e giunto come io sono al verno dell'età mia, un tardo noviziato potrebbe forse non tornare utile quanto durevole alla M. V.".[1] Ma il Re, il quale aveva fatto annunziare ai Siciliani che avrebbe loro dato per viceré l'erede della Corona, giovinetto a dodici anni, e poi non mantenne la promessa, scelse il principe di Satriano, reputandolo l'uomo più adatto a governare la Sicilia, da lui riconquistata alla Monarchia. E questi illudendosi che, nell'interesse della dinastia, il Re gli avrebbe lasciate le mani libere, non solo rispetto all'ordinario governo locale, ma rispetto a quelle riforme amministrative ed economiche, delle quali aveva riconosciuta l'urgenza, durante la lunga campagna, accettò il bastone luogotenenziale e si mise all'opera.

Il principe di Satriano era stato accolto dalle popolazioni dell'Isola, ma soprattutto dalle classi benestanti, come il restauratore dell'ordine sociale, profondamente turbato durante il governo della rivoluzione. Nei sedici mesi di quel governo la pubblica sicurezza fu un mito; la vecchia polizia venne distrutta, ma la nuova non si creò; si cambiarono sette ministri di polizia; nelle Camere si udirono frequenti pro-

---

[1] Archivio Filangieri.

teste per la scarsa sicurezza nelle campagne e nelle città, per le prepotenze delle squadre e delle compagnie d'arme, come per l'impotenza della guardia nazionale: impotenza superata solo dall'arroganza. Crebbero i reati, e il principio di autorità ne fu tutto sconvolto. Si aggiunga la legislazione nuova, prima del Comitato generale, largo di leggi organiche, frutto d'ingenuità dottrinali, e poi del Parlamento, stretto dalle necessità della guerra e dal bisogno di trovar denaro. Sbolliti i primi ardori, i nobili e gli ecclesiastici cominciarono a temere per i loro privilegi; si videro minacciati negli averi, offesi nelle credenze religiose, ed esposti a violenze rivoluzionarie e reazionarie. Quei vincoli di gerarchia sociale, fortissimi nell'Isola per tradizione di secoli, si andavano via via rallentando. Il prestito forzoso, la tassa sulle rendite del clero, l'incameramento dei tesori delle chiese e dei beni dei gesuiti e dei liguorini, non potevano trovar sinceri ammiratori nella nobiltà e nel clero; e quando la fortuna delle armi, e le mutate condizioni d'Italia e di Europa non favorirono più la causa della Sicilia, i nobili, il clero e i benestanti più grossi si persuasero, via via, che solo la restaurazione borbonica poteva reintegrare nelle plebi cittadine e campagnole l'ordine e la tranquillità. Appena Catania fu occupata dalle truppe regie, la guardia nazionale e il Senato di Palermo, persuasi essere inutile ogni altro conato di resistenza, fecero partire per Caltanisetta una deputazione, formata da nobili e funzionari, per presentare le chiavi della città al generale Filangieri, implorando la clemenza di lui e dichiarando che Palermo si sottometteva all'autorità del Re. Pareva che fossero tornati i giorni del 1814.

La rivoluzione si era compiuta in nome dell'indipendenza e della libertà. Per sottrarsi ai Borboni, i quali avevano mancata fede all'Isola, che loro aveva date infinite prove di fedeltà negli anni burrascosi, dal 1799 al 1815, e per rompere ogni vincolo di dipendenza con Napoli, la Sicilia diè nel 1848 un esempio di virtù politica, che da principio s'impose al mondo. Insorse unanime, a giorno fisso, e conquistò l'indipendenza; creò un governo di uomini virtuosi e una diplomazia, la quale non si perdè d'animo nei momenti di maggiore sconforto. Il Parlamento non proclamò la repubblica; ma, volendo conciliare repubblicani e monarchici, modificò stranamente, dopo una discussione di tre mesi, la Costituzione del 1812, e creò un Re da parata, con una Camera di Pari, elettivi e temporanei! Dichiarò decaduto, non il solo Ferdinando II, ma la dinastia sua, rendendo inconciliabile il dissidio coi Borboni; non ottenne che il duca di Genova accettasse la corona, e si ebbe una repubblica effettiva, benchè Ruggiero Settimo fosse presidente del *Regno di Sicilia*. Nel Parlamento avevano maggior seguito i più audaci e i maggiori idealisti: uomini coraggiosi e virtuosi di certo, ma ai quali mancava quasi completamente il senso della realtà.[2] Non seppero ordinare un esercito di resistenza, nè pensarono nemmeno a decretare la leva, invisa alle popolazioni dell'Isola. Misero insieme un esercito più turbolento che valoroso, e del quale erano parte essenziale le compagnie d'arme e le squadre. Negli ultimi tempi la rivoluzione degenerò in turbolenta anarchia, soprattutto nelle provincie, dove non erano più autorità, che si facessero obbedire, nè esattori i quali riuscissero a riscuotere le imposte. Se quel periodo non ebbe consistenza politica, fu moralmente glorioso, e Ruggiero Settimo, Mariano Stabile, Vincenzo Fardella di Torrearsa, Pietro Lanza di Butera, Giuseppe La Farina, Michele ed Emerico Amari, Casimiro Pisani, Filippo Cordova, Vincenzo Errante, Francesco Ferrara, Matteo Raeli e Pasquale Calvi – volendo

---

[2] Avevo scritto queste pagine, quando mi pervenne da Palermo un libro di piccola mole, ma denso di pensiero e di acume critico, dal titolo: *Il marchese di Torrearsa e la Rivoluzione siciliana del 1848*. (Palermo, 1899). Ne è autore il signor Giovanni Siciliano, che rileva tutti gli errori e le contradizioni del governo della rivoluzione in Sicilia, dimostrando come il solo uomo, che rivelasse criterio politico, fosse il marchese di Torrearsa, di cui esamina l'interessante libro: *Ricordi sulla rivoluzione siciliana degli anni 1848 e 1849*, pubblicato a Palermo nel 1887.

ricordare solo quelli che furono in prima linea – rivelarono un complesso d'intelligenze, di audacie e di alte idealità, ma soprattutto
d'idealità. Questi uomini, i quali governarono la rivoluzione, stettero
sulla breccia sino a che ebbero l'ultima speranza di una resistenza.
Ministri o diplomatici, rinunziarono ad ogni assegno; e da esuli, tennero alto il decor loro e la buona fama della Sicilia. La decadenza dei
Borboni fu decretata a unanimità, fra le acclamazioni, dalle due
Camere; e in quella dei Pari sedevano i rappresentanti della più antica e doviziosa nobiltà, e della gerarchia ecclesiastica più alta.

Occorreva molto tatto, e il principe di Satriano l'aveva mostrato da
comandante la spedizione. Bisognava rassicurare gli animi innanzi
tutto, e senza sentimentalismi, come senza eccessi, rimettere l'ordine,
mostrandosi inesorabile verso tutti quelli che minacciassero di turbar-
lo, anzi senza pietà addirittura. La celebre ordinanza, che decretava la
pena di morte ai detentori di armi, fu rimproverata al Filangieri perchè crudele, ma egli riuscì ad ottenere con essa un concludente disarmo, dopo un'amnistia, che comprendeva anche i reati comuni.
Facendo escludere dall'amnistia soli quarantatre fra i principali compromessi, e dando a questi l'agio di abbandonare l'Isola, prima che
l'esercito regio entrasse in Palermo, anzi lasciando liberamente fuggire tutti quelli che temevano dalla restaurazione, Filangieri aveva evitato il grave errore dei clamorosi processi politici e degli imprigio-
namenti in massa, come a Napoli. Il suo doveva essere invece un
governo tutto militare, inteso a garantire in modo assoluto l'ordine e
la giustizia, e del quale doveva essere maggior puntello la polizia.
Durante la lunga dimora in Messina, fino alla ripresa delle ostilità,
egli si era circondato di personaggi messinesi, e questi volle nel governo dell'Isola. Ricordo Giovanni Cassisi, consultore di Stato, che gli si
mostrava deferentissimo; Michele Celesti, Giuseppe Castrone e
Salvatore Maniscalco, giovane capitano di gendarmeria, il quale, nato

a bordo di un bastimento in rotta fra Palermo e Messina, era considerato messinese anche lui, benchè di famiglia palermitana. Cassisi,
il quale sembrava uomo superiore per prudenza e acutezza di mente,
fu dal Filangieri proposto al Re, prima come commissario civile, e poi
come ministro di Sicilia a Napoli; Celesti fu intendente di Messina,
e il capitano Maniscalco, che seguiva il corpo di spedizione col titolo
di gran prevosto, fu direttore di polizia, ma conservando il grado
militare. Capitano di gendarmeria il 24 novembre 1848, nel 1860 era
maggiore dei carabinieri. Figurava sul ruolo militare, ma per *memoria*, come si diceva allora.

Scelta felice quella del Maniscalco, infelicissima la scelta del Cassisi,
che fu davvero la maggiore spina del luogotenente, e l'obbligò a
dimettersi. Filangieri non previde che un siciliano, ministro di Sicilia
a Napoli presso il Re, e uomo di legge e però formalista, non poteva
non riuscire un bastone fra le ruote per il luogo tenente, napoletano
e soldato. Si aggiunga un'assoluta diversità d'indole tra i due: risoluto il Filangieri a superare ogni difficoltà militarmente, a tagliare, non
a sciogliere i nodi; curiale il Cassisi, che si perdeva nelle minuzie, e
con sicula abilità, benissimo simulando e dissimulando, alimentava
nell'animo sospettoso del Re le prevenzioni contro il Filangieri. Il primo Consiglio di governo fu formato dal barone Ferdinando Malvica,
e poi da Pietro Scrofani per l'interno; Giuseppe Buongiardino per le
finanze, Gioacchino La Lumia per la giustizia e affari ecclesiastici, e
Salvatore Maniscalco per la polizia. Filangieri scelse per suo segretario particolare un giovane alunno di magistratura, vivacissimo d'indole e d'ingegno, Carlo Ferri, che morì a Napoli nel 1883, dopo
avere avuto un momento di celebrità, presedendo, nel 1879, la Corte
d'Assise che condannò il Passanante. Prese come suo aiutante il maggiore di artiglieria Francesco Antonelli, ch'egli conosceva sin da quando era ispettore generale d'artiglieria e genio, e conobbe meglio
durante la campagna di Sicilia, avendolo avuto nel suo stato maggio-

re, come capitano. L'Antonelli nel 1855 fu promosso tenente colonnello; nel 1860 divenne brigadiere; e capo dello stato maggiore a Gaeta, ne firmò la capitolazione. Aveva egli un raro dono naturale, quello di saper fischiare in maniera così perfetta, che, non vedendolo, pareva di sentire un flauto, e fischiando, accompagnato dal pianoforte, riscuoteva l'ammirazione di quanti lo udivano. Riordinando più tardi la redazione del *Giornale Ufficiale di Sicilia*, Filangieri ne nominò direttore un valoroso giornalista messinese, Domenico Ventimiglia, il quale era stato nel 1848 redattore dell'*Arlecchino* a Napoli, e poi aveva scritto nel *Tempo* del D'Agiout, e pubblicate cose letterarie e archeologiche. Il Ventimiglia, spirito scettico in politica, ebbe una vita giornalistica avventurosa, e morì a Roma, nel 1881, direttore dell'*Economista d'Italia*. Io gli fui amico, e posso attestare che tanto lui, quanto il Ferri, che conobbi parimente, serbarono un così sincero senso di devozione alla memoria del principe di Satriano, che quasi ne parlavano con le lagrime agli occhi.

Ristabilito via via l'ordine pubblico con le note ordinanze di maggio e di giugno, e tolta ogni voglia di nuove agitazioni politiche, Filangieri non permise in quell'anno la tradizionale festa di Santa Rosalia, che cade il 15 luglio. Il *Giornale di Sicilia* ne dava l'annunzio con queste curiose parole: "La plebe, per cui tal classica festa è un elemento di gioia, attende il venturo 15 luglio 1850 per esilararsi senza usura di sfoggi". Non meno comico era stato, due mesi prima, il modo, col quale lo stesso giornale aveva annunziata la grazia fatta a Giuseppe Pria, a Francesco Giacolone e a Francesco Davi, i quali, condannati a morte come detentori d'armi, furono condotti fuori porta San Giorgio per essere fucilati; ma nel momento, in cui la fucilazione doveva eseguirsi, giunse la grazia. Quel foglio aveva, con impeto lirico, concluso l'annunzio così: "Ma sappia il mondo, che dove la morte si cangia in vita; dove alla tristezza succede l'esultanza;

dove al disordine succede la calma, è Ferdinando II che regna, è Carlo Filangieri che lo rappresenta".

Un'altra ordinanza proibì il *Biribisso*, giuoco popolare di azzardo, che allora si faceva in due modi: o con una specie di trottolina in un piattello con numeri, e vincitore era il numero sul quale cadeva la trottolina; o con una tavoletta con 36 figure, aventi il numero corrispondente in 36 pallottole chiuse in una borsa. Ed uno tenendo il banco, gli altri scommettendo, vince quella figura, che porta il numero estratto da chi tiene il giuoco. Nell'uno e nell'altro modo, era un giuoco di azzardo, e bene fece il luogotenente a proibirlo.

Per l'ordinamento della polizia, Filangieri lasciò le mani libere al Maniscalco, nel quale aveva una fiducia illimitata; e Maniscalco si diè a crearne una, che fosse conoscitrice profonda delle più intime magagne dei bassi fondi sociali: polizia non politica soltanto, come si disse, ma politica, secondo le occasioni, e in queste non sempre pari a sè stessa. Riorganizzò i militi a cavallo, o compagnie d'arme, contro la volontà del Cassisi; li chiamò responsabili degli abigeati, frequentissimi nelle deserte campagne della Sicilia centrale, e vi pose a capo alcuni che avevano servito la rivoluzione, ma abilissimi, e che erano tornati a servire, con lo stesso ardore, il vecchio regime che risorgeva. Questi militi, pur non essendo tutti cime di galantuomini, resero servigi eccezionali; e, a giudizio di amici e di nemici, giammai la Sicilia ebbe tanta sicurezza, come in quel periodo.

Maniscalco rivelò un'abilità di prim'ordine. Statura media, occhi azzurri, corte basette, piccoli baffi biondi e capelli accuratamente ravviati, egli vestiva in borghese con semplicità e correttezza militare, ma, nelle grandi occasioni, indossava la sua divisa di capitano. Giovane a 35 anni, discorreva il meno che potesse, preferendo ascoltare. Aveva penetrazione rapidissima e sapeva nascondere ogni sentimento d'ira o di compiacenza sotto un fine sorriso d'incredulità e di ironia. Padrone di sè, sapendo comprimere ogni sua passione, e frenando gli scatti di un'indole calda e vivace, egli non perdè veramente la calma, che una sola volta, come si dirà appresso. La leggenda sul suo nome cominciò negli ultimi tempi, quando, ripresa la cospirazione, i cospiratori si convinsero che ogni loro conato si sarebbe infranto contro l'opera del Maniscalco. Egli esercitò per undici anni il suo ufficio, senza interruzione alcuna. Mutarono due Re e tre luogotenenti; mutarono tre ministri di Sicilia a Napoli, e parecchi direttori, ma Maniscalco rimase al suo posto. Fu l'unico funzionario che fece il suo dovere sino all'ultimo, chiudendosi in palazzo Reale col generale Lanza, all'ingresso di Garibaldi, e solo uscendone dopo la capitolazione. Si disse che gli eccessi di lui facessero ai Borboni più male di Garibaldi. Io credo che sarebbe più giusto affermare che, senza Maniscalco, i Borboni avrebbero perduta la Sicilia, appena dopo la morte di Ferdinando II. Quel dominio si reggeva per la forza delle armi e della polizia, non altrimenti di come si reggeva nel Lombardo-Veneto il dominio austriaco; e il nome di *napoletano* era aborrito in tutta l'Isola, quanto a Milano il nome di *croato*. Se Maniscalco non fosse stato siciliano, e polizia tutta siciliana la sua, gli strumenti per mandarlo a gambe in aria non sarebbero mancati.

Gli odii più violenti si vennero via via accumulando sul suo capo, ma egli non era uomo da aver paura, o da mostrarsene consapevole. Zelante, ma non plebeo, come Peccheneda; non visionario, come Mazza; non ignorante, come Aiossa, nello zelo del Maniscalco c'era qualche cosa, per cui egli, distinguendo e salvando le forme, colpiva l'immaginazione e lasciava il segno. La polizia la faceva lui, nè vi era grosso comune dell'Isola, dove egli non avesse qualcuno, il quale, come amico ad amico, lo informasse direttamente di quanto avveniva. Amava rendersi conto delle cose direttamente, forse perchè non aveva fiducia in nessuno dei suoi agenti, tranne che nel suo segretario Favaloro, che chiamava per celia *Fava d'oro*.

L'intimità fra il luogotenente e Maniscalco divenne sempre maggiore. Filangieri aveva trovato il suo uomo. Prima di prender moglie, Maniscalco ebbe relazione amorosa, si disse, con una signora, che si affermava sua parente, e corse voce che questa servisse da intermediaria per spillar favori. A tagliar corto su queste dicerie, Filangieri lo consigliò di prender moglie; e Maniscalco sposò nel 1854 una figliuola del procuratore generale Nicastro, e del primo figliuolo, nato l'anno appresso, fu padrino il principe di Satriano, non più luogotenente. Viveva con semplicità, ed erano abitudini quasi austere le sue. Abitava un quartiére in via Abela, sulla cantonata dell'attuale via Mariano Stabile, e ancora quella piccola strada è chiamata dal popolo *strada del direttore*. Buon marito e buon padre, egli ebbe sei figliuoli, dei quali gli ultimi due nati nell'esilio. Morì nel maggio del 1864 a Marsiglia, non rivedendo più quella Sicilia, di cui per undici anni era stato il personaggio più temuto e odiato. Oggi si comincia ad essere giusti con lui, distinguendo l'uomo dal funzionario, e riconoscendo nel funzionario quello che avea di buono, e quello che aveva di eccessivo, benchè agli eccessi fosse stato trascinato dagli avvenimenti, che incalzavano senza tregua. Assolutista rigoroso; devoto sinceramente ai Borboni; convinto che ogni tentativo rivoluzionario doveva essere represso senza misericordia; e convinto ancora che, meno pochi turbolenti, come diceva lui, le popolazioni della Sicilia non desideravano veramente che sicurezza pubblica, imposte minime, feste religiose e vita a buon mercato, egli compì il suo dovere senza venirvi mai meno, Il problema politico non lo vedeva.

Lo vedeva invece il luogotenente, cui non bastava ristabilir l'ordine, riorganizzare la polizia e tutte le amministrazioni pubbliche, rifare il Decurionato di Palermo, nominandone pretore il vecchio duca Della Verdura; dar nuovi capi alle provincie e alla magistratura, le guardie urbane ai comuni, e confermar soprintendente agli istituti di beneficenza il vecchio duca di Terranova, benchè avesse nella

camera dei Pari votata e firmata la decadenza, e ne' rispettivi loro uffici tanti altri, che avevano pur servita la rivoluzione.

Per rendere durevole il dominio dei Borboni nell'Isola, occorreva
venir riconciliando al Re e alla dinastia tutta quella parte della società siciliana, che se n'era alienata per i fatti del 1848, ed occorreva farlo
con garbo e senza ombra di violenza. Il ministro Giustino Fortunato
aveva ideata a Napoli la famosa petizione al Re per l'abolizione dello
Statuto, ma al Filangieri non bastò che il Senato di Palermo prima, e
poi tutti i municipii dell'Isola votassero al Sovrano indirizzi di fedeltà e di ringraziamento, per la ottenuta ripristinazione dell'ordine, nè
che il Senato di Palermo votasse a lui la cittadinanza e una spada di
onore, e quattro statue agli ultimi Re Borboni: egli si adoperò perchè
ottantuno ex Pari sopra 160, e centotre ex deputati sopra 202, quasi
tutti quelli che non erano fuggiti, sottoscrivessero, senz'aver l'aria di
esservi costretti, umili supliche al Re, dichiarando "di paventare il
severo giudicio della storia, l'esecrazione della posterità, e di sentire il
bisogno di dover svelare che sottoscrissero l'illegale atto per violenza".

L'illegale atto era la decadenza dei Borboni dal trono della Sicilia.
Se quelle firme non furono tutte ottenute spontaneamente, come il
Filangieri affermò nel suo libro,[3] – miniera di documenti interessanti – non si potrebbe affermare che vi fossero costretti con la violenza,
perchè veramente non risulta da nessun documento, che qualcuno fra
coloro, ex Pari o ex deputato, che si rifiutò di firmare, fosse punito o
perseguitato. Gli esuli siciliani, a Parigi, a Londra e a Torino, protestarono contro le ritrattazioni; ma giustizia vuole si dica, che esse non
furono tutte imposte dalla paura, ma solo, e per tutti, dal desiderio di
quieto vivere. Ricorderò fra quelli che non firmarono, il barone

---

[3] *Memorie istoriche per servire alla storia della rivoluzione siciliana del 1848-1849.* (Italia,
1853). - È curioso che, mentre questo volume di circa 900 pagine, in grande edizione di lusso,
fu pubblicato in Palermo dal noto editore Lao, il nome del Lao e il luogo di stampa non vi figu-
rano.

Casimiro Pisani, il quale non subì molestie. Si narra che il principe
di Palagonia, il quale era stato Pari, invitato a sottoscrivere, rispon-
desse: "*Questi sono atti politici e collettivi; le dichiarazioni singole nulla
aggiungono e nulla tolgono*"; e firmò. Egli era andato a Caltanisetta a
portare le chiavi della città di Palermo al Filangieri, col marchese Di
Rudinì, monsignor Ciluffo, giudice della Monarchia, il conte
Lucchesi Palli e l'avvocato Giuseppe Napolitani. Ma le contradizioni
furono tante in quel periodo, che non è maraviglia se il Palagonia così
operasse. Quelle petizioni degli ex Pari e degli ex deputati non sono
certo un documento di umana sincerità e di umano coraggio, anche
perchè alcuni, complessivamente, altri singolarmente, accompagnarono la ritrattazione con pretesti non degni del loro grado. I più dicevano di esservi stati costretti dalla forza, altri dall'ignoranza; e il principe di Giardinelli, Gaetano Starrabba, dichiarava di *aver sottoscritto
l'esecrando decreto per le minacce di fatto, a cui non poteva opporsi, però
trascurò la firma qual procuratore del principe Alcontres di Messina*;
mentre l'ex deputato Ditiglia, barone di Graniano, dichiarava che
firmò l'atto di decadenza *per semplice errore d'intelletto, e mai per pre-
varicazione d'animo*. E Lionardo Vigo Fuccio, che fu deputato allora
e tornò ad esserlo dopo il 1860, e per varie legislature, aggiungeva:
"*Fui sempre avverso all'illegale e nefando atto del 13 aprile 1848, pur lo
firmai, perchè inevitabile in quel tempo ed in quel giorno*".

Più schietta fu la petizione dei Napoletani, immaginata e scritta dal
Fortunato e di cui pubblico qui il testo, come ho detto. Nessuno, di
quanti hanno scritto delle cose del 1848, l'ha avuta veramente sot-
t'occhio. Il testo originale, con le tante migliaia di firme autografe, fu
distrutto, mi si assicura, nel 1860, perchè davvero questa dimostrazione plebiscitaria, consigliata dalla paura, sarebbe stata poco conciliabile col plebiscito nazionale di undici anni dopo. Eccola:

Sacra Real Maestà,

La città di…. in provincia di…. per proprio convincimento è persuasa ed ha riconosciuto dalla esperienza dei tempi trascorsi, che il regime costituzionale non conduce in questo Regno al pubblico bene ed al vero ed onesto progresso sociale, ai vantaggi del commercio e dell'agricoltura, ad altro non avendo servito se non che ad eccitare le più abiette passioni, ed a garantire le mire anarchiche di uno sfrenato ed immorale partito distruttore di ogni pubblico bene e prosperità, nemico della religione e del trono e di ogni civil reggimento; partito che si avvale di tale regime, solo per avanzarsi a minare tutto l'edificio sociale di ogni virtù, manomettendo ogni diritto ed ogni ragione. L'esperienza di sì tristi frutti finora raccolti e la preveggenza delle future inevitabili sventure, che può arrecar a questo Regno, ha resa questa forma di governo antipatica e pesante alla sua maggioranza dei buoni e fedeli sudditi della M. V. Essi vogliono vivere sotto le paterne sante leggi della M. V., Augusto discendente di quella magnanima stirpe di Re, che ha tolto queste contrade alla condizione di provincie soggette a lontano dominio, che le ha ripristinate alla dignità di Regno indipendente, che a questo immenso dono ne ha aggiunti tanti e tanti colle sapienti leggi, di cui ha dotata la Monarchia.

Queste leggi, o Signore, bastano alla felicità ed al beneficio dei vostri popoli. Essi con tutta l'anima, colle forze della loro coscienza, solennemente respingono la straniera rivoluzione, importazione di un regime non fatto per loro!

Piaccia alla M. V. riprendere la concessione strappata dalla violenza e dalla perfidia colla violazione dei più sacri doveri, e preparata colle più sacrileghe ed inique mire settarie. Ritorni noi popoli sotto l'unico potere del paterno Suo Scettro, e noi ed i nostri figli benediremo, colla restaurata potente forza della Monarchia assoluta, il nome sagro del nostro magnanimo buon Re Ferdinando II.

La petizione aveva forma ufficiale, e però era difficile sottrarsi a firmarla, potendo il rifiuto aver quasi l'aria di una provocazione. La procedura era questa. Un agente di polizia la presentava al sindaco, che la sottoscriveva e faceva sottoscrivere dai Decurioni, dai proprietari ed altri cittadini. Le firme erano autenticate dai pubblici notari. I sindaci, che si rifiutarono di firmare, veramente ben pochi, furono via via destituiti, dichiarati attendibili e tenuti d'occhio dalla polizia, come avvenne a Giuseppe Beltrani, sindaco di Trani, al quale la petizione fu presentata dal commissario di polizia, don Tommaso Lopez. Il mio amico Giovanni Beltrani, nipote dell'animoso sindaco, e felice raccoglitore di documenti storici caratteristici, trovò copia del documento fra le carte dello zio.

Carlo Filangieri conservò i vecchi privilegi dell'Isola: il porto franco a Messina, l'esclusione dalla leva e dalla gabella del sale e la libera coltivazione del tabacco. Furono assoluti i Comuni dai debiti contratti durante la rivoluzione; reintegrati la Chiesa, lo Stato e i pubblici stabilimenti nei beni alienati, e restituiti quelli confiscati ai gesuiti e ai liguorini. Ripristinò la Consulta, istituita nel 1824; e trovando in pessime condizioni l'erario, e non credendo opportuno nei primi tempi accrescere le tasse, istituì un debito pubblico per la Sicilia, che in poco tempo salì alla pari, e poi la superò.

Il principe di Satriano era vissuto nella sua gioventù tra i maggiori splendori, benchè egli fosse personalmente semplice, non senza qualche tendenza all'austerità. Luogotenente del Re in Sicilia, intendeva la necessità di circondare il suo potere di prestigio, un po' napoleonico, ma di sicuro effetto sulle popolazioni immaginose dell'Isola. Abitò in Palazzo Reale ed ebbe una Corte. La Reggia Normanna, dov'è raccolta tanta dovizia di arte e di storia, si riaprì ai balli, ai convìti e ai grandi ricevimenti. Gli onori erano fatti dalle bellissime figliuole del luogotenente, ma soprattutto dalla duchessa Teresa Ravaschieri, nel fiore della bellezza e della gioventù, e vi andava talvolta da Napoli o da Parigi il figliuolo Gaetano, bel giovane, *à bonne fortune*. Il principe riceveva con magnificenza regale. Usciva ordinariamente in grande uniforme, facendo circondare la carrozza da un drappello di dragoni, e qualche volta distribuendo *cannelli* (moneta d'argento di 42 centesimi) alla poveraglia, che si affollava al suo passaggio. Ristabilì tutto il cerimoniale della Corte di Spagna col relativo baciamano, e nel giorno della festa del Re si vedevano andare in giro i caratteristici carrozzoni con le sfarzose livree. A capo delle milizie prendeva parte alle processioni celebri di Palermo, in mezzo al suo stato maggiore. In ufficio indossava la divisa, anzi ordinò che tutti gli impiegati regi dovessero portar l'uniforme. Mi si narra che don Antonino Scibona, a cui voleva gran bene, disapprovasse tale ordine, osservando non esser giusto obbligare gl'impiegati, quasi tutti povera gente, a questa spesa. Il principe, trovando giusta l'osservazione, non revocò l'ordine, ma dispose che le uniformi fossero messe a carico dell'erario e venissero indossate nelle occasioni ufficiali.

Molto era il suo prestigio. Figlio di Gaetano Filangieri; soldato di Napoleone; uccisore in duello del generale Franceschi, perchè sparlava dei napoletani; crivellato di ferite al ponte San Giorgio nella disgraziata campagna di Murat contro gli austriaci; imparentato con quanto di più alto contava la nobiltà dell'Isola, poichè la principessa di Satriano nasceva Moncada di Paternò; dotato di una inflessibile energia, di cui aveva dato prova durante la campagna: tutto concorreva ad aumentare questo prestigio. Egli seguiva fedelmente la massima napoleonica: messo a governare un paese ribelle, doveva innanzi tutto farsi temere; possibilmente, farsi amare; doveva togliere via via con la forza e col tatto, le cause, le occasioni e perfino i pretesti di ogni tentativo di rivolta. E vi riuscì. Quasi tutto il patriziato fu riconquistato alla causa dei Borboni. Le feste alla Reggia ricordarono quelle di altri tempi, e fece venire da Parigi un cuoco, certo Charles, che ebbe celebrità e fu invidiato dai maggiori signori di Palermo.

Il *Giornale di Sicilia* continuò per lungo tempo a pubblicare indirizzi di fedeltà al Re e di riconoscenza al luogotenente, da parte dei
municipii, in uno stile ch'è quanto si può immaginare di più caratteristico. In breve, l'antico regime fu restaurato in tutta l'Isola. Il Crispi,
testimone non sospetto, dovè confessare, molti anni dopo, in un suo
discorso, che la *restaurazione dei Borboni fu rapida e parve un mistero.*

Rimesso l'ordine, rinacque, un po' per volta, la vita sociale coi suoi
spettacoli e passatempi, profani e sacri. Si riaprì il teatro di Santa
Cecilia con gli *Esposti* del maestro Ricci; una signora di Parigi, Eloisa
Déhue, fondò un buon istituto di educazione per le signorine del-
l'aristocrazia e borghesia ricca; Gambina Fici, specialista di ritratti al
dagherrotipo, ne fece una esposizione, che richiamò tutta la città,
prima all'albergo di Sicilia, al Pizzuto, e poi nella tabaccheria del
Castiglia, in via Toledo; e il duca di Caccamo, suscitando le critiche
di tutta la nobiltà, faceva noto che affittava il suo casino di
Mostazzola, sul quale il Meli aveva scritto questi dolcissimi versi, tan-
t'anni prima:

> Alla calma, alla pace, alla quiete
> Sacrato è questo abenchè umil soggiorno.
> Qui par l'onda Oretea, l'onda di Lete,
> Che dolcemente va scorrendo intorno.
>
> Chiunque sei che in queste piagge liete,
> Ten vai scorrendo or di mestizia a scorno,
> Ogni acerba memoria qui deponi
> Ed al vero piacer l'alma disponi.

Bisognava compiere l'opera e indurre il Re a visitare la Sicilia.
Impresa non facile, dopo quanto era avvenuto, ma Filangieri conosceva i Siciliani, ed era sicuro della sua polizia. Far venire il Re in

Sicilia, farvelo rimanere qualche tempo tra Palermo, Messina e Catania, era suggellare la pace tra l'Isola e la dinastia. Meno che odiare i Borboni, i Siciliani odiavano i Napoletani, non rassegnandosi alla perduta indipendenza. Certo, non era cosa agevole persuadere Ferdinando II a compiere quel viaggio, poichè nell'animo di lui eran rimasti vivi tutt'i ricordi del 1848; e coi ricordi, i rancori; e coi rancori, forse le paure. La Sicilia era stata riconquistata con le armi, dopo avere eletto un altro Re, figlio dell'odiato Carlo Alberto. Ferdinando II non possedeva la virtù di obliare o celare i proprii rancori. Il luogotenente tornò ad insistere, sapendo che il Re aveva risoluto, nell'ottobre del 1852, di far eseguire esercitazioni militari nelle Calabrie, ma le insistenze sue riuscirono solo in parte, perchè il Re si lasciò indurre a visitare fugacemente Messina e Catania, non Palermo. Egli intendeva dare una lezione ai palermitani, e fu errore politico, perchè Palermo, che gli avrebbe fatte clamorose accoglienze, risentì il dispetto dell'esclusione. Sarà bene ricordare quel viaggio, l'ultimo che fece Ferdinando II in Calabria e in Sicilia, e ricordarlo nei suoi particolari più caratteristici.

CAPITOLO II

SOMMARIO: Il viaggio del Re in Calabria – Prime tappe: Torraca, Lagonegro, Castelluccio, Morano, Castrovillari e Spezzano Albanese – Arrivo a Cosenza – Dorme nel casale Donnici – Contegno del Re e incidente col presidente Corapi – A Rogliano – *Fra' Ntoni* – Doppia tappa a Coraci – Arrivo improvviso a Catanzaro – Incidenti esilaranti – Ire e stravaganze del Re – Le deputazioni di Pizzo e di Cotrone – Al collegio – *Mettetece 'e lattughe* – Ritorno a Tiriolo – Commuta la pena di morte a Spaventa e a Barbarisi, e la reclusione a Scialoja – Al ponte sull'Angitola – Passa una notte a Pizzo – Va a Mongiana – Condizioni dello stabilimento, secondo un rapporto ufficiale – A Monteleone e a Bagnara – Arrivo a Reggio – Varii incidenti – Partenza per Messina – *Viva l'eroe delle Due Sicilie!* – Spettacolo al teatro – Arrivo a Catania – Dimostrazioni clamorose – Alloggia dai Benedettini – Il giovane Carnazza e il professore Catalano – Riparte per Messina – Provvedimenti di governo – Le bonifiche doganali – Gran ballo alla Borsa – Il conte di Trapani e il duca di Calabria – Partenza per Pizzo – Visita a Paola il santuario di San Francesco – Ritorno a Napoli – La morale del viaggio.

Sulla fine di settembre del 1852, il Re volle dare agli esercizi autunnali d'istruzione per l'esercito un'importanza maggiore del consueto, e ordinò che una colonna mobile, formata da due divisioni, con otto squadroni di cavalleria e venti pezzi di artiglieria, partisse alla volta delle Calabrie. Il movimento delle truppe ebbe luogo nei giorni 23, 24, 25 e 26 settembre, concentrandosi tutta la colonna nei dintorni di Lagonegro. Il Re s'imbarcò la sera del 27 settembre a Napoli, sul

Fulminante, insieme al giovane principe ereditario che contava quindici anni, e al conte di Trapani. Il suo seguito era formato dal principe D'Aci, dai brigadieri Ferrari e Del Re, dai colonnelli Nunziante e De Steiger, dal tenente colonnello Letizia, dai maggiori Severino, Anzani e De Angelis, dai capitani Grenet, Schumacher e Salvatore Nunziante. Il colonnello Afan de Rivera, che era pure del seguito, comandava l'artiglieria; il brigadiere Garofalo era capo dello stato maggiore, e il maggiore La Tour seguiva, come aiutante di campo, il conte di Trapani. I direttori Scorza e Murena partirono con la posta e attesero il Re a Lagonegro. Il Re aveva seco il suo cameriere particolare, Gaetano Galizia, mentre un cuoco e un sottocuoco, con servizio completo di cucina in apposito furgone, precedevano il Sovrano di un giorno. Il *Fulminante*, seguito dal *Guiscardo*, dal *Ruggiero*, dal *Sannita* e dal *Carlo III*, giunse la mattina del 28 nella rada di Sapri. La sera di quel giorno, il Re dormì a Torraca, facendo la prima tappa, da Sapri a Torraca, a piedi per mancanza di strade. Alloggiò nel castello del marchese di Poppano, Biagio Palamolla: castello medioevale, con le torri merlate. Lo ricevette il vecchio marchese che, per grave caduta da cavallo, vent'anni prima si era ritirato dalle guardie del Corpo, col grado di brigadiere e portastendardo. Il Re, prima di allontanarsi, conferì all'ospite il titolo di duca di Torraca; e il marchese, a perpetuo ricordo, fece cingere con una catena di ferro l'ingresso del castello e murare sulla facciata esterna una lunga lapide latina, della quale ecco la chiusa:

NE AUSPICATI IN TURREM REGIS ADVENTUS
EXCELSIQUE TAM HOSPITIS
MNEMOSY NON EXCIDERET
HUNO LAPIDEM OBLIVIONIS VINDICEM
BLASIO PALAMOLLA, PUPPANI MARCHIO
POSUIT AN. REP. SAL. MDCCCLII

Fu quella la sola eccezione che il Re fece al suo proposito di non accettare, a nessun patto, ospitalità da privati. A Lagonegro, alloggiò nella sottointendenza; a Castelluccio, dai Minori Osservanti. Fra Castelluccio e Rotonda corre il fiume Mercuri. Il Re vi giunse a cavallo e trovò sulla sponda "una mobile selva di ulivi" – leggesi nell'iperbolica cronaca ufficiale. Erano gli abitanti di Rotonda, venutigli incontro con inverosimili rami di ulivo in mano. A Morano alloggiò nel seminario, e vi fece la prima doppia tappa, perchè egli, d'accordo con lo stato maggiore, aveva stabilito che per dar riposo ai soldati, poco avvezzi a lunghe marcie, vi fosse una doppia tappa ogni tante miglia. Giunse a Castrovillari il 4 ottobre e andò nella Sottointendenza, rifiutando l'ospitalità del marchese Gallo, nipote del Nunziante, alle insistenze del quale rispose: "*Mi son proposto di non fare eccezione d'ora innanzi, neanche se incontrassi per via la casa di un mio fratello*". A Castrovillari, ricorrendo l'onomastico del principe ereditario, le accoglienze furono stranamente clamorose, e molti gli archi di trionfo, gli arazzi e le bandiere. Il dì seguente, partì per Spezzano Albanese, dove per alloggio non trovò che la misera casa del giudice regio. La mattina del 6, partì per Cosenza fra le acclamazioni degli abitanti della valle del Crati, accorsi da ogni parte a fargli omaggio. Benchè la tappa fosse piuttosto lunga, giunse a Cosenza verso il tramonto, e le accoglienze furono anche colà entusiastiche. Ma non vi si fermò, proseguendo per il prossimo casale Donnici, dove passò la notte in una rozza casa di campagna, appartenente all'avvocato Orlandi e tenuta in fitto da un tale Parise, di San Stefano, fabbricante di cera, che poi divenne fastidioso pretendente di compensi, e al cui figlio, prete, il Re concesse un assegno sulla badia di San Lucido. Oggi quella casa, rifatta completamente, appartiene alla famiglia Bombini.

La dimane, 7, tornò a Cosenza, che percorse senza scorta, nè battistrada, fra nuove e più calde acclamazioni. Salito sul palazzo dell'Intendenza, fu chiamato al balcone dalle grida popolari, e vi comparve. Dette larghe udienze, fece delle grazie, largì dei sussidii e assistette la sera alla grande illuminazione, mostrando di gradir molto un enorme trasparente, che rappresentava la Calabria in atto di fargli omaggio.

Il Re ebbe in questo viaggio un contegno addirittura stravagante: fu più volte scortese senza necessità; capriccioso, mordace, caparbio e diffidente sempre; trovò facili pretesti per motteggiare sulle cose del 1848 e rimproverare in pubblico le autorità, ritenute sospetto politicamente. Ne diè una prova a Cosenza, quando i giudici della Corte Criminale, in grande toga, con a capo il loro presidente Luigi Corapi, si recarono ad ossequiarlo. La Corte di Cosenza, specie il suo presidente, non erano nelle grazie del Re, il quale attribuiva al Corapi la sentenza venuta fuori, proprio in quei giorni, con la quale era messo in libertà provvisoria Donato Morelli, imputato "di cospirazioni ed attentati all'oggetto di distruggere e cambiare il governo, ed eccitare gli abitanti del Regno ad armarsi contro l'autorità reale". Appena i magistrati s'inchinarono, il Re, con piglio severo, squadrò il Corapi e gli disse bruscamente: "*Presidente Corapi, io non sono contento di voi*". Il Corapi fece un profondo inchino e nulla rispose; ma, tornato a casa, indossò l'abito nero e, ripresentatosi al Re, gli disse: "*Dopo le parole di Vostra Maestà al presidente Corapi, questi non può che rassegnare, come fa, le sue dimissioni*". Ferdinando II fu scosso da tale atto di dignità; non trovò parole da rispondergli e solo ordinò a Scorza che fossero accolte le dimissioni, ma che si corrispondesse al Corapi l'intera pensione, che allora equivaleva all'intero stipendio. Il Corapi, che onorò la magistratura napoletana in tempi difficili, morì in tarda età, dopo il 1860. Era nonno materno del deputato Bruno Chimirri.

Nelle ore pomeridiane del giorno 8, il Re lasciò Donnici e giunse verso sera a Rogliano. Le altre volte era stato ospite in casa Morelli, ma questa volta profferì l'incomodo alloggio nel convento dei Cappuccini, le cui umili celle erano state addobbate con mobili, requisiti presso la famiglia Morelli da un capitano di gendarmeria. L'incidente più notevole di quella ospitalità fu la conoscenza, che il Re fece di frate Antonio *"fra' Ntoni"*, laico, in odore di santità, il quale dispensava ricette per guarire e si assicurava che facesse qualche miracolo. Non si lavava mai, e il sudiciume dei suoi abiti e della cella era reso maggiore dalla sua stravagante passione per un ghiro, che aveva addomesticato e gli dormiva addosso, obbedendogli come un cane. Il Re andò a visitarlo nella cella, e *Fra' Ntoni*, mostrandogli il ghiro, gli disse che il popolo doveva essere al suo Re così affezionato, come il ghiro era affezionato a lui.

La mattina del 9, lasciò Rogliano alle 10. Dette udienza alla signora Morelli, madre di Donato e di Vincenzo, contro i quali era aperto il grave processo politico; ma la signora non udì rispondersi che queste secche parole: *"Fate fare il giudizio"*, nè risposta più confortante ebbe la figlia di Saverio Altimari. Traversò Rogliano a piedi, in mezzo al suo stato maggiore; poi montò a cavallo, e passando sotto gli archi di trionfo innalzati in suo onore nei paeselli di Carpanzano e Scigliano, giunse all'osteria di Coraci, dove una divisione delle truppe l'aveva preceduto, e dove un'altra divisione lo raggiunse. Anche Coraci fu doppia tappa, ed egli vi fece eseguire alcuno evoluzioni. Vi ricevette l'intendente Galdi, che gli era andato incontro al confine della provincia, il comandante generale Salerno e le altre autorità. Con l'intendente si mostrò assai freddo. Egli conosceva la vita intima dei suoi funzionarii, e contro il Galdi era mal prevenuto; raccoglieva volentieri pettegolezzi e maldicenze e, all'occorrenza, se ne serviva senza dignità di Re. Licenziando quei funzionarii, disse loro che li avrebbe riveduti a Catanzaro l'indomani, e quelli partirono, dopo aver presi con lo stato maggiore gli accordi circa il ricevimento in quella città, dove si calcolò che il Re non potesse arrivare prima delle

4 pom. Alle 3 antimeridiane del giorno 11, egli mosse a cavallo alla volta di Tiriolo, seguito dalle truppe. Era notte fitta. A Soveria udì la messa, e giunto a Tiriolo, non vi si fermò che per montare in vettura, ordinando ai postiglioni di sferzare i cavalli.

A Catanzaro si erano fatti apparecchi sontuosi per il ricevimento e il pranzo, e di questo aveva avuto incarico il giovane Leonardo Larussa, figlio dell'avvocato don Ignazio, che era stato deputato nel 1848, e morì poi consigliere di Cassazione e senatore del Regno d'Italia. Furono elevati per la circostanza parecchi archi trionfali con ampollose epigrafi. Eccone un saggio:

> Viva Ferdinando II, il più clemente dei Re;

e quest'altra:

> Sei Grande, sei Pio, sei Padre, sei Re!
> La gloria, la fama non muore con Te!

Essendo recenti i ricordi del 1848 con le relative condanne, molti speravano grazie dal Re, preceduto dalla voce che compiva quel viaggio per rendersi conto dei bisogni del Regno, e per riparare con la clemenza ai rigori dei giudici. Le autorità avevano stabilito di ritrovarsi alle due all'Intendenza; i magistrati avevano mandate le toghe e i cappelli a *canalone* in casa del procuratore generale Altimari, per vestirsi tutti insieme. Cittadini e funzionarii pregustavano la gioia di rivedere il Re in ora così comoda, dopo aver desinato e dormito.

Era mezzogiorno e mezzo, quando si udì un rumore insolito e strepito di cavalli; e prima che ne corresse la voce, il Re era entrato in città. La trovò deserta. Credette da principio ad un complotto politico; si turbò e ordinò di andare diritti al duomo, ma questo era chiuso e il vescovo De Franco faceva la siesta. Crebbe l'irritazione, perchè cadde un cavallo della sua carrozza. All'Intendenza non trovò nemmeno il picchetto di guardia, ma solo pochi militi urbani dei paesi vicini, venuti a prendere ordini e vestiti coi loro costumi caratteristici. Uno di essi, con lo schioppo a tracolla, si accostò al Re per baciargli la mano, e per poco non gli ruppe la testa. Chiese dell'intendente, e gli si rispose ch'era andato al duomo, come v'era corso difatti, infilandosi l'uniforme per via e gridando come un ossesso. Non trovato però il Re al duomo, tornò trafelato all'Intendenza, più morto che vivo. Catanzaro pareva una gabbia di matti. La gente si precipitava nelle vie, i magistrati correvano alla casa del Procuratore Generale a vestir le toghe e a prendere i cappelli; ma scambiando, nella confusione, toghe e cappelli, provocavano scene comiche ed episodii grotteschi. Discesi nella via, correvano come pazzi dal duomo all'Intendenza, in cerca del Re.

Questi, smontando nel cortile dell'Intendenza, licenziò le due guardie d'onore che lo avevano seguito, il barone Luca Orsini di Cotrone e il marchese Domenico Gagliardi di Monteleone, il quale, appena giunto in casa Larussa, di cui era ospite, dovè mettersi a letto, per curarsi delle gravi fiaccature riportate dal lungo trottare. Il Gagliardi, fratello minore del marchese Francesco, era un tipo eccentrico: portava costantemente gli speroni e indossava una specie di tabarro fra il militare e il borghese.

Salendo le scale, il Re vide venirgli incontro, affannosamente, la signora Galdi e le disse, con marcata ironia: "*Meno male che trovo alla fine una persona, che mi addita la mia stanza da letto*"; e scorgendo a poca distanza da lei un giovane piuttosto elegante, con la barba a collana, chiese bruscamente: "*Voi chi siete?*" E alla risposta, che era il ricevitore generale Musitano, vivacemente replicò: "*Va a tagliarti subito questa barba; qui non hai nulla da fare*", lasciando capire che gli erano note le ingerenze del Musitano nelle cose intime della provincia. Entrato nell'appartamento destinatogli, volle che si chiudessero le porte, e per qualche ora regnò un silenzio pauroso, che fece diffondere la voce che il Re sarebbe partito immediatamente. Il giovane Larussa, appena vide il trattamento fatto al Musitano, si allontanò, ma più tardi fu mandato a chiamare da Alessandro Nunziante, e interrogato circa i preparativi del pranzo. Larussa rispose che si era tutto disposto, ma Nunziante gli fece intendere che il Re non accettava nulla. Difatti il cuoco reale rifiutò persino delle ottime frutta e dei pesci squisiti, fatti venire da Pizzo. Anche i piatti e i bicchieri appartenevano alla cucina reale.

Il Re fece giustizia sommaria con le autorità. Ricevè l'intendente, solo per dirgli che fra un'ora partisse per Pizzo e vi attendesse ulteriori ordini; revocò dal comando il generale Salerno e lo sostituì col colonnello Billi, che morì in Catanzaro cinque anni dopo, e che si disse aver guadagnato una forte somma, stando in rapporto coi briganti che infestavano la provincia; ma nulla fu dimostrato. La sua moglie era una Starrabba, nipote del principe di Giardinelli, vecchio intendente di Catanzaro. Ferdinando II retrocesse inoltre alla seconda classe il capitano di gendarmeria De Cioco, e altro avrebbe fatto, se per l'intervento di alcuni ufficiali del seguito, e specialmente del capitano Gerolamo de Liguoro, che aveva una sorella maritata a Catanzaro, non si fosse via via rabbonito e persuaso che non s'era trattato di complotto, o di mancanza di rispetto, ma semplicemente di un equivoco, credendosi che S. M. sarebbe arrivata tre ore dopo. Non revocò gli ordini dati, e solo concesse all'intendente di non partire per Pizzo che l'indomani, vinto, si disse, dalle lagrime della signora Galdi, la quale ne interessò anche il conte di Trapani, ma ne ebbe questa curiosa risposta: "*Signora mia, son dolente del caso, ma non posso far nulla per lei, perchè Sua Maestà vuole che io l'accompagni a preferenza degli altri principi, perchè io solo non lo annoio con delle raccomandazioni*".

Il segretario generale Guerrero ebbe le funzioni d'intendente, nel tempo stesso che il Re nominava successore del Galdi il Morelli, procuratore generale della Corte criminale delle Puglie. Rimandò le autorità, compreso il vescovo De Franco, i vescovi di Squillace e di Cotrone e l'arcivescovo di Santa Severina, facendo sapere a tutti che li avrebbe ricevuti l'indomani: solo trattenne don Pasquale Barletta, presidente della Gran Corte Civile e commissario straordinario per la Sila.

Prima del tramonto uscì a piedi, e si recò a vedere i lavori della strada che si costruiva per Cotrone. Di ritorno, vide illuminata la chiesa dell'Immacolata, dirimpetto all'Intendenza e vi entrò per ricevere la benedizione. La confraternita della chiesa volle ricordare l'augusta visita con una lapide, che tuttora si legge; e poichè l'altra confraternita, detta del Rosario, ingelosita dell'onore che per caso il Re aveva fatto alla chiesa dell'Immacolata, lo acclamò suo priore onorario; quella dell'Immacolata volle a suo priore onorario il duca di Calabria. Le due confraternite erano rivali, anche perchè quella dell'Immacolata si diceva composta di liberali, e l'altra di retrivi.

Il Re tornò a casa fra le acclamazioni della cittadinanza e pranzò col seguito, al quale disse che per la stagione inoltrata aveva deciso, dopo la visita alla Mongiana, imbarcarsi a Pizzo per Napoli. Ordinò infatti che l'artiglieria e la fanteria si raccogliessero fra Monteleone e Pizzo, e la cavalleria tornasse a Napoli, seguendo la via delle Puglie. Fosse prevenzione, paura o abitudine di celar l'animo suo, egli cambiava improvvisamente risoluzioni e ordini; e poichè per mancanza di telegrafi – funzionava imperfettamente sulle coste quello ad asta – non vi era modo di eseguire i suoi contrordini, avvenivano confusioni e n'era vittima egli stesso. Così quella sera disse che non avrebbe proseguito il viaggio per Reggio e Messina, e invece lo compì sino a Catania. L'uomo era fatto così, e quell'arrivo precipitoso a Catanzaro fu una vera pazzia voluta da lui, per capriccio. Aggiungerò un particolare. Al punto detto della "Fiumarella" poco prima di entrare in città, il tenente Partitario della gendarmeria a cavallo, che scortava la carrozza reale, profittando che questa, per la ripidezza della salita, aveva rallentata la corsa, mise il cavallo al galoppo per passare innanzi, ma il Re lo richiamò con queste parole: "*Neh! Partità, tu cuorri pe' porta 'a notizia a Catanzaro; torna al tuo posto*". "*Maestà*, rispose balbettando il tenente, *son costretto a smontare per compiere un piccolo bisogno*"; e il Re: "*Va bene, ma sbrigati*". Tutti trovarono che le punizioni inflitte al Galdi e al Salerno erano ingiuste, ma il Re fu implacabile. Il Galdi fu più tardi richiamato in servizio nell'amministrazione finanziaria.

L'indomani cominciarono i ricevimenti. Negò l'udienza alla baronessa Eleonora Vercillo, nata De Riso; e poichè questa, mal consigliata, si trattenne in un'anticamera per dare al Re una supplica a favore del fratello Eugenio, gravemente compromesso per i fatti del 1848, il Re, vedendosela dinanzi, e saputo chi fosse, la respinse, onde la povera signora fu colta da uno svenimento, e fu necessario portarla via sopra una sedia. Fece grazia al marchese Vitaliano de Riso, il quale, condannato a 25 anni di carcere, vagava per i boschi da quattro anni, e vestito da prete, era giunto a Catanzaro, per presentarsi personalmente al Re. La grazia fu concessa, soprattutto perchè del marchese Vitaliano de Riso s'interessò la simpatica e intelligente sorella di lui, donna Antonuzza, moglie del maggiore Lepiane. Si disse che questa signora avesse fatta una strana dimostrazione liberale, attaccando coccarde tricolori ad alcuni suini di sua proprietà e lanciandoli per le vie di Catanzaro, mentre entravano le truppe regie, reduci dall'Angitola, dove avevano sbaragliate le squadre insurrezionali. Non era vero. Donna Antonuzza, fidanzata nel 1832 al capitano Lepiane dei Cacciatori, molto ben visto dal Re, aveva avuto l'onore di ballare col giovane Sovrano in quell'anno stesso, nel quale egli fece il suo primo viaggio in Calabria.

Il Re concesse anche grazia a 42 condannati fra politici e comuni, i quali, usciti di carcere, improvvisarono una clamorosa dimostrazione in suo onore. Ordinò che fosse arrestato un triste soggetto, certo Giuseppe Calvo, manesco e bestiale, che incuteva paura alle autorità, anzi ne vendeva la protezione e per malo animo maltrattava la moglie crudelmente. Tutta Catanzaro applaudì, ma il credito delle autorità locali non ne guadagnò punto.

Doveva esser ricevuta prima la deputazione di Cotrone, e il maggiordomo, principe di Iaci, chiamò: "*La deputazione di Cotrone*" – "*Nossignore*, gridò il Re dalla sala di udienza, *quella di Pizzo*". Grande sorpresa nell'anticamera. La deputazione della *fedelissima* città di Pizzo era formata da don Gaetano Alcalà, figliuolo di quell'ottimo agente del duca dell'Infantado, che aveva mostrata una pietosa premura per Gioacchino Murat, da don Luigi de Sanctis e dal canonico Greco, poichè un prete ci voleva. E qui lascio la parola all'Alcalà. "Mentre eravamo in attesa di essere ricevuti dal Re, il maggiore Piazzini della gendarmeria, mio intimo amico, il quale comandava il plotone di scorta, mi chiamò da parte e mi disse tutto spaventato: "*Sai che avvenne ieri a Musitano per l'affare della barba? Ti consiglio quindi toglierti subito la piccola mosca che hai, perchè potrebbe spiacere al Re, benché forse a te non direbbe nulla, essendo tu un particolare*". Corsi nella stanza del colonnello Nunziante e dissi al suo cameriere: "*Angiolo, dammi un rasoio, e tieni in mano lo specchio*". Angiolo ubbidì e io, in un attimo, mi tolsi la moschina e tornai al mio posto, nel momento che eravamo invitati dal Re ad entrare. Sua Maestà stava diritto in mezzo alla sala, e a due passi da lui il principe ereditario a destra, e il conte di Trapani a sinistra. Offrendo a S. M. gli omaggi di Pizzo fedelissima e pregandolo di onorare la città di una sua visita, il Re ci rispose cortesemente: "*Mi dispiace, signor Alcalà, dell'incomodo che vi siete dato di venire fin qui, e mi dispiace pure che maggiore incomodo dovremo dare al vostro paese, avendo deciso d'imbarcarci tutti colà per Napoli*".

Fu chiamata poi la deputazione di Cotrone. Questa era formata dal barone Alfonso Barracco, da suo fratello Maurizio, dal marchese Antonio Lucifero e dal signor Bernardino Albani: quattro cugini, i quali rappresentavano la parte più eletta e facoltosa di Cotrone. Il barone Barracco diresse al Re un sobrio discorso di felicitazioni, invitandolo a passare per Cotrone, che sarebbe stata felicissima di una visita. Il Re rispose che sarebbe lieto di compiacere la *buona popolazione di Cotrone*, ma gliene mancava il tempo e sperava in altra occasione far contenti i Cotronesi. E qui lascio la parola al marchese Antonio Lucifero. "Ci domandò se dimoravamo in Catanzaro, ed alla risposta che eravamo venuti da Cotrone, percorrendo quaranta miglia solo per felicitarlo, egli ripigliò che ci volevano certamente molte ore di carrozza; e noi dicendogli che la strada rotabile non era finita, e che bisognava fare tutto il cammino a cavallo, parve che se ne maravigliasse e ci ringraziò di nuovo. Baciammo la mano prima a lui e poi al principe ereditario, del quale la mano tremava in modo da impressionarmi. Fatta la riverenza al conte di Trapani, questi, vedendo Maurizio Barracco che conosceva, gli disse, maravigliato: *"Vui cca site?"* [1] *"A rendervi servigio, Altezza"*, rispose Barracco; e il principe *"Io vi credeva a Napoli"*.

Ecco l'impressione che del Re ebbe il marchese Lucifero: "Contava allora 42 anni appena, ma ne mostrava di più; aveva una persona, di quelle che si dicono *scassate*; l'abito militare negletto e vecchio, o almeno pareva tale; l'aspetto non antipatico, ma la voce aveva un suono poco gradevole e sottile, in proporzione alla grossezza del corpo." [2]
Compiuti i ricevimenti, il Re visitò l'ospedale e il collegio, dove fu ricevuto da tutto il corpo degli insegnanti, con a capo il rettore padre

---

[1] Voi qui siete?

Gerolamo Giovinazzi, delle Scuole Pie. Andò prima nella sala dei
ricevimenti, dove il fanciullo Felicetto Tocco recitò una poesia d'occasione. Il Tocco, oltre ad essere il più giovane degli alunni, appariva,
per la statura minuscola e la figura graziosa, addirittura un bambino.
Felicetto non era convittore, ma solo alunno esterno; aveva nel collegio altri due fratelli, e qualche anno dopo vi entrò anche lui. Era allora *un enfant prodige*, perchè dotato di forte memoria e di straordinaria
vivacità. Solo Bernardino Grimaldi, anch'esso alunno del collegio,
poteva rivaleggiare con lui, ma Bernardino, maggiore di età, non era
bello. Dopo la poesia recitata dal piccolo Tocco, i convittori intuona-
rono un inno di saluto al Re. Dell'inno il Capialbi mi manda alcuni
versi, probabilmente il ritornello della marcia, con la quale erano stati
musicati:

...Voi la Borbonia Stella
Felici ognor farà.
Irraggerà del vivere
Il vostro bel sentiero,
E al volo del pensiero
Ala maggior darà.
Giovinetti al Re vi leghi
Immutabil fedeltà!

---

[2] Il marchese Antonio Lucifero, morto a Cotrone nell'inverno scorso, fu uomo di molta probità, di vivace ingegno e padre dei miei amici, Alfonso, deputato al Parlamento, e Alfredo,
comandante di fregata. Altri particolari del viaggio in provincia di Catanzaro, e quelli concernenti la deputazione di Pizzo, li devo al cavalier Gaetano Alcalà, che ebbi la fortuna di conoscere in Pizzo, nel maggio scorso. Questo bravo vecchio, che ha una memoria portentosa, mi
ha scritto una lunga relazione di quel viaggio. Altre notizie di Catanzaro mi furono fornite dal
conte Ettore Capialbi, il lodato scrittore della *Fine di un Re*, e da Vincenzo Parisio, la cui cultura è pari soltanto alla caratteristica e geniale pigrizia. Questi miei cari amici erano convittori nel collegio di Catanzaro in quell'anno.

Il Re si mostrò sodisfatto da questa dimostrazione, ringraziò vivamente il rettore e i padri scolopii, si fece condurre innanzi il Tocco e lo carezzò sul viso. E poichè pioveva, protrasse la visita nel collegio e volle veder tutto. In una sala, ove erano raccolti alla meglio alcuni oggetti di storia naturale, il professore Tarantini, laico, mostrò al Re una collezione di conchiglie, ad una delle quali, che egli credeva aver per il primo scoperta, aveva dato il nome di *Rotopea borbonica*. Essendosi poi il Re avvicinato a una finestra, il padre Giovinazzi gli mostrò un piccolo campo sottostante, dicendo che quello era l'Orto Botanico; e il Re, sorridendo, gli rispose: "*Mettetece 'e lattughe!*" Nelle ore pomeridiane del giorno 13 partì per Tiriolo sotto una pioggia dirotta. Vi giunse la sera e prese alloggio nel convento dei Cappuccini. Tiriolo era il quartier generale, e il Re vi si fermò un giorno e mezzo.

A Tiriolo passò in rassegna, la mattina del 15 onomastico della Regina, le due divisioni, compresa l'artiglieria, che per isbaglio dello stato maggiore, era stata destinata a Miglierina, ignorandosi che non vi erano strade, nè sentieri per andarvi. Bisognò tornare indietro, dopo non poche avarìe. Il Re ne fu irritatissimo. E per celebrare anche con atti di clemenza la festa di sua moglie, che aveva lasciata puerpera, udì divotamente la messa, detta da monsignor Berlingieri, vescovo di Nicastro, e fece molte grazie, anche a condannati politici. Commutò a Silvio Spaventa, a Gennaro Barbarisi, a Dardano e ai fratelli Leanza e Palumbo la pena di morte nell'ergastolo, e ad Antonio Scialoja la reclusione in esilio perpetuo dal Regno. Distribuì molte elemosine, e prendendo commiato, verso mezzogiorno, dai frati Cappuccini, consegnò al guardiano cento ducati per i bisogni del convento. Acclamato dalla popolazione e seguito da un drappello di guardie d'onore e da uno squadrone di lancieri, partì col proposito di arrivare la sera a Mongiana, o almeno a Serra San Bruno. Fermandosi a Marcellinara per il cambio dei cavalli, gli si presentò il barone Saverio Sanseverino capo urbano, che portava la barba unita sotto la gola, come il Musitano, ed aveva in moglie una figliuola del marchese D'Ippolito di Nicastro, condannato per i fatti del 1848. Si era fatto credere al Re che il Sanseverino fosse proclive alle prepotenze, usurpatore di demanii e liberale. E però, come se lo vide dinanzi, lo investì con queste parole: "*Voi grandi proprietari calabresi spingete con gli atti e le maniere le popolazioni al comunismo, il quale porterà il vostro danno, non quello della Corona. Va subito a tagliarti questa barba*". Gl'intimò l'arresto, ma poi ordinò che andasse a domicilio forzoso in Catanzaro, dove lo fece rimanere più di un anno. Furono sequestrate tutte le armi di casa Sanseverino, non esclusi i fucili da caccia. Si scoprì poi di essersi caduto in un equivoco, perchè il Sanseverino era devotissimo al Re, e non fu poco addolorato che questi l'avesse creduto liberale. Era padre del presente deputato di Catanzaro.

Al ponte dell'Angitola, dove si arrivò poco prima del tramonto, si svolse uno degl'incidenti più caratteristici di quel viaggio. Vi erano convenute le autorità e le rappresentanze del circondario di Monteleone, col sottointendente De Nava, al quale il Re disse bonariamente: "Don *Peppì, come stai?*" Al marchese Ferdinandino Gagliardi che, a nome del padre, andò a ripetergli l'invito di voler accettare la loro ospitalità a Monteleone, come le altre volte, rispose rifiutando. E ordinò che si proseguisse per Mongiana. Sarebbe stato un grave errore, poichè era tardi e la strada carrozzabile arrivava fino a Serra San Bruno. L'Alcalà, che si trovava presente con una rappresentanza di Pizzo, lo disse al Nunziante, dei quali era amicissimo, e Alessandro ne informò il Re. Ma questi insistette; e insistendo alla sua volta il Nunziante, il Re perdette le staffe e, presente l'Alcalà, disse, tutto corrucciato: "*Ho capito, partirò io con mio figlio, e voialtri andatevene a Pizzo; sapete che io mi spezzo, ma non mi piego*". E il Nunziante: "*Maestà, noi vi seguiremo dovunque, anche a costo della vita*". Il duca di Sangro, il quale, benché comandasse una brigata della colonna di spedizione, faceva parte del seguito, saputo dal Nunziante che le sue dissuasioni non eran valse a nulla, scoppiò in questa caratteristica invettiva, ma sottovoce: "*Vada a farsi… benedire una volta per sempre; ci ha bastantemente rotta la divozione in questo disastroso viaggio coi suoi capricci*".

La strada, che dal ponte sull'Angitola va a Mongiana per Serra San Bruno, valica uno dei nodi più eminenti del grande Appennino calabrese, scopre i due mari, penetra in provincia di Reggio, e per Stilo scende a Monastarace, sul Ionio. Mongiana è a più di mille metri di altezza, e per arrivarvi dal ponte sull'Angitola, occorrono oggi non meno di quattr'ore, con forti e freschi cavalli. Allora la strada finiva, come ho detto, a Serra, ed era assai mal tenuta e poi solamente tracciata fra i vetusti boschi di Serra e Mongiana. Si andava quindi incontro a un sicuro pericolo, ma il Re s'incocciò a non volerne sapere e ordinò la partenza. Avvenne però che la carrozza reale, nel fare la svoltata a sinistra, affondò malamente nell'arena del fiume. Il Re si levò in piedi, gridando ai postiglioni di sferzare i cavalli; ma questi, irritati, s'inalberarono e coi calci minacciavano di fracassar la vettura. I postiglioni protestarono che non era possibile proseguire con legni così pesanti. Vinto allora dall'evidenza, il Re ordinò di mala voglia che si proseguisse per Pizzo, dove si arrivò a due ore di notte,

Anche a Pizzo si rivelò la stravaganza del Re. Era stato disposto l'alloggio per lui nel padiglione dell'artiglieria alla Marina, vasto edifizio, già convento degli Agostiniani; ma egli, entrando in Pizzo, vista aperta e illuminata la chiesa di San Francesco di Paola, attigua ad un piccolo ospizio di Minimi, ordinò di arrestarsi, discese dalla vettura, entrò nella chiesa, fè cantare il *Te Deum,* e al padre correttore Tommaso Costanzo, che per cortesia gli disse: "*Maestà, so che avete in questo viaggio onorati altri conventi; credo che non disdegnerete di onorare anche questa umile casa del nostro gran santo calabrese*", rispose:

"*Con tanto piacere*". Da principio si credette uno scherzo. Ma il Re disse al monaco: "*Padre correttore, credo che avete qualche scala segreta dietro la sagristia che mena alle vostre celle*". – "*Vi è*, rispose il padre Tommaso, *ma è molto indecente per Vostra Maestà*" – "*Non importa*", replicò il Re, e salì e disse di volervi passare la notte. S'immagini la sorpresa e più la confusione del seguito. I bagagli erano stati mandati al padiglione di artiglieria, lontano due chilometri. Piccolo il convento e sfornito di tutto. Il cuoco di Corte, preparando un po' di pranzo, chiese a un laico del carbone e dell'acqua, e ne ebbe in risposta che per il momento non vi erano. Il cuoco perdette la pazienza e napoletanamente scattò: "*Embè, avete invitato 'o Re a sta ccà, e non avite fatto trovà manco l'acqua*".[3] Intanto i canonici con tutto il clero, le confraternite e le autorità locali attendevano nella chiesa matrice la visita di Sua Maestà, e restarono con un palmo di naso. Mancando il convento anche del refettorio, s'imbandì la mensa sopra tavole rozze, in un corridoio; e dopo il pranzo, alcuni personaggi del seguito andarono a passar la notte al padiglione o in case private, e altri dormirono, con materassi per terra, nello stesso convento.

Il dì seguente, essendosi il corteo reale provveduto di legni leggieri, si partì per la Mongiana, rifacendosi il cammino sino all'Angitola. Il Re montò in un piccolo *phaeton* attaccato alla *daumont*, con un postiglione, avendo a sinistra il principe ereditario. Fece sedere nel posto di dietro il cameriere Galizia, che, premuroso e previdente, fungeva anche da maestro di casa, preparava i letti e arredava alla meglio le camere più o meno nude, dove il Re e i principi passavano la notte, coprendole, se molto sporche, con mussola bianca. A San Niccola da Crissa, dove incomincia più ripida la salita, quasi a mezza via fra l'Angitola e Serra, il corteo si fermò presso la magnifica sorgente delle

[3] Ebbene, avete invitato il Re a star qui, e non avete fatto trovare neppure l'acqua.

cento fontane. Il Re scese a bere, e n'è rimasta la memoria. La giornata era fresca, prossimo il mezzogiorno e il Re sentiva appetito. Domandò al Galizia se avesse portato qualche cosa per la colazione, e il cameriere rispose mostrando due polli, ma dicendo di aver dimenticato il pane. Disse il Re *"Non fa nulla – maggiore Piazzini, andate a procurarmi due pani di munizione"*. Il Piazzini spronò il cavallo e tornò portando i due pani. Il Re ne ritenne uno per sè e dette l'altro al figlio, il quale cominciò a mangiare il pollo, ma non toccava il pane. Il Re se ne accorse ed esclamò: *"Nè, Ciccì, tu magni senza pane?"* E il principe: *"Papa, il pane è duro e stantìo"*. E tale era infatti, perchè confezionato da parecchi giorni. E il Re allora: *"Magnatello, e l'avarrissi sempre; 'o magnano i surdati, che so meglio 'e nui"*.[4] E il principe ne mangiò di mala voglia. Si arrivò a Serra San Bruno a 22 ore. Tutti gli abitanti di quell'alpestre paesello erano raccolti all'ingresso, dov'è la chiesa. Bruno Chimirri, allora fanciullo di dodici anni, ha conservato un ricordo esatto del passaggio del Re per Serra, e rammenta che lo vide arrivare, discendere, entrare nella chiesa e uscirne fra le acclamazioni. Egli era affacciato al balcone di casa sua, annessa alla chiesa. Ricorda la maestosa figura del Re, avvolto in un cappotto grigio, e quella, piuttosto meschina, del giovinetto principe ereditario. Nel tempio fu cantato il solito *Te Deum* e si ripartì. Ma la strada, divenuta affatto disagevole, venne tracciata dai contadini attraverso la foresta; anzi in alcuni punti dovettero i contadini sollevare di peso la carrozza reale.

A Mongiana, la grande fonderia militare e fabbrica d'armi del Regno, Ferdinando II passò due notti. Egli ne seguiva con molto interesse lo sviluppo, perchè con quello stabilimento mirava a liberarsi dalla soggezione straniera e soprattutto inglese, per la fornitura del ferro e delle armi. Si diceva pure che volesse farne il primo arsenale

---

[4] Mangialo, così tu l'avessi sempre. Lo mangiano i soldati, che sono migliori di noi.

del Mediterraneo, come il più sicuro per la sua ubicazione. Quali fossero intanto le condizioni dello stabilimento, è riferito in questo rapporto, che, in data 17 ottobre, il comandante Pacifici diresse al D'Agostino, ispettore capo a Catanzaro:

Mongiana, 19 ottobre 1852, n. 855.

La sera del 16 andante questo Stabilimento riceveva l'onore di una visita quasi imprevista dell'Augusto Nostro Monarca, accompagnato dai RR. Principi, le LL. AA. RR. il Duca di Calabria, ed il Conte di Trapani. Ricevuti da me cogli Ufficiali tutti alle Pianure del Ninfo, procede pel villaggio splendente di lumi, e si degnò prendere alloggio nell'umile mia dimora, esternando tutti i segni della bontà e della clemenza a Lui propria.

I primi pensieri della M. S. tuttocchè stracca pel lungo e penoso cammino furono dedicati allo Stato attuale di questo Stabilimento, ed ai mezzi di prosperarlo non solo, ma dando sfogo agl'impulsi del suo cuore benefico, mostrava la sua volontà di dar da vivere a genti moltissime, e di annuire alle immense suppliche ricevute nel suo cammino pel bisogno del ferro nelle Calabrie per gli strumenti agricoli. La sera stessa si benignava esprimere, che il dì appresso avrebbe rese liete le officine della sua Reale presenza.

Infatti questa visita desiata ebbe il suo compimento, e la M. S. tenendo presenti le posizioni, in cui è lo Stabilimento, rimase soddisfatto di tutto e di tutti: notò i progressi fatti dopo la sua prima venuta, si compiacque delle macchine e dei loro congegni. La Sovrana ispezione fu penetrante e minuta; fu notato lo stato delle fabbriche, delle cadenti coperture, dei canali, delle prese, di tutto. E quella grande intelligenza scovrì immediatamente che le condizioni attuali finanziarie, lungi dal poter faro immegliare i processi dello manifatture, non erano valevoli a riparare i tanti danni.

La Maestà del Re si compiaceva quindi esternarmi le sue intenzioni. Esse si riducono alle seguenti, che ho l'onore qui appresso di consegnarle, signor Ispettore:

1° Apertura di una strada per le miniere, passando per lo stabilimento di Ferdinandea, affine di diminuire il prezzo delle materie prime;

2° Traversa di congiungimento colla strada dell'Angitola, per la facilità dei trasporti delle produzioni;

3° Attivazione della Ferdinandea, senza trascurare in nulla la Mongiana, nello scopo di dare da vivere agli abitanti di quei con vicini paesi;

4° Ritornare all'esplotazione della Grafite di Olivadi per lo stesso scopo;

5° Vendita del ferro duttile nelle tre Calabrie, onde appagare le numerose suppliche ascoltate dalla M. S. per la fabbricazione degli strumenti di Agricoltura, ed altro;

6° Riduzione della Mongiana a Colonia Militare, come S. Leucio, in vista di rendere anche questo punto un Nucleo di difesa;

7° Apertura delle Filiazioni;

8° Essere scarso il numero degli Uffiziali qui adibiti atteso lo sperperamento delle officine.

La M. S. inoltre per le suppliche dei creditori della gestione 1848 e 1849, porzione dei quali hanno contro mandato di arresto, ed alla mia risposta, con cui le feci noto per quanto stragiudizialmente io sapeva, Ella con favorevole avviso avea inoltrato i rendiconti di questi anni, comandava che colla massima sollecitudine venissero liquidati.

Il Re N. S. esternò anche il desiderio che la Chiesa fosse convenevolmente ingrandita e decorata.

Da ultimo la prelodata M. S. nel congedarsi la mattina del 18 m'impose di manifestare all'ordine del giorno il suo pieno contento, così per le varie officine dello Stabilimento, come per la tenuta di questa truppa di artiglieria.

La sera del 18 si giunse a Monteleone, senza fermarsi a Pizzo. Erano colà convenuti i vescovi di Mileto, di Tropea e di Squillace. Questi vescovi, il sindaco Mannella, quasi tutta la popolazione con le confraternite, precedute dai rispettivi stendardi, uscirono fuori del paese ad incontrare il Re, mentre le campane delle chiese suonavano a festa. All'ingresso era stato costruito un arco trionfale, e piccole bandiere bianche coi gigli d'oro erano agitate dalla folla che ingombrava la via Forgiari. Attraversata questa via, il Re e i principi infilarono il Corso e andarono direttamente al duomo, dove furono ricevuti dal Capitolo, che cantò il *Te Deum*. Il Re restò seduto sul trono, coperto con gli antichi arazzi della famiglia Dominelli.

Dal duomo si andò alla Sottointendenza, addobbata con mobili mandati da casa Gagliardi, anzi il sottointendente De Nava, ignorando che il Re portasse seco, in apposito furgone, tutto ciò che serviva alla sua cucina particolare, richiese il Gagliardi anche di commestibili, ma il vecchio marchese rispose che questi egli li dava *in casa propria* e se ne faceva responsabile, ma fuori di casa, no. Il De Nava era zio del presente deputato. Dalle finestre il Re assistette allo spettacolo di fuochi pirotecnici e alle clamorose dimostrazioni dei cittadini di Monteleone. Il giorno appresso, visitò il collegio Vibonese, dove fin dall'aprile di quell'anno insegnavano i padri delle Scuole Pie. Ferdinando II non volle sedere sul trono, e rimase familiarmente in mezzo agli alunni, i quali, sull'aria del coro dei *Lombardi*, cantarono un inno, le cui strofe finivano col ritornello:

> Di Fernando la fronte sublime
> cingi, o Nume, di bella corona.

Per ricordare l'avvenimento, vennero murate sull'ingresso del collegio due lapidi in marmo, le quali nel 1860 furono stupidamente coperte e poi tolte addirittura.

Il Re ricevette alcune deputazioni e fra esse, quella del comunello di San Gregorio. E qui avvenne un altro incidente caratteristico. Avendo la deputazione chiesta la grazia di aumentare la sovrimposta fondiaria per un solo anno, al fine di riparare una strada e spendervi non più di 60 ducati, il Re si mostrò di ciò così irritato, che la commissione ne fu impaurita e lasciò di corsa la sala di ricevimento, suscitando le risa di lui e dei principi. Promise che avrebbe impiantato a Monteleone un orfanotrofio maschile; e l'orfanotrofio venne infatti inaugurato il 30 maggio dell'anno dopo, onomastico del Re, con un discorso del sottointendente De Nava, e un'elegante poesia di Carlo Massinissa Presterà, poeta monteleonese.

Nelle prime ore pomeridiane, il Sovrano partì con una parte minima del suo seguito. Ordinò che gli altri tutti, militari e borghesi, lo attendessero a Pizzo, al ritorno dalla Sicilia. Pizzo divenne una caserma di generali e di ufficiali di stato maggiore. Accompagnarono il Re i fratelli Nunziante, De Sangro, Afan de Rivera Schumacher e i direttori Scorza e Murena. Si sperava di arrivare la sera a Bagnara, ma la notte innanzi si scatenò una bufera che rese impraticabile la strada; tanto che in alcuni punti le popolazioni accorsero, con zappe e badili, a sgombrare la terra ammassata, e così le carrozze poterono passare. A Mileto si fè sosta pochi minuti, per vedere il celebre duomo, fondato da Ruggiero, e anche meno, a Rosarno, a Gioia e a Palmi. Si giunse a Bagnara nel cuore della notte e sotto un diluvio. Il Re rifiutò, come al solito, qualunque ospitalità privata e preferì andare nell'unica locanda, tenuta da un tale Vincenzo Pino: locanda per modo di dire, perchè era una casetta di due piani, con poche camere nude affatto e alle quali si accedeva mercè una piccola scala di legno. Alloggiò al secondo piano, e sotto i suoi passi pareva che si sfondasse il pavimento, perchè la casa, mal costruita, tremava tutta. Il locandiere volle procurare della biancheria fine, ma il Re, toccate le lenzuola, disse alla moglie di lui: "*Questa non è la biancheria che dai a tutti i pas-*

seggieri; no, no, io voglio roba ordinaria; devi trattarmi come tutti gli altri". E strappò le lenzuola dal letto. La locandiera rifece allora il letto innanzi al Re, che le disse: "*Così mi piace; questi sono i più bei giorni della mia vita*". La stanza, dove dormì il Re, fu chiusa dal Pino e mostrata, a quanti vi capitavano, con le parole: "*questa è la stanza del Re*"; ma dopo il 1860 non lo disse più.

Ferdinando II giunse a Reggio nelle ore pomeridiane del 20 ottobre.

Da Villasangiovanni a Reggio il Re passò sotto molti archi di frasche, disposti lungo la strada, specialmente nei villaggi di Santa Caterina e dell'Annunziata. Lo seguiva una scorta di guardie d'onore. Erano ad attenderlo all'Intendenza parecchi gentiluomini del paese, col sindaco alla testa e, tra questi, diversi che avevano avuto taccia di liberalismo ideale. Mentre costoro stavano nella prima sala del palazzo, sopraggiunse Alessandro Nunziante che precedeva il Re di qualche ora. Entrò nella sala senza nemmeno rispondere ai saluti, cercò d'aprire una porta, e poichè questa resistette, anzichè ritentare la prova, l'aprì con un calcio. Pareva un forsennato. "*Ma questi è pazzo*", disse don Diego Logoteta, e si avanzò forse per fermarlo; ma il barone don Antonino Mantica afferrò l'amico per la coda della marsina e lo trattenne, dicendogli: "*Ma che volete compromettervi?*".

Il Re, come giunse, si recò difilato al duomo, e tornandone, proprio di fronte all'Intendenza, successe un fatto veramente strano. Tre persone fermarono i cavalli della carrozza reale, mentre una quarta si avvicinò audacemente allo sportello, e levando in alto un pane di terza qualità, e battendo colla mano sul ginocchio del Re, gli disse: "*Maestà, ecco il pane che mangia il popolo*". Il Re, riavutosi dalla prima sorpresa, lo afferrò per il collo, e dicendogli: "*Ne, caprè* [5] – alludendo alla barba che portava sotto il mento – *vedi che ti faccio dà 'e legnate*" lo consegnò alle guardie. Era un tal Pellicano, soprannominato *paddazza*, cocchiere del consigliere d'intendenza Giacinto Sasso, devotissimo al Re. Il fatto fece molto rumore. Si credette ad un attentato, e Alessandro Nunziante intimò al capitano di guardia sul portone del palazzo: *"Arrestate chiunque vi si ordinerà di arrestare; sia pure l'arcivescovo"*. Il Re, però, saputa la verità dell'incidente non ne fece gran caso; ma la sera non intervenne allo spettacolo di gala al teatro.

Il giorno appresso tenne udienza. Gli fu presentata dal cavaliere Cesare Monsolini, capo plotone delle guardie d'onore, la signora Marianna Plutino, moglie di Agostino Plutino, profugo politico. Ella condusse i suoi figliuoli, il maggiore dei quali, Fabrizio, era appena dodicenne. La povera signora domandò che venisse tolto il sequestro dai beni del marito; ma il Re, di mala grazia, le rispose: *"La vostra famiglia è pericolosa alla Società; dovete avere quanto vi basta per vivere; andate"*. I bambini scoppiarono a piangere, ma il Re non si commosse. Visitò il collegio e l'educandato femminile, e verso sera uscì in carrozza col principe ereditario, che gettava qualche *tarì* ai monelli. La mattina del 23, presi gli accordi col generale Filangieri, che gli era venuto incontro fin dal giorno innanzi, partì sul *Tancredi* per Messina. Il principe di Satriano lo precedette di alcune ore.

A Messina i preparativi erano stati condotti a termine con febbrile attività. Venne costruito un ampio sbarcatoio, la città fu tutta imbandierata e la gente si riversò in folla sulla banchina. Appena fu visto il *Tancredi* staccarsi dal lido di Reggio, prima *l'Ercole* e *l'Ettore Fieramosca*, navi da guerra ancorate nel porto, e poi la cittadella e i forti cominciarono le salve. Il *Tancredi* si accostava lentamente. Il Re era in piedi, a poppa, tra il figlio e il fratello. Sullo sbarcatoio lo aspettavano le autorità, col generale Filangieri alla testa, e i notabili. Le grida festose arrivavano al cielo. Il Re coi principi e l'intendente montò in un calesse monumentale, foderato di damasco gial-

[5] Capretto.

lo, offerto dal negoziante Mauromati. La moltitudine tentò di staccare i cavalli e trascinare il legno a braccia, ma egli lo impedì. Sul predellino della carrozza era salito un impiegato dell'Intendenza, certo don Giuseppe Grosso, che urlava a squarciagola: *Viva l'eroe delle Due Sicilie!* Il Re se ne seccava. Saputo chi fosse, non si potè tenere dall'esclamare: *"Quanto è f...."*. E il Castrone, volendo fare dello spirito adulatorio e plebeo, rivolgendosi al Grosso: *"Nè, Grò, mo' si f.... co' decreto reale"*. Grosse rise di compiacenza e seguitò a urlare: *Viva l'eroe delle Due Sicilie!* Il Re visitò prima il duomo, dove fu ricevuto dal cardinale arcivescovo Villadicani, il quale presentò a lui e ai principi la croce a baciare. Fu cantato il *Te Deum*, e ricevuta la benedizione, il Re si recò all'antico palazzo del Priorato, dov'è oggi la sede del prefetto e vi ricevè le deputazioni, venute da quasi tutti i comuni della provincia, ammettendole al baciamano. Si recò poi a vedere i nuovi lavori di fortificazione nella cittadella e al forte del Salvatore, e dopo pranzo andò al teatro, dove c'era spettacolo in suo onore. Nel teatro furono sparse migliaia di cartellini con questi motti: *La riconoscenza dei popoli è il trionfo della sovranità – Chi più riconoscente all'augusto Ferdinando II del popolo di Messina?* E udite quest'altro: *Ci ridonaste l'ordine e la pace – Sire – Ora ci concedete grazia novella – La presenza vostra augusta – I nostri voti son paghi – Viva il Trajano delle due Sicilie.* Si rappresentò un'allegoria musicale, scritta da Felice Bisazza, messinese, cantore d'occasione. L'allegoria aveva per titolo: *Il voto pubblico*. Erano interlocutori: *Messina, il Genio dell'industria, il Genio dell'ilarità, con cori di donzelle e di giovani.* L'argomento era la venuta del Re, tanto sospirata. La musica fu composta dal maestro Laudamo e un coro cantava:

> Pari ad angel, che sta nelle sfere,
> Invocato da mille preghiere,

Benedetto dal labbro di Dio,
A noi vieni più Padre che Re.
Te sospira con lungo desio
Quella terra, che culla Ti diè.
Di mille formasi
Un voto solo,
Tutti ti gridano
Vieni, o Signor.
Quel lungo gemito
Cangia in consuolo,
Corona i palpiti
Di un santo amor!

Il "Genio dell'ilarità" soggiungeva:

Iddio ci arrise – della bella Aschene
Dalle infiorate arene
Fra poco il Re verrà.

E la scena si chiudeva con la discesa dal cielo di due piccoli genii, i quali sostenevano una fascia d'oro che portava scritto: *Viva Ferdinando II*, mentre tutti cantavano:

Salve, o magnanimo
Padre e Signor,
Accogli il gaudio
Del nostro cuor! Sole vivissimo
D'alta bontà,
Splendi a' tuoi popoli
Per lunga età!

Quando il Re si levò per uscire, si rinnovarono, manco a dirlo, le acclamazioni. Scese per la magnifica scala di marmo messa a ghirlande e a festoni, e andando al porto per imbarcarsi, ammirò, a San Leone, un gran trasparente, il quale rappresentava Re Ruggiero nel suo ingresso a Messina. La facciata del nuovo teatro era coperta da altro immenso trasparente, che rappresentava Ferdinando II, il quale stendeva la mano al commercio per sollevarlo. Alle 10 e mezzo s'imbarcò sul *Tancredi* col duca di Calabria, che diceva d'aver sonno. Il conte di Trapani accompagnato dall'intendente, partì per Catania in vettura, e Filangieri partì anche lui sul *Tancredi*.

Catania non si dimostrò inferiore a Messina. Non era la prima volta che il Re vi andava; vi era stato anzi varie volte, ma in nessuna ebbe, come allora, così entusiastiche accoglienze. La città lo aveva invitato durante la sua dimora in Reggio, col seguente indirizzo:

> Sire!
> Nella felice occasione che la Maestà Vostra trovasi in luogo così prossimo alla Sicilia, si avviva nel petto de' Catanesi il desiderio di vedere onorata la loro Città della Augusta Vostra Persona. Il Decurionato per ciò, prostrato a pie del Real Trono, osa intercedere, che a colmo di benefici si degni la Maestà Vostra render pago questo fervido voto della popolazione, che rappresenta, ond'essa poter più da vicino rassegnarvi l'omaggio della sua alta devozione, fedeltà e gratitudine.

Questo indirizzo portava la firma di tutti i componenti il Corpo della città. Era patrizio titolare il cavalier Gioeni, ma, per l'assenza di lui, funzionava da patrizio Tommaso Paterno Castello di Bicocca; ed erano senatori, il dottor Francesco Fulci, Francesco Moncada, Francesco Zappalà, Vincenzo Marletta e Carlo Zappalà Bozomo. Al Fulci nacque in quei giorni un bambino, che chiamò Ferdinando.

Il Re arrivò a Catania alle ore 7 antimeridiane del 24 ottobre. Era domenica. Scese prima il principe di Satriano e si pose alla testa delle autorità locali, le quali, con l'intendente Panebianco, attendevano sotto un elegante sbarcatoio. La folla gremiva il molo, e il porto era coperto di barche che circondavano il *Tancredi*. La gente acclamava a perdita di fiato, e il Re per ringraziare si toglieva il berretto. Pareva commosso da quelle accoglienze che forse non si aspettava. Andò al duomo tra una calca di popolo plaudente. Le vie erano tappezzate di arazzi e sparse di fiori, e le finestre gremite di gente. Al duomo venne cantato l'immancabile *Te Deum*, e la benedizione fu data dall'arcivescovo Regano. Quando il Re mosse per andare ai Benedettini, dove aveva il costume di prendere alloggio, le campane della città suonavano a festa e il *Tancredi* faceva salve dal porto. I benedettini gli erano devotissimi. La famiglia monastica, la quale possedeva una rendita di ducati 82 500, pari a lire 350 625, era formata da 42 sacerdoti, da 14 novizii e da 22 conversi. Il monastero, vasto quanto una città e ricco d'influenza economica e morale, era fonte di beneficenza inesauribile. L'appartamento dell'abate, che occupava il Re, era degno di lui. Abate era don Enrico Corvaja, il quale, a capo della comunità, ricevette il Re ai piedi del magnifico scalone. Ferdinando fu scherzoso ed arguto con lui e coi monaci, dei quali conosceva parecchi, chiamandoli per nome, e ripetendo il solito suo saluto agli ecclesiastici: *bacio le mani*. Ricevute le autorità, ascoltò la messa. Scendendo in chiesa, volle che si sonasse l'organo, affermando che, pur avendolo udito altre volse, se ne sentiva sempre commosso. Cavò di tasca un libro di preghiere, pieno di immagini sacre, fra le quali fu vista quella di San Francesco di Paola. Quando, voltando le pagine, gli veniva innanzi qualcuna di quelle effigie, egli la baciava, e un monaco, tuttora vivo, assicura di averlo veduto anche piangere. Dopo la messa ci fu il ricevimento delle deputazioni.

Visitati i lavori del porto e l'ospedale militare e civile, tornò al

monastero per il pranzo. Nell'attraversare un corridoio, gli si fece
incontro un giovinetto, figlio di Gabriello Carnazza, il solo della provincia di Catania, che fosse stato escluso dall'amnistia, e con commosse parole perorò la causa del padre. Ferdinando II, impressionato
dalla sveltezza del giovane, promise di provvedere, ma poi non ne fece
nulla, e Gabriello Carnazza restò in esilio fino al 1860. Il giovinetto
di allora, Giuseppe Carnazza Puglisi, fu poi deputato di Noto e
Siracusa e sindaco di Catania, ed oggi è professore in quell'Università.
Venne ricevuto dal Re anche il professore Catalano, il quale, insieme
ai colleghi Marchese, Geremia e Clarenza Cordaro, era stato rimosso
dal suo posto d'insegnante, per i fatti del 1848. Il Catalano disse
coraggiosamente al Re, che come suo sovrano poteva fargli troncare
il capo, se colpevole; ma non poteva rimuoverlo da una carica, che si
era acquistata con lunghi studii. Il linguaggio franco e dignitoso del
professore non fu senza effetto, perchè il Re ordinò che fosse il
Catalano richiamato alla cattedra, ma i colleghi di lui non ottennero
nulla. Il Marchese fu richiamato più tardi.

Alle nove il Re uscì in carrozza, accompagnato dal duca di Calabria,
dal conte di Trapani o dal principe di Satriano, per godere lo spettacolo della città illuminata. Lampade di cristallo pendevano da tutti i
balconi e le botteghe erano illuminate a cera. Sul piano di Sant'Agata
sorgevano quattro trofei e altri quattro in piazza dei Quattro
Cantoni; e fra i trofei, tele colorate a trasparente. Altro grandissimo
trasparente era sul palazzo di città e rappresentava, in misura quasi
doppia del vero, Ferdinando II. "Quella grande effigie – leggesi nel-
l'accurata e inedita cronaca dell'avvocato Benedetto Cristoadoro –
appariva, da lontano, come quella del Nume tutelatore che vegliava
sulla città". Mentre si tornava al monastero, giunta la carrozza al
piano di Sant'Agata, da tutti i punti della piazza s'innalzarono a un
tempo globi luminosi e si accesero fuochi. La folla si accalcava attorno alla carrozza del Re, acclamandolo pazzamente. Lasciò Catania a

mezzanotte. Ebbe, lungo il percorso, altre rispettose accoglienze ad Acireale, a Giarre, a Giardini, a Letoianni, a Fiume di Nisi. La strada era perlustrata dai militi a cavallo, che fecero in quell'occasione un servizio perfetto. Durante le sette ore di viaggio, il Re non chiuse occhio; accolse benevolmente le numerose deputazioni che incontrò per la strada e giunse a Messina alle 7 del giorno 25. Vi entrò fra i due capitandarmi Raimondo e Saverio Pettini, i quali cavalcavano ai lati della carrozza. Riposò quattro ore, alle 11 e mezzo sentì la messa, e dopo aver ricevuto altre deputazioni, andò, per la strada del Ringo, al piccolo tempio della Madonna della Grotta e assistette alla benedizione.

Un curioso aneddoto della dimora di Ferdinando II in Messina riguarda il percettore delle imposte, Francesco Marchese, un brav'uomo, popolare per la sua eloquenza enfatica. Egli si accostò al Re, gridando: "*Maestà, grazia*". E il Re, che lo conosceva: "*Oh, Marchese, mi ricordo di tuo padre; era un galantuomo; e tu che vuoi?*" "*Maestà* – riprese lui – *dovete riparare a una ingiustizia: alla tassa sulle finestre*" – "*Non l'ho messa io, ve l'avete posta voi stessi*". – "*Sì, Maestà,* rispose il Marchese; *ma tanto paga la casupola del povero, che ha una o due finestre che il palazzo di V. M.; inoltre Messina ha un forte attrasso di fondiaria, come debbo riscuoterla io? debbo vendere i pagliericci della povera gente?*" "*Bene, bene,* disse il Re, *fammi una domanda*". E il Marchese: "*Dove potrò più vedere V. M.?*" "*Vieni alle 11 alla chiesa di S. Giovanni di Malta*". L'istanza fu consegnata, e con due rescritti da Napoli il Re escluse dalla tassa le case, che non avessero più di tre finestre e condonò l'arretrato.[6] La sera ci fu il gran ballo alla Borsa, le cui sale erano sfarzosamente addobbate e la scala coperta con magnifici tappeti, che prestò il monastero di San Gregorio. Per rendere il ballo più grandioso, fu occupato un altro quartiere, attiguo al palazzo. Dirigeva le danze Matteo Saya, giovane elegantissimo, che era stato capitano della guardia nazionale nel 1848. Il Re si trattenne qualche minuto con lui; e poi, a bruciapelo, gli chiese: *"Ne', Saya, tu eri capitano 'o quarantotto?"* Il Saya si strinse nelle spalle e non ebbe più voglia di divertirsi.

La deputazione della Borsa, che organizzò la festa magnifica e rappresentava il Circolo, era formata dall'avvocato Santi di Cola, col quale il Re si trattenne più lungamente a parlare, nella sala del bigliardo, sulle condizioni della città; dal Mauromati, che aveva offerta al Re la vettura per l'ingresso; da Antonio Flores, tuttora vivo e da Giuseppe Urso, uno dei maggiori eleganti del suo tempo. Fu quella la prima volta che il duca di Calabria assistesse ad una festa da ballo; come per la prima volta, nella stessa Messina, aveva assistito, la sera del 23, a uno spettacolo teatrale. Si mostrava più imbarazzato che compiaciuto. Ma non ballò, e la voce che egli pure avesse ballato, nacque forse perchè le danze furono aperte dal conte di Trapani, con la bella signorina Angelina Pettini, figlia del sottointendente di Acireale e che poi sposò il marchese di Condagusta, Antonio Villadicani. Il conte di Trapani si mostrò grazioso con le più belle signore e partecipò largamente alle danze. Poco dopo la mezzanotte, il Re lasciò la festa, e passando per l'altro portone del palazzo, che dà sulla marina, andò ad imbarcarsi. Salito sul *Tancredi* e prendendo commiato dalle autorità, la marchesa di Cassibile, moglie del sindaco, gli disse: *"Maestà, vi raccomando Messina"*; e il Re: *"Messina mi starà sempre a cuore"*. Ad un'ora il *Tancredi* fece rotta per Pizzo.

Non finirono con la partenza del Re le feste in suo onore, in Sicilia. Continuarono a pervenire istanze di città e di paesi, che sollecitavano l'onore di presentare al Sovrano i loro omaggi. Erano così numerose le insistenze, che il luogotenente fu costretto a diramare, il 28

---

[6] Questo particolare ed altri, circa la dimora del Re a Messina e a Reggio mi sono stati riferiti dal mio carissimo Cesare Morisani, direttore della biblioteca di Reggio Calabria: uomo, per l'animo e la cultura, degno di miglior sorte.

ottobre, agli intendenti e sottointendenti dell'Isola questa circolare:

> Da tutti i Comuni di questa parte dei Reali Domimi mi giungono delle suppliche per l'organo dei Decurionati, nelle quali, manifestandosi il vivo entusiasmo, destatosi nelle popolazioni allo annunzio che S. M. il Re S. N. avea visitato Messina e Catania, si chiede la permissione di potersi spedire in questa delle Deputazioni per mettere ai reali piedi gli omaggi della loro devozione e della loro fedel sudditanza.
>
> Non potendosi per ora esaudire questo desiderio pel ritorno di già fatto dal Re nel continente, Ella farà sapere ai suoi Amministrati, ch'io sottometterò alla Maestà Sua questa loro ardente brama, nella non lontana speranza che il Monarca, onorando di Sua Augusta presenza questa città ed altre dell'isola, potranno le Deputazioni venire a tributarle le felicitazioni e gli omaggi.

Si noti lo studio del Filangieri di far intendere che il Re sarebbe tornato in Sicilia, onorando di sua presenza *questa città*, cioè Palermo.

Nè basta. Alcune concessioni relative al commercio provocarono da parte della nuova Camera di Commercio e del Senato messinese due indirizzi quasi ridicoli per la loro esagerazione, che un'apposita e numerosa commissione andò a presentare a Napoli. Ne fecero parte il marchese Cassibile, il senatore Giuseppe Cianciafara, il barone Giuseppe Calfapietra, decurione, il principe della Scaletta, il marchese Gerolamo de Gregorio Scotti e il giudice di tribunale Tommaso Cassisi, figlio del ministro, oltre ai rappresentanti della Camera di Commercio: una folla addirittura. Fu chiesta al Re l'autorizzazione di coniare una medaglia commemorativa per tanti beneficii! Messina veramente non ebbe misura in quella circostanza. Ci fu anche una tornata solenne dell'Accademia Peloritana, per commemorare la dimora reale nella città, ed ebbe luogo il 14 novembre. Nell'atrio dell'Accademia si leggeva un'ampollosa iscrizione. Presedette la tornata il cardinale arcivescovo, e il Mistretta, procuratore generale della Gran Corte Civile, recitò un discorso, nel quale parlò così del periodo rivoluzionario: "*Ei venne, e vide i suoi popoli riposarsi di già ricollocati e felici sotto l'antico scettro de' Borboni, riconsecrato dall'amore più che dalla vittoria: vide questa terra or sono cinque anni tradita, venduta, trafficata da traditori e da stranieri, dopochè giacevasi come cadavere, senza scintilla di vita propria, senza indizio visibile di futura risurrezione risorgere più, avventurosa, e innalzare l'inno della trasformazione sulla sepoltura, in che l'avevano precipitata in un periodo di crisi morale, gente che la tenne a strazio, da stancare Iddio e gli uomini; gente appestata, senza pure esagerare, d'irreligione, di egoismo, di ladronecci, di menzogne sociali e peggio*".

Al pazzo più che ridicolo discorso del procuratore generale fece riscontro un'ode saffica di Felice Bisazza, professore d'italiano all'Università. Di rado la servilità ispirò prose e versi più stravaganti. È vero che, con decreto del febbraio 1849, il generale Filangieri ripristinò il porto franco, ma le concessioni fatte dal Re, dopo la sua partenza da Messina e concernenti la diminuzione del dazio sui cotoni colorati, furono veramente povera cosa. Ma allora la gente si contentava di poco e applaudiva largamente. La proporzione del beneficio, o, come si diceva allora, la *bonifica*, variava curiosamente; e mentre il massimo era concesso alle provincie di Messina, Catania, Caltanisetta e Noto nella misura dell'8 al 10%, per Trapani e Girgenti la concessione fu del 5%, e per la città di Palermo del 2%. I rancori per Palermo erano tuttora vivi, e benone il principe di Satriano disapprovasse quella differenza, il Re non dava retta che a Cassisi e a Murena. Il decreto porta la data del 2 novembre 1852, con le firme dei ministri Troja, D'Urso e Cassisi. Il Re si riserbò di fare altre concessioni doganali a Messina, quando ne fosse compiuta la cinta murata, ma non ne fece più. Nondimeno, a giudicare dalle apparenze, la conciliazione tra Ferdinando II e le due città, bombardate quattro anni prima, apparve così piena e sincera, che Odillon Barrôt, presente a tutte quelle baldorie, potè scrivere enfaticamente a un giornale francese: "*Spectacle sublime! c'est la plus eclatante réconciliation du légitime souverain avec son peuple!*"

Quel viaggio fu il maggior trionfo di Filangieri, ma fu anche l'inizio delle sue disgrazie. Partito il Re, venne tolto lo stato di assedio nelle città di Catania e Messina, imposto con decreto del 28 marzo 1849, e Filangieri indirizzò un napoleonico ordine del giorno ai comandanti delle compagnie d'armi, per manifestare loro la compiacenza del Re e sua. Veramente il servizio fu perfetto.

Il Re arrivò al Pizzo l'indomani, 26 ottobre, e questa volta prese alloggio nel padiglione rlell'artiglieria alla Marina, con tutto il seguito. Restò in Pizzo due giorni, occupandosi dei bisogni delle truppe, conversando napolitanamente con tutti, facondo qualche grazia, dando qualche sussidio; e alle 2 di notte del 28 ottobre, dopo aver assistito alla partenza delle ultime compagnie, s'imbarcò coi principi e col seguito sul *Tancredi* che fece rotta per Paola. Sbarcò all'alba del 29, per visitare quel tempio di San Francesco, ed alle 10 rimontò a bordo, giungendo in Napoli alle 2 e mezzo del mattino del 30 ottobre.

Così ebbe termine quel viaggio, che fu l'ultimo compiuto da Ferdinando II nelle Calabrie e in Sicilia. Esso non arrecò alcun reale vantaggio alle provincie calabresi, le quali seguitarono ad essere divise dal mondo e separate fra loro da distanze assurde. Il compassionevole abbandono, in cui il Re ritrovava, dopo otto anni, quelle provincie, prive di strade, di ponti, di telegrafi e di cimiteri, non lo commosse e assai meno lo turbò. Gli stessi pericoli, ai quali egli fu esposto per il pessimo stato delle vie, e i lamenti, per quanto umili e rispettosi, delle deputazioni che corsero a ossequiarlo, gli strapparono soltanto risposte sarcastiche, o promesse burlesche, ma non gli aprirono la mente sui bisogni di quelle contrade. La malaria fu fatale alle truppe, anche perchè vennero male alloggiate e mal nutrite, e non erano avvezze a marcie lunghe e disastroso. Morirono parecchi soldati e due ufficiali della Guardia Reale, molti gl'infermi e moltissimo il malcontento che quel viaggio lasciò nei soldati. Il generale Garofalo diceva, con ingenua tristezza ai fratelli Alcalà dei quali era ospite a Pizzo: "Ma non valeva la pena per una passeggiata sacrificare tanta gente; se si fosse trattato di una campagna di guerra ci saremmo rassegnati". – Il Re, dopo qualche giorno, aveva tutto dimenticato, e solo si compiaceva rammentare gli aneddoti più caratteristici di quel viaggio singolare, felicitandosi di non aver fatto spendere nulla ai Comuni, alle Provincie e ai privati per ricevimenti; di aver messe a posto alcune autorità inette o prepotenti; date lezioni ricordevoli a parecchi capuzzielli calavrisi; fatta arrabbiare parecchia gente, con ordini e contrordini; decretato il restauro di molte chiese e monasteri e concessi sussidii per oltre dieci mila ducati, distribuiti da lui personalmente, perchè egli davvero non si fidava di nessuno. Ricordava, con comico terrore, di aver ricevute 28000 suppliche per impieghi e soccorsi, e si compiaceva di essere stato molto parco nella concessione di onorificenze, nonostante le infinite richieste, non avendo difatti decorato che pochi sindaci e pochissimi capi urbani nelle Calabrie. Dopo qualche anno, anche queste ultime tracce erano nel suo animo cancellate. L'uomo era fatto così, e per le Calabrie e la Sicilia ebbe, finchè visse, un sentimento di diffidenza che non riuscì mai a comprimere, e neppure a nascondere.

CAPITOLO III

SOMMARIO: Filangieri studia un piano di riforme economiche per la Sicilia – Suoi dissensi con Cassisi – Due memorie importanti sull'autonomia dell'Isola – Sfoghi di Filangieri contro Cassisi – La quistione delle nuove strade – Contratto firmato e non eseguito – Don Gaspare Giudice – Il bilancio della Sicilia e particolari inediti – Altre cause di dissensi – Rinunzia di Filangieri – Sua opera in Sicilia – Il caso di alcuni emigrati – Confessioni e disinganni di Filangieri – Strano esempio di pietà filiale.

Il principe di Satriano studiava per la Sicilia un piano di riforme economiche, delle quali doveva essere fondamento la viabilità. Le provincie erano separate da distanze inverosimili. Si viaggiava a dorso di bestie, e quando i fiumi e i torrentacci erano in piena, non si viaggiava punto. Da Catania a Palermo occorreva un cammino di quattro giorni, con tappe ad Adernò, Castrogiovanni e Roccapalumba; la polizia non garantiva la sicurezza del viaggio, se di notte. Da Catania a Messina ci volevano non meno di due giorni, e le tappe erano Giarre, Ali e l'osteria della zia Paola, che ancora esiste, ed era allora esercitata da un vecchio bandito, e perciò non vi si andava che in compagnia e bene armati. Ed erano questi i viaggi più solleciti e più sicuri, essendovi strade regolari, costruite non molti anni prima. L'accesso a porto Empedocle, il grande caricatoio degli zolfi, era difficile e pericoloso. Alcuni porti non avevano fari, altri avevano approdi insicuri, e non un solo chilometro di strada ferrata. La ricchezza territoriale, concentrata nella nobiltà, nel clero, nel demanio e nelle opere pie, era suscettibile di aumenti geometrici nell'interesse di tutte le classi sociali, solo che il governo lo

volesse, e Filangieri lo tentò. Bisognava però colpire l'immaginazione dei Siciliani e persuaderli che il governo di Napoli, politica a
parte, era civile e riparatore, e che la riconquista della Sicilia non
significava imbarbarimento e miseria. Egli era convinto che,
attuando nell'Isola, ma rapidamente, un programma di riforme
civili a cominciare dalle strade, si sarebbe fatta opera saggia e politicamente utile.

Filangieri aveva voluto il Cassisi per ministro di Sicilia a Napoli,
reputandolo uomo a lui devoto. Era persuaso che, senza un accordo sincero e durevole tra lui e quel ministro, non era possibile tradurre in atto un piano di riforme, con l'intento di affezionare via
via la Sicilia ai Borboni. Ed ha lasciato fra le sue carte documenti
preziosi circa le sue lotte col Cassisi, e un ritratto di costui, forse un
po' appassionato, ma vero nel fondo. "In verità – lasciò scritto il
Filangieri – non mancano in lui prontezza d'ingegno, laboriosità ed
un corredo di conoscenze legali, soprattutto in materia penale. Di
economia e di scienza amministrativa ne studiò qualche cosa, divenuto consultore in età provetta. Ma ha, e l'ebbe sempre, natura facile a passionarsi, corriva al sospetto, suscettibilissima. Anima aspirante a dominar tutto e tutti, ma piena di volgari passioni, che fecero della sua ambizione uno strumento di vedute municipali, d'ingiuste predilezioni, di vecchi e nuovi rancori, di gretti e meschini
interessi. Però astuto e simulatore destrissimo, sapea infingersi
meravigliosamente, e per affettar temperanza, all'opportunità loda-
va i suoi avversari, nel mentre ne meditava la rovina. Lusinghiero
sempre e piaggiatore verso coloro di cui avesse bisogno, fossero pur
delle più infime classi sociali, fu sempre invece schizzinoso con
quelli che avesser bisogno di lui. Divorato da ansiosa bramosia d'in-
nalzarsi, non voltò mai faccia ad ogni mezzo, qualunque esso fosse,
che reputasse conducente al suo scopo, e combatté incessantemen-
te ad oltranza per sbarazzarsi di coloro, che gli facevan ombra, fos-

sero pure quei medesimi, che, piaggiati da lui, lo avessero aiutato ad elevarlo in dignità, e a farlo divenire un loro pari".[1]

A spiegare la severità del giudizio, bisogna ricordare che il Cassisi, obliando ogni sentimento di gratitudine, divenne, dal primo giorno, geloso e astioso oppositore, e poi diffamatore del luogotenente. I primi attriti si manifestarono a proposito della scelta dei funzionarii voluti dal Filangieri per suoi collaboratori, e si vennero accentuando un po' alla volta. Il Cassisi pretendeva regolare ogni cosa da Napoli, e Filangieri non era uomo da lasciarsi regolare. Era persuaso che si dovesse cancellare in Sicilia ogni ricordo o parvenza di autonomia, mentre Filangieri riteneva esser questo un errore grave, che poteva, in momenti difficili, riuscire fatale. Una sua memoria scritta, credo nel 1850, intese a provare la necessità di far scomparire qualunque simulacro di governo locale in Palermo, fondendo le sette Provincie dell'Isola con le quindici della parte continentale del Regno, e trasferendo la sede del Sovrano in altra città, che non fosse Napoli, nè Palermo, ma non indicando quale, per quanto chiaro apparisse che dovesse essere Messina. Memoria importante per gli apprezzamenti, per le osservazioni qualche volta acute, e anche per i paradossi politici, alla quale ne seguì una seconda, che la confutava, scritta dal Filangieri. Sulla memoria del Cassisi si leggono, di carattere del principe, queste parole: "A siffatta memoria, che io ritengo compilata da Cassisi, la quale, carezzando le passioni del Re, non manca di erudizione, io risposi nel modo che ravviserassi dalla scritta qui unita, la quale munisco di mia firma, *ad futuram rei memoriam*".[2]

Filangieri riteneva che il ministero di Sicilia in Napoli non dovesse avere iniziative proprie, e molto meno dovesse ostacolar quelle del governo locale; e che i decreti del luglio e del settembre 1849 avessero

---

[1] Archivio Filangieri.

[2] Archivio Filangieri.

di quel ministero fatto un semplice portavoce del luogotenente. Il Cassisi riteneva precisamente il contrario, mostrando al Re quanto fosse pericolosa l'accentuazione che dava il principe di Satriano all'autonomia dell'Isola, col mantener vivi i sentimenti di separazione e d'indipendenza nel popolo siciliano. Il Cassisi aveva sul Filangieri il vantaggio di essere siciliano, di stare accanto al Re, di poter a costui dire di conoscere l'Isola meglio del luogotenente, e di godere tutta la fiducia di Ferdinando II, perchè ne solleticava gli istinti di dominio, ne alimentava i sospetti verso i Siciliani, e le antiche diffidenze contro Filangieri. Questi, entrando a Palermo con l'aureola di conquistatore, aveva assunto, forse per necessità di governo, un po' il contegno da Re. Ferdinando II, sospettosissimo, da principio celiava con lui chiamandolo *Re Carlo* o *Carlo IV*, ma poi cominciò ad esserne stranamente seccato e finì per dar causa vinta al Cassisi, mettendo il Filangieri nella necessità di dare e ripetere la sua rinunzia. Nel 1835 aveva usata maggiore durezza con suo fratello, il conte di Siracusa. Per suggestione del Franco, allora ministro di Sicilia a Napoli, egli credette che il giovane vicerè cospirasse con gli autonomisti per divenire Re dell'Isola, e bastò questo sospetto per richiamarlo senza complimenti.

Aspra ed astiosa fu la lotta tra Filangieri e Cassisi. "Il ministro per gli affari di Sicilia – scriveva il Filangieri nelle sue memorie – avea un potere sì, ma sventuratamente era quello di fare opposizione alle proposizioni del luogotenente, rappresentandole al Re con osservazioni contrarie. Se Cassisi abbia fatto uso di questo potere, val la pena di dirlo nell'interesse della storia, e perchè si comprenda quanto sia costato di pena e di travaglio al governo siciliano quel poco di bene che si è fatto, e quanto maggiore se ne sarebbe conseguito senza le contradizioni, le sofisticherie e le male arti del ministro residente in Napoli".[3]

---

[3] Archivio Filangieri.

Primo atto del nuovo ministro di Sicilia a Napoli fu quello di con-
sigliare il Re a non permettere che si ricostituissero le compagnie d'armi, e a non approvare alcune nomine di funzionarii, presentati dal
luogotenente, sul quale cominciò ad esercitare – son parole del
Filangieri – una "perenne, sospettosa, inquisitoriale investigazione".
L'opposizione di Cassisi agli amici e ai collaboratori del luogotenente
fu sistematica. "Per notare alcuni nomi – scrisse il Filangieri – spieta-
tamente perseguitati da lui, comincerò dal cav. don Gioacchino La
Lumia, uno dei più eminenti giureconsulti, a cui fè accanita guerra,
fin che egli fu obbligato di lasciare il ministero della giustizia, che gli
era stato affidato dopo la restaurazione; fece guerra al cav. Lima, dotto
giurisperito ed ottimo amministratore, ch'ei volle ostinatamente tener
lontano dagli uffici importanti, perchè quando era stato segretario
del governo col luogotenente marchese delle Favare, avea avuta la
disgrazia di vedersi inginocchiato ai suoi piedi il Cassisi a chieder
mercè, per esser stato deposto dall' ufficio d'intendente, che per pochi
mesi avea esercitato in Messina; fece guerra al comm. Maniscalco,
uomo zelante, operoso, giusto, di molto tatto ed intelligenza; fece
guerra al comm. Celesti, uno degli uomini più onesti, ch'io abbia
conosciuto, di carattere indipendente, il quale per la capital colpa di
aver reso splendidi servigi alla Monarchia fu, dopo il mio ritiro, il
capro di espiazione immolato ad un'ira tanto sconvenevole quanto
ingiusta; fece guerra a diversi ufficiali laboriosi ed onesti del
Ministero, ricusò sempre di farne approvare la diffinitiva organizzazione, tenendo così in sospeso con danno del servizio pubblico le sorti
di tanti impiegati".[4] E per mantenere sottointendente a Corleone il
duca del Pino, che Cassisi aveva dipinto come *un balordo e meschinis-*

---

[4] Il principe di Satriano era molto affezionato al Celesti. Nel rimettere in ordine le sue carte,
sopra una lettera da lui scritta nell'ottobre del 1849 in difesa del Celesti, annotò, di suo pugno:
"*Povero Celesti! Che infame quel C.....! E pure a quest'uomo credevasi, non a Carlo Filangieri!*"

simo impiegato, Filangieri fu costretto ad invocare l'autorità del *valoroso e intelligentissimo tenente colonnello Pianell, comandante la colonna mobile nei distretti di Corleone, Mazzata e Alcamo*.[5]

Tutto ciò, che non facevasi di sua iniziativa, il Cassisi ostacolava in
tutte le maniere. Erano obietto dei suoi sarcasmi le opere e le istituzioni, che il Filangieri ordinava o proponeva per Palermo: come il
giardino inglese, il restauro del teatro di Santa Cecilia, l'ospizio di
beneficenza, la strada di mezzo Monreale e un grande teatro, tanto
desiderato dai Palermitani, e di cui, senza gli ostacoli creatigli, il luogotenente avrebbe fin da allora arricchita la città. Il ministro di Sicilia
a Napoli finì con inframmettersi anche negli affari di giustizia, e
Filangieri confessa, nei suoi appunti, che per averlo benevolo nelle
cose d'interesse generale "ne sopportava con mirabile pazienza lo stra-
potere, secondandone quanto poteva le debolezze, studiandosi di pre-
venirne i desiderii, le tendenze e le simpatie, carezzandone i parenti e
gli amici, e lasciandolo fare in Milazzo e nella provincia di Messina,
ch'era il suo feudo".[6]

Vi fu di peggio. Il principe di Satriano aveva vinta la contrarietà di
Cassisi alla ricostituzione delle compagnie d'armi, ma non ne vinse
un'altra, addirittura iniqua. E qui sarà meglio lasciar la parola allo
stesso Filangieri: "Fra gli errori politici della restaurazione – egli scrive – vi fu il non volersi riconoscere il mutuo forzoso, imposto dalla
rivoluzione. Ora, tra i creditori per tal causa vi fu il Monte di prestanza di Palermo e per una somma di ducati 32000 all'incirca, ritratti
dalla rivoluzione, mediante il pegno di certi argenti appartenenti a
chiese. Restituiti per giusto consenso del Re questi argenti, io propo-
si di salvare da una mezza rovina uno stabilimento sì interessante ai

---

[5] Archivio Filangieri.

[6] Id. id.

bisognosi, mettendo a carico dello Stato la somma prestata su quel pegno. Ma un rescritto cassisiano dispose che rimanesse a carico del Monte la perdita; e quantunque avessi rimostrato, e con gravi ragioni insistito nella mia proposizione, rimase fermo il connato rescritto".[7] Cassisi detestava insomma il luogotenente e non gli risparmiava sarcasmi e difficoltà, e fu a lui attribuito "l'ostinarsi del Re – sono parole del Filangieri – nonostante le mie insistenze a non venire a Palermo, allorquando nell'ottobre del 1852 erasi recato ed accolto con festevole entusiasmo, in Messina e Catania". Erano questi gli umori fra il ministro di Sicilia a Napoli e il luogotenente in Sicilia, ben noti al Re, che li alimentava non senza diletto, allorchè scoppiò più clamoroso il dissidio per la faccenda delle strade.

Dotare la Sicilia di ponti e di strade era, come ho detto, la parte essenziale del programma del Satriano. Allo sviluppo delle risorse naturali dell'Isola, era condizione indispensabile unire i capoluoghi a Palermo, congiungerli fra loro e coi centri più popolosi. Il luogotenente voleva compiere quest'opera al più presto, per averne tutto l'effetto, ma la spesa non era consentita dalle risorse ordinarie del bilancio siciliano. Uno dei metodi adoperati, per rendere accetta la restaurazione, fu di tener basse le imposte, specie la fondiaria, che rappresentava l'uno e mezzo per cento sull'imponibile, allo scopo di favorire la classe dei possidenti. E poichè il Filangieri aveva imposto un piccolo aggravio di venti grana (85 centesimi) sulle aperture, cioè balconi, finestre e botteghe, e i proprietarii di stabili ne avevano mossa lagnanza al Re, egli vi sostituì un lieve aumento addizionale sui fabbricati. La rivoluzione aveva abolito la tassa sul macinato, sostituendovi altri dazi, che poi non furono riscossi, e Filangieri decise di ripristinar quel balzello con un sistema di riscossione, che lo rese tollera-

---

[7] Archivio Filangieri.

bile. Il programma economico del governo napoletano era quello di sostituire lo Stato alla Provvidenza, riparando con la tastiera doganale alle inclemenze delle stagioni e regolando le esportazioni e le importazioni delle derrate alimentari, a seconda che il Regno era turbato dalla carestia, o favorito dall'abbondanza. Le ordinanze regie facevano il sereno e la pioggia, mantenendo un apparente equilibrio sociale, ma le imposte basse impedivano i lavori pubblici in grande, i quali erano indispensabili alla Sicilia. Alla perspicuità del luogotenente tutto ciò non poteva sfuggire, e perciò, sempre nel fine di consolidare la restaurazione politica con miglioramenti economici, veri e concreti, egli immaginò tutto un piano di opere pubbliche, da costruirsi in un termine relativamente breve, elevando il tributo sull'imponibile fondiario dall'uno e mezzo al tre: aumento che poteva farsi senza serio pregiudizio dei contribuenti.

Fin dal giugno 1851, per mezzo del colonnello Tobia de Muller, del secondo reggimento svizzero di guarnigione a Palermo, il Filangieri aveva fatto chiedere all'ingegnere Chaley le prime notizie sui ponti sospesi; e dopo alcune lettere scambiatesi, invitò lo Chaley a Palermo per studiare i progetti sul luogo, anticipandogli le spese. Lo Chaley e Adolfo Sala compirono gli studi in sei mesi, e frutto di essi fu una rete completa di nuove e grandi strade, della complessiva lunghezza di 625 miglia, con otto ponti sospesi: le quali strade, nel numero di ventuno, erano distribuite in tutte le provincie dell'Isola.[8] Il Re ne auto-

---

[8] Le strade da costruirsi dovevano essere le seguenti:

Strada del fiume Torto a Gioiosa per compimento della
strada di Messina-Marina, per miglia 87;
da Cerda a Gangi, per miglia 54;
da Gangi a Nicosia, per miglia 10 ½;
da Leonforte, per Nicosia, a Mistretta, per miglia 85;
da Sant'Agata a Bronte, per miglia 88;

rizzò la costruzione con rescritto del 6 aprile 1852; ma, a suggerimento del Cassisi, non volle consentire che l'esecuzione ne fosse affidata alla stessa società francese, che aveva fatti gli studi e della quale erano a capo i signori Taix, Sciama e Sala. Fu invitato perciò il luogotenente a cercare, fra gli appaltatori dell'Isola, persone capaci di eseguire i lavori. Questo primo ostacolo venne facilmente superato. Un mese dopo, in data 17 maggio 1852, il luogotenente inviò a Napoli un regolare contratto, convenuto con don Gaspare Giudice di Favara, "uomo notissimo per la sua opulenza, lealtà e costante devozione al Real Trono, il quale, associato ad altri capitalisti, specialmente a quelli della provincia di Girgenti, si obbliga ad intraprendere la costruzione delle strade e ponti dalla Maestà Sua autorizzati". Insieme al contratto, firmato pagina per pagina dal concessionario e dal luogotenente, questi mandò a Napoli il direttore dei lavori pubblici,

da Patti a Randazzo, per miglia 82;
da Caltanissetta pel ponte di Capodarso a Piazza, dedotte le miglia che si possono mettere a profitto della antica strada, rimangono a costruirsi per miglia 28 ½;
da Piazza a Castrogiovanni, per miglia 18;
da Piazza, per San Michele, a Caltagirone, per miglia 16 ½;
da Caltagirone, per Vizzini, a Floridia, per miglia 56;
da Palagonia, pel fondaco di Primosole, per miglia 20 ½;
da Ragusa, per Vittoria, a Terranova, per miglia 33;
da Terranova a Piazza, per miglia 26;
da Comitini, per Casteltermine, al confine della prov. di Girgenti al torrente Saraceno, per miglia 28;
da San Giuseppe a Corleone, per miglia 20;
da Corleone, per Sambuca, a Sciacca, per miglia 40;
da Sambuca a Partanna, per miglia 21;
da Salemi a Marsala, dedotte le miglia costruite, restano a costruirsi, per miglia 12;
da Salemi per Santa Ninfa a Castelvetrano, per miglia 11;,
da Castelvetrano a Mazzara, per miglia 14;
da Mazzara a Marsala, per miglia 18.
I ponti poi erano: uno sul fiume Grande o Imera settentrionale; uno al Finale, sul torrente Pollina; uno sul fiume Rosmarino; uno sul Cimaroso presso Nicosia; un altro sul Cimaroso tra Adornò e Regalbuto; uno alla Giarretta sul Simeto; uno sul fiume San Pietro e l'ultimo sul Platani, a Passo di ferro.

Bongiardino, con una sua lettera al Re, la quale si chiudeva con le seguenti parole: "Il giorno in cui questi fedelissimi sudditi vedranno messo mano ai lavori, innalzeranno certo voti sincerissimi al Cielo per l'ottimo Monarca, che ci governa, e la storia segnerà ai posteri questo nuovo tratto di sovrana clemenza, che darà una spinta impossibile a calcolarsi allo interno commercio, alle industrie ed alla civilizzazione di questa parte dei Regi Domini".[9]

Si era sul punto di concludere, quando il Cassisi, il quale non voleva saperne in nessun modo, sollevò altre obiezioni e cavilli e propose modifiche, le quali, in fondo, non erano che pretesti per mandare all'aria ogni cosa. Egli calcolava anche sull'indole vivace e suscettibile del principe di Satriano. Sospetti ingiuriosi si diffondevano a Napoli e in Corte, dove erano più gl'invidiosi che gli ammiratori del Filangieri, sempre lì a soffiare nel fuoco. Cassisi insinuava che don Gaspare Giudice era un prestanome, un *coperchiello*, della compagnia francese, che si era voluta escludere; di quella compagnia, la quale, col Taix alla testa, aveva procurati tanti imbarazzi, undici anni prima, al governo di Napoli nella questione degli zolfi; forte meravigliandosi col Re, che *avventurieri* esteri avessero potuto conquistar l'animo del luogotenente, al segno da fargli chiudere gli occhi sopra un contratto disastroso per la Sicilia.[10] L'animo di Ferdinando II, aperto ad ogni genere di sospetti circa l'onestà dei suoi funzionarii, ne fu impressionato; ma parendogli troppo ardito prendere di fronte il Filangieri, dopo averlo autorizzato a firmare il contratto, nè volendo far credere ai Siciliani che egli non volesse le strade, si trovò d'accordo col Cassisi nel ritenere quel nuovo contratto privo di garenzie e nel proporre un

---

[9] Archivio Filangieri.

[10] V. *Memorie storiche intorno al Governo della Sicilia*, scritte da Francesco Bracci, direttore nel *Ministero per gli affari di Sicilia a Napoli* - Palermo, Pedone Lauriel, 1870. Il Bracci, siciliano, era devoto al Cassisi. A lui rispose vittoriosamente il principe Gaetano Filangieri, ma la risposta manoscritta restò fra i documenti del suo archivio.

sistema opposto, per il quale, invece di un impresario unico per tutte le strade, si trovasse un impresario per ciascuna provincia.

Alle osservazioni di Cassisi, minuziose, capziose ed irritanti, osservazioni *da notaio*, come scrisse Filangieri, questi rispose il 12 giugno con un *memorandum*, firmato da lui e dal Giudice, per dissipare i dubbii circa le garenzie degli assuntori, i quali, a cauzione degli obblighi, avevano depositato 60000 ducati sul Gran Libro di Sicilia. Si accettavano nondimeno alcune modifiche al contratto; si facevano osservazioni circa l'impossibilità di accettarne altre, e si notava che se vi sarebbero stati degli utili per la società assuntrice, questa anticipava in sei anni le somme occorrenti a tutt'i lavori, per riprenderle in quattordici, alla ragione di 300 000 ducati l'anno. Alle difficoltà e ai dubbii circa la capacità delle provincie di sostenere la spesa, Filangieri rispondeva inviando un quadro dell'imposta fondiaria, ripartita per provincie, e dimostrando che con l'elevare al 3 per cento la tassa sull'imponibile fondiario, sarebbero stati in tutto ducati 2 240 027 e grana 90; per cui sopra un imponibile di ducati 14 771 800, la tassa fondiaria sarebbe stata dal 15 al 16 per cento sul reddito, e perciò tollerabilissima. Corrispondenza lunga e stranamente curiosa, ignota finora, e nella quale si rivelano tutti gl'infingimenti del governo di Napoli, cui, mancando il coraggio di respingere il contratto, era più comodo ricorrere a cavilli e a previsioni in mala fede, per conseguire il suo fine di non farne nulla. La stessa proposta di Filangieri, di cominciare i lavori contemporaneamente in ciascuna provincia, diè al Cassisi nuove armi per affermare che gli assuntori volessero costruire i tronchi stradali meno dispendiosi, e poi lasciare a mezzo l'impresa e far rimanere l'Isola disseminata di tronchi non collegati fra loro, e di ponti senza strade per arrivarvi. Non è senza un profondo senso di malinconia, che si leggono i documenti, i quali si riferiscono a questo disgraziato incidente: documenti che il principe conservò nel suo archivio, annotati spesso con parole vivaci, le quali rivelana la grande amarezza di non poter riuscire all'attuazione del suo disegno. Alla fine, dopo aver inviato nel dicembre del 1852 un altro *memorandum* circa le condizioni economiche dell'Isola per i mancati ricolti, e la necessità urgente di opere stradali, dovè pur troppo persuadersi che non se ne voleva far nulla; e nel luglio dell'anno seguente, andò dal Re che era a Gaeta, e gli fece le sue vive rimostranze. Ma non ne ebbe che promesse rassicuranti, condite dalle solite espansioni, benevole nella forma, ma non sincere nella sostanza.

La lotta tra Filangieri e Cassisi, divenuta oramai palese, fu anche inasprita da ragioni personali. Il principe, dubitando di reggere a lungo nella luogotenenza di Sicilia, aveva chiesto che la rendita del suo maiorasco fosse iscritta sul Gran Libro del debito pubblico di Napoli. Il Re, concedendola a lui in premio della conquista della Sicilia, l'aveva fatta iscrivere sul debito pubblico dell'Isola. Il Filangieri chiedeva quindi una inversione, facendo invece gravare sul Gran Libro di Sicilia alcune rendite, che per l'equivalente somma erano iscritte sul Gran Libro di Napoli, come provenienti da istituti ecclesiastici dell'Isola. Cassisi si oppose, e il Re fu con lui. Ma il Filangieri, non dandosi per vinto, e forse ebbe torto trattandosi di un interesse tutto suo, propose che il maiorasco fosse capitalizzato con alcuni fondi abbaziali e di regio patronato. Fosse dubbio circa l'avvenire del debito pubblico di Sicilia, com'è lecito supporre, o fossero altre considerazioni, a Cassisi non parve vero di poter commentare col Re queste insistenze come prova d'indiscrezione, anzi d'indelicatezza addirittura. E neppure la seconda proposta venne accolta,

E v'ha di più. Da lungo tempo si agitava una grossa lite per antichi diritti feudali tra i Benedettini di Catania e la famiglia Moncada di Paterno. Per riguardo ai suoi figli, il Filangieri aveva interesse a vederla finita. Una sentenza arbitramentale era stata pronunziata contro i monaci, i quali veramente avevano torto; ma, essendo ricchissimi, disponevano di potenti influenze, la maggiore tra le quali si affermava che fosse quella del Cassisi. Certo è che questi, contrariamente al parere della Consulta di Palermo e poi del Consiglio dei ministri di Napoli, concordi circa l'eseguibilità della sentenza a favore della famiglia Paterno, alla quale si sarebbe dovuta pagare la somma di oltre mezzo milione di lire (48 000 once), si ostinava a dar ragione ai monaci; e vi si ostinò tanto, che solo dopo il 1860 la sentenza fu potuta eseguire. Questi due fatti misero il colmo alla misura. "Io era già stanco – scriveva Filangieri nei suoi ricordi – della lunga lotta, nè più mi caleva di rimanere al potere dopo che, per esclusiva colpa di Cassisi, non ero riuscito a donare alla Sicilia un buon corredo di strade e di ponti". E l'11 giugno 1854 si dimise con una lettera al Re, dove si legge: "Fino a che il cav. Cassisi non ha manifestamente ed in modo insultante attaccata la mia riputazione, io per obbedire ciecamente agli ordini, di che piacque alla M. V. onorarmi, il di 31 luglio dello scorso anno in Gaeta, pel solo rispettoso attaccamento, che nutro per la M. V., mio Augusto ed adorato benefattore, sono qua ritornato, ed ho con pazienza e rassegnazione sofferte tutte le contrarietà per parte di lui, che rendeva sì amara la mia vita pubblica". E concludeva: "Signore, sul settantesimo anno dell'età mia, non avendo più altro scopo, se non quello di morire in possesso della stima e della benevolenza della M. V., io non saprei esistere più oltre, se la M. V. non mi concedesse la predetta grazia".[11] Nel mese successivo, non avendo avuto risposta, lasciò Palermo e andò in Ischia a curare le sue ferite.

E qui avvenne uno di quei fatti, i quali trovano solo riscontro nella cronaca dei peggiori governi assoluti. Stando il Filangieri in Ischia, dimissionario sì, ma senza che le dimissioni fossero state accolte, seppe che il Cassisi, profittando dell'assenza di lui, aveva aperta un'in-

---

[11] Archivio Filangieri.

chiesta, specialmente contabile, su ogni ramo della gestione luogotenenziale. Richiamò da Palermo i registri dei pagamenti della tesoreria; fece investigare circa le spese del giardino inglese; ordinò di
sospendersi i lavori dell'ospizio di beneficenza, che per fortuna era
compiuto, e dispose nuove verifiche sopra alcune strade finite e già
consegnate. "Notisi – scrisse Filangieri – che cotali pratiche ese-
guivansi al ministero, nel mentre il Re ricusava di concedermi il riposo e voleva che io tornassi in Sicilia, e certamente quelle pratiche non
erano atte a persuadermi a ritirare la domanda dei mio riposo". E
difatti il principe di Satriano, benchè vecchio, si sentì rimescolare il
sangue, e scrisse al Re che in Sicilia non avrebbe più messo il piede,
a nessun costo. Il Re gli rispose una lettera napolitanamente bonaria,
nella quale, senza far motto dell'inchiesta, accettò la rinunzia. Questo
avveniva nell'ottobre del 1854, proprio due anni dopo il viaggio del
Re in Sicilia. "Fu allora – continua il Filangieri – che il Cassisi ridi-
venne propriamente procuratore generale; si ordinarono inchieste, si
fecero requisitorie, volevasi a tutt'uomo scoprir fraudi, furti e malver-
sazioni. Era un fiume gonfio negli argini suoi, che straripava in tutti
i sensi; egli allora mostrò tutto se stesso!... Può ben dirsi che il mini-
strò Cassisi sia stato il tarlo della restaurazione; e confesso di essere
stato io l'autore di questo errore, ma io non lo conoscevo profondamente come ora lo conosco".[12]

Il principe di Satriano apparve come una vittima dell'odio non
spento del Re per la Sicilia, e fu fatto segno di grandi simpatie. I
Siciliani avevano dimenticato gli atti di rigore politico da lui compiuti, per ricordare solo che il governo suo fu, in complesso, benefico
all'Isola. Egli ripristinò, in maniera quasi perfetta, la sicurezza pubblica; fondò un'amministrazione civile, intelligente ed onesta; rese auto-

[12] Archivio Filangieri.

nomo il Banco; istituì il Gran Libro del debito pubblico; creò la
Borsa, l'Istituto d'incoraggiamento, commissioni permanenti per i
lavori pubblici, per l'agricoltura, le foreste e le arti; accrebbe qualche
insegnamento universitario; iniziò il frazionamento dei latifondi coi
provvidi decreti del 16 febbraio e 29 marzo 1852, che rendevano alie-
nabili gl'immobili appartenenti al Demanio, ai pubblici stabilimenti
e ai luoghi pii laicali; e non ostante che il suo progetto per le strade
fosse miseramente naufragato, ne iniziò parecchie, tra le quali, la bellissima da Palermo a Messina, per Cefalù. Cercò di cancellare i ricordi dei primi tempi, adoperando tutte le risorse del suo ingegno e le
seduzioni del suo spirito, per entrare nelle grazie dei Siciliani, e si studiò di tener vivo in essi il sentimento di una ragionevole autonomia,
solleticandone l'amor proprio nei limiti legittimi e dissipando o atte-
nuando le cagioni di diffidenza e di odio verso Napoli. Perdonò
molto, nè volle che l'azione del suo governo apparisse ispirata dal fine
di comprimere duramente ogni legittima aspirazione. Non fu opera
reazionaria la sua, e di tale condotta gli scrittori borbonici, specie il
De Sivo, gli fecero colpa, quasi che egli mirasse a tener vivo il fermen-
to rivoluzionario, mentre non mirava che a sopirlo. Durante il suo
governo, la polizia politica non fu eccessiva, ed egli non avrebbe dubi-
tato di accogliere tutte le domande di rimpatrio, inviategli da parecchi emigrati, anche fra i più compromessi, se il governo di Napoli
non si fosse opposto. Tornò il duca di Serradifalco, già presidente
della Camera dei Pari ed uno dei 43 esclusi dall'amnistia e tornarono
altri. Per il marchese Spedalotto di Paterno aveva presentata istanza
nel 1850, la moglie di lui, ma da Napoli venne risposto negativamen-
te. E nel 1859, quando Filangieri assunse la presidenza del Consiglio
dei ministri, le domande di rimpatrio si ripetettero, e il Maniscalco,
in data 8 giugno 1859, inviò a Napoli un elenco di venticinque emigrati, che avevano ridomandato di tornare. Erano tra questi lo stesso
marchese Spedalotto di Paternò, Stefano Interdonato, i fratelli

Cianciolo di Palermo e i Gravina di Brolo. E sulla lettera del
Maniscalco, il Filangieri scrisse di suo pugno queste significanti parole: "Si conservi, per rammentare che il Real Governo, in opposizione
del mio parere, ebbe torto di non aderire alle domande di questi venticinque emigrati e di trattarli bene, mantenendo un'invisibile vigilanza, perchè cosi facendo quasi tutti gli emigrati sarebbero rientrati,
e sotto gli auspici del conte di Cavour, non si sarebbe formata quella
consorteria, che ha tanto nociuto agli ultimi sovrani del Regno delle
Due Sicilie".[13]

Ad Alfredo Sala, che con grande deferenza scrisse del principe di
Satriano nei suoi *Souvenirs de six mois,* pubblicati nell'*Illustration,* e
nei quali narrò con pittoreschi colori la sua dimora in Sicilia, egli
scrisse, il 13 febbraio 1856, una lettera, che si chiudeva con queste
parole: "Lorsque le ministre des affaires de Sicile décida le Roi, mon
Auguste Souverain, à ajourner indéfiniment la construction des ponts
et des routes, dont cette Ile avait un aussi urgent besoin, j'acquis la
triste conviction que le désaccord complet entre la manière de penser
du chevalier Cassisi et la mienne sur les questions, qui d'après mes
opinions intéressaient plus directement le bien être de cette partie du
Royaume, m'imposait le devoir de solliciter de Sa Majesté ma retrai-
te. L'ayant obtenue, il ne me reste maintenant qu'à faire des voeux,
pourquoi la marche que l'on a adoptée et l'administration de mon
successeur puissent produire la prospérité des Siciliens et leur faire
aimer le Roi. *Dii faxint!*". [14]

Ma finchè visse non dimenticò le grandi amarezze, delle quali il
Cassisi gli avea data cagione, e dai suoi appunti traggo questi brani

[13] Archivio Filangieri.
[14] Archivio Filangieri.

caratteristici, i quali a me pare abbiano importanza per la storia:

> Io avea conosciuto da poco il cavalier Cassisi, e lo reputava uomo laborioso ed energico. Dopo la presa di Messina, lo chiesi al Re nella qualità di commessario civile; ma egli non volle avventurarsi nell'incertezza, e ricusò. Al diffinitivo organamento del governo lo proposi ministro per gli affari di Sicilia; parendomi che la energia e la operosità fosser requisiti necessarii per chi dovea sedere nei consigli del Re, e tutto solo sostenere i rapporti della Luogotenenza. Il Re avea difficoltà, ma mi tornò facile il vincerle.
>
> Dopo conseguita la nomina a ministro del Cassisi, mi accorsi che quest'atto sovrano fu poco applaudito, soprattutto in Palermo, per precedenti, che non erano una raccomandazione in quella città. Seppi in fatto che il Cassisi e la cittadinanza si odiavano di cuore reciprocamente, a causa di certe vendette perpetrate a suo danno, reputandosi egli fautore e lodatore delle novità fatte nell'anno 1838, cioè, la soppressione della Segreteria di Stato in Sicilia, l'introdotta promiscuità degli uffici, l'abolizione delle compagnie d'armi, ecc. Molto dicevasi a suo carico, ed i più indulgenti osservavano il mancare in lui le qualità di uomo di Stato.
>
> [...]
>
> Egli, non volendo smettere l'abito di giudice istruttore, e di Procuratore Generale criminale, si fe' maestro di perenne, sospettosa inquisitoriale investigazione. Erasi sempre nascosto nel pericolo, ed ora dal suo gabinetto, facendo il dottrinario come uno scolaro, esercitava il facile ufficio di censore, niente curando gl'imbarazzi e le difficoltà di chi operava.
>
> [...]
>
> E finì con l'immischiarsi in tutti gli affari, anche giudiziari, facendo comprendere ai pubblici funzionari che da lui dipendeva il loro destino. Dava premio agli adulatori, impunità ai cattivi, sostegno agl'insubordinati, persecuzione agli uomini indipendenti; ma quando i perseguitati

stanchi cedevano, abbiosciavansi, e mettevansi a sua disposizione, ottenuto il suo scopo, cantava facilmente la palinodia, e dallo sdegno passava alla protezione. Egli mirava ad acquistare influenza e dominazione,
non bastandogli quella che legittimamente derivava dalla natura del suo
ufficio; e certamente non potrei io negare la non invidiabile sua grande
abilità, con la quale è riuscito ad affievolire il potere della Luogotenenza
con danno del paese e della Monarchia, ed a fondare quel dualismo, del
quale indarno vuol scusarsi nel suo libro.

Questa memoria, che è un terribile atto di accusa contro il Cassisi,
fu dal Filangieri scritta nel 1855, in confutazione del libro del Cassisi:
Atti e progetti del ministero per gli affari di Sicilia, pubblicato in quel-
l'anno e che è davvero povera cosa, ma oggi divenuto rarissimo.[15] Più
serio è il libro del Bracci su riferito, ispirato chiaramente dallo stesso
Cassisi e da quel mondo siciliano, che era a Napoli nel Ministero e in
Corte e che non tollerava il Filangieri; il qual libro, si noti, venne
fuori nel 1870, tre anni dopo la morte del principe di Satriano.

In omaggio alla verità, io, non volendo che un giudizio tanto severo sul conto del Cassisi, dato da un suo avversario così autorevole
come il principe di Satriano, passasse alla storia senza difesa, feci vive
e ripetute premure presso il figlio di lui, perchè volesse illuminarmi
con documenti e notizie, ma non ne ebbi risposta. Solo mi fece sapere, per mezzo del barone Giuseppe Arenaprimo, al quale io devo
molta riconoscenza, per essermi stato di grande aiuto nel raccogliere
le memorie concernenti la città di Messina, che egli, Tommaso
Cassisi, preferiva che non si facesse polemica su quest'argomento.
Strano esempio di pietà filiale!

[15] Archivio Filangieri.

CAPITOLO IV

SOMMARIO: Il principe di Castelcicala succede al Filangieri – Suoi precedenti e indole – Un aneddoto con Luigi Filippo – Conduce a Palermo Domenico Gallotti per suo segretario – Nuovi direttori – Il marchese di Spaccaforno – Sue spavalderie e finzioni – La storia di un calcio – I ministeri di Sicilia – Il governo di Castelcicala – A proposito delle condanne di Bentivegna o di Spinuzza – Discussione alla Camera piemontese e discorsi di Brofferio e di Cavour – Rivelazioni postume – Due telegrammi – La responsabilità a chi spetta.

Quando, nell'ottobre del 1854, Ferdinando II accettò la rinunzia di Filangieri, non aveva pronto l'uomo che dovesse succedergli, e per cinque mesi il posto di luogotenente in Sicilia fu vacante. Non era facile trovare chi l'occupasse, essendo l'alta carica piena di responsabilità e di pericolo. Il Re e Cassisi desideravano un uomo senza punte iniziative, nè di soverchia suscettibilità: un uomo, che mantenesse l'ordine e conducesse gli affari di ordinaria amministrazione, ma non avesse minor prestigio del principe di Satriano, per famiglia, censo e precedenti militari. Cassisi ricordò al Re il principe di Castelcicala, Paolo Ruffo, il quale, richiamato da Londra dove era ministro, attendeva da due anni altro ufficio. Il Re approvò la scelta e incaricò Cassisi di vincere le ritrosie del Castelcicala, il quale, mettendo innanzi ragioni di età e di salute e non dichiarandosi idoneo a quella carica, lui, che aveva fatto il soldato e il diplomatico in tutta la sua vita, rifiutava ostinatamente. Aveva 64 anni, ma era sano e vigoroso. Si ricorse ad ogni mezzo perchè accettasse, si fece appello alla sua devozione e amicizia, gli si mandò ad offrire dallo stesso Filangieri il bastone luogotenen-

ziale con una lettera caratteristica, e così nel marzo del 1855 il
Castelcicala di mala voglia accettò, ma non prima della fine di maggio, a causa della morte di sua moglie, potè andare a Palermo con
l'unica figliuola, allora giovinetta.

Nato a Richmond presso Londra nel tempo in cui suo padre era
ministro di Napoli in Inghilterra, ed educato nel collegio militare di
Eton, donde uscì luogotenente dei dragoni, Castelcicala era rimasto
inglese nei modi, nelle abitudini, nei gusti, ma non nella flemma che
poneva in ogni atto della sua vita, per cui sembrava non avesse il criterio del tempo. Parlava non correttamente l'italiano e la sua lingua
ordinaria era l'inglese; privo di attitudine negli affari di amministrazione civile, possedeva però molta lealtà e conoscenza del mondo.
Entrato da giovane in diplomazia, era stato ministro a Berna dal 1825
al 1830, e a Berna aveva condotto a termine le capitolazioni, per le
quali quattro reggimenti svizzeri furono assoldati dal Re di Napoli e
presero il posto degli austriaci, venuti dopo Antrodoco. A Berna
conobbe la signorina De Zeltner, figlia di un diplomatico svizzero e
la sposò. Della signorina De Zeltner era invaghito il giovane incaricato d'affari di Francia, Drhuyn de Lhuys, ma ella preferì il diplomatico napoletano, il quale aveva l'aureola di Waterloo, alto titolo nobi-
liare e una grossa sostanza. Il Drhuyn de Lhuys sposò poi una cugina
di lei. Castelcicala aveva avuta la missione di pacificare il governo di
Napoli con l'Inghilterra, dopo le note ostilità per la faccenda degli
zolfi, e fu mandato infine ministro plenipotenziario a Londra, nel
posto coperto da suo padre. E qui piacemi riferire un aneddoto curioso. Andando a Londra, condusse seco, come aggiunto di legazione, il
giovane Giuseppe Canofari, che fu poi ministro di Napoli a Torino
negli ultimi anni del Regno. Passando per Parigi, andò a visitare il Re
Luigi Filippo, che lo accolse cortesemente e lo invitò a pranzo, insieme al Canofari. Il principe, flemmatico in tutte le sue cose, giunse
alle *Tuileries* con mezz'ora di ritardo. Il Canofari lo consigliò di rego-

lare l'orologio con mezz'ora di ritardo, per avere, in tal modo, una scusa presso il Re. Il quale fu amabilissimo, facendo lui lo scuse se, dopo aver atteso venti minuti, la Corte era andata a tavola. Castelcicala attribuì allora la colpa del ritardo all'orologio che, tratto dal panciotto, aveva tra le mani. Si chiacchierò, si rise e tutto parve dimenticato. Dopo il pranzo ci fu circolo, e in un momento nel quale il Re si avvicinò al Canofari, questi, con pochissimo tatto, anzi con qualche malignità, disse al Sovrano che veramente l'orologio non aveva colpa, solo imputabile il ritardo alla lentezza del principe; e dicendo questo e sorridendo, cercava di metter fuori l'orologio suo, a prova di quanto asseriva. Ma il Re seccamente gli rispose: "*La montre pour le Prince, pour vous le Prince*".

Il principe di Castelcicala era ministro a Londra, quando nel luglio del 1851 Gladstone pubblicò le famose lettere sulle prigioni e i prigionieri politici del Napoletano. E qui bisogna sapere che lord Aberdeen informò veramente il Castelcicala delle intenzioni di Gladstone, non senza aggiungergli che le lettere avrebbero sollevata, in tutto il mondo civile, una protesta contro il governo di Napoli, ma che non pertanto egli, Aberdeen, si riprometteva di impedirne la pubblicazione, purchè il governo napoletano desse qualche prova di ravvedimento. E lo pregò d'informarne il suo governo e provocarne una risposta. Il Castelcicala ne scrisse privatamente al ministro degli esteri Giustino Fortunato, e al segretario particolare del Re Leopoldo Corsi. E noto con quanta leggerezza il Fortunato e il Corsi appresero la notizia, della quale credettero non valesse la pena d'informare il Re e alle lettere di Castelcicala non fu data risposta. Passarono due mesi, e lord Aberdeen invitò il ministro napoletano a riscrivere, assicurandolo che la pubblicazione sarebbe rimasta sospesa per un altro mese ancora. Il ministro riscrisse, ma nessuno si fece vivo. Forse avrebbe fatto meglio andando lui a Napoli per informarne di persona il Re, ma non era uomo da iniziative. Trovò invece naturale il silenzio e nulla rispose a lord Aberdeen, e così la pubblicazione avvenne e lo scandalo fu enorme. Non occorre ricordare che, in quelle lettere, il governo borbonico era definito la "negazione di Dio eretta a sistema". Ferdinando II andò su tutte le furie, e ritenendo che il suo ministro a Londra non avesse fatto il proprio dovere, impedendo la pubblicazione delle lettere o almeno. prevenendolo, lo richiamò, e giunto che fu a Napoli, non volle riceverlo. Il Castelcicala non sapeva a che attribuire la sua disgrazia, e da principio sospettò che la moglie avesse pregato il Re di farlo tornare, mal patendo di non averla egli condotta seco a Londra, colla scusa che cercava un appartamento degno li lei e non potuto in tanti anni trovare.

L'*Indipendence Belge*, portatagli a leggere dal giovane avvocato Domenico Gallotti che divenne poi il suo segretario intimo, gli aprì la mente. Il foglio belga annunziava che il Ruffo era stato richiamato, perchè non aveva impedito che si pubblicassero le lettere gladstoniane. E fu allora che il principe, smessa la flemma abituale, indossò l'uniforme, corse alla Reggia, e dichiarandosi stupito ed offeso di quel che si era di lui affermato nel giornale, narrò al Re come veramente erano andate le cose. Ferdinando II cadde dalle nuvole, e in quel giorno stesso destituì il Fortunato da presidente del Consiglio e da ministro degli esteri, e licenziò il Corsi. Ma Castelcicala non tornò a Londra, ebbe una missione temporanea a Vienna, e ne era tornato da poco quando il Re gli offerse di andare in Sicilia.

Il Castelcicala condusse seco il Gallotti come segretario particolare, ottenendogli la nomina di consigliere d'intendenza a Napoli, con missione a Palermo. Egli fu davvero il segretario fido e il miglior ispiratore del principe, di cui rispettò e difese l'onorata memoria. L'accompagnò nell'esilio e non lo lasciò che dopo la morte. Oggi, più volte milionario, è a capo di parecchie società industriali e della Navigazione Generale Italiana. Devo a lui molti particolari interessanti di quel periodo così poco noto, nonchè le rivelazioni circa le sentenze di morte del Bentivegna e dello Spinuzza.

Se il principe di Castelcicala non aveva tutto il prestigio militare di Filangieri, contava nella sua vita l'episodio di Waterloo, dove, ufficiale d'ordinanza di Wellington, si era battuto con coraggio ed era stato ferito a morte. Se Filangieri zoppicava per le ferite toccate, combattendo per l'indipendenza d'Italia, Castelcicala portava sulla testa una piastra d'argento, perchè la cicatrice non si chiuse mai interamente, e apparteneva a quell'antica stirpe dei Ruffo, calabrese di origine, che diè all'antico Reame diplomatici e uomini d'arme, avventurieri e cardinali.

I direttori della luogotenenza al tempo del Filangieri vennero tutti mutati, tranne il Maniscalco, del quale il Cassisi tentò pure disfarsi, ma non vi riuscì. Furono nuovi direttori Francesco Statella, marchese di Spaccaforno, Giuseppe Castrone, prefetto di Messina, e Francesco Mistretta, procuratore generale di quella Gran Corte Civile. Cassisi tentò di far piazza pulita di quanti erano funzionarii devoti al principe di Satriano. Don Antonino Scibona fu chiamato a Napoli, ed in sua vece destinato a Palermo don Gaetano Coffaro, il quale, dopo il 1860, fu prefetto nel Regno d'Italia. Lo Scibona ebbe ordine di trasferirsi immediatamente nella nuova residenza e giuntovi, passarono venti mesi prima di essere ricevuto da Cassisi, tanto poteva in quest'uomo l'avversione per tutti coloro che al principe di Satriano erano rimasti devoti. Carlo Ferri tornò alla magistratura, e Domenico Ventimiglia dovè molto lavorare di astuzie, per non perdere la direzione del *Giornale di Sicilia*.

Dei nuovi personaggi ufficiali, il marchese di Spaccaforno era la individualità più spiccata. Primogenito del principe di Cassaro, e per breve tempo, dopo la morte del padre, principe di Cassaro, egli morì, dopo il 1880, non ancora sessantenne. La sua signora donna

Giovanna Moncada di Paternò, presente principessa di Cassaro, vive a Napoli nel sontuoso palazzo a Trinità Maggiore. Lo Spaccaforno aveva cominciato la carriera, giovanissimo. Era stato, prima del 1848, intendente a Salerno, a Potenza e a Teramo. Mandato in quest'ultima città nel 1837, quando avvennero i moti liberali di Penne, vi si mostrò zelante e vi lasciò tristo nome. A Salerno perdette un occhio, perchè un magistrato, nell'atto di baciargli la mano e di raccogliere per terra una supplica, lo urtò malamente nella faccia. Per la rivoluzione non si era riscaldato, perchè non la credette duratura, e solo fu maggiore della guardia nazionale di Palermo e poi Pretore, aiutando nei due uffici la restaurazione borbonica. Compiuta questa, fu intendente di Palermo. La sua famiglia era la più attaccata ai Borboni, e tra le famiglie signorili dell'Isola, la più beneficata. Spaccaforno aveva spirito intollerante e scettico, ma non era privo di cultura generale; anzi, dati i tempi, poteva questa dirsi discreta. Liberale nel discorrere, ma assolutista di tendenze, presumeva molto di sè e aveva per il genere umano un senso di noncuranza, di disprezzo o di paura, secondo il caso. Falsissimo di carattere, simulava e dissimulava perfettamente, e non erano spiegabili alcune strane contradizioni dell'indole sua. Diceva vituperii di Maniscalco, ma consentì ad essergli collega nel governo, mostrandoglisi nelle apparenze deferentissimo sino ad adularlo. Forte tiratore di pistola, era generalmente temuto, ma un incidente scosse il suo prestigio. Un giovane avvocato, Andrea Guarneri, andò a domandargli che fosse revocata un'ordinanza ingiusta per la demolizione di un cavalcavia, che il Guarneri aveva costruito accanto a una sua proprietà. O per naturale impazienza, o perchè quel giorno avesse i nervi più scossi, lo Spaccaforno si ricusò con mal garbo; il Guarneri replicò con vivacità; l'altro rispose con violenza, mettendolo alla porta, anzi accompagnandovelo. Ma nel momento in cui l'uscio si chiudeva, l'avvocato gli lasciò andare un solenne calcio, che fece ruzzolare per terra il maestoso direttore.

Pareva che il Guarneri dovesse soffrire chi sa quali pene, ma non soffrì nulla, perchè, avvenuto il fatto, Maniscalco che odiava in fondo
Spaccaforno, scrisse a Napoli narrando come erano andate le cose e
dando torto al suo collega di governo. Il quale non insistette perchè
il giovane avvocato fosse punito e nemmeno pretese quella soddisfazione, alla quale il calcio ricevuto gli dava il diritto e forse l'obbligo.
Quel giovane avvocato, che divenne notissimo in tutta l'Isola, è il presente senatore Andrea Guarneri, il quale, e lo ricorda bene, seppe la
sera stessa, per mezzo del segretario di Maniscalco, di non aver nulla
a temere, perchè il direttore di polizia aveva confidenzialmente riferito il fatto al Re. E difatti non vi fu arresto, nè processo nè duello.

Spaccaforno era in fama, come ho detto, di forte tiratore di pistola.
A Teramo ancora si ricorda, con terrore, che aveva al suo servizio un
giovanotto, cui infliggeva il supplizio di porre sul capo un'arancia, che
portava via con un colpo di pistola. A Palermo era rimasto vivo il
ricordo del duello avuto in gioventù col barone Oddo, per quistioni
di donne. Il barone Oddo apparteneva al mondo elegante, e si distingueva nelle *carrozzate*, o corse di vetture signorili. Prima del duello
Spaccaforno dichiarò, con l'abituale sua calma lamentosa, che non
avrebbe ucciso l'avversario, ma solo gli avrebbe impedito di prender
parte alla *carrozzata* di quell'anno, piantandogli una palla nella
gamba destra, e così fu.

Alto, vigoroso e assai corretto nel vestire, incedeva con aria quasi
spavalda. Era fratello della marchesa Di Rudinì e fu, dopo
Maniscalco, il funzionario più zelante negli ultimi anni dei Borboni
in Sicilia. Rimasero memorabili alcune sue annotazioni sulle pratiche
amministrative. Ne ricordo una: *"gl'ingegneri sono come gli orologiai;
fanno spendere il danaro, senza sapere dove va"*. Si serviva nei sunti,
cioè nel riassumere lo stato degli affari, di un giovane intelligente e
vivace come un demonio, alunno da poco tempo del ministero del-
l'interno, in seguito a brillante concorso. Questo giovane, il quale

prendeva lo stipendio di tre oncie al mese, ossia trentotto lire, era quello nel quale lo Spaccaforno riponesse fiducia per gli affari più difficili, e lo gratificava con somme, le quali rappresentavano qualche volta il doppio dello stipendio annuo. Si chiamava Vincenzo D'Anna, ed è oggi senatore e presidente di sezione al Consiglio di Stato.

Gli altri direttori, Francesco Mistretta e Giuseppe Castrone, non avevano importanza fuori la vita dei rispettivi dicasteri, nè personalità spiccata. Il Castrone era un giurista non senza valore; e il Mistretta, magistrato di qualche dottrina, aveva pronunziato il tronfio discorso, tre anni prima, all'accademia Peloritana per commemorare il viaggio del Re a Messina: l'uno e l'altro singolarmente protetti dal Cassisi che li considerava creature sue. Il Castrone, dopo il 1860, esercitò a Napoli con largo successo l'avvocatura civile e vi è morto da pochi anni.

I tre nuovi direttori, pienamente d'accordo fra loro, non si trovavano in pari accordo con Maniscalco. Tra Maniscalco e Spaccaforno si rivelò subito una decisa incompatibilità di carattere, che solo la ben dissimulata prudenza di entrambi non fece degenerare in conflitto; anzi il Maniscalco si studiava di usare a Spaccaforno apparenti riguardi, che lo Spaccaforno ricambiava con altrettanta affettata cortesia. Ma i tre direttori si vendicavano del collega, dicendone un gran male al luogotenente e facendo risalire a lui la responsabilità di quegli atti, che più urtavano il sentimento pubblico e insistevano perchè fosse allontanato. Il Maniscalco, al contrario, certo del favore del Re, non si curava di questi intrighi occulti, anzi affermava ogni giorno di più il poter suo. Ma quella unità e risolutezza di indirizzo nel governo, vero segreto del successo di Filangieri, cessarono di esistere e cominciò invece quel fatale giuoco a *scaricabarili*, che fu tanto utile alla rivoluzione. Maniscalco, rimasto devoto a Filangieri, lo informava delle cose del governo, non celandogli i suoi timori, e la poca fiducia nei colleghi. E questa corrispondenza, che va dal 1855 al 1860, non è priva d'interesse.[1]

I ministri di Sicilia non offrivano lo spettacolo babilonico dei ministeri di Napoli. Erano anch'essi raccolti in un solo palazzo, dove sono oggi gli unici della prefettura, accanto alla casa monumentale dell'arcivescovo. Gl'impiegati erano pochi, le competenze più distinte, la disciplina osservata e i contatti col pubblico affatto proibiti. Solo una volta la settimana, il venerdì, gli ufficiali di ripartimento (capidivisione) davano udienza pubblica, cioè ricevevano quelli i quali andavano a prender conto dei loro affari, o vi mandavano i proprii incaricati. Era riconosciuta una classe di sollecitatori, che potrei paragonare agli spedizionieri presso le congregazioni ecclesiastiche di Roma. Le sale dei ministeri erano pulite e le scale non ingombre di postulanti, perchè, tranne gl'impiegati, nessuno vi saliva. Amministrazione ordinata e onesta, con orario strettamente osservato, dalle 10 alle 4, senza interruzione.

Il governo di Castelcicala non poteva avere e non ebbe unità d'indirizzo. Era, in sostanza, il governo di Cassisi, il quale però rifuggiva dalle responsabilità rischiose e odiose. Castelcicala non dava ombra, anzi cercava di limitare la propria responsabilità e di parere il meno che potesse. Carezzava Cassisi e in molte cose non muoveva foglia senza di lui; non amava Maniscalco, per il male che ne sentiva dire, ma non disse mai al Re, risolutamente, di mandarlo via; lasciava che v'insistesse Cassisi senza conclusione. Generoso e bonario, teneva aperta la Reggia alle feste e ai conviti; conservò Charles, il celebre cuoco del suo predecessore, e furono i suoi pranzi ugualmente sontuosi. Non recedendo dal cerimoniale regio, usciva anche a piedi,

---

[1] Archivio Filangieri.

mostrando di non aver paura, ma l'indole flemmatica lo faceva ritroso di ogni decisione, pur divenendo ad un tratto violento e persino brutale, se si persuadeva che qualcuno abusasse dell'ufficio suo. Essendogli riferito che un colonnello di cavalleria profittava malamente sui foraggi, ordinò che il reggimento sfilasse un giorno alla presenza di lui. E visto lo stato dei cavalli, compiuta che fu la sfilata, avrebbe detto al colonnello, a voce alta: "*Signor colonnello, lei è un ladro*". Si immagini l'impressione. Tornato al quartiere, il colonnello fu colpito d'accidente e morì.

Non si parlò più del gran progetto del Filangieri per la costruzione delle strade, ma se ne fecero alcune con i fondi ordinarli del bilancio; s'innalzò qualche faro; si costruì un nuovo porto a Milazzo, patria di Cassisi, e furono allargati gli scali di Palermo, di Messina, di Trapani e di Girgenti; congiunta più tardi la Sicilia a Napoli col telegrafo elettrico, e iniziata una rete telegrafica per tutta l'Isola. Il bilancio fu tenuto in pareggio e i fondi pubblici salirono a 120 ducati. Non essendo il Ruffo uomo da iniziative, fece tutto quel bene compatibile con l'indole e la posizione sua, destreggiandosi, non senza abilità, con Cassisi, il quale voleva mostrare al mondo che il padrone della Sicilia era lui e fino a un certo punto lo mostrò.

Se il principe di Satriano ebbe nel suo passivo politico le tragiche esecuzioni del Garzilli e dei suoi compagni, il principe di Castelcicala ebbe quelle del Bentivegna e dello Spinuzza. Se il Filangieri giustificò le prime con la necessità di dare degli esempi, Castelcicala giustificò le altre, lavandosene le mani. La storia del Bentivegna e dei suoi compagni è stata narrata, con copia di documenti e retto senso storico, da Alfonso Sansone,[2] e tutti i particolari sono contenuti in quel suo interessante volume. Ma il Sansone ignorò una circostanza, forse

---

[2] *Cospirazione e rivolte di Francesco Bentivegna e compagni, con documenti e carteggi inediti.* - Palermo, 1891, Tipografia del "Giornale di Sicilia".

capitale, che potrebbe spiegare la condotta del Governo in quella occasione, come spiega l'insuccesso del tentativo fatto dal luogotenente, per salvar la vita a quei due. Quindici giorni dopo la rivolta di Mezzoiuso, era avvenuto a Napoli l'attentato di Agesilao Milano, che si credette organizzato da una setta potente di rivoluzionari; e però, insensibile il Re alle istanze di coloro che lo consigliavano di salvare la vita al soldato calabrese, non volle saperne di far la grazia al Bentivegna, anche perchè questi, già deputato nel 1848, era fuggito a Genova e ne era tornato a istigazione del Mazzini, per ritentare quella rivolta che non gli era riuscita nel 1853. S'imponeva l'esempio, e si passò sopra a tutte le forme, sino al punto che il Cassisi, per mezzo dei suoi fidi, ne fece cadere la responsabilità sulle autorità di Palermo, asserendo di avere lui altra volta protetto il Bentivegna e fattolo condannare al confine. Si disse pure a Napoli che, perchè la regia clemenza non salvasse il Bentivegna, si era fatta conoscere al Re la condanna dopo che era stata eseguita. Così affermarono gli scrittori borbonici, e questo fu il motto d'ordine della diplomazia napoletana, perchè la fucilazione del barone Bentivegna, per la posizione sociale di lui, per i suoi legami col partito mazziniano e per l'infamia veramente unica della procedura, produsse enorme impressione in tutta Europa. Gli esuli siciliani, che erano in Piemonte, indussero il Brofferio ad accusare, nella tornata del 15 gennaio 1857, il conte di Cavour di non aver fatto nulla per impedir quell'eccidio. "Come si è corrisposto – esclamava il Brofferio – agli italici entusiasmi? Udite! Insorgeva la Sicilia, prima sempre nel magnanimo arringo, e i ministri stettero con le mani conserte e il ciglio asciutto a vedere le palle soldatesche rompere il petto del prode Bentivegna. Se una nave del Piemonte fosse stata spedita nelle acque di Messina, almeno a tutelare i nostri concittadini là dimoranti, che ne avevano il diritto, la vista della nostra bandiera avrebbe confortato quel generoso popolo nei pericoli e nelle battaglie. La nave non comparve; e immobili e muti, abbandonammo quei

generosi al cannone degli Svizzeri e alla mannaia del Borbone!... E i
nostri consoli, che facevano? Non spedivano appunti al nostro governo su quanto avveniva laggiù? I nostri consoli facevano voti per la vittoria del Re di Napoli; il console di Messina calava sul *Miseno* per
bere coi soldati borbonici alla salute del tiranno, anzi, nelle sere in cui
si facevano le luminarie ordinate dalla polizia, il nostro console *fu il
solo di tutti gli agenti diplomatici che illuminasse le finestre del suo palazzo* (*Sensazione*). A Napoli non vi fu insurrezione, ma vi furono
quelle catastrofi che precedono i grandi movimenti. Furono incen-
diati castelli, polveriere, navi, un tremendo attentato scosse Europa:
noi soli non sembrammo meravigliati nè commossi... E il Caligola di
Napoli viene ogni dì più baldansoso... Rispondetemi, confondete la
mia sfiducia, umiliate la mia incredulità, e vi benedirò di avermi umiliato e confuso".

Dopo questa sfuriata del Brofferio, piena di inesattezze e di ampollosità, seguirono poche parole del deputato Giorgio Pallavicino, e poi
rispose Cavour, il quale ebbe in quella circostanza uno degli scatti più
felici della sua eloquenza. Egli notò che il console del Piemonte a
Messina era un messinese, avente le sole funzioni di console locale, e
che i fatti furono molto esagerati, mentre il console del Piemonte a
Palermo informò sempre fedelmente il governo di quanto avveniva.
E soggiunse: "Non mandammo un naviglio a Messina, e il deputato
Brofferio ce ne accusa. Ma le nostre parole e la nostra politica non
tendono a eccitare o appoggiare in Italia scomposti, o vani e insensa-
ti tentativi rivoluzionarii. Intendiamo noi diversamente la rigenerazione Italiana. Noi seguimmo sempre una politica franca e leale senza
linguaggio doppio, e finchè saremo in pace cogli altri potentati
d'Italia, non impiegheremo mezzi rivoluzionarii, nè cercheremo di
eccitar tumulti o ribellioni. Se avessimo voluto mandare un naviglio,
per suscitare indirettamente moti rivoluzionari, avremmo, prima di
farlo, rotta la guerra e dichiarate apertamente le nostre intenzioni.

Quindi, e lo dichiaro altamente, io mi compiaccio del rimprovero rivoltomi dal deputato Brofferio. Rispetto a Napoli, rispondo con dolore al deputato Brofferio. Egli ha ricordato fatti dolorosissimi: scoppio di polveriere e navi con perdite di molte vite e un attentato orrendo. Egli ha parlato in modo da lasciar credere che quei fatti sian opere del partito Italiano. Io li ripudio, li ripudio altamente, e ciò nell'interesse stesso d'Italia (*Vive approvazioni*). No! Questi non son fatti, che possano apporsi al partito nazionale Italiano: son fatti isolati di qualche illuso disgraziato, che può meritar pietà e compassione, ma che devon essere stigmatizzati da tutti gli uomini savi, e principalmente da quelli che hanno a cuore l'onore e l'interesse d'Italia (*Bene*)".

Parlò anche il Mamiani, il quale enfaticamente esclamò, che "Re Ferdinando, per quanto ignora tutte le arti generose del regnare nel secolo XIX, altrettanto conosce a maraviglia tutte quelle del Medio Evo". Il Brofferio non si mostrò sodisfatto della risposta di Cavour e replicando, conclude: "Il deputato Mamiani ha detto: Questa povera Italia, flagellata e battuta non si stenderà mai nella tomba, e i tiranni quando vorran toccarne il onore, sentiranno i palpiti e diranno: Essa vive!... Sì: vive, ma non della vita che noi le abbiam data. Vive l'Italia del sangue che le fluisce nelle vene, che la scalda dal sepolcro, e tocca a noi risuscitarla interamente, non lasciarla coperta di battiture sotto il funereo coperchio. Vive, ma di vita quasi peggiore della morte. Risuscitiamola! (*Bravo, bene a Sinistra*)".

In verità, la procedura, seguita riguardo al Bentivegna, fu veramente infame, e il Brofferio avrebbe fatto meglio se si fosse limitato a bollarla così. E di fatti, contestata dagli avvocati Puglia, Bellia, Sangiorgi e Del Serro – a nome dei quali parlò coraggiosamente ed eloquentemente il quinto avvocato, marchese Maurigi – la competenza del Consiglio di guerra, perchè il Bentivegna era stato arrestato

senz'armi e non in conflitto, il giudizio venne continuato e la fucilazione eseguita, non pare credibile, un giorno prima che la Corte di
Cassazione pronunziasse sulla competenza del tribunale che li aveva
condannati! Varie voci corsero in quei giorni, perchè nessuno voleva
la responsabilità per sè, ma la verità è questa. Allorché il Castelcicala
partì la prima volta per la Sicilia, il Re gli consegnò un plico, sul quale
era scritto "*Istruzioni segrete da leggersi nel caso di movimenti insurrezionali*". Condannati il Bentivegna e lo Spinuzza a morte, il Gallotti,
segretario particolare del principe, aprì il plico e vi lesse queste parole: "*Le sentenze dei Consigli di guerra saranno senz'altro eseguite*". Finse
di non aver letto e consigliò Castelcicala di telegrafare al Re per chiedere istruzioni. E la risposta immediata del Re fu questa: "*Leggete le
istruzioni segrete*". La sentenza fu eseguita, e il Sansone ne narra i particolari commoventi e quasi incredibili. Il Gallotti, dal quale ho queste notizie, mi dice pure che bruciò le istruzioni prima di lasciar Palermo; Francesco II, avanti di lasciar Napoli, ne trovò l'originale fra
le carte segrete della Reggia, e chi sa se ancora esistano. Del tentativo
per salvare Bentivegna, il Castelcicala nulla disse al Maniscalco, il
quale, nella sua qualità di direttore per la polizia, non ignorava la
mente sovrana. Ma l'odio maggiore per quelle esecuzioni si addensò
sul capo di lui, anzi fu da allora veramente che si cominciò a formare la trista leggenda sul nome suo: leggenda alimentata e accreditata
dal ministro di Sicilia a Napoli e dai colleghi del Maniscalco a
Palermo, e soprattutto dallo Spaccaforno, che seguitava non pertanto a mostrarglisi deferente e amico. Ma il Maniscalco compiva il suo
dovere, fingendo di non accorgersi di quel che avveniva intorno a lui,
intento a dare alla Sicilia la coscienza che il governo era forte e capace di soffocare qualunque conato di rivolta.

CAPITOLO V

SOMMARIO: Il ministero napoletano nel 1855 e 1856 – Ministri e direttori con cartiera e senza cartiera – La segreteria particolare del Re dopo il ritiro del Corsi – Ferdinando Troja e un epigramma del marchese di Caccavone – Le attribuzioni del Decurionato – Le condizioni della città – Antonio Carafa Noja, sindaco di Napoli – Gli eletti e gli aggiunti – Alcuni eletti promossi sottointendenti – Carlo Cianciulli, intendente della provincia di Napoli – La polizia e i suoi agenti – Morbilli e Campagna – Aneddoti – Quel che costava la polizia nella sola capitale – L'Università e i suoi professori – Carrillo e Testa – Gli studenti – Un po' di confronto – I collegi e gl'insegnamenti privati del 1848 – Vita e tribolazioni degli studenti – Ricordi di alunni – Il collegio dei teologi – Don Emilio Capomazza – I revisori dei libri e dei teatri – Don Gaetano Royer – Aneddoti – La Magistratura – Nicolini, Falconi, Niutta, Jannaccone e Spaccapietra – Confessioni di un magistrato di allora.

Quando, con decreto del 15 febbraio 1852, Giustino Fortunato *fu ritirato dalla carica di presidente del Consiglio dei ministri e di ministro degli affari esteri*, per la pubblicazione delle lettere di Guglielmo Gladstone, gli successe nella presidenza del Consiglio don Ferdinando Troja e negli affari esteri, non un ministro, ma un direttore con portafoglio, don Luigi Carafa di Traetto. Il Troja non aveva portafoglio e il Carafa ne aveva l'"incarico provvisorio" come si diceva allora, ciò che gli dava il diritto di prender parte al Consiglio dei ministri e ai Consigli di Stato: era ministro effettivo, ma senza il titolo e senza lo stipendio. Pietro d'Urso era ministro delle finanze; il maresciallo principe d'Ischitella, della guerra e marina; Giovanni

Cassisi, degli affari di Sicilia e il brigadiere Raffaele Carrascosa era anch'egli ministro senza portafoglio. Gli altri dicasteri non avevano ministri, ma direttori con referenda e firma, i quali, secondo il sovrano regolamento del 4 giugno 1822, facevano parte del Consiglio dei ministri e del Consiglio di Stato. Erano direttori: Murena, dei lavori pubblici; Scorza, degli affari ecclesiastici e dell'istruzione pubblica; Mazza, della polizia generale; Pionati, di grazia e giustizia e Bianchini, dell'interno. I pochi ministri titolari erano distinti fra ministri con cartiera e ministri senza cartiera. Così il Troja e il Carrascosa, non avendo portafoglio, non avevano cartiera e Carafa era dispensato dal dovere di riferire e conferire in Consiglio di ministri, sulla politica e sulla corrispondenza diplomatica, dovendo solo renderne conto personalmente al Re. Anche al ministro di polizia era concessa questa esenzione, ma per quei casi soltanto, *nei quali era necessario conservarsi il segreto con gli stessi ministri segretari di Stato.* Solo col presidente del Consiglio il ministro di polizia non doveva aver segreti. Nel Consiglio dei ministri si preparavano tutti gli affari che avevano bisogno della sovrana risoluzione; e poichè non vi era quasi affare che di tale risoluzione non avesse bisogno, ne seguiva che si trattavano le cose più piccine ed inconcludenti, come, ad esempio, la istituzione di una fiera o la promozione di classe di un pretore, che si chiamava "giudice regio" od altre simili quisquilie. La sovrana risoluzione era data dal Re in Consiglio di Stato, che era il Consiglio dei ministri, preseduto da lui; e, in sua assenza, dal principe ereditario che del Consiglio di Stato faceva parte. Ma i Consigli erano, tranne rari casi, preseduti sempre dal Re, che li convocava ordinariamente a Caserta; di rado a Napoli, dove stette poco negli ultimi anni; spesso a Gaeta; e, qualche volta, ad Ischia o a Portici.

Presidente del Consiglio dei ministri era, dunque, Ferdinando Troja; e segretario, detto "incaricato del protocollo", il colonnello d'artiglieria Francesco d'Agostino. Dopo il congedo dato nel 1852 a

Leopoldo Corsi, che dal 1841 cumulava tale ufficio con quello di segretario particolare del Re, ed era per ciò ritenuto il suddito di maggior potere in tutto il Regno, Ferdinando separò i due uffici, conferendo quello d'incaricato del protocollo al colonnello D'Agostino e nominando capo della sua segreteria particolare il maggiore d'artiglieria, Agostino Severino, tuttochè lo ritenesse incapace non solo di scrivere, ma di copiare una lettera. Del Corsi non volle più saperne, per quante vie costui tentasse di tornare nelle grazie del Re, del cui cuore pareva che avesse tenuto, per undici anni, ambo le chiavi. Pareva, perchè di quel Federigo nessuno fu mai il Pier delle Vigne. Al Corsi, Ferdinando II usò lo stesso trattamento che aveva usato all'abate Giuseppe Caprioli, suo segretario particolare dal giorno in cui ascese al trono. Nella questione per gli zolfi di Sicilia, caddero in disgrazia il principe di Cassaro, ministro degli affari esteri, e il Caprioli. Questi fu nominato vicepresidente della Consulta e tenne l'ufficio sino al 1848, quando venne collocato in riposo. Il Re non si ricordò più di lui, che si spense a Portici nella più assoluta oscurità. Al Corsi usò soltanto la misericordia di firmargli un decreto, che portava la urbana formola: *è promosso a consultore di Stato*, mentre col Fortunato fu inesorabile, anche per la forma del decreto, più su riportata. Ricordando le origini giacobine di lui, lo sospettò persino capace di aver tenuto mano alla pubblicazione del Gladstone, tanto gli pareva inverosimile, dopo le confessioni del principe di Castelcicala, che fosse stato così balordo. Congedò il Corsi dopo una tremenda ammonizione che lo fece piangere a singhiozzi, e rifiutò di ricevere il Fortunato, nè volle più vederli.

Ferdinando Troja era fratello di Carlo, il celebre storico dei Longobardi, che fu presidente del ministero del 3 aprile, caduto il 15 maggio. Questi fratelli avevano indole affatto diversa e studii diversissimi. Ferdinando era ben infarinato di latino e di giurisprudenza e aveva fama di buon magistrato; non credeva a libertà e a progresso; assolutista e municipale, reputava per lui un dovere servire il Sovrano senza discutere, e anzi senza farsi lecito di pensare neanche. Parlava ordinariamente il dialetto, e chiacchierando aveva per intercalare: *vuie che dicite?* Per lui il mondo si era fermato al 1789, e il Regno delle Due Sicilie non era compreso nell'Italia. Scaltro e forse scettico in fondo, il Troja copriva la scaltrezza con un manto d'ipocrisia untuosa; onde, avendo anche l'abitudine di tenere il capo sempre chino a sinistra, il Re lo chiamava *Sant'Alfonso alla smerza*, cioè *Sant'Alfonso alla rovescia*, perchè Sant'Alfonso de' Liguori, del quale il Re era devotissimo, è dipinto con la testa inclinata sulla spalla destra. Il Troja era ritenuto uomo senza cuore. Ammalatosi di mal di pietra e curato dal chirurgo Leopoldo Chiari, ispirò al marchese di Caccavone questo spietato epigramma:

Soffre di pietra, spasima
E c'è a sperar che muoja
Don Ferdinando Troja....
Nè per scoprir l'origine
Del male, il buon dottore
Chiari granchè fatica:
La cosa è chiara, il core
Gli è sceso alla vescica.

Ferdinando Troja era ministro dall'agosto del 1849, cioè dall'inizio della reazione, quando Ferdinando II, licenziati il principe di Cariati, Bozzelli, Ruggiero, Grigli e Torella, ultime larve di ministri costituzionali, nominò, in loro vece, degli assolutisti senza paura, come il Fortunato, il Longobardi e il Peccheneda, che fu promosso da prefetto a direttore di polizia. Ritenne del ministero Cariati i due militari, Ischitella e Carrascosa, che troviamo al loro posto negli anni dei quali discorro. Allora ministri e direttori duravano quasi a vita. Senza l'incidente di Gladstone, Fortunato sarebbe rimasto, chi sa per quanti anni, presidente del Consiglio e ministro degli esteri, perchè il Re amava poco di vedere facce nuove. La indifferenza più apatica fu la caratteristica di quasi tutti quei ministri e direttori, che governarono Napoli e le provincie negli ultimi dieci anni. Alcuni, pur sapendo che il Re diffidava di loro, non sentivano il dovere di andarsene; anzi rimanevano, lasciando andare le cose per la loro china. Erano in maggior numero i direttori che non i ministri, perchè, sia che la dignità ministeriale gli desse fastidio, sia che lo movesse spirito di economia, Ferdinando preferiva i direttori ai ministri; a lui pareva di averli più soggetti e li pagava meno. Un direttore prendeva 160 ducati il mese e un ministro 500. Un solo de' primi ebbe la fortuna di diventare ministro, nel febbraio del 1856, e fu il Murena. Nè il Peccheneda, che molto ci teneva, ottenne mai quel posto; nè il mite Bianchini, neppur dopo che successe al Mazza e cumulò, sino alla morte di Ferdinando II, le due direzioni dell'interno e della polizia.

Era sindaco di Napoli, dal primo gennaio 1848, don Antonio Carafa di Noja, che il Re chiamava, per celia, *Torquato Tasso*, perchè era forse il solo in tutto il Regno, al quale fosse concesso di portare baffi e pizzo, anzi mustacchi e mosca, come si diceva allora. Napoli aveva trenta Decurioni di nomina regia, dodici Eletti, quanti erano i quartieri della città, e ventisette Aggiunti, dei quali ventiquattro per i quartieri e tre per i villaggi. Al Decurionato, detto anche "Corpo di città", apparteneva di provvedere alla polizia annonaria, alla costruzione e manutenzione delle strade interne ed alla ispezione sulla vendita dei generi soggetti ai regolamenti di annona. Gli Eletti esercitavano nei quartieri le incombenze di ufficiali dello stato civile. Erano chiamati comunemente "cavalieri" e stavano alla immediata dipendenza del sindaco. Della povera vita municipale di allora ampiamente discorrerò in altro capitolo. Il vero sindaco era il Re, cui nulla importava di bonificamento e risanamento della città, e soprattutto dei bassi quartieri, oh quanto più luridi e malsani che non siano oggi! Di opere pubbliche importanti, compiute da Ferdinando II nella città, non sono da ricordare che la livellazione e il nuovo lastricato di Toledo, che fu finito di costruire nel giugno del 1853, con i marciapiedi e le colonne del gaz, e l'inizio del corso Maria Teresa, ora Vittorio Emanuele. Tranne Toledo, Chiaia e Foria, illuminate a gaz, tutta la città era illuminata ad olio; le lampade scarse e le strade buie, paurose e pericolose. Toledo fu per varii anni un saliscendi. Tre grandi chiaviche si aprivano, una innanzi alla Corsea, l'altra dov'è ora il *Gambrinus*, a due passi dalla Reggia, un'altra, più grande ancora, al largo della Pignasecca. Foria, per gli acquazzoni non infrequenti di primavera e di autunno, diveniva un torrente impetuoso, che travolgeva persone e bestie, ed era chiamato "lava dei Vergini" perchè l'acqua veniva giù da quelle colline. Al Re bastò aver consigliato il sindaco a collocare sulla strada un ponte mobile di ferro e uno di legno per passare da una parte all'altra, quando infuriava la piena; e così restarono le cose sino al 1859. Nè fu prima degli albori del nuovo Regno, che furono gettati due ponti nuovi in ferro, ma l'incanalamento non venne compiuto prima del 1869, sotto il sindacato di Guglielmo Capitelli. Le attribuzioni del Decurionato erano determinate dalla legge del 12 dicembre 1816 e dal decreto 22 marzo 1839. La città era un letamaio; e quando fu visitata dal colera, non soltanto la popolazione, ma il Re riteneva non essere il morbo alimentato dal luridume, ma da contagi misteriosi. Ferdinando II aveva comuni con la parte infima del suo popolo i pregiudizii e le paure. In tempo di epidemie, egli colla Corte si rifugiava a Caserta, o si chiudeva a Gaeta, avendo un vivace sentimento di disprezzo per Napoli, che chiamava *casalone* ed abbandonava a se stessa.

Ricordo fra i Decurioni di quegli anni: Francesco Spinelli, che poi fu sindaco nei nuovi tempi e senatore del Regno; Michele Praus, che fa deputato di sinistra; il barone Carlo Tortora Brayda, insigne magistrato; il principe di Castagneta, Nicola Caracciolo, padre di Gaetano, senatore del Regno; i celebri medici Rosati e Ramaglia; l'ingegnere Maiuri, uomo di molto valore tecnico; don Antonio Fabiani, avvocato, professore di procedura civile e suocero di Agostino Magliani. Era Eletto a San Ferdinando Michele Gaetani d'Aragona, il quale più tardi fu sotto intendente, e nel 1860 era a Formia, non essendo raro il caso che gli Eletti fossero chiamati a più alti uffici amministrativi. Il sindaco e gli Eletti, non il sindaco e i Decurioni, formavano l' "Eccellentissimo Corpo della città di Napoli". Anche Francesco Dentice d'Accadia, Eletto al quartiere Stella, divenne più tardi sottointendente, e lo era divenuto qualche anno prima il principe di Acquaviva, che nel 1856 successe a Giuseppe Colucci a Città Ducale.[1]

Sindaco, Decurioni, Eletti ed Aggiunti venivano nominati dal Re ed erano persone di molta probità e nobili quasi tutti; oggi sono invece innalzati dal suffragio popolare, coadiuvato dalle trappolerie dell'urna. Allora, sia detto per la verità, in essi non c'era secondo fine, ma facevano anche meno; o meglio, non prestavano quasi altra opera, che quella di ufficiali dello stato civile.

Intendente della provincia di Napoli era don Carlo Cianciulli, che il Re soprannominava *'o trommone dell'acquaiuolo*,[2] perchè dondolava costantemente la testa. L'Intendenza, ora Prefettura, aveva sede a Monteoliveto. Era segretario generale Carlo Colombo, e v'erano dieci consiglieri d'Intendenza, dei quali, quattro titolari e sei soprannume-

---

[1] Nella prima edizione riportai i nomi di tutti gli Eletti ed Aggiunti di quegli anni.

[2] Il recipiente di latta, rivestito di legno, nel quale gli acquafrescai di Napoli raccolgono l'acqua colla neve, e per iscioglierla, lo mandano su e giù, è detto nel linguaggio dialettale: trommone (TROMBONE).

ri. L'intendente non aveva che uffizio amministrativo, nè si mescolava di politica, essendovi per la politica un ministero di polizia, con la
prefettura di polizia, affidata quasi sempre a un alto magistrato. In
quegli anni vi era preposto Pasquale Governa, col segretario generale
Silvestri; poco prima l'aveva tenuta il Sarlo. Il ministero di polizia
aveva quattro ripartimenti ben distinti; e la prefettura tre, con uno
sciame di commissarii, ispettori, ispettori-aggiunti e cancellieri.

Dei birri di più sinistra fama, il Morbilli, un nipote del quale era
morto il 15 maggio sulle barricate combattendo contro gli Svizzeri,
era commissario a Montecalvario; De Spagnolis, all'Avvocata;
Campagna, al Mercato e a Porto; Lubrano, alla Vicaria; Condò, a San
Ferdinando. Il Morbilli e il Campagna, celebri entrambi ed entrambi calabresi, erano più temuti. L'uno e l'altro erano, come si diceva
allora, commissarii di primo rango e onnipotenti nel proprio quartiere. Rileggendo, dopo tanti anni, le attribuzioni della polizia nell'ultimo decennio borbonico, non si può non riconoscere la verità di
quanto fu asserito, essere la polizia la maggiore e più potente istituzione del Regno. Gli scavi di antichità, le bande musicali, il corso
pubblico, le strade ferrate, il censimento, l'archivio, il telegrafo, il
giornale ufficiale, il contrabbando, l'introduzione dei cavalli dal-
l'estero, gli studenti, le scuole e la posta, per quanto concerneva vigilanza e spionaggio, il riconoscimento dei diplomatici e degli agenti
consolari, le reali riserve, le guardie d'onore, le prigioni e perfino le
farmacie dipendevano dalla polizia. Essa era tutto, e però non è
punto maraviglia se degenerasse malamente in una fonte di abusi e di
violenze, fra popolazioni paurose e fantastiche. La polizia era la sola
amministrazione dello Stato, i cui capi esercitassero l'ufficio loro con
passione. Essa aveva la coscienza di essere superiore alle leggi e la sicurezza di godere la protezione del Re; e perciò non temeva nulla, ed era
stranamente temuta, anche nelle alte sfere della Corte e del Governo.
I commissarii, che ho nominati, erano fra i più capaci; ma il

Campagna che faceva tremare la gente, si riconosceva inferiore al Morbilli, *al duca*, com'egli diceva, perchè il Morbilli apparteneva a famiglia ducale. Erano questi agenti così infatuati del loro potere, che davvero è da ringraziare Dio che non facessero di peggio. Ma bisogna pur dire, in omaggio alla verità, che sul conto del Morbilli, del Campagna e di qualche altro, tra i più famigerati, non si disse mai che prendessero danaro per chiudere un occhio nell'esercizio del loro ufficio; più realisti del Re, ignorantissimi e volgarissimi, vedevano un pericolo politico in ogni fatto insignificante; odiavano i liberali, perchè nemici del Re e giustificavano ogni iniquità contro di loro, come compimento di dovere. *"Quando sono entrato in carriera*, diceva un giorno il Campagna a Tommaso Sorrentino, già deputato, *prendevo dieciassette ducati al mese; ora il Re me ne dà più di cento, e lo devo ai liberali; e se non staranno tranquilli, io li perseguiterò a morte, e il Re mi accrescerà la paga"*.

Pensiero plebeo, ma che confermava quanto ho detto: a difesa del Re tutto esser lecito, nulla trascurabile. Eppure, nonostante tanto eccesso di potere, la polizia borbonica in quegli anni che furono i maggiori della sua potenza, si rivelò, come polizia politica, inferiore alla sua fama: era in sostanza polizia più vessatrice che abile. Alcune settimane prima dello sbarco di Sapri, Pisacane potè venire a Napoli, prendere accordi coi suoi amici e ripartire per Genova; Agesilao Milano potè entrare nell'esercito in cambio di suo fratello, pur avendo combattuto nelle bande insurrezionali calabresi il 1848; nè la polizia riuscì ad arrestare i due che riteneva suoi complici, e molto meno a scoprire gli audaci, che affissero alle cantonate di Toledo un preteso decreto sovrano, che concedeva la Costituzione e accordava piena amnistia ai detenuti politici. Per quanto le cospirazioni politiche fossero inconcludenti, si cospirava; le relazioni fra i liberali e i condannati chiusi a Santo Stefano, a Procida e a Montesarchio e gli emigrati in Piemonte non furono mai interrotte; e nonostante la ridicola sorveglianza sui libri proibiti, questi, con mille astuzie, entravano nel Regno. Se alcuni capi della polizia non si vendevano, gli agenti minori erano però uno sciame di ladroni, e perciò lo zelo dei capi perdeva efficacia, sempre che, per tradursi in atto, occorreva l'opera dei subalterni.

Anche sulla polizia borbonica si fece il romanzo. Come emanazione di governo assoluto, che aveva paura dell'ombra sua, in un paese eccitabile e ciarliero, nel quale le classi infime erano abbandonate ai loro peggiori istinti, e le classi dirigenti, poche eccezioni a parte, erano presso che prive di equilibrio morale; e con a capo un Re, come Ferdinando II, bizzarra contradizione di paura e di coraggio, di tristizia e di bonarietà, napoletano in tutta l'estensione della parola, la polizia concorreva a peggiorare l'ambiente, dal quale era essa medesima resa più triste e corrotta.

C'era poi un commissariato di polizia addetto al ministero, avente a capo il Maddaloni, che aveva grado, soldo ed onori di giudice di Gran Corte Civile. Senza tener conto dei bassi agenti, detti *feroci*, la città di Napoli contava essa sola, in quegli anni, più di dugento fra commissarii, ispettori, vice-ispettori e cancellieri, non calcolando gl'impiegati del ministero e della prefettura, nè gli agenti dei tre circondarii. Antonio Scialoja, confrontando i bilanci napoletani coi piemontesi, rilevò che, nonostante le cifre minori iscritte in bilancio, la polizia della sola città di Napoli e casali costava all'erario circa 100 000 ducati, somma ben considerevole allora; nè alcuno dei tanti, che scesero in campo a confutarlo, potè mettere in dubbio l'esattezza di tale affermazione. Naturalmente, nei centomila ducati erano comprese le così dette spese segrete per lo spionaggio in ogni classe sociale, specie nella borghesia e fra gli studenti.

Con reale decreto del 23 dicembre 1852, la regia Università degli studii di Napoli fu messa sotto la speciale protezione di San

Tommaso d'Aquino, e venne parimente disposto che i suoi professori titolari, non meno che il presidente e i membri del Consiglio generale di pubblica istruzione, dovessero portare sospesa al collo, a guisa
di onorificenza, una medaglia dorata sormontata dalla reale corona,
avente da una parte l'effigie del santo protettore con l'epigrafe: *Divus
Thomas Aquinus Regiae Neapolitanae Universitatis professor et patro-
nus*, e dall'altra, l'epigrafe: *Ferdinandus II Rex P. F. bonarum artium
stator*. Il nastro di color celeste, simbolo dell'Immacolata, alla quale
era sacra la chiesa dell'Università, aveva diverse dimensioni, secondo
che serviva per il presidente del Consiglio di pubblica istruzione o per
i semplici consiglieri, per il rettore o per i professori.

Era rettore dell'Università don Mario Giardini, professore di fisica
sperimentale. Sei le facoltà: teologia, matematica, scienze naturali,
giurisprudenza, belle lettere e filosofia, e medicina. Se abbondavano
gl'insegnanti mediocri ed oscuri, non mancavano scienziati di gran
valore e alcuni di fama europea. Niccola Nicolini, presidente della
Corte Suprema, insegnava diritto e procedura criminale; Michele
Tenore, botanica; Luigi Palmieri, logica e metafisica; Filippo Carrillo,
leggi civili; Placido de Luca, economia pubblica (la parola *politica*
venne mutata in *pubblica*); Michele Zannotti, meccanica razionale;
Niccola Trudi, calcolo sublime; Annibale de Gasperis, astronomia e
geodesia; Arcangelo Scacchi, geognosia; Felice de Renzis, oftalmiatria;
Gaetano Lucarelli, fisiologia, e Giuseppe Moyne dirigeva la clinica
oftalmica. Professori emeriti, Paolo Tucci e Vincenzo Flauti nella
facoltà matematica, e don Franco Rosati in quella di medicina.

Filippo Carrillo, che era anche consultore di Stato, ebbe una moglie
col nomignolo di *Donna Ciomma*, cioè "Donna Girolama", la quale
salì a grande notorietà, insieme al marito, per avere ostentata, dopo il
1849, gran devozione alla dinastia e raccolte molte firme alla supplica-
ca per l'abolizione dello Statuto. Fu in quel tempo, che avendo il
Carrillo fatto apporre sull'entrata principale di una sua villa in Portici

l'emblema d'una pigna, venne fuori questo epigramma, attribuito anch'esso al Caccavone:

> Questa pigna sul portone
> Qualche cosa dir vorrà:
> È la faccia del padrone,
> Che in durezza par non ha.

Filippo Carrillo morì nel 1856, e l'anno dopo gli successe nell'insegnamento delle leggi civili don Giuseppe Testa, anzi don Peppe Testa, che veniva da Chieti, nel cui liceo era professore di diritto. Chi della mia generazione non ha conosciuto e non ricorda questo tipo caratteristico di giurista eminente, rimasto chietino nel discorrere, negletto negli abiti e nel patriarcale costume? Chi non ricorda quell'alta, rosea e tabaccosa figura, che portava guanti neri, divenuti, per il lungo uso e per la larghezza della misura, come egli li chiamava, *cauzarielli?* [3] Montando sulla cattedra se li cavava; e, finita la lezione, li rimetteva, senza muover le dita, nè aveva bisogno di adoperar una mano per distendere il guanto sull'altra. La cattedra del Testa fu sempre tra le più affollate. Il professore parlava con la nasale e lamentosa cadenza abruzzese, ma quanta chiarezza e dottrina in quelle lezioni! Gli successe, dopo il 1870, il suo più valoroso discepolo, Diego Colamarino, altro tipo caratteristico, morto non ancora cinquantenne; e quella cattedra, illustrata dal Testa e dal Carrillo, fu poi degnamente occupata da Emanuele Gianturco.

L'Università era per altro deserta, anche prima del 1848. Gli studii privati, tenuti da uomini insigni, raccoglievano allora tutta la gioven-

---

[3] Calzettini.

tù, e primeggiavano quelli di Roberto Savarese, che insegnava diritto romano, diritto e procedura civile; di Luigi Palmieri che insegnava, ad un tempo, chimica sperimentale, filosofia e diritto di natura; di Giuseppe Pisanelli che dettava diritto penale; di don Carlo Cucca, ritenuto somma autorità in diritto canonico. Lo studio di Paolo Tucci e di Salvatore de Angelis, che insegnavano matematiche elementari e sublimi, era frequento da centinaia di giovani; e così pure quelli di Francesco de Sanctis e di Leopoldo Rodino, succeduti, nell'insegnamento delle lettere italiane, al benemerito marchese Puoti; e quello dell'abate Antonio Mirabelli, professore di lettere latine. L'insegnamento universitario era tradizionalmente formale, e lo divenne ancora di più dopo il 1848, per gli eccessi della polizia e le restrizioni del governo. All'Università si facevano gli esami pubblici, ma senza pubblico; e, andati in esilio Savarese, Pisanelli e De Sanctis, gli studii privati non rifiorirono che nel 1859, come sarà appresso notato, e fu l'ultima rifioritura. La nuova Università doveva ammazzare gli studii privati, con quanto maggior profitto della scienza, si è veduto e si vede.

Il numero degli studenti non arrivava al quinto di quello che è oggi, sebbene l'Università di Napoli fosse unica nei reali dominii di qua dal Faro. In quel tempo non vi era iscrizione, e perciò non è possibile una statistica esatta, ma solo approssimativa. Per gli anni 1852-53-54 ho potuto raccogliere le cifre degli studenti, che presero laurea o licenza nelle varie facoltà. Nel 1852 furono rilasciate 1022 cedole in belle lettere; nel 1853 1085, e 904 nel 1854. Negli stessi anni, nella facoltà di legge vi furono, complessivamente, 2433 fra lauree e licenze per notai; nella facoltà di medicina, 1927, fra lauree e licenze per levatrici e flebotomi; e nella facoltà di matematica 698, tra architetti e agrimensori, mentre le cedole di farmacia furono 692. Notevole è il confronto di queste cifre con quelle di oggi. Nè coloro che ottennero lauree, licenze e cedole frequentavano l'Università, poichè, non essendovi iscrizione obbligatoria, come ho detto, la frequenza ai corsi era perfettamente libera. L'insegnamento universitario fu negli ultimi anni, soprattutto per alcune materie, un beneficio semplice per molti professori che non facevano lezioni. Le tasse scolastiche erano minime, in confronto delle presenti, e si pagavano solo per la cedola e per la laurea; mentre se questa non era spedita, non si pagava niente.

A mantenere limitato il numero degli studenti contribuivano oltre la difficoltà dei mezzi di comunicazione tra Napoli e le Provincie, le vessazioni della polizia, la quale, non contenta di seccarli in tutti i modi, ne ordinava, di tanto in tanto, lo sfratto per timori immaginarii. Erano anzi gli studenti una miniera per la bassa polizia, e le astuzie, alle quali ricorrevano per non essere molestati, meriterebbero una storia umoristica. Non esisteva alcuna garanzia per loro, quando non potevano disporre di danaro o d'influenze. Dovevano essere tutti provveduti della "carta di soggiorno" che si rinnovava ogni mese, a libito della polizia, mercè regali e mancie, e dovevano essere ascritti alla congregazione di spirito e frequentarla tutte le domeniche, ascoltare la messa e la predica, cantar l'ufficio e confessarsi. Oltre alla congregazione di spirito dell'Università, di cui era prefetto il prete don Antonio d'Amelio, vi era quella di San Domenico Soriano, diretta dal prete don Gennaro Alfano, alla quale erano iscritti più di 500 giovani. Senza il certificato di aver assistito a quelle congregazioni, non si era ammessi agli esami, e si può bene immaginare quante mance, burle e astuzie si adoperassero per ottenere il certificato, senz'assistervi. La polizia teneva d'occhio le case e i caffè degli studenti più in vista. Frequentissime le perquisizioni; e guai se si trovava qualche libro, sul cui frontispizio fosse stampata la parola *politica*. I nomi di certi autori portavano dritto dritto all'arresto: così Machiavelli, Botta, Giannone, Colletta, Leopardi, Gioberti, Massari, Berchet, Giusti, fra i principali. Quando fu pubblicato il *Rinnovamento*, parecchi studenti riuscirono ad averne una copia, e per leggerla si riunivano alla chetichella ora in una, ora in altra casa. Una sera, mentre alcuni di loro, in casa di Tommaso Arabia, leggevano questo libro, alcuni agenti e un cancelliere li sorpresero. Fu buttato il libro nel pozzo; e preso un mazzo di carte, gli adunati si disposero in giro ad una tavola, facendo vista di giuocare. Ma non valse quest'astuzia, perchè i *feroci*, dopo averli maltrattati con villane parole, li trassero in arresto, come colpevoli di giuochi proibiti. Gli studenti ricchi, pochi; ma anche quelli, che appartenevano a famiglie facoltose, erano tenuti a stecchetta. Uno studente ben provvisto veniva segnato a dito fra i compagni. E però vivevano in tre o in quattro, conterranei, comprovinciali o parenti, occupando camere o quartierini della vecchia Napoli, o nel quartiere di Montecalvario, agli ultimi piani. Il letto, una tavola da studio, un cassettone e qualche sedia: ecco la suppellettile che lo studente portava dal paese nativo; e perciò, quando avvenivano gli sfratti, era caratteristico vedere, al Molo, montagne di materassi che si caricavano sul vapore in partenza per Pizzo, perchè erano i calabresi quasi sempre primi ad essere sfrattati. Altri abitavano, come si diceva, in famiglia, cioè erano dozzinanti presso famiglie d'impiegati, di pensionati, di piccoli professionisti, di commessi di negozio; e la padrona di casa, se non proprio vecchia, finiva per essere l'amante di uno dei suoi giovani inquilini; e se aveva figliuole, erano amori, promesse, giuramenti, scene clamorose di gelosia, e... frittata finale. Lo studente, tornando in provincia, narrava con compiacenza i suoi amori di Napoli, e quasi sempre esagerava, lasciando credere più di quanto realmente fosse. Molto volte c'entravano la polizia e il curato, e allora la faccenda finiva con un matrimonio imposto, o con quattrini pagati a titolo... d'indennizzo.

Anche ai miei tempi, studente era per i napoletani qualità dispregiativa e voleva dire zotico, sfrontato, spiantato, *arruzzuto*. Gli studenti, in genere, erano detti *calavrisi*, perchè, cosa davvero strana, i provinciali meno riducibili e più temuti dalla polizia, erano, non i pugliesi o gli abruzzesi, ma quelli di Calabria; e difatti quei giovani, i quali scendevano dalle native montagne del Cosentino e del Catanzarese, erano i meno atti a rifarsi nelle apparenze e nelle abitudini, al contrario dei giovani di Puglia, per i quali, appena giunti a Napoli, il sarto e il barbiere erano la principal cura. Gli studenti più poveri, e ve n'erano di quelli che ricevevano dalle famiglie non più di sette o otto ducati al mese, pranzavano in piccole osterie della vecchia Napoli, con pochi grani al giorno. Era celebre, e tuttora esiste, l'osteria di *monzù Testa*, in via dei Tribunali. E vi erano bettole ancora più economiche, dove la sera si poteva sfamarsi con pizze, castagne e olive. Oggi uno studente non costa alla sua famiglia meno di 150 lire al mese; ha la sua camera mobiliata, pranza al *restaurant* o alla pensione, ed è generalmente un politicante fastidioso, il quale non ha paura di nessuno, essendo convinto che con la violenza riesce a farsi nome e a bucare leggi e regolamenti scolastici. Allora, ruvidi e poveri, avevano elevate idealità, che li rendevano simpatici, nè a torto la polizia li temeva; oggi, coi loro eccessi calcolati e le tendenze realistiche, delle quali menano vanto, riescono, tutto compreso, un tipo antipatico. Allora riportavano da Napoli la goffaggine partenopea del dialetto e degli scherzi; oggi vi aggiungono le perfezionate trappolerie elettorali, le ambizioncelle precoci e le amicizie coi peggiori giornalisti.

L'autorità vedeva di mal occhio l'agglomerarsi degli studenti in Napoli, e perciò non erano tollerati che quelli già muniti della licenza professionale, che si otteneva nei licei di provincia. A Napoli bisognava rimanere il tempo strettamente necessario per dare gli esami di laurea; anzi non si rilasciavano passaporti negli ultimi anni a studenti privi della licenza professionale. Però si trovava modo d'aggiustar tutto con pecunia e neppur molta. Non era permesso venire dalla Sicilia a studiare in Napoli. Se di qua dal Faro non v'erano altre Università, presso i principali licei delle provincie esistevano cattedre di diritto e procedura civile, di diritto e procedura penale, di diritto romano, di anatomia e fisiologia, di chirurgia teorica e pratica, di medicina pratica, di chimica farmaceutica e di storia naturale; e in qualcuno, come in Aquila, di medicina legale e materia medica, di mineralogia e geologia. I reali licei o collegi, avevano un convitto, diretto dai gesuiti o dagli scolopii, i quali insegnavano generalmente lettere, filosofia, scienze fisiche e matematiche. Gli altri professori erano laici. Così, a Lecce insegnava diritto e procedura civile, don Vitantonio Pizzolante, che fu deputato di Manduria nel 1876; Luigi Grimaldi, padre di Bernardino, insegnava nel liceo di Catanzaro le stesse materie, nonchè il diritto romano; e Francesco Fiorentino, giovanotto a ventiquattro anni, aveva già acquistato tal nome negli studii teologici e filosofici, che dava private lezioni di teologia ai giovani padri scolopii del liceo di Catanzaro, e di filosofia del diritto a una numerosa studentesca laica, e teneva aperti su di lui gli occhi della polizia, che lo vigilava senza tregua, finchè un giorno l'esiliò addirittura a Monteleone. I licei, con gl'insegnamenti più completi, erano quelli di Salerno, Bari, Catanzaro e Aquila.

Il collegio di Chieti era diretto dai padri delle scuole pie, ed ebbe insegnanti valorosi, tra i quali, nelle scuole universitarie, il Testa, finche non fu chiamato a Napoli, e quel canonico De Giacomo, professore di diritto romano che, concorrendo più tardi, alla stessa cattedra nell'Università di Napoli, maravigliò esaminatori e uditori, parlando con mirabile facondia due ore di fila in latino e citando a memoria lunghi brani di Papiniano e Giustiniano. Era soprannominato *'o prevetariello*.[4] Liberale fino al 1860, divenne poi intransigente e morì vescovo dei Marsi nel 1884. Vi insegnava pure diritto penale Niccola Melchiorre, che fu poi deputato di sinistra in varie legislature, e presidente per molti anni del Consiglio provinciale. Era il solo, che facesse lezione col cappello in testa, per cavarselo rispettosamente ogni

---

[4] Piccolo prete.

volta che doveva nominare la *Sacra Real Maestà del Re*. Il collegio di Chieti aveva in quel tempo un gran buon nome; vi furono educati, fra gli altri, Giulio de Petra e Filippo Masci, e vi ebbe dignità di priore il giovane Angelucci, che divenne medico valoroso e fu carissimo al De Meis. Io lo conobbi, molti anni dopo, in una condotta del comune di Umbertide in provincia di Perugia, e poi sanitario della casa penale di Solmona: uomo, per la cultura e l'animo, degno di miglior sorte. Anche il liceo di Catanzaro era affidato agli scolopii; quelli di Bari, di Salerno e di Reggio, ai gesuiti. Gli altri erano quasi tutti egualmente affidati a gesuiti e a scolopii, ma soltanto ai quattro su nominati venne data facoltà di conferire i primi gradi in legge, medicina, matematica e fisica, cioè la così detta licenza professionale, onde non v'era bisogno che gli studenti dei primi anni si recassero a Napoli. Era ciò molto economico per le famiglie. Nella smania demolitrice che seguì al 1860, quegl'insegnamenti si andarono via via abolendo, mentre assai miglior partito sarebbe stato perfezionarli e renderli completi, per non agglomerare tanta moltitudine di giovani a Napoli.

Accanto all'Università fioriva l'Almo Real Collegio dei Teologi, istituito da Ruggiero, onorato e privilegiato da Giovanna II e da Alfonso d'Aragona, ed arricchito di grazie da diversi Papi. Spettava ad esso conferire la laurea in teologia ed esaminare i libri che si davano alle stampe; ed erano i suoi membri consultati come teologi di Corte. Abolito nel 1812, rivisse nel 1821 e in parte riebbe gli antichi privilegi; ma il conferimento delle lauree, dopo che fu riordinata l'Università e istituita la facoltà teologica, venne delegato a questa facoltà con l'intervento di quattro maestri dell'Almo Collegio. Questo dava pure dei saggi con dissertazioni sopra i problemi religiosi, che l'eresia e l'ignoranza negavano o mettevano in dubbio. Primo maestro onorario, il Papa; primo maestro partecipante, l'arcivescovo di Napoli; decano perpetuo, monsignor Cocle; vicedecano, monsignor Salzano e maestri onorarii, i cardinali Macchi, D'Andrea, Cosenza, Cagiano e Antonelli.

Tutto il Collegio aveva 48 maestri, dei quali, 32 appartenevano al clero secolare e 16 al regolare, cioè 4 per ogni ordine mendicante, e perciò esclusi i gesuiti.

L'insegnamento elementare limitatissimo, così in Napoli, come nelle provincie. Fino al 1860, Napoli non ebbe che quattro scuole municipali gratuite e che scuole! Era preposto all'insegnamento elementare di tutto il Regno, don Giuseppe Turiello, un gran galantuomo, padre di Pasquale e fratello di Vincenzo, direttore dell'*Omnibus*. Come di questi due fratelli, uno si chiamasse Turiello e l'altro Torelli, sarà bene dirlo. Erano originarii di Basilicata e andarono a Napoli, giovanissimi. Un terzo fratello che si chiamava Aniello, trovando insopportabile la cacofonia del suo nome col cognome Turiello, cambiò questo in Torelli: sostituzione che Vincenzo accettò di buon grado, ma Giuseppe respinse, volendo rimanere Turiello. Egli si adoperava ad aumentare il numero delle scuole nelle provincie, ma trovava ostacoli insuperabili nei vescovi e nello stesso monsignor Apuzzo, il quale, al Turiello che un giorno gli ripeteva, con maggior calore del solito, le sue proposte, battendo amichevolmente con le mani sulle ginocchia, rispose: "*Non tanta istruzione, non tanta istruzione, caro don Peppino*". Nè di minori sospetti erano circondati i rarissimi asili d'infanzia.

Presidente del Consiglio di pubblica istruzione era don Emilio Capomazza, consultore di Stato, uno dei tipi indimenticabili di quel tempo, perchè ad una vasta cultura canonica univa uno spirito volterriano, insofferente d'ogni inframmettenza del potere ecclesiastico nelle cose civili ed era giannonista implacabile. Avversava i gesuiti, e non erano infrequenti i conflitti con la Compagnia e coi suoi protettori, che avevano radici in Corte, non nell'animo del Re, il quale li temeva più che non li amasse e non poteva tollerarne l'invincibile tendenza all'intrigo politico.

Don Emilio, come il Re lo chiamava familiarmente, aveva abitudini curiose. Innanzi tutto, pur essendo molto ricco, era altrettanto avaro, ma d'una avarizia più stravagante che sordida. Se ai figliuoli lasciava mancare qualche volta il necessario, quando morì essi trovarono infilzate ad un uncino non so quante polizze dei suoi stipendi, le quali da anni non riscoteva. I figli e la moglie avevano per lui un sentimento di affetto misto a terrore. Abitava nel suo palazzo al vico Nilo; ma quasi ogni giorno, uscendo dall'ufficio, andava in un carrozzone caratteristico nell'altro suo palazzo all'Arco Mirelli, dove, vestito così com'era, prendeva una zappa e per alcune ore lavorava nel giardino. In quelle ore a tutti era vietato di entrare, ma gl'inquilini si divertivano un mondo, vedendo il vecchio consultore zappare la terra. La vita di Emilio Capomazza che morì molto vecchio, dopo il 1860, meriterebbe uno studio e sarebbe desiderabile che se ne occupasse qualcuno dei nipoti. Dei figliuoli, il maggiore fu Carlo, morto prima del padre, essendo consigliere di Corte d'appello. Se oggi fosse vivo, occuperebbe uno dei più alti posti in magistratura, tanto era egli stimato per la dottrina giuridica e l'anima di galantuomo. Carlo fu padre di Emilio, presente marchese di Campolattaro e già sindaco di Napoli, e di Guglielmo, che fu aiutante di bandiera di S. A. R. il duca degli Abruzzi.

Il nome del vecchio Capomazza si legge nell'ultima pagina di tutti i libri pubblicati a Napoli nell'ultimo decennio, perchè era attribuzione sua, quale presidente del Consiglio generale di pubblica istruzione, permetterne la stampa. La formula sacramentale del permesso era: *Si permette che la suindicata opera si stampi; però non si pubblichi senza un secondo permesso, che non si darà, se prima lo stesso regio revisore non avrà attestato di aver riconosciuto essere l'impressione uniforme all'originale approvato.* Questi permessi, oltre la firma del presidente Capomazza, portavano quella del segretario generale Pietrocola, membro del Consiglio con voto.

I revisori non avevano niente da fare col Consiglio. Formavano un corpo distinto ed erano quasi tutti ecclesiastici. Sette, i revisori di libri provenienti dall'estero, con sede presso la dogana; e ventuno, i revisori delle opere che si stampavano nel Regno. Fra questi, tre soli laici. Il romoroso e faceto monsignor Salzano n'era il presidente e il sacerdote don Leopoldo Ruggiero, il segretario. Il Ruggiero fu poi arcivescovo di Sorrento e morì nel 1885. Figuravano tra i componenti il canonico don Rosario Frungillo, che resse da vicario capitolare la diocesi di Napoli alla morte del cardinale Riario Sforza, ed è, credo, l'unico superstite. I tre laici erano Calandrelli, Delle Chiaje e Placido de Luca. Il revisore presso l'*officina* delle poste si chiamava don Giuseppe Salvo, sacerdote. Il celebre e balbuziente don Gaetano Royer era anche prete, ma già pensionato negli anni dei quali parlo. Però restò viva per un pezzo la memoria di lui, sul cui conto se ne narravano delle belle. Nel 1848 il *Mondo Vecchio e Mondo Nuovo* lo chiamava *don Gaetano ir e or*, scomponendone il cognome; e fare l'*irre e orre*, nel linguaggio dialettale, vuol dire essere indeciso o esitante e, spesso, di mala fede. Si ricordava fra gli altri il famoso aneddoto del "perniciotto". Essendo il Royer revisore teatrale, doveva ogni giorno vistare il cartellone del teatro dei Fiorentini. Una sera si rappresentava una vecchia farsa, nella quale il brillante, entrando in una trattoria, domandava la *carta* e ordinava un "perniciotto arrosto". Don Gaetano vistò il cartellone senza la menoma difficoltà, trattandosi di una produzione vecchia e nota; ma la sera di quel giorno, essendogli si preparata una cena di magro, si ricordò che era venerdì e che in quella farsa il brillante domandava un cibo di grasso! Il pover'uomo prevedeva lo scandalo del pubblico, che avrebbe visto un attore sul palcoscenico mangiar di grasso in un giorno proibito! E senza perder tempo, si cacciò in testa il tricorno, corse trafelato al teatro, e varcata la porta del palcoscenico, cominciò, appena ebbe scorto l'impresario don Adamo Alberti, a balbettare più del solito, "*Don don, don Adà.... do.... don Adaàa.... pe.... pesce aa.... arro.... rosto, no.... nooon pe.... perni.... niciotto arrosto*". L'Alberti capì subito e il temuto scandalo fu evitato.

Non si poteva pubblicare un sillabario o una grammatica senza il permesso del revisore, e non solo veniva proibita ogni frase, che potesse avere un'allusione politica, ma tutto ciò che si credeva immorale. I revisori non essendo moltissimi, per ottenere l'approvazione di un foglio di stampa spesso si doveva aspettare delle settimane, ed è facile immaginare le imprecazioni e le astuzie degli editori e degli autori.

Nel 1856 Tommaso Arabia aveva intrapresa la pubblicazione del teatro di Shakespeare, tradotto da Giulio Carcano. Era stato destinato a revisore dell'opera il canonico don Gaetano Barbati, un bravo uomo e dotto latinista, ma pieno di dubbii e di scrupoli. A don Gaetano venne in mente che fosse immorale la scena appassionata del primo atto della *Giulietta e Romeo*, e la cancellò addirittura quasi tutta. Arabia fece notare che quella soppressione, oltre che una irriverenza a così insigne autore, era in aperta contradizione con quanto aveva già fatto il revisore del Rusconi. Fu tempo perduto; e poichè non si aveva a chi ricorrere, Arabia fece di quel foglio di stampa una doppia edizione, una per il revisore, mutilata com'egli volle, e l'altra integra per gli associati, affrontando il pericolo, se la cosa fosse stata scoperta, di andare in carcere. Vi era poi un ufficio di revisione presso il ministero di polizia e un altro per la revisione delle opere teatrali. A don Gaetano Royer era succeduto per queste don Domenico Anselmi. Alla revisione presso il ministero di polizia era data facoltà di esaminare i giornali, nonchè le stampe che non oltrepassassero il numero di dieci fogli.

La Corte Suprema di giustizia aveva per presidente il sommo Niccola Nicolini, avo materno dell'ex guardasigilli Francesco Santamaria che allora s'iniziava nel fôro, con suo fratello Niccola e chiamato *dedotto* da parenti ed amici. Don Pasquale Jannaccone e il marchese Brancia, padre di Carlo, morto consigliere di Cassazione nel 1896, n'erano i vice-presidenti; e avvocato generale, don Stanislao Falconi, di Capracotta, zio del presente sottosegretario di stato della giustizia e fratello di monsignor Falconi. Era il Falconi ritenuto giurista di valore, e di non minor valore erano, tra i consiglieri, Pietro Ulloa che fu poi ministro di Francesco II, e Niccola Gigli già ministro dell'ultimo gabinetto costituzionale. Don Filippo Angelillo, malamente distintosi come procuratore generale della Corte speciale (la quale condannò Settembrini, Spaventa e Barbarisi a morte, Poerio, Pironti, Braico e Nisco ai ferri, e Scialoja alla reclusione) era anche lui consigliere. Sciolte quelle Corti, i magistrati che le componevano, ebbero destinazione diversa: e così troviamo tra i giudici della Gran Corte Criminale di Napoli, Lastaria, Giambarba, Amato, Canofari e Juliani; e procuratore generale, don Francesco Nicoletti il quale aveva occupato lo stesso posto nella Corte speciale di Cosenza, che condannò, per i fatti del 1848, quattordici liberali a morte e 150 ai ferri! Furono, tra i primi, Vincenzo Morelli, Giuseppe Pace e Stanislao Lamenza, non che il Ricciardi, il Mauro e il Musolino, contumaci. Presidente della Gran Corte Civile era Vincenzo Niutta che, morto il Nicolini, gli successe nella Corte Suprema. Il posto, gerarchicamente, sarebbe spettato a Jannaccone; anzi vi fu pur nominato, ma poi il Re lo concesse al Niutta, per confortarlo di un grave oltraggio fattogli dal principe d'Ischitella, al quale il dotto magistrato era stato contrario in una lite. Il Niutta morì senatore del Regno d'Italia, dopo aver proclamato il plebiscito delle provincie napoletane e dopo essere stato ministro senza portafoglio con Cavour. Uomo di larga cultura, visse quasi sempre estraneo alla politica. Sedendo alla Camera sui banchi del ministero, si addormentava spesso, e piegando involontariamente il capo, pareva talora che approvasse i discorsi degli oppositori. Le sue sentenze sono monumento di dottrina, ma in politica seguì la massima di sapersi accomodare ai tempi.

Tra i consiglieri della Gran Corte Civile ricorderò Achille Rosica, già intendente di Basilicata e poi direttore del ministero dell'interno sotto Francesco II; Callisto Rossi, che divenne, col Regno d'Italia, consigliere di Cassazione; il piccolo e nervoso Niccola Rocco, il quale, dopo il 1860, insegnò diritto commerciale all'Università. L'alta magistratura napoletana, anche in tempi tristi, fu modello di sapienza, di dignità e di decoro, specialmente la civile. Apparteneva anche alla Corte Suprema quell'ottimo don Niccola Spaccapietra, che fu presidente della Corte di Cassazione dopo il 1860, e che oggi è tuttora ricordato con rispetto, come si ricordano parecchi di quelli, che ho nominato. Aveva non so quale deformità alle mani, per cui nei conviti ufficiali non si toglieva mai i guanti.

Vincenzo Lomonaco era presidente del tribunale e Gennaro Rocco, fratello di Niccola, procuratore del Re. Questi Rocco, uomini di valore, erano devotissimi ai Borboni; e Niccola che, in materia di diritto commerciale, godeva molta riputazione anche all'estero, fu tra i nove che scesero in campo a confutare lo scritto di Scialoja sui bilanci napoletani. Sedeva, tra i giudici del tribunale, Bernardino Giannuzzi Savelli, il quale aveva un piede in curia ed uno nel mondo galante, e che tutti maravigliava per il suo felice talento, ma ai colleghi riusciva poco gradito, perchè accentuatamente sdegnoso delle volgarità del mestiere. Tra i giudici soprannumeri di allora, alcuni occupano oggi posti eminenti, come il senatore Antonio Nunziante, primo presidente della Corte di Cassazione di Napoli; e, se volessi portare le indagini sui giudici soprannumerarii dei tribunali di provincia, troverei Carlo Bussola che divenne poi un atleta della parola, al tribunale di Santa Maria; Carlo Adinolfi, ad Avellino; Luciano Ciollaro, procuratore del Re a Reggio; e sparsi qua e là, in posizioni modeste, quasi tutti i presenti consiglieri di Cassazione di Napoli.

Gli stipendii della magistratura collegiale non erano scarsi; anzi, dati i tempi, erano piuttosto lauti. Dopo parecchi anni di alunnato affatto gratuito, si aveva il primo stipendio di giudice di tribunale o di sostituto procuratore del Re, di ducati 65, poco meno di trecento lire. "*La prima volta, che mi portarono lo stipendio*, racconta ingenuamente Carlo Bussola, oggi procuratore generale della Cassazione di Palermo, *mi sentii ricco. Sessantacinque ducati, e io non ne spendevo più di venti! Ero a Santamaria, e pagavo il fitto di casa per la mia famiglia ducati sei al mese; il pane costava grani tre al rotolo; con due grani si aveva una caraffa di vino; la carne costava dalle nove alle quindici grana il rotolo, e le frutta non avevano prezzo. A buonissimo mercato i maccheroni e gli ortaggi*". Era vero: il buon mercato nelle provincie rasentava l'inverosimile, e a Napoli la vita non costava veramente di più, per cui i capi delle Corti e molti consiglieri di Gran Corte Civile, di Corte Criminale e di Corte Suprema, retribuiti con stipendii, che andavano dai cento ai dugento ducati al mese, avevano carrozza e abitavano signorilmente. Solo lo stipendio dei giudici regi (pretori) era abbastanza infelice (18 ducati), e perciò molte volte la giustizia risentiva gli effetti dei magri assegni, anche perchè i giudici regi esercitavano le attribuzioni di ufficiali di polizia nei piccoli centri, e si può bene immaginare quanto fosse il loro potere e quanto frequenti le occasioni di peccare. Ma non era certo raro il caso di trovare fra essi dei galantuomini e giovani di valore.

CAPITOLO VI

SOMMARIO: La diplomazia napoletana – Il principe di Petrulla, ministro a Vienna e i suoi foschi precedenti – Giorgio di Brocchetti, diplomatico e frate – Altri ministri ed aggiunti – Il principe di Carini, il marchese Antonini e Giacomo de Martino – Rivelazioni e aneddoti – Il corpo diplomatico accreditato a Napoli – Bermudoz de Castro, le sue sciocchezze erotiche e le sue ingordigie – Un testamento vanitoso – Il nunzio Terrieri e il conte di Gropello – Le alte cariche di Corte – Gentiluomini di camera e maggiordomi di settimana, detti *chiavi d'oro* – Gli aiutanti generali, la segreteria particolare e il cameriere particolare del Re – Il padre Pompeo Vita e il padre Niccola Borrelli – Particolari curiosi – La Corte della Regina – Medici, avvocati, architetti e altri uffici di Corte – Confessori e istruttori – La politica ecclesiastica del Re – Arcivescovi e vescovi – Pastori miti e pastori zelanti – Monsignor Mucedola e il cardinal Riardo Sforza – Un aneddoto di pochi anni dopo – La Consulta di Stato – Monsignor Salzano e le sue facezie plebee – Altri consultori e relatori – Monsignor Caputo e Antonio Scialoja.

Sino al 21 ottobre 1856, la storica giornata in cui i ministri di Francia e d'Inghilterra, abbassati gli stemmi, lasciarono Napoli, il Regno stette in rapporti diplomatici con quasi tutti gli Stati d'Europa. A Vienna, a Parigi, a Pietroburgo, a Londra, a Berlino, a Madrid e a Roma c'erano inviati straordinarii e ministri plenipotenziarii; negli Stati minori, incaricati di affari, e così pure negli Stati Uniti e nel Brasile, sole potenze non europee nelle quali il Regno avesse rappresentanza diplomatica. Il ministro napolitano a Madrid era accredita-

to anche presso la Corte portoghese. Ministro a Londra era il principe di Carini, succeduto al Castelcicala; il marchese Antonini era
ministro a Parigi; e a Vienna, il principe di Petrulla, uno dei pochi
patrizii siciliani che nel 1848 rimanesse devoto ai Borboni e per cui
fu dichiarato dal parlamento dell'Isola traditore della patria. Si chiamava Giovanni Gioeni Cavaniglia ed aveva anche il titolo di duca
d'Angiò. Era piccolo e brutto, e sul suo conto si narravano storie
losche, non ultima quella che Giacomo Tofano, fra lo stupore generale, raccontò alla Camera dei deputati nella seduta del 16 gennaio
1862: storia la quale venne alla luce per una querela che presentò contro di lui, per frode e falsità, donna Caterina dei Medici, figlia del
principe d'Ottajano e moglie del marchese Cavalcante. Petrulla fu
difeso da Roberto Savarese e da Giuseppe Pisanelli, e nella memoria
defensionale stampata a Napoli nel 1839, sono narrati i particolari di
quei fatti che procurarono all'imputato il carcere preventivo, dal
quale uscì in libertà provvisoria, per deliberazione del 3 novembre
1835 della camera di Consiglio. Proseguiti gli atti istruttorii nel 1839,
grazie al valore dei suoi avvocati, venne assolto; ma con stupore generale, dieci anni dopo, fu nominato inviato straordinario e ministro
plenipotenziario a Vienna. Non aveva finito di pagare gli avvocati, e
il Pisanelli, esule a Torino, dovè tribolare parecchio, per ottenere il
resto del compenso.

Il Petrulla sostituiva alla scarsa cultura una dissimulazione perfetta.
Parlava poco e si circondava di un'aria di mistero; benchè principe e
ministro del Re di Napoli, non in tutte le case era ricevuto. Uno dei
saloni più eleganti era, in quei tempi, a Vienna quello della principessa di Schönborn, congiunta del defunto cardinal di Praga. I diplomatici facevano a gara per esservi ammessi, nè il penetrarvi era facile,
perchè la principessa teneva a non ricevere persone di dubbia fama, e
il Petrulla non vi ebbe mai invito. Egli viveva quasi appartato dalla
vita sociale e si levava di buonissima ora, e poichè era un grande *spor-*

tmann, faceva lunghe passeggiate a cavallo, o guidava al *Prater* il suo elegante *stage-coach*, al quale erano attaccati dodici superbi cavalli inglesi; dava frequenti pranzi, serviti secondo il costume inglese con profusione di vini eccellenti. Aveva la smania di mostrarsi inglese in tutto, dalle scuderie e dagli equipaggi ricchissimi, alle profumerie, che largamente adoperava, ai mobili e alle argenterie.

Il Petrulla aveva sposata una principessa di Partanna, già vedova con una figlia, la marchesa Sessa tuttora vivente, ma la moglie non lo seguì a Vienna. Il Petrulla corrispondeva direttamente col Re, e quasi tutti i lavori della legazione, anche i più intimi, erano da lui affidati a certo Visslonek, giornalista polacco d'incerta fama. Mutò varii aggiunti di legazione; ebbe, tra gli altri, Giorgio di Brocchetti, Ulisse di Barbolani e il duca di San Martino di Montalbo, che vi era stato destinato da Roma.

Giorgio di Brocchetti, fratello dell'ammiraglio, era uno dei più eleganti giovani diplomatici. Ballerino famoso e famoso direttore di *cotillons*, invano si riconoscerebbe oggi sotto l'umile veste di prete dell'Oratorio. Dopo il suo ritorno da Vienna, entrò a prestar servizio nel ministero degli affari esteri o vi stette fino al gennaio del 1859. Il primo febbraio di quell'anno, si fece frate, ed oggi onora, con la pietà e gli studii, l'ordine di San Filippo. Ricorda, non senza compiacenza, che in una delle brevi assenze del Petrulla da Vienna, egli, il Di Brocchetti, annunziò pel primo al governo napoletano il fidanzamento dell'Imperatore d'Austria che aveva 23 anni, con la sua cugina Elisabetta di Baviera che ne contava appena 16, ed era di maravigliosa bellezza. Fu un matrimonio di passione. In una festa ad Ischia, l'Imperatore ballò con lei tutta la sera e le offrì dei fiori. Pochi giorni dopo si fidanzarono ufficialmente. La bellissima creatura, che doveva poi essere tanto infelice, fu chiamata "la piccola rosa di Baviera". Le nozze si celebrarono nell'aprile del 1854, ed ebbero una nota romantica che ancora si ricorda. Il Di Brocchetti non rivide più il Petrulla;

anzi, incontratisi nel 1860 a Napoli, per le scale del ministero degli esteri, essendo il Di Brocchetti già divenuto prete dell'Oratorio, non si salutarono neppure. Il Petrulla, benchè vecchio, era impetuoso, superbo, odiatore del mondo e avido di danaro, ma non privo di una certa acutezza diplomatica. Se le lettere scritte da Vienna a Paolo Versace nel 1856 e pubblicate da Giuseppe Carignani, nella vita del Versace, furono scritte da lui, come tutto lascia supporre, egli non s'ingannava nel falso indirizzo della politica del Re di Napoli, e non a torto ne prevedeva i tristi effetti; ma neppure a lui il Re dava retta. Il Petrulla chiuse malamente la vita. Restò ministro di Napoli a Vienna anche dopo il 1860, come restò il San Martino a Madrid. È noto che l'Austria e la Spagna non riconobbero il Regno d'Italia che dopo la guerra del 1866. Francesco II, non più Re, non poteva corrispondere alcun assegno a questi suoi ministri, e il duca di San Martino, generoso e leale uomo, vi si rassegnò; non così il Petrulla il quale, dovendo inviare a Francesco II alcune migliaia di fiorini, che l'Imperatore e gli arciduchi mandavano al detronizzato Sovrano, ne ritenne quelle che credeva essere sue competenze, e la minor parte della somma inviò a Roma. Il Re ne fu così offeso, che immediatamente gli ordinò di dare la consegna della legazione al regio incaricato di affari a Dresda, Ernesto Merolla, che la resse sino all'arrivo del nuovo ministro, Antonio Winspeare. Il Petrulla si ritirò più tardi a Trieste, dove morì da nessuno compianto, lasciando erede della sua cospicua sostanza il principe Vincenzo Pignatelli Denti, suo parente per parte di madre. E il Pignatelli, sia detto a sua lode, sentì il dovere di restituire a Francesco II la somma indebitamente ritenuta.

Il Capece Galeota, dei duchi della Regina, era ministro a Pietroburgo; il conte Grifeo, a Berlino; il marchese Riario Sforza, a Madrid, e il conte Giuseppe Ludolf, a Roma. Segretario di legazione a Londra era Raffaele Ulisse, che pochi oggi ricordano con questo nome, ma molti rammentano col nome di Ulisse di Barbolani, anzi, con quello più recente, di Barbolani di Cesapiana: ottimo uomo, che rappresentò più tardi l'Italia in legazioni importanti e fu, innanzi tempo, messo in riposo dal Crispi. Tra i principali incaricati di affari, ricordo Guglielmo Ludolf a Monaco di Baviera; l'aquilano Canofari, a Torino; Augusto Milano, duca di Santo Paolo, a Firenze, e Giacomo de Martino, destinato a Rio Janeiro dove non andò mai. Tranne l'Ulisse e il De Martino che, in posizioni diverse, figurarono dopo il 1860, tutti gli altri copre un malinconico oblio. Il principe di Carini, Antonio La Grua e il conte Luigi Grifeo erano siciliani come Petrulla; e il Capece Galeota aveva sposata nel 1856 la bellissima vedova del principe Pignatelli Cerchiara, la quale assai brillò, per lo spirito e il talento, alla Corte di Pietroburgo ed era figliuola di Emilio Capomazza. Morto il Sangiuliano, il quale era succeduto al Ludolf in Roma, il De Martino vi fu destinato in sua vece, e da Roma non si mosse che quando fu nominato ministro degli esteri nel ministero costituzionale di Francesco II. Il principe di Carini dipingeva discretamente e si occupava di arte; non godeva gran credito come diplomatico, ma era un perfetto gentiluomo ed aveva in moglie una figlia del generale Kellermann, signora di molto garbo. Giacomo de Martino, che i suoi amici chiamavano Giacometto, aveva fin d'allora fama di scaltro e d'irrequieto, e il Re non aveva molta simpatia per lui, perchè seccato dalle ammonizioni che don Giacomo gli faceva, riferendogli, troppo esattamente forse, le confidenze dei diplomatici esteri, soprattutto inglesi.

La diplomazia napoletana non ebbe in quegli anni, ne poteva avere iniziativa alcuna; si limitava ad osservare e a riferire, perchè mai, come negli ultimi anni del suo regno, Ferdinando II non fece politica estera in alcun senso; anzi, per impedire che se ne facesse o tentasse una, dopo il ritiro del Fortunato non ebbe più ministro degli esteri come si è veduto, ma un incaricato, al quale dettava egli stesso le note, concise, spesso maliziose e capziose. Per lui la diplomazia era l'arte d'ingannare la gente. Egli diffidava dell'Austria, nè volle accettare nel 1851 una proposta di confederazione in Italia, fattagli dall'Austria, a difesa comune. Non riteneva utile al Regno l'alleanza austriaca, reputandola quasi come una limitazione di quella indipendenza, della quale era geloso. Diffidava, per motivi diversi, della Francia e dell'Inghilterra, benchè fosse stato tra i primi a riconoscere Napoleone III; ma nella guerra di Crimea non nascose le sue simpatie per la Russia, accresciute dal fatto di vedere il Piemonte alleato alle potenze occidentali. Favorevole alla Russia durante la guerra, più ancora che non convenisse a Sovrano neutrale, non seppe avvalersi di questa potenza nel Congresso di Parigi, dal quale la reputazione di lui e il credito del Regno uscirono così malconci. Non una voce si levò a difesa del Re di Napoli; e quando il marchese Antonini si dolse col Walewski, che ai plenipotenziari sardi fosse stato permesso di assalire il governo di Napoli, Walewski rispose che non era stato solo Cavour ad assalirlo; e diceva il vero, perchè gli attacchi erano venuti contemporaneamente da varie parti e avevano trovati indifferenti i rappresentanti dell'Austria e della Russia. Per motivi diversi nessuno si riscaldava per il Re di Napoli, la cui diffidenza per l'Austria e per ogni altra alleanza, insieme alla cocciutaggine di respingere consigli di moderazione e di riforme da parte delle potenze occidentali, mettevano la sua diplomazia in una condizione difficile e potrei quasi dire, umiliante. I diplomatici napoletani, privi di autorità, si sfogavano in lettere intime con persone di fiducia. *"Sono anni che prego, che insisto, che prevedo, che guardo attentamente l'avvenire*, scriveva il Petrulla al Versace, *ma non si è creduto darmi ascolto; speriamo che mi sono ingannato e che m'inganno ancora adesso"*. Paolo Versace era capo di ripartimento al ministero degli esteri e più volte era stato adoperato in missioni diplomatiche. Aveva fama di negoziatore avveduto. A lui scriveva pure il Petrulla, nell'ottobre del 1856: *"ricordiamoci che noi siamo soli, e che nessuno ci aiuterà"*. Ma Ferdinando II credeva che bastasse giuocar di astuzia con le potenze. Era persuaso che, nonostante la rottura dei rapporti con la Francia e l'Inghilterra, non potesse mancargli l'appoggio della prima, per paralizzare le influenze inglesi nel Regno, e lo fece dire a Napoleone dai due delegati che mandò a Parigi, dopo l'attentato di Orsini, e che furono il principe di Ottajano e il Versace stesso, ai quali diè istruzioni categoriche in questo senso, anzi le dettò lui al Versace, in Gaeta, la sera del 23 gennaio 1858. In verità il Re era talmente infatuato della sua potenza, che non temeva pericoli. Fu in quell'occasione che mise fuori il suo motto: "essere il Regno protetto, per tre quarti, dall'acqua salata, e per un quarto dalla scomunica". Era poi convinto di dover vivere eternamente, e questa convinzione contribuiva a non dargli nessuna coscienza o visione del pericolo. In sostanza, il suo governo, sordo ad ogni voce amica, aveva perduta ogni simpatia nel mondo civile.

I posti di vedetta erano Torino e Parigi, affidati ai due ritenuti più capaci, Emiddio Antonini e Giuseppe Canofari. Antonini rivelò sagacia, informando il Re di quanto si compiva nel Congresso di Parigi, rispetto alle cose d'Italia e soprattutto delle Due Sicilie, e consigliandolo a non disprezzare gl'inviti di Francia e d'Inghilterra, che chiedevano trattamento più umano per i prigionieri politici e politica più conforme allo spirito del secolo. Il Re non diè ascolto, e quando le relazioni diplomatiche furono rotte, l'Antonini e il Carini ebbero l'ordine di trasferirsi in congedo a Bruxelles con le rispettive legazioni e di aspettare colà le ulteriori istruzioni.

Antonini era piccolo di statura ed essendo sordo, faceva uso di un cornetto acustico, il quale diveniva, all'occorrenza, una risorsa diplomatica: aveva spirito ed alcuni suoi motti gli sopravvivono. Alla vigilia della rottura delle relazioni fra Napoli e l'impero francese, prevedendo, in una pubblica cerimonia, qualche sfogo vivace da parte dell'Imperatore, pose il cornetto in saccoccia. Lo sfogo ci fu, anzi credo che Napoleone III parlasse un po' forte; ma quando finì di parlare, Antonini, senza scomporsi, rispose: "*Sire, je vous demande pardon; je n'ai pas écouté un seul mot de ce que Votre Majesté m'a dit; j'ai oublié mon cornet acustique*". Rise l'Imperatore e parve rabbonito. Antonini apparteneva alla vecchia scuola diplomatica, ne possedeva le malizie e anche le risorse. Parlava poco, ma sempre a voce alta come i sordi. Era personalmente assai stimato, e nel 1852 il Re gli concesse il titolo di marchese, *in considerazione dei lunghi e onorati servizi*. Avendo poca cultura, si faceva delle illusioni circa le cose d'Italia. Nei primi giorni del 1859, stando a Bruxelles e passeggiando nel *Parc Royal* con l'aggiunto Ernesto Martuscelli, incontrò il duca di Brabante, allora principe ereditario, oggi Re del Belgio. Il duca lo fermò e salutò con molta deferenza, e caduto il discorso sulle cose d'Italia e sulla guerra che si credeva inevitabile, dopo le parole di Napoleone all'ambasciatore d'Austria, Antonini disse a voce alta: "*Elles sont des utopies de Balbo et de Cavour*". E il duca di Brabante, a voce bassa, rivolgendosi al Martuscelli, esolamò: "*C'est drôle! il appelle ça des utopies!*". Quando, morto Ferdinando II, Antonini tornò a Parigi, preferiva a tutt'i divertimenti il giuoco del *whist* in sua casa, *rue d'Angoulême, Saint Honoré*, col nunzio pontificio monsignor Sacconi, suo intimo, il quale andava in furore quando perdeva poche lire, essendo avarissimo. Nel luglio di quello stesso anno 1859, Antonini aveva invitato a pranzo tre ufficiali superiori dell'esercito napoletano reduci da Liége, dove erano andati per acquisto di armi. Questi uffiziali giunsero con un'ora di ritardo, perchè sbagliarono l'indirizzo. Stanco d'attendere, il vecchio diplomatico brontolava, con qualche vivacità e arguzia: "*Voilà ces militaires, ne sont pas civiles!*". La sua sordità era spesso cagione di equivoci umoristici. Tornando una volta da Napoli, Napoleone gli chiese come stesse il Re; e lui, credendo che gli chiedesse come era stato il mare durante il viaggio, rispose:

affreux, e l'Imperatore non si potè tenere dal ridere. Morì a settanta-
cinque anni a Parigi, il 10 settembre 1862 ed è sepolto in Roma, alla
Trinità dei Monti. Era aquilano.

Dall'ottobre del 1856 al giugno del 1859, a Parigi stette un agente
ufficioso che fu il barone Zezza. La legazione ufficiale, che era a
Bruxelles, come ho detto, aveva per segretario il conte Cito di
Torrecuso e per aggiunto, Ernesto Martuscelli, che divenne poi ministro plenipotenziario e fu, ancora valido, messo in riposo, come il
Barbolani, dal Crispi. Vi era impiegato un certo Navarro, fratello del
famoso magistrato: vecchio piacevole ed erudito che, in gioventù, era
stato filippino e poi bibliotecario della. Regina Amelia di Francia.
Aveva un meschino assegno e viveva perciò con curiosa parsimonia.
Il Canofari, ministro a Torino fin dal 1851, si limitava ad un lavoro
di spionaggio e spesso vendeva fumo, e basterebbe, per provarlo, il
doloroso incidente di Giacomo Tofano. A Torino e a Genova dimoravano numerosi esuli napoletani e, purtroppo, tranne pochissimi,
ricchi del loro o professionisti, la povertà era patrimonio comune. A
questi emigrati il Canofari riusciva antipatico per il carattere angolo-
so e sprezzante, mentre il Re lo reputava capace e fedele. Torino
divenne, a preferenza anche di Parigi, il posto di maggior fiducia
negli ultimi anni.

Si entrava nella carriera diplomatica mercè esami, e si doveva
appartenere a famiglia nobile o civile ma facoltosa, perchè il tirocinio
era gratuito. Nel concorso del 1854 riuscirono primi, Ulisse,
Bianchini e Martuscelli, i quali furono subito nominati aggiunti.

Austria, Francia, Inghilterra, Prussia, Russia e Spagna avevano
ministri plenipotenziarii a Napoli; le altre potenze, incaricati d'affari.
Ministro d'Austria fu il cavalier De Martini, ungherese, tenente
maresciallo e consigliere intimo dell'Imperatore, un vecchio quasi
ottantenne. Gli successe il conte Szèchèni, ungherese egli pure.

Ministro di Francia sino ai primi giorni del 1856 fu il De la Tour, cui successe il barone Brenier; Guglielmo Temple, dell'Inghilterra con quel Giorgio Fagan, tanto utile alla causa liberale, segretario di legazione. Ministri russi, il cavalier De Karoschkine che i napoletani pronunziavano nel modo più curioso, e poi il conte Volkonsky, i quali passarono senza infamia e senza lode. Molto noto nella società napoletana, invece, fu il primo segretario della legazione russa, il barone d'Uxkull de Gyllenbrand, bel giovane, elegante, che cavalcava bene e ferì molti cuori. Il barone d'Uxkull fu, dopo il 1870, ambasciatore a Roma ed è morto da pochi anni. Ministro di Prussia, il barone De Canitz; e di Spagna, don Salvatore Bermudez de Castro che rappresentava anche il duca di Parma, ed era uno dei tipi più antipatici, più uggiosi e vanitosi, che la nazione spagnola abbia mai prodotto. Francesco II, con decreto dell'8 ottobre 1859, gli dette il titolo di duca di Ripalta; a Gaeta, con altro decreto dell'8 settembre 1860, quello di principe di Santa Lucia, e la Regina di Spagna, il titolo di marchese di Lerma. Segretario della legazione era un carissimo giovane, Domingo Ruiz de Arana, amico intimo di Alfonso Casanova, che di lui parla enfaticamente nelle sue lettere a Carlo Morelli.[1] Arana morì di colera nel novembre del 1855, fu molto compianto e presto dimenticato. Alfonso scriveva al Morelli: *"Povero Arana! già nelle poche adunanze che io pratico, non pare quasi più memoria di lui, tanto buono, d'un'altissima anima"*.

Il Bermudez seguì Francesco II a Gaeta e poi a Roma, dove si fece regalare dall'ex Re il famoso quadro di Raffaello: la Madonna della Reggia di Napoli, e censì la Farnesina con un canone di trecento scudi romani, di cui per trent'anni Francesco II generosamente gli rilasciò quietanza. E quando Roma divenne capitale d'Italia, la sola espropria-

---

[1] Lettere di Alfonso Casanova a Carlo Morelli, pubblicate da R. de Cesare nel suo libro: *Una famiglia di patriotti*. - Roma, Forzani, 1889.

zione d'una parte del giardino, per i nuovi e grandiosi lavori del Tevere, fruttò al Bermudez 700 000 lire. Morì a Roma nel maggio del 1883 quasi improvvisamente, e parve misteriosa la sua morte e strana l'esistenza d'una figlia naturale, la quale, con testamento del 31 luglio 1864, egli aveva istituita erede del suo patrimonio. Con altro testamento del 26 agosto 1879, riconobbe e legittimò questa sua figlia, Maria Salvatore Bermudez, raccomandando all'esecutore testamentario di *"procurare che la detta Signora non soffra nel suo amor proprio per la preoccupazione della illegittimità della sua nascita,* essendo sua madre sommamente nobile ed illustre per lignaggio, posizione, qualità e bellezza, *mancando disgraziatamente solo il requisito del matrimonio"*. Molte furono le congetture, alle quali dettero alimento queste parole, e più ancora i sospetti, poichè il Bermudez ebbe, o meglio lasciava credere di aver avute avventure galanti con belle e auguste dame. Dopo aver seguito Francesco II a Gaeta e rimastovi durante l'assedio, lo seguì a Roma. Era così insopportabilmente sciocco, da non essere inverosimile che quelle parole rivelassero un'ultima vanità di lui, quella di lasciar credere di avere avuta la figliuola da Sovrana, o da qualche principessa di sangue reale. I testamenti furono depositati presso il consolato di Spagna in Roma, e ne fu rilasciata dal console copia autentica alla nostra Consulta araldica in data 3 luglio 1886, perchè egli lasciò alla figliuola, che era in educazione in Inghilterra, oltre alla sostanza, il titolo di principessa di Santa Lucia, che le fu riconosciuto dal governo italiano con decreto reale del 19 dicembre 1886. Donna Maria Salvatore Bermudez, la quale sposò il cadetto di una nobile famiglia spagnola, possiede oggi la Farnesina.

Rappresentava la Santa Sede il nunzio Innocenzio Ferrieri, che aveva per uditore monsignor Sanguigni, morti entrambi cardinali, il primo nel 1887, e il secondo nel 1882, e per segretario, l'abate don Gaetano Aloisi, ora eminentissimo cardinale Aloisi Masella.

Incaricato di affari per il Piemonte era il conte Giulio Figarolo di Gropello, poco più che trentenne. Aveva molto accorgimento, nonostante l'età giovanile. Egli restò a Napoli sino al febbraio del 1860, e nel 1858 sposò Maria de Bray, figlia del ministro di Baviera alla Corte di Pietroburgo e della principessa Ippolita Dentice di Frasso. Imparentato strettamente coi Dentice, coi Bugnano e altre famiglie dell'aristocrazia, Gropello continuò ad essere l'*enfant gaté* del mondo elegante e l'amico dei liberali del patriziato, non numerosi, ma colti, come Camillo Caracciolo, Giovanni e Maurizio Barracco, i Casanova, i Giordano, Atenolfi, D'Afflitto, Gallotti, Antonacci e i fratelli Pandola. La legazione sarda divenne via via un focolare di cospirazione nazionale, mentre il Consolato faceva più aperta propaganda, distribuendo manifesti e giornali, soprattutto il *Corriere Mercantile* e rilasciava passaporti a quanti volevano emigrare in Piemonte. Il console generale era il Fasciotti, morto di recente senatore del Regno. La legazione e il consolato di Sardegna avevano sede alla Riviera, la prima al palazzo Ottaiano, dov'è oggi l'albergo della *Rivière*, al numero 127, e il secondo al palazzo d'Avalos. Villamarina, giunto nel febbraio del 1860, andò a stare al palazzo Strongoli, e nell'estate successiva, a Villa Tommasi a Capodimonte.

Il Nunzio aveva sede nel suo palazzo, in piazza della Carità; il ministro d'Austria abitava il palazzo Strongoli alla Riviera; i ministri di Francia e di Russia alla Ferrandina; Temple, al palazzo Policastro; Bermudez, al vecchio palazzo Esterhazy alla Riviera, e al palazzo Francavilla, l'incaricato interino di Svezia e Norvegia. La Turchia non aveva rappresentanza a Napoli, mentre Napoli l'aveva a Costantinopoli.

Introduttore degli ambasciatori e primo cerimoniere di Corte era don Alfonso d'Avalos, marchese di Pescara e Vasto. Pietrantonio Sanseverino, principe di Bisignano, era maggiordomo maggiore; il duca di San Cesario, Gennaro Marulli, cavallerizzo maggiore; il duca d'Ascoli, Sebastiano Marulli, somigliere del corpo; monsignor don Pietro Naselli, cappellano maggiore; il principe di Campofranco, Antonio Lucchesi Palli, maggiordomo maggiore onorario. Il marchese D'Avalos, stimato il più ricco signore del Regno, dopo Barracco, era sopraintendente generale degli Ordini mendicanti. Cavalieri di compagnia, il duca Riccardo de Sangro e il conte Giuseppe Statella. Fra gentiluomini di camera, maggiordomi di settimana e gentiluomini di entrata, brillava a Corte quasi tutta l'aristocrazia napoletana e sicula.

I gentiluomini di camera di entrata, e i gentiluomini di camera con esercizio, si chiamavano anche *chiavi d'oro*, perchè solevano portare sull'abito, come distintivo della loro carica, dentro piccolo ed elegante sacchetto, una chiave d'argento dorato, per indicare che essi potevano entrare dappertutto nella Reggia. Sulla chiave si leggevano incise le iniziali: *V. R. S.* che significavano *Vitae Regis Securitas*.

Erano quasi tutte cariche onorifiche non così quelle degli aiutanti generali del Re. Tra questi figuravano in primo luogo i fratelli di lui: il conte d'Aquila, col grado di vice-ammiraglio e il conte di Trapani, col grado di brigadiere. Nelle feste e nei conviti di Corte, nei ricevimenti ufficiali e nei *baciamani*, i gentiluomini di Corte, i maggiordomi e i gentiluomini di camera avevano, naturalmente, il primo posto dopo i sei altissimi dignitarii. Con tutti, ma principalmente coi capi di Corte, il Re usava con napolitana familiarità, chiamandoli per nome, parlando in dialetto, motteggiandoli e riprendendoli all'occorrenza. Per ragion di grado, ed anche per maggiori simpatie, egli vedeva più di frequente il suo aiutante colonnello Forcella e gli uffiziali alla sua immediazione: Leopoldo del Re, brigadiere di marina e Alessandro Nunziante, colonnello di stato maggiore. Con quest'ultimo era addirittura intimo e lo soccorreva largamente. Sapendolo in angustie pecuniarie, molto influì nella liquidazione del grosso pa-

trimonio Calabritto, per cui a donna Teresa Tuttavilla, moglie del
Nunziante e duchessa di Mignano, toccò una quota notevole della
sostanza, il cui ricupero fu dovuto alle cure intelligenti dell'avvocato
Giuseppe Bucci che aveva sposata donna Giulia, sorella maggiore di
donna Teresa.

Si trovavano in contatto quotidiano col Re gl'impiegati della sua
segreteria particolare, a cominciare dal colonnello D'Agostino, sposa-
tosi in tarda età, con una delle belle e giovani figlie dell'avvocato
Alfani, e a finire a Ferdinando Stähly. Al D'Agostino fece il Re quel
volgarissimo scherzo nel giorno delle nozze. Il Re chiamava tutti per
nome, anzi con diminutivi. Solo al Falcon, *don Gioacchino*, dava del
voi. Aveva particolare fiducia in Gaetano Zezon, genero del
Carrascosa e che era un bel giovane e di vivace talento. Lo chiamava
Gaetanino. Ma poco mancò che toccasse, nel 1856, allo Zezon quanto avvenne nel 1852 a Leopoldo Corsi. Cameriere personale del Re e
nel quale egli riponeva una discreta fiducia, era il Galizia, che ebbe
anche la sua celebrità, ma che non si valse della posizione presso il
Sovrano per far quattrini, nè forse Ferdinando II l'avrebbe tollerato.
Galizia seguì il Re, come si è veduto, in Calabria e in Sicilia, poi lo
seguì nell'ultimo fatale viaggio in Puglia e lo assistette sino alla morte.
Il Galizia morì in Napoli il 22 febbraio 1862 di apoplessia, a 65 anni,
lasciando due figlie religiose nel conservatorio di Santa Maria di
Costantinopoli, dotate da Ferdinando II, e due maschi, Ferdinando e
Gennaro. Quest'ultimo fu prete e disse la prima messa nella cappella
reale di Caserta, alla presenza del Sovrano e di tutta la famiglia reale.
Dopo la messa, il Re baciò la mano al figliuolo del suo cameriere e gli
donò un gruzzolo di monete d'oro, che il Galizia, padre, rifiutò, pregando Sua Maestà di voler solo permettere che il nuovo sacerdote
dicesse ogni giorno la messa secondo l'augusta intenzione di lui. E il
Re consentì e concesse poi all'abate Galizia un pingue beneficio, il
quale, mutati i tempi, non gli fu riconosciuto e per cui egli mosse lite

al governo Italiano. Il Galizia lasciò un patrimonio modesto. Uomo di poche parole e di molto tatto, fu, veramente, il solo che potesse affermare di conoscere a fondo il suo padrone, nel quale era entrato in grazia particolarmente per questo, che ben di rado gli chiedeva qualcosa, il che pareva inverosimile, perchè tutti chiedevano in Corte.

Il marchese don Michele Imperiale era cavaliere d'onore della Regina, la quale aveva per dama d'onore la principessa di Bisignano; per cavallerizzo, don Onorato Gaetani, e per dame di compagnia, la duchessa d'Ascoli e la marchesa di Monserrato. Figuravano, fra le dame di Corte, le principesse di Paternò, di San Nicandro, di Linguaglossa, di Satriano, di Pandolfina, di Piedimonte, di Palazzolo, di Sant'Elia de Gregorio, di Cajanello e della Scaletta; le duchesse di Serracapriola, di Ascoli, di San Cesario, di Belviso, di Adragna; le marchese Della Guardia e Di Alfano; la contessa Statella dei marchesi di Salsa, Grifeo dei principi di Catena, e De la Tour, donna Luisa de Sangro. Queste dame, negli ultimi anni del regno di Ferdinando II, non prestarono servizio quasi mai. Maria Teresa aveva da principio cameriste e donne di camera per il suo servizio, ma cameriste non ne ebbe più, negli ultimi tempi, come sarà detto. L'amministrazione della Casa Reale aveva tre ripartimenti, un archivio centrale, una controlleria, una vedorìa e contadorìa, una tesoreria, una tappezzeria e una biblioteca privata. Era direttore della biblioteca il marchese Imperiale di Francavilla; capo della tappezzeria, il barone Falco il quale, essendo morto il 23 maggio del 1859, si disse ucciso dal dolore per la fine del Re che il giorno avanti era spirato. Gli successe il signor Francesco Oli. Era tesoriere il conte Forcella; vedore, don Ferdinando Scaglione; controllore, don Antonio Fava; archivista, don Raffaele Benedetti e capi di ripartimento, Cheli e Rossi.

Sopraintendeva a tutti, nella sua qualità di maggiordomo maggiore, il principe di Bisignano. Erano medici di Corte, Rosati, Ramaglia e De Lisi e chirurgo, don Niccola Melorio; avvocati di Casa Reale,

Magliano ed Arpino; avvocato consulente, Antonio Starace; architetti, Persico, Puglia, Genovese, Zecchetelli e Giordano; direttore del
museo borbonico, il principe di San Giorgio, don Domenico Spinelli;
controllore dello stesso museo, Bernardo Quaranta; architetto degli
scavi di Pompei, Genovese; degli scavi d'Ercolano, Bonucci; dell'anfiteatro di Pozzuoli, Michele Ruggiero; dell'anfiteatro Campano e
tempio di Pesto, Rizzi. Era prefetto della real biblioteca borbonica
l'abate Selvaggi e presidente della giunta di detta biblioteca, l'abate
Giustino Quadrari, valoroso grecista, nativo di San Donato Val di
Cornino, nel circondario di Sora.

Confessava il Re monsignor Antonio de Simone, e la regina, il padre
Giovanni Sabelli, liguorino della provincia austriaca, tedesco di nascita e di nazionalità, benchè di cognome italiano e discepolo del beato
Clemente Hofbauer, liguorino e propagatore del suo Ordine in
Europa. Del principe ereditario era cappellano don Domenico d'Elia;
confessore, monsignor Filippo Gallo; primo istruttore, il retroammira-
glio don Giovanni Antonio della Spina, e secondo istruttore, il brigadiere del genio, Francesco Ferrari. Il brigadiere Niola di artiglieria, il
colonnello Cappotta, il maggiore Galasso, il capitano Francesco
Giannico del genio, e il tenente colonnello Presti erano gl'istruttori dei
principi secondogeniti, ai quali, come al duca di Calabria, aveva insegnato il catechismo e l'abecedario lo scolopio padre Pompeo Vita, di
Torre Santa Susanna, che restò in Corte per impartire lo stesso insegnamento alle principesse e ai piccoli principi, sino al novembre del
1857. In quel tempo impazzì e fu sostituito da un altro scolopio
pugliese, il padre Niccola Borrelli, di Foggia. Non è immaginabile
quale influenza esercitasse il padre Pompeo in Corte, nè quella che vi
esercitò, forse maggiore, sotto il regno di Francesco II, il padre
Borrelli. Avevano indole affatto diversa questi due figli del Calasanzio.
Il padre Pompeo, detto di San Carlo alle Mortelle, perchè già rettore
di quel collegio, era uomo di strani scrupoli, per cui cadde su lui la

maggior parte di responsabilità, circa la prima educazione del duca di Calabria. Si affermò che egli avesse carezzata nell'erede della Corona la materna tendenza ascetica, ed esagerato in lui il senso istintivo della rassegnazione, di dispregio delle pompe e di avversione alle donne, per cui Francesco II fu prima un Re e poi un pretendente così diverso da tutti gli altri principi e pretendenti della terra. *Despicere terrena et amare coelestia,* fu il precipuo insegnamento del padre Pompeo, in cui gli scrupoli erano tanto inverosimili, che non si credevano sinceri, ma invece ispirati dal desiderio di entrare sempre di più nelle grazie del Re, sul quale esercitò, senza parere, una grande influenza, riuscendo a salvare agli scolopii i due collegi di Napoli, San Carlo alle Mortelle e San Carlo all'Arena, e i collegi di Chieti, di Catanzaro, di Monteleone, di Avellino, di Maddaloni, di Campobasso, che i gesuiti volevano a qualunque costo. Egli era una potenza in Corte, e quando impazzì, si disse causa della pazzia il rimorso di avere, per conto della Regina, inebetito il principe ereditario con gli scrupoli e le paure religiose. Ma se di tanto non era capace, certo i risultati della sua influenza sul principe ereditario furono nefasti. Gli scolopii, i quali ritengono il padre Pompeo Vita, morto nel 1863, per un luminare dell'Ordine loro, ne difendono la memoria.

Altro uomo, altro frate, altro educatore fu il padre Borrelli. Rettore del collegio di Maddaloni quando venne chiamato a succedere al padre Pompeo, era stato professore a San Carlo delle Mortelle, dove aveva avuto, tra i suoi primi discepoli, Ruggiero Bonghi; e poi al collegio del Nazzareno a Roma. Era piccolo e tozzo, colore bruno, occhi grandi e sporgenti, punto bello, ma piacevolissimo, allegrone e uomo di mondo. Scriveva versi e portava gli occhiali. Era stato giobertiano sino al 1848, e gli era rimasta per Gioberti una costante devozione, benchè, pur seguitando ad amarlo in segreto, non lo nominasse mai in pubblico. Ebbe in Corte una posizione invidiata. Ferdinando II si fidava di lui e celiava e barzellettava con lui, ma nei dovuti limiti; il duca di Calabria gli si affezionò tanto, che non dava alcun passo senza il suo consiglio; e le principesse e i piccoli principi lo amavano e scherzavano con lui, felicissimi di essersi sottratti all'incubo del padre Pompeo. Se narrerò un giorno la dimora della Corte di Napoli a Roma dal 1861 al 1870, il padre Borrelli avrà una pagina forse indimenticabile.

Questi due scolopii di Puglia ebbero dunque, successivamente, una parte importante nella Corte, come l'Ordine loro l'ebbe nel Regno. Gli scolopii erano in realtà più potenti dei gesuiti; e Ferdinando II li amava e li aveva ammessi nell'intimità, affidando loro la prima educazione e istruzione dei suoi figli. La Puglia dava il maggior contingente a quest'Ordine. Oltre al padre Pompeo e al padre Borrelli, erano pugliesi e benemeriti dell'insegnamento, il padre Trincucci, intimo di Vito Fornari, il padre Ferretti di Oria, il padre Nisio di Molfetta, il padre Leonetti di Andria, allora giovanissimo e che morì rettore del collegio del Nazzareno a Roma, e i padri Bruno e Campanella di Gioia, Nitti di Triggiano, Cericola di Foggia, Camerino di Ruvo e i fratelli Della Corte, il maggiore dei quali reggeva il collegio di Francavilla Fontana. Questo collegio contava più centinaja di alunni interni, la maggior parte di Puglia e di Basilicata, ai quali s'impartiva un insegnamento piuttosto largo, dati i tempi. Gli scolopii avevano collegi di novizii a Campi Salentino e a Galatina. Tanto il padre Pompeo che il padre Borrelli erano di umilissima origine, e il padre Borrelli, figlio di un mandriano, era stato protetto dal Santangelo, intendente di Foggia che lo fece educare nelle Scuole Pie.

Nel 1852 vennero riformate e distinte le due Consulte dei reali dominii di là e di qua dal Faro. La prima, composta di un presidente e di sette consultori siculi, risedeva a Palermo nel palazzo Villafranca; la seconda, formata da un presidente che era il ministro o il direttore di grazia e giustizia *pro tempore*, di un vice-presidente e di quindici

consultori, risedeva a Napoli, nel palazzo della Solitaria. Avevano
uffizio semplicemente consultivo negli affari, che al Re *piacesse* loro
sommettere. Si distinguevano in quattro commissioni: per la giustizia e le cose ecclesiastiche, per le finanze e gli affari interni, per le règie
prerogative di grazia e per i conflitti di giurisdizione tra l'autorità giudiziaria e l'amministrativa. C'erano dei relatori o, come si direbbe
oggi, referendarii, nominati mercè pubblico concorso. Ciascun relatore doveva avere di suo la rendita di duecento ducati, ma bastava una
semplice dichiarazione di assegno, fatta dal padre o da chi per esso.
Dopo cinque anni di *assiduo servizio*, si apriva ai relatori l'alta carriera giudiziaria o amministrativa, ma soprattutto amministrativa, perchè il maggior contingente alla carriera giudiziaria era dato dall'alunnato di giurisprudenza, altra istituzione che va ricordata con onore.
Presedeva la Consulta napoletana il Pionati, direttore di grazia e giustizia con referenda e firma; e di fatto, il vicepresidente Niccola
Maresca, duca di Serracapriola. Avevano maggior fama, tra i consultori, don Francesco Gamboa, dotto e solenne; il barone Cesidio
Bonanni, Emilio Capomazza, Tito Berni, Roberto Betti e anche
Filippo Carrillo, benchè fosse stato zelante raccoglitore di firme per
l'abolizione dello Statuto; anzi si ricordava una scena clamorosa avvenuta tra lui e l'Agresti, procuratore generale della Corte Suprema.
Carrillo presentò la petizione agli alunni di giurisprudenza, che prestavano servizio alla Corte Suprema. Questi risposero che non avrebbero firmato, senza un ordine del procuratore generale. L'Agresti
coraggiosamente li lodò e rimproverò il Carrillo, ma perdette le grazie del Re e non fu più invitato a Corte. Neppure i consultori di Stato
ed i relatori firmarono quella petizione. Il duca di Serracapriola, che
aveva sottoscritto lo Statuto, quale presidente del Consiglio, ne parlò
al Re e questi gli diè ragione! Monsignor Salzano era succeduto nella
Consulta a quel bonario monsignor Giuseppe Maria Mazzetti, il
quale, predecessore del Capomazza nella sopraintendenza di pubbli-

ca istruzione, aveva riordinati gli studii superiori prima del 1848. Pochi oggi ricordano questo vecchio gioviale ed arguto, che fu in gioventù frate e amico dell'abate Galiani suo conterraneo, e morì a ottant'anni nel 1850 col titolo di monsignore. Gli era succeduto, dunque, monsignor Michele Salzano, il quale non aveva la cultura, nè l'animo gentile e signorile del Mazzetti. Il Salzano era domenicano, e fu da monsignor Cocle proposto al Re per consultore. Predicatore più verboso che facondo e decano del collegio dei teologi; scrittore di diritto canonico e di storia ecclesiastica; panegirista e polemista, e napoletano nel più ampio e volgar senso della parola, egli fu vescovo e arcivescovo titolare prelato domestico, accademico, cavaliere di più ordini, confessore di monache e, dopo il 1860, tenne a Napoli finchè visse le veci di nunzio pontificio, d'accordo fra la Santa Sede e l'ex Re, per cui non si concedeva dignità episcopale nell'antico Regno, senza sua proposta o beneplacito. Non andò immune da sospetti simoniaci. Morì vecchio, nel 1890, lasciando una fortuna. Era ghiotto di dolciumi, di maccheroni, di gelati, che chiamava *'o stracchino* e di ogni altro cibo napoletano; delle sue ghiottonerie non faceva mistero, accettava pranzi, e nell'insieme aveva qualche cosa di pulcinellesco. Fu lui che pronunziò in Santa Chiara l'elogio di Ferdinando II, *praesente cadavere*. Coi nuovi tempi perde l'ufficio, e temendo, paurosissimo com'era, d'essere arrestato, emigrò in Francia; tornò e dal nuovo governo non ebbe molestie, nè limitazioni all'esercizio dei tanti incarichi, lucrosi tutti, ottenuti dalla Santa Sede. Una parte del mondo guelfo e legittimista di Napoli lo detestava, e il padre Curci ne discorreva con profondo disprezzo. Morì a Nocera dei Pagani, e alcuni minuti prima di esalare lo spirito, disse forte a coloro che lo assistevano: "*Me dispiace sulo ca so venuto a murì mmiez'e pastenache*".[2]

---

[2] *Mi dispiace solo di essere venuto a morire in mezzo alle pastinache*, ricordando che la terra di Nocera n'è feracissima.

Ferdinando II ne aveva stima, ma ne stava in guardia; è quando alla Consulta gli dava la parola, diceva sempre: *"Munsignò, jamm'a franche"*.[3]

Tra i consultori, sedevano, come ho detto, il Gamboa e il Bonanni. Il primo fu per tre mesi ministro di Francesco II; il secondo, ministro di grazia e giustizia nel primo gabinetto costituzionale del 1848, tenne aperto il libro dei Vangeli, sul quale Ferdinando II posò la mano giurando fede alla Costituzione. Quando si cominciò a parlare di abolizione dello Statuto, il consultore Bonanni al giovane relatore Giuseppe Colucci, che gli manifestava i suoi timori, rispondeva: *"Hanno da tagliare queste mani, prima di abolire la Costituzione"*, ricordando il fatto di aver lui tenuto il libro degli Evangeli in quel memorabile giorno. Ebbe ragione. Le sue mani non furono tagliate, perchè la Costituzione non venne mai abolita. Restò abolita di fatto sopra richiesta dei sudditi! Il Bonanni era abruzzese, come il Corsi e il Betti. Questi, nativo di Vasto, aveva fama di liberale, perchè amicissimo di Pier Silvestro Leopardi e perchè a Reggio, dove fu intendente, lasciò buon nome e larghe simpatie tra i liberali, fra i quali lo avvicinarono Casimiro de Lieto e Agostino Plutino. Il consultore Lotti era stato intendente a Foggia e il principe Capece Zurlo, a Caserta, anzi si trovava a Caserta quando fu aperta la ferrovia che unì il *Real sito* a Napoli. Il figlio del consultore Lotti sposò una signorina Friozzi dei principi di Cariati e fu, col titolo di conte di Oppido, elegantissimo nella società napoletana.

La Consulta aveva nel campo amministrativo la stessa alta reputazione della Corte Suprema nel campo giudiziario. Se in questa facevan utile tirocinio gli alunni di giurisprudenza, alla Consulta vi erano i relatori che uscivano, ordinariamente, consiglieri d'intendenza o sottointendenti. Se l'alunnato di giurisprudenza produsse magistrati

---

[3] Frase dialettale, che vuol dire: *non ci canzoniamo a vicenda.*

come Talamo, Capomazza, Giannuzzi-Savelli, Nunziante, Bussola, De Marinis, Ciampa e tanti, che onorarono e alcuni ancora onorano la magistratura napoletana, la Consulta diè amministratori come Giuseppe Colucci e Gaetano Cammarota, e magistrati come Vincenzo Calenda e Luciano dollaro. Nel 1855 erano relatori, tra gli altri, Gaetano Pacces, oggi prefetto in ritiro; Vincenzo Calenda, procuratore generale della Cassazione di Napoli e il fratello Andrea, già prefetto di Roma. Colucci e Cammarota uscirono nel 1852 sottointendenti il primo, a Cittaducale, e il secondo, a Gerace. Dalla Consulta uscì pure Mariano Englen, governatore di Salerno nel 1860, poi consigliere d'Appello di Napoli, il quale ebbe nel 1870 un quarto d'ora di celebrità, perchè, presentandosi candidato nel primo collegio di Napoli, contro l'ex sindaco Guglielmo Capitelli, cambiò partito, passando da destra a sinistra e il passaggio tentò giustificare con un opuscolo intitolato: *Trasibulo in Italia.* Era, del resto, un brav'uomo.

Aggiunto alla Consulta esisteva un ufficio speciale per la concessione del regio *exequatur* sulle bolle di Roma, anzi sulle *carte di Roma*, come si diceva in linguaggio ufficiale. Delegato a tale uffizio era, per le provincie napoletane, il Capomazza e per la Sicilia, Michele Muccio, presidente della Corte Suprema di Palermo. Sulle *carte di Roma* don Emilio portava tutta la sua tanucciana diligenza. In quegli anni non fu consumata e neppur tentata alcuna usurpazione dalla Curia romana. Il Re non recedeva dai suoi diritti, sanciti dal Concordato. Rispettava il Papa; l'ospitò largamente a Gaeta, a Napoli e a Portici; fece la famosa e poco gloriosa spedizione negli Stati della Chiesa; andò, nel luglio del 1856, a Porto d'Anzio, dove Pio IX era a villeggiare, conducendovi il principe ereditario, ma nulla di più. I vescovi li sceglieva *lui*, baciava loro la mano, ma dovevano essere ecclesiastici di *sua* fiducia. Il regio patronato non era per Ferdinando II una cosa da burla e la maggior parte delle diocesi di tutto il Regno, più di cento, tenendo conto delle prelature *nullius*, erano di regio patronato. Parlando di Roma, egli soleva dire: *"Col Papa, patti chiari e amici cari"*.

Sopravvivono pochissimi degli arcivescovi e vescovi di quegli anni. La morte ha largamente mietuto nel campo ecclesiastico. Monsignor Rossini, arcivescovo di Acerenza e Matera, morì qualche anno fa, decrepito, a Molfetta, dopo che la Santa Sede avevalo privato del governo effettivo della diocesi. Il celebre monsignor Di Giacomo, di Piedimonte d'Alife, morì anch'egli, quasi novantenne, a Napoli nel 1878. Fu creato senatore nel 1863 e frequentò, nei primi anni, il Senato; ma incorse nelle ire di Roma che gli diè un coadiutore, da lui non chiesto. Morto fra Luigi Filippi, vescovo di Aquila, un francescano pieno di ardore evangelico e di liberi sensi, e morti i cardinali che erano a capo delle tre diocesi più importanti, cioè: Sisto Riario Sforza, arcivescovo di Napoli, don Giuseppe Cosenza, arcivescovo di Capua, ricordato con onore anche dal Settembrini e il buon Carafa di Traetto, arcivescovo di Benevento. Il primo e l'ultimo morirono a Napoli, e il secondo nel 1863 a Capua, pianto come un padre. Tra i pastori di maggiore notorietà, ricordo, oltre a monsignor Di Giacomo di Piedimonte, monsignor Clary, arcivescovo di Bari, al quale successe monsignor Pedicini; monsignor Apuzzo di Sorrento, che più tardi successe al Capomazza come revisore e morì cardinale e arcivescovo di Capua; monsignor Zelo di Aversa, che si disse aver ottenuto il vescovato per simonia. Alla bontà ineffabile di monsignor Di Giacomo faceva strano contrasto, nella stessa provincia, monsignor Montieri di Sora, infatuato di assolutismo, zelante persecutore di liberali, amico personale del Re; e, benchè non fosse vecchio, sempre tra la vita e la morte. Era emottoico. Contrastavano in Terra di Bari i vescovi di Andria e di Conversano: un fanatico rude, come monsignor Longobardi, e uno spirito veramente apostolico e signore, se non di nascita, di maniere, come monsignor Mucedola, il quale non volle firmare la petizione per l'abolizione dello Statuto. Chiamato nel giugno del 1851 *ad audiendum verbum*, in Napoli, vi andò senza paura. Vide prima il Peccheneda e poi, a Caserta, il Re. All'uno e all'altro disse che non aveva firmato quel documento, avendo giurata la Costituzione, ma lasciava liberi i suoi preti di firmarlo, essendo un affare che riguardava la loro coscienza. Il Re non seppe che rispondere a un ragionamento così logico, e parve anzi che approvasse la condotta del vescovo; ma quando questi fu andato via, si racconta che dicesse: *"Vi che mme fa 'o parrucchiano 'e san Paulo!"* [4] Il Mucedola era parroco di San Paolo presso Sansevero, quando fu assunto al vescovado per il favore del marchese Lagreca di quella terra, lontano parente dei Lagreca di Polignano a mare. Il Re se la legò al dito e monsignor Mucedola fu dei pochissimi, che non ebbero mai onorificenze; anzi nel 1859, in occasione del matrimonio del principe ereditario, avendo assistito in Bari alla benedizione nuziale con gli altri vescovi della provincia, fu il solo, tra questi, non decorato della croce di Francesco I. Erano anche miti pastori il De Bianchi, arcivescovo di Trani, e il Guida, vescovo di Molfetta.

Contrastavano in Terra d'Otranto monsignor D'Avanzo a Castellaneta, prepotente, violento, quasi birro in paonazzo, morto cardinale e vescovo di Teano, e quel buon monsignor Caputo di Lecce; e contrastavano in Basilicata monsignor Di Macco, arcivescovo di Matera e Acerenza, che Ferdinando II chiamava, por ironia, il *Ghibellino*, e monsignor Acciardi, vescovo di Tursi e Anglona, famoso per il suo spirito reazionario e poliziesco. Monsignor Di Macco, nativo di Gaeta, molto si adoperò a beneficio dei perseguitati politici e non sottoscrisse, neppur lui, la petizione per abolire lo Statuto. Mite e non del tutto avverso al progresso civile, era monsignor Pieramico, vescovo di Potenza. E contrastavano in Capitanata monsignor

---

[4] Vedi che mi fa il parroco di San Paolo!

Tagliartela, vescovo di Manfredonia, sapiente prelato, e monsignor Javarone, vescovo di Candela e Cerignola, già confessore del Re, terrore dei laici, inframmettente e intransigente. Egli stesso confessava i seminaristi per sorprenderne alcuni segreti e incuteva tanta paura, che il seminario si chiuse, perchè nessuno volle più andarvi. Monsignor Javarone morì nel 1855 e gli successe monsignor Todisco Grande, non carne, nè pesce. Due prelati di Andria occupavano le diocesi di Foggia e di Lucera: monsignor Frascolla, la prima e monsignor Jannuzzi, la seconda; amendue devotissimi al Re, ma d'indole diversa, perchè Jannuzzi era mite e aveva rigori più apparenti che reali, e monsignor Frascolla, rigorista non da burla, aveva una dose di fanatismo, per cui ebbe condanna di carcere e multa nei primi tempi del nuovo regime. Monsignor Jannuzzi era succeduto in Lucera a monsignor Portanova. Aveva un vicario, certo Castrucci, il quale diè motivo di pubblico scandalo per la tresca con una donna della diocesi, che il vescovo fece poi sposare al suo cameriere, allontanando, quando l'opinione pubblica glielo impose, il troppo caldo vicario. Monsignor Jannuzzi, che apparteneva a ricca e civile famiglia, fu debole coi sacerdoti audaci e forte coi deboli, fino al punto da far arrestare dalla gendarmeria a cavallo, appositamente chiamata da Foggia, quattro sacerdoti della collegiata di San Domenico, che si erano messi in urto con lui e col capitolo, per certi privilegi che vantavano. Li fece tradurre nelle carceri di Foggia. Ma in fondo era buono e generoso, e tutte le sue entrate impiegava a vantaggio della chiesa. Rifece il seminario, chiamandovi professori egregi, ma odiava i liberali, nè volle mar interporre i suoi buoni uffici a favor loro, anzi sopravvive in Lucerà una sua frase: "*Li mando a Tremiti*".

Del resto, tranne pochi fanatici, i vescovi non facevano politica, benchè giurassero di rivelare all'autorità tutti coloro, che erano ritenuti pericolosi alla sicurezza dello Stato. Sisto Riario Sforza era molto amato per il suo zelo di pastore e l'esemplare costume. Fu vero apostolo di carità nel colera del 1854 a Napoli. Cortese, generoso, uomo di governo e, all'occorrenza, arguto senza volgarità. Ricordo un aneddoto. Il municipio di Napoli ha il patronato della cappella di San Gennaro in duomo, e il sindaco è presidente della commissione, detta del Tesoro. In alcuni giorni di funzioni solenni, il sindaco si reca alla cappella, e prima sale dal cardinale arcivescovo, per andarvi insieme. Quando Guglielmo Capitelli fu sindaco di Napoli, la prima volta che andò dal Riario Sforza, per tale cerimonia, vi giunse in ritardo e, nell'inchinare il cardinale, sdrucciolò sul pavimento e stette per cadere. Riario Sforza lo sorresse con le mani che aveva bellissime, e sorridendo gli disse: "*È un municipio vacillante*"; e il Capitelli, pronto: "*Forse, ma la Chiesa lo sorregge*". Riario Sforza morì nel 1877.

Abate di Montecassino era don Michelangelo Celesia, oggi cardinale e arcivescovo di Palermo; don Onofrio Granata era abate di Cava; don Gioacchino Cestari, di Montevergine, monsignor Elia, gran priore di San Nicola di Bari, e monsignor Falconi, arciprete mitrato di Acquaviva e Altamura.

Ma, tra gli alti ecclesiastici, il nome che, per una serie di casi, venne più ripetuto e discusso, fu veramente quello di monsignor Niccola Caputo, vescovo di Lecce, nobile napoletano di famiglia marchesale, ora estinta nei Palamolla, perchè l'unica sua sorella, marchesa di Cerveto, sposò quel Biagio Palamolla, marchese di Poppano, che ospitò, come si è detto, Ferdinando II a Torraca nel 1852. Vescovo fin dal 1818, egli era quasi decrepito. Lo amavano i suoi figliani per la inesauribile bontà. Liberaleggiò nel 1848, come liberaleggiarono quasi tutti i vescovi del Regno, e quando infierì la reazione, non imitò il D'Avanzo, nè il Montieri, nè il Longobardi. A Lecce era intendente un fanatico in politica, ma personalmente retto, il Sozi Carafa. O per opera dell'intendente, o per denunzie pervenute in Corte, monsignor Caputo fu chiamato dal Re e tradotto, si disse, tra i gendarmi, fino a Capua, dove il Re lo ricevette per ammonirlo severamente, presente il cardinal Cosenza. Gli scrittori di Corte stamparono che il Re avesse chiamato monsignor Caputo per accertarsi *de visu* delle sue condizioni di salute e giudicare se fosse il caso di dargli un coadiutore. Così affermò, tra gli altri, monsignor Salzano, testimone assai sospetto.

Nei suoi confronti fra i bilanci sardi e napoletani, esaminando gli affari ecclesiastici di Napoli, Antonio Scialoja, dopo aver notato che l'alto clero si era mostrato poco propenso alle novità politiche, concludeva: "Scrivendo queste parole, mi corre alla mente il nome d'un personaggio ch'io non conosco, ma che fuori e dentro il Regno ho cento volte udito ricordare con riconoscenza e con affetto: il nome di monsignor Caputo, vescovo di Lecce. Questo vecchio venerando non è stato neppur lui esente da violenze politiche; e sebbene estraneo alle passioni del mondo e vero ministro del Vangelo, fu tratto come prigione tra gendarmi da Lecce sino a Napoli, e condotto al cospetto del principe, per giustificarsi non saprei di qual colpa, se non fosse quella d'essere un santo vescovo ed un uomo dabbene. La fronte serena e solcata dagli anni, il viso aperto, l'aspetto umile ad un tempo ed imponente dell'onesto uomo oltraggiato, e quella purità di coscienza che rende sicura la voce e calmo e pacato lo stesso sdegno dell'anima, dicesi, che gli facesse cadere a' piedi chi pretendeva di giudicarlo. Fossero meno rari i vescovi come il Caputo!"

Queste lodi irritarono in sommo grado il Re, e fu obbligato l'ottantenne vescovo a scrivere o a sottoscrivere questa strana lettera da lui diretta a monsignor Salzano. Eccola nella sua integrità: "Monsignor don Vincenzo Lotti mi onorò de' vostri saluti, e mi disse che mendacio sul mio conto in Piemonte erasi scritto. Ne sono oltremodo addolorato: è un vilipendio per me essere sulle labbra di chi sì parla sbrigliatamente; e voglio che questa mia indignazione sia solenne. Nulla ho di comune con uomo senza verecondia. Sia pure a me da Voi com-

partito questo favore; la mia canizie invoca la verità che l'orni e la co-
roni, non il mendacio. E poteva per me darsi nel giugno e luglio 1856
un Sovrano più caro di Ferdinando II, anzi di vero amico? Sì, il mio
Padrone e Re in quella mia avventura fece con me quel che il vero
amico sappia fare. Sono, monsignor mio, commosso a tante nequizie
impudenti colà in Piemonte".

Il faceto Salzano si servì di questa lettera, pubblicandola trionfalmente nella confutazione ch'egli fece dello Scialoja, ma i maligni asse-
rirono che la lettera l'avesse scritta egli stesso, e mandata a firmare al
Caputo. E n'era capace.

CAPITOLO VII

SOMMARIO: I giornali – Loro forma e contenuto – I giornali commerciali e il *Giornale delle Due Sicilie* – L'*Omnibus* – *Verità e Bugie* – Il *Nomade* – Il *Diorama* – *L'Epoca* – Le Riviste – Gli epigrammi e gli epigrammisti – Genova, Caccavone, D'Urso e Proto – Vincenzo Torelli e l'attentato contro di lui – L'*Iride* e il *Secolo XIX* – Giornali minori – Lo polemiche letterarie – Duello fra Cammillo Caracciolo o Luigi Indelli – Le Strenne – Poeti e poetesse – I Teatri – Il San Carlo e il Fondo – I maggiori spettacoli di quegli anni – Giuseppe Verdi citato in tribunale – Verdi e la Penco – I Fiorentini e Adamo Alberti – La compagnia dei Fiorentini – Lo Sadowski, Majeroni, Bozzo e Taddei – Povertà degli allestimenti scenici – La *Saffo* e la *Gaspara Stampa* – La Fenice, il San Carlino e il Sebeto – I filodrammatici – I teatrini di casa Lucchesi Palli e Proto Cicconi – La *Stella di Mantova* al teatro del conto di Siracusa – Interessanti particolari – Un motto del Re – I filodrammatici superstiti – Un dono da gran signore.

Il tipo del giornale napoletano, in quegli anni, fu quasi esclusivamente letterario e la maggior parte l'occupavano i teatri. Il giornale era la sola palestra che si presentava ai giovani, desiderosi di salire in fama. Non mancavano buoni articoli di scienza e recensioni di nuovi libri, polemiche e critiche fatte con garbo. Abbondavano le sciarade, le epigrafi, gli epigrammi, le poesie e le necrologie. Di cronaca locale neppur l'ombra, e la politica confinata tra fatti e cose diverse, o diluita in riviste settimanali che illustravano gli avvenimenti del Giappone e degli Stati Uniti, o riferivano senza commenti, quando ne avevano il permesso dalla polizia, le notizie ufficiali del

Regno e degli altri Stati d'Italia: questi ultimi nella rubrica "estero". Di politica interna, cioè delle notizie politiche del Regno, i giornali non potevano parlare altrimenti, che riproducendo quelle pubblicate dal giornale ufficiale, anzi, secondo il suo proprio nome, *Giornale del Regno delle Due Sicilie*. Gaetano Galdi e Vincenzo de Cristofaro, direttori, il primo del *Nomade* e il secondo dell'*Epoca*, erano impiegati al ministero dell'interno e Vincenzo Torelli, direttore dell'*Omnibus*, godeva la fiducia della revisione, ed erano perciò i soli autorizzati a riprodurre le notizie politiche dal foglio ufficiale. La revisione verificava sulle bozze se la riproduzione fosse letteralmente esatta. Una breve rivista commerciale registrava, nei maggiori giornali, il corso della rendita, la quale nel 1856 si elevò fino a 118 e mezzo, nonchè i prezzi degli olii, dei cereali e delle mandorle, soli prodotti che si negoziassero in Borsa. Una completa rivista commerciale era solo pubblicata dal *Giornale del Commercio*, che usciva il mercoledì e il sabato ed era diretto da don Benedetto Altamura, fratello di quel don Michele che collaborò, dopo il 1860, in giornali politici retrivi e, poverissimo, finì correttore del *Piccolo* e della *Nuova Patria*, dopo essere stato direttore del *Cattolico*, che si stampava sotto la protezione del commissario Maddaloni. Altro foglio industriale e commerciale veniva fuori in francese, tre volte la settimana; lo fondò e diresse Carlo Palizzi e aveva per titolo l'*Indicateur*. V'erano indicati gli arrivi e le partenze dei viaggiatori, gli alberghi e gli appartamenti da appigionare, ed a queste notizie seguivano cenni molto sommarii sulle industrie e i commerci del Regno.

Nel 1858 gli articoli di politica estera, maturando i nuovi tempi, cominciarono ad essere tenuti in maggior conto, e anche meglio scritti. Delle cose italiane si occupavano colla massima prudenza sì, ma con maggiore diffusione: però sulle cose di provincia s'indugiavano poco o nulla. Della corrispondenza dalle Provincie, come s'intende oggi, con tutte le volgarità, piccinerie e vanità inerenti, neppur l'ombra. Solo delle città, che avevano un teatro, si riportava qualche corrispondenza laudativa degli artisti abbonati, o recante notizie degli esami o saggi, nei licei regi, coi nomi dei giovanetti premiati.

Nessun giornale era quotidiano, tranne il foglio ufficiale, che però non si pubblicava nelle feste e nelle "grandi gale" e dipendeva dal ministero di polizia. N'era direttore Filippo Sonigli, con onori di uffiziale di carico nel ministero di polizia e vi collaboravano Domenico Anzelmi, Enrico Cardone, Emanuele Rocco e Giuseppe Portaluppi, i quali erano anche i revisori della polizia. L'*Omnibus* che, di tutti i fogli del tempo, era il meglio redatto ed il più ampio, veniva fuori il mercoledì e il sabato. Stampava in prima pagina le notizie politiche e, in appendice, romanzi di Francesco Mastriani. Era ricco di varietà, di curiosità e di cronaca teatrale, italiana ed europea. Fu nel giornale di suo padre che Achille Torelli cominciò a farsi conoscere, pubblicando qualche racconto, che rivelava l'ingegno eletto del futuro commediografo. Nell'*Omnibus* avevano già fatte le prime armi Pier Angelo Fiorentino, Achille de Lauziéres e Leopoldo Tarantini, che ne fu col Torelli il fondatore.

Ai primi di maggio del 1855 venne fuori l'*Aurora*, che portava in fronte il verso dantesco:

Dolce color d'oriental zaffiro;

nel giugno, l'*Iride*, col motto: *Mille trahens varios adverso sole colores*, e nello stesso mese, il *Secolo XIX* che prometteva di esser quotidiano e non visse che tre mesi, come si dirà appresso. Nel novembre uscì il *Diorama*, che aveva per motto le severe parole di Seneca: *Turpe est aliud loqui, aliud sentire, quanto turpius aliud sentire, et aliud scribere.* Di tutti questi giornali, il periodico che aveva un formato giornalisticamente più regolare, e un insieme più copioso e vario, era, dopo l'*Omnibus*, il *Nomade*. Nel secondo sabato di aprile del 1856 si

cominciò a pubblicare il *Giornale dei giornali,* sunto di fogli e di riviste, da non confondersi col *Giornale bibliografico delle Due Sicilie,* che
vide la luce nel febbraio dello stesso anno e si pubblicava ogni quindici giorni, con un supplemento di *lettere, teatri e varietà.* Questi giornali minori vivevano vita breve e ne generavano altri più o meno simili. La *Gazzetta dei Tribunali,* la *Gazzetta Musicale* e il *Poliorama
Pittoresco* vivevano quasi clandestinamente, e la prima non si vendeva
che in un solo caffè di via dei Tribunali. I giornali non avevano altra
diffusione che fra i proprii abbonati o nei caffè, dove, naturalmente,
si leggevano *gratis.* Non vendita per le vie e neppure chioschi nelle
piazze. Ebbero vita più lunga l'*Omnibus,* il *Nomade,* l'*Iride* e il *Diorama,* i quali morirono dopo il 1860, ammazzati dai nuovi tempi, che
richiedevano altre energie giornalistiche; anzi il *Diorama* morì anche
prima. Si pubblicava due volte la settimana.

Nel 1854, alla fine di giugno, nacque *Verità e Bugie,* giornaletto teatrale e umoristico, che ebbe fortuna, nonostante che il suo spirito,
non privo qualche volta di finezza, cadesse più sovente nelle freddure
e nelle volgarità. Lo fondarono Niccola Petra, Luigi Coppola e Carlo
de Ferrariis, i quali presero rispettivamente le sigle di *Z, Y* e *X.* Nella
terza pagina si pubblicavano alcune caricature in litografia, credo del
Colonna, ma il tentativo non ebbe successo. Dopo poco tempo, Petra
e De Ferrariis ne uscirono e vi entrò Michelangelo Tancredi, che si firmava *K,* e vi ebbe molta parte. Vi scriveva pure Giuseppe Rosati, che
fu più tardi direttore della Real Casa di Napoli, uomo di vivace spirito, figlio di don Franco, primo medico di Corte, anzi medico di fiducia di Ferdinando II. Niccola Petra era figlio del marchese di
Caccavone, ma, pur avendo ingegno svegliato, non possedeva la
genialità, nè la larga vena umoristica del padre, onde fu dal duca
Proto bollato con questo epigramma:

Perchè figliuol tu sei del Caccavone
Le tue frottole credi argute e buone;
Lo spirito non è fidecommesso:
Smetti, Nicola mio, *tu si no f....*

Scrisse versi, drammi ed epigrammi, i quali ebbero poca fortuna;
studiava diritto col De Biasio, ma il maggior tempo consacrava al
giuoco. Fu, dopo il 1860, procuratore del Re, questore e prefetto.
Visse vita turbolenta e agitata, per mancanza di equilibrio morale e si
diè la morte avvelenandosi, poco più che cinquantenne. Il giornaletto *Verità e Bugie* era *une espèce de Figaro napolitain, quelquefois spirituel*, come disse Marco Mounier. Ai vecchi collaboratori si aggiunse
Enrico Cossovich, commissario di marina. Luigi Coppola ne era il
proprietario e, col Tancredi, lo scrittore principale; anzi era questi che
nella produzione vinceva il Coppola, in quel tempo innamorato
cotto della seconda ballerina di San Carlo, la bella Marina Moro, alla
quale inneggiava appassionatamente.

Il giornaletto aveva in prima pagina, per motto, questi versi:

Chi batte questa via
E spine e rose avrà;
E questa una bugia
Ed una verità.

Più che come direttore di *Verità e Bugie* e proprietario di un'agen-
zia di teatri, Luigi Coppola acquistò rinomanza in tutta Italia con le
sue riviste teatrali, sottoscritte *Il Pompiere* e pubblicate nel *Fanfulla*.
Morì caposezione al ministero dell'istruzione pubblica del Regno
d'Italia, e fu insuperato maestro di freddure. Uomo di una singolare
bontà d'animo, aveva tendenze parsimoniose sino all'avarizia e natura così malinconica, che sul suo volto olivastro pareva di leggere la

passione di Gesù. Egli scriveva pure dei *corrieri* nel *Nomade,* firmati *Ticchio*, i quali non mancavano di spirito, ma questo non sempre di buona lega. Per far la *réclame* ai guanti del Bossi, scriveva, per dirne una:

Peli e guanti
Guanti e peli
Son riparo
Sotto i geli.
Guanti e peli,
Peli e guanti
Son le glorie
Degli amanti.

Nell'ottobre del 1858 si aprirono tre nuove botteghe: in via Toledo, la pasticceria D'Albero e il magazzino di guanti Caridei, e a Chiaia, il caffè Nocera. Coppola ne formò questa sciarada:

Il mio *primier* dolcifica
L'*altro* le grinfe asconde,
Il *terzo* in un confonde
Lo zucchero e il caffè.
E il tutto che cos'è?
Lo dimandate a me?
Non posso dir perchè...

Fra i giornaletti umoristici va ricordato il *Palazzo di Cristallo,* fondato nel 1856 da Antonio Capecelatro e da Luigi Zunica, che poi fu cerimoniere di Corte nel 1860; ma lo scriveva, quasi tutto, Giuseppe Orgitano, lo scrittore di maggior vena umoristica che abbia avuto Napoli a quei tempi, e che Marco Monnier nel suo libro: *L'Italie, c'est-*

elle la terre des morts? chiamò *l'enfant le plus spirituel du Royaume.*
Morì segretario al ministero della guerra dopo il 1870, e fu anche
scrittore del *Fanfulla* della prima maniera. Al *Palazzo di Cristallo,* nel
quale scrivevano pure il Rosati ed Ernesto del Preite, successe nel
1868 il *Diavolo Zoppo,* con caricature. Per due o tre numeri ne figu-
rò direttore Achille Torelli, giovanissimo; poi la direzione passò a
Francesco Mazza Dulcini, ma lo scrittore principale e più fecondo
n'era l'Orgitano. Il giornale fu soppresso nel 1859 con un semplice
avvertimento al tipografo, il quale era Emanuele Rocco, e con una
lavata di testa all'Orgitano, salvato da male maggiore per opera di
don Felice Marra, suo capo di ripartimento al ministero della guerra.
Perchè fu soppresso? Il caso merita di essere ricordato. Si era ai primi
giorni del 1859. Il *Diavolo Zoppo* pubblicò, come caricatura, una
figura di donna che entrava in una tinozza e sotto vi erano scritti i
versi del Petrarca:

> Chiare fresche e dolci acque,
> Ove le belle membra
> Pose colei, che sola a me par donna.

La donna fu creduta un'allusione all'Italia e la tinozza al Piemonte.
Il revisore non vi aveva veduta questa allusione, ma ve la trovò la polizia, onde il giornale fu soppresso e Rocco, revisore e tipografo, la
passò brutta. Orgitano scriveva anche nel *Nomade* alcuni *corrieri*
umoristici, sottoscritti *Nemo,* i quali facevano sganasciar dalle risa i
numerosi lettori. Egli era stato il grande umorista del 1848, col suo
celebre *Arlecchino.*

Il 20 marzo 1858, il *Nomade* pubblicò una vignetta rappresentante l'attentato contro Napoleone III dinanzi al peristilio dell'Opera, la
sera del 14 gennaio. Nello stesso numero annunziava che il giorno 13
marzo, Orsini e Pieri avevano subita la pena capitale, e che i capelli

di Orsini, rasi prima dell'attentato, cominciarono a farsi grigi quando comparve innanzi alla Corte, e divennero bianchi pochi giorni prima dell'esecuzione. Scrivevano in questo foglio giovani di valore. Gaetano Galdi seguitò a dirigerlo fin dopo il 1860. Nel settembre del 1858 lo stesso giornale pubblicò una serie di lettere di Luigi Indelli dal titolo: *Sullo stato presente delle lettere a Napoli*, che meriterebbero di esser lette da quanti amino farsi un'idea del movimento intellettuale in quegli anni. Anche Enrico Pessina vi scriveva articoli, ora di lettere ed ora di scienze. Fra i primi merita speciale ricordo la polemica con Vincenzo Petra, a proposito della *Saffo* di Tommaso Arabia; e fra gli altri, un'interessante recensione sul bel libro di Giacomo Racioppi: *Dei principii e dei limiti della statistica*. Carlo de Cesare scriveva di economia, d'industrie e di letteratura; Federigo Quercia illustrava i versi di Aleardo Aleardi, che egli definì *il poeta del secolo XIX*, e ne pubblicò il *Monte Circello* con una geniale prefazione. Saverio Baldacchini scriveva una serie di articoli sul poeta inglese Giovanni Keats, e Carlo Tito Dalbono, erudite ed enfatiche rassegne sulla pittura napoletana, dalla morte del Solimena a noi.

Non vanno dimenticati, fra i giornali d'allora, il *Bazar letterario*, diretto da Vincenzo Corsi e pubblicato a dispense; la *Rondinella*, il *Truffaldino* e le *Serate di famiglia*, che videro la luce nel 1855. Le *Serate di famiglia* dirette da Raffaele Ghio e da Michelangelo Tancredi, pubblicavano articoli di educazione, di pedagogia e di amena letteratura. Vissero due anni di vita stentata e bersagliata dai revisori, i quali, tra l'altro, un giorno cancellarono la parola *Italia*, annotando: "*Quando la finirete con questa f.... Italia?*"; e il titolo di un articolo: *La costituzione di un fanciullo*, mutarono in: *La conformazione di un fanciullo*. Il *Tomese* e il *Menestrello* comparvero nel 1856; un anno dopo, il *Teatro*, diretto da Alessandro Avitabile e nel 1858, la *Babilonia*: giornaletti, mezzo teatrali e mezzo umoristici, senza importanza e senza lettori. Don Lorenzo Zaccaro, prete calabrese,

chiuso più tardi nelle carceri di San Francesco per supposta compli-
cità nell'attentato di Agesilao Milano, pubblicò in quegli anni
l'*Ortodosso*, diretto da Giosuè Trisolini, chirurgo militare all'ospedale
della Trinità, padre di Tito, allora emigrato, che poi fu dei Mille, e di
Giovanni, allora giornalista teatrale e poi impresario. Come il
Nomade e l'*Epoca*, mercè le aderenze dei loro direttori avevano ottenuto raccomandazioni dal ministero di polizia agl'intendenti per
avere degli associati, l'*Ortodosso* ne ottenne dal ministero della guerra, ed erano quasi tutti militari i suoi lettori, del resto non molti. Una
sera si discuteva sul significato del suo titolo tra parecchi ufficiali
nella casina militare, che aveva sede sulla cantonata tra la discesa del
Gigante e il largo di Palazzo, e fu sentenziato che *ortodosso* era... una
parola spagnuola!

Parecchi scrittori del *Nomade* e dell'*Omnibus* non negavano la loro
collaborazione, gratuita s'intende, al *Diorama*, diretto dallo stesso
Antonio Capecelatro, impiegato al ministero di marina poi direttore
generale delle poste italiane e che ora, vecchio, vive a Napoli in onorato riposo. L'ufficio del *Diorama* era in piazza San Ferdinando, sul-
l'antico caffè d'Europa, in un appartamentino interno, sotto l'ufficio
dell'*Omnibus*, e lo frequentavano, dopo la morte di Ferdinando II,
Cammillo Caracciolo, Gaetano Trevisani, Raffaele Masi, Saverio
Baldacchini, Floriano del Zio, Guglielmo Capitelli, Federigo
Quercia, Cecchino Vulcano e Luigi Indelli, i quali ne erano anche gli
scrittori ordinarii. Il Capitelli ha pubblicato, testè, nel suo *Excelsior*,
parecchi ricordi del *Diorama*, che non son tutti. Il Capecelatro era
convinto unitario fin d'allora e forte giuocatore di *scopone*, il quale
illustrò con un opuscolo che levò rumore. Lo *scopone* era considerato
un giuoco eminentemente scientifico, e contava glossatori e partigiani ferventi. Don Michele Agresti era uno di questi ultimi, e in casa
sua si giuocava lo *scopone* tutte le sere. Egli, grande magistrato per
dottrina e probità, avviava i giovani alunni di giurisprudenza alla

scienza dello *scopone,* persuaso che fosse un utile esercizio della mente per calcolare e ragionare.

Tommasino Arabia e il fratello Francesco Saverio, poeti ed avvocati, erano venuti di Calabria e avevano fondato nel 1855 *Lo Spettatore Napoletano*, rivista mensile che durò due anni. Stanislao Gatti dirigeva il *Museo di scienze e letteratura*, importante effemeride, nella quale egli, il valoroso uomo, con Stefano Cusani e Giambattista Ajello, diffuse le dottrine di Hegel tra gli studiosi. Era anche poeta e uomo di società. Dopo il 1860 fu consigliere di prefettura e morì prefetto di Benevento. Spirito colto e sdegnoso, ebbe più ammiratori che amici. Più varia e completa rivista era il *Giambattista Vico*, fondata dal conte di Siracusa. Si occupava di storia, di filosofia, di matematica, di medicina, di archeologia ed economia politica. Usciva ogni mese, stampata nitidamente dal libraio Dura. Vi collaboravano uomini e giovani chiarissimi nel mondo scientifico e letterario: Carlo Troja, i cassinesi Tosti e De Vera, Giuseppe Fiorelli, Salvatore de Renzi, Carlo de Cesare, Guglielmo Guiscardi, Gaetano Trevisani, Remigio del Grosso, Costantino Baer, Federigo Quercia, Cammillo Minieri-Riccio, Filippo Volpicella, Antonio Tari, Giuseppe Colucci e altri minori.

Un'altra effemeride da non dimenticare, fu la *Rivista Sebezia*, scientifica, letteraria, artistica, fondata da Bruto Fabbricatore. Si pubblicava a dispense e la prima vide la luce nel luglio del 1855. Il primo numero, oltre un discorso proemiale, conteneva una lettera di adesione di Francesco Orioli, datata da Roma il 22 luglio 1855, e poi uno scritto inedito, dettato da Cataldo Iannelli nel 1816 per Vincenzo Coco, sulla *Storia universale antica*; un lavoro di metodologia di Michele Baldacchini; una prolusione di estetica di Paolo Emilio Tulelli ed articoli di Degli Uberti, di Giuseppe de Cesare, di T. M. Torricelli, di Pietro Balzano. Si chiudeva con buone bibliografie di

Giovanni Manna, di Michele Melga e di Bruto Fabbricatore. Oltre i
sopracitati vi scrissero in seguito Cammillo Minieri-Riccio, Enrico
Pessina, Gaetano Trevisani, Saverio Baldacchini, Agostino Magliani,
Emmanuele Rocco, Scipione Volpicella e Raffaele d'Ambra. Noto del
Magliani una *"Lettera critica in cui si paragonano insieme i tre episodii
degli amori di Enea e Didone di Virgilio, di Ruggiero ed Alcina
dell'Ariosto, e di Rinaldo ed Armida del Tasso"*. Il futuro ministro delle
finanze scriveva di amori! Michele Melga, in una lettera da Roma,
descrisse un quadro di Achille Vertunni, esposto in quella mostra di
belle arti.

Il *Morgagni* era la più importante rivista di medicina, dovuta alla
giovanile tenacia del valoroso medico Pietro Cavallo di Carovigno.
Ne figurava come direttore il Ramaglia, che non vi scrisse mai nulla.
Vi collaboravano Salvatore Tommasi e Cammillo de Meis, esuli in
Piemonte. Una volta il Tommasi mandò da Torino un articolo in
confutazione alle dottrine materialistiche del Moleschott. Il revisore
Minichini ne soppresse per intero la parte espositiva del sistema di
Moleschott, premessa all'articolo, e a Pietro Cavallo che gli osservava
di venir meno in tal modo ogni fondamento alla critica del Tommasi,
rispose: *"Eh!, mio caro, l'ho tolta, perchè i lettori potrebbero più volentieri invaghirsi della dottrina materialista di Moleschott, anzichè della
critica del Tommasi"*. Il *Morgagni* era stato fondato da Raffaele
Maturi, contemporaneamente al *Ricoglitore Medico-Cerusico*, nei
primi giorni del 1855. Poco tempo dopo, le due riviste si fusero in
una sola col nome di *Morgagni*, e Pietro Cavallo vi portò tutto il concorso del suo talento e della sua attività; per cui, in breve, il giornale
ebbe fortuna. Oltre ai vecchi professori Villanova, Lauro, De Martino, De Sanctis, vi scrivevano altri giovani medici, che più tardi vennero in gran fama, come Luigi Amabile, Tommaso Vernicchi,
Giuseppe Buonomo, Capozzi, De Orecchio, Tantum, Olivieri e
Vizioli. Dopo il 1860, Ramaglia non volle più saperne di figurare

come direttore e la direzione fu assunta dal Tommasi, reduce dall'esilio, e con lui e col Cantani, che furono i due grandi medici che abbia avuto Napoli negli ultimi anni, il *Morgagni* divenne una fra le più autorevoli riviste di medicina.

Nei giornali e nella buona società fioriva l'epigramma. Si conoscevano tutti l'un l'altro, perchè era un piccolo mondo quello che pensava, scriveva e si moveva. L'epigramma era uno sfogo della naturale arguzia, e un po' anche di malignità, non essendovi altro modo di colpire qualcuno, o di flagellare un vizio, che la forma epigrammatica, ispirata molte volte da odio personale e più sovente dal desiderio di far ridere alle spalle degl'imbecilli e dei vanitosi. Filippo Palizzi, rapito non ha guari all'arte di cui fu splendida illustrazione, aveva ritratto maravigliosamente un tal Rossetti sordo, e Michele Genova disse:

> Questi è Rossetti, esclama ognun rapito;
> Tal delle tinte è il sovrumano accordo,
> Tutto il pittor gli diè, fuorché l'udito,
> Per non opporsi a Dio, che lo fè sordo.

Ma non era il Genova l'epigrammista più arguto. Tenevano in quel tempo lo scettro dell'epigramma Raffaele Petra, più noto sotto il nome di marchese di Caccavone; Michele d'Urso, e Francesco Proto, duca prima dell'Albaneto, poi di Maddaloni, più conosciuto col nome di duca Proto. Il Petra era capo del quinto ripartimento nella direzione generale del Gran Libro; D'Urso era colonnello di marina e fratello di Pietro, ministro delle finanze, e Proto, deputato nel 1848 fra i più eccessivi, era andato in esilio e n'era tornato per grazia speciale di Ferdinando II. Il Caccavone li vinceva tutti. Più spontaneo, più arguto, più fresco nelle immagini, egli conosceva meglio le finezze, l'elasticità e i doppii sensi del gergo dialettale. Molti dei suoi epigrammi, raccolti da Achille Torelli in un volumetto che vide la luce in Napoli nel 1894, si leggono anche oggi con diletto. Se la forma n'è quasi sempre volgare, il pensiero è molte volte elevato e, strano a dire, certi suoi epigrammi pornografici hanno una base morale, perchè mettono in dileggio tipi e abitudini meritevoli di riso e di disprezzo. Il Caccavone era uno stoico e aveva degli stoici l'atticità del pensiero e delle immagini e le abitudini della vita. I suoi versi in lingua italiana sono bellissimi. Non rideva mai, aveva colore terreo, quasi cadaverico e la sua cattedra era il caffè di Europa. Morì vecchio, dopo il 1870. Gli epigrammi di D'Urso e di Proto erano più ingiuriosi che spiritosi, e quasi sempre *ad hominem*. Nessuno di loro creò tipi, come *Taniello, don Lorenzo, la madre educatrice*; nessuno scrisse epigrammi italiani in bellissimi versi e con immagini pure. Privi della naturale festività e obiettività del Caccavone, colpivano determinati individui e rasentavano l'insolenza, e il Proto, più stentato ancora del D'Urso, fu fatto segno lui stesso ad epigrammi atroci, ad umiliazioni non poche, da parte di quelli che egli colpiva, e infine a clamorose bastonate. Gli epigrammi del Proto sono stati raccolti in un volumetto dal Di Giacomo. Egli non aveva ingegno, veramente. Era artificioso e scontorto in ogni sua manifestazione letteraria, retore, invido di chiunque si elevasse sulla folla, versipelle in politica e in arte. Sfucinavano epigrammi anche Cesare de Sterlick, Vincenzo Torelli, Federigo Quercia, Luigi Coppola, Giuseppe Orgitano, Federigo Persico, Giuseppe Rosati e Felice Niccolini. Se ne ricordava uno contro Saverio Baldacchini, attribuito a Giacomo Leopardi e che diceva:

> Ei le vergini canta, l'evangelo
> Ama, le vecchie.... adora, e la mercede
> Di sua molta virtude attende in cielo.

Se mancavano giornali, come s'intendono oggi, mancavano anche i giornalisti. Eran tutti articolisti intermittenti e a rime obbligate. Unico giornalista, nel vero senso della parola, fu Vincenzo Torelli, la cui influenza nel mondo della letteratura e dei teatri divenne incontestata. Torelli rappresentava una potenza, e la sua casa, prima al palazzo Barbaia in via Toledo, e poi in piazza San Ferdinando, dove aveva raccolti molti quadri di autori antichi e moderni, era un magnifico convegno di letterati, di artisti e di quanti uomini di valore vivevano in Napoli o vi capitavano. Era passato qualche anno dal suo arresto, dall'attentato nel carcere di Santa Maria Apparente e dalla sospensione del giornale. Su quel misterioso fatto il Torelli non disse mai verbo, neppure dopo il 1860. Per la prima volta, recentemente, ne ha parlato, con particolari esatti, Pasquale Turiello;[1] particolari non esaurienti però, perchè il Turiello non indaga chi fosse il cortigiano che avrebbe confidato al Torelli le parole del Re, a proposito della cura idroterapica, e dal Torelli riferite in una lettera anonima stampata nell'*Omnibus*, forse per mettere un po' in luce il nome del professore Tartaglia, il quale iniziava in Napoli la cura della idroterapia. Il Re aveva detto queste innocenti parole *"Acqua fresca, miracoli, miracoli!"*: ma sospettosissimo com'era, s'impensierì e s'irritò di vederle pubblicate testualmente, perchè in quella stessa conversazione, presenti la Regina, Alessandro Nunziante e il maggiore Severino, egli aveva tenuti altri discorsi e fatta una volgarissima ingiuria all'indirizzo di lord Palmerston. Il Re voleva quindi capire dal Torelli chi gli avesse scritta quella lettera, ed avendo questi risposto di non saperlo, ordinò che fosse mandato a San Francesco. E tornando a insistere, e l'altro seguitando a negare, ordinò che fosse tradotto in Santa Maria Apparente, dove il malcapitato, entrando, fu aggredito da un camorrista armato di

[1] P. TURIELLO, *Dal 1848 al 1867*, nella *Rivista storica del Risorgimento italiano*, diretta dal prof. Manzone. - Volume I, fascicoli 8 e 4.

rasoio. Don Vincenzo si difese disperatamente dai colpi che gli avventava al collo l'assassino, il quale morì di morte misteriosa, pochi giorni dopo. E poichè dei due cortigiani, alla presenza dei quali il Re aveva pronunziato quelle parole e lanciata la ingiuriosa sconcezza all'indirizzo di Palmerston, uno era il Nunziante, i maggiori sospetti caddero su lui; ma nessuna prova si ha che questi avesse armata la mano dell'assassino, e l'avesse fatto morire misteriosamente due giorni dopo. Il fatto impressionò tutta Napoli, il Torelli s'ostinò a non parlare e il Re, visto che tutto era inutile, lo restituì in libertà. L'*Omnibus* riprese le pubblicazioni, ma don Vincenzo uscì dal carcere politicamente mutato. Il suo zelo per i Borboni intiepidì di molto. Per un assassinio tentato e un altro consumato, non vi fu processo, neppure *pro forma!* L'autore della lettera anonima, causa di questa tragedia, si disse essere stato involontariamente don Michele Viscusi, allora detenuto in Santa Maria Apparente, ma nessuno vi credette. I maggiori sospetti si fecero sul Nunziante.

Giornalista di qualche talento era don Filippo Cirelli, direttore del *Poliorama pittoresco*, foglio con illustrazioni, poco diverso, rispetto al formato, dall'iride e dall'aurora. Le sue ingenue illustrazioni non erano interamente detestabili. Uno degli scrittori più assidui del *Poliorama* era stato Cesare Malpica, che nel 1841 vi scrisse una vita di Napoleone Bonaparte. E nel 1856, quando morì Giulio Genoino, Luigi Cassitto pubblicò un *capitolo picciuso*, indirizzato al Cirelli, che cominciava così:

> Don Felì, s'è stutata la lucerna
> De lu Pranasso! Genoino è mmuorto;
> Sia pace all'arma soja... requiammaterna!
> La lengua, che se parla abbascio Puorto,
> Mo vide stencenata!... Addio dialetto....
> Chi t'adderizza cchiù? Mo jarraje stuorto!

La morte di Giulio Genoino ispirò a Niccola Sole un bellissimo carme, pubblicato nel primo numero dell'*Iride*, giornaletto simpatico, redatto da parecchi scrittori di Basilicata, come Achille de Clemente, che ne era il direttore, Giacomo Racioppi e monsignor Santaniello. Saverio Baldacchini, Giannina Milli e Felice Bisazza vi stampavano graziose poesie, Scipione Volpicela epigrafi e articoli di storia napoletana. Carlo Cammarota vi pubblicò, nel febbraio del 1858, una poesia finamente umoristica, in morte del celebre cantante *Alamirè* pseudonimo del Lablache, che morì a Napoli in quel tempo e fu accompagnato al cimitero da uno sterminato stuolo di marsine, mentre le salme degli uomini di valore, soprattutto se sospetti di liberalismo, vi erano menate a lume spento. Indirizzandosi a Carlo Troja, che viveva modestamente e quasi ignoto al mondo ufficiale, il giovane poeta ebbe accenti sdegnosi e ispirati, tra i quali piacemi riferire questi:

> O Carlo, tu che di sapienza i lumi
> Porti angosciato nelle età più fosche,
> E sul lezzo di rancidi volumi
> Stai curvo il dorso e le pupille losche,
> Che cale a noi dei gotici costumi,
> Della trama, che al ragno ordir le mosche,
> Dell'acciuffarsi delle due befane
> E dei latrati dell'ascoso cane?...

Qui il linguaggio, sebbene figurato, era abbastanza evidente, e il Cammarota divenuto poi il solerte segretario generale del municipio di Napoli, ed oggi in riposo, ebbe qualche grattacapo dalla polizia, il che non tolse però che le ottave in morte di *Alamirè* avessero fortuna.

Vita molto breve toccò al *Secolo XIX*, fondato da don Gennaro Correale. Vi collaboravano, quasi esclusivamente, Carlo de Cesare che

scriveva di economia, d'industrie e di finanza; Federico Quercia che si
occupava di critica letteraria e di teatri; Vincenzo Padula che pubblicava interessanti articoli di varietà, e Pasquale Trisolini, il quale, dopo
il 1860, divenne ufficiale di pubblica sicurezza. Questo giornale rappresentava un complesso di forze vigorose e, per quanto i tempi lo
comportavano, discuteva liberamente di arte, di lettere e d'economia
pubblica. Chiedeva ferrovie, strade, ponti, bonifiche, istituti di credito fondiario ed agrario. Sugli istituti di credito fondiario scrisse qualche pregevole articolo quel don Gaetano Bernardi che, alcuni anni
dopo, si fece monaco di Montecassino e poi fu abate e direttore del
collegio benedettino di Sant'Anselmo in Roma, ed è morto di recente. Allora era un giovane elegante e amabile, molto ricercato nella
buona società e dava private lezioni di letteratura. Notevole una polemica letteraria tra Federico Quercia e Francesco Saverio Arabia, nelle
colonne del *Secolo XIX*, a proposito di alcuni versi di quest'ultimo, dal-
l'altro criticati, per il che l'Arabia montò in bizza. Ma questa polemica, abbastanza vivace, non finì in duello, come l'altra fra Luigi Indelli
e Cammillo Caracciolo, a proposito di un sonetto di quest'ultimo:
duello ch'ebbe luogo nell'agosto del 1857 e fu argomento per qualche
giorno de' pubblici parlari. Si battettero alla sciabola, in casa di Francesco Rubino, e Cammillo Caracciolo rimase ferito leggermente alla
mano. Egli fu assistito da Federico della Valle di Casanova, e l'Indelli
dal conte Annibale Capasso, di Benevento, guardia del corpo. La polizia non riuscì ad impedire lo scontro, e quando fu avvenuto, voleva
per punizione, esiliare i combattenti a Malta. Ma Ferdinando II, assi-
curatosi che i due *pennaruli* non si erano battuti per causa politica, ne
rise e li lasciò tranquilli. Il *Secolo XIX* dava troppo nell'occhio alla polizia, per la qual cosa fu due volte sospeso. Ma a lungo andare, il prefetto Governa fè intendere al Correale che la polizia aveva avuta abbastanza longanimità, e che perciò, senz'altre chiacchiere, smettesse di
pubblicare il giornale che morì infatti alla fine di agosto del 1856.

De Cesare, Quercia, Padula e Trisolini trovarono ospitalità nel *Nomade*, nell'*Omnibus*, nell'*Iride* e più tardi nell'epoca, fondata nel giugno del 1857 dal De Cristofaro. Alcuni scrittori del *Nomade* passarono all'Epoca, la quale, intendendo la *reclame* giornalistica un po' più modernamente, pubblicò una lunga lista di collaboratori, dei quali era primo Carlo Troja ed ultimo Giuseppe Lazzaro. Questi iniziò una serie di articoli sull'istruzione, anzi sull' "insegnamento letterario", concludendo: *bruciate le grammatiche, le rettoriche e le poetiche*, e ne dava l'esempio.

Le strenne in prosa e in versi, che ogni anno si pubblicavano, specie da alcuni giornali, erano altro campo aperto alla attività degli scrittori. Lo studio sulle strenne e sui versi, così detti di occasione, come per nozze, per monacazioni (allora molto frequenti), per onomastici, per genetliaci, per decessi, sarebbe interessante, come pur quello sulle poetesse del tempo. Brillavano tra queste Giannina Milli, Giovannina Papa, Anna Pesce, Irene Capecelatro, Adelaide Folliero, Erminia Frascani e quell'Emilia de Cesare, che fece fantasticar tanti sull'esser suo, provocò dichiarazioni d'amore e lettere di laude e ispirò la musa di Felice Bisazza, di Carlo Cammarota, di Giulio Salciti, di Luigi Cassitto e di Gaetano Bernardi, finchè non si venne a sapere, e ci volle qualche anno, che sotto quel nome si nascondeva Carlo de Cesare. Sembrava strano che fosse venuta al mondo una poetessa d'animo e di sentimenti virili e ricca di una cultura, rara oggi e allora rarissima nelle donne.

Le strenne più accreditate, per eleganza tipografica, eran quelle di Gaetano Nobile, primo editore che abbia avuto Napoli e forse ultimo. Nel 1856 egli ne pubblicò una di prose e versi, tutta di autrici italiane viventi, dal titolo: *La primavera*. Tra le prosatrici napoletane, figuravano Adelaide Amendolito Chiulli, Virginia Pulli Filotico, Enrichetta Sava, Carolina d'Auria, Carolina Bonucci; e tra le nuove poetesse, Mariannina Spada, Maria Lettieri, Elvira Giampietri. Vi si pubblicò inoltre una bellissima ode di Luisa Amalia Paladini ed una, inedita, di Giuseppina Guacci, non delle migliori che la insigne donna scrivesse. Questa strenna, per l'originalità sua, levò rumore.

Per il capodanno del 1858, il *Nomade* offrì ai suoi lettori una strenna speciale. Figuravano, tra i poeti, Stanislao Gatti, Carlo de Cesare, Saverio Baldacchini, Vincenzo Baffi, Luigi Indelli, Giuseppe Campagna, Ottavio Serena, il duca di Ventignano e Luigi Coppola; e tra le poetesse, Irene Capecelatro e Ada Benini. Federico Quercia nel giornale stesso ricercò il valore dei diversi poeti.

Più geniali erano le strenne dell'*Omnibus*. Fu notevole quella del 1858, dal titolo *La Sirena*, messa insieme da Vincenzo Torelli e dai suoi figli Cesare e Achille e illustrata dai ritratti di Filippo II, Carlo V e Tommaso Grossi, e dalla riproduzione degl'*Iconoclasti* del Morelli e della *Morte di Abele*, cartone di Michele de Napoli. Una strenna pubblicò nel capo d'anno del 1857 lo *Spettatore napoletano*, con versi di Baldacchini, di Baffi, di Enrico Cenni, di Sabino Loffredo, di Angelo Santangelo, del Campagna e dei due Arabia; con prose del Manna e del duca Tomacelli e con delicate riduzioni, una di Goethe fatta da Federico Persico, ed una di Longfellow, da Stefano Paladini. Come si vede, gli scrittori delle strenne, così di prosa che di versi, erano sempre gli stessi.

Oltre a quelli nominati, è giusto che ricordi Emanuele Rocco, Domenico Bolognese, Giuseppe Sesto Giannini, Raffaele Colucci, Pasquale de Virgilii, Quintino Guanciali, Raffaele d'Ambra, Simone Capodieci, Carlo Massinissa Presterà, Felice Bisazza, i cui nomi si vedono più spesso ripetuti in tutte quelle infinite raccolte, che si stampavano col nome di *Strenne* a Capodanno e a Pasqua o, sotto altro nome, in occasione di nozze, di monacazioni o di morti. Quando nell'agosto 1858 si spense a vent'anni Vincenzo Tarantini, figlio di Leopoldo, gli amici pubblicarono una raccolta di prose e versi. Leopoldo Rodino vi scrisse pagine purissime di prosa; Saverio Baldacchini, versi sciolti; Pessina e il vecchio Caccavone, dei sonetti; Niccola Sole, Amalia Francesconi, Carlo Barbieri e Felice Bisazza, delle odi; Mirabelli, dei distici; Peppino Tarantini, oggi deputato di Barletta e fratello minore del defunto, poche ottave, e un'ottava Mariannina Spada di Spinazzola, la quale, un anno dopo, si fidanzò al marchese Pasquale del Carretto, unico figliuolo del maresciallo.

Neppure le strenne sfuggivano agli artigli dei revisori. Fra i varii aneddoti e comici incidenti, ai quali la regia revisione dava occasione, ricordo quel che successe al Torelli nel 1853, quando pubblicò per gli associati dell'*Omnibus* e per il pubblico, una strenna intitolata *La Sirena*, dov'era la traduzione che il Tancredi aveva fatto di una *Orientale* spagnuola di José Zorrilla. La poesia conteneva il lamento di un signore arabo, che indarno impetrava amore da una crudele cristiana spagnuola. Il primo esemplare fu, alla vigilia di capodanno, mandato in omaggio al prefetto di polizia. Questi la lesse, ma trovando nell'*Orientale* espressioni a lui sembrate ambigue, come *la mia catena, lo schiavo tuo, prigioniero degli occhi tuoi, angiolo della regione degli aromi, paradiso* e simili, montò su tutte le furie contro il revisore e contro il Torelli e proibì la pubblicazione della strenna. Torelli ne fu sgomento. Andavano perduti gli esemplari di lusso, rilegati in velluto e in raso, per il Re, per la Regina, per i ministri e gli alti funzionarii e andava perduta la vendita agii abbonati dell'*Omnibus* e al pubblico. Ebbe un'idea luminosa: la poesia incriminata occupava due sole pagine d'uno stesso foglio, propose il taglio di quel foglio e la polizia vi consentì, ma volle prima in mano sua tutt' i fogli strappati, e così permise la pubblicazione.

L'esempio era contagioso. Alle strenne, che si pubblicavano nella capitale, facevano riscontro quelle più scadenti delle Provincie. Se ne pubblicò una a Chieti nel 1858, dal titolo *Il Salice*. La mise insieme Ferdinando Santoni de Sio. Quasi tutti gli autori erano abruzzesi.

Silvio Verratti, abruzzese egli pure, ne pubblicò nell'epoca una rivista apologetica, scrivendo, con poca modestia: "Qui in Abruzzo non possono fiorire poeti voluttuosi e molli, ma si vuol porre l'arte in accordo con tutte le altre idee del tempo, con quelle della beltà morale, della famiglia, dell'amore per l'uman genere, e soprattutto con la sincera religiosità e con la filosofia". E dei poeti abruzzesi, dopo aver ricordato un po' fra le nuvole il Rossetti, accennò a Pasquale de Virgilii, al Madonna, al Pellicciotti, al Bruni, alla Milli e ad Emidio Cappelli, che l'anno prima aveva pubblicata la *Bella di Camarda*, novella abruzzese in terza rima, dedicata a Saverio Baldacchini e bellissima per purezza di forma, d'immagini e di reminiscenze dantesche. In questa strenna furono pubblicate lettere inedite di Pietro Giordani, del marchese di Montrone e di G. B. Niccolini a Raffaele d'Ortensio e una della Guacci a Niccola Castagna. Vi figuravano, inoltre, un carme di Paolo Emilio Imbriani, un'ode del Bisazza, un inno e un sonetto di Francesco Dall'Ongaro e componimenti di tre poetesse: Eloisa Ruta, Battistina Oenasco e Giannina Milli: *le tre grazie della strenna,* come le chiamò il Verrati. Di più, Francesco Auriti, poi alto magistrato e senatore, consacrava lacrimose ottave alla *Malinconia;* Tito Livio de Sanctis, il celebre chirurgo, un'ode piena di affetto a sua figlia morta e Leopoldo Dorrucci cantava i *conforti di un'altra vita.*

Anche a Campobasso si pubblicò una strenna molisana, con prose del Chiavitti, del De Lisio e di don Pasquale Albino, e versi dei poeti Buccione, Ferrone e Cerio. Ed un'altra ne fu pubblicata nel 1858 a Potenza, dal titolo *La Ginestra,* a cura di Michele de Carlo di Avigliano, e conteneva poesie e scritti di Niccola Sole, di Francesco Ambrosini, del Giura, del Battista e di altri.

I teatri erano aperti tutto l'anno. Avevano compagnie fisse il San Carlo e il Fondo con una dotazione di 70 000 ducati; e Adamo Alberti avea il monopolio del teatro di prosa, per mezzo del quale potè mettere insieme una discreta fortuna, alla quale purtroppo diè fondo negli ultimi anni della sua impresa, tanto diversi dai primi. E dalla sua rovina, irrisione della sorte!, non andò neppure incolume quell'ameno villino al Petraio, lieto convegno di letterati ed artisti del tempo e sul quale aveva fatta scrivere l'epigrafe *"L'arte mei diede, mei conservi l'arte"*.

Teneva il primo posto il San Carlo, il classico e magnifico teatro, dove con tenue spesa si assisteva a rappresentazioni di prim'ordine, Una sedia numerata in platea si pagava sei carlini, cioè lire 2,50, e nelle sere di abbonamento sospeso, quattro e anche tre carlini. Non v'erano biglietti d'ingresso. Esisteva perciò una classe così detta di *smestitori,* i quali assistevano allo spettacolo gratuitamente, o girando di palco in palco, o valendosi del mezzo biglietto che, alla fine del primo atto, ricevevano fuori della sala da un amico compiacente. Quest'astuzia, che era una frode bella e buona, la chiamavano *scoppola* e veniva particolarmente adoperata dagli studenti; nè erano rari i casi che, scoperta la magagna, lo studente venisse messo alla porta, senza tanti complimenti, dal famoso don Antonio Masula, un vecchio grosso e vivace che sedeva in alto presso l'entrata in platea, ed era d'un colpo d'occhio meraviglioso. Al San Carlo si rappresentò nell'autunno del 1855 la *Violetta*, il *Lionello* e il *Trovatore* con la Malon, Mirate e Coletti; e per la prima volta, negli ultimi giorni di luglio di quell'anno, *Il Roberto di Piccardia* di Meyerbeer, che ebbe buona accoglienza e fu eseguito dalla Frassini, dal Villani e dal Codini. Questo "Roberto di Piccardia" era *Roberto il Diavolo* che la revisione sbattezzò, perchè la parola "diavolo" non poteva comparire sul cartellone di un teatro; e poichè Roberto Normanno fu capo di una dinastia, la quale aveva regnato a Napoli e non poteva perciò figurare sulle scene, così gli si fece cambiar paese e divenne di Piccardia. Furoreggiava il ballo del Rota *Il trionfo dell'innocenza,* che era poi il *Fornaretto.* Si rappresentarono pure, in quell'anno, il *Don Sebastiano* con la Tedesco, il Graziani e il Coletti e l'*Anna Bolena*, nella quale esordì brillantemente la Sbrisci.

Nella stagione del 1857 l'*Anna Bolena* fu fischiata e tollerata l'*Adelia*. I *Puritani* vi ebbero nell'ottobre dello stesso anno esito incerto. Vi cantarono la Fioretti, il tenore Galvani, il baritono Coliva e il basso Antonucci: applauditissimo il Coliva, fischiato il Galvani. In quel mese tutti i teatri stettero chiusi per cinque giorni, essendo la Corte in lutto per la morte della principessa Maria Amalia, sorella del Re e consorte di don Sebastiano Gabriele, infante di Spagna. Morì donna Amalia il 16 ottobre a Pozzuoli di male acuto, nel palazzo del principe di Cardito, che fu acquistato poi dal conte d'Aquila suo fratello. Era la terza sorella del Re, sposatasi nel 1832, a quindici anni. Il matrimonio seguì a Napoli per procura, il 7 aprile del 1832, ed in persona ad Aranjuez, il 26 maggio dello stesso anno. Era una donna molto vigorosa nelle forme e di tipo schiettamente borbonico: buona, fu largamente rimpianta. Nel novembre suscitò fanatismo il *Trovatore*, con la Penco, Musiani, Coletti e la Guarducci. Verdi venne in persona a mettere in iscena la sua opera che accese aspre polemiche, o meglio le accese la Penco, perseguitata dall'*Omnibus* e difesa dal *Nomade*.

Nel luglio dello stesso anno cadde la *Sonnambula* per cattiva esecuzione, e nell'ottobre vi ebbe buon esito l'*Elisa Fosco* di Donizzetti, con la Medori, Fraschini e Coletti. Questa *Elisa Fosco* era, nè più e nè meno, che la "Lucrezia Borgia" battezzata così dalla revisione, perchè casa Borgia aveva avuto due Papi. E si inventò quel "Fosco" per poter fare il mutamento oltraggioso di lettera, ch'è nel dramma di Victor Hugo: qui si cancella nella nota scena l'iniziale del casato della protagonista; a Napoli si rabberciava in *T* l'*F,* e Fosco diventava *Tosco*. Sembrano cose inverosimili. Eppure fra i revisori della polizia non mancavano persone di talento, come il Rocco, Francesco Mastriani ed Ernesto Cordella. Rocco era un filologo non senza valore, e

Cordella entrò nel 1860 nell'amministrazione italiana e morì caposezione al ministero di pubblica istruzione. A capo di quell'ufficio di
revisione, alla dipendenza della polizia, era, come ho detto, il consigliere Maddaloni il quale si mostrava talvolta più pieghevole con gli
scrittori. Gli altri si divertivano spesso a mandare gli scrittori alla
Curia, per una seconda revisione dell'autorità ecclesiastica, ed allora
addio roba mia, perchè il sentimento dominante in tutta quella scet-
tica burocrazia, era di conservarsi il posto e rompere le scatole a
chiunque volesse stampare qualche cosa o rappresentare qualche
dramma o farsa. Per l'apertura della stagione invernale del 1858, il
cronista mondano del *Nomade* verseggiava:

> Presto a San Carlo ritorneremo,
> Le antiche sedie ripiglieremo,
> Mentre si stona sopra le scene,
> Laggiù in platea si fischierà.

E i fischi piovvero davvero. La stagione invernale si inaugurò col
Lionello, come la revisione aveva battezzato il *Rigoletto*, con la Fioretti,
soprannominata l'*Usignolo*, la Guarducci, Coletti e Fraschini; ma
Coletti era rauco e dal primo atto si passò al quartetto dell'ultimo, e
lo spettacolo finì presto tra i più alti segni d'indignazione. Fraschini
furoreggiava nelle due ballate e la Fioretti nel quartetto finale. Sorte
più triste ebbe il ballo *Il Ravvedimento,* perchè la Tedeschi, prima ballerina, debuttò fra una tempesta di urli. Anche lo *Stiffelio* del Verdi,
più noto sotto il nome di *Aroldo,* ebbe un successo men che mediocre; ma ottenne il favore del pubblico anche pel ricco allestimento
scenico, la *Jone* del Petrella, rappresentata la prima volta nella sera del
9 novembre 1858. Vi cantarono divinamente la Medori, Negrini e
Coletti. Riscosse grandi applausi l'*a-solo* per clarino, eseguito dal
Sebastiani, piacque la marcia funebre e se non destò proprio entusia-

smo la prima sera, il successo andò via via aumentando. Esito infelice ebbe, sulle stesse scene, nel marzo del 1859 *Il saltimbanco* del Pacini. *Il saltimbanco* fece "un salto mortale" scriveva il *Nomade* e continuava:

> Spargiam d'immonda cenere
> E vestimenti e chiome.

E qui occorre narrare una pagina di storia teatrale, che nessuno forse più ricorda. Nella stagione del 1858 al San Carlo, si sarebbe dovuta rappresentare una nuova opera scritta appositamente da Giuseppe Verdi; ma per gli incidenti che sorsero non potè farsi e il contratto ebbe una fine talmente comica, che val la pena di raccontare. Fin dal 1856 Vincenzo Torelli, come segretario dell'impresa dei regi teatri, invitò il Verdi a scrivere un'apposita musica per il San Carlo. Verdi rispose non poterlo fare per quell'anno e non poter accettare la cessione, che l'impresa napoletana aveva fatto della proprietà di opere scritte per lei, ad altre imprese italiane e straniere: qualora si decidesse a scrivere, e forse avrebbe scritta il *Re Lear*, chiedeva una compagnia di sua soddisfazione e seimila ducati di compenso. Messisi d'accordo su tutto, all'impresa che insisteva perchè accettasse la Penco per il *Re Lear*, Verdi, il 7 dicembre 1856, rispose da Busseto in questi termini: "Rispondo, signor Torelli, poche parole di volo alla vostra del 27 corrente per dirvi che mi è impossibile il fatto della Penco. È nelle mie abitudini di non lasciarmi imporre da nessun artista, tornasse al mondo la Malibran. Tutto l'oro del mondo non mi farebbe rinunciare a questo principio. Io ho tutta la stima del talento della Penco, ma non voglio che ella possa dirmi: *signor maestro, datemi la parte della vostra opera, la voglio, ne ho il dritto*".

Si accordarono però sulla non rappresentazione del *Re Lear*, scegliendo invece altra opera adatta per la Penco, e il contratto venne sottoscritto nel febbraio del 1857. Fu scelto il *Gustavo III* di Scribe, del quale Verdi rimise il libretto, svolto completamente con tutte le scene, i dialoghi e le parlate, salvo le rime, perchè fosse sottoposto alla revisione. Il duca di Ventignano, deputato della sopraintendenza dei teatri, respinse il libretto, perchè non in versi e non in rime. L'impresa sperando di compor tutto, per non infastidire il maestro, non gli fece saper nulla di quest'incidente, anzi continuò a sollecitarlo, perchè finisse il lavoro e venisse a Napoli a metterlo sulle scene. E Verdi, il 14 gennaio del 1858, andò a Napoli, dove seppe che i revisori avevano rifiutata l'approvazione del libretto ed erano ostinati a non voler recedere. Dopo più di un mese però la concessero, ma con tali mutazioni, che il Verdi, indignato, non ne volle più sapere e si dichiarò sciolto dal contratto. Così non l'intendeva l'impresa, che citò in giudizio il maestro, affermando *irragionevole il rifiuto della consegna della musica e della messa in iscena*, e chiedendo danni e interessi e persino *l'arresto personale* di lui. Verdi non andò in prigione, ma i napoletani non udirono il *Gustavo III*.

Gli altri teatri erano dai critici riguardati con maggior benevolenza, forse perchè più del San Carlo si adoperavano a soddisfare i varii gusti del pubblico. Nel 1857 andò in iscena, al Fondo, la *Medea* del Legouvè, con la Ristori che destò fanatismo. Ebbe incredibili dimostrazioni di fiori, di sonetti e di epigrammi. La Rachel, venuta a Napoli due anni avanti, vi aveva essa pure rappresentata la *Medea* e Giuseppe Lazzaro, critico teatrale d'occasione, paragonò la Ristori alla Rachel, giudicando la Ristori superiore alla *famigerata francese*. La Ristori rappresentò pure al Fondo la *Pia dei Tolomei*, la *Locandiera* e la *Fedra*. Fu pubblicata una raccolta di versi e di prose in lode di lei, e vi scrissero parecchi. Saverio Baldacchini vi stampò una poesia, di cui ricordo quest'ottava, iperbolica e finamente adulatrice:

Oh, la superba, imperial Parigi
Non l'ha con gli splendori affascinata!
Le dense nebbie del Real Tamigi
Non han la nobil sua fronte turbata.
Ella impresse per tempo i suoi vestigi
Nella città, dai secoli nomata:
Tutta, vedi, è latina, e le non molli
Aure battonla ancor de' sette colli.

Se l'elegante e sereno poeta cantava così, immaginiamo gli altri. Credo che nessuno dei maggiori artisti ricevesse a Napoli lodi e onori, pari a quelli che vi raccolse la marchesa del Grillo. L'eco della sua fama giunse nelle provincie e in breve, il nome di Adelaide Ristori divenne popolare in tutto il Regno, e gli studenti, tornando a casa nelle vacanze, la portavano a cielo, oscurando la fama della Sadowscki, la quale seguitò non per tanto ad avere sempre i suoi partigiani appassionati.

Nell'agosto dello stesso anno il Fondo tornò teatro di musica. Vi cadde la *Rita* del Roxas ed uguale insuccesso, forse peggiore, vi ebbe nell'aprile del 1858 la *Gioventù di Shakespeare*, opera semiseria del maestro Lillo.

Ebbe esito incerto il *Pipelet*, con la Zenoni e il Conti, e senza infamia e senza lode passò il *Barbiere di Siviglia*, con la Guarducci, proclamata la più simpatica delle Rosine e che sposò poi Alfonso Catalano Gonzaga, dei duchi di Cirella. Al periodo musicale successe altro periodo di prosa, e nel febbraio del 1859 si rappresentò allo stesso teatro *Noemi o la figlia di Caino*, tragedia spettacolosa di Domenico Bolognese, scritta per la Ristori. Ebbe un successo trionfale. Vincenzo Torelli scriveva: "un successo più clamoroso, un entusiasmo teatrale più deciso di quello prodotto da questa tragedia, non è a nostra notizia. Rompere a mezzo il gesto, la parola, un movimento le cento volte, sono prove di avvenimento più che straordinario, unico". La Ristori era *Noemi* e Achille Majeroni, *Caino*. "Tutti vestiti di pelle, continuava il Torelli, la Ristori era una bellezza, una perfezione e Majeroni, un gigante di forme e di modi; quella l'angelo dell'amore e della pietà, questi il colosso del delitto e del rimorso". La *figlia di Caino* popolò stranamente quel teatro, d'ordinario spopolatissimo e rese quasi deserti i Fiorentini, dove si dava una *Bertrada*, inconcludente tragedia del Proto, il quale, smessi i furori quarantotteschi, si era dato al teatro. Gli attori della *Bertrada* recitavano alle sedie e ai palchi vuoti, benchè vi prendessero parte la Sadowski, Bozzo e Romagnoli, e Achille Torelli cercasse difenderla con un articolo. Felice Niccolini vi fece su quest'epigramma:

Scellerato Caino! ognor crudele,
Vivo, uccidesti l'innocente Abele;
Or sulla scena apparso, appena noto,
Uccidesti Bertrada e il duca Proto.

E il duca, punto nel vivo, replicò:

A riacquistar la palma il duca Proto,
Or che il gusto del critico ha capito
Tragedieravvi Giuda Iscariotto.

Ma il teatro veramente di moda, dopo il San Carlo e che continuò ad esserlo anche dopo il 1860, era quello dei Fiorentini. Un teatro di prosa, come quello, Napoli non ha avuto più. Vi recitavano ed erano nella freschezza dell'età, Fanny Sadowski, divenuta l'idolo del pubblico, Achille Majeroni e Michele Boazzo, idoli anche loro: il primo dei giovani, specie quando rappresentava la parte di *Saul* nella celebre tragedia dell'Alfieri, e il secondo delle signorine sentimentali. E v'erano

Luigi Taddei e Adamo Alberti, due artistoni di prim'ordine, massime il primo che può chiamarsi senza esagerazione il principe di tutti i caratteristi passati, presenti e futuri; i coniugi Marchionni, Luigi Monti ed Angelo Vostri. Compagnia come non se n'è più viste e affiatamento completo fra tutti. Il Taddei era un po' poeta. In una sua lunga poesia inedita contro i fogli teatrali, scriveva:

> ....
> Chi non sa il traffico
> Dei giornalisti?
> Danno il battesimo,
> Sputan sentenza,
> Si eriggon giudici
> Per eccellenza.
> Oggi t'innalzano
> Fino alle stelle,
> Doman ti levano
> La prima pelle.
> ....

Benchè Adamo Alberti avesse, come ho detto, il monopolio del teatro di prosa e una sovvenzione di quattromila ducati; un'incredibile gretteria vi fu sempre negli allestimenti scenici e in tutto l'addobbo dei Fiorentini. La non ampia sala era illuminata ad olio e vi si respirava un'aria quasi di mistico raccoglimento. C'era un'orchestra, ma ahimè, quanto strimpellata! Però, per valore di artisti e scelta di opere, non si poteva desiderare di meglio. Una buona rappresentazione in quel teatro era considerata come un vero godimento intellettuale dalle persone colte, perchè ogni produzione di qualche valore aveva il suo strascico di critiche letterarie e di polemiche, che forse non si scrivono più. Erano critici teatrali, fra i più reputati, Enrico Pessina,

Federico Quercia, Luigi Indelli, Vincenzo Torelli, Floriano del Zio, Vincenzo Petra e i più instancabili, Andrea Martinez e Pietro Laviano Tito. Michelangelo Tancredi fu persecutore umoristico del Majeroni in versi e in prosa. Celebre la polemica per la *Saffo* dell'Arabia, rappresentata nel 1857 e che fu un avvenimento letterario e teatrale. Ma quella *Saffo*, più che una riproduzione del personaggio convenzionale, era un lavoro con allusioni politiche, che il pubblico afferrava a volo e copriva di applausi, suscitando naturalmente le ire dei retrivi e dei pedanti. Enrico Pessina ne scrisse nell'*Iride* un articolo apologetico e con lui polemizzò vivacemente, nella *Rondinella,* Vincenzo Petra, indomabile brontolone, ma il futuro illustre professore gli scaraventò in risposta un articolo di sei colonne e lo ridusse al silenzio. Gli articoli del Pessina e del Petra furono raccolti e pubblicati in opuscolo, dal titolo *La Guerra Saffica*; e chi li legge oggi non può non riconoscere che il Petra, nonostante le sue pedanterie, giudicava più esatto del Pessina.

Adamo Alberti raccoglieva da ogni parte lodi e quattrini, e gli elogi eran meritati, perchè quegli anni rappresentarono una serie di successi al suo teatro. Il Proto prese la rivincita con la *Gaspara Stampa*, che divenne il cavallo di battaglia della Sadowski. Floriano del Zio pubblicò nella *Rondinella* non un articolo, ma un libro su questo lavoro del Proto perchè l'articolo occupava diciassette colonne fitte fitte, senza interlinee e si prolungò per parecchi numeri del giornale. Il romoroso duca fece anche rappresentare una sua infelice riduzione del *Coriolano* di Shakespeare. Fu applaudita la *Cameriera astuta* del Castelvecchio con la Sadowski; piacque il *Cristoforo Colombo* del Giacometti, ma nel novembre vi cadde una *Rita* di Vitaliano Prina. Nello stesso mese ebbe discreto, ma non duraturo successo, una commedia del Laviano Tito in versi martelliani, *Porpora a Vienna*, per cui il Caccavone disse:

> Se del pubblico fa strazio infinito,
> Porpora è di Nerone, e non di Tito.

E così della *Maschera,* altra commedia dello stesso autore, rappresentata nello stesso anno ai Fiorentini, il Caccavone, flagellatore di tutt' i seccatori e di tutti gl' insuccessi teatrali, esclamò:

> Neron dannava a morte le persone,
> Che alle commedie sue avean dormito;
> Se questa era l'usanza di Nerone,
> Fortuna che la "Maschera" è di Tito.

Nel 1859 vi cadde la commedia di Gherardi del Testa: *La pagheremo in due.* Tra gli spettacoli di quegli anni ricorderò, fra i più fortunati, il *Cavalier d'industria* del Martini, la *Gismonda da Mendrisio* di Silvio Pellico, l'*Elnava* di Michele Cuciniello, e un proverbio dello stesso Laviano Tito, *Dopo la pioggia il sereno.* Ebbero esito fortunato la *Margherita d'Orbey* di Gustavo Poucha in e la *Pia dei Tolomei* di Marenco, non che *Il cuore tira la mente* di Saverio Mattei, che vi rappresentò Ferdinando Galiani quando era segretario dell'ambasciata napoletana a Parigi. Non ebbe sorti felici la *Leggerezza* di Raffaele Colucci e suscitò vivaci discussioni la *Medea* del Ventignano, che la Sadowski volle esumare per far piacere alla *haute* napoletana. Le discussioni furono lunghe e vivaci, anche per la fama dell'autore. Pietro Laviano Tito e Stanislao Gatti dissertavano sulle fonti, dalle quali si attinsero i fatti della sventurata e colpevole regina della Colchide e anche sulle più famose artiste, che l'avevano a volta a volta rappresentata, la Pollanti, la Marchionni, la Ristori e la Sadowski, ricercando quale di esse aveva saputo rappresentar meglio il personaggio della protagonista, il modo come si conosceva il mondo greco e donde il Ventignano trasse il suo dramma, se lo trasse più da Eschilo che da Sofocle, e se quanto vi era di più *greco* e di *tracio* nella rappresentazione spettasse più all'autore, che all'arte della Ristori. Persino il duca Proto ne scrisse una noiosa epistola alla duchessa Teresa Ravaschieri.

Al Teatro Nuovo l'impresario Musella riaprì la stagione del 1858 con la *Maria de Rohan*; il pubblico si annoiava a *Cicco e Cola* e a *Ser Pomponio*, ma applaudì *Paolo e Virginia* del maestro Aspa, l'*Elnava* e i *Pirati spagnuoli* del Petrella e una nuova musica del maestro Pappalardo, l'*Atrabilare*, la quale visse assai poco. La Fenice inaugurò la stagione del 1858 con la *Pazza del Vesuvio* di Federigo Riccio, e nello stesso tempo destava furore al San Carlino la parodia delle *crinoline* e quella del *Trovatore*, succeduta all'altra, esilarantissima, del *Roberto di Piccardia*, nonchè alle *99 disgrazie di Pulcinella* e alla commedia del Marullo: *Pulcinella che fa tricchetracche tanto a parte co no finto Farfariello.* San Carlino e la Fenice, posti a pochi passi di distanza, si facevano una rabbiosa concorrenza, ma la palma del primato fu sempre del San Carlino. La Fenice scritturò il De Lise, che si faceva applaudire da un pubblico eteroclito. Al Sobeto si davano, annunziate da rumorosi colpi di grancassa e dal noto grido: *jamme, jamme, ca mo se principia*,[2] tre rappresentazioni ai giorno, senza che si riuscisse a sfamare la numerosa compagnia. Oltre i teatri, c'erano i circhi equestri. Nel 1858 levò rumore quello diretto dai fratelli Guillaume e un anno prima, uguale rumore aveva levato quello del Soullier.

Fiorivano i filodrammatici. Non poche famiglie signorili avevano nel proprio palazzo il teatrino, dove i dilettanti recitavano, alla presenza di amici e d'invitati, drammi, commedie e tragedie. La sera del 10 giugno 1857 si rappresentò, nel teatrino di casa Lucchesi Palli, il

---

[2] Andiamo, andiamo, che ora si principia.

noto dramma *Luigi Rolla*. L'interpolarono Ernesto Cassitto, Ottavio Serena, protagonista, il conte Eduardo Lucchesi, Maddalena Torelli, Massimo Consalvi, Achille Torelli, Lorenzo de Francesco e Alfonso Cassitto: "tutti egregi giovani – scriveva il *Nomade* – e degni veramente d'ogni lode, non solo già pel nobile fine che si hanno proposto, ma eziandio pei rapidi progressi, che sempre più essi fanno nella bellissima arte della drammatica". Pochi mesi dopo, in casa del barone Proto Cicconi, la baronessa, la signorina Del Casale, i fratelli Bisceglie, i signori Santoro, Romeo e Pelsenet recitarono la *Pia dei Tolomei* del Marenco e poi *Il sistema di Giorgio* di Del Testa, i *Due sergenti* e alcune farse. Ma in quell'anno fu l'elegante teatro del conte di Siracusa, alla Riviera di Chiaia, che salì ai maggiori onori. La sera del 15 marzo 1858 vi si rappresentò, con un allestimento scenico splendidissimo, *Alda, la Stella di Mantova*, dramma in versi, scritto appositamente dal duca Proto e inteso a dimostrare che la vera bellezza non solo può condurre a virtù un cuore pervertito, ma comporre vecchi odii di parte. La duchessa Ravaschieri era *Alda*; Marcello Gallo, *Luigi II da Gonzaga, marchese di Mantova*; Cammillo Caracciolo, l'*Astrologo della Certosa*; Giovanni Barracco, *Marcantonio Soranzo, gentiluomo veneziano;* Marcello Spinelli, *Liborio di San Zenone, podestà;* Vincenzo Santorelli, *Odorisio Maltraverso, siniscalco*. Questa parte era affidata a Giovanni Barracco, ma egli la rifiutò, preferendo l'altra non odiosa dell'*Astrologo* che fu accettata dal Santorelli, il quale da qualche anno era divenuto marito della Fanny Sadowski. Quella rappresentazione fu un clamoroso avvenimento. Vi assistettero la Corte e la diplomazia. Erano in prima fila il Re, la Regina, il duca di Calabria, i principi, tutta l'alta nobiltà di Napoli, tutto l'olimpo delle maggiori bellezze e anche Adolfo Rothschild. La duchessa Ravaschieri era splendida, vestita di bianco, con un diadema di brillanti sul capo. Quando, alla scena quarta, ella comparve sul palcoscenico, uscendo da una stella, fu un coro di ammirazioni e di applausi. Disse stupendamente la ballata e queste prime strofe, sulle sue labbra, persero molto della loro stiracchiatura:

> Odo musiche e ballate,
> Che dall'uno all'altro mar,
> Dell'Insubria le salvate
> Genti invita a giubilar.
> Il lor duce è biondo e bello
> Delle vergini è l'amor,
> Il suo petto e il suo castello
> Sfidar ponno ogni valor.
> Scese in campo, e di Milano
> Già la serpe ai pie' gli sta;
> E dall'Alpi al Mantovano
> La tenzone è di amistà.

E più innanzi, animandosi ancora di più, ed eccitata dalla voce della sua intima amica, la bella principessa di Camporeale che era fra le quinte e le diceva: *coraggio, Teresa, ci va della patria!* riportò un grande successo quando recitò, con intelligente significato, due stanze le quali hanno bisogno di una spiegazione. Nel mondo liberale e intellettuale di allora si sognava un'unione molto intima fra Napoli e il Piemonte: i due regni, uniti fra loro, avrebbero dovuto essere gli arbitri dell'Italia, liberata dai piccoli principi e indipendente dallo straniero. Di questa lega doveva esser pegno un matrimonio fra il duca di Calabria, che contava ventidue anni e la principessa Clotilde di Savoia, che ne contava quindici. La *Stella di Mantova* doveva suggerire al Re quest'idea e deciderlo ad attuarla. *Alda*, dunque, rivolta al *marchese di Mantova*, declamò queste due stanze, il cui senso, benchè ascoso, era chiarissimo e muoveva la principessa di Camporeale a gridar dalle quinte: *coraggio, Teresa, ci va della patria!*

Ma bada: ai pargoli che vuoi felici
Madre non scegliere fra' tuoi nemici;
Non vien di borea sui nostri campi
Soave zefiro fecondator,
Ma il torbid'euro, fra nubi e lampi,
Che li diserta nel suo furor.
E fra il tuo popolo scegli una sposa,
Che il fior d'Italia, prence, è la rosa,
Che l'aura imbalsama fiera ed umile,
La rosa simbolo di verità.
Che il verno infuri, che brilli aprile,
Giammai smentisce la sua beltà.

Un fremito scosse tutta la sala, ma il solo che si mostrasse indifferente e quasi inconscio, fu il principe ereditario, il quale durante lo spettacolo tenne quasi sempre gli occhi bassi, intento solo a stropicciarsi le ginocchia. Quei lumi, quella gente, tanta ricchezza di vita non ebbero la virtù di commuoverlo! Il Re parve contento dello spettacolo, ma quando fu finito, levandosi per andar via, disse non senza sarcasmo a voce alta: "*Vi che m'ha fatto 'a duchessa stasera!*" [3] E veramente *Alda* fu l'eroina dello spettacolo, al principio del quale avvenne un incidente imbarazzante. Dimenticando la presenza di Adolfo Rothschild, il *Siniscalco*, nella seconda scena dell'atto primo, disse al *Podestà* com'era scritto nel dramma:

.......è forse
Di minor prezzo la pelle d'un cane,
Che di un giudeo la scorza?...

---

[3] Vedi, che mi ha fatto la duchessa questa sera!

Attori e pubblico si avvidero della inopportunità di questi versi, ma quando più rimedio non v'era. Rosthschild finse di non essersene accorto. Della *Stella di Mantova*, piena di allusioni e dove, all'ultima scena, l'*Astrologo* diceva al *Marchese di Mantova* con enfatico accento:

.......più chiara
E più santa impresa oggi tu puoi,
Ad Italia dar pace. Una tenzone
Cessar, che grami ben facea suoi figli,
Ma gloriosi non mai,

il suggeritore fu Giuseppe Fiorelli, allora segretario del conte di Siracusa e che poi, direttore del museo di Napoli, associò per sempre a Pompei il nome suo e per molti anni diresse gli scavi d'antichità del Regno d'Italia. Vecchio e cieco, ritiratosi dai pubblici uffici, morì pochi anni or sono quasi dimenticato. L'*Astrologo della Certosa*, cioè Cammillo Caracciolo, è morto da pochi anni. Fu ministro a Pietroburgo e a Costantinopoli e prefetto di Roma: ideologo di molto e simpatico ingegno, ma non mai contento di nulla. Il *gentiluomo veneziano*, Giovanni Barracco, è oggi senatore del Regno e fu per molti anni deputato: la politica non più lo seduce, ma l'arte non lo invecchia. La sua preziosa collezione di marmi antichi, congiunta ora-mai alla storia dell'arte e che egli ha il proposito di donare allo Stato, ne eternerà il nome. E un piccolo museo quella collezione, formata con intelligenza e passione e dove tutte le grandi arti scultorie, l'egi-ziana e l'assira, la greca e la romana, la cipriota e l'etrusca, sono rap-presentate da esemplari copiosi e interessanti. Giovanni Barracco scri-ve pure sonetti politici che recita agli intimi. Marcello Spinelli succe-dette per breve tempo al principe Gaetano Filangieri nella presidenza del Museo artistico industriale; Marcello Gallo e Vincenzo Santorelli, son morti; e *Alda*, rassegnata santamente ai dolori della vita, trova

194 *La fine di un regno vol. I*

conforto a questi nella carità, una carità che non si esaurisce e ne santifica il nome.

Degli attori del teatrino Lucchesi Palli, Ottavio Serena è senatore e consigliere di Stato; Achille Torelli è sempre alla ricerca di quell' ideale, ch'è il tormento tenace di tanti nobili spiriti napoletani; Maddalena, sua sorella, è morta, ed Edoardo Lucchesi che sposò una Sant'Elia, fece nel 1888 alla biblioteca nazionale di Napoli un dono veramente principesco, arricchendola della sua copiosa collezione di libri e di opere musicali e colla dotazione di un'annua rendita di 3000 lire. Vi si contengono più di 70000 produzioni teatrali e una raccolta completa di giornali napoletani, dal 1848 al 1860, e preziosi autografi di Rossini, Bellini, Verdi, List, Wagner, Mercadante, non che una importante collezione di allegazioni scritte dai più illustri avvocati napoletani, fra le quali tutte quelle di Domenico Capitelli, raccolte in diciotto grandi volumi in folio. Occuperanno due sale, che il generoso donatore ha fatte decorare a sue spese da Ignazio Perricci e da Paolo Veltri. Larghezza che trova solo riscontro in quella, che Gaetano Filangieri fece del museo di sua famiglia alla città di Napoli, raccolto e ordinato nel palazzo Como.

CAPITOLO VIII

SOMMARIO: L'esercito – Suo numero e sua costituzione – Lo spirito dinastico – Le cure di Ferdinando II per la milizia – Gli ufficiali – I reggimenti svizzeri – Lo stato maggiore – Le pratiche religiose dei soldati – La disciplina e la severità delle pene – Il valore dell'esercito nel Regno o fuori – I Napoletani nelle milizie napoleoniche – La condizione morale delle truppe – La marina militare e la mercantile – Loro deficienza – Gl'istituti di marina e l'alta Corte militare – L'attentato di Agesilao Milano – Feste e ringraziamenti per la salvezza del Re – La protesta di San Benedetto Ullano – Agesilao non cospirava – Il contegno del Re dopo l'attentato – Ferdinando II al ministro di Sardegna – Gli amici di Agesilao Milano in pericolo – Astuzie per farli fuggire – Lo scoppio della polveriera e del *Carlo III* – Rigori della polizia – *A Maria Concetta Senza Macchia*.

Ferdinando II spese gli ultimi anni del suo regno nell'accrescere e consolidare l'esercito. Fu questa l'unica opera da lui veramente compiuta. Prima del 1848, l'esercito napoletano contava 60 000 soldati di nome, ma in realtà esso non giungeva ai 40 000. Negli ultimi anni soltanto crebbero le milizie a 100 000 uomini ed assorbirono più che la metà delle entrate del Regno, le quali non arrivavano a 30 milioni di ducati. L'esercito ne costava diciotto. Così per il numero, come per la spesa, l'esercito delle Due Sicilie divenne affatto sproporzionato alla popolazione, alle condizioni economiche del Regno e ai proventi del bilancio. Esercito essenzialmente dinastico, che prima del 1848 quasi non aveva spirito di corpo. Dopo il 1848, pur continuando tra gli ufficiali superiori le reciproche iperboliche denigrazioni, onde apparivano peggiori della lor fama, un certo spirito di corpo cominciò a manifestarsi, benchè vi entrassero dalle leve contadini e popolani, per i quali nulla rappresentavano i bisogni morali, tutto i materiali. Chiunque poteva sottrarsi al servizio militare con dugento ducati o cambii di persona, consentiti dalla legge, ma i più se ne sottraevano con infinite malizie. La professione delle armi non apparteneva più alla vecchia nobiltà del sangue, secondo le tradizioni della Monarchia napoletana. Le stesse guardie del corpo a cavallo, addette alla persona del Re, formate dapprima da giovani, i quali dovevano avere i quattro quarti di nobiltà, ora eran composte da figli di generali, d'impiegati, o appartenevano a famiglie nobili di provincia; nè i capi erano più i gloriosi resti delle guerre napoleoniche. Tranne Filangieri, Ischitella, Castelcicala e Carrascosa, i capi dell'esercito erano di fatto i figliuoli dei compagni di Ruffo, o i rampolli di famiglie nobili ridotte al verde, o alcuni di quei vecchi arnesi del tempo di Murat: uomini senza fede politica, servitori dei Borboni, che disprezzavano in segreto, ma temevano per necessità d'impiego. Quest'esercito aveva acquistato un certo spirito di corpo, come ho detto. Era venuto in superbia per aver soffocata la rivoluzione il 15 maggio, e poi riconquistata la Sicilia e domata la Calabria; perchè sentiva di essere l'unico sostegno della dinastia; perchè vedeva tutte le cure del Re ad esso rivolte. La stessa animosità pubblica, da cui si sentiva colpito, contribuiva non poco a stringerlo più dappresso al trono. Inoltre, l'esser cresciuto di numero lo faceva credere più valoroso. Esercito dinastico, anzi personale di Ferdinando II, esso temeva il Re, disprezzava il proprio paese e odiava la libertà. La rozzezza e la spavalderia prevalevano nei soldati e nei capi, ma soprattutto nei capi.

Il Re più che vere virtù militari ebbe, contrariamente al padre e all'avo, pronunziate tendenze soldatesche, fin dalla prima gioventù. Si racconta che l'avo, volgarissimo spirito, privo di ogni senso di dignità umana, dicesse un giorno al nipote giovinetto, occupato a studiare alcune modificazioni da introdursi nelle divise dei soldati: "*Vestili come vuoi, fuggiranno sempre*". Ancora si ricordano in Napoli alcuni versi in dialetto, nei quali Ferdinando I risponde a taluni, che gli consigliavano di affidarsi agli alleati: "*Tu che malora dici? fujono chiù de me*".[1] A Ferdinando II, invece che indossava tutti i giorni l'uniforme, piaceva assistere a riviste, andar nei quartieri e parlar con ufficiali e soldati, familiarmente in dialetto, e chiamandoli per nome. Ogni anno a Sessa si formava il campo e si eseguivano evoluzioni tattiche a tema dato, alle quali il Re non mancava mai, anzi era egli che comandava uno dei partiti manovranti. Ogni giorno, a Napoli, una brigata per turno andava a far gli esercizi al campo di Marte; e una volta la settimana, tutta la guarnigione. Ferdinando II teneva a mostrare le sue milizie a quanti cospicui personaggi andavano in Napoli.

Nel 1847 venne a lui in mente di fare un simulacro di guerra per istruzione delle sue truppe e scelse Pozzuoli per campo di battaglia. Il piano era di prendere d'assedio la città, per marciare poi sopra Napoli. Presero parte alla fazione campale ventimila soldati circa, di cui una metà fu disposta lungo la linea da Napoli a Pozzuoli, e l'altra metà imbarcata sovra battelli a vapore. L'armata di terra era comandata dal generale Filangieri, quella di mare dal Re e dal fratello il conte d'Aquila.

Cominciato l'attacco, Ferdinando II tentò di sbarcare a Bagnoli; ma accortosi delle forze nemiche colà appiattate, prese a cannoneggiarle per tutto il littorale, mentre faceva dirigere i piroscafi verso Pozzuoli. Il colpo riuscì vano, perchè Filangieri, in previsione di tale movimento, avea fortificato di artiglierie le alture da Montedolce a Pozzuoli ed impedì lo sbarco.

---

[1] Tu che malora dici? Fuggono più di me.

Allora il Re, fingendo di voler concentrare a Baja il suo corpo d'armata, scese a terra con le truppe, a piè di Montenuovo. Però, invece di muovere per Baja, prese la via litoranea per Pozzuoli, come il conte d'Aquila prese quella della collina superiore denominata *Luciano*, col disegno di stringere Pozzuoli da ambo i lati. Il generale Filangieri, avvedutosi a tempo della diversione delle truppe regie e dell'imminente pericolo di un assalto alla città, con una strategia bene immaginata, comandò alle sue truppe di retrocedere davanti al nemico con finto fuoco di ritirata, e dopo di aver fatto inoltrare il Re e la sua soldatesca, già sicuri della vittoria, fino all'abitato verso il palazzo Pollis, fu loro addosso con la truppa nascosta nei pressi del tempio di Serapide e sulla collina di San Francesco li circondò d'ogni parte e li fece tutti prigionieri. La sconfitta del Re formò per molti giorni oggetto di commenti. Sull'imbrunire Ferdinando II, circondato dal suo Stato maggiore, fece riunire tutte le fanfare in piazza della *Malva*, quella stessa ora ridotta a giardino pubblico ed ivi, al tocco dell'*Ave Maria*, scovrendosi il capo, ordinò che al suono delle musiche, tutte le truppe rendessero in ginocchio ringraziamento a Dio della giornata trascorsa. In tal modo finì la così detta *Guerra finta*, di cui rimane viva la memoria a Pozzuoli.

Il Re era il capitano generale, cioè il capo supremo dell'esercito, ma più che a ravvivarne lo spirito, studiava di renderselo devoto. Compì alcune riforme più apparenti che reali, più meccaniche che organiche. Non pochi ufficiali superiori erano vecchioni, e chi non ricorda quel tenente generale Massimo Selvaggi che destava quasi la pietà o l'ilarità di quanti lo vedevano nelle *parate*, reggersi con grande fatica a cavallo? Gli ufficiali venivano in gran parte dalla bassa forza e avanzavano lentamente nella carriera, e solo in età tarda, o quando soverchiamente adiposi, guadagnavano le spalline. Le promozioni erano fatte per anzianità, e su ruolo unico, nelle diverse armi. Altri ufficiali erano forniti dalle guardie reali a cavallo, senza regolari promozioni, ma per semplice *grazia* del Re. Buoni ufficiali, ma in troppo scarso numero per la quantità dei soldati, uscivano dal Collegio militare della Nunziatella, dove, in ogni tempo, insegnarono professori come Basilio Puoti, Francesco de Sanctis, Paolo Tuoci e Tommaso Mandoj. Agli ufficiali il matrimonio era permesso, purchè la dote della sposa non fosse minore di 4000 ducati; e quando era al di sotto di questa somma, non mancava la grazia sovrana. E come avrebbe potuto muovere in guerra un esercito, comandato da uno stato maggiore decrepito o vecchio? Ferdinando II non si diede mai pensiero dell'eventualità di una guerra, perchè si credeva sicuro in casa sua.

Egli non si preoccupava che dei moti interni e per reprimere questi, l'esercito soverchiava; e c'erano poi gli svizzeri, Nonostante però il numero esagerato dell'esercito e la devota soggezione di questo, parrà strano, ma Ferdinando II non aveva vera fiducia che nei reggimenti svizzeri. Questi erano quattro, raccolti nei Cantoni principalmente cattolici. Entrarono nel Regno quando ne uscirono gli austriaci, cioè nel 1825, e le capitolazioni furono fatte per trent'anni col governo federale dal ministro di Napoli a Berna, il duca di Calvello, che divenne più noto col titolo di principe di Castelcicala. Gli svizzeri furono dunque destinati a sostituire gli austriaci, cioè ad essere il più sicuro puntello del trono e della dinastia. E l'origine loro più politica che militare, faceva di essi una milizia affatto dinastica, anzi la più dinastica di tutto l'esercito, e quindi più favorita. Soldato o ufficiale, lo svizzero prendeva uno stipendio maggiore di due terzi del soldato napoletano, il quale aveva cinque grani il giorno, un grosso pane di munizione, carne e maccheroni, ed il venerdì mangiava di magro. Gli svizzeri avevano il letto; i soldati napoletani il pagliericcio; gli svizzeri, ricevendo un vestito nuovo, potevano ritenere il vecchio; il napoletano era obbligato a restituirlo; e quelli, oltre la gran tenuta, portavano ogni giorno un vestito di tela bigia. Erano, insomma, reggimenti privilegiati e costavano più di 600 000 ducati all'anno; spesa la quale, messa in confronto con quella di tutto l'esercito, conduceva alla conclusione che quattro svizzeri costavano quanto sette napoletani. Ma essi rappresentavano la vera forza della dinastia, la quale cadde quando gli svizzeri non ci furono più. Essi si trovavano sempre in prima linea, allorchè c'era da menare le mani. Così il 15 maggio nelle vie di Napoli; così in Sicilia nello stesso anno e nel successivo. Dei quattro reggimenti svizzeri, il quarto, reclutato quasi tutto nel cantone di Berna, aveva l'orso cantonale sulla bandiera bianca. Ogni reggimento era diviso in due battaglioni, e ogni battaglione in sei compagnie. Appartenevano ai cacciatori e alla linea; oltre ai quattro reggimenti, vi era uno speciale battaglione di artiglieria. Scadute le capitolazioni nel 1855, Ferdinando II trovando difficoltà a rinnovarle col governo federale, le aveva rinnovate il 9 marzo di quell'anno, per un altro quinquennio, coi singoli comandanti dei reggimenti, per cui non si chiamarono più reggimenti svizzeri, ma battaglioni esteri e seguitarono a portare sulla bandiera lo stemma cantonale e ad avere la nazionalità di origine. Si tenga presente questa circostanza, che servirà a spiegare la loro insurrezione nel luglio del 1859.

Tutto ciò, che era necessario all'esercito, si costruiva o si provvedeva nel Regno. Alla Mongiana si fabbricava il materiale metallurgico per l'artiglieria, a Napoli si fondevano i cannoni, a Torre Annunziata si facevano i fucili, a Pietrarsa le macchine per i legni da guerra, a Scafati le polveri, a Capua c'era un opificio pirotecnico e a Napoli un ufficio topografico, diretto dal colonnello del genio Visconti, matematico di gran valore. A Castelnuovo esisteva una sala d'armi antiche e moderne, abbastanza importante.

Una ripartizione delle milizie in divisioni territoriali e corpi d'armata non esisteva. Ogni provincia aveva un così detto comandante delle armi, ma le armi mancavano. Il comandante delle armi non disponeva che di una compagnia di gendarmi e di una compagnia di soldati, detti *provinciali*. Vere guarnigioni di milizie attive si trovavano in Sicilia e in Terra di Lavoro. Tra quei comandanti v'era ancora qualche vecchio e valoroso ufficiale, che non tollerava le esorbitanze poliziesche degli intendenti e perciò cadeva in disgrazia o veniva addirittura messo in riposo.

Ricordo il generale Giovanni Rodriguez, comandante della provincia di Siracusa, già colonnello del valoroso decimo reggimento di linea in Lombardia, nel 1848; il generale Tommaso Romano, antico e bravo ufficiale di Murat, ferito più volte in guerra, che nel 1856 si levò animosamente in difesa di monsignor Caputo di Lecce, e il generale Antonio Veltri, comandante negli Abruzzi. Le truppe del continente erano concentrate fra Gaeta, Caserta, Capua e Napoli, e i comandi generali divisi in due: uno per i dominii del continente ed un altro per la Sicilia. Il posto del comandante generale per il continente era in quegli anni vacante: ne faceva le veci il brigadiere Gaetano Garofalo, capo dello stato maggiore. Le truppe in Sicilia ubbidivano a don Paolo Ruffo, principe di Castelcicala, maresciallo di campo e luogotenente del Re. Dei fratelli del Re, il conte di Trapani, col grado di brigadiere, figurava fra gli aiutanti generali; maresciallo di campo onorario era il conte di Siracusa.

La segreteria particolare del Re aveva per capo il colonnello D'Agostino e vi scriveva le lettere particolari del Re, il maggiore Severino. Prestavano anche servizio presso il Sovrano il colonnello Rodrigo Afan de Rivera, i maggiori Tommaso de Angelis, Anzani e Felice de Schumacher e figuravano, tra i marescialli di campo, il marchese Del Carretto, quasi decrepito, il conte Luigi Gaetani di Laurenzana, Pietro Vial e Francesco Pinto, marchese di San Giuliano e principe d'Ischitella. Francesco Casella, padre dell'illustre avvocato, era intendente generale ed Emanuele de Gaeta comandava la piazza di Napoli. Ispezionava le guardie reali il cadente Selvaggi; comandava la gendarmeria il brigadiere Francesco Antonio Winspeare; Galluzzo dirigeva il servizio dei corpi facoltativi e Gregorio Lubrano, maresciallo di campo, era ispettore dei soldati provinciali o *sedentanei*.

Tutte le città fortificate avevano un proprio comandante e si dividevano in tre classi. Il maggior Focardi comandava Trapani; il maggiore Cappelli, Milazzo; il capitano Michele Amari, Aquila e il capitano Cecere, l'isola di Capri. Ai tenenti generali si dava il titolo di *Eccellenza*, agli altri ufficiali il *don*. I reggimenti di fanteria, eccetto i primi sei, s'intitolavano da una città o da una provincia e si distinguevano per il diverso colore delle mostre. Il primo reggimento si chiamava *Re*, e portava mostre rosse; e così il secondo, che aveva nome *Regina*; mostre gialle portavano il terzo ed il quarto, *Principe e Principessa*; di colore amaranto il quinto ed il sesto, *Borbone* e *Farnese*; celesti il settimo e l'ottavo, *Napoli* e *Calabria*; *Puglia* e *Abruzzo* di color arancio; *Palermo* e *Messina* verdi; *Lucania* e *Sannio* di rosso cupo e *Messapio* di color violetto. Splendide le divise, copiate dalle francesi dei tempi di Luigi Filippo. Tornato da Parigi, Ferdinando II cangiò in *bleu* l'uniforme rossa della guardia reale e le diè il cappellone di peli; ordinò i calzoni di color rosso cupo alla fanteria ed alla cavalleria, chiamò cacciatori i bersaglieri; ed usseri i cavalleggieri.

L'esercito, privo di qualunque sentimento nazionale, aveva invece esagerato spirito di religione, anzi di bigotteria. Soldati e ufficiali portavano addosso amuleti ed avevano immagini sacre nelle giberne e nei sacchi. Nella stessa misura, colla quale in lui si aumentavano gli scrupoli religiosi, Ferdinando II voleva che crescessero le pratiche di devozione nel suo esercito. Ogni arma aveva il suo santo patrono, e nelle città di presidio, per la festa del protettore, gli ufficiali in alta tenuta con lunghe candele accese in mano, seguivano le processioni e dietro loro, una o due compagnie di soldati con musica. A Napoli molti ricordano la processione del *Corpusdomini* e quella dei Quattro

Altari. Le truppe si schieravano lungo le vie, per le quali passava il corteo, e il Re con tutta la Corte a piedi prendeva parte alla processione. Nel giovedì e venerdì santo, i soldati senz'armi in drappelli, si recavano a visitare i sepolcri; e innanzi alla porta maggiore delle chiese come ai lati del sepolcro, si vedevan due sentinelle con i fucili capovolti, in segno di lutto. Nelle feste ciascun reggimento in armi sentiva la messa e all'elevazione la musica intonava l'inno reale. Se suonava l'avemmaria e un reggimento era a manovrare in piazza d'armi, i soldati dovevano inginocchiarsi e rimanere a capo scoperto mentre la musica intuonava l'inno della preghiera. Ferdinando II, in simili casi, dava il segno dell'*alt*, anche quando un reggimento di cavalleria moveva alla carica. Nel 1855, proclamato il domma dell'Immacolata Concezione, tutto l'esercito in alta tenuta assistè a una messa di ringraziamento, celebrata da monsignor Naselli, cappellano maggiore. E chi non ricorda la spettacolosa *parata* di Piedigrotta? [2]

La disciplina nell'esercito napoletano veniva mantenuta con pene severissime, persino crudeli, le quali aumentavano la paura dei soldati verso la persona del Re. Tutta la parte morale, che tiene oggi il maggior posto nell'educazione militare, allora non c'era, nè, dato il modo con cui quell'esercito si reclutava, poteva esistere. Non il sentimento del dovere, nè l'onore della divisa rattenevano il soldato dalle indisciplinatezze o dalle cattive azioni, ma la bacchetta e le legnate, pene che raggiungevano l'orrore di una flagellazione. Nell'esercito c'era la piaga della camorra, che non si riuscì a curare mai neppure con quelle terribili pene. Il condannato alle legnate veniva condotto nell'atrio della caserma, dove già il suo reggimento si trovava disposto in quadrato. Là era svestito e con le sole mutande veniva steso bocconi sopra una scranna di legno. Due caporali con un sottile bastone applicavano al disgraziato cinquanta o cento battiture, secondo la condanna, nume-

---

[2] Le riviste militari si chiamavano *parate*.

rando i colpi ad alta voce. La pena della bacchetta era anche più dolorosa. Il colpevole, nudo sino ai fianchi, doveva passare e ripassare tra due file di soldati, i quali a suon di tamburo lo percuotevano sulle spalle, con sottili verghe di salice. Alcuni colonnelli erano così spietati da ordinare simili suplizii per lievi mancanze di disciplina, o per poca correttezza nell'insieme della tenuta. I più piangevano sotto i colpi e invocavano la propria madre o la Madonna, ma i camorristi subivano la flagellazione con coraggio e spesso con aria provocante. Condannati alle legnate, tenevano stretto fra i denti un fazzoletto, per non rompere in grida strappate dal dolore. Dopo il supplizio, divenivano peggiori: la pena subita era per essi nuovo titolo di bravura. Non è quindi a maravigliarsi se, deperendo con tali punizioni il sentimento morale nell'animo del soldato, il bigottismo ed il terrore tenessero il luogo di quelle energie intime e di quell'alto sentimento dell'onore, che formano il carattere dell'uomo di guerra.

Più che una raccolta di uomini d'arme, avidi di gloria e di avventure, l'esercito poteva dirsi una raccolta di frati armati, desiderosi di quieto vivere. Le imprese contro il nemico interno li trovavano disposti a menar le mani; ma se il nemico veniva di fuori, era un'altra cosa. Nelle processioni del *Corpusdomini*, appena si determinava per qualunque inezia quel panico caratteristicamente napoletano, detto *fuiefuie*,[3] bisognava vedere con che arditezza le guardie reali si stringevano attorno al Re, mentre le truppe allineate sulla via impugnavano le armi; ma andando contro il nemico, di qua o di là dalla frontiera, accadeva il contrario. Non volendo ricordare Antrodoco, nè la famosa ritirata da Roma al principio del secolo, ricordo quella più recente di Velletri, per la quale il generale Roselli scrisse nelle sue *Memorie* queste parole profetiche: "Il Re di Napoli, facendo alle sue truppe eseguire la ritirata nel Regno, suscitava in loro un'idea d'impotenza e quin-

---

[3] Fuggi, fuggi.

di una diffidenza nella vittoria, un disgusto e avversione per la guerra, un peggioramento nello spirito insomma". Che se poi i soldati napoletani, tolti via di pianta da Napoli, anzi dall'Italia, venivano condotti sott'altro cielo e comandati da un capo di riconosciuto valore, si coprivano di gloria. Durante l'impero napoleonico, i napoletani che combattevano in Ispagna, vennero lodati dai marescialli Suchet e Saint Cyr; nel 1812 Murat ne condusse nella campagna di Russia dieci mila, i quali fecero prodigi e nella tremenda ritirata di Mosca, Napoleone non ebbe altra scorta che di cavalieri napoletani, comandati da Roccaromana e da Piccolellis, il quale guidava i cavalli della carrozza dov'era l'Imperatore. Questi diecimila napoletani erano comandati da Florestano Pepe, da Rossaroll, da D'Ambrosio, da Cianciulli, da Costa, da Arcovito, da Roccaromana, da Piccolellis e da Campana. Nella famosa ritirata di Mosca il freddo colpì i due colonnelli Campana e Roccaromana e a Florestano Pepe si gelarono i piedi.

Dopo Lutzen, Napoleone pubblicò quest'ordine del giorno: *S. M. l'Imperatore dei francesi e Re d'Italia, volendo dare alle truppe napoletane che fanno parte del grande esercito, una pruova della sua soddisfazione, pel coraggio da esse addimostrato nelle battaglie di Lutzen, con decreto del 22 maggio, ha loro conceduto ventisei decorazioni della legion d'onore, da distribuirsi ai militari dei diversi gradi e classi, che si sono maggiormente distinti.* Murat ne fece di sua mano la distribuzione.

A Danzica le truppe napoletane ebbero elogi dal maresciallo Rapp; e qualche anno dopo combattettero valorosamente, benchè infelicemente, a Modena e a Macerata, condotti dallo stesso Murat. Al ponte San Giorgio il generale Carlo Filangieri, mortalmente ferito, si coprì di gloria. Il decimo di linea si fece molto onore in Lombardia, nel 1848. Strane contradizioni umane, da non maravigliare nel paese delle contradizioni e che io noto, lasciando ai futuri storici l'ultima parola.

Alla mancanza di ogni vera educazione militare si aggiungeva la meschinità del soldo. L'esercito borbonico era il peggio pagato degli

eserciti italiani. Mal retribuiti e carichi di debiti, ufficiali e sottufficiali avevano quasi tutti famiglia, che si rimorchiavano appresso nel
cambio delle guarnigioni, onde, movendosi un reggimento, pareva
che si movesse una tribù. Altra piaga dell'esercito era la clientela.
Ufficiali superiori avevano ufficiali inferiori da proteggere; e questi, i
sottufficiali; e i sottufficiali, alla loro volta, i soldati; catena di dipen-
denze, cause ed effetti ad un tempo, d'una situazione moralmente
anormale, che spegneva ogni sana energia e manteneva una specie di
malessere quasi morboso fra gli ufficiali, e nei soldati un'indomabile
disgusto per il mestiere delle armi: disgusto o avversione divisa dal
paese, il quale non si era potuto abituare alle leve che rappresentavano un pubblico lutto. Eppure i coscritti non partivano per la guerra,
ma per andar ad oziare nelle guarnigioni di Napoli o delle vicinanze.
Se se ne eccettui i soldati del genio, non vi era straordinaria occasione o pubblica disgrazia, nella quale venisse adoperato l'esercito. La
vita neghittosa contribuiva a deprimerne il carattere.

Certo non mancavano tra gli ufficiali, soprattutto fra i giovani usciti dal collegio della Nunziatella, con la mente nutrita di buoni studii
e appartenenti alle armi dotte, sensi di onor militare, nobili aspirazioni a un avvenire migliore e desiderio di riforme radicali. Erano aspirazioni individuali, che si perdevano in quel generale e rozzo scetticismo, il quale inquinava l'esercito, devoto al Re, ma umiliato dal Re,
che non senza ostentazione mostrava di riporre maggior fiducia negli
svizzeri; milizia senza ideali nazionali o di conquista, nè scuola del
dovere, ben vestita, mal pagata e votata all'immobilità. Per quanto il
partito liberale si adoperasse a far proseliti nell'esercito e diffondervi
le idee di nazionalità e di patria, non vi riuscì finche visse Ferdinando II. Fu in appresso, quando, lui morto cominciò a sfasciarsi tutto
l'edifizio suo, che la propaganda liberale si fece strada nell'esercito,
ma aiutata da due circostanze capitali: la partenza degli Svizzeri e l'atto sovrano del 25 giugno 1860.

Una compagnia speciale era quella delle *Guardie del corpo*, ad alcune delle quali, andate da lui a reclamare perchè nello scegliersi fra loro gli ufficiali, si erano usate ingiuste preferenze, Ferdinando II rispose: "*Belli figliuò, io ccà aggia fa comm 'u chianchiere, na chiena e na vacante*".[4] Le guardie del corpo furono istituite nel 1734 da Carlo III, il quale portò a Napoli gli usi e i costumi di quelle di Spagna. Primo capitano delle guardie del corpo fu don Lelio Carosa, marchese di Arienzo. Ferdinando IV, tornato dalla Sicilia, ricostituì la compagnia con un decreto del 1° agosto 1815 e questa rimase così composta: un capitano, un tenente, un secondo tenente, due esenti primi, quattro esenti proprietarii, quattro esenti soprannumeri, quattro brigadieri, otto sottobrigadieri, un sottobrigadiere portastendardo, due trombettieri, centoventi guardie. Come si vede, ventisei tra ufficiali e sottufficiali su centoventi guardie. Erano poi quasi più i caporali che i soldati. Tutti per esservi ammessi dovevano essere nobili, ma non si andava pel sottile a ricercare la nobiltà. Metà erano guardie a cavallo e metà a piedi, ma per turno, sicchè tutti dovevano essere buoni cavalieri. Erano esenti dal servizio di governo dei cavalli, che veniva fatto da altrettanti garzoni. Dopo questa riforma, il primo capitano fu un tenente generale, il principe di Ruoti, don Giuseppe Capece Minutolo, ed il primo tenente un maresciallo di campo, il principe di Migliano, don Gerardo Loffredo. Ne fecero parte tutti i nobilissimi del Regno, i Tuttavilla, i Carafa di Traetto, i Caracciolo, gli Statella, i Lucchesi, i Del Pezzo, i Del Carretto, i Belgioioso, i Casapesenna, i Paterno, i Mastrilli e via dicendo. L'appartenere alle guardie del corpo, che avevano smaglianti uniformi, era un sogno dei giovani signori napoletani. Di tutti quelli chiamati a comporre la compagnia da Ferdinando IV, nella suddetta riforma del 1815, ne vivevano nel

---

[4] *Belli figlioli, io qui devo fare come il macellaio, una piena e una vacante.* - Idiotismo dialettale, che vuol dire giocar d'altalena.

1882 due soltanto: Achille Paterno e Diego Candida. Un decreto del
13 marzo 1843 modificò alcune delle disposizioni rigorose per l'ammissione dei giovani nella compagnia, ma mantenne la necessità delle
stesse prove di nobiltà per gli uscenti nei vari gradi.

Fra le guardie del corpo si mantennero sempre salde le tradizioni di
lusso, di giuoco, di debiti e di vita dissipata. Come un giovane era
ammesso nel corpo, doveva comprare il cavallo e appena lo presentava, gli veniva pagata la somma di 120 ducati. l'assegno annuo consisteva in circa quindici ducati al mese, oltre al doppio foraggio per il
cavallo. Ma le guardie del corpo dovevano obbligatoriamente assistere alle rappresentazioni del San Carlo e pagare l'ingresso; sicchè si
prelevavano dalla massa queste spese, e alla fine dell'anno ciascuna
guardia non liquidava sul suo stipendio più di un'ottantina di ducati
netti. Questo misero assegno, del tutto insufficiente al lusso di cui le
guardie del corpo si circondavano, le poneva nella necessità di rovi-
narsi. Guardia del corpo divenne sinonimo di scapestrato, d'indebi-
tato, di prepotente e di volgare spiritoso. Tutti parlavano come il Re
il dialetto napoletano coi suoi più plebei *idiotismi*.

Con un Regno, le cui coste si sviluppavano largamente nel mare
che lo bagnava da tre parti, Ferdinando II non dedicò alla marina le
stesse cure che dedicò all'esercito, a differenza del suo avo, ai cui
tempi la marina napoletana si distinse, combattendo accanto all'inglese. Se Ferdinando II non temeva un'invasione dalla parte di terra,
non prevedeva gravi pericoli dal mare. Fu per questo che lasciò le
coste indifese. I pochi porti di Calabria, di Sicilia e dello stretto di
Messina non erano in grado di opporre seria resistenza. Sebbene nato
in Sicilia, il Re non aveva la passione del mare; dopo il 1848 non
passò lo stretto che una volta sola; e dovendo recarsi nelle Puglie per
il matrimonio del duca di Calabria, affrontò il viaggio di terra nel
cuore dell'inverno.

L'organizzazione della marina rimase però superiore a quella degli altri Stati italiani, tanto che il conte di Cavour, ministro della marina in Piemonte, ne adottò le ordinanze, le manovre e i segnali di bandiera, che mancavano alla flotta sarda e prescrisse per gli ufficiali la divisa napoletana.

L'armata si componeva di due vascelli da 80: uno ad elica, il *Monarca*; l'altro a vela, il *Vesuvio*; di tre fregate a vela: la *Partenone*, l'*Amalia* e la *Regina*; di due ad elica: la *Farnese* e la *Borbone*, che poi divennero la *Garibaldi* e l'*Italia*. V'erano inoltre sei fregate a vapore a ruote: il *Guiscardo*, l'*Ercole*, il *Tancredi*, l'*Ettore Fieramosca*, il *Veloce* e il *Fulminante*; quattro corvette a vapore: il *Miseno*, la *Maria Teresa*, il *Palinuro* e il *Ferdinando II*; e due a vela: la *Cristina* e l'*Amalia*; quattro brigantini a vela: il *Valoroso*, l'*Intrepido,* lo *Zaffiro* e il *Principe Carlo*, e cinquanta bombarde e barche cannoniere.

La marina mercantile era formata quasi interamente di piccoli legni, buoni al cabotaggio e alla pesca e la montavano più di 40 000 marinari, numero inadeguato al tonnellaggio delle navi. La navigazione si limitava alle coste dell'Adriatico e del Mediterraneo, e il lento progresso delle forze marittime non consisteva nel diminuire il numero dei legni ed aumentarne la portata, ma nel moltiplicare le piccole navi. La marina mercantile a vapore era scarsissima, non ostante che uno dei primi piroscafi, il quale solcasse le acque del Mediterraneo, fosse costruito a Napoli nel 1818. Essa apparentemente sembrava la maggiore d'Italia, mentre in realtà alla sarda era inferiore, e anche come marina da guerra, era scarsa per un Regno, di cui la terza parte era formata dalla Sicilia e gli altri due terzi formavano un gran molo lanciato verso il Levante. La marina e l'esercito stavano agli antipodi: l'esercito era sproporzionato al paese per esuberanza, la marina per deficienza.

Il più alto grado nella marina da guerra l'aveva il conte d'Aquila, viceammiraglio e presidente del Consiglio di ammiragliato, al quale appartenevano i viceammiragli, Francesco Saverio Garofalo, Lucio di Palma e i brigadieri Vincenzo Lettieri e Pier Luigi Cavalcante. Oltre a questi, erano ufficiali generali di marina Giovanni Antonio della Spina, primo istruttore del duca di Calabria; Luigi Jauch, Leopoldo del Re, Antonio Bracco, il marchese Girolamo de Gregorio e Antonio Palumbo. Il brigadiere Cavalcante era pure intendente generale dalla marina. Tra i capitani di vascello, ricordo Francesco e Michele Capecelatro, fratelli di Antonio e di Alfonso, e don Michele d'Urso, più noto per le sue arguzie che per l'ufficio di relatore della Corte marziale marittima. Rammento, tra gli ufficiali superiori, Scrugli, Vacca, Barone, Longo, Brocchetti, Anguissola e tra gli ufficiali più giovani, gli Acton, Civita, D'Amico, Martini, Vitagliano, Persichetti, Accinni, Turi, Libetta, Lubrano, Cottrau, Romano, Palumbo, Sanfelice, Corsi e Serra, i quali entrarono tutti nella marina italiana.

Napoleone Scrugli, che divenne poi aiutante di campo di Vittorio Emanuele e morì senatore del Regno d'Italia, era calabrese e comandava nel giugno del 1860 la pirofregata il *Tasso*, che si arenò alla foce del Tronto. Giovanni Vacca, che fu uno dei tre ammiragli di Lissa e il solo che avesse avuto una felice ispirazione in quella triste giornata, comandava il *Valoroso*, poi fu promosso e comandò il *Monarca*. Edoardo d'Amico, che fu prima capo dello stato maggiore della squadra di crociera, la quale non seppe impedire lo sbarco di Garibaldi a Marsala, e poi ebbe lo stesso ufficio col Persano a Lissa e passò con costui dal *Re d'Italia* sull'*Affondatore*, comandava la *Maria Teresa*, ed era stato incaricato, l'anno prima, di gettare il cavo telegrafico fra Otranto e Vallona. Carlo Longo, che comandò il dipartimento marittimo di Genova, era commissario del Re presso il tribunale di guerra e marina. Tutti e tre erano capitani di fregata. Qui aggiungo, che allo sbandamento della marina contribuì, più di ogni altra cosa, una certa leggerezza di carattere, nota caratteristica di quella ufficialità pur così intelligente e vivace: leggerezza, che più tardi rivelarono alcuni di loro, saliti a posti politici eminenti. Dei viceammiragli nessuno passò nella marina italiana e il Lettieri, comandante della piccola squadra che accompagnò a Gaeta Francesco II e il Pasca che comandava la *Partenone*, tornarono alla vita privata dopo il 1860.

V'era nella marina napoletana una classe, che con denominazione un po' bizzarra, si chiamava dei "brigadieri" come se la flotta si dividesse in brigate, a somiglianza dell'esercito. Questo grado corrispondeva ai commodori di altre marine militari. Erano allora brigadieri Ferdinando Pucci, che comandava il dipartimento marittimo di Castellammare e i cui figliuoli entrarono nella marina italiana e Carlo Chretien, passato anche lui nella marina italiana, il quale nel 1857 era presidente della commissione per le prede. Vi erano due istituti per la marina: il real Collegio di marina e una scuola per gli alunni marinari e dei grumetti. Uscivano dal primo ufficiali e ingegneri costruttori, e gli alunni non potevano essere più di quaranta: quindici a piazza gratuita e venticinque a pagamento; uscivano dalla seconda piloti, sottufficiali, cannonieri e marinai e vi erano cinquanta posti, dei quali venti gratuiti, dieci a metà retta e venti a retta intera. Il brigadiere Federico Roberti era ispettore di questi istituti.

La marina militare sentiva di non godere la predilezione del Re. Non marinaro lui, nè marinaro il conte di Aquila, non si dava quasi mai il caso di riviste o manovre navali, o di viaggi di istruzione e assai meno, circumnavigazione.

L'alta Corte militare, che era comune all'esercito e alla marina, risedeva a Napoli e la componevano ufficiali di terra e di mare. Era una specie di Cassazione e rivedeva le decisioni dei Consigli di guerra, solo per verificare se la legge o la procedura era stata violata. La formavano un presidente, otto giudici ordinarli, quattro dei quali dovevano essere marescialli di campo, e quattro brigadieri e sei giudici straordinarii: la presedeva don Luigi Niccola de Maio, duca di San Pietro.

Nel *Giornale del Regno delle Due Sicilie* del 9 dicembre 1856, si leg-

geva: "Un individuo, da pochi mesi entrato con male arti al real servizio militare, osò ieri uscir di riga mentre sfilavano le truppe al
Campo, e spingersi avverso la Sacra Persona dal Re nostro Augusto
Signore, il quale, la Dio mercè, non solo rimase sano ed illeso, ma
conservò la calma, la serenità e la imperturbabilità consueta, continuando ad assistere allo sfilar delle truppe, come se nulla fosse accaduto, sicchè non se ne avvidero se non ben pochi dei presenti". E nel
numero del 13 dicembre era scritto: "Il Consiglio di guerra di corpo
del 3° battaglione dei cacciatori, procedendo in conformità delle leggi
a carico del soldato Agesilao Milano, reo dell'esecrando reato da lui
commesso contro la persona del Re, nostro Augusto Signore, lo condannò ieri alla pena di morte col quarto grado di pubblico esempio.
La qual sentenza è stata eseguita questa mattina alle dieci e mezza,
dopo la degradazione militare, nel largo del Cavalcatoio, fuori Porta
Capuana. Il reo, che ha ricevuto a lungo tutti i conforti della nostra
sacrosanta religione si è mostrato compunto. L'ordine pubblico è
stato perfettamente osservato, e la generale esecrazione ha seguito il
colpevole fino al suo estremo respiro". Ecco l'alfa e l'omega di quello
strano e imprevedibile attentato.

La stessa onda di degradazione, che si levò nel Regno fra il 1849 e il
1850 per chiedere al Re l'abolizione dello Statuto, si levò dopo quel
fatto. È carità di patria non attingere dagli archivii note così poco....
eroiche, e non esumare gl'indirizzi magniloquenti, nè ricordare le
tante deputazioni, le quali sfidando i disagi di un viaggio lungo e di
una stagione cruda, si recarono a presentare al Sovrano i rallegramenti per lo scampato pericolo. Quante *giamberghe* furono sbattute dalla
tramontana innanzi alla Reggia di Caserta, e quanti raffreddori e pol-
moniti! La rettorica dell'alto clero, ma più quella dei gesuiti, fu spesa
a magnificare il miracolo fatto dalla Concezione, di cui, l'otto dicembre giorno dell'attentato, ricorreva la festa. Si tennero nei seminarii e
nei collegi molte accademie, con musiche e componimenti; ci furono

luminarie, tridui di grazia alla Vergine e *Te Deum* in ogni chiesa del Regno. Primo a darne l'esempio fu l'arcivescovo di Napoli, che con pastorale apposita prescrisse un triduo in tutte le chiese della diocesi. Se Ferdinando II fosse stato il principe più amato dai suoi popoli, non avrebbe raccolto tante dimostrazioni, quante ne raccolse allora. Ma la nota grottesca venne raggiunta dal comune di San Benedetto Ullano, patria di Agesilao Milano, che spedì al Re il seguente indirizzo:

> Sire,
> Massimo fu l'orrore quando seppe la rea notizia del nefando attentato del sacrilego Agesilao Milano.
> Immenso giubilo provò, ed infiniti ringraziamenti rese all'Altissimo nel Sacro Tempio, dove si celebrò messa solenne coll'esposizione del Santissimo, col canto dell'Inno Ambrosiano e colla processione del Santissimo per l'intero abitato, per la conservata preziosa vita della Maestà Sua, ritenendosi come soprannaturale essere evidentemente protetto da Dio e dalla Beatissima Vergine.
> Lontano trecento miglia da Napoli in una recondita giogaia delle Calabre montagne, il comune di San Benedetto Ullano, divenuto oggetto di triste celebrità per aver dato i natali ad un mostro di esecranda memoria, ne rinnega tale infausta relazione, e ripudia ogn'idea di comunione col medesimo. L'empio sacrilego che osa attentare ai preziosi giorni di un Sovrano così pietoso, delizia dei suoi sudditi, non ha patria, ed in ogni angolo della terra sarà straniero abborrito; l'umanità intera abbomina di averlo nel suo numero.
> L'intera popolazione umilmente prostrata ai piedi della Sacra M. S. osa implorare la Sovrana clemenza a prò di essa, assicurando la lodata M. S. dell'attaccamento e divozione verso la Sacra Real Corona.

Agesilao Milano era nato a San Benedetto Ullano, in provincia di Cosenza; aveva 26 anni ed apparteneva a famiglia civile, albanese di stirpe. Nel 1848 s'era trovato a Spezzano fra i militi del Ribotty; e fin d'allora, si asserì, concepisse il disegno di liberare i popoli delle Due Sicilie dal *tiranno*. Era un eroico alluccinato, il quale credeva che, tolto il Re di mezzo, la libertà sarebbe stata assicurata nel Regno. Volontà di ferro, carattere chiuso, spirito esaltato, ma che sapeva dominarsi e dissimulare, mazziniano ardente, egli agì per suo conto. Ai suoi amici più intimi, ai soli intimi che avesse in Napoli, Giambattista Falcone di Acri e Antonio Nocito di San Demetrio, studenti, lasciava intendere che, un giorno o l'altro, avrebbe compiuta una *gran cosa* e gli amici del Nocito e del Falcone lo ripetevano nell'orecchio di altri pochi intimi; ma per gli uni e per gli altri, questo giovane albanese quasi mutolo, che non rideva mai, era un punto interrogativo. Nessuna cospirazione armò la mano di lui. Maturò a lungo il disegno e lo eseguì, diciamolo, pur deplorando tanto coraggio, eroicamente. Nessun regicida affrontò il Re a capo delle sue truppe, alla luce del sole e in una solenne occasione. Quel giorno erano sul campo di Marte 8000 soldati, e un immenso pubblico che, allora come oggi, accorreva alle rassegne militari. Fu fortuna che il tentativo non riuscisse: un tremendo eccidio avrebbe insanguinata Napoli, perchè i reggimenti svizzeri, fedelissimi al Re, credendo all'esistenza d'un complotto fra le truppe indigene, avrebbero tirato su di esse e sulla folla e rinnovata forse la tragedia del 15 maggio. All'eventualità della morte di Ferdinando II nessuno era preparato e, assai meno, a una morte in condizioni così inverosimili. Pareva inverosimile difatti, anzi addirittura assurdo che da quell'esercito, descritto più sopra, uscisse un regicida; e nei primi momenti fu grande la sorpresa, credendosi all'esistenza di una cospirazione militare, la quale, ucciso il Re, avrebbe mutato il governo e sconvolta ogni cosa. I borbonici dissero che la cospirazione l'avevano ordita i liberali, nè li dissuasero le parole di Agesilao, i suoi precedenti e la impossibilità in cui si trovò la polizia, di scoprire le fila della congiura, perchè congiura non v'era. Il contegno del Re salvò tutto. Ferdinando II diè prova in quell'occasione di vera fortezza di animo e il *Giornale ufficiale*, che ne lodò l'imperturbabilità, non fu iperbolico. Egli non volle che si sospendesse la sfilata delle truppe; continuò ad assistervi; tornò alla Reggia in carrozza, e nel pomeriggio uscì con tutta la famiglia, percorrendo le vie più popolose della città. Alla Reggia fece subito chiamare il dottor Rosati, nel quale aveva una fiducia immensa. Rosati notò una piccola scalfittura sotto la mammella sinistra. Essendo il Re eccitato, lo rassicurò che non era nulla e gli prescrisse un calmante, che il medico stesso preparò. Il giorno seguente prese dell'antacido e si mostrò calmo, quasi ilare, nel ricevimento delle autorità e del corpo diplomatico, che andarono a rallegrarsi con lui. All'incaricato di affari di Sardegna, che era il Gropello, si affermò che avesse detto ironicamente: *"scrivete al nostro carissimo cugino che non è stato nulla, e che sto bene"*. Invece parve che particolarmente gradisse i reiterati atti d'interessamento del Gropello, il quale andò due volte a Corte, la prima, poche ore dopo l'attentato con gli altri capi di legazioni, e la seconda volta, quindici giorni dopo, per incarico speciale del Re Vittorio Emanuele. In ambo le occasioni Ferdinando II fu col Gropello marcatamente cortese. Era egli troppo furbo per lasciarsi andare col corpo diplomatico a qualche sfogo, o a qualche espressione meno che meditata e ponderata. Non è dunque esatto che adoperasse dell'ironia, rispondendo ai rallegramenti dell'inviato Sardo.

Agesilao Milano fu impiccato la mattina del 13 dicembre; e l'esecuzione, preceduta dalla solita questua delle *sante messe*, fu così lunga e lugubre, che strappò le lacrime a molti e lasciò nei soldati incancellabile impressione. Egli morì con coraggio, dichiarando di non essere un volgare assassino, di aver affrontato il Re alla luce del sole, il Re a cavallo e armato, e ripetendo di averlo fatto per la felicità dei popoli. Si disse che il Re inclinasse a far la grazia al Milano, e ne fosse distolto

dal partito militare, soprattutto dal Nunziante; ma la cosa non è veri-
simile, perchè Ferdinando II aveva natura vendicativa, non era facile
alla commozione e l'attentato sul campo di Marte lo impressionò così
dolorosamente, che da quel giorno non stette più bene. Vero è che in
Corte si diffuse la voce che il Re volesse far la grazia al Milano e che,
nella mattina dell'esecuzione, fosse stato visto piangere. Anzi fu affermato che in anticamera giungesse la voce di Raffaele Criscuolo, il
quale, con la consueta familiarità, ammoniva il Re: "*Ma se v'aveva da
dispiacè tanto, potevate fa a grazia a 'o calavrese: site vui ca cummana-
te*".[5] La domanda di grazia ci fu e la presentò al Re l'avvocato don
Giocondo Barbatelli, il quale aveva ufficiosamente difeso il Milano.
Quella domanda, molto caratteristica, si trova oggi nell'archivio privato di casa Scaletta e si chiude così: "*Giocondo Barbatelli, difensore ufficioso di Agesilao Milano, al piè della M. S. le bacia affezionato e devoto
la mano*". Il Re la respinse, anzi non volle neppur ricevere il Barbatelli,
che più tardi, mutati i tempi, fu consigliere comunale di Napoli, grande elettore del Sandonato e grande cacciatore di quaglie. I nemici del
Nunziante, che lo fecero segno ai più nefandi sospetti dopo la sua condotta nel 1860, dissero pure che egli fosse a parte della congiura del
Milano e di questo volesse la morte, per paura che il regicida parlasse.
E il De Sivo lo insinua, perchè per lui e per quanti rimasero fedeli ai
Borboni, Alessandro Nunziante fu l'uomo più abbominevole della sua
età. Vero è che Nunziante e Lecca parlarono con Agesilao dopo l'attentato, ma basterà osservare che Nunziante era comandante dei
Cacciatori, ai quali apparteneva il regicida, e il generale Lecca era albanese di origine. Il Nunziante non aveva tanto potere, da imporre ad
Agesilao il silenzio e al Re il rifiuto della grazia. Io escludo in modo
assoluto che Nunziante fosse a parte del segreto del Milano o che, peg-

---

[5] Ma se vi doveva dispiacere tanto, potevate fare la grazia al calabrese; siete voi che
comandate.

gio ancora, ne armasse il braccio. Ma l'opinione opposta rimane ancora radicata nella testa dei vecchi borbonici, i quali pretendono rintrac-
ciarne la causa, che sarebbe stata questa. Nel febbraio del 1855 era
morto l'imperatore Niccolò di Russia, già ospite a Napoli di
Ferdinando II, cui regalò i due famosi cavalli di bronzo. Il Re scelse
Nunziante per rappresentarlo alla incoronazione del nuovo Czar, che
ebbe luogo nell'agosto del 1856. Passaporto, credenziali, ordini
cavallereschi e doni da distribuire, tutto era ordinato e disposto, e
Nunziante riceveva i rallegramenti per questa nuova missione di fiducia; ma all'ultim'ora, si disse per opera della Regina, l'intrico di andare in Russia gli fu tolto e dato al colonnello svizzero Steiger. Di questo
il Nunziante fu così offeso, che *da quel giorno*, mi scrive persona che
conosceva lo Steiger ed era nell'esercito, *appartenne alla rivoluzione
anima, corpo e onore*. E avvenuto l'attentato, quattro mesi dopo, i
nemici di lui crearono la doppia leggenda che Nunziante fosse a parte
del complotto, e per timore che il regicida parlasse, insistesse sul Re di
negargli la grazia. Certo il Nunziante non subì in pace l'oltraggio, e
suscettibile com'era, dev'essersi sfogato con parecchi e forse con poca
prudenza, contro il Re che glie l'aveva inflitto. Fin qui è verosimile e
umano; di là, no. Finchè visse Ferdinando II, idee di liberalismo o di
voltafaccia non passarono mai per la testa di quell'uomo, e molto
meno poteva passar quella di far ammazzare il Re: i cortigiani, d'altra
parte, usavano la tattica di non far risalire mai al Re la responsabilità
di tutto ciò che era odioso e commoveva il sentimento pubblico. Le
persecuzioni della polizia crebbero in maniera inaudita, dopo l'attentato. Furono fatti molti arresti, soprattutto di calabresi. I due intimi di
Agesilao, il Falcone e il Nocito, furono dagli amici tenuti nascosti, sino
a che non riuscì loro di farli imbarcare sopra un vascello inglese. Gli
episodii di quelle fughe e le astuzie adoperate, sono un romanzo che
val la pena di ricordare sommariamente.

In quei tempi si riuniva nel caffè De Angelis a Toledo un gruppo

di giovani liberali, quasi tutti studenti e, fra essi, Cesare e Giuseppe
De Martinis, di Cerignola; Tommaso Arabia di Cosenza; Giovanni
d'Erchia, di Monopoli; Antonio de Santis, di Altamura; Francesco
Napoli, di Baronissi e Vincenzo Cosentino, di Palmi. Erano tutti
cavurriani e non vedevano salute per Napoli, che nel Piemonte e in
Casa di Savoia. Quello stesso caffè era frequentato dal Nocito, amico
loro, però mazziniano molto caldo, e in istretti rapporti col gruppo
mazziniano di Napoli, specie col Fanelli, per cui fra lui e i suoi amici
non erano infrequenti le dispute, i dissensi e qualche volta corsero
anche i pugni. Tranne il Nocito, nessuno di quelli conosceva il
Milano.

La sera dopo l'attentato, certo De Stefano, conterraneo e casigliano
del Nocito, richiese per questo un asilo a Cesare de Martinis e
all'Arabia. Il Nocito si era per un momento rifugiato in casa di un
signore inglese, in via di Chiaia. L'Arabia andò a prenderlo lì, e col
De Martinis lo condusse prima in casa di Francesco Napoli, e poi
presso lo scaccino della chiesa della Concezione a Monte Calvario,
albanese anche lui. La polizia ricercava pure il Falcone, ma anche
questi si era unito al Nocito. A un tratto, la casa dello scaccino fu visitata dalla polizia, ma i due ricoverati, scavalcando i tetti, potettero
rifugiarsi in casa di Vincenzo Cosentino. Però a Napoli non erano
sicuri; la polizia li cercava attivamente e su entrambi pose una taglia.
Fu allora che, per trovare un asilo meno pericoloso, Giovanni Marini,
il De Martinis e l'Arabia si rivolsero a donna Giulia Pandola, che più
tardi divenne marchesa D'Afflitto, e in quel tempo era vedova del
barone Gennaro Compagna. Giovanni Marini era amico dell'abate
Gradilone, aio delle figlie della baronessa e albanese anche lui. Donna
Giulia offerse il castello di casa Pandola, a Lauro, e colà i due fuggiaschi rimasero parecchi giorni. Ma non erano sicuri neanche in quel
luogo. Occorreva farli imbarcare a qualunque costo. De Martinis si
rivolse a Ferdinando Mascilli, il gran padre dei patrioti e cospiratori,

ma il Mascilli, dopo pochi giorni, fu arrestato anche lui. La sua signora, donna Rosalia Cianciulli, per mezzo del dottor Poppi e del Read,
corrispondente del *Times*, ottenne che il Nocito ed il Falcone fossero
raccolti sulla *Surprise*, corvetta inglese, la quale portava da Malta a
Napoli la corrispondenza politica. Ma l'arrivo di questo legno non era
periodico, e però bisognava stare ben attenti, senza ingenerar sospetti alla polizia, la quale teneva appostati i suoi agenti presso la piccola
lanterna, che si prolungava tra il porto mercantile e il militare, dov'è
ora il Punto Franco. Cesare de Martinis, due volte al giorno con eroi-
ca pazienza, per circa due mesi, si recò al porto; e quando finalmente,
scoprì la *Surprise*, corse ad avvisarne la signora Mascilli e poi
Giuseppe Petrilli che aveva trovato per il Falcone e il Nocito un ultimo rifugio in Napoli presso un fido amico. Un barcaiuolo, cui furono date cinque piastre, portò in salvamento i due fuggiaschi a bordo
del legno inglese.

Il Falcone scese un anno dopo a Sapri, con Pisacane e Nicotera e fu
trucidato a Sanza; il Nocito entrò nell'esercito garibaldino, poi nel
regolare, ed è morto da pochi anni col grado di colonnello. V'ha chi
afferma che l'uno e l'altro sapessero che la *gran cosa*, la quale voleva
compiere Agesilao, era l'uccisione del Re; la sapessero come la rivela-
zione di un segreto, non come partecipi di una cospirazione, perchè
questa veramente non vi fu, ma io credo che neppure la sapessero.

Il 17 dicembre, a mezzodì, scoppiò la polveriera, posta all'estrema
parte del molo militare, ne distrusse la batteria, uccise e ferì alcuni
ufficiali e soldati di guardia e non lasciò intatto un vetro solo della
Reggia e delle vicine case. Lo spavento del Re, della famiglia reale e di
tutta Napoli fu enorme. Si disse che la stessa setta, che aveva indotto
Agesilao al regicidio, avesse fatto appiccare il fuoco alla polveriera, il
cui scoppio fu invece dovuto a combustione spontanea di alcuni razzi
incendiarii, che fabbricava il tenente di artiglieria Bandini, allora

direttore della polveriera di Posillipo. Crebbero i sospetti, crebbero gli arresti e crebbero le espulsioni dall'esercito; ma in quella guisa che di cospirazione non si trovò traccia nell'attentato, non se ne trovò nello scoppio della polveriera.

Due settimane dopo, ai primi del nuovo anno 1857, verso la mezzanotte, mentre terminava lo spettacolo al San Carlo, saltò in aria la fregata *Carlo III* sul punto di salpare per la Sicilia, carica di soldati e di munizioni. Non tutto l'equipaggio però, perchè la corvetta inglese *Malacca* assai si adoperò per il salvataggio. Nuove e incredibili paure suscitò il nuovo disastro. Anche qui si volle vedere la mano dei liberali e anche qui fu accertato che non vi avevano avuta parte; anzi, ripescandosi più tardi la carcassa del bastimento, si accertò che la porta di bronzo della Santa Barbara era aperta, e la chiave nella toppa: circostanza la quale provò che un tentativo di furto di polvere pirica, fatto da qualche inesperto ladrone, con candela accesa, generò la catastrofe. Nondimeno, la polizia si abbandonò ad ogni sorta di eccessi. Arresti in Calabria ed arresti a Napoli; sfratto di studenti; punizioni del capitano, del tenente e dell'alfiere della compagnia nella quale militava il Milano; espulsione dal suo reggimento di 57 fra sottufficiali e soldati. Gli arresti in Calabria avvennero in provincia di Cosenza; prima, i fratelli Del Milano, Cammillo e Ambrogio, e poscia alcuni compagni di studio del giovane soldato, nel collegio italo-greco di San Demetrio. Ma i tre avvenimenti, accaduti in meno di un mese, e tutti e tre nel mondo militare, quasi scossero la fede del Re nella solidità e fedeltà dell'esercito: certo ne guastarono il sangue e lo resero vecchio a 45 anni.

Dopo l'attentato degli otto dicembre e i due scoppii, il Re andò a Napoli più di rado; ma presso il campo di Marte, al principio della via di Secondigliano, fece costruire una chiesa in onore della Concezione, a memoria dello scampato pericolo, nonchè una piccola cappella votiva nel posto dove Agesilao gli vibrò i due colpi di baionetta. Gl'intendenti, con ripetute circolari, obbligarono tutti i comuni del Regno a contribuire con offerte alle spese di costruzione della chiesa. Qualche raro comune però, ricordo ad onore Corleto di Basilicata, si rifiutò di contribuire, su proposta del decurione Carmine Senise.

Sulla porta della chiesa c'era, ai miei tempi e forse c'è anche oggi, l'epigrafe italiana col primo verso:

A Maria Concetta Senza Macchia:

verso che suscitava l'ilarità di quanti lo leggevano, per il dubbio che il tempio fosse dedicato ad una Maria Concetta, di cognome *Senza Macchia*.

Un ricordo curioso. Tra le persone che assistettero al consiglio di guerra, che condannò Agesilao Milano, fu Augusto Zamboni, intimo del generale Filangieri. Zamboni ritrasse furtivamente con poche linee le sembianze del regicida e nascosta la carta nel cappello, corse a mostrarla al generale, il quale guardò e riguardò quelle linee e volle sapere dallo Zamboni i particolari del dibattimento. E disse in quell'occasione che il Re avrebbe commesso un grave errore non graziando il Milano, regicida non volgare, ma che l'avrebbe commesso. Egli conosceva Ferdinando II meglio di tutti.

Il fratello maggiore del Milano, Cammillo, è morto da poco. Fu prima garibaldino e poi ebbe un piccolo impiego nell'amministrazione finanziaria dello Stato. Vi rinunziò, ritirandosi nel suo paese nativo, dove tranquillamente si è spento a 76 anni.

CAPITOLO IX

SOMMARIO: Antonio Scialoja e i bilanci napoletani – Importanza del suo opuscolo – Un motto di Ibrahim Pascià – L'amministrazione pubblica del Regno – Le taglie della polizia – Un curioso interrogatorio per i passaporti – Le nove confutazioni all'opuscolo di Scialoja – Loro argomenti – Lo stile di Niccola Rocco – La spedizione di Sapri – Il processo di Salerno – Particolari interessanti – Le escandescenze del colonnello Ghio – Gli Ordini cavallereschi – Parsimonia nel conferirli – *L'Ordine del Bagno* – I cavalieri costantiniani, quelli di San Gennaro e di San Ferdinando – Cavalieri di altri Ordini – Le divise cavalleresche – La commissione dei titoli di nobiltà.

A rompere il silenzio, anzi a sciogliere addirittura le lingue, venne l'opuscolo di Antonio Scialoja sui bilanci napoletani e sardi. Lo Scialoja non si limitò a confrontare meccanicamente le entrate e le uscite, quali apparivano dai bilanci dei due paesi, ma le sottopose ad una critica acuta e spietata, la quale riducendo le cifre al loro giusto valore rendeva eloquenti i confronti, mostrando la superiorità dello Stato piemontese sul napoletano. Esaminate le entrate, egli le paragonava con le spese, e suddistinguendo queste, secondo i varii rami della pubblica amministrazione, ne traeva argomento a considerazioni e rivelazioni gravi, le quali, prese insieme, illustravano tutta la vita economica e politica del Regno.

Fu un colpo di fulmine per il Re e per i ministri, un risveglio per i sudditi. L'opuscolo, scritto con chiarezza e vivacità come lo Scialoja soleva, si legge anche oggi con interesse. Allora andò a ruba, benchè colpito da severa proibizione. Non ingiurie, nè tirate rettoriche, ma un

sottile e fine umorismo brilla in quelle pagine. Il dispotismo di
Ferdinando II, più che dall'eloquenza delle cifre e dai paragoni, vi è
ritratto dall'ironia. Non mancano gli aneddoti. Parlando dell'andata di
Ferdinando IV al Congresso di Laybach, Scialoja ricordava che un
bello spirito presente alla cerimonia, in cui Ferdinando giurò la
Costituzione in San Lorenzo, ricavò dall'iscrizione dell'altare, che diceva *altare privilegiatum*, questo anagramma: *mal giura patti re vile*.
Ventisette anni dopo, il 24 febbraio 1848, Ferdinando II compì la stessa funzione in San Francesco di Paola. Vi assisteva Ibrahim Pascià, il
quale, uscendo di chiesa, fece dire dal suo interprete ad una persona
ragguardevole che gli era stata presentata: "*Prendete le vostre precauzioni; il Re non manterrà il giuramento*". Richiesto del motivo di questa
sua profezia, rispose d'aver notato che il Re teneva un anello in un dito
della mano destra, da lui spiegata sopra il Vangelo, e gli Orientali cre-
dono che chi giura, tenendo in dito un anello, diventa spergiuro.

Notando lo Scialoja che nel Napoletano i tributi, ragguagliati alla
popolazione, davano una quota di lire 21 per abitante, e nel Piemonte
di lire 26,60, chiudeva il suo studio con un ispirato confronto fra l'alta posizione morale e politica del Piemonte, e il grado d'inferiorità in
cui era il Regno di Napoli. Scialoja dichiarava di prescindere dalle
taglie arbitrarie, che gli ufficiali e gli agenti della polizia potevano, per
via di fatto, imporre e riscuotere a lor talento: strani tributi, che furono la caratteristica dell'antico Reame specialmente negli ultimi anni.
Il governo li consentiva o tollerava. Erano in molti casi più molesti
delle imposte, ma bisognava pagarli a propria difesa. Il Re, ch'era onesto personalmente e parsimoniosa con lui la famiglia reale, forse più
che non convenisse al suo grado, avrebbe desiderato che l'amministrazione dello Stato fosse rigida, ma la corruttela regnava intorno a
lui ed egli lasciava correre, vendicandosi coi motteggi, e dei proprii
istinti morali facendosi un titolo di superiorità agli occhi dei sudditi
e dei governi stranieri. Egli veramente non si sentiva la forza di frena-

re la degenerata corruzione di alcuni pubblici unici; nè forse era possibile, con una polizia irresponsabile e agenti reclutati negli infimi fondi sociali; con le tendenze dei sudditi, educati alla massima che col danaro si riesce a tutto, e in un paese dove tutto è eccessivo, dove manca la coscienza del diritto, dove si avvicendano le più nobili aspirazioni del viver libero coi raffinamenti e le goffaggini della servitù e dove mancavano coraggiosi cittadini, perchè mancavano le condizioni adatte a formarli.

Fra le amministrazioni più corrotte e corruttibili, primeggiavano – oltre la Polizia e le Intendenze, i cui infimi impiegati requisivano nei comuni sempre a titolo gratuito ogni sorta di commestibili, fin il sale – le Dogane, gli uffici delle contribuzioni dirette, dei ponti e strade, delle acque e foreste. Ai funzionarii di queste amministrazioni, quando si presentavano nei comuni per ispezioni o verifiche, si era soliti regalare, collettivamente, un così detto *caffè*, cioè qualche diecina di ducati, per evitare angherie e soprusi o per ottenere che ad angherie e soprusi si mettesse fine, o per aver favori.

Ferdinando II poteva decretare che si gettasse un velo sulle nudità delle statue nei musei, e che le ballerine in teatro fossero coperte di maglie lunghe e dai colori meno atti ad eccitare i sensi, ma non impedire che gli eccessi del suo governo divenissero fonte inesauribile d'illeciti guadagni, rappresentanti un vero sistema tributario, non contemplato dalle leggi. Innumerevoli sarebbero gli aneddoti a tal riguardo. Passaporti, licenze e permessi in genere, attendibili e studenti: ecco la materia imponibile. Udite questa, ch'è caratteristica. Gli studenti di Calabria e di Basilicata prendevano la ferrovia a Nocera, nella cui stazione, andando a Napoli, i viaggiatori dovevano passare per una porta, innanzi alla quale era piantato un *feroce*, il quale sapendo appena sillabare, doveva far l'esame dei passaporti. Chi era avvezzo a simili controlli, insieme al passaporto metteva cinque grani o un carlino nelle mani del birro, il quale, senza aprire la carta, dichiarava tutto in regola. Ma chi non conosceva l'uso, andava soggetto a un comicissimo e implacabile sindacato. Il birro fingeva di leggere, ma squadrava con aria indagatrice lo studente, e poi, puntando l'indice della mano destra sul passaporto, gli diceva: "*Questo non è il vostro naso*"; e poi: "*questi non sono i vostri occhi*", e così continuava minacciando, finchè quello, comprendendo il latino, non lasciava scivolare il carlino o il tarì nelle mani del *feroce* che, ripiegato il passaporto, lo rimetteva al titolare con le parole: "*Camminate, tutto è in regola*". I brigadieri di gendarmeria erano nei Comuni veri tirannelli, e se il loro zelo non veniva temperato dalla onestà del giudice regio, ai soprusi non c'era freno, o si componevano a suon di pecunia, con la nota formula di *far accettare un caffè*, o con offerte di caciocavalli e altri *frutti di dispensa*.

Scialoja non aveva detto tutto, perchè di questi e di altri aneddoti sulle industrie arcane della, polizia, non vi è molto nel suo scritto; ma quel che disse parve così grave al governo napoletano, pauroso di ogni pubblicità, da costringerlo a far scendere in campo nove campioni a confutarlo. Monsignor Salzano, che gli rispose per la parte ecclesiastica, era, come si è veduto, consultore di Stato; Federigo del Re, consigliere alla Corte dei conti; Agostino Magliani era stato promosso, nel maggio di quell'anno, da capo di sezione nella tesoreria a ufficiale di ripartimento nel ministero delle finanze, e promosso nello stesso mese Niccola Rocco a sostituto procuratore generale della Gran Corte civile. Salzano, Del Re, Magliani e Rocco erano dunque alti funzionari dello Stato, e il Del Re fu ministro dell'interno e polizia nel primo ministero costituzionale di Francesco II, dal 25 giugno al 15 luglio, e il Magliani fu ministro delle finanze per una diecina d'anni, dopo l'avvento della Sinistra al governo d'Italia.

Gli altri cinque, che polemizzarono con Scialoja, avevano uffici più umili, anzi l'avvocato Francesco Durelli non ne aveva alcuno. Don Girolamo Scalamandrè era ufficiale di carico alle finanze ed aveva stu-

dio privato di giurisprudenza. Ciro Scotti e Alfonso Maria de
Niquesa, piccoli impiegati, e don Pasquale Caruso era l'inviso rettore del Collegio medico, la cui scolaresca gli si sollevò contro, come
vedremo, nel 1859. Scesero in campo, armati di rettorica, di cavilli e
d'insolenze, accusando lo Scialoja di denigratore della propria patria
e di malafede, e chiamandolo ignorante e ribelle. La più calma delle
risposte fu quella del Del Re; la più abile la scrisse il Magliani; la più
serena, ma la più comica nella forma, Niccola Rocco; le più ingiurio-
se furono le risposte dei due ecclesiastici; insignificanti, le altre.

L'argomento principe di tutte le confutazioni consisteva in ciò, che
essendo minime le imposte, la prosperità economica del Regno era
grandissima, deducendola dall'alto tasso della rendita pubblica, dalle
scarse manifatture di Sarno, di Sora e di San Leucio, dai minuscoli
tronchi di ferrovia, dalla sicurezza che godeva il Regno, dopo che
Ferdinando II aveva domata la rivoluzione e rimesso in onore il culto,
allargati i privilegi del clero, ed associata la religione ad ogni progresso civile. Don Niccola Rocco, che più si tenne lontano dalla politica,
scriveva nel suo speciale idioma: "*i commerzi* (sic), *li interni e l'esterni,
e le arti e le manifatture, le speculazioni industriali e mercantili d'ogni
guisa si posero tutte quante in movimento*", e conchiudeva che sarebbe
stata gloria incontrastabile di Ferdinando II d'aver "*con fermezza d'animo equale* (sic) *alla civil sapienza ricongiunte queste due cose, che in
tempi più oscuri si credeano dissociabili, cioè la prosperità delle finanze e
il benessere del civil convitto*". Caruso ripubblicò nella *Rondinella* tutte
queste risposte, ma l'opuscolo di Scialoja lasciò un gran segno.

La spedizione di Sapri turbò forse meno i sonni del Re. Gli effetti
dei due avvenimenti nello stesso anno furono ben diversi, e quelli
della spedizione assai men duraturi. Il *Cagliari*, partito la sera del 25
giugno 1857, da Genova, giunse nella rada di Ponza il 27; la sera del
29 avvenne lo sbarco a Sapri; il 30, la banda era a Padula, e il matti-

no del 2 luglio succedeva l'eccidio di Sanza, nel quale cadeva assassinato il Pisacane. Uno dei protagonisti della feroce repressione fu il maggiore di gendarmeria Liguori, che godeva particolare fiducia di Ferdinando II, fino a sprezzare apertamente l'autorità dell'intendente Ajossa. Nella repressione i principali agenti fecero man bassa sull'oro, sulle armi e sugli oggetti che caddero sotto le loro mani. Il governo, nonostante gli ordini e i richiami, non venne in possesso che di poche armi di nessun conto. In meno di una settimana la tragedia fu compiuta e compiuto il processo in sei mesi. Questo cominciò alla fine di gennaio 1858 a Salerno, e per il numero degli imputati, le sedute si tennero nel locale di San Domenico. Presidente della Corte fu Domenico Dalia, che si mostrò mite; procuratore generale, il Pacifico, zelante, anzi fanatico che, dopo l'interrogatorio dei principali arrestati, si recò a Gaeta, chiamatovi dal Re. Ogni mattina gli imputati erano tradotti dalle carceri alla Corte, in mezzo a grande apparato di forza. Qualunque seguo di pietà verso di loro sarebbe stato delitto. A Filippo Moscati che, giovanissimo, assisteva alle sedute, un ufficiale dei cacciatori proibì di ricomparirvi, perchè fu visto dare qualche moneta ai detenuti più poveri.

Al dibattimento assistettero i consoli d'Austria, di Francia, del Piemonte e dell'Inghilterra, anzi quest'ultimo fece dichiarare fuori causa, per difetto di mente, due inglesi implicati nel processo e che furono difesi dal giovane avvocato Diego Tajani, Gli altri difensori furono Francesco La Francesca, Raffaele Garelli, Edoardo Petrelli. La difesa più coraggiosa la fece il La Francesca, il quale dicendo ad un certo punto, *"il massacro di Sapri, che, per ischerno, dicesi conflitto"*, fu interrotto dal tenente colonnello del 6° cacciatori, Ghio, il quale ad alta voce esclamò: *"Mo le farria zumpà a capa pe l'aria a stu f...."* [1] –

---

[1] Ora gli farei saltare la testa in aria a questo f....

L'avvocato Petrelli trovò modo di fare nella sua difesa l'apologia del governo borbonico e delle autorità presenti. Il processo si chiuse con sette condanne a morte e nove all'ergastolo.

Pochi giorni prima dello sbarco di Sapri, il Comitato liberale aveva cercato di organizzare una piccola dimostrazione in piazza San Ferdinando, vicino alla Reggia. Alla riunione in casa di Gennaro de Filippo intervenne anche Giuseppe Fanelli, mazziniano ardente, ammessovi per insistenza di Giuseppe Lazzaro, cognato suo. Si trovò presente anche Teodoro Pateras, il quale era stato a Venezia nel 1848 e tornato a Napoli, aveva aperto un piccolo negozio di abiti manifatturati, tra il vico D'Afflitto e il vico Conte di Mola, a Toledo. Il Fanelli pregò, scongiurò di non tentar nulla prima di altri cinque o sei giorni, perchè era per compiersi un fatto rivoluzionario della maggior gravità, ed il Comitato gli prestò fede. Di vivaci e violenti polemiche, e di atroci accuse di tradimento e di codardia fu cagione questo infelice tentativo di Sapri, dopo che il Nicotera e i suoi amici tornarono in libertà nel 1860; e il Fanelli e il Pateras furono fatti segno alle maggiori accuse, come quelli che, essendo a parte dello sbarco, nulla fecero di quanto avevano promesso al Pisacane. Di quei casi scrisse con copia di documenti e onestà di storico, otto anni dopo, Giacomo Racioppi, e prima di allora non se ne sapeva nulla con precisione. I fogli del tempo si limitarono a riprodurre le monche notizie del *Giornale Ufficiale*, che non pubblicò neppure i nomi dei capi dell'impresa, solo constatando, con viva soddisfazione, che *30 morti eran restati sul terreno a Sanza, fra i quali il loro capo* e attribuendo il merito della repressione alle guardie urbane e ad una parte del 14° cacciatori, che avevano mandato in fumo l'*abominevole tentativo, diretto a disturbare la quiete di popolazioni pacifiche, devote ed amanti del nostro adorato Sovrano.* Ed affermò che "*dappertutto si benediva la mano saggia, ferma, energica e paterna del Re N. S.*"

Delle condanne di morte nessuna fu eseguita e la storia, severa con

Ferdinando II, deve registrarlo; ma il Re fu largo di pensioni, di croci, di premi a "quella scalza e miserabile genia di Sanza, alla quale fu detto che gli sbarcati di Sapri avevano le tasche pesanti di oro, e che, nemici del Re, questi avrebbe pagato ogni capo quant'oro pesasse. Prova e ricordo il teschio reciso di Costabile Carducci!" Sono parole sdegnose del Racioppi. L'intendente Ajossa ebbe un'alta decorazione, e furono anche decorati quasi tutti gl'impiegati dell'Intendenza, fra i quali Alfonso della Corte, che morì di recente, maestro di ballo nel convitto nazionale di Salerno. Oltre che a Sanza, le elargizioni reali si estesero ad altri comuni dei circondarii di Sala, Vallo e Campagna. Ai militari soltanto furono concesse, fra insegne cavalleresche, medaglie d'oro e d'argento, ben 160 onorificenze; e chi volesse saperne di più e conoscere addirittura i varii beneficii concessi dal Re – piccole largizioni in gran parte, quasi elemosine – e i nomi dei beneficati, legga la cronaca di monsignor Del Pozzo, o la interessante cronistoria della rivoluzione in Basilicata del compianto Michele Lacava.[2] Questi è severissimo col Pateras, al quale attribuisce principalmente la causa del disastro. Ma l'esattezza storica vuole si dica, che quelle pensioni, quelle croci, quei privilegi furono petulantemente chiesti, o di rettamente al Re o per mezzo dell'intendente, da tutti coloro che credevano di avervi *diritto*. Sapri e Sanza oscurarono la fama di Pizzo. Mezzo secolo di maggior imbestiamento morale non poteva non produrre i suoi frutti gloriosi.

Il Regno contava cinque ordini cavallereschi. Avrebbe dovuto tenere il primo posto l'Ordine di San Gennaro, istituito da Carlo III nel 1738, ma, fin dall'aprile del 1800, tornato Ferdinando I dal primo esilio, fondò l'Ordine di San Ferdinando del Merito, che divenne

---

[2] *Cronistoria documentata della rivoluzione in Basilicata del 1860 e delle cospirazioni che la precedettero*, pel dottor MICHELE LACAVA. Napoli, Morano editore, 1895.

l'onorificenza tenuta in maggior pregio e che più raramente si concedesse. Gli altri tre Ordini erano: il Costantiniano, antichissimo e quelli di San Giorgio della Riunione e di Francesco I, istituiti dopo la seconda restaurazione, quando si volle cancellare ogni traccia di quel decennio francese, il quale, se fosse durato, avrebbe fatta la fortuna del Regno. All'unico Ordine delle Due Sicilie, istituito da Murat, se ne vollero sostituire due: uno per il merito militare e fu quello di San Giorgio, l'altro per i meriti civili e fu quello di Francesco I.

Gli Ordini cavallereschi dipendevano dalla presidenza del Consiglio dei ministri, che inviava ai nuovi cavalieri i diplomi, le cedole e i rescritti, e aveva pure un deposito di decorazioni. Il cortese don Gaetano Piccioli, uffiziale di ripartimento, era addetto a questo servizio. Per mezzo della presidenza si concedevano gli *exequatur* per l'uso delle decorazioni straniere, si otteneva il conferimento, l'affitto e l'amministrazione delle commende Costantiniane e le pensioni nell'Ordine di San Giorgio. Però la nomina cavalleresca dipendeva solo dal Re; l'ufficio del presidente del Consiglio si limitava a proporre, e non in tutti i casi, i nomi de' meritevoli. E il Re non era punto largo nelle nomine, anzi vi fu sempre tanta parsimonia nel conferirle, quanta è la ridicola prodigalità di oggi. Non si poteva aspirare nella gerarchia burocratica ad una croce di cavaliere, se non s'era pervenuti almeno al posto di ufficiale di ripartimento o di intendente; raro il caso che si decorasse un sottintendente. Oggi non vi è capodivisione o prefetto, che non sia due volte commendatore e vi ha funzionarii, il cui petto sembra trasformato in una vetrina di chincagliere, nei balli di Corte e nei ricevimenti ufficiali.

Ferdinando II teneva in gran pregio i suoi Ordini, e nel conferirli badava anche a certe apparenze esteriori. Gli fu proposto di concedere la croce di San Gennaro al marchese Onorato di Santeramo, un nobile signore e un brav'uomo che aveva la passione dei cavalli, per i quali spendeva molto e passava buona parte del giorno nelle scuderie. Vestiva dimesso, anzi affermavano i̇ maligni, che la nettezza della persona non fosse la cura principale di lui. Proposta la nomina al Re, questi riconobbe che il marchese aveva i titoli per ottenerla, *"ma sapete*, aggiunse ridendo, *quale sarebbe la decorazione più adatta per lui? L'Ordine del Bagno, ma io non l'ho e non posso darglielo"*. Altro che bagno occorrerebbe oggi per tanti nuovi cavalieri, i cui maggiori titoli sono spesso l'intrigo o la trappoleria elettorale! Vuolsi però che il marchese non avesse la croce, anche perchè mancò alla consuetudine di partecipare la morte del padre suo, Carlo, al Re e chiedere, come capo della famiglia, la medesima decorazione.[3]

Per il merito civile e letterario c'era l'Ordine di Francesco I; quello di San Gennaro non serviva, di regola, che per riconoscere i gradi più alti della nobiltà; era quasi ereditario nelle grandi famiglie del Regno ed era anche conferito ai presidenti del Consiglio dei ministri, solo essendosi fatta eccezione per i ministeri costituzionali. Gli altri tre Ordini erano affatto militari, ma, alle volte, in ricompensa di lunghi o di speciali servigi prestati nelle amministrazioni dello Stato, un alto funzionario poteva essere insignito anche della croce Costantiniana, ma Agostino Magliani, promosso nel 1857 ufficiale di ripartimento, o, come si direbbe oggi, capodivisione, non ebbe la croce di Francesco I, neppure dopo la risposta fatta a Scialoja. Il Re decorava sempre di mala voglia i suoi impiegati.

Alla morte di un cavaliere di San Gennaro, il figlio primogenito restituiva le insegne e nello stesso tempo faceva chiedere al Re che l'onorificenza venisse a lui concessa. Il Re quasi sempre vi acconsentiva. Nel 1849 morì il vecchio barone Barracco, e il figlio primogeni-

---

[3] Ciò afferma suo figlio, il principe Marino Caracciolo, marchese di Santeramo, in una lettera del 5 febbraio 1894, pubblicata nel *Corriere di Napoli*, dicendo che per questo e non per altro, suo padre non ebbe l'alta onorificenza.

to Alfonso, uomo di spiriti liberali, come tutti di sua famiglia, restituì le insegne del padre e non le chiese per sè. Altrettanto aveva fatto, qualche anno prima, il marchese della Sambuca, quando morì il vecchio principe di Camporeale, suo padre.

L'origine dell'Ordine Costantiniano, il più antico di tutti, si faceva risalire all'imperatore Costantino. Ferdinando II, nel riordinarlo, commise un errore di araldica, poichè, invece di porre come distintivo dei cavalieri grancroce nella placca che portavano sul petto, una croce rossa in campo bianco, vi pose una croce rossa in campo d'oro. Si disse lo facesse per distinguerli dai cavalieri semplici, che portavano, come essi, la placca, ma d'argento. La verità è che i grancroce desideravano la placca in brillanti e furono assai dolenti della risoluzione del Re, sia perchè esteticamente sembrava più bella la placca d'argento, sia perchè credettero ferito il loro orgoglio, modificandosi quel segno, che loro ricordava la origine dalle crociate. I principali doveri dei decorati in ciascun Ordine erano la fedeltà e l'obbedienza al Re e la difesa della religione cattolica. Per appartenere agli Ordini di San Gennaro e di San Ferdinando si richiedevano quattro quarti di nobiltà, a meno che il favore del Re non supplisse al difetto del quarto o del mezzo quarto. Per gli altri occorrevano benemerenze civili o militari, secondo i casi. L'Ordine di San Gennaro era l'unico, che avesse solo il grado di cavaliere.

Erano cavalieri di San Gennaro i tre primi figli del Re e i suoi fratelli, e fra i grandi signori dell'aristocrazia, il principe di Bisignano, il duca d'Ascoli, il principe di Satriano, il principe di Campofranco, il duca di Bovino, il principe di Cassaro, il principe di Torcila, il principe d'Ischitella, il cardinal arcivescovo Riario Sforza, il principe di Castelcicala e pochi altri: insomma il fior fiore del patriziato. I signori napoletani tenevano molto alla fascia di San Gennaro. A quest'Ordine e a quello di San Ferdinando era congiunto ordinariamente l'ufficio di maggiordomo o gentiluomo di camera. Essere maggiordomi o gentiluomini di camera con esercizio, significava stare dappresso al Re e alla Regina, nella Reggia e dovunque. I gentiluomini servivano la persona del Re, i maggiordomi la persona della Regina. Ogni giorno un gentiluomo e un maggiordomo, in mezza tenuta e per turno, erano nell'anticamera del Re per i ricevimenti o gli accompagnamenti; al teatro il gentiluomo portava l'occhialino del Re, il maggiordomo l'occhialino e il fazzoletto della Regina: l'uno e l'altro stavano nel palco reale, in piedi, dietro i Sovrani. Benchè negli ultimi dieci anni la Reggia di Napoli rimanesse quasi deserta e la famiglia reale vivesse quasi di continuo a Caserta, i gentiluomini e i maggiordomi crebbero anche di numero.

Fuori del Regno erano insigniti dell'Ordine di San Gennaro l'Imperatore d'Austria e l'Imperatore del Brasile, i Re di Spagna, di Danimarca, di Prussia, del Belgio, di Baviera e il granduca di Toscana. Vittorio Emanuele non l'aveva, ma l'avevano in Piemonte il marchese Seyssel d'Aix, il conte Filiberto di Collobiano, il conte Solaro della Margherita e il conte Ermolao Asinari di San Marzano.

L'Ordine di San Ferdinando e del Merito aveva il minor numero d'insigniti, sebbene si distinguesse in cavalieri grancroce, commendatori e cavalieri. Grancroci nel Regno erano pochissimi; ricordo i principi di Campofranco e di Cassaro, il marchese di Pietracatella e Carlo Filangieri, al quale il Re mandò le sue stesse insegne nell'ottobre 1848, appena ricevuto il dispaccio che gli annunziava la presa di Messina, con le famose parole: *Messina ai piedi del suo Re.* Erano commendatori il marchese Del Carretto, il principe d'Ischitella, il maresciallo Lecca e pochi altri, e figuravano tra i cavalieri, fin dal 1850, Ferdinando Bosco, allora capitano; quel generale Ghio che si sbandò nel 1860 in Calabria e che era maggiore; i marescialli di campo Vial e De Sauget; i colonnelli Pianell e Afan de Rivera, i quali ultimi anzi ebbero la croce di cavalieri nel 1848. Della grancroce di San Ferdinando erano insigniti Imperatori, Re e principi di case regnanti e uomini politici celebri: ricordo Vittorio Emanuele e l'imperatore Napoleone, tra i primi; il cardinale Antonelli, Thiers, Guizot e Metternich, tra i secondi; Napoleone III l'aveva in gran pregio e quando indossava la divisa militare, era ben difficile che fra le sue tante decorazioni estere non figurasse la fascia di San Ferdinando.

Nell'Ordine Costantiniano si distinguevano i grancroci, i cavalieri di *giustizia*, che dovevano essere nobili per quattro quarti; i cavalieri *donatori*, che al momento dell'ammissione donavano all'Ordine parte dei loro beni; i cavalieri di *grazia*, per i quali la nobiltà era supplita dal merito; i cappellani onorarii e gli scudieri. C'era un gran priore e un vice gran priore, che presedevano alle chiese dell'Ordine e alla direzione spirituale dei cavalieri. Era gran priore monsignor Naselli; presidente della deputazione, il marchese di Pescara; notaio dell'Ordine, lo scudiere Ruo. Vi era un inquisitore Costantiniano per ognuna dello provincie del Regno. Nel principato Ulteriore erano inquisitori don Crescenzo Capozzi, padre di Michele, deputato di Atripalda, e don Guglielmo de Cesare, abate di Montevergine; a Bari, don Giustino Assenzio; a Lecce, don Pasquale Romano; a Foggia, don Ferdinando Nocelli, e in Abruzzo, il barone Panfilo de Riseis, padre degli attuali deputati al Parlamento, Luigi e Giuseppe. Erano grancroci i più alti patrizi del Regno, e due diplomatici, il principe di Petrulla e il conte Luigi Grifeo; e destò acerbe critiche la nomina del marchese Del Carretto, la cui antica nobiltà non pareva dimostrabile. Ma l'esattezza storica vuole si dica, che questi Del Carretto provengono dalla nobile casa, che fin dal secolo X era feudataria di terre nel Genovesato e in Piemonte, e il ramo di Napoli venne di Spagna ai tempi di Carlo III. Però il maresciallo quasi sdegnava di ricordare l'origine della sua stirpe, avendo l'ambizione di credersene lui il fondatore, onde non è meraviglia se, quando ebbe la croce costantiniana, i rigoristi, come ho detto, brontolassero non credendo abbastanza dimostrata l'antica nobiltà di quella famiglia. Il barone Ciccarelli era cavaliere di giustizia, e cavalieri di grazia, Giuseppe Sonigli, monsignor Celestino Cocle e quel Giulio Gondon, che aveva risposto a Gladstone.

Nell'Ordine di San Giorgio della Riunione si distinguevano grancroci, grandi uffiziali, commendatori, uffiziali e cavalieri di diritto e di grazia. Gran conestabile n'era il duca di Calabria; gran maresciallo, il general Selvaggi; segretario, il brigadiere Francesco Ferrari; aiutante del segretario, Giacomo Plunkett, uffiziale del ministero della guerra. Le liste dei cavalieri di diritto e di grazia erano più lunghe che negli altri Ordini, ma non raggiungevano la lunghezza di quelle dell'Ordine di Francesco I, che era il più numeroso e aveva tre gradi: grancroci, commendatori e cavalieri. Ne era presidente il retammiraglio Sozi Carafa; segretario ed archivista, don Raffaele Mozzillo. Quest'Ordine teneva l'ultimo posto, ma tuttavia non ne erano facili le concessioni, e se qualcuna non garbava, piovevano gli epigrammi. Ancora si ricorda il pettegolezzo, cui diè luogo l'onorificenza di cavaliere concessa a un Persico, la cui famiglia aveva il maggior negozio di biancheria che fosse allora a Napoli. Non bottega, ma negozio, a un primo piano di via Toledo; negozio, al quale il neo cavaliere era estraneo, perchè conduceva vita affatto mondana. Ai suoi pranzi, rinomati per lo sfarzo e la squisitezza dei cibi, erano invitati personaggi di alto rango. Desiderava di essere cavaliere e tanto si adoperarono i suoi amici, che gli ottennero la croce di Francesco I. Il pettegolezzo dunque fu grande, e don Michele d'Urso sfucinò uno dei suoi più fortunati epigrammi:

> La croce han data a Persico,
> Perchè ciascun discopra
> Che il Re, nel dare i titoli,
> La mezza canna adopra.

A nessuno verrebbe oggi in mente di ridere e far ridere sugli abusi degli Ordini cavallereschi, divenuti piccola moneta elettorale; tanto questo abuso è degenerato in ridicola profanazione. Vittorio Emanuele diceva che una croce di cavaliere e un sigaro non si negano mai a nessuno, ma era ben lontano dall'immaginare che in pochi anni, lui morto, si sarebbe persa ogni misura. Ferdinando II era più logico e meno scettico, però con lui era più facile che una croce fosse data a qualunque ignoto, che non a uomini di vero merito; anzi qui si rivelava la sua indomata avversione per i *pennaruli*. Negli elenchi dei cavalieri di Francesco I abbondano i funzionari civili, nè scarseggiano vescovi e parroci; ma è ben raro il caso di incontrarvi uomini di scienza e di lettere, o artisti famosi. Durante il breve periodo costituzionale del 1848, ebbero la croce di Francesco I, Mercadante e Tito Angelini; l'ebbe nel 1853 il celebre incisore messinese Aloysio Iuvara, e se Michele Tenore, Vincenzo Flauti e pochi altri valorosi erano appena cavalieri, la loro nomina rimontava al 1829, cioè all'ultimo anno di regno di Francesco I, o a prima del 1848. Nelle ultime liste abbondano invece i nomi di ricchi proprietari di provincia, la cui devozione alla persona di Ferdinando II era a tutta prova.[4] Invano si cercherebbero nelle liste dei cinque Ordini nomi di uomini veramente illustri nelle scienze o nelle lettere. Carlo Troja non fu insignito mai di alcun Ordine, ma suo fratello Ferdinando ne aveva due. Nel 1850 il Re diè la croce di Francesco I al pittore Smargiassi e al poeta Bisazza, e nel 1858 a Pietro Ramaglia e a Ferdinando Rocco.

Se i cavalieri nelle gale e nelle feste di Corte avessero continuato ad indossare anche in questo secolo le ricchissime divise de' varii Ordini, la Corte napoletana sarebbe stata la più splendida del mondo. I cava-

---

[4] Ricordo il marchese Giannangelo Spaventa o il barone De Felice di Abruzzo; Aquilecchia e Rapolla di Basilicata; Camporota, Pancaro, Passalacqua e Loschiavo di Calabria; Balsamo, Perrone, De Martino e Lepore di Puglia, e don Costanzo Norante del Molise, morto senatore del Regno d'Italia e marchese.

lieri di San Gennaro, vestiti di drappo d'argento con bottoni d'oro, con cappello nero a piume rosse, calze bianche con fiori d'oro e scarpe nere, un manto color porpora con gigli d'oro e una collana d'oro al collo; i cavalieri di San Ferdinando, vestiti di drappo d'oro, con calze bianche e fiori d'oro, cappello orlato d'oro e manto azzurro a ricami d'oro; i cavalieri Costantiniani, in seta bianca e celeste, con calze bianche e scarpe anche bianche con lacci celesti, e cappello di velluto rosso, sul quale spiccava una croce col motto: *in hoc signo vinces* e sopra l'abito un manto di raso celeste, avrebbero formato tale un insieme di pompa e di splendore attorno alla famiglia reale, da far credere ad una resurrezione di principi, abitanti in palazzi incantati. Ma, da molti anni, la divisa era stata smessa, ed usavano solo una placca o una fascia, secondo i gradi. Ferdinando II, nelle grandi occasioni, portava il Toson d'oro, la fascia di San Ferdinando e al lato sinistro del petto le placche dei suoi cinque Ordini. Ordinariamente, sull'uniforme portava il *crachat* di San Ferdinando, che egli visibilmente preferiva a tutte le altre onorificenze sue. Il Re stesso, a rendere ancora più rigorosa la concessione degli Ordini cavallereschi di San Gennaro e San Ferdinando, aveva istituita e poi riordinata, la real commissione dei titoli di nobiltà, nominandone presidente il marchese Imperiale di Francavilla; vice-presidente il principe di Imperano, che aveva per moglie la figlia del maresciallo Iourdan, donna d'ingegno e colta, e consiglieri ordinarii, fra gli altri, i principi di Sant'Antimo, di Belmonte, di Ottajano e di Scaletta, il duca di Cajanello e il conte di Montesantangelo; e fra i consiglieri supplenti, il duca della Regina e il duca di Cassano. A questa commissione erano deferiti tutti i casi, nei quali si trattasse di passaggio o di trasmissione dei titoli nobiliari; essa aveva il diritto di ricercare la legittima investitura dei titoli, di cui alcuno facesse uso, e nessuno poteva usare titolo di sorta, se prima la commissione non ne avesse dichiarata la legittimità e il Re non avesse dato il sovrano beneplacito. Più concludente dell'odierna Consulta

Araldica, questa commissione riusciva ad impedire la ciarlatanesca pompa di titoli nobiliari fittizi, che oggi fa un degno *pendant* col triste abuso, dei nuovi titoli cavallereschi.

CAPITOLO X

SOMMARIO: Ferdinando II e il suo governo – Il 1848 – Aneddoti – Ferdinando II principe napoletano – Ferdinando II nella famiglia – Sue abitudini – Particolari interessanti – La geografia della Corte – I sospetti del Re – I suoi fervori religiosi – Una lettera del cardinale Riario Sforza – Il caso del conte di Siracusa – Ferdinando II e l'architetto Gavaudan – La Madonna di Campiglione e la Madonna del parto – I pregiudizi del Re per la iettatura – Aneddoti – Le paure di lui per le malattie contagiose – I prigionieri politici – Il padre Cutinelli a Caserta – Gli scherzi del Re – Don Raffaelo Caracciolo e una risposta caratteristica – Stravaganze del Re in occasione del suo primo matrimonio – Una scommessa perduta e un pranzo a Posillipo – Altri ricordi di quel matrimonio.

Nel 1857 Ferdinando II contava 47 anni, ma pareva ne avesse 60. Le emozioni del 1848 e del 1849 e l'attentato di Agesilao Milano avevano lasciati in lui segni molto profondi. A Napoli stava di rado; la sua dimora favorita era Caserta, ma una parte dell'anno la passava a Gaeta. La vita di famiglia che egli sempre predilesse, diventava, fuori di Napoli, casalinga addirittura. Di quella vita si legge una descrizione esatta nelle memorie dell'arciduca Massimiliano, che lo visitò a Gaeta nell'estate del 1855. Era imposta dalla Regina Maria Teresa, la quale aveva poca simpatia per le pompe e le esigenze della Corte. Ferdinando II qualche volta si sdegnava di certe abitudini troppo modeste, e un giorno fu udito dire: "*Terè, a poco a poco finimmo cu servirci a tavola noi stessi*";[1] anzi l'espressione sarebbe stata triviale

---

[1] Teresa, a poco a poco finiremo per servirci a tavola noi stessi.

addirittura. La casa, dove abitava il Re a Gaeta nulla aveva di regale, nè all'interno, nè di fuori. Nelle ore pomeridiane il Re usciva con la Regina in un *phaeton*, che guidava egli stesso, preceduto o seguito da plotoni delle guide dello stato maggiore. Lungo la via, sino alle vicinanze di Formia, erano, ad ogni trenta o quaranta passi, piantoni di guide a cavallo, e quando il Re passava, s'ingiungeva ai viandanti di fermarsi, ma non per pompa, da cui repugnava. Non più gale, difatti, non più feste, non più grandi cerimonie, come prima del 1848. Verosimilmente, il pensiero che tanti soffrivano per lui doveva riuscirgli molesto e togliergli quella pace dello spirito, che ebbe intera nei primi anni del suo regno. Non cessò mai di occuparsi delle cose dello Stato, anche delle minime. Egli era informato di tutto. Non i soli ministri lo informavano, perchè i diplomatici, i vescovi e gl'intendenti delle provincie corrispondevano direttamente con la sua segreteria particolare; una specie di cancelleria aulica o, addirittura, il primo dei ministri. Le cose più gravi riguardanti la politica, erano riferite direttamente al Re, che dava istruzioni e ordini, spesso senza saputa dei suoi ministri, con lettere autografe, familiari e precise e nella loro brevità, non prive d'idiotismi napoletani, scritte col *voi*, ma più ordinariamente col *tu*, sopra foglietti di carta comune, e che si chiudevano, quasi invariabilmente così: *conservatevi bene in salute, e credetemi: vostro affezionato Ferdinando;* ovvero: *ti raccomando la salute, caro generale* (o duca, o principe, sempre col titolo, insomma), *e credi all'amicizia del tuo affezionato Ferdinando.* Il governo si accentrava nella sua persona, e non è maraviglia se tutte le responsabilità si facessero risalire a lui e di ogni birberia si volesse vedere in lui la cagione o l'origine. Dopo il regno di Luigi XIV, io non credo che il motto: "*lo Stato son io*" trovasse applicazione più perfetta di quella, che trovò in Ferdinando II negli ultimi anni del suo regno. Era quindi naturale che tutti gli odii si accumulassero sul suo capo, e che fosse divenuta generale la persuasione che, tolto lui di mezzo, il Regno avrebbe acquistato il benessere e la felicità. Egli sapeva di essere odiato da molta gente, e sapeva, del pari, che si cospirava contro di lui, fuori del Regno e che magne fucine di cospirazioni erano Torino, Parigi e Londra, ma principalmente Torino, che detestava quasi senza farne mistero. Però aveva una gran fede in sè stesso: la fede che, lui vivo, nessuna novità pericolosa si sarebbe tentata. Soleva ripetere alcuni motti caratteristici, come questo: "*Ai confini del mio Regno finisce l'Europa e comincia l'Africa*"; e l'altro: "*Noi ci troviamo fra la scomunica e l'acqua salata*", perchè il Regno confinava, da una parte, con gli Stati della Chiesa e per il resto, era circondato dal mare. Tre circostanze lo rendevano tranquillo: avere lo Stato pontificio per antemurale; sudditi incapaci di conservare durevolmente gli ordini liberi e truppe bastevoli per vincere qualunque moto interno, se pure qualcuno se ne osasse tentare, dopo le ultime repressioni, per le quali le carceri rigurgitavano di prigionieri, il Piemonte di esuli e il numero degli *attendibili* era divenuto stragrande, per non dire scandaloso addirittura.

Salito al trono a vent'anni, aveva dovuto interrompere gli scarsi studii. Egli veramente non sapeva nulla, bene, ma a tutto era convinto che bastasse il senso comune e di questo era largamente dotato, insieme alla naturale perspicacia napoletana e ad una memoria, che tutti concordi, amici e nemici, riconoscevano prodigiosa. Tenuto conto del mondo intellettualmente mediocre, che lo circondava, il Re era, fuori di dubbio, l'intelligenza superiore e certo la più acuta, perchè di rado s'ingannava nella conoscenza degli uomini. Dotato di spirito beffardo o motteggiatore, come ogni napoletano, preferiva il sarcasmo alla lode, e se questa concedeva, non la scompagnava da una leggiera tinta d'ironia, quasi per far intendere che non doveva essere accettata per moneta sonante. Leggeva poco o nulla, o ostentava una invincibile avversione per gli scrittori in genere, che chiamava, per disprezzo, *pennaruli*. Detestava i dottrinarii; non ammetteva che due dottrine: quella dei magistrati e quella degli ecclesiastici, le sole che reputasse utili alla stabilità sociale e politica. Il breve contatto, che ebbe con i ministri costituzionali nel 1848, bastò a fargli perdere ogni simpatia per gli ordini rappresentativi. Il linguaggio dottrinale di quei ministri gli riusciva insopportabile, e più insopportabili le continue professioni di liberalismo e di amore del bene pubblico. Non riusciva a persuadersi che quelli capissero più di lui e conoscessero, più di lui, il paese, e lo amassero di più. Le maggiori avversioni le ebbe per Saliceti e per Scialoja, che reputava *pennaruli* pericolosi, anche perchè Scialoja, suo ministro, uno o due giorni prima del 15 maggio, gli aveva detto: *V. M. ricordi i casi di Luigi Filippo*. A Carlo Poerio, nel breve tempo che fu ministro, usò cortesie e quasi affettuosi riguardi. Lo chiamava *Carlino*, gli offriva sigari eccellenti e lo presentò alla Regina con parole molto amabili, poichè egli sapeva, all'occorrenza, essere amabile e anche adulatore; ma ne diffidava grandemente ritenendolo settario impenitente. E non fu giusto, nè umano con lui, dopo i casi del 1848, sopratutto irritato che fosse liberale un Poerio, signore e barone. Lui non ammetteva che dovessero trovarsi liberali, o *fratielli*, (li chiamava così) che fra spiantati, che amavano pescare nel torbido, o tra avvocati senza cause o tra medici senza clienti o tra architetti, che non avevano case da costruire. Erano queste le frasi, che più comunemente adoperava nel suo favorito dialetto, parlando dei liberali. Non perdonò mai a Carlo Troja la risposta datagli, quando, osservando il Re essere strano che egli, inviando la flotta a Venezia, dovesse aiutare una repubblica, il primo ministro rispose: *"Sire, è una repubblica più antica di tutte le dinastie presenti"*.

Quei pochi mesi di regime costituzionale furono i più tormentosi del suo Regno, dovendo egli, per necessità politica, comprimere il suo carattere. Le istituzioni liberali, degenerate subito in anarchia turbolenta e un temperamento come quello di Ferdinando II, non erano conciliabili, anzi non erano compatibili. Il temperamento di Ferdinando II mal poteva accomodarsi a un sistema, che, limitando il suo potere, tentava ogni giorno diminuirlo. Il suo orgoglio di Re e di uomo si sentiva ferito, al solo pensiero di avere ministri non di sua fiducia, e di veder discussi i suoi atti, malignate le sue intenzioni, diffamata la sua famiglia, promossa l'insurrezione nella capitale e nelle provincie. Egli non era apatico, nè fatalista, nè remissivo alla volontà di chi gli faceva paura, nè si sentiva indifferente al bene e al male, insensibile alle passioni, superiore alle antipatie; che anzi, passioni e antipatie sentiva fortemente e non sapeva nasconderlo. Aveva volontà vigorosa e carattere estremamente vivace, e il puntiglio, come in ogni natura meridionale, poteva moltissimo in lui. Era, inoltre, impaziente, insofferente e inclinato a vedere delle cose l'aspetto men bello, e degli uomini le debolezze, più che le virtù. Nei primi tempi del 1848 credè di cavarsela con le parole e le barzellette, e alle frequenti deputazioni che andavano da lui, rispondeva spiritosamente e con relativa cortesia. Al vecchio Barbarisi, che fu uno dei promotori più caldi della Costituzione, disse un giorno: "*Don Savè, questa è casa tua, e aperta per te a tutte l'ore; mi dispiacerà positivamente se non vieni tutti i giorni*"; e altra volta: "*Don Savè, ho giurato la Costituzione e la manterrò; se io non voleva darla, non l'avrei data*". Un giorno del 1848, s'intende, Pisanelli, Mancini e non ricordo chi fosse il terzo, andarono dal Re, quali rappresentanti di uno dei molti circoli politici di Napoli. Il Re li accolse con queste parole: "*Nè, pagliè, che bulite?*" [2] Impacciati dalla brusca domanda, i tre avvocati esitarono sulle prime, ma, più animoso il Pisanelli si fece innanzi e con accento solenne disse: "*Sire noi vogliamo il progresso*". "*Lo voglio anch'io*, soggiunse il Re; *ma, spieghiamoci, che intendete voi per progresso?*" E il Pisanelli:

---

[2] Neh, avvocati, che volete?

"*Sire, il progresso è un gladio, che incalza popoli e Re...*" Ferdinando lo interruppe, e volgendosi al duca d'Ascoli, che gli stava vicino: "*Nè, Ascoli, stu progresso fete* (puzza) *nu poco de curtiello*". I tre avvocati non seppero aggiungere altro, nè altro disse il Re e si separarono con diffidenze scambievoli. Per Ferdinando II l'antipatia e il disprezzo verso gli avvocati erano invincibili. Si aggiunga che quei tre erano anche liberali.

Il 1848 gli lasciò paurose reminiscenze e ne peggiorò l'indole. Entrò in una via senza uscita, e la percorse non deviando un istante, con fermezza sì, ma senza ombra d'illuminata preveggenza. Quel sistema di reazione era troppo violento e cieco, per essere duraturo. Se Ferdinando mostrava coraggio e dignità nel rispondere alla Francia e all'Inghilterra, che gli consigliavano riforme, amnistia e politica "concorde allo spirito del secolo", che lui, *solamente lui*, era giudice dell'opportunità di tali concessioni, e se si mostrava indifferente, quando i due ministri partirono da Napoli, non è a dire che non intendesse la gravità del caso. La sera del 21 ottobre 1856 egli era a Caserta, e Gaetanino Zezon, ufficiale della sua segreteria particolare, gli decifrava il dispaccio di Bianchini, annunziante la partenza dei ministri di Francia e d'Inghilterra, e le dimostrazioni, alle quali erano stati fatti segno, percorrendo Toledo e Foria. Chiese allo Zezon che cosa gliene paresse e avendo quello risposto che la partenza dei due diplomatici era resa grave dalla *simultaneità che rivelava un partito preso*, il Re lo interruppe bruscamente, e per alcuni giorni non gli rivolse la parola. Temeva Zezon di essere licenziato come Corsi, ma non fu così. Dopo qualche tempo il Re, tornando buono con lui, gli disse: "*Tieni a mente che le osservazioni, le quali dispiacciono, non si fanno*". Egli aveva bisogno d'illudere se stesso; lo seccava la pubblicità e lo irritavano le accuse della stampa liberale del Piemonte, di Francia e d'Inghilterra. Non riconosceva in nessuno il diritto di ficcare il naso nelle faccende del suo Regno, che considerava come cosa propria. Certo avrebbe desiderato che quello stato di tensione, che originava le accuse, cessasse, ma il mezzo? Non lo vedeva, nè, dato il suo temperamento e l'indole dei suoi sudditi, mezzo concludente vi era. Aprir le prigioni e riconcedere la Costituzione, era tornare al 1848 e ad un 1848 peggiorato; aprir le prigioni e mandar tutti i prigionieri per il mondo, era accrescere i pericoli per un altro verso; impossibile abdicare, non facendo egli alcun conto del figliuolo, giovanissimo, e non essendo le abdicazioni tradizionali nella sua casa.

L'uomo era così fatto. Tranne qualche ministro e qualche direttore, non aveva intorno a sè gente che valesse moralmente più di lui. L'unico, Carlo Filangieri, era tenuto lontano. Come tutti gli uomini incolti, che assai presumono ai sè, mal tollerava la compagnia delle persone colte, e tutto ciò, che l'obbligava a non parlare il suo favorito dialetto, lo infastidiva potentemente. Non parlava bene che il dialetto napoletano e il siciliano e la lingua francese, e il suo pensiero non trovava più fedele manifestazione che nel linguaggio dialettale, e il suo italiano era la traduzione di quello, e però non spontaneo, nè arguto, nè vivace e assai meno immaginoso. Era un principe tutto napoletano, ma a giudicarlo con i criterii di oggi, quasi Re di altri tempi.

A lui bastava che il mondo dicesse che le istituzioni amministrative di Napoli e le sue leggi fossero quanto era di più progredito in Europa; gl'importava poco che, in pratica, leggi e istituzioni fossero a discrezione della polizia. Le sue teorie d'immobilità assumevano una strana forma di sentimentalismo verso i poveri; il suo ideale era quello di governare con un'aristocrazia relegata fra le cariche della Corte; una borghesia impaurita e una plebe soddisfatta di aver tanto per non morirsi di fame, e che lo inneggiasse, perchè Re assoluto e potente, ma familiare e popolano. Ferdinando II sentiva la superbia dell'indipendenza. Non era austriaco, come dicevano i liberali, perchè, com'è

noto, non fece mai causa comune con l'Austria; anzi, morendo, raccomandò al figlio di essere neutrale nella lotta impegnata fra
l'Austria, il Piemonte e la Francia. Non era italiano, perchè non aveva
il sentimento nazionale, nè ambizione di conquiste o di avventure.
Egli non immaginava altro Stato che il suo, e così fatto: il Re responsabile dinanzi a Dio, i funzionari pubblici dinanzi al Re e nessuno
responsabile dinanzi al paese, il quale non aveva altro rifugio che nella
cospirazione e nella rivoluzione.

Ebbe, in quegli anni, un'idea magnifica, che se avesse avuto il
coraggio di tradurre in atto, avrebbe forse salvata la dinastia: svilup-
pare le risorse economiche del Regno, poverissimo; dotarlo di ferrovie e di telegrafi elettrici, aprire succursali del Banco di Napoli nelle
provincie, migliorare le condizioni dei porti e metter mano a varii
lavori di bonifica. È da ricordare che la prima linea ferroviaria,
costruita in Italia, fu la Napoli-Portici. La Milano-Monza venne
seconda; ma, mentre, in quindici anni, il Lombardo-Veneto e il
Piemonte avevano costruito qualche migliaio di chilometri ferroviarii, noi non ci si spinse, faticosamente, che fino a Nocera, a
Castellamare e a Capua. Nel 1855 diè a Tommaso D'Agiout la concessione della Napoli-Brindisi, per Foggia e Bari; nel 1856, allo stesso D'Agiout l'altra linea Napoli-Taranto, per Salerno, Eboli,
Calabritto, Rionero, Spinazzola e Gravina; e nello stesso anno, al
barone Panfilo de Riseis la terza grande linea, da Napoli al confine
romano, per gli Abruzzi. D'Agiout costituì la società, ne nominò
gerente il Melisurgo, ne inaugurò i lavori a Napoli, e il De Riseis,
che poi morì senatore del Regno d'Italia, fece il versamento della
prima rata della cauzione, acquistando cartelle di rendita per 50000
ducati. Si nominò, una commissione centrale di sorveglianza per
questi lavori ferroviarii, la quale, nel 1856, scrisse al Melisurgo una
lettera d'encomio! Però delle tre grandi linee concesse non venne
costruito un chilometro solo, perchè il Re si era pentito, e le provin-

cie seguitarono ad essere separate dalla capitale da distanze, che oggi non sembrano credibili.

Bisognava distinguere in Ferdinando II l'uomo dal Re. L'uomo non era censurabile. Ottimo marito e affettuoso padre di molta prole, temperante in tutto, non si seppe mai che egli tradisse il talamo. La calunnia, che largamente si esercitò contro di lui, lo rispettò per questa parte. Amava sua moglie, che chiamava familiarmente *Teta* e *Tetella*, e che lo rese padre di undici figliuoli. Da Maria Cristina, che gli visse solo quattro anni, nacque l'erede della Corona, il 16 gennaio 1836. La regina morì 15 giorni dopo il parto e il Re non ne parve molto afflitto, nè più tardi d'un anno riprese moglie. Di Maria Cristina non era innamorato. Soleva dire: *La Regina non è del nostro gusto, ma è una bella donna.* La famiglia reale presentava, nel suo interno, l'immagine di una famiglia dell'alta borghesia napoletana. La tavola non aveva, ordinariamente, nulla di sontuoso. I maccheroni erano il piatto preferito, tranne dalla Regina. A Ferdinando II, napoletano in tutto, piacevano quei cibi grossolani, dei quali i napoletani son ghiotti: il *baccalà,* il *soffritto,* la *caponata,* la *mozzarella,* le *pizze* e i *vermicelli al pomodoro.* Gli piaceva pure la cipolla cruda, che mangiava ogni giorno schiacciandola con la mano, poichè il coltello dava e prendeva cattivo sapore.

Come ogni buon napoletano, amava teneramente i figli ed aveva imposto a ciascuno di essi un soprannome. Il maggiore chiamava *Lasagna,* e per vezzeggiativo, *Lasa,* perchè Francesco, appena da bimbo mangiò per la prima volta le lasagne, ne divenne ghiotto e spesso le chiedeva; da allora il padre gli aveva messo quel nome, che anche nel testamento fu ripetuto. E v'ha di più. Molti credevano che il *Lasagna* alludesse alla timidezza del principe ereditario, nonchè alla figura sua, magra e leggermente curva. Chiamava il figliuolo Gaetano *l'avvocato,* anzi diceva: *mio figlio 'o paglietta,* perchè il ragazzo chiac-

chierava molto. Nè risparmiava le figliuole. Chiamava la maggiore,
Maria Annunziata, *Ciolla*; la seconda, Maria Immacolata, *Petitta*, e la
terza, Maria delle Grazie, *Nicchia*. Tutti i maschi avevano per secondo nome *Maria*, e le donne l'avevano come primo. Dei maschi, ma
soprattutto del primogenito, trascurò completamente l'educazione,
ma curò invece che imparasse la lingua latina, il diritto civile e canonico, le leggi amministrative e la lingua francese, e le sue letture fossero, a preferenza, vite dei santi e i suoi maestri, militari ed ecclesiastici, i quali favorivano in lui la naturale tendenza ascetica e il culto
delle immagini sacre. I pregiudizii, che tenevano avvinto lo spirito del
padre, e di cui si leggeranno copiose prove nella narrazione della
malattia e della morte, continuarono nel figliuolo. Non viaggi, non
conoscenza del mondo, non esercizii del corpo, non amore delle
armi, nessuna educazione virile. Aveva insegnata a Francesco qualche
massima di governo, come questa: *constitution-révolution*. Ferdinando
si distaccava dai figli il meno possibile; spesso, stando a Caserta, li
caricava tutti in un grande *phaeton* che guidava egli stesso, e li menava a spasso. Un giorno ricevè a Caserta il sindaco di Napoli, don
Antonio Carafa, che gli portò un pane fresco, il così detto "pane della
Giunta" che, in occasione del colera, il Decurionato faceva distribuire ai poveri. Il Re ricevè il Carafa, avendo in braccio uno dei figliuo-
letti, che, visto quel pane, allungò le mani per prenderlo e, non riu-
scendogli, scoppiò a piangere. Il Re, seccato, disse al sindaco: *"Don
Antò, daccenne na fella, sennò non ce fa parlà!"* [3]

Si usava in Corte una geografia convenzionale. Gl'inglesi erano
chiamati *baccalaiuoli*; i francesi, *parrucchieri*; i russi, *mangiasivi*
(mangiasego); dei soli austriaci si discorreva con rispetto, perchè
austriaca la Regina. Parlavano tutti, Re, figliuoli e cortigiani, il più
puro e accentuato dialetto; il Re imitava i siciliani nel gergo e nelle

---

[3] Don Antonio, dagliene una fetta, altrimenti non ci lascia parlare.

movenze e la Regina non aveva imparato l'italiano, ma parlava il dialetto, storpiandolo curiosamente con la pronunzia tedesca, e con la mancanza assoluta dell'erre.

In Corte abbondavano i siciliani. Addetto alle udienze era il principe di Aci, Andrea Reggio, il quale, dicevano i maligni, non sapeva spiegarsi perchè gli avessero dato un nome femminile, tale sembrandogli per la sua desinenza e aggiungevano che firmasse *Andreo*. Il Re dava le così dette udienze pubbliche a Caserta, nel salone del pianterreno, e tutti ascoltava con pazienza, prendeva appunti e suppliche, moveva qualche interrogazione, ma guardava ben bene, fissandoli con le sue lenti, i supplicanti e poi, mettendo le suppliche tra le dita della mano destra, o piegandone un angolo, li licenziava. Era miope di primo grado. Non risparmiava ramanzine, anche violente, se le suppliche si riferivano ai fatti del 1848. Nei primi anni dopo il 1849, quando si ritirò a Caserta, aveva la pazienza di ascoltare sino a 50 o 60 persone nei giorni di udienza; ma a Gaeta le udienze divennero rarissime. Innanzi tutto bisognava ottenere dal Prefetto di polizia, dall'intendente, il passaporto per Gaeta come per Caserta; fare un viaggio non breve: e quando si era giunti a Gaeta bisognava attendere avanti alla prima porta della fortezza, che il passaporto fosse vidimato dall'ispettore di polizia di servizio, o dal comando della piazza. Quando era ad Ischia, dava udienza nell'androne della Casina reale, non essendovi, nell'unico piano superiore, sale per accogliervi i supplicanti. Il Re indossava costantemente la divisa militare, ma, pur essendo attaccatissimo agli ordinamenti della milizia, fino al punto da notare, a prima vista, se la divisa di un generale o di un soldato fosse d'ordinanza, dava sulla sua persona l'immagine del disordine. Vestiva la giubba di ufficiale di linea, mettendovi sopra capricciosamente le spalline e portava in testa il berretto di colonnello di stato maggiore. Negli ultimi anni il suo vestito era addirittura negletto, e la sua giubba non era sempre *sine labe*. Le volte, che lo si era visto in borghese,

si contavano sulle dita. Non lasciava la divisa militare, che quando si
recava alla fiera di Foggia prima del 1848; e fu grande la maraviglia
di tutti, quando in un veglione dato al San Carlo nel carnevale del
1844, fu visto in marsina *bleu* scuro con bottoni d'oro, calzoni neri,
panciotto bianco, cravatta bianca e cappello a cilindro non molto
alto, passeggiare per la platea, rialzata al livello del proscenio, insieme
con un gentiluomo di camera.

Benchè religioso, gli riusciva intollerabile la compagnia degli ecclesiastici. Forse, fu per questo che quando nel 1848 monsignor Cocle
fu licenziato per imposizione del ministero liberale ed esiliato a
Malta, scelse per confessore un oscuro prete, che aveva insegnato il
sillabario nell'istituto Pessina, e si chiamava don Antonio de Simone,
che più tardi fu prelato, vescovo *in partibus* e cappellano di camera
della cappella palatina di Napoli. Non si oppose all'esilio di Cocle, il
quale per parecchi anni era stato creduto l'arbitro del suo cuore.

Ebbe per Filangieri più gelosia che riconoscenza. Quando giungevano da Palermo i dispacci del luogotenente, diceva a Corsi o a
Zezon: *Sentiamo che scrive Re Carlo.* Filangieri, dal suo canto, gli
aveva posto il soprannome di *muro liscio*, nel senso che non era possibile attaccarvi chiodo. Tranne per la sua famiglia, egli non dimostrò
profondo e durevole affetto per alcuno, nè alcuno fu sospettato, negli
ultimi dieci anni, di esercitare dominio su lui. Nondimeno egli, in
varie occasioni, dimostrò tolleranza per molti di coloro che gli stavano vicino e, più volte, chiuse gli occhi per non vedere e lasciò fare, e
anche malamente profittare. Sapendo di aver rovinate molte famiglie
per causa politica, le aiutava tacitamente, e ricorrendo a lui quando si
aveva ragione e la politica non ci entrava, egli la dava subito, passando sopra alle difficoltà e, qualche volta, maltrattando o punendo chi
si opponeva. Era di certo migliore della sua fama e il migliore della
sua famiglia. Se non lo avesse dominato la paura, avrebbe forse tra-

dotto in atto il suo programma di rigenerazione economica del Regno, ma il programma non fruttò che l'apertura di una sede del Banco di Napoli a Bari, ed alcuni fili telegrafici e poche bonifiche in Terra di Lavoro e nelle provincie di Salerno e di Puglia.

Gli ultimi anni del suo regno offrirebbero larga materia di studio allo storico e al patologo, perchè fu davvero uno stato patologico quello di Ferdinando II, che, pur non avendo fantasia, anzi essendo in lui troppo sviluppato il senso della realtà, era soggiogato da paure, le quali esaltavano la sua mente e gli rappresentavano pericoli ad ogni passo e ne paralizzavano l'azione.

I fervori religiosi di lui crebbero in maniera inverosimile dopo l'attentato di Agesilao Milano. Non contento di largheggiare in elemosine alle chiese, nè sodisfatto che un nuovo tempio venisse eretto in ringraziamento dello scampato pericolo e fossero pur costruite altre chiese nel Regno, e nuove case religiose nelle vicinanze di Napoli, Ferdinando II volle accrescere i privilegi degli ecclesiastici e dei frati, ne' suoi dominii. Nel luglio del 1858, concesse al padre Francesco Saverio da Santeramo, ex provinciale dei Cappuccini, che nella regia tipografia si ristampassero gratuitamente le istituzioni teologo-polemiche del padre Alberto Knoll da Bolsano, affinchè, col prodotto della vendita, i cappuccini di Maddaloni potessero restaurare la loro chiesa. Un anno prima, nel giugno del 1857, emanò varii decreti, diretti a favorire il clero e a liberarlo da alcune limitazioni tanucciane, che il Capomazza voleva conservare. Di ciò grati, l'arcivescovo di Napoli e i suoi suffraganei gli diressero una lettera che si chiudeva con queste parole: "In mezzo alle pene di questa vita mortale, che la Maestà Vostra con tanta religiosa costanza sostiene, il balsamo della Grazia Divina discenda copioso a far gustare all'Augusto cuore della Maestà Vostra, le dolcezze che vengono insieme ad ogni atto che promuove il bene della Cattolica Chiesa; e la Immacolata Vergine Maria nell'intercedere dal Figlio Suo Divino il compimento di questi voti de' vescovi del Regno, lumi e forza impetri da Dio, perchè il nostro Re Ferdinando II operi sempre e senza misura quel che Dio vuole per la Chiesa sua". La sottoscrissero il cardinale Sisto Riario Sforza, arcivescovo di Napoli ed i vescovi di Aversa, di Pozzuoli, di Acerra, d'Ischia e di Nola.

Con gli scrupoli religiosi, aumentarono le pratiche esterne della fede. Non v'era festa in Napoli e nei tanti paesi vicini, alla quale il Re non concorresse, mandando trenta rotoli di polvere per gli spari e una compagnia di soldati per la processione. Dovendosi restaurare una chiesa, rifare un campanile o rimettervi le campane, si ricorreva a lui, il quale sussidiava in discreta misura. Curiose alcune suppliche per ottenere le campane. Si ricordava a Ferdinando II che, avendo egli nel 1848, fuse le campane in cannoni per la guerra di Sicilia, doveva oggi fondere i cannoni per rifar le campane. Gli scrupoli del Re divennero addirittura puerili, negli ultimi tempi. Se, guidando un *phaeton*, s'incontrava nel viatico egli, fermata la vettura, ne discendeva e, a capo scoperto, devotamente si genufletteva con entrambi i ginocchi, sino a che il viatico non fosse passato. Questo accadeva più di frequente, traversando i sobborghi di Napoli per recarsi ai Camaldoli di Torre del Greco; accadeva a San Giovanni, a Portici, a Resina, a Torre, dove era seguito dai ragazzi di quei paesi, che correvano appresso alla carrozza reale, gridando *Viva il Re*.

Negli ultimi due anni si sviluppò in lui una più esagerata tendenza alle pratiche religiose, che non era tutto bigottismo, ma forse bisogno d'ingraziarsi la divinità, perchè gli restituisse la perduta pace dello spirito. Ascoltava la messa ogni giorno; si confessava di frequente, tanto che monsignor De Simone non si allontanava mai da lui; diceva tutte le sere il rosario con la Regina e i figliuoli e, invariabilmente, prima di andare a letto, con un segno della mano baciava le immagini sacre, che popolavano le camere precedenti a quella dove dormiva. E prima di coricarsi, inginocchiato innanzi a un piccolo crocifisso, recitava le ultime orazioni.

Giuseppe Fiorelli, segretario particolare del conte di Siracusa, fu testimone di un incidente caratteristico. In una giornata di luglio del 1867, Fiorellino Lorenzino Colonna, cavaliere di compagnia dello stesso conte e secondo marito di donna Olimpia Cepagatti, andarono, come solevano, al palazzo Siracusa, alla Riviera di Chiaia, dovendo col principe recarsi tutti e tre a Sorrento. Nell'anticamera non trovarono servi, nè altri di casa; andarono oltre: nessuno; penetrarono nella camera da letto del conte e un triste spettacolo si offrì loro alla vista. Don Leopoldo, mezzo nudo, giaceva a terra, non dando segni di vita. Lo sollevarono e adagiarono sul letto. Era stato colpito d'apoplessia. Il caso era grave, onde chiamarono gente; chiamarono i medici e il Colonna corse alla Reggia a darne notizia al Re, che in quel giorno, era a Napoli. Il Re se ne afflisse, perchè egli amava i suoi fratelli, e rispose che andrebbe subito a visitare l'infermo. E vi andò. Penetrato nella camera del conte, lo chiamò per nome e quello non rispose, anzi non lo conobbe. il Re cavò allora dalla tasca uno scapolare e lo pose al collo dell'infermo, dicendogli: "*Popò, Popò, la Madonna ti farà la grazia*". Il conte guarì, e finchè visse, mi diceva Fiorelli, non si tolse più dal collo il sacro amuleto pur facendo professione di ateismo.

Nonostante tanti fervori e pregiudizii, egli non tollerava le imposture di quelli che per entrargli in grazia, facevano i bigotti (*bizzuochi*). Un giorno riprese vivamente il Gavaudan, architetto di Casa Reale, perchè questi, per ostentare dinanzi a lui zelo religioso, pensò di cacciarsi nel cappello alcune immagini sacre, per farle cadere quando egli si fosse scoperto, alla vista del Sovrano. Si disse, dunque, che Ferdinando II la prima volta avesse finto di non vederle, ma la seconda volta avesse perduto la pazienza, e al Gavaudan, il quale, mostrandosi confuso e mortificato, si chinava per raccogliere le immagini, dicesse: *"Don Ciccì, levate sti santi da dinto ò cappiello, e finimmo sta cummedia"*.[4]

Il Re visitava i monasteri più celebri del Regno e le immagini più miracolose dei paesi intorno a Napoli. Era stato a Montecassino, a Montevergine, alla Madonna della Civita sopra Itri, a Cava, più volte ai Camaldoli di Torre del Greco e a tutti i santuarii vicini. Caivano, grosso paese a mezza via fra Napoli e Caserta, possiede un'immagine miracolosa della Madonna, detta di Campiglione, ed era tappa di cambii postali per il servizio del Re, quando si recava da Napoli a Caserta in vettura.

L'ufficio postale era al principio delle case di Caivano, venendo da Caserta, presso il palazzo dei signori Capece, sotto la caserma dei gendarmi a cavallo. Il Re adoperava carrozze proprie, ma i cavalli erano della posta e il servizio veniva fatto da postiglioni speciali. Una volta, venendo da Caserta, un cavallo perdè i ferri e azzoppò: non ve n'erano altri e allora il sergente dei gendarmi chiese a Vincenzo Buonfiglio il maggior possidente di Caivano, guardia d'onore, ben conosciuto dal Re, una carrozza che fu data, e il cocchiere del Buonfiglio n'ebbe tre piastre di mancia. Ogni volta che il Re passava da Caivano, era un accorrere di mendicanti, che si schieravano lungo la strada maestra, ed egli si divertiva, gettando una piastra ad una vecchietta, Maria Massaro, che abitava presso l'ufficio postale e che gli faceva trovare un mazzo di fiori, e regalando un'altra piastra ad un cieco, ed una mezza piastra agli altri. Dotato di forte memoria, aveva finito col conoscere tutti que' pezzenti e li distingueva coi nomi *'o cecato, 'o stuorto, 'a zollosa*, ch'era la vecchietta dei fiori, e di ciascuno non gli sfuggivano le malizie. Il più malizioso era *'o cecato*, che si chiamava Giuseppiello Auriemma. Una volta, dopo aver ricevuto la solita piastra, profittan-

---

[4] Don Francesco, togli questi santi dal cappello e finiamo questa commedia.

do della fermata per il cambio dei cavalli, cominciò a correre come un dannato lungo la strada di Caserta, per aspettare il Re al tondo di San Nicola, dove comincia il grande viale di tigli, e ridomandargli l'ele-mosina. Il Re lo conobbe e gli disse, in tono burlesco: "*nnè, cecà, si arrivato prima 'e me!*".

L'ultima volta andò al santuario di Campiglione a Caivano, coi figliuoli minori e l'ultimo bambino che era a balia. S'inginocchiaro-no tutti e furono cantata le litanie, finite le quali, il Re prese fra le braccia il bimbo e, con la Regina e i principi, andò dietro l'altar mag-giore a vedere il *miracolo*, il quale consiste nel fatto che l'intonaco, dov'è dipinta la testa della Madonna, bellissimo affresco, pare stacca-to dal muro e pende in avanti e, da anni, pare che ogni momento voglia cadere. Il bambino cominciò a piangere e il Re tornò in mezzo alla chiesa e lo riconsegnò alla balia. Intanto don Arcangelo Zampella, cappellano della chiesa e don Giuseppe Cafaro, fratello del rettore, uscirono dalla sagrestia e presentarono due immagini della Vergine, ricamate in seta, una al Re ed una al duca di Calabria. Fu allora che lo Zampella, buon prete, ma affatto incolto, volle tentare un discor-so, al quale diè l'aire con le parole *Signor Re*, rimaste celebri in quei paesi, ma non potè, il poveretto, proseguire. Il Re sorrise e nel riceve-re l'immagine, la baciò devotamente e la consegnò al figlio Francesco, che le diede tutt'e due a persona del seguito. Usciti di chiesa, mentre risalivano in carrozza, accadde un altro casetto. Il curato di santa Bar-bara, don Pasquale Ponticelli, aveva qualche tempo prima, ottenute dal Re per la sua chiesa, due campane. Il sagrestano della parrocchia, Salvatore Liguori, chiamato *Rorò*, che era lì, in mezzo alla folla, gridò al Re: "*Maestà, chelle campane vanno bbone*". Il Re sorrise e gli rispo-se: "*Me fa tanto piacere*". Queste manifestazioni popolaresche lo divertivano assai più delle feste e delle gale.

A Pozzuoli, nella chiesa di Santa Maria del Carmine, chiesa dotata da monsignor Rosini di un'opera pia tuttora fiorente, si venera l'immagine della *Madonna del Parto*. È una statua di pregevole fattura, tolta dall'oratorio del palazzo che fu di don Pietro di Toledo, e raffigura la Vergine in ginocchio, con le mani giunte in atto di pregare, ma le forme della statua sono nascoste da un ampio manto di seta, che dal capo, sotto la corona d'argento, scende fino ai piedi, lasciando fuori il viso e le mani. Dalla tinta bruna del volto, la Madonna è chiamata tradizionalmente la *Schiavottella*. A questa immagine, pel titolo che porta, vanno a raccomandarsi le partorienti, e Ferdinando II serbava egli pure questa usanza quando la Regina era incinta. All'avvicinarsi del parto, il Re conduceva Maria Teresa e i figliuoli a visitare la Madonna, e vi si recava sul cader del giorno, in vetture precedute dà battistrada e seguite da un drappello di ussari in gran tenuta. Accompagnavano la famiglia Reale dame e gentiluomini.

Il Re, entrando nel santuario, si faceva il segno della croce con l'acqua benedetta, offertagli dal vescovo e poi andava a porsi, egli co' suoi, ginocchioni davanti l'altare maggiore, per assistere al canto delle litanie e ricevervi la benedizione del Sacramento. Dopo, presa per mano la Regina ed i figliuoli, ad uno ad uno, si accostava alla immagine ed in ginocchio, tutto raccolto, recitava preghiere in comune con la famiglia.

Compiuta la cerimonia, quando il Re si avviava per uscire dalla chiesa, sulla soglia del tempio accettava un modesto ricordo che gli presentava il canonico Ragnisco, rettore della chiesa, cioè una figura ricamata della Vergine ed una frasca di fiori artificiali; e quindi, prendendo ad alta voce commiato dal vescovo con le parole: "*Monsignò, vi bacio le mani, e ve raccumanno sta peccerella*" (la *peccerella* era la Regina) ripartiva. Il servizio di onore nella chiesa era fatto dai veterani, in quel tempo di stanza a Pozzuoli.

Questa visita si ripeteva, qualche mese dopo il parto, ed era detta di ringraziamento. Si portava il neonato, che il padre prendeva nelle sue braccia ed offriva alla Vergine, in atto supplichevole. Per accondi-

scendere alle premure della gente raccolta in chiesa, il Re permetteva
che l'infante fosse portato in giro in mezzo alle benedizioni ed ai baci,
che i devoti mandavano al reale marmocchio. Ferdinando II non tra-
lasciò mai di sciogliere questo voto ad ogni parto della Regina, e in
ciascuna visita largiva 600 ducati per i bisogni della chiesa e delle
oblate, racchiuse nell'annesso ritiro, oltre ai sussidii straordinari. La
devozione per quest'immagine era professata anche dai congiunti del
Re. Il conte d'Aquila fece a sue spese adornare di marmi artificiali la
cappella della Vergine, con la stessa architettura di quella che le sorge
dirimpetto, dedicata a San Carlo Borromeo, e più volte diè danaro
per lampade d'argento e arredi sacri e per rinnovare la facciata della
chiesa, come si legge in una lapide, fatta apporre accanto alla porta
del tempio dal vescovo monsignor Purpo.

Solo i pregiudizi per la jettatura erano paragonabili ai suoi fanati-
smi religiosi. Perfetto napoletano anche in questo. La cronaca del
tempo registra non pochi aneddoti e molto salaci, e scongiuri da non
potersi scrivere in un libro, per quanto caratteristici ed esilaranti.
Benchè devotissimo, i frati in genere e i cappuccini in ispecie, i gobbi,
i calvi, i guerci, gli uomini dai capelli rossi, le vecchie con la bazza,
erano per lui segni di mal augurio o minacce di sventura, in quel
modo stesso che di venerdì non compiva nulla che avesse apparenza
festiva o gioiosa, nè viaggiava e riteneva il 13, come ogni buon napoletano, numero di tristo presagio. Lasciando Caserta, il giorno della
sua partenza per le Puglie, visti due cappuccini presso il cancello della
Reggia, si turbò e non nascose il suo turbamento alla Regina che gli
sedeva accanto. Nel duomo di Brindisi, nel poco tempo che vi stette,
vide un calvo che lo guardava e ordinò che lo allontanassero. Durante
la malattia, i pregiudizii contro la jettatura crebbero in maniera inverosimile; riteneva la malattia effetto di quella e nel parossismo dei
dolori lo sentivano esclamare: *me l'hanno jettata*; – e passava in rasse-

gna gl'incidenti del viaggio, l'incontro dei due cappuccini uscendo dal palazzo reale di Caserta; certe facce vedute in Ariano, a Foggia e ad Andria, il calvo di Brindisi e così via via. Credeva ai veleni, tanto che i medici andavano di persona a spedire le ricette delle medicine che servivano per lui, ed a Lecce, le spediva il dottor Leone nella farmacia dei gesuiti, annessa al collegio e credeva pure ai contagi e alle infezioni, come l'ultima donnicciuola del popolo. L'orrore del Re per le malattie epidemiche, o ritenute tali, non era un mistero. Egli aveva fatto bruciare la vettura di Corte, che trasportò sua sorella donna Amalia in Pozzuoli, dove morì di tisi. Di più, ogni persona abitante negli edifici reali, che fosse attaccata da malattia infettiva, riceveva una sovvenzione, ed era obbligata a sloggiare. Nessuno ardiva parlare di morti a Corte, ed ai convogli funebri era espressamente vietato di passare innanzi alla Reggia, nè il Re visitò mai, negli ultimi tempi, ospedali militari o civili. Dopo l'attentato e dopo il supplizio del regicida, ebbe visioni paurose. Il cadavere del Milano fu sepolto nel cimitero di Poggioreale. Il Re sognò, pochi giorni dopo, che uomini, armati di bastoni di ferro, invadessero di notte il camposanto e, recatisi sul luogo dov'era sepolto Agesilao, ne involassero la cassa e la trasportassero alla darsena per imbarcarla, passando innanzi alla Reggia. E il giorno dopo rivelò il sogno e la polizia corse al cimitero, ma naturalmente trovò che nulla era avvenuto di quanto il Re aveva sognato!

I pregiudizi crescevano con le paure. Egli cercava distrarsi, occupandosi degli affari dello Stato e distraendosi coi figliuoli, ma non era tranquillo. Fosse pungolo di rimorso o sintomo della malattia, che cominciava a invadere l'organismo suo, avrebbe fatta qualunque penitenza per riacquistare la tranquillità dello spirito. Anche le cose politiche non procedevano secondo i suoi desideri e le accuse, che gli erano fatte in Piemonte e in Francia, stranamente lo irritavano.

Ottocento prigionieri politici erano davvero un grave argomento di querimonie e di proteste, da parte del mondo civile, ma non fu che sulla fine del 1858, che egli pensò di disfarsi dei più pericolosi di loro. Il 10 gennaio 1857, venne concluso e sottoscritto un trattato con la confederazione Argentina, per fondare nel territorio di questa una colonia di regi sudditi, condannati o detenuti politici, ai quali il Re volesse commutare la pena e permettere, con le condizioni stipulate, l'emigrazione laggiù. Il Re vi avrebbe mandati a sue spese, in varie spedizioni, quanti prigionieri politici volesse e la Repubblica, dal canto suo, avrebbe dato a ciascuno un pezzo di terra, istrumenti da coltivare e cento patacconi in danaro. Ma il trattato, per quanto concluso e sottoscritto, non andò in vigore, perchè, interrogati i prigionieri, pochi soltanto, giovani ed animosi, risposero che per uscir di galera anderebbero dovunque, ma gli altri, i più anziani, energicamente protestarono. È rimasta celebre la risposta di Poerio: "*Perchè tanta spesa,* egli disse, *e tanto incomodo per farci morire in America o per viaggio? lasciateci morire in galera*". Un'altra volta, lo stesso Poerio al Mirabelli, intendente di Avellino, che, recatosi a Montefusco, consigliava i prigionieri politici a chieder grazia al Re, rispose: "*Noi attendiamo giustizia, ditelo al Re*". Il Settembrini, nella sua commemorazione di Carlo Poerio, afferma che principalmente per quella prima risposta il trattato fu rotto, ma il Re non depose il pensiero di allontanare dal Regno coloro che temeva anche in galera. E così, nei primi giorni del 1859, un decreto reale commutò a 66 condannati politici la pena dell'ergastolo e dei ferri in esilio perpetuo, e un rescritto ministeriale ordinò che fossero trasportati a New-York. Erano, fra questi, Carlo Poerio, Luigi Settembrini, Silvio Spaventa, Sigismondo Castromediano, Niccola Schiavoni, Michele Pironti, Niccola Nisco, Giuseppe Pica, Achille Argentino, Domenico Damis, Cesare Braico, Giuseppe Pace, e Agresti, Barilla, Placco, Faucitano, tutti condannati all'ergastolo o ai ferri da 25 a 30 anni, e perciò reputati i più pericolosi.

Le loro vicende son note, ma non è ugualmente noto il telegramma del Re al Brocchetti, comandante della spedizione. A Cadice il Brocchetti incontrava non poche difficoltà per imbarcare su nave estera i prigionieri, poichè quell'imbarco era una violenza. Telegrafò al Re, il quale da Bari, dove si trovava per il matrimonio del principe ereditario, fece rispondere nel modo che si dirà appresso.

Tanta implacabilità verso i prigionieri politici, dopo averli fatti macerare nelle galere di Procida, di Santo Stefano, di Montefusco e di Montesarchio, e i cui tormenti sono descritti nelle *Ricordanze* del Settembrini e nelle *Memorie* interessantissime del Castromediano, contrastava in modo inverosimile con la familiarità bonaria con cui accoglieva persone a lui devote, soprattutto se rivestite di carattere religioso. Pareva allora un altro uomo. In un giorno di estate del 1856, fu visitato a Caserta dal padre Gennaro Maria Cutinelli, della compagnia di Gesù, vecchio di ottant'anni, incaricato col padre Planas della direzione spirituale delle carceri di Napoli. Il padre Cutinelli aveva porta aperta alla Reggia e il Re lo accoglieva sempre con festa, gli badava la mano e non gli negava mai nulla. Era un santo uomo, intimo degli arcivescovi di Napoli e di Capua, confessore del ministro Murena, fondatore da poco tempo dell'istituto artistico a Sant'Aniello, dove cercava redimere col lavoro i piccoli ladri (*mariun-cielli*), e non si occupava di politica. I prigionieri avevano per lui una sincera devozione. Alla compagnia di Gesù era affidata la direzione spirituale delle carceri in tutto il Regno. Vecchio e sofferente, quasi cieco, con la parrucca e la dentiera, il padre Cutinelli conduceva seco per guida un giovanetto di sedici anni, aspirante alunno al ministero delle finanze, che gli scriveva le lettere e lo assisteva amorosamente, tanto che lo chiamava *il mio bastone*. Aveva ottenuto dal provinciale della Compagnia il permesso di andar per le vie con quel giovane, invece che con altro padre, vietando la regola ai gesuiti di andar soli in pubblico.

Arrivarono a Caserta dopo il mezzogiorno, e annunziato al Re il padre Cutinelli, fu subito introdotto; anzi il Re, che allora finiva di pranzare, gli andò incontro col tovagliolo tra le mani, dicendogli: *Trasite, trasite, padre Cutine';*[5] e visto quel giovanotto, che non conosceva, chiese: *Chi è stu guaglione?*[6] Il padre Cutinelli rispose: *È il mio bastone, Maestà,* e ne disse il nome, il cui ricordo non parve riuscisse gradito al Re, ma invitò non pertanto anche lui ad entrare. Ed entrati tutti nella sala da pranzo, il Re disse ai tre primi figli: *"Vasate à mano a ò padre Cutinelli"*; e quelli non se lo fecero dire due volte. E il padre Cutinelli, rivolgendosi alla Regina, le domandò come stesse e se fosse uscita la mattina a passeggiare; e Maria Teresa, facendo mostra di baciargli la mano, rispose col suo accento tedesco, in volgare napoletano: *"Stamattina non songo asciuta, so stata a coseve".*[7]

Fatti i convenevoli, il Re sempre bonario e premuroso chiese al padre Cutinelli che volesse, e quegli: *Maestà, quod superest...,* e il Re finì la frase: *"Date pauperibus; ho capito",* e subito concesse che alcune economie del ministero dei lavori pubblici fossero destinate all'istituto artistico. Poi il Re si mise a parlare col vecchio gesuita presso l'inferriata della finestra, che dava sul giardino. Il tempo si era turbato e venne giù un acquazzone con lampi. Il padre Cutinelli pregò il Re di ritirarsi da quel posto pericoloso, ma il Re gli disse: *"Padre Cutine', io tengo no capillo della Madonna, e non aggio paura dei tuoni.*[8] E restò presso l'inferriata, e quando la pioggia cessò volle accompagnare padre Cutinelli sino alla porta, gli ribaciò la mano e gliela ribaciarono la Regina e i principi. Il *guaglione*, come l'aveva chiamato il Re, ebbe più tardi vita avventurosa. Fece ascensioni in pallone, girò

[5] Entrate, entrate, padre Cutinelli.
[6] Chi è questo ragazzo?
[7] Stamattina non sono uscita, sono stata a cucire. Le mancava l'erre come si è detto.
[8] Padre Cutinelli, io ho un capello della Madonna e non ho paura dei tuoni.

l'Europa per Congressi, fu pompiere in Roma e intimo di Vittorio Emanuele, andò in Egitto nella polizia d'Ismail; e tornato di là, povero come Giobbe, lavora, conservando tutto il suo spirito. È Rinaldo de Sterlich, figlio di Alessandro, il quale nel 1848 era uffiziale di carico al ministero di agricoltura, venne destituito per ragioni politiche, e poi fu deputato al Parlamento ed economo generale a Napoli dei benefizi vacanti.

Altra nota caratteristica di Ferdinando II, nella sua gioventù, furono gli scherzi, e anche qui si rivelava l'indole tutta napoletana di lui. Scherzi non degni di qualunque persona educata, ma di moda nell'alta società di allora. Una vittima di essi era stato don Raffaele Caracciolo di Castelluccio, che morì vecchio verso il 1850, e fu per tanti anni parassita e zimbello della Corte. Molte sono le baie, che si narra essere state fatte al vecchio gentiluomo, il quale portava la parrucca ed era appassionatissimo di cavalli e di equipaggi. Da una cronaca inedita di un reputato scrittore napoletano, riferentesi al matrimonio del Re con Maria Cristina di Savoia, tolgo questo aneddoto:

Il Re prima che risposasse ebbe una scommessa di trecento ducati col neo cavaliere capitano Statella, dicendo costui che il Re si sarebbe sposato in quest'anno, e il Re negandolo. Il Re avendo perduta la scommessa, pagò i trecento ducati. Molti rimproverarono Statella d'averli ricevuti. Onde costui, per dar fine a' rimproveri, invitò il Re con tutta la famiglia reale, e così dame e gentiluomini di quelli che circondano la famiglia reale, ad un pranzo a Posillipo, e propriamente nel casino di Barbaja, antico luogo di abitazione del nostro Sannazaro. Questo pranzo doveva aver luogo tre o quattro giorni fa, ma perchè non era ancor giunto di Francia il ministro delle finanze, principe di Cassaro, fratello del capitano Statella con un servizio di tavola per quaranta persone, di argento dorato di quella maniera detta *vermeille*, che è in grandissima moda, così non ha avuto luogo prima di questa mattina. Il Re e i principi reali ci sono intervenuti da semplici ufficiali, senz'ordini. Il pranzo è stato brillantissimo, ed il Re ha fatto mostra di una grandissima allegria: ha tolto di testa al cavalier Raffaele Caracciolo la parrucca, e l'ha gettata via: ed avendo nascosto il cappello del duca di San Cesario, indispettito che l'architetto signor Bianchi (il quale vi si trovava per l'architettura del pranzo ed ogni altro necessario divertimento) trovatolo, l'aveva dato al duca, glielo ha tolto di mano e posto nel foco di un braciere; e come gli altri s'ingegnavano a salvare il cappello, egli con una paletta più l'introduceva nel foco, sicchè per infine del tutto è rimasto bruciato. Dopo il pranzo, in un teatro fatto per questa occasione nel giardino del palazzo, vi è stata la recita di una commedia in dialetto napoletano rappresentata dagli attori di San Carlino, perchè la regina sposa avesse cognizione delle grazie di queste nostre commedie. Ed infine due primarie ballerine del teatro di San Carlo, hanno fatto la danza nazionale detta la *tarantella*. Questo pranzo ha costato al signor Statella più migliaia, ed ora è sicuro che non gli si dirà che per avarizia ricevette dal Re i trecento ducati.

Nè finirono qui gli scherzi. Un giorno che il Caracciolo era con altri amici convitato a pranzo presso una nobile famiglia napoletana, il Re saputolo gli mandò un suo messo, e nel punto in cui il pranzo cominciava, fece chiamare di urgenza a Palazzo don Raffaele. Questi immediatamente vi accorse. Il Re lo lasciò sino alla mezzanotte in anticamera, e quando uscì fuori, ridendo a crepapelle, gli disse: "*Don Rafè, ai fatto 'u chiuove alla madonna*",[9] e lo congedò.

Un altro giorno seppe il Re che la sua vittima andava con alcuni amici a Sorrento. Fece circondare la carrozza da guardie di polizia, che intimarono a tutti l'arresto per ragioni politiche. Ebbero a morirne.

---

[9] Frase dialettale, che vuol dire: hai fatto un fioretto alla Madonna.

Gli altri vennero poco tempo dopo rilasciati, ma don Raffaele fu tenuto due giorni in custodia, e nel terzo giorno il Re gli fece dire: *"Don Rafè, isciatienne, 'o Rè t'ha voluto grazia"*.[10] Don Raffaele questa volta perdette le staffe, e disse ai due ufficiali ch'erano andati a liberarlo: *"Chisse se chiama prurito de c..."* Il Re lo seppe, e don Raffaele ne perdette la grazia.

Negli ultimi tempi gli scherzi si limitarono a risposte argute, ad osservazioni e ammonizioni offensive per chi le riceveva, ma il tipo del parassita zimbello era sparito col Caracciolo. Gli anni e le preoccupazioni del governo avevano modificata l'indole del Re. Nel 1832, quando sposò Maria Cristina, aveva 22 anni ed era nella pienezza del suo spirito volgarmente bizzarro e ne faceva d'ogni specie. Andò a sposare a Voltri, e partì da Napoli il giorno 8 novembre, per terra, accompagnato dal Caprioli, suo segretario particolare e dal corriere di gabinetto Dalbono. Non volendo essere riconosciuto lungo il viaggio, si pose gli occhiali e le barbette finte, ed al confine mostrò un passaporto, nel quale era chiamato *don Ferdinando Palermo, gentiluomo, che parte per un Cantone della Svizzera.* Giunto a Roma, non discese al suo palazzo Farnese, ma alla locanda del Serny, in piazza di Spagna. Vi si trattenne tre giorni e visitò il Papa, e da Roma, il 14, partì per Firenze dove giunse incognito. Visitando le gallerie, v'incontrò il Granduca, che gli era cugino e l'anno dopo divenne cognato; gli si diè a conoscere, ma ne ricusò l'ospitalità, scusandosi che partiva il giorno stesso per Genova. Il matrimonio del Re fu celebrato dal cardinale Morozzo vescovo di Novara a Voltri, nel santuario dell'Acquasanta, il giorno 20 novembre. Maria Cristina aveva vent'anni ed era alta quanto lui, parlava poco e in francese quasi sempre. Compiuto il matrimonio, non volle andare a dormire con lei nel

---

[10] Don Raffaele, esci, il Re ti ha voluto graziare.

magnifico appartamento fatto preparare da Carlo Alberto al palazzo reale, ma pretese che Maria Cristina andasse lei al palazzo ducale, dov'egli alloggiava. E la seconda notte del matrimonio, all'improvviso, se ne andò con un aiutante a visitare la fortezza di Alessandria. A Genova si fermò sei giorni. Fece partire per Napoli il Caprioli e il Dalbono, per far pubblicare il matrimonio e avvisare che i Sovrani sarebbero presto arrivati. Vi giunsero infatti il giorno 30, a bordo della fregata *Regina Isabella*, seguita dalle fregate sarde il *Carlo Felice* e l'*Euridice*, e da un avviso, il *Dione*. Era di venerdì, pioveva a dirotto e la pioggia e la giornata non furono ritenute di buon augurio dai napoletani. La Regina non volle saggiare alcuna pietanza di carne. Il Re rideva degli scrupoli di lei e la metteva in canzonatura, dicendo che era una santa, molto attaccata all'etichetta insopportabile della Corte di Torino: scrupoli ed etichetta, che molto lo seccavano. Si determinò subito una marcata e profonda incompatibilità di carattere fra loro due, e Maria Cristina non fu la donna più felice nei quattro anni che sedette sul trono di Napoli. Non so quale impressione riportasse dagli scherzi fatti in sua presenza dal Re su quel povero Caracciolo. Lo scherzo, che si disse fatto a lei stessa, di toglierle la sedia mentre sedeva e di farla andare con le gambe in aria, se non è storicamente accertato, è verosimile, data la natura di chi lo faceva. Un altro aneddoto, che tolgo pure dalla cronaca del matrimonio. Il 24 novembre partirono da Napoli due battelli a vapore all'incontro del Re, sui quali presero imbarco alcuni principi reali, il Caprioli, il presidente e alcuni membri della deputazione di salute, per dar subito pratica al vascello che portava i Sovrani. Ma questi battelli non incontrarono la flotta, partita da Genova, perchè sbagliarono direzione. La flotta giunse, il Re e la Regina sbarcarono e, due giorni dopo, i due battelli tornarono nel porto. Si può immaginare quale miniera di motti e di caricature fu per il Re questo sbaglio, veramente inconcepibile.

Gli scherzi del padre furono un po' ereditati dai figli del secondo letto, ma nessuno dei figli somigliava a lui, che fu, tutto compreso, una delle più singolari nature di principe assoluto: bizzarra contraddizione di buono e di pessimo, che regnò ventinove anni e non subì influenze di favorite o di ministri, che considerò come strumenti nelle sue mani e buttò via quando non gli servirono più; nè di potenze, con le quali cercò di vivere in buona pace, ma di nessuna subendo prepotenze, nè ad alcuna dando molestia. La sua diplomazia, come si è veduto, non aveva iniziative, non negoziò trattati di alleanze, nè di protettorati, per cui avvenne che, morto lui, il Regno si trovò senza alleati, senza amici e finì in pochi mesi. Una sola illusione Ferdinando II ebbe e l'accompagnò per tutta la vita, e fu davvero fatale alla sua dinastia: credere di non dover morire mai.

CAPITOLO XI

SOMMARIO: Una burla geniale – Il terremoto del 16 dicembre 1857 – Elargizioni ai danneggiati – Cronisti e poeti del terremoto – Un sonetto del presidente Fenicia – Il telegrafo elettrico – Le sette divisioni telegrafiche del Regno – Il cavo sottomarino fra Reggio e Messina – Feste per l'inaugurazione delle stazioni telegrafiche – Concessioni e privilegi industriali – Le fiere – Ferdinando II alla fiera di Caserta – Vita economica del Regno – Commissione per le tariffe doganali e un libero scambista – Le Società Economiche e le industrie – Il taglio dell'istmo di Suez – I francobolli.

L'anno 1857 fu contrassegnato da due avvenimenti assai diversi fra loro: uno, di straordinaria audacia che fece disperare la polizia e ridere tutta Napoli, e l'altro che gettò nel lutto e nello sgomento molta parte del Regnò.

La mattina del 28 febbraio c'era per Toledo un'animazione maggiore del consueto, e gruppi di curiosi, affollati innanzi a piccoli manifesti ufficiali, leggevano questo decreto:

FERDINANDO II
PER LA GRAZIA DI DIO
RE DEL REGNO DELLE DUE SICILIE,
DI GERUSALEMME EC.
DUCA DI PARMA, PIACENZA, CASTRO EC. EC.
GRAN PRINCIPE EREDITARIO DI TOSCANA EC. EC. EC.

Essendosi la Provvidenza benignata di accrescere di novella prole la Nostra Real Famiglia, ed annuendo ai consìgli amichevoli dei Governi di Francia e d'Inghilterra, e volendo come per lo passato secondare i moti del Nostro cuore paterno, abbiamo risoluto di decretare e decretiamo quanto segue:

Art. I. Accordiamo piena amnistia per tutti i detenuti politici giudicati o giudicabili.

Art. 2. Richiamiamo in vigore la Costituzione del 10 Febbraio 1848, da Noi sinceramente giurata sul Vangelo.

Art. 3. Il Nostro diletto Figliuolo il Principe ereditario, è nominato Vicario Generale del Regno.

Art. 4. Saranno immediatamente convocate le Camere chiuse.

Art. 5. Il Ministro Segretario di Stato, Presidente del Consiglio dei Ministri, è incaricato della esecuzione del presente Decreto.

Caserta 28 febbraio 1857.

Firmato, FERDINANDO.

Il Ministro Segretario di Stato delle finanze – firmato, S. MURENA.

Il Ministro Segretario di Stato per gli affari di Sicilia – firmato, G. CASSISI.

Il Direttore del Ministero e real Segretario di Stato dello interno – firmato, L. BIANCHINI.

Il Ministro Segretario di Stato Presidente del Consiglio de' Ministri – firmato, FERDINANDO TROJA.

(Dalla Stamperia Reale).

Possono bene immaginarsi le varie impressioni di chi leggeva. Un ispettore di polizia, letto il manifesto alla cantonata dei Fiorentini, si cavò il cappello e invitò gli altri a fare altrettanto e a gridare: *viva il Re.* Furono due ore di confusione estrema, perchè la polizia, tratta anch'essa in inganno, non osava staccare i decreti, nè li staccò se non quando ne venne l'ordine dal ministero. E in quelle due ore la baldoria fu grande, e tutti gridavano: *Costituzione, Costituzione,* e gli agenti erano paralizzati e parecchi atterriti.

La burla non poteva meglio riuscire. Michelangelo Tancredi, che ne
fu l'autore, si era procurato dalla stamperia reale parecchie copie di
decreti in bianco e aveva fatto comporre, in caratteri e carta pressochè
simili, il contenuto del decreto; e poi, con l'aiuto di pochi e fidi
amici, aveva incollati i pezzi con tanta arte che non era possibile
distinguere, a primo aspetto, che quello fosse un decreto apocrifo,
perchè autentiche eran la testata, il bollo, le firme del Re e dei ministri. La mattina alle sette alcuni facchini della dogana, reclutati dai
fratelli Carlo e Niccola Capuano, li affissero e rifiutarono i sei ducati, che il Comitato offrì loro per compenso. La circostanza che la
Regina si era sgravata in quei giorni di un altro maschio, al quale fu
dato il nome di Gennaro Maria, aggiungeva verosimiglianza alla cosa,
e più verosimili ancora parevano i consigli della Francia e
dell'Inghilterra. Quando la polizia ebbe l'ordine di strappare quei
decreti, respirò; ma, per quanto facesse, non riuscì ad appurare l'autore della burla, nè i suoi complici, i quali dettero prova davvero di
grandissima audacia. Il Re, informato della cosa, ne rise sulle prime;
ma si turbò quando, avuto tra le mani uno di quei decreti, vi lesse
l'articolo secondo: *"Richiamiamo in vigore la Costituzione del 10 febbraio 1848, da noi sinceramente giurata sul Vangelo"*.

L'altro avvenimento, col quale si chiuse l'anno, fu eccezionalmente
luttuoso. Nella notte dal 16 al 17 dicembre, alle ore 10.10, secondo
venne accertato dal direttore del R. Osservatorio astronomico di
Capodimonte, Leopoldo del Re, si sentirono a Napoli due scosse di
terremoto. La prima durò quattro secondi e, dopo due minuti, fu
seguita da un'altra di maggiore intensità, che durò 25 secondi: tutt'e
due ondulatorie, nella direzione dal sud al nord. Lo spavento fu grande; però non si ebbero a deplorare vittime, nè danni. Ma quel che la
Provvidenza risparmiò a Napoli, dove perciò si resero solenni grazie a

San Gennaro e, in segno di riconoscenza, l'anno dopo, ricorrendo il
doloroso anniversario, una lunga processione percorse la strada che
da Santa Maria in Portico mena a Piedigrotta, non fu risparmiato alle
provincie. Il terremoto vi fece vittime numerose; rovinò e distrusse
gran quantità di edifizii pubblici e privati; spianò al suolo alcune
terre; e, non ostante i tridui e le novene di tutto un popolo esterefat-
to, si ripetette con scosse più o meno forti sino al marzo del 1858. Le
prime notizie, che giunsero a Napoli dalla provincia di Salerno, furono spaventose; ma più gravi ne vennero, poco dopo, dalla Basilicata.
Restò celebre, e fu la nota comica in tanta tragedia, il dispaccio telegrafico da Bari che, per interrotta trasmissione, diceva: "*Gli abitanti
in gran parte si sono....*" Il Re non si mosse, come aveva fatto nel 1851,
quando fu distrutta Melfi; ma ordinò che le autorità lo tenessero
informato d'ogni cosa, recandosi sui luoghi dove il flagello aveva fatte
più vittime; servendosi dei fondi comunali e provinciali e dei boschi
per costruire baracche; soccorrendo i bisognosi e provvedendo di
ricovero quanti eran rimasti senza tetto, massime se feriti. Il 21
dicembre fece partire da Napoli per Potenza il Ciancio, ingegnere di
ponti e strade e l'Argia, tenente del genio, con 42 artefici militari e
54 di marina, che portarono gran materiale di tele o legname dell'arsenale per costruire baracche. Partirono pure medici e chirurgi e
infermieri con biancherie e filacce. Si cercava riparare con la maggior
sollecitudine e intelligenza ma il disastro era immenso, soprattutto in
Basilicata; e la stagione cruda e la mancanza di viabilità, specie in
quella provincia, lo rendeva addirittura terribile.

I morti superarono i 10 000. Nel solo distretto di Potenza, che fu
il più colpito, si ebbero 8909 morti e 1126 feriti; nel Principato
Citeriore, 1213 morti e 347 feriti; nel distretto di Matera, 60 morti
e 29 feriti; in quello di Lagonegro, 265 morti e 203 feriti: uno dei
meno disgraziati fu il distretto di Melfi, che ebbe tre morti soli. Gli
edifizii, rovinati o distrutti, non si contano. Picerno, Marsiconuovo,

Calvello, Viggiano, Montemurro, Tramutola, Saponara, Guardia, Sarconi, Castelsaraceno, Spinosa, Anzi, Alianello furono in gran parte distrutti. Viggiano andò a fuoco e Vignola fu molto danneggiata. I campanili delle chiese rovinarono quasi in tutta la provincia e quelli, che non caddero, rimasero assai malconci. A Brienza si aprì la terra attorno la piazza e i morti superarono il centinaio. A Pietrapertosa si temè di peggio, perchè enormi macigni si distaccarono dal monte con fracasso e spavento. La gente errava nell'aperta campagna, atterrita e piangente; i vescovi ricoveravano in luogo sicuro le monache, i cui monasteri eran caduti. A Calvello, per ricordare uno dei tanti casi, rovinò il monastero delle Teresiane, le cui monache furono dall'arcivescovo d'Acerenza e Matera fatte condurre in Acerenza, dove restarono sino al marzo del 1858; e poichè il monastero di Calvello non fu potuto restaurare tanto presto, l'arcivescovo Rossini allogò sette di quelle suore a Gravina, quattro in Altamura e dodici a Matera, nei monasteri dell'Annunziata e di santa Lucia. A descrivere tanti orrori, Paolo Cortese, che poi fu deputato e ministro e negli ultimi anni di sua vita pose in versi nientemeno che una sentenza della Cassazione, pubblicò nell'*Epoca* una poesia, che cominciava con questi versi rettorici:

> È profonda la notte, alto il silenzio
> Delle cose create, e al mesto raggio
> De la pallida luna vagolanti
> Le presaghe degli avi ombre lamentano
> La prossima sventura... Oh ciel! qual rombo,
> Qual tristo prolungato orrido rombo
> Tutti riscuote dall'imo letargo!...

Niccola Sole scrisse un commovente *Salmo* in terza rima che, insieme ad altre sue poesie, fu compreso nella raccolta da lui posta in vendita a beneficio dei danneggiati dal terremoto; una delle migliori cose scritte dalla penna del solo vero poeta che Napoli abbia avuto in questa seconda metà di secolo. Il *Salmo* ebbe fortuna e fu declamato nelle accademie di beneficenza e nei teatri, a beneficio dei danneggiati.

La beneficenza in tutte le sue forme si esercitò largamente nella luttuosa circostanza. Si aprirono sottoscrizioni per i danneggiati e si raccolsero più di 100 000 ducati. Sottoscrissero quasi tutti i vescovi, che, insieme con gli intendenti e i sottintendenti, raccoglievano le offerte dei privati. Il Re dette del suo 32 000 ducati, da distribuirsi ai poveri che avevano più sofferto, preferendo quelli, i quali avevano perdute le piccole industrie e gli utensili dei loro mestieri. Il Ministero degli affari ecclesiastici largì 24 000 ducati per riparazioni a chiese e a conventi; altri 8000 ducati per riparazioni alle parrocchie e 2400 per l'acquisto di arredi sacri. Si costituì un fondo di 18 000 ducati per istituire dieci Monti di pegni nella Basilicata e quattro nel Principato Citeriore.

Vero è, che la maggior parte delle beneficenze governative figurarono solo sulla carta. Delle elargizioni e dei sussidii raccolti, ben pochi arrivarono a destinazione, nè le autorità si mossero con zelo e sollecitudine. Nei comuni più colpiti non arrivarono – e con ritardo – che poche sdrucite coperte di caserme e poche tavole per letti. Assai più larghi si fu per le chiese e per i conventi.

Non mancarono accademie e concerti e spettacoli, a scopo di beneficenza. Il 13 febbraio 1858, nell'istituto Batifort e Wambacker di Bari, fu data un'accademia nella quale si distinsero le signorine Margherita Corsi, Annina Guarnieri, Mariannina Dell'Agli, Giustina Lops, Carolina Bianchi, Manetta de Stephanis, Manetta Mandarini e Fulvia Miani. E nel teatrino filodrammatico di casa Craven a Napoli, fu eseguita una splendida rappresentazione di beneficenza, che fruttò quattromila ducati e nella quale presero parte signore e signori dell'aristocrazia. I particolari di questa rappresentazione sono ricordati in altro capitolo.

Nel febbraio del 1858, il totale delle offerte private arrivò alla cospi-cua somma di 61 889 ducati. Vi furono sottoscrizioni anche all'este-ro. Il conte Brignole, segretario generale della Società universale per l'incoraggiamento delle arti e dell'industria, la quale aveva sede a Londra, scrisse, nel gennaio del 1858, al direttore del ministero di polizia, Ludovico Bianchini, chiedendogli il permesso di promuovere a Londra una sottoscrizione per soccorrere i danneggiati dal terremo-to, non avendo il Re di Napoli rappresentante presso la Corte ingle-se, per la rottura dei rapporti diplomatici tra i due Regni. Bianchini rispose che ringraziava, poichè "la mancanza delle relazioni diploma-tiche tra le due Corti non poteva – egli disse – far cessare i rapporti del commercio e dell'industria e, molto più, della civilizzazione e del-l'umanità tra i due paesi"; ed espresse pure il desiderio che le somme fossero versate direttamente al Banco di Napoli.

Non mancarono, a proposito del terremoto, le solite esercitazioni rettoriche, nelle quali la fantasia degli scrittori ebbe largo campo di sbizzarrirsi, descrivendo lo spavento comune. Fuori dei rapporti uffi-ciali, che enumerano i danni avvenuti, non conosco un solo lavoro, nel quale siano stati riferiti completamente fatti e circostanze, che diano un'idea esatta di quanto effettivamente avvenne. Tra i lavori, solo ricordo quello di Giacomo Racioppi, che raccolse in un opusco-lo gli articoli pubblicati nell'*Iride*. Raffaele Battista, segretario della Società Economica di Basilicata, stampò una relazione, con qualche cifra statistica e, negli atti dell'Accademia Cosentina, il segretario Luigi Maria Greco pubblicò una specie di raffronto tra gli scrittori, che parlarono del terremoto del 1851 e quelli del 1857. Il professor Roller, ginevrino, si recò sui luoghi del disastro e di là scriveva lettere ai suoi amici di Svizzera, che furono pubblicate a Ginevra e rivelava-no lo stato miserando del Regno, in fatto di viabilità e di civiltà. I rac-conti dei giornali napoletani erano rettorici o addirittura grotteschi, come quello dell'*Epoca*, di cui ecco un saggio: "Erano da poco suonate le dieci, quando parve che la terra ondulasse. L'attenzione sospesa un momento, non tardò a farne certi che il terreno si muovesse sotto i piedi, cosicchè la sensazione prolungandosi, tutti giudicarono e videro, che un novello tremuoto veniva a scuoterci dalle fondamenta. Nè passò il tempo in che l'un all'altro dicesse il fatto, quando novellamente i campanelli suonano con più forza, i battenti delle imposte e i lucchetti delle finestre tremano, i vetri scrosciano, le mobilie rumoreggiano, il suolo, le mura, il letto, ogni cosa che ti circonda, viene in preda ad un ondulamento intenso e terribile... Nè molto durò il fenomeno, nè poco; un trenta pulsazioni. Finito, successe un silenzio di tomba, quello del terrore; indi un vociar di gente che usciva dalle case, e quali piangendo innanzi alle sacre immagini, quali narrando l'accaduto, quali incitando a fuggire, tutto costituiva un fenomeno morale degno delle maggiore considerazione. In un baleno le vie più deserte della città furono popolate... Colà vedevi disparite le gradazioni sociali; eleganti signore, gentili damerini, persone insomma che sciupano intere ore all'acconciamento della persona, accorse in sulle piazze disadorni e negligenti, di null'altro presi che della vita. Difatti quali avvolti in mantello, quali in iscialli, quali col capo coverto di berretto, qual di cuffia, quale anche nei soli lenzuoli, aspettavano e temevano, dalle membra irrigidite dal freddo della notte. Carrozze di ogni specie, alcune tirate da cavalli, alcune da uomini, servivano di ricovero a' loro padroni, e questi, fattesene case ambulanti, rannicchiati nei mantelli, dai visi pallidi e stravolti, si guatavano meravigliati e paventavano. Cavalli, vacche, animali di casa, tuttociò che nel timor del pericolo erasi tratto fuori, vedevansi commisti agli uomini in sulle piazze". E così, per molti periodi ancora, diluiva questa amena prosa di Giuseppe Lazzaro.

Ernesto Capocci, nella stessa *Epoca*, ricercava scientificamente le cause dei terremoti, e nell'*Iride* si studiava di consolare i napoletani, affermando che essi hanno un segno sicuro del prossimo terremoto nel Vesuvio, poichè, quando questo tace il terremoto è vicino. Ma, nella ricerca dello cause dei fenomeni sismici, toccò il colmo della comicità il cavalier Salvatore Fenicia di Ruvo, più comunemente noto col nome di *presidente Fenicia:* singolar tipo, che rammentava il don Ferrante del Manzoni. Era un letterato *sui generis*, perchè tirava giù prose, versi, drammi e tragedie in una lingua incomprensibile; stampava volumi da riempirne una biblioteca ed era in relazione con principi regnanti e imperatori, ai quali inviava in dono le sue opere e splendidi vasi fittili italo-greci, che traeva dalle sue terre di Ruvo e ne riceveva, in ricambio, decorazioni e nomine accademiche. Era il suddito forse insignito di maggiori onorificenze, e delle decorazioni faceva pompa nelle occasioni solenni, quando vestiva la sua uniforme con relativo spadino e cappello piumato. Egli era il *presidente* Fenicia, ma nessuno sapeva davvero a che presedesse. Viveva a Ruvo, dove morì vecchio dopo il 1860. Non lasciava passare avvenimento, anche mediocre, senza dedicarvi qualche suo sproloquio. Aveva molto letto e la sua testa dava l'immagine di un arsenale in disordine; la sua cultura archeologica era farraginosa; superficiale e antiquata, quella nelle scienze naturali e in astronomia, nelle quali, si credeva profondo. Spesso pubblicava, in appendice ai suoi libri, le lettere che uomini eminenti gli scrivevano, nelle quali con tono ironico che egli non capiva, gli facevano le lodi più strane. Udite il sonetto di due quartine e tre terzine, che pubblicò sul terremoto del 16 dicembre, da lui definito *tosse della terra*:

> In anormal effidrosi non guari
> La terra fuor cacciò tal traspirato,
> Che ne fe' colmi e polle e fiumi e mari
> In modo ch'esondar nell'abitato.
> E perchè strana causa irregolari

Effetti di produr è dimostrato,
Di morbi n'apparir aspetti rari,
E il sistema mondial fu sconcertato.
Per l'acqua imputridita agl'infusori
Vasto campo s'aperia; e quindi guerra
Esizial menar d'invaditori.
Per l'acqua percolata in essa terra
Ostrutti ne restar meati e pori,
Ch'il tossire sgorgò di sottoterra.
Il tremuoto perciò di lei n'è tosse,
che, qual quello che i petti affanna e scuote,
Caccia gl'intoppi con boati e scosse.

Il *Nomade* ironicamente osservava: "Non vogliam tacere, che la spiegazione del Fenicia è derivata dal suo nuovo sistema che facea noto, ora è qualche anno, ai dotti del Regno e stranieri; un sistema per il quale il colera non sarebbe altro che la crittogama delle uve". Altri poi proponevano ingenuamente dei rimedii, e per un anonimo compilatore dell'*Internazionale*, una misura di prevenzione contro i terremoti doveva consistere nell'aprire, alle falde del Vesuvio, pozzi profondi, i quali penetrando sino alle viscere del monte, servissero di succursali alla bocca, che la natura vi ha aperto su in cima. Così si bamboleggiava di fronte ad un immenso infortunio.

Fu nei primi mesi del 1858, che il Re si decise ad accrescere la rete telegrafica del Regno e, a tal fine, fece redigere ed approvò un regolamento per il servizio della "telegrafia elettrico-magnetica" nei dominii di qua dal Faro. Prima d'allora, le città marittime usavano il telegrafo ad asta, e i rari fili elettrici che univano la capitale a Caserta, a Capua ed a Gaeta, servivano, quasi esclusivamente, al governo ed alla Corte. Non sempre e non tutti gli ufficii telegrafici erano aperti al

servizio dei privati, anzi erano rarissimi. Ma nel 1858 le stazioni telegrafiche aumentarono rapidamente, e le limitazioni poste all'uso del
pubblico non furono così rigorose. Ferdinando II ripartì il territorio
delle provincie continentali in sette divisioni telegrafiche, suddividen-
do gli uffici compresi in ciascuna di esse in tre classi. La prima divisione, da Napoli a Nola, comprendeva diciassette stazioni. Napoli ne
contava tre: alla Reggia, a San Giacomo ed alla ferrovia; due, Caserta:
alla ferrovia e alla Reggia; due, Capua: alla ferrovia e al gran quartiere. Appartenevano alla prima divisione le stazioni di Cancello,
Maddaloni, Santamaria, Nola, Palma, Sarno, Favorita,
Castellammare, Quisisana e Ammiragliato; e vi si aggregarono, poichè la linea delle Puglie non era ancora compiuta, le stazioni di
Avellino e di Ariano. La seconda divisione, da Capua a Terracina,
contava gli uffici di Terracina, Mola, Gaeta e Torre Orlando. Cinque
stazioni aveva la terza divisione, da Nocera a Potenza: Nocera, Cava,
Salerno, Eboli e Cosenza; tre la quarta, da Eboli a Castrovillari: Sala,
Lagonegro e Castrovillari; e tre la quinta, da Castrovillari a Paola:
Spezzano Albanese, Cosenza e Paola. La sesta divisione, da Paola a
Pizzo, contava le stazioni di Nicastro, Tiriolo, Catanzaro e Pizzo; tre
l'ultima, da Pizzo a Reggio: Monteleone, Palmi e Reggio. Di queste
stazioni, otto appartenevano alla prima classe, dieci alla seconda e
ventuno alla terza. Non era permesso ai privati di servirsi del telegrafo negli uffici di terza classe, eccettuati quelli di Santamaria, Capua,
Eboli, Ariano, Lagonegro, Rossano, Nicastro e Monteleone. La tassa
minima era per 25 parole e non progrediva, parola per parola, ma da
25 a 50 e da 50 a 100. Per l'indirizzo si concedevano cinque parole,
che non venivano calcolate.

Il 25 gennaio 1858 venne inaugurato il telegrafo elettrico sottomarino tra Reggio e Messina, e il 27 fu messo a disposizione dei privati. Ecco in quali termini, quasi venti giorni dopo, la *Verità*, giornale del prete don Giuseppe Scioscia di Pescopagano, descriveva la ceri-

monia dell'inaugurazione: "L'elettrico libero si gittò forse nei giorni antichi su i campi or detti Reggiani e Messinesi, e li disgiunse fra loro, e fra loro sospinse le onde del Tirreno, che corsero ad abbracciarsi con quelle dell'Jonio. Allora non era nata la scrittura, e la storia non ha potuto tramandare a noi ciò che i marmi inscritti non avevano rivelato a lei. Ora nuovo prodigio e faustissimo appare in que' lidi. Lo stesso elettrico, non già libero, ma schiavo della scienza, ricongiunge Reggio a Messina, Scilla a Cariddi, Cannitello ai Canzirri di Sicilia; sì che la parola va dall'una all'altra sponda *più ratta del vento*, anzi *sulle ali del fulmine* muove da ogni parte d'Europa a Napoli ed a Messina. Ciò si ottenne al grido mille volte ripetuto di *Viva il Re*, in sole due ore e mezzo del giorno 25 del p. p. gennaio nel quale breve tempo felicemente fu immerso il filo elettrico nel Faro di Messina; intraprenditore Jacopo Bozza, assistente, la Commissione scientifica della telegrafia elettrica; operanti, i capitani delle reali fregate a vapore il *Veloce*, il *Miseno* e il *Principe Carlo*. Ma questa seconda pruova della potenza elettrica non andrà perduta per volger di secoli; ma durerà con loro la pietra, su cui sarà incisa la memoria del fatto. E noi sottoponiamo a' lettori le parole che ricorderanno questo novello benefizio largito a' suoi popoli dal nostro AUGUSTO MONARCA, e tanto più volentieri ci onoriamo di tale pubblicazione, quanto più splendide ed eleganti sono quelle parole medesime, che si dettavano da quel fiore di civile e letteraria sapienza, ch'è S. E. il signor comm. D. Salvatore Murena, ministro delle Finanze e dei Lavori Pubblici". E qui seguiva una più ampollosa epigrafe latina. La *Verità* era un foglio pugnacemente borbonico. Oltre a don Giuseppe Scioscia, vi scriveva quel canonico Caruso, odiato rettore del Collegio medico, il quale ne era pure l'amministratore.

Le inaugurazioni delle "stazioni di telegrafia elettromagnetica" erano fatte, da per tutto, con pompa. V'intervenivano le autorità civili, le religiose e le militari; il clero benediceva solennemente le macchine, mettendole sotto la protezione della Madonna o di un santo. Il primo telegramma era un doveroso evviva al Re. Si sceglievano occasioni solenni per le inaugurazioni, come gli onomastici di principi della famiglia reale, o feste di Stato, o solennità religiose, e le cerimonie si somigliavano tutte. Il 19 agosto 1858, ebbero luogo le inaugurazioni degli uffici telegrafici di Procida e Pozzuoli; il 10 novembre, di Otranto e di Trani; l'8 febbraio del 1859, di Molfetta e, nell'ottobre dello stesso anno, di Chieti e di Gallipoli, dove recitò un enfatico discorso il giovane sottintendente Andrea Calenda, poi prefetto del Regno d'Italia e senatore.

La inaugurazione di Molfetta io la ricordo. Venne fatta non nella cattedrale, ma nella parrocchia di San Gennaro, prossima all'ufficio telegrafico. Dal pergamo il canonico Giovanni Panunzio, allora nel fiore di una vita senza requie, recitò un discorso immaginoso. Erano presenti il sindaco, i decurioni, il capo urbano, il console austriaco e il vescovo, monsignor Guida, che si distingueva per il suo pallore sentimentale. Il vescovo era circondato dal capitolo della cattedrale e da tutto il seminario, alunni e professori. Panunzio era uno di questi. Egli insegnava filosofia, usando per libro di testo il trattato di don Felice Toscano. Oggi è preside del collegio laico, annesso a quel seminario. La festa di Molfetta ebbe importanza speciale perchè il Re e la Corte erano a Bari, dove, cinque giorni prima, venne celebrato il matrimonio del duca di Calabria; e Molfetta, che invano aveva atteso il Re nell'andare, l'attendeva nel ritorno, per cui era stato costruito sulla spianata, detta del Calvario, un arco trionfale che portava scritto sul frontone: *Al Re Ferdinando II, la devota Molfetta.*

Segni di nuova vita economica e di un certo risveglio industriale apparivano qua e là, ma non si moveva foglia che il Re non volesse, perchè lui, solamente lui, doveva misurare il grado di benessere dei suoi sudditi e lo misurava, come quello di casa sua, con parsimonia e scarsa luce d'intelletto. Egli amava la prosperità materiale del suo Regno, ma fino a un certo punto; voleva che il suo rifiorimento non avesse nulla da fare con la politica, e non fosse incentivo di altri bisogni o desiderii. Ogni novità, la più innocua, gli dava sospetto. Amava e temeva le ferrovie; era persuaso che il commercio ne avrebbe guadagnato, ma il popolo avrebbe pagata più cara la vita. Le sue teorie d'immobilità assumevano una strana forma di sentimentalismo verso il popolo, che per lui non era l'aristocrazia e assai meno la borghesia, ma la parte più infima e numerosa, alla quale voleva che non mancasse quello che era strettamente necessario alla vita, e nulla s'innovasse in fatto di costumi e di abitudini.

O per un nuovo mercato che si aprisse, o per una nuova industria che si tentasse, o per una invenzione che si volesse applicare, occorreva un decreto sovrano, preceduto da speciale deliberazione del Consiglio dei ministri. Nel 1857 si concedeva al signor Clemente del Re il privilegio, per cinque anni, d'introdurre nei reali dominii di qua dal Faro, un nuovo metodo di applicazione delle stampe nelle maioliche sopra la vetrina, secondo la descrizione depositata presso il Real Istituto d'incoraggiamento, lasciando libero ogni altro di esercitare la stessa industria, in qualunque altro modo. Vincenzo Galise otteneva il privilegio d'introdurre la manifattura dei cappelli con ossatura di tela impermeabile; Enrico Thomas, quello di un nuovo metodo di conciar le pelli con materie minerali, e Francesco Lerario, per l'invenzione di una trivella e di un motore per il vapore d'acqua, d'aria e di gaz, prodotti da combustione. Nel 1858, il marchese Francesco e il cavalier Luigi Patrizi chiedevano il permesso di costruire due mulini sulle rive del Sebeto, in una loro tenuta presso la pianura della Bolla. Il Re concedeva tale facoltà, avuto riguardo ai vantaggi *spirituali* degli abitanti di quella pianura, al cui beneficio i richiedenti avevano promesso di far celebrare, nei giorni festivi, una messa nella loro cappella, e avuto riguardo ai lodevoli servizii che, da più anni, il marchese Francesco prestava nell'amministrazione civile di Napoli, come Eletto della città. Ad Armando Leone fu data la concessione d'introdurre nel Regno un nuovo metodo per indorare, inargentare e platanizzare i cristalli; a Tommaso Dickens, di Middleton, fu conceduto il privilegio dei suoi perfezionamenti alle macchine da filare, raddoppiare e torcere la seta; a Desiderato Danton fu data facoltà di costruire una fornace a doppio effetto, per la fabbricazione della calce e la carbonizzazione e distillazione continua dei combustibili; a Luigi Raguseo, per la costruzione dei globi terracquei artificiali a rilievo, e a Giuseppe Carabelli, la facoltà di produrre nei fornelli maggior formazione di calorico. E per uscirne, nel 1859, Amato Berard otteneva il privilegio di estrarre olii, corpi grassi ed altre sostanze solubili col solfuro di carbonio.

Queste concessioni erano date in seguito a parere del Real Istituto d'incoraggiamento, il quale era un corpo consultivo dello Stato, specialmente per i privilegi industriali e d'invenzione. Nel periodo, di cui ci occupiamo, se ne rilasciarono anche al Pattison, per nuova disposizione di perni e bronzine nelle ruote idrauliche; a Guppy, per miglioramenti alle caldaie tubulari a vapore; a Francesco Vert, per i letti a molle; a Meuricoffre e Sorvillo, per miglioramenti alle balestre dei carri delle strade ferrate; a Niccola Rossi, per macchina da innalzare l'acqua dei fiumi e animare insieme i molini; a Francesco Pignataro, per una macchina trebbiatrice *a cilindri*; al principe don Augusto Ruspoli, per molini conici alla Westrup; ad Antonio Caracciolo, per la fabbricazione della carta con le corteccie di gelso e ad altri, i quali non ebbero ricordevoli successi nel mondo industriale dell'antico Regno.

Nè le Memorie de' socii, pubblicate negli atti dell'Istituto in quell'epoca (1855-1859) sono notevoli per numero e per importanza di studii. Francesco del Giudice, che fu poi, dopo il 1860, segretario perpetuo dell'Istituto, scrisse su *istrumenti e macchine agrarie esposte in*

Francia e sulla *possibilità del loro uso nel Regno:* vi trattava di nuovi aratri, di erpici, di seminatoi, di mietitrici, di tritapaglia e molto superficialmente, come soleva. In agricoltura Giovanni Semmola scrisse una monografia sulla varietà dei vitigni del Vesuvio e del Somma e in fatto di scienza neon uniche, si ebbe una sola *dissertazione* di Felice Santangeli. Vi furono inoltre quattro memorie su argomenti di matematiche pure, scritte da Capocci, Rinonapoli, Tucci e Battaglini. Tutto questo rappresentò il lavoro del reale Istituto di incoraggiamento nell'ultimo quinquennio.

Questo Istituto, fondato nel 1806, durante il Regno francese, aveva anche per fine l'incoraggiamento di tutte le iniziative individuali e sociali, dirette all'incremento della pubblica ricchezza, ma le iniziative mancavano. L'Istituto ebbe, per alcuni anni, a suo presidente il generale Filangieri, quando era direttore generale dei corpi facoltativi. Dopo il 1848 visse una vita anemica. Vi appartenevano come socii ordinarii, onorarii e corrispondenti, scienziati illustri di ogni parte d'Italia e dell'estero, ma l'Istituto non diè che ben magri risultati, come si vede consultando i suoi atti.

Erano frequenti anche le concessioni di fiere e di mercati. Il Regno era povero di vie di comunicazione; i bisogni del commercio sempre più insistenti, e i Comuni chiedevano e facilmente ottenevano la facoltà di tener fiere o mercati, almeno una volta l'anno. Avevano celebrità, in tutto il Regno, le fiere di Foggia, di Barletta, di Gravina, di Salerno, di Aversa, di Caserta, di Chieti e di Atripalda. Si contrattava principalmente in bestiame, e la fiera di Foggia era il gran mercato delle lane di Puglia. I liberali ne approfittavano per riunirsi senza sospetto e per manifestar voti, quasi sempre platonici. Erano le fiere anche uno scambio di conviti e di ospitalità, pericolose occasioni a giuochi d'azzardo, ma fortunate circostanze per annodar matrimonii. In tante famiglie di provincia si ricordava con compiacenza, che il matrimonio del nonno, o quello dei proprii genitori era stato concluso, o n'erano state iniziate le trattative in una fiera, o in una fiera i giovani si erano veduti e innamorati. E si ricordavano pure grosse perdite al giuoco, non essendo raro il caso, che ricchi possidenti, andati alle fiere di Gravina o di Foggia a vender bestiame, ne tornassero senza bestie e senza quattrini, perduti a *zecchinetto*. Caserta aveva due fiere: una straordinaria il giorno dell'Ascensione, sulla spianata della piazza d'armi, dove erano menati gli animali rimasti invenduti alla fiera di Aversa; e una ordinaria, dal 24 al 31 agosto, oltre il mercato ogni sabato. Il Re interveniva talvolta alle fiere di Caserta e si mescolava ai compratori e venditori, facendo anche degli acquisti. Era intelligente conoscitore di cavalli. Vincenzo Buonfiglio, ricco allevatore di Caivano, portò, una volta, in una delle fiere di Caserta, due puledri molto belli. Il Re conosceva il Buonfiglio ch'era sua guardia d'onore. Osservate le bestie, disse al padrone: *"Quanto ne vuò di sti pulidri?"* [1] Rispose il Buonfiglio, non senza imbarazzo: *"Con vostra Maestà non si fa prezzo"*. Ma insistendo il Re, il Buonfiglio ne richiese cinquecento ducati. E il Re: *"Ssò troppo: te ne dò quattociento, e te faccio no bello regalo"*.[2] E acquistò i puledri per quel prezzo, e regalò al Buonfiglio un *phaeton* da caccia, alto e forte, che il Buonfiglio tenne nella sua scuderia per molti anni.

Il risveglio economico si manifestava in altri modi. Nel 1857 veniva approvata l'istituzione di una Società anonima di *Assicurazioni marittime*, sotto il titolo: *La stella polare*, "con facoltà di stabilire succursali nel Regno e all'estero"; e, su proposta di Stanislao d'Aloe, era approvata una Compagnia industriale agronomica napoletana. Con decreto del 3 febbraio 1858, datato da Gaeta e controfirmato dai ministri Murena e Troja, si autorizzava il Banco a fare ai negozianti

---

[1] Che prezzo vuoi di questi puledri?

[2] Son troppi: te ne do quattrocento, e ti fo un bel regalo.

prestiti di somme garantite dalle merci, depositate nei magazzini della dogana di Napoli. Le cambiali dovevano portare tre firme e scadevano dopo cinque mesi, ma il Reggente del Banco poteva prorogarle fino a sei.

Altro atto notevole nell'anno 1858 fu quello di permettere per un mese e mezzo, dal primo marzo al quindici aprile, l'esportazione delle fave, col dazio di grana 40 il cantaio, delle minori civaie e del grano con forte dazio. È noto che i prodotti agricoli erano soggetti a dazio di esportazione; anzi, per alcuni, l'esportazione era assolutamente vietata. Il nuovo provvedimento liberale fu a Ferdinando II consigliato dalla commissione per la revisione delle tariffe doganali, da lui istituita nel 1856. La presedeva Murena, e n'era uno dei membri più influenti Raimondo de Liguoro, già direttore generale delle dogane e antico fautore della libertà di commercio. Il Murena era invece protezionista; e quando Francesco II ne accettò più tardi le dimissioni da ministro e da presidente della commissione, ne divenne semplice componente, succedendogli nella presidenza il De Liguoro. Murena scrisse allora al De Liguoro una lunga lettera, scusandosi di non intervenire alle adunanze, perchè vi si sarebbero discussi provvedimenti contrarii ai suoi principii protezionisti. Ed il Re, cui fu mostrata questa lettera, disse, sorridendo: "*Murena è persona degnissima e conservatore, ma qualche volta conservatore* outré". In quegli anni, gli olii di oliva oscillarono dai 26 ai 27 ducati: i calabresi di Rossano e di Gioia, più dei pugliesi di Bari e Gallipoli. Le mandorle si tennero tra i 25 e i 26 ducati; i grani, tra 21 e 22 carlini; per i fagioli bianchi non variò il prezzo di 17 carlini e le fave salirono da 11 ½ a 12. Il cacio di Cotrone si quotava 20 ducati e un carlino il cantaio, e quello di Sicilia, 20 ducati. La rendita 5 % oscillò da 115 a 116 ¾.

Si costruivano poche strade, pochi ponti e molte chiese; ma, anche per queste, tutto si faceva stentatamente; anche per i cimiteri, essendo per la sepoltura permesse ancora le chiese. I bisogni del Regno, in fatto di lavori pubblici, erano immensi. Nell'ottobre del 1858, s'inaugurarono i lavori della strada della Sila, alla presenza delle autorità ecclesiastiche e civili e, pochi giorni dopo, il Re con la Regina, i figli maggiori e pochi ufficiali superiori scortati da gendarmi a cavallo, si recarono a visitare il ponte Farnese sul Liri, presso il villaggio d'Isoletta, frazione del comune di Arce. Approvata l'opera, dovuta alla perizia dell' ingegnere direttore, Ferdinando Rocco, il Re volle proseguire per la via che mena ad Arce. Guidava egli stesso il *phaeton*, in cui era la famiglia. A un certo punto di quella magnifica e ferace campagna, alla quale fan corona le ultime propagini dell'Apennino abruzzese, il Re fermò i cavalli, e, chiamati i sottoprefetti di Gaeta e di Sora, che lo seguivano, Francesco Dentice d'Accadia e Giuseppe Colucci, domandò loro come si chiamassero tutti i ridenti paesi, che sorgevano alle falde di quei monti. Saputo che si chiamavano Fontana, Arce, Rocca d'Arce, Roccasecca, Colle S. Magno, Palazzolo Castrociello, uscì in queste parole: "*Ecco, così dovrebbe essere tutto il Regno: la domenica, suona la campana, e si riunisce il Decurionato. Si delibera, e poi ciascuno torna alla campagna e al lavoro; mentre nelle città....*" e qui s'interruppe. Proseguendo per Arce, giunse al bivio dove si stacca il tronco che conduce a Coprano, ed arrivato in quella cittadina, desiderò di salutare il marchese Ferrari, non so se fratello o padre di monsignor Ferrari, ministro delle finanze di Pio IX. Scambiati con lui alcuni complimenti avanti al suo palazzo, tornò indietro, senza scendere dal legno e rientrò a Gaeta a tarda sera.

Altri segni di risveglio non mancavano, e le Società Economiche vi contribuivano, secondo il loro potere. Queste Società, delle quali ogni provincia ne aveva una, erano veramente più accademie che sodalizii diretti a migliorare l'economia del Regno e promuovervi l'industria, l'agricoltura e il commercio. Ma ad esse non era dato fare di più, e tutte gareggiavano a chi contasse maggior numero di socii onorarii e corrispondenti, scelti tra i più alti funzionarii dello Stato e i più noti cultori di studii economici e sociali. Quella di Chieti era tra le più operose, perchè manteneva una scuola di disegno per la figura, dove insegnavano i pittori Marchiani, padre e figlio, che aprirono poi una litografia, la prima ad essere istituita negli Abruzzi, ed ebbero come discepolo un vispo fanciullo di Tocco Casauria, il quale, per aver eseguito un disegno a pastello alla piccola esposizione annua che apriva la stessa società, meritò un sussidio mensile di sei ducati e fu mandato a studiare a Napoli. Quel giovane che divenne, via via, artista sommo, è il Michetti. Nei sussidii e negl'incoraggiamenti artistici quelle Società spendevano di più, e quanti genii incompresi di pittori e di scultori non furono vanamente sussidiati! Certo il risveglio sarebbe stato maggiore, se le comunicazioni interne e quello tra il Regno e il resto d'Italia, fossero state men disastrose; se l'iniziativa privata non avesse avuto l'obbligo di sottostare al beneplacito del Sovrano, e se nelle mani di lui non si fosse accentrato, non solo il potere politico, ma il principio di ogni benessere economico e sociale. Questo doveva aprirsi faticosamente la via tra prevenzioni, sospetti e lentezze burocratiche e doveva superare le difficoltà del pregiudizio grossolano, dello scetticismo e delle paure immaginarie di un Re senza ingegno.

Quel che fosse il commercio, avremo occasione di vedere in uno dei prossimi capitoli. Quanto all'industria, i soli veri centri industriali erano la valle del Liri, la valle dell'Irno e quella del Sabato. Nel circondario di Sora fiorivano quattro cartiere: quella del Fibreno, di proprietà del conte Lefebvre; un'altra, appartenente ad una società napoletana, diretta dal belga Stellingwerf; una terza di Roessinger e una quarta di Courier. Eravi inoltre la grande fabbrica di panni-lana di Enrico Zino, che forniva l'esercito del panno color *rubbio* per i calzoni della fanteria. Altre fabbriche di pannilana le esercitavano Polsinelli e i fratelli Manna, in Isola del Liri; Pelagalli, Ciccodicola,

Sangermano e Bianchi, in Arpino; Lanni, Picano e Cacchione, a Sant'Elia Fiume Rapido. Ricordo inoltre la grande cartiera dei Visocchi in Atina e ricordo pure che il governo esercitava le miniere di ferro in San Donato Val di Cornino, e il minerale veniva poi trattato in una *magona*, espressamente costruita nel territorio di Atina, fra il 1857 e il 1858. Sul Sarno, sull'Irno e sul Sabato erano le fabbriche di cotone, di lino e di lana, fondate da industriali svizzeri, francesi e anche nazionali, le quali prosperavano, unicamente per il sistema protezionista che informava la legislazione doganale del Regno. Il circondario di Sora poteva dirsi la Manchester del napoletano. Insieme alle industrie vi fiorivano i buoni studii, pe' benefici influssi della storica abbazia di Montecassino e del buon collegio Tulliano di Arpino, che i gesuiti non giunsero mai ad abbattere. Appartenevano a quel circondario Antonio Tari, di Terelle; Ernesto Capocci, di Picinisco; Giustiniano Nicolucci, d'Isola del Liri, oggi professore nell'Università di Napoli, Giuseppe Polsinelli e Angelo Incagnoli, di Arpino, l'ultimo dei quali in gioventù pubblicò alcune lezioni di storia della filosofia, e fu poi deputato e morì amministratore del Fibreno; Giustino Quadrari, di San Donato Val di Cornino, interprete dei papiri ercolanesi, e Giacinto Visocchi, di Atina, morto innanzi tempo per un'infermità contratta in un acquedotto, dove si era dovuto rifugiare, per sottrarsi alle persecuzioni della polizia, della quale era strumento in quel comune un famigerato capo urbano.

Quando con un tratto di penna sotto la dittatura, il protezionismo venne abolito, queste poche fiammelle dell'industria napoletana si vennero via via spegnendo; e solo sopravvissero le poche fabbriche alle porte di Napoli, cioè le concerie di pelli e gli stabilimenti metallurgici, fondati da industriali stranieri, e la fabbrica di vetri al Granatello fondata dal Bruno. Si difesero, anzi qualcuna rifiorì, come la fabbrica di vetri. Pietrarsa invece soggiacque a un destino avverso, e fu vergogna dei nuovi tempi.

Il primo, che scrisse un serio lavoro a Napoli sul taglio dell'istmo di Suez considerato in rapporto ai vantaggi possibili per il commercio napoletano, fu Guglielmo Ludolf. Il Lesseps avea publicato nel 1855 il suo famoso libro: *Percement de l'istme de Suez*, e nell'anno seguente il Ludolf, che certo avea tenuto presente quella pubblicazione, scrisse nel *Museo di scienze e letteratura* sullo stesso argomento, quasi con identico titolo. Dopo avere accennato all'idea che gli antichi avevano avuta, di congiungere il Mediterraneo al Mar Rosso, e ricordato il commercio rimasto fiorente per l'Italia fino a quando il Mediterraneo fu la strada esclusiva per le Indie, lo scrittore napoletano passava a considerare sotto quali condizioni quest'antica strada, per il taglio dell'istmo, andava a riattivarsi, e come dovevano per necessità rifiorire in Italia prospera la navigazione ed il commercio. Egli dava una statistica della marina mercantile de' varii Stati italiani in quegli anni, notando che sopra un totale di 16 391 bastimenti italiani, il Regno di Napoli ne contava 9174, e su 486 567 tonnellate, questo ne contava 213 197. Deduceva da ciò che i porti di Messina, di Palermo, di Cagliari e di Napoli, come i più vicini all'Egitto, sarebbero divenuti altrettante cospicue stazioni della strada delle Indie, e Genova e Venezia avrebbero raccolto il commercio della Germania e della Svizzera. Riteneva incalcolabili i frutti, che l'Italia meridionale avrebbe tratto dalla riattivazione dell'antica strada delle Indie; e notando che il Regno delle Due Sicilie era uno Stato essenzialmente produttore e non consumatore, reclamava, in vista del nuovo e vastissimo orizzonte che si apriva agli scambi commerciali del mondo, la massima libertà di commercio. Bellissimo studio che levò molto rumore. Guglielmo Ludolf era, com'è noto, incaricato d'affari in Baviera.

Com'è triste il considerare oggi, dopo più di quarant'anni dai giorni in cui si nutrivano tali speranze, che mancarono nel paese tutte le condizioni per vederle realizzate. Se la posizione geografica del Regno lo metteva, aperto il canale di Suez, in grado di trarne più di ogni altro paese il maggior vantaggio, pur troppo mancava ogni preparazione per divenire più tardi centro di commerci, di scambi, di depositi, di trasporti. Dove trovare la necessaria coltura commerciale, lo sviluppo del credito, l'ordinamento bancario, i *docks*, i magazzini generali, l'attività dei cittadini? Fin dal 1858, undici anni prima dell'apertura del canale, l'Inghilterra, l'Olanda, la Francia, la Russia, gli Stati Uniti di America avevano ottenuto le grandi agevolezze commerciali col Giappone; e il Re di Napoli non pensava che a costruir chiese e a trovare una moglie al principe ereditario! Nè, dopo il 1860, vi si dimostrò più preparata la nuova Italia. A nulla valsero i lieti augurii che il buon ministro Luigi Torelli trasse dal fatto, che ad attraversare il canale di Suez, i primi due legni furono del mezzogiorno di Italia, anzi pugliesi, due barche pescereccie di Trani, di dieciotto tonnellate ciascuna!

A Napoli i bolli postali furono istituiti da un decreto reale del 9 luglio 1857, controfirmato da Troja e da Murena, decreto che imponeva l'obbligo di affrancare giornali e stampe, ma quanto alle lettere e ai plichi era in facoltà di chi li spediva, pagare lui la spesa, applicandovi i francobolli, o farla pagare al destinatario, inviando la lettera o il plico senza affrancarli.[3] Il bollo si annullava con un timbro nero, che portava impressa la parola: *Annullato*. Furono create sette specie di francobolli, da mezzo grano, da 1, da 2, da 5, da 10, da 20 e 50 grani. Nell'interno del Reame ogni lettera di un foglio era soggetta ad un bollo di due grani; ogni lettera, nella stessa città, ad un grano. Lo stesso decreto stabiliva pure tre spedizioni postali per settimana nell'interno e sei per Terracina. Disponeva, infine, che oltre i procacci

---

[3] I. B. MOENS, *Timbres de Naples et de Sicile; Bruxelles, au bureau du journal Le Timbre Poste*, 1877. Libro raro, perchè tirato in soli 108 esemplari su carta d'Olanda.

attuali (*piéton*) sarebbe stabilito un *piéton en poste*, che partirebbe una
sola volta la settimana da Napoli a Lecce, da Napoli a Teramo, da
Napoli a Campobasso e viceversa.

Prima di adottare definitivamente un tipo di francobollo, furono
proposti varii disegni al Governo. Uno dei primi disegni, che gli storici non sono riusciti a determinare se sia stato inciso a Napoli, o da
un tal Lefebvre in Inghilterra, rappresenta la testa di Ferdinando II,
che non si sa, se per caso o ad arte, l'incisore fece simigliantissima al
profilo di Tiberio. Comunemente vi erano rappresentati i gigli, il
cavallo e la Trinacria. La prima emissione dei francobolli avvenne nel
capodanno del 1858. Li incise Luigi Masin di Napoli, e li impresse a
colore su carta filigranata Gennaro de Majo. Ma avevano una grandezza da 42 per 29 millimetri e durarono in uso sino al 1° aprile del
1861. Per rispetto alla *sacra* immagine del Re, il timbro d'annulla-
mento si metteva sulla parte del francobollo, dove si vedeva
rappresentata la Sicilia. Erano di vario colore, però esclusi il verde e il
rosso, perchè potevano prestarsi a combinazioni e manifestazioni
politiche, secondo una lettera ufficiale del ministro delle finanze al
luogotenente di Sicilia in data 23 novembre 1857.

Il 28 febbraio 1858, il Re stando a Gaeta, approvò i tipi di francobolli per la Sicilia e l'effigie del Sovrano fu incisa dall'Aloysio Iuvava.

CAPITOLO XII

SOMMARIO: Carlo Troja – La sua storia d'Italia nel Medio Evo – Il ministero del 3 aprile, suoi errori e ingenuità – Il Troja durante la reazione – Sua deposizione nel processo del 15 maggio – I neoguelfi di Napoli – Malattia del grande storico – Don Ferdinando al letto di suo fratello – Morte ed esequie – Quel che ne dissero i giornali – Una coraggiosa e vana proposta – Il *Veltro allegorico* – L'epigrafo dell'abate Fornari – Il testamento – Le carte ed i libri di Carlo Troja – La biblioteca dei Girolamini – Gli *Annali* del Muratori e le postille del Troja – Il padre Mandarini, il padre Spaccapietra e il padre Capecelatro – Desiderii e proposte – Articoli di Carlo Troja nel *Tempo* sulla questione siciliana del 1848 – Il libro di Giuseppe del Giudice – Chi potrebbe scrivere un libro completo sul Troja – Un documento curioso e inedito.

Carlo Troja fu il vero grande storico napoletano di questo secolo. Il nome suo è congiunto indissolubilmente alla storia d'Italia e a quella dell'antico Reame. Al suo senso storico si deve se il Medio Evo non fu più una tenebra per gli studiosi. Frugando egli stesso negli archivii di Montecassino, di Subiaco, di Farfa, di Cava, di Ravenna, di Bologna, di Roma, di Gubbio e di Firenze, il Troja mise insieme così larga copia di notizie e documenti, da poter lui, meridionale, anzi pugliese di origine, nato nella Corte borbonica, la meno nazionale delle Corti italiane, e figliuolo del medico privato di Maria Carolina, scrivere la prima storia d'Italia del Medio Evo, con spirito e sensi italiani. Viaggiava per l'Italia centrale tra il 1824 e il 1828 e gli era compagno un giovine, che poi fu illustre uomo e lo amò teneramente, Saverio Baldacchini. Ebbero in Bologna signorile ospitalità dal conte

Giovanni Marchetti e in casa Marchetti convenivano i migliori spiriti di allora. Temi favoriti di quelle conversazioni erano gli studii danteschi. In tale ambiente l'ammirazione e l'amore per Dante, già grandi nel Troja, presero forma più entusiastica e concreta insieme, e gli studii dello storico si fermarono sul grande poeta. Troja diceva in quei giorni di amare Dante più di prima, perchè, lontano dai parenti e dalla patria, gli pareva d'intendere meglio l'animo del poeta e le perturbazioni e gli affetti varii, che dovevano agitarlo. E fu principalmente per le esortazioni del Marchetti, che pubblicò nel 1826 a Firenze, il *Veltro allegorico di Dante Alighieri*, che aprì un campo nuovo di ricerche e di polemiche, rivelò Dante uomo operativo e umano, quale fu davvero, trasportò la *Divina Commedia*, come notò il Trevisani, nel bel mezzo della storia italiana e la fece apparire il dramma più vivo, il riflesso più puro e spontaneo di tutt'i pensieri ed affetti, che agitavano i tempi in mezzo ai quali proruppe quel canto. E rivissero gli uomini di Dante, furono illustrati con vera passione i luoghi da lui percorsi e più conosciuto e amato il poeta. Gli studii sul *Veltro* sollevarono una vera rivoluzione nel mondo della cultura, e il nome di Carlo Troja divenne celebre in tutta Italia. Certo gli studii posteriori han tolta importanza a quel libro; han dimostrato al lume della critica e con l'esame di nuovi documenti, che lo storico napoletano s'ingannò, personalizzando il *Veltro*; che lavorò più di fantasia che di critica, ma pochi libri suscitarono tanto interesse politico e letterario e lasciarono più forte segno nella storia della cultura umana, quanto ne suscitò e ne lasciò il *Veltro allegorico*. Riportiamoci a più di settant'anni fa. Dagli studii sulla *Divina Commedia* e sui tempi di Dante, egli fu condotto ad immaginare largamente la sua storia del Medio Evo, sembrandogli opera inutile le ricerche secondarie, avanti di risalire alle origini. E alle origini risalì, e in un tempo in cui pochi conoscevano la storia dei barbari e tutti confondevano le varie razze barbariche, Carlo Troja ne ricercò a fondo le vicende e le distinse. Egli ritenne che i longobardi distruggessero ogni vestigio del nome e del diritto romano nei paesi da essi conquistati, e cercò provare che i Romani furono ridotti dai Longobardi in una condizione quasi servile. Questa è, anche oggi, una delle tre idee fondamentali rispetto a quel periodo di storia politica e di storia del diritto. I viaggi e gli studii storici compirono e rafforzarono in Carlo Troja il sentimento dell'italianità. Per lui le vicende medioevali non erano cosi disordinate e confuse, come apparivano ai più; il Medio Evo per Troja non fu, in sostanza, che la lotta del romanesimo con la barbarie, la quale, prima vittoriosa, fu poi alla sua volta domata e romanizzata. Roma e il papato mantennero l'unità in quel caos di principii, di uomini e di cose, onde si venne via via formando una certa conformità di sentimenti e un po' anche d'idee, in modo che nel secolo duodecimo, se non può riconoscersi un popolo con carattere e lingua propria, non si distinguono più romani, nè longobardi; e se non usata dappertutto, è intesa quasi dappertutto la lingua volgare. La critica storica ha oggi indebolita l'opinione di Troja circa la condizione dei vinti romani, riconoscendo che, in molti casi, la sua buona fede venne sorpresa, specialmente da ecclesiastici, con carte e diplomi falsi; la stessa critica ha trovato molto da ridire sul metodo da lui adoperato nell'esame dei documenti storici e sulle conseguenze che ne trasse, qualche volta fantastiche o arbitrarie; nuove scoperte hanno accresciuto il materiale, sul quale lavorò Carlo Troja: ma l'opera sua, per il tempo nel quale si svolse, per la singolare erudizione e la portentosa memoria di lui, occupa ed occuperà uno dei primi posti nella storia della nostra cultura.

L'uomo, che concepiva l'Italia come un'unità nel Medio Evo, che di un'Italia parlava e una storia italiana scriveva, doveva apparire, nel 1848, come il più adatto a comprendere le alte necessità del momento, e a stare a capo di un ministero *italiano*, che costringesse

Ferdinando II ad entrare decisamente nella via delle riforme politiche ed a prender parte alla guerra dell' indipendenza. Il Troja contava allora sessantaquattro anni ed era malato di gotta. Ciononostante, mise insieme il ministero del 3 aprile, composto di bravi uomini e di giovani audaci, i cui sentimenti d'italianità erano molto caldi, ma nessuno di loro aveva esperienza di governo e tutti avevano fatta la loro cultura politica sui libri. *"Era pur esso, il ministero,* scriveva il Massari,[1] *disarmato in faccia all'agitazione, ed essendo sinceramente liberale, rifuggiva dall'adoperare la forza materiale per rimettere l'ordine"*. Ideologi i ministri, e più ideologo il presidente del Consiglio, ritenevano che il passaggio dal vecchio al nuovo regime si dovesse compiere con moderazione e saggezza. Rifuggivano dalle misure estreme, anzi da ogni atto di resistenza, e furono travolti dalla bufera del 15 maggio, che avrebbero dovuta prevedere ed evitare. Sarebbe bastato uno squadrone di cavalleria per spazzare Toledo nelle prime ore di quei giorno, come scrisse il Settembrini.

Ma il gran merito del ministero Troja fu quello di aver indotto Ferdinando II a mandare 15 000 uomini in Lombardia, e ad affidarne il comando a Guglielmo Pepe. I liberali avrebbero dovuto dar prova di senno, ma, tranne ben pochi, seguitarono ad agitarsi e ad agitare malamente. Mentre i reazionarii accusavano i ministri come traditori, affermando che la guerra di Lombardia era tutta a vantaggio di Carlo Alberto, i liberali parlavano anch'essi di tradimento e insultavano goffamente il Re e la dinastia. Accuse, violenze e paure da una parte e dall'altra, produssero il 15 maggio. In quella triste giornata, Carlo Troja era in letto, tormentato dalla gotta. Abitava alla Foresteria nel piccolo appartamento al mezzanino sull'angolo, verso il Grottone. Quasi tutt'i ministri e parecchi deputati di maggiore

[1] *I Casi di Napoli, del 20 gennaio 1848 in poi*. Seconda edizione riveduta e corretta dal prof. G. ORLANDI. - Trani, V. Vecchi, 1895.

autorità si trovavano raccolti presso di lui e, fra questi, Domenico
Capitelli che poi fu presidente della Camera. I ministri Scialoja,
Dragonetti e Conforti erano alla Reggia a supplicare il Re perchè
facesse cessare il fuoco e ritirare le truppe, uscite di caserma senza l'ordine del ministro della guerra; e quando vennero dal Re bruscamente licenziati, corsero dal presidente del Consiglio a rendergli conto
della fallita missione. Furono momenti di estrema angoscia per tutti,
e più per quel venerando uomo che aveva sognata un'Italia indipendente, libera e saggia. Il giorno innanzi, trascinandosi a stento, era
andato alla Reggia e narrava che, sopraffatto dalla gotta, si era buttato sopra un divano, mentre il Re sfogliava nervosamente i vocabola-
rii, per trovare il significato di quella parola *svolgere,* che non fu piccolo pretesto dell'eccidio del giorno dopo. La sera del 15 maggio
Carlo Troja non era più ministro. Gli successe il principe di Cariati,
col Bozzelli, Torella e Ruggiero: ultimo ministero costituzionale che
fu licenziato quattordici mesi dopo, per dar luogo a quel ministero
ruvidamente reazionario, di cui fu presidente e anima Giustino
Fortunato, e furono ministri Ferdinando Troja, fratello di Carlo e il
cognato di lui, Pietro d'Urso. Strana vicenda questa di due fratelli,
uno dei quali rappresentò, per quarantadue giorni, l'*idea nazionale*,
con un Re che non l'aveva, in una Corte che l'abborriva, in un Regno
che non la capiva; mentre l'altro stette al governo otto anni e rappresentò, con poco illuminata coerenza, l'idea reazionaria, l'interesse
dinastico sino all'ultimo e la più cieca superstizione religiosa, tanto
cieca che non pareva sincera.

Meno per l'autorità del suo nome e della sua dottrina, che per gli
stretti legami di così influente parentela, Carlo Troja non soffrì persecuzioni, nè ebbe processi, come i suoi amici e i colleghi del celebre
ministero. Tornato alla quiete degli studii, la folla si diradò attorno a
lui, ed egli se ne doleva, perchè la conversazione era il suo unico svago

e la miglior medicina ai suoi mali. Si compiaceva soprattutto di conversare coi giovani, per i quali sapeva trovare le parole più acconcie e gli argomenti più grati, rendendo il suo discorso erudito e geniale per i numerosi aneddoti, serii e faceti, che graziosamente raccontava. Una sera, tra le altre, erano in casa sua, il Manna e il Trevisani, suoi amicissimi, e il giovane Carlo Cammarota che il Troja amava, pregiandone la cultura e l'animo. Si parlava dei fatti del 1848 e il Manna gli chiedeva alcune notizie di politica estera, concernenti il ministero del 3 aprile, del quale egli Manna faceva parte, e il Troja interruppe: "*Ma non ricordate, don Giovanni, che la politica estera la faceva il Re, e io sapeva le notizie politiche dal* Lampo?". Il *Lampo* era un giornaletto popolare di allora. Frequentavano la sua casa que' pochi napoletani, rimasti fedeli, ma senza gli entusiasmi di prima, alla scuola neoguelfa, che aveva nei primi e più fortunati mesi del 1848 governata l'Italia, con Balbo e Gioberti in Piemonte; con Gino Capponi, a Firenze; con Mamiani e Rossi a Roma; con Casati e Borromeo a Milano; con Manin a Venezia e con lui, Carlo Troja, a Napoli. Scuola politica che non ebbe più fortuna, dopo i disastri del 1848 e il voltafaccia di Pio IX. I neoguelfi di Napoli, che s'ispiravano in Carlo Troja, riconoscendolo come il santo padre della scuola, erano ecclesiastici e laici, i quali credevano conciliabile la fede religiosa con una libertà illuminata e moderata. Ricordo i tre padri cassinesi, Luigi Tosti, Carlo de Vera e Simplicio Pappalettere, il padre Alfonso Capecelatro e don Vito Fornari; e tra i laici, Domenico Capitelli, Giuseppe Ferrigni, Giovanni Manna, Saverio Baldacchini, Giuseppe Caprioli, il marchese D'Andrea, Alfonso Casanova, Niccola Corcia, Francescantonio Casella e quel Gaetano Trevisani, che amò il Troja di amor filiale e ne fu riamato, che del Troja scrisse la vita e non gli sopravvisse che di un anno. Mente elettissima, Gaetano Trevisani fu quasi il San Giovanni del grande storico, il quale con parole piene di affetto lo ricordò nel suo testamento. Oltre ai neoguelfi, frequentavano la casa di Carlo Troja giovani eclettici, o dalle idee manifestamente ghibelline, i quali riconoscevano in Antonio Ranieri il rappresentante del ghibellinismo di allora, un ghibellinismo più rettorico che reale, ma amavano il Troja quasi sino all'adorazione.

Ricordo tra costoro Gennaro de Filippo, Carlo de Cesare, Marino Turchi, Francesco Saverio Arabia, Federigo Quercia, Francesco Pepere, Emilio Pascale, Salvatore de Renzi, Carlo Cammarota e Giuseppe del Giudice. Furono, questi e quelli, gli amici degli ultimi anni e che più trepidarono per la sua vita e ne scrissero, dopo la morte, con ammirazione quasi idillica. Due anni prima di morire, il Troja pubblicò alcune dissertazioni dantesche sul vecchio tema del *Veltro allegorico* dei Ghibellini, e fu per gli amici di lui un avvenimento addirittura straordinario. Nel *Museo di scienze e lettere*, Giovanni Manna discorreva del *Veltro* e dell'interpretazione storica della *Divina Commedia*, dimostrando che le ricerche del Troja diedero agli studii danteschi un più sicuro indirizzo. Carlo de Cesare ne scriveva con enfasi nell'*Archivio Storico* di Firenze, di cui era corrispondente; Federico Quercia nel *Nomade* e Alfonso Casanova in una sua lettera a Carlo Morelli, in data 30 gennaio 1856, annunziava la pubblicazione del Troja con parole addirittura esaltate.[2]

Quel buon vecchio suscitava così vivace entusiasmo fra i giovani colti, non solo per l'importanza delle sue opere e per la sua simpatica e bonaria figura, a cui i candidi capelli aggiungevano venerazione, ma perché rappresentava tutto un passato di speranze liberali e il nome suo ridestava la fede in un avvenire migliore. Storico, letterato, giornalista, presidente del ministero del 3 aprile, gli entusiasmi per lui si confondevano con gli entusiasmi per la libertà della patria.

---

[2] Lettere di Alfonso Casanova a Carlo Morelli. - R. DE CESARE, *Una famiglia di patriotti*. Roma, Forzani, 1888.

I dolori artritici rincrudirono ai primi del 1858, costringendo don Carlo, che li sopportava con grande rassegnazione e paragonava il suo stato alla *miseria del maestro Adamo*, a star sempre in letto. Nel maggio si manifestò un leggiero miglioramento, ma fu di breve durata. Il male si aggravò e rese inevitabile e prossima la catastrofe. Quattro giorni innanzi la sua morte, furono a vederlo don Luigi Tosti e don Carlo de Vera, che egli accolse con grande compiacimento, trattenendoli in discorsi di storia e letteratura. Chiese di don Vito Fornari, ma questi, gravemente infermo, non fu chiamato. Il canonico don Andrea Ferrigni lo confessò e gli somministrò il viatico. Il Ferrigni era professore di sacra scrittura all'Università e fratello di Giuseppe Ferrigni. Al presidente del Consiglio dei ministri, che andò a visitarlo il giorno prima della morte, don Carlo disse, sorridendo: *"signor presidente e caro fratello, tutto è proceduto in regola"*, volendo assicurarlo che si era confessato e comunicato. E assistito dalla moglie, dal Trevisani e da pochissimi intimi, Carlo Troja spirò all'alba del 28 luglio 1858.

Il 29, nelle ore pomeridiane, si fecero le esequie, modestissime. Pochi frati, pochi preti. Nessun'accompagnamento ufficiale com'era naturale, nè di rappresentanze pubbliche; nessun discorso in casa o in chiesa. Prima che la salma fosse composta nella bara, Sabino Loffredo, giovane di ardenti spiriti, oggi consigliere della Cassazione a Napoli e scrittore della storia di Barletta, compiè un atto che parve temerità: tagliò furtivamente una ciocca dei bellissimi capelli bianchi del Troja che ancora conserva. Gli amici più giovani e più animosi ne seguirono il feretro. Erano in tutti una trentina e, tra quelli che ho ricordati dianzi, notavasi un giovane non ancora ventenne, Francesco Bruni, ora consigliere di Cassazione in Roma, cui il Troja voleva gran bene perchè raccomandatogli dal Trevisani. Il presidente del Consiglio dei ministri non si fece neppure rappresentare, ma prese il lutto per la morte del fratello, perchè, nonostante fossero politicamente agli antipodi, essi si amavano. E difatti don Carlo non soffrì processo per gli eventi del 1848, anzi potè continuare la pubblicazione della storia d'Italia e del Codice diplomatico longobardo alla stamperia Reale, a spese di questa. Depose come testimone a favore di Saverio Barbarisi e di Pier Silvestro Leopardi nel processo del 15 maggio, e la deposizione fu *resa in sua casa*, come dice il verbale, al noto giudice Morelli, assistito da un cancelliere. In quel giorno trovavasi presso il Troja don Vito Fornari, e il Troja lo pregò di rimanere e di assistere all'interrogatorio. Eccolo originalmente:

Pag. 5^t-6.– Il testimone Carlo Troya, udito sul tenore tanto di questa, che della 17ª posizione a discarico, risponde uniformemente alle medesime, spiegando, che la riforma sulla Camera dei Pari era a quel tempo la bandiera dell'agitazione di tutto il Regno, e vi era il Zuppetta uno dei propugnatori. Che questa pretensione dell'abolizione della Camera de' Pari, e il desiderio della Costituzione del 1820, col suffragio universale, erano volute e spinte innanzi, specialmente nel Circolo installato in questa Capitale sotto il titolo *del progresso*, di cui ignora i componenti, nonchè il luogo dove si riuniva. Che intanto tutto il Ministero di allora, nulla curando le minacce, che da quel Circolo e dalle provincie venivano, ad un movimento armato per deporre il Ministero, onde sostenere quelle pretese, si tenne fermo ne' suoi principii, ed il giorno 13 maggio sottoscrisse il decreto, portante la nomina de' Pari. Che in conseguenza, col ritorno di Barbarisi si trovò già compiuto quel fatto, a di cui sostegno era stato il medesimo colà inviato, e che si era determinato a spedirlo in quelle provincie, per aver saputo che il medesimo, come commissario di polizia in aprile 1848, avea più volte sedato dei disordini, che venivano minacciati nel caffè così detto *di Buono*. Che la precisa missione data dal testimone a Barbarisi fu quella di vegliare sulle mosse del Zuppetta, e presentare l'argomento de' Pari, esortando di cessare dalle vie illegali e facendo delle petizioni al futuro Parlamento.

Che comunque da taluno fosse osservato non poter tal missione di Barbarisi riuscir proficua, per essere un commissario di polizia, tuttavia il ministero rimase fermo, pensando che lo stesso Barbarisi era stato eletto deputato da due provincie.

Pag. 21^t-22. – Troya depose avere conosciuto Leopardi, se non erra, nel marzo 1848, quando ritornò di Francia, ma non vi tenne altro discorso che in qualità di letterato. Che in seguito, dallo allora ministro degli esteri marchese Dragonetti, fa il Leopardi proposto per ministro plenipotenziario in Torino. Tutto il Ministero applaudi per la buona opinione che godea il Leopardi, e di fatti fu a tal carica nominato.

Bisogna notare che Saverio Barbarisi fu uno dei condannati a morte, e Pier Silvestro Leopardi all'esilio perpetuo.

Il Fornari ricorda pure che alla deposizione del Troja fu presente Enrico Pessina; e l'illustre professore, da me interrogato, mi rispose: "Non rammento, con pari certezza, che io abbia assistito all'esame testimoniale del venerando Carlo Troja, ma non lo escludo, tanto più che se ne ricorda il Fornari.... La reminiscenza del Fornari coincide col tempo, in cui rammento che io strinsi amicizia col Troja, tanto più che della causa del 15 maggio io fui non piccola parte, avendovi difeso il Barbarisi, il Mollica e il mio maestro Trincherà". Leopardi fu difeso dal Castriota.

La via, che percorse il mortorio, non fu molto lunga: dalla casa in via Toledo, alla chiesa di San Severino. Ricevè il cadavere alla porta del tempio Francescantonio Casella. I monaci celebrarono i riti religiosi, e nel giorno seguente Carlo Troja fu tumulato, secondo la sua volontà, in quella severa, solitaria e monumentale chiesa dei benedettini, dove riposavano le ceneri della madre Anna Maria Marpacher, chiesa che a lui ricordava i due amori più intensi della sua vita: la madre che vi era sepolta, e gli studi storici compiuti nelle badie di San Benedetto.

I giornali consacrarono poche linee alla morte del Troja. Il *Nomade*, che gli rese maggiori onori, nel numero del 31 luglio 1858, ne scrisse così: "Un'altra delle sue glorie è stata dalla morte tolta all'Italia. Alle ore 3 ant. del giorno 28 del corrente luglio, moriva Carlo Troja, all'età di 73 anni, lasciando incompiuta la sua istoria del Medio Evo. La grandezza della sventura è tale che alcun pensiero di conforto non basta a mitigarla, perchè i grandi partono da questa nostra terra e niuno si mostra degno di tenere il seggio rimasto vuoto. Egli visse più con le opere sue che con il mondo, ed un solo intento sostentò la sua vita travagliatissima, raccontare la storia del proprio paese, di cui un'immagine grande e pura portava nella mente. Se l'istoria del Medio Evo non fu da lui condotta a fine, i libri che ha lasciato bastano a collocarlo avanti a' più alti ingegni dell'età presente. Della morte di tanto uomo dovrà dolersi non solo l'Italia, ma quanta gente hanno in onore le lettere e la nobiltà dell'anima". Il 7 agosto lo stesso giornale pubblicò un coraggioso articolo di Federico Quercia, e nel giorno medesimo ne pubblicò un altro il *Diorama*, commovente e degno, scritto da Giovanni Manna. Giovannina Papa stampò rettorici versi e Giuseppe Lazzaro, nell'epoca, propose, non senza qualche coraggio, che il Troja fosse sepolto in Santa Croce. Altro che Santa Croce! A Napoli, dopo più di quarant'anni, non una via decente, nè una pietra ne ricorda il nome, quando ci vorrebbe così poco a murarne una sulla facciata della casa dove morì! [3] Ma di monumenti, Carlo Troja se n'è eretto uno lui stesso, immortale, con le sue storie.

---

[3] Io l'ho tentato infruttuosamente con un delegato regio e un sindaco, non certo immemori del Troja e miei cari amici per giunta. Non ne ebbi che belle promesse. Voglio qui ricordare la circostanza che rivelai, commemorando in Napoli il padre Tosti, che cioè, in quello stesso palazzo di via Toledo, segnato col numero civico 136, dove Troja morì, era nato, 47 anni prima, don Luigi Tosti. Basterebbe una sola pietra a ricordare i due, che furono in Napoli i più illustri rappresentanti dell'idea guelfa, conciliata con l'idea nazionale e liberale. Ma chi se ne ricorda più? È desolante, ma è la verità!

Sulla tomba si legge questa bellissima epigrafe, scritta dal Fornari e murata dopo il 1860: *A. D. O. – Carlo Troja – Riposa in questo sepolcro – Che gli fece – Giovanna d'Urso moglie amata e concorde – N. il 7 di giugno del 1784 – M. il 28 di luglio del 1858 – L'indole e l'ingegno vedi nell'effigie della nobile fronte – La fede religiosa e l'amore d'Italia – Sono effigiate nelle sue storie immortali.* Epigrafe che ricorda quella di Basilio Puoti sulla tomba di Niccolò Zingarelli, nel recinto degli uomini illustri al cimitero di Napoli.

Per avere un'idea della desolazione dei suoi intimi dopo la morte del Troja, basterà leggere queste parole, che Alfonso Casanova scriveva a Carlo Morelli: *"Sai del Troja morto, ma non puoi immaginare di quale e quanta amicizia mi avesse degnato quell'incomparabile e come alle pubbliche cagioni di lutto, in me si aggiungano le proprie private. Oh che uomo! non ispero, certo no, di incontrare un altro simile nelle generazioni che si volgeranno con meco per la vita".*[4]

Fin dal 1851 Carlo Troja scrisse il proprio testamento, che dopo la morte fu rinvenuto fra le sue carte e depositato presso il notaro Gaetano Tavassi. Il testamento completa l'uomo ed eccolo nella sua integrità:

Col presente mio testamento scritto, datato e sottoscritto di mia propria mano, io qui sottoscritto Carlo Troja, del fu don Michele di santa e benedetta memoria, istituisco mia erede universale la mia dilettissima moglie donna Giovanna D'Urso del fu don Filippo in tutti i miei beni di qualunque natura, niuno eccettuato, non avendo io eredi nè fra gli ascendenti nè fra li discendenti. E però essa donna Giovanna avrà intera la mia eredità e quanto al tempo della mia morte si troverà di mia proprietà, tanto in immobili quanto in mobili e semoventi, oro, argen-

[4] V. op. cit.

ti, gemme, intera libreria e collezioni di libri, biancherie d'ogni sorta e mobilia di ogni maniera, in modo che la specialità di queste indicazioni non noccia alla generalità, dovendo la benedetta mia moglie aver tutto e poi tutto l'asse della mia eredità, senza niuna detrazione o diminuzione, salvo i seguenti legati:

1° Al mio fratello germano don Ferdinando lascio in memoria mia il corpo intero delle opere di Bossuet, ed a sua moglie donna Giacinta Botta, mia cognata, la mia ripetizione d'oro.[5]

2° Al mio cugino don Francesco Saverio figliuolo di don Saverio Troja, mio zio trapassato, lascio sei posate di argento e tre alla sua moglie donna Amalia parimenti mia cugina, perchè nata dall'altro mio zio trapassato don Ciro. Dette posate intendo che sieno date a' detti miei cugini don Francesco Saverio e donn'Amalia coniugi Troja dal numero di quelle che mi pervennero dalla eredità mia paterna e di quella di mia madre donna Anna Maria Marpacher di santa e benedetta memoria, senza che la mia erede donna Giovanna D'Urso debba toccare le posate fatte con mio proprio e particolare danaro, mentre viveva la cara mia genitrice.

3° A don Gaetano Trevisani, avvocato e figlio dell'avvocato don Luigi, lascio, in memoria dell'amicizia nostra, il corpo de' monumenti Ravennati del conte Fantuzzi in sei tomi in quarto, postillati da me in molti luoghi, ed il *Corpus juris germanici* (parimenti postillato da me) del Georgisch, tomo uno in quarto. Il detto signor Trevisani mi ha sempre aiutato ne' miei studi e m'è stato fedele amico nelle sventure. Io lo

---

[5] Allo stesso aveva regalato, poco tempo prima di morire, un poggiacarte di marmo, sul quale era attaccata una veduta dell'arco di Costantino in mosaico, dicendogli che alla sua morte lo lasciasse al Fornari. E don Ferdinando lo lasciò scritto fra i suoi ricordi, e donna Giovanna d'Urso, vedova di Carlo, portò il poggiacarte al Fornari, che lo conserva come conserva un somigliantissimo ritratto del Troja. Don Ferdinando morì a Roma, nel monastero degli Agostiniani Scalzi, dove si era rinchiuso dopo che, largita la Costituzione nel 1860, egli non si sentì più sicuro a Napoli e trovò scampo prima a Gaeta e poi a Roma.

ringrazio di non avermi adulato giammai, nè nascosto il suo sentimento, ancorchè mi dovesse increscere. Gli lascio inoltre gli *Scriptores historiae Augustae cum notis variorum*: tomi due in ottavo, ed un piccolo Sallustio degli Elzevirii.

Ringrazio la mia diletta moglie donna Giovanna del lungo affetto e delle affettuose cure, che non si è mai stancata di avere per me, sempre infermo e giacente in letto per buona parte dell'anno.

Non potendo io degnamente rimunerarla, prego Iddio che si degni dargliene merito e premiare l'amichevole sua e sempre ingegnosa carità verso il suo povero marito. La prego di non tralasciare, fin che ella potrà, di fare celebrare o nella cappella o altrove, una messa nell'undici aprile, ed un'altra nel due settembre di ogni anno, che furono i giorni, ne' quali perdetti gli amatissimi miei genitori.

Scritto, datato e sottoscritto di mio pugno, come ho già detto, il presente mio testamento olografo, oggi che sono i 2 ottobre 1851, in Napoli.

firmato: CARLO TROJA.

Le carte dell'illustre storico, grazie al cielo, si sono conservate e non è piccolo beneficio. Il padre Enrico Mandarini, fratello del compianto Vincenzo Mandarini, me ne scrisse di proposito. I più l'ignorano e io stesso l'ignoravo; ma appena ne fui informato, corsi a Napoli e mi presentai al degno ecclesiastico, che mi accolse come un vecchio amico, mi condusse a vedere i libri e i ricordi del Troja e me ne narrò la storia.

I Filippini o Girolamini di Napoli, che hanno sede nel centro della parte più antica della città, in quel vecchio edifizio costruito su disegno di Dionigi di Bartolomeo, fondarono, fin dal 1500, la prima biblioteca pubblica in Napoli. In tempi, nei quali di biblioteche pubbliche non v'era segno e le case religiose tenevano gelosamente chiusi i loro libri, furono soltanto i preti dell'Oratorio di Napoli, che misero i loro volumi a disposizione del pubblico. Fra i bibliotecarii e bibliofili dell'Oratorio, vanno ricordati il Valperga di Caluso, il Colangelo, napoletano e il Telesio, cosentino. La biblioteca si venne di mano in mano arricchendo, per doni o legati di opere e per continui acquisti. Francesco Porzio, Antonio Carafa di Traetto, Benedetto della Valle, preti dell'Oratorio napoletano, morti nella prima metà di questo secolo, e Agostino Gervasio, noto archeologo morto nel 1862, lasciarono ai Filippini le loro pregevoli raccolte. Oggi la biblioteca dei Girolamini conta circa 30 000 volumi, più di trecento manoscritti e contiene i libri del Troja che sono 3602 volumi. Dopo la morte dell'illustre storico, i padri dell'Oratorio, per la grande venerazione che ebbero di lui e perchè opere da lui postillate non andassero perdute, con grave danno della cultura, acquistarono tutto, mercè un contratto, col quale si obbligavano a pagare ducati 250 l'anno di vitalizio alla vedova. I libri quasi tutti di storia, rilegati con cura, son chiusi in parecchi scaffali di noce.

Nè contenti di ciò, i bravi padri vollero avere un ritratto del Troja, la sua scrivania, il calamaio e la sedia a ruote che negli ultimi anni di sua vita, il gran vecchio, tormentato dalla gotta, adoperava: una sedia a bracciuoli, primitiva ma comoda e che egli, standovi a sedere, moveva da sè, girando per le camere. Questi ricordi sono con grande amore custoditi dai Girolamini, in una sala a parte, la sala dei manoscritti, dove ve ne ha di preziosi. Le carte poi del Troja vennero donato dalla vedova alla Biblioteca Nazionale di Napoli. Delle opere postillate dal Troja, la più importante è quella degli *Annali d'Italia* del Muratori, che egli annotò sino all'anno 1300, alla quale epoca avrebbe voluto condurre la sua storia. Difatti nei volumi degli *Annali*, che vanno dal 1301 al 1500, non si leggono che poche note cronologiche sulla *Divina Commedia*, due note storiche sui Malatesta e due geografiche.

Gli *Annali*, che riguardano il periodo dal 1501 al 1848, non sono postillati. Le note del Troja hanno grande importanza, soprattutto perchè egli non si limita a discutere gli avvenimenti della storia d'Italia narrati dal Muratori, ma ne prende occasione per rimontare ai tempi antichissimi e per esaminare la vita primitiva di ciascun popolo, i costumi e i riti religiosi, le leggi e le guerre, sempre intento al suo fine d'indagare l'origine delle razze barbariche che invasero l'Italia. È un lavoro di straordinaria erudizione e ricco di infinite citazioni di testi di autori antichi e moderni. Alla fine di ogni nota il Troja indica il luogo, la biblioteca e l'epoca, in cui egli apprese quanto scrisse nelle note.

I Filippini acquistarono gli *Annali* con l'obbligo di pubblicarne, dentro *due anni*, le postille; altrimenti sarebbero decaduti da ogni diritto. La condizione non potè essere adempiuta, perchè gli anni che seguirono, furono tempestosi e ci corse di mezzo il 1860. Scorsi i due anni, la vedova rientrò nei suoi diritti; ma più tardi, mossa dalle insistenze del Capecelatro e del Mandarini, ne permise la pubblicazione. E così il primo volume comparve nel 1869, per opera dello stesso Mandarini e del padre Spaccapietra. Il padre Capecelatro vi scrisse una breve *avvertenza*, rilevando i fatti più salienti della vita del Troja. Egli paragonò l'amore di lui per l'Italia a quello di Dante, di Savonarola e di Michelangelo; e parlando del ministero del 3 aprile, disse che "ei fece ogni suo possibile per ispirare a tutti il vero amore della libertà sposata colla giustizia; non pertanto fu sopraffatto dall'impeto di ree passioni alimentate specialmente dai sospetti, perchè le sette già s'eran rendute potenti e tenevano il campo tra i cittadini e forse occultamente anco nella Reggia". All'*avvertenza* del Capecelatro segue un interessante studio del padre Mandarini sulle opere di Troja e sulle postille al Muratori. Egli manifestò il desiderio di pubblicarne l'epistolario, ma, morto lui l'anno scorso e morto lo Spaccapietra, prevedo che non se ne farà più nulla.

Dal primo volume, che va sino all'anno 221 dell'èra volgare, al secondo corsero otto anni. Questo secondo volume comparve nel

1877, sempre per opera del Mandarini e dello Spaccapietra; va dall'anno 220 al 400 e contiene 449 postille. Per la preparazione di esso i buoni padri non potettero servirsi dei *Quaderni* del Troja, i quali in tanti luoghi completano le postille, perchè la vedova, che per il primo volume li aveva dati, li negò ripetutamente per il secondo. E se per pubblicare le postille agli annali di quattro secoli di storia sono corsi circa 40 anni, per mandare alla luce le postille a tutto il resto del Muratori, il tempo necessario, in proporzione, sarebbe più di un secolo! A Napoli c'è un'Accademia Reale e c'è una Società di storia patria: possibile che nessuna di queste istituzioni senta il dovere di concorrere alla pubblicazione delle opere inedite di Carlo Troja, aiutando i Filippini a proseguire la stampa delle postille, con quella diligenza ed esattezza, che meritò loro le lodi di Marco Tabarrini e di altri dotti uomini; disseppellendo tutti quei manoscritti donati alla Biblioteca Nazionale, e raccogliendo e pubblicando intiero l'epistolario del Troja? Ed importantissima ne sarebbe la pubblicazione, perchè l'illustre morto sentì molto l'amicizia, fu arguto e bonario, a nessuno avaro di consigli, nè mai restìo ad aprire l'animo suo intorno a questioni storiche.

Questo debito intanto, da quarant'anni rimasto insoluto, si è proposto testè di soddisfare un vecchio uffiziale di quell'Archivio di Stato, Giuseppe del Giudice, noto soprattutto per i suoi lavori storici dei tempi angioini. Il volume, ch'egli ha in parte scritto e in parte compilato su Carlo Troja, e ch'è venuto in luce nei primi mesi di questo anno novantanove, è certo un atto di dovere che Napoli finalmente rende al grande storico suo. Ciò, che l'indivisibile e sfortunato amico di lui Gaetano Trevisani non potè scrivere del maestro venerato, perchè la polizia borbonica non glielo permise nel 1858, ha potuto ora liberamente manifestare il Del Giudice. Questi, della vita pubblica di Carlo Troja, della parte cioè da lui avuta ne' moti del 1820,

del suo esilio per l'Italia, delle vicende nel 1848, ha felicemente rico-
struita una più ampia e più equa narrazione; e perciò moltissimo, se
non tutto, emerge da quel volume de' prodigiosi studii del Troja,
nonchè della patriottica polemica da lui sollevata, e alla quale presero parte i più bei nomi d'Italia di quell'epoca: Manzoni, Mai, Capei,
Rezzonico, Capponi, Balbo e Litta.

Carlo Troja fu il primo difatti ad iniziare co' suoi studii la profonda
trasformazione del patriottismo, o romano, o toscano, o piemontese,
o lombardo, o napoletano, ch'era stato sino allora, in patriottismo italiano. La mente investigatrice di Silvio Spaventa vide e scolpì, nel suo
discorso sul Massari, questa grande base della nostra storia moderna.
Il Del Giudice inoltre ha per il primo, ed è vero merito suo, fatto tesoro del ricco epistolario di Carlo Troja, che Vito Fornari assicurò agli
studii nella biblioteca nazionale di Napoli. Ma, senza nulla detrarre al
lavoro del Del Giudice, risultano da esso troppo evidenti i due veri
ostacoli, nei quali egli si è imbattuto: la fretta, cioè nel mettere insieme il libro e l'avanzata età sua, essendo egli più che ottantenne.
L'abbondanza de' materiali inesplorati, le gravi questioni storiche, che
il Troja prese a discorrere con quella sua incommensurabile vastità di
mente, la polemica che dilagò fra' più insigni scrittori italiani ed esteri, i nuovi metodi da lui introdotti negli studii danteschi, richiedevano assai più tempo che il Del Giudice non ebbe nel preparare il libro,
assai più vigoria di anni, che il valentuomo oggi più non possiede.
Però chiunque vorrà occuparsi del Troja, non potrà prescindere certamente da questo bel lavoro. Ed è certo gran vanto del vecchio erudito
aver compiuto in due anni, ciò che molti giovani neppur tentano
durante una vita intera. Ma rimane sempre il bisogno di un libro organico e completo sul grande storico napoletano. I materiali abbondano.
Nell'archivio di Stato a Napoli, per citare qualche esempio, si conser-
vano le lettere e i rapporti che il Troja scrisse da Potenza, nei diciassette giorni che vi fu intendente nel 1821, e altre debbono trovarsi nel-

l'archivio provinciale di quella città. Nello stesso archivio napoletano il Del Giudice non si è ricordato di consultare i registri della polizia borbonica sugli individui espatriati esiliati e relegati per carichi politici del 1820 e 1821. Ivi si racchiudono notizie oggi preziose sulla più degna emigrazione politica napoletana, e ce n'è pel Troja. Citerò un altro esempio. Ciò che il Troja fece nel parlamento napoletano del 1848, cioè la preparazione extraufficiale del suo governo, che ancora risulta dai giornali del tempo, nel libro del Del Giudice è trascurato. È stato invece felice nel riprodurvi gli articoli, assolutamente dimenticati, che Carlo Troja scrisse nel 1848 sulla insoluta ed ardente questione siciliana, e pubblicò ne' numeri 1, 5, 20, 33, del giornale napoletano *Il Tempo.* Quegli articoli sono importantissimi per più rispetti; innanzitutto per le notizie autobiografiche di lui, che narra i primi anni suoi nella Corte borbonica a Palermo nel 1799, l'incontro con Emma Lyona e col padre Piazzi, e il modo di vedere nella grossa questione siciliana. Com'è noto, il Troja fu il fondatore e il direttore nominale di quel foglio, che vide la luce il 21 febbraio del 1848, ed era scritto da Saverio Baldacchini, Cammillo Caracciolo, Achille Rossi e principalmente da Ruggiero Bonghi. Lo studio di lui è diviso in cinque articoli, con questo titolo: *Diritto pubblico nazionale* ed ogni articolo ha un *sarà continuato,* e tutti sono improntati ad uno spirito altissimo d'italianità, di verità e di moderazione. Il primo venne fuori nel primo numero del giornale, quando già la rivoluzione era compiuta in Sicilia, ma non ancora vi si era proclamata la decadenza della dinastia, la qual decadenza significava separazione irrimediabile dell'Isola da Napoli. Riporto il primo articolo, ch'è una specie di proemio agli altri, ed è pieno di curiosità e d'interesse per la vita del Troja e la vita di Palermo nei primi anni di questo secolo:

L'anno quattordicesimo dell'età mia era pervenuto alla metà del suo corso, quando i sanguinosi rivolgimenti di Napoli mi sospingevano in

Sicilia. Il vascello dell'ammiraglio Caracciolo accolti avea grandi stuoli di persone d'ogni sorta; ivi era la mia famiglia, e nel dì 26 dicembre 1798 approdammo ai lidi ospitali di Palermo. Fui tosto confidato alle cure del Padre Piazzi, acciocchè imparassi le discipline dell'astronomia; ed egli amommi con amore paterno, il quale, per una eccezione felice, di tanto più crebbe di quanto i miei spiriti si chiarivano alieni dall'apprenderle; rivolti a vagheggiare un'altra specie di bello, tuttochè Cerere fosse comparsa, me presente, agli occhi del Grande Astronomo, alla quale Michelangelo Monti delle Scuole Pie applicò i detti di Tibullo: *Et sua de coelo prospicit acra Ceres*. Il signor Piazzi pigliava diletto di non so quali miei fanciulleschi sofismi contro il sistema di Copernico, e collocommi là in un cantuccio del suo ampio scrittoio, dove rideva in sè de' risentiti modi, a' quali dava io di piglio a certe enormi tavole de' logaritmi del Callet. In quel cantuccio vidi e conobbi quanti v'erano più insigni uomini e donne in Sicilia: Giovanni Meli, Domenico Scinà, Rosario di Gregorio, nomi che non periranno: il principe di Belmonte Ventimiglia, splendida natura d'uomo ed il principe di Villarmosa (chiamossi anche duca di Castelnuovo), più severo intelletto; l'amicizia dei quali nobilitò i primi giorni dell'ultima Costituzione siciliana, ma le susseguenti lor gare l'offesero. Nè infrequenti riuscivano le visite di Nelson e d'Emma Liona al P. Piazzi; ed una volta io fui testimone del nobile coraggio con cui egli usò far rimproveri ad Emma pe' miseri casi di Napoli. Varcato il mio terzo lustro, entrai più. addentro nella cognizione degli uomini e delle cose di Sicilia; ed un dì fummi additato Ruggiero Settimo, prode e leale, con cui non mi venne mai fatto di favellare, nè mai più lo rividi: ma il suo volto mi sta vivo nell'animo, ed or che godo ascoltando il suono della sua fama, parmi guardarlo e potergli stringere la mano. Ascoltai nell'Università di Palermo gl'insegnamenti economici dell'austero ingegno di Paolo Balsamo, il quale s'erudì nell'Inghilterra; presso lui conobbi Niccolò Palmieri, che mi precedeva sol di sette anni ed ebbe cari gli affetti miei verso lui, ricambiandomene con puro e schietto animo; carissima gara tra un giovinetto ed uno, che usciva oramai da' fanciulli. Spuntava intanto l'anno 1802 e Palermo vedea congregarsi quel generale Parlamento, che il re apriva della persona e che non s'era mai più visto da lunga stagione. I vescovi e gli Abati dell'Ecclesiastico Braccio convenivano alla augusta, solennità; i Baroni del Regno faceano pompa d'inaudito splendore nell'insolita festa e nuova mostra di feudali ricchezze: ma cheti e dimessi stavano quei pochi, da cui si rappresentava il Braccio Demaniale delle Città e delle Castella. Il Re chiedeva i danari e per tre giorni deliberava il Parlamento innanzi di concedere; nei quali oh! quanta gioia inondava i petti, scorgendosi nei Comizii dell'Isola sedere il Monarca di Napoli! Ben v'era tra' Napolitani allora chi con generale invidia faceasi a contemplare quegli eccelsi riti del Parlamento Siciliano, rimpiangendo le sorti del proprio paese, cioè della parte maggiore d'un regno unico, spogliata da più secoli de' Parlamenti suoi, e fatta nel 1800 scema financo d'una bugiarda larva di libertà Municipale, ristretta in quelli che si chiamavano i seggi o i sedili di Napoli! Or chi può dire quanto nel 1802 la bella Palermo a me paresse da più che non la mia bellissima Napoli. Con quanta letizia del mio onore lo salutassi la Sicilia ne' miei più fervidi anni! Ma poco appresso io la lasciavo sperando di rivedere, come segui dopo molte sventure, il caro e venerato Maestro, che mi strinse al suo petto; rividi anche lo Scinà ed il Gregorio in Napoli, ma il mio Niccolò Palmieri non dovea più venirmi dinanzi agli occhi sulla terra.

Tale io, caldo di siciliani affetti, mi dipartiva da Palermo nel 1802, tenendola, come mai sempre la terrò, per mia seconda patria. Vennero poscia i novelli rivolgimenti di Napoli, da capo il Re si riparò in Sicilia nel 1806 e fra noi piantossi la straniera signoria coi suoi modi particolari, de' quali non parlo. Ma non tacerò al tutto delle leggi che ci divisero dalla Sicilia, ponendo la pena del capo a chi ricevesse una qualche lettera dalla moglie o dal marito se colà dimorassero: e però ci dettero in balia dei Tribunali di Maestà, detti straordinarii, ove, frammisti a giu-

dici senza pietà, sedeano feroci soldati, dall'uno dei quali vidi ed udii recarsi grave oltraggio, in uno di que' pretesi giudizi, alla canizie di
Domenico Cotugno. Così noi fummo per lungo tempo segregati dalla
Sicilia, ed appena un'eco incerta e lontana ci narrò che nel 1812 erasi
ascritta una Costituzione pressochè inglese nell'Isola; udimmo poscia
nel 1816 decretarsi nuove foggie di governo per essa, e finalmente nel
1820 vedemmo giungere in Napoli deputati della Sicilia i quali giura-
rono la Costituzione di Spagna ed affermarono che il maggior numero
de' Siciliani aveano commesso loro di giurarla, mentre Palermo si levava per rimettere in onore la Costituzione del 1812. Di tali cose or ora
toccherò: qui basti far cenno alla gioia che m'ebbi, e non ha guari, leggendo il saggio storico del mio amico Palmieri, pubblicato dopo la sua
morte dall'egregio scrittore de' Vespri, dall'Amari, cioè, che vi premise
un aureo discorso, frutto di lungo studio e di vero amor patrio. Già
l'Italia nell'atto di stamparsi un tal libro risorgeva, e già Pio IX l'avea
benedetta. Ora la Costituzione conceduta dal Re nel 29 gennaio 1848,
gli avvenimenti di Sicilia e le dispute intorno al suo Parlamento m'ha
fatto rileggere il *Saggio* del Palmieri, e la speranza m'è surta che, se una
voce amica, si come la mia, di Sicilia prendesse a parlar di sì fatte controversie, svanirebbero elle forse del tutto e si ricondurrebbe la pace
negli animi. Con questa, che certo è bella e cittadina speranza, io ten-
terò mostrare a' più schivi, che la Sicilia stata sempre in possesso d'una
peculiare Costituzione, ha diritto d'avere un Parlamento separato da
quel di Napoli per quanto riguarda le faccende interiori dell'Isola.
Passerò indi a proporre le mie opinioni su' modi più acconci a delibera-
re sulle faccende comuni, senza offendere la dignità dell'uno e dell'altro
popolo; e non tralascerò di volgere uno sguardo alla storia del passato
per trarne utili avvertimenti sull'avvenire non solo d'entrambe le Sicilie
ma d'Italia.

Illusioni, illusioni! Negli altri articoli se minori sono i ricordi personali, sovrabbondano le adatte citazioni e le profonde considerazio-

ni storielle, rivolte all'intento nobilissimo di dimostrare che la Sicilia doveva rimanere unita a Napoli come la Sardegna al Piemonte. Il pensiero di una divisione eccitava stranamente Carlo Troja, perchè in opposizione alla storia e all'idea italiana. Vi sono tratti di vera eloquenza, di maravigliosa bellezza e d'inverosimile ingenuità. Uditelo come chiude il penultimo articolo:

> Fratelli, sì; ma per Dio non ci assalite, perocchè ci difenderemo: i soldati, or sì degni de' generali *Pronto* e *Palma*, mal potrebbero, se disonorati, condursi a combattere contro lo straniero in sul Po. Ruggiero Settimo, che perorava per quelli del 1818, non può desiderare che gli altri del 1848, sebbene abbiano sembiante di suoi nemici, si disonorino. Questi certamente non sono e non saranno i sensi di Ruggiero Settimo e dei suoi colleghi: ma fiero dubbio invade le menti, non siano per avventura essi premuti dalle fazioni dei Bunachi; genti riottose, per quanto si narra le quali ora distendono in Palermo una grande ala, minacciando la libertà e la pace dell'Isola, e non consentono che il nostro Re si chiami Re del Regno della Sicilia di qua e di là del faro, come appellavasi Federico III nel Capitolo del 1296.
>
> Alto Re fu l'Aragonese Federico III; e, secondo il Boccaccio, ebbe grande amicizia con Dante Alighieri. Ma così nel *Purgatorio* e nel *Paradiso,* come nel *Convito* e nell'*Eloquio volgare*, Dante non favellò se non dell'avarizia e della viltà di Federico: i quali odii, credo, generaronsi nell'animo del poeta, quando egli vide, che il Re abbandonava i Pisani alla morte di Arrigo VII, ponendo in oblio l'interesse e la causa dei Ghibellini d'Italia. Fate, o carissimi fratelli, come potete, disse loro, Federico, io torno in Sicilia (*agite, patres carissimi, sicut qualitas temporis innuit*). E ne avea buone ragioni; ma buono soltanto per Sicilia, non pe' confederati del 1818. Lo stesso avviene oggi, dopo 5 secoli e più; i Siciliani, col nome di nostri fratelli, pensano solo alla loro causa e non a quella d'Italia; ciò che cercherò di mettere in miglior luce, continuando la presente scrittura.

E l'ultimo articolo conclude:

> A tanta gloria non mancarono se non gli amichevoli accordi con Na-
> poli; e Ruggiero Settimo, venuto al Governo dello Stato col titolo di
> Presidente, saprà formarli sì, che i Siciliani dritti siano collocati sopra
> saldissime basi, e que' del Re solennemente riconosciuti secondo la
> Costituzione del 1812. Cara Sicilia! Su questi accordi poserà sicura
> l'indipendenza d'Italia.

Il lavoro non è compiuto, perchè il Troja fu assunto al governo il 3
aprile, e dopo il 15 maggio il *Tempo,* passato in altre mani, divenne
giornale della reazione.

Una curiosità, che devo anche al mio carissimo Giovanni Beltrani,
il solo oggi, io credo, che possa scrivere un libro veramente completo su Carlo Troja. Sono le curiose note caratteristiche, che su Troja
scriveva nel 1827 la polizia di Napoli nei suoi registri. È noto che nel
febbraio del 1821 il Troja fu nominato intendente di Basilicata, fu
destituito quando seguì la reazione e andò poi in esilio. Ecco dunque
quanto si trova annotato sul conto di lui:

> TROJA CARLO DI NAPOLI. – Uno de' Compilatori della *Minerva*
> e della *Voce del Secolo*, i di cui fervidi articoli son troppo conosciuti.
> Corredato di molto fuoco, di vivace ingegno e di profondi principii
> antimonarchici, appartiene alla classe delle persone pericolose ed
> influenti in qualunque lontano evento di politiche abberrazioni.
> Compreso nello stato degli eliminati, fu addetto alla 2ª classe, e S. M.
> nel Consiglio de' 5 maggio 1826 ordinò che fosse tolto il divieto di rien-
> trare, dopo ciò si recò in Napoli, e la vigilanza istituita sul di lui conto
> presentò degli sfavorevoli risultamenti, specialmente per implausibili
> contatti; per cui d'ordine Sovrano gli fu proporzionata una seria avver-

tenza, dopo di che per alcun tempo si mostrò più circospetto, ma in seguito riprese l'antico andamento.

Intanto avendo chiesto un passaporto per l'estero, ed essendo stata rassegnata a S. M. l'indicata domanda, la M. S. nel Consiglio de' 27 giugno 1828 si degnò non impedire che egli partisse, a condizione che volendo ritornare dovesse prima conseguire il permesso dal Ministro degli affari esteri, si è fatto conoscere essere giunto in Roma agli 11 luglio 1828, e che disponevasi a partire per Firenze, d'onde ha chiesto passare in Venezia, ma gli fu negato l'ingresso in quello Stato. Si fa rimarcare che frequenta la conversazione dei liberali. Sulle di lui istanze di ritornare, S. M. ne' Consigli de' 26 marzo e 21 luglio 1829 dichiarò di non annuire alla domanda. Su di un'altra dimanda, nel Consiglio de' 2 novembre 1829 ordinò non farsi novità. È compreso nell'abilitazione dipendente dall'atto Sovrano dei 30 maggio 1831.

(Arhivio di Napoli - Ministero Interno - Polizia, vol. 17, fasc. 40. – *Supplemento al Registro degl'Individui napoletani espatriati, esiliati e rilegati per carichi politici*, 1827, fol. 116ᵗ-118).

CAPITOLO XIII

SOMMARIO: Il Banco delle Due Sicilie – Le tre casse di Corte
– Le fedi di credito – Il reggente Ciccarelli – Le tribù degl'impie-
gati – Mancanza di succursali nelle Provincie – Banco di Sicilia –
Le *spese considerevoli* – Antonio Monaco e Andrea de Rosa –
Gl'inconvenienti d'allora e le vicende degli ultimi tempi – La Zecca
– La Borsa – Il commercio dei grani e degli olii – I magazzini dei
grani – *Case d'ordini* e un tentativo di Rothschild – Perfetti, De
Martino e Pavoncelli – Ribassisti e aumentisti – I sensali, i commessi e gli agenti – Il commercio alla gran dogana – Carboni e
fascine – Gli *scaricanti* – I mercanti di tessuti, di coloniali e di altri
generi – La ditta Tramontano – Vecchi costumi mercantili.

Il Banco delle Due Sicilie, come si chiamava allora il Banco di
Napoli, dipendeva dal ministero delle finanze. Eugenio Tortora ha
scritto due grossi volumi, narrandone la storia e le vicende, dal 1539,
in cui si aprì la prima cassa pubblica, in via della Selice, all'ultimo
riordinamento del 1863, fatto dal Minghetti, ministro delle finanze
e dal Manna, ministro del commercio. Negli anni, dei quali parlo, il
Banco delle Due Sicilie era in Napoli diviso in tre casse: la *cassa di
Corte*, che avea sede nell'edificio di San Giacomo; la *seconda cassa di
Corte*, allo Spirito Santo, e la *cassa dei privati*, posta dove prima era il
banco della Pietà. Il direttore generale si chiamava Reggente e presedeva il Consiglio della reggenza, formato da lui, dai presidenti delle
tre casse, dal segretario generale e dal razionale contabile. Questo
Consiglio si occupava degli affari interni del Banco; nominava e
destituiva gli impiegati; provvedeva ai posti vacanti, nonchè al servizio delle casse e all'amministrazione del patrimonio. Il Reggente

aveva poteri molto estesi e corrispondeva col ministro delle finanze, con i capi delle pubbliche amministrazioni e con tutte le autorità. Ogni cassa aveva un proprio presidente, due governatori e parecchi cassieri, meno la prima cassa di Corte, con un solo governatore. L'archivio generale del Banco era tenuto da un governatore e da un archivista. La Cassa di sconto, istituita nel 1818 da Ferdinando I, aveva una commissione omonima, il cui ufficio era di esaminare gli effetti che si presentavano, composta da sei deputati, dal segretario generale, dal cassiere generale, da un tesoriere, da un sindaco o censore, che allora si chiamava "controllo immediato al tesoriere", e da due agenti di cambio. Tale fu l'organizzazione interna del Banco dal 1816, quando il Medici lo riordinò, sino al 1863.

Alla prima cassa di Corte si scontavano gli effetti commerciali e si pegnoravano gli effetti pubblici. Nel 1858 Ferdinando II autorizzò il Banco a fare ai negozianti prestiti di somme garantite dalle merci depositate nei magazzini della dogana, con cambiali a tre firme e a cinque mesi; ma l'utile riforma non fu mai tradotta in atto, e se ne attribuì il motivo allo scarso successo delle operazioni di pegno sopra alcune speciali mercanzie, che si depositavano nei locali dell'antica posta, in via di Porto, sul principio. Nella seconda cassa di Corte si pegnoravano gli oggetti preziosi e alla Pietà si ricevevano i pegni dei poveri. Ufficio precipuo del Banco era l'emissione delle così dette *fedi di credito,* trasferibili per girata e rimborsabili a vista, le quali facilitavano notevolmente i contratti privati. Imperocchè, potendosi nella girata inserire un intero contratto, che avesse una relazione qualunque con il pagamento, per cui si cedeva la *fede,* ne derivava che essa era usata in tutti i contratti, specialmente come quietanza e nei casi, nei quali la legge richiedeva qualche formalità. Si risparmiava tempo e denaro. A Napoli non vi era contratto di affitto, ricevuta di pagamento, compra o vendita di mobili, che non si scrivesse su fedi di credito o su *polizze notate,* con le quali si disponeva delle somme depositate nel Banco. Proprietarii e commercianti erano provveduti di piccole polizze, sulle quali si distendeva qualunque atto, tanto più che *fedi* e *polizze* potevano farsi anche per soli dieci grani. Con tale sistema, potendo ciascuno, come disse lo Scialoja, avere *gratuitamente il notaio in saccoccia*, la tassa di registro e bollo nel Regno rendeva pochissimo. Vero è, che, anche senza le fedi di credito e le polizze notate, il suo reddito sarebbe stato meschino per l'esiguità delle tariffe. La carta da bollo non costava che 3, 6 o 12 grani.

Reggente del Banco era il barone Francesco Ciccarelli, che occupava quel posto sin dal 1842, e vi rimase fino al 1860. Tanti anni di reggenza lo avevano reso espertissimo nelle cose del Banco. Aveva una debolezza per i titoli nobiliari, e da Pio IX, fuggiasco a Gaeta, ottenne il titolo di marchese di Cesavolpe. Nel 1860 la segreteria della Dittatura lo destituì, nominando in sua vece Giuseppe Libertini. Al Libertini successe Michele Avitabile, il cui marchesato fu posto in dubbio dal Settembrini in una celebre polemica, seguita da un processo, nel quale l'Avitabile dimostrò che il titolo di marchese era stato concesso alla sua famiglia da Carlo III. A Napoli tutti lo chiamavano *marchese*, ed egli se ne compiaceva. Era vivacissimo e non senza talento. Circa tre anni durò l'Avitabile in quell'ufficio, e nel 1863, per un enorme errore in cui cadde e che tutti ricordano, fu dal ministro Manna dispensato dal servizio e venne eletto deputato a Sansevero, andando naturalmente a sedere a sinistra. Ma negli ultimi anni del Regno era Reggente, ripeto, il vecchio Ciccarelli e funzionava da segretario generale don Giovannino de Marco, famoso per la sua inesauribile partenopea parlantina.

Razionale ed agente contabile era Giovanni Amatrice. Al Banco c'era una tribù di Amatrice, anzi c'erano varie tribù: gli Aulisio, i Salerno, i Gambardella, i Capasso, i Ferraiolo, i Nappa, i Marino, poichè gl'impieghi, per malinteso privilegio, andavano di padre in figlio, e non vi erano ammessi che i figli o i nipoti degl'impiegati. Altra tribù caratteristica era quella dei D'Amore, che avevano l'ufficio di archivisti da quasi un secolo. Era forse una necessità, perchè, essendo l'archivista responsabile di ciascuna carta ed immenso l'archivio, solo i figli o gli stretti parenti potevano succedere nella responsabilità di un archivista morto o collocato in riposo. In quegli anni era archivista don Raimondo d'Amore, ricordato con simpatia per le sue facili irritazioni e i suoi bernoccoli sulla testa.

A presidenti delle tre casse si sceglievano ordinariamente gentiluomini, che non avessero assoluto bisogno dello stipendio, perchè questo non era alto. Negli ultimi anni, tre marchesi presedevano alle tre casse: il marchese Serra di Rivadebro alla prima, il marchese Sersale alla seconda e il marchese De Bisogno alla terza. Governatore della prima cassa di Corte era Natale Sorvillo, reputato e ricco uomo, che teneva banco per suo conto ed era comproprietario delle cartiere meridionali ad Isola del Liri. Razionale era Bartolomeo Fiorentino. Il barone Carbonelli e Niccola Buonanno coprivano il posto di governatori alla seconda cassa di Corte, di cui era razionale Luigi Giovine, tuttora impiegato alla Pietà. Alla cassa dei privati erano governatori il marchese Santasilia e il barone Marinelli; razionale, Francesco Sciotta, il cui figlio Luigi fu anche impiegato del Banco, alla sede di Roma. Governatore dell'archivio era don Antonio Degni, uno degli avvocati più reputati d'allora. Appartenevano alla commissione di sconto banchieri o rappresentanti di ditte di prim'ordine: Giacomo Forquet, socio dell'antica ditta Forquet e Giusso, di origine genovese; Gaetano Cavassa, Niccola Buono, commerciante di grani all'ingrosso, e la cui ditta ancora esiste; Gioacchino Ricciardi e Francesco Stella, negoziante di telerie. Tesoriere della cassa di sconto era il marchesino Pasquale del Carretto, morto recentemente quasi in miseria, perchè il vecchio marchese, sia detto a suo onore, non lasciò nessun patrimonio; e venuto il nuovo ordine politico, il figlio perdè l'impie-

go al Banco ed anche l'altro, più lucroso, di percettore del quartiere
San Ferdinando, conferitogli come regalo di battesimo dal Re e che
non esercitò mai di persona. Aveva sposata nel 1859 l'unica figliuola
di Niccola e Teresa Spada possidenti molto ricchi di Spinazzola, e la
giovane marchesa del Carretto, oggi defunta, scriveva graziosi versi.

Il Banco di Napoli non aveva succursali nelle provincie. Ogni tentativo d'istituirle riuscì vano, perchè il Re non volle mai saperne, anzi
si narra che egli investisse una deputazione di cittadini di Reggio, i
quali andarono a domandargli una succursale del Banco con queste
parole: "*andate, volete rovinarvi con le cambiali; voi non siete commercianti; voi non capite niente*". Fin dai suoi tempi, il Medici intendeva
aprirle in ogni provincia, ma nè egli, nè i suoi successori vi riuscirono mai; nè miglior sorte ebbero i tentativi del D'Andrea e del
Murena, quando il Banco aveva trenta milioni di ducati nel suo tesoro, e più di cinquanta milioni di titoli in circolazione. I municipii e
alcuni intendenti insistevano, senza frutto. In quasi mezzo secolo, dal
1816 al 1860, non vennero istituite che due casse di Corte a Palermo
e a Messina, nel 1843, le quali, più tardi, con decreto 13 agosto 1850,
quando la Sicilia acquistò l'autonomia amministrativa, furono stacca-
te dal Banco di Napoli e formarono il *Banco regio de' reali dominii al
di là del Faro*, e poi l'attuale Banco di Sicilia. Una sede fu aperta a
Bari nel 1857. Chieti e Reggio non ebbero che una promessa nei
primi mesi del 1860. Al Re bastava che la circolazione delle fedi di
credito fosse in tutto il Regno favorita dagli agenti finanziarii del
governo, i quali, non solo le accettavano in pagamento delle imposte,
ma le cambiavano con valuta metallica, e talvolta pagavano anche un
aggio per averle, quando occorreva loro di far versamenti alla tesoreria centrale di Napoli. In tal modo risparmiavano le spese ed evitava-
no i pericoli dei trasporti di moneta. Eppure, nonostante che la tesoreria, la cassa del Re, le provincie, i comuni, i luoghi pii ed ogni altra
pubblica amministrazione, i banchieri, i commercianti e tutti usas-

sero largamente delle fedi di credito, il servizio d'emissione e quelli
più importanti di anticipazione e di sconti, esistevano solo in Napoli.
Ferdinando II faceva mostra di provvedere, di tanto in tanto, con
decreti da burla, ai bisogni del commercio, dell'industria e dell'agricoltura. Dico da burla, perchè rimanevano in asso. Dei suoi ultimi
consiglieri, il Murena e il Bianchini si sarebbero spinti più innanzi,
ma non osavano far cosa che il Re non volesse; e il Re, temendo sempre che dalle novità economiche si scivolasse nelle politiche, consentiva i decreti, ma poi se ne pentiva e quelli rimanevano lettera morta.
Senza avere alcuna cultura bancaria, intuiva gli effetti dell'abuso dei
credito. In lui la perspicuità meridionale teneva il posto della scienza,
e la risposta data alla deputazione di Reggio lo rivela; ma, al solito,
non distinguendo perchè incolto, confondeva, in un solo biasimo,
uso ed abuso. Dopo tutto però, non fu certo un gran male che mancasse qualunque credito fondiario e con esso banche popolari o elettorali, imposture dei nuovi tempi e cancrene dell'Istituto e della pubblica economia. Anzi c'era un bene: le cambiali servivano al commercio e le ammissioni allo sconto erano severissime, come si può vedere
dai regolamenti. Dal 1818 al 1861, cioè in 44 anni, sopra operazioni
di sconto e di pegno, che giunsero a 712 milioni di ducati, pari a 3
miliardi di lire italiane, cioè in media a circa 69 milioni all'anno, le
perdite o sofferenze, come si dice oggi, per cambiali inesigibili, nonchè le restituzioni di somme indebitamente riscosse e tutte le spese,
delle quali non si voleva con chiarezza specificare l'indole, chiamate
spese considerevoli, ascesero a 649 375 ducati, cioè, in media, a poco
più di 60 000 lire all'anno. Bisognerebbe consultare il periodo dal
1861 ad oggi, per constatare la differenza spaventosa tra le perdite di
allora e le presenti! Allora però contro i debitori morosi si procedeva
con l'arresto personale, nel carcere della Concordia.

I beni dei debitori morosi, poichè era rigorosamente proibito al
Banco di possedere immobili, si vendevano all' asta pubblica, ma non

si potrebbe affermare che fossero sempre aggiudicati a prezzo giusto. La piaga degl'imbrogli nelle vendite giudiziarie è antica nel paese. Molte case furono acquistate a vil prezzo, da don Antonio Monaco, divenuto, da scrivano pubblico, uomo denaroso e amico del Reggente. Il Monaco, che fu anche impresario del San Carlo, lasciò un cospicuo patrimonio, rappresentato quasi interamente da circa cento *palazze 'e case*.[1] Parecchie case le acquistò pure don Andrea de Rosa, ricco assuntore di opere pubbliche, che comprò e ricostruì il gran palazzo al Mercatello, che porta il suo nome. Sul conto del De Rosa correvano curiose dicerie. Egli era di Afragola e da giovine aveva fatto il pettinatore di canape. Si disse che dovesse la rapida fortuna alla bellezza della sua persona, che lo fece entrare nelle grazie di una principessa, la quale aveva autorità in Corte, e per cui ottenne importanti appalti, che in poco tempo lo fecero arricchire. Divenne poi barone, benchè fosse quasi analfabeta. Di lui si raccontava ancora che, dovendo riscuotere una forte somma dal governo, e non potendo ottenerla per l'opposizione del ministro competente, ricorse, dopo altre molte astuzie, a quella di far trovare nella scuderia del ministro una pariglia di cavalli, mentre un'altra pariglia mandò a regalare al Re.

Gli stipendii degl'impiegati erano modesti. I presidenti delle tre casse non avevano che 480 ducati all'anno; i governatori, 240 e il Reggente 1000, meno di quanto prende ora un direttore di succursale o un ispettore. Si cominciava, dopo l'alunnato gratuito, con sedici o venti carlini al mese e occorrevano vent'anni di servizio, per arrivare a venti ducati. E di qui, abusi senza fine. Si tolleravano le assenze; si permetteva di cumulare col proprio ufficio quello di un compagno

---

[1] A Napoli, nel linguaggio dialettale, per dare maggiore importanza alla proprietà edilizia, si suole far precedere la parola *palazzo* alla parola *casa*, per far meglio intendere che il palazzo contiene parecchie case, ed è tutto posseduto da un proprietario: al contrario di chi possiede, in un palazzo, un quartiere o quartierino, o piano, o bottega di esso.

e si perdonavano debiti e indelicatezze. Udite, come ne parla il Tortora: "i più svelti esercitavano la professione di avvocato, di medico, di notaio; altri facevano i sensali; alcuni giunsero a stabilire il domicilio lontano da Napoli, conservando l'impiego, ed una parte di quelli che venivano in ufficio, o si faceva pagare dai compagni inassistenti, e raggranellava così il necessario per vivere, o si aiutava con le mance e con le indelicatezze. L'ordinamento difettoso degli uffizii, le strane formalità e soprattutto la conoscenza personale degl'individui, con garanzia delle firme, che richiedevasi anche quando non occorresse, facilitavano queste porcherie. Chi non sapeva perfettamente come fossero congegnate le scritture, e distribuite le funzioni fra varie centinaia d'impiegati, si trovava nella materiale impossibilità di sbrigare qualsivoglia faccenda; e non bastava tale cognizione, perchè gli affari del Banco si facevano tutti con carte nominative, le quali dovevano essere firmate da *persone di fiducia*. La fiducia si meritava, sia con le relazioni personali, sia mediante compenso. Era naturale che l'ufficio di sensale, col suo lucro, toccasse agl'impiegati stessi, che erano pagati così male, ovvero ad individui che spartivano con essi il provento. Dopo tutto ciò, si operavano le promozioni col solo requisito dell'anzianità, mettendosi a capo degli uffizii persone notoriamente disadatte, per vecchiaia o insufficienza". A questo quadro è inutile aggiungere alcuna cornice.

Molti erano davvero questi inconvenienti, ma non tali, in verità, da intaccare il patrimonio dell'istituto, del quale anzi l'aumento patrimoniale fu costante. Banco schiettamente napoletano, aveva fini più modesti di oggi, che, divenuto istituto di emissione e di credito fondiario, aprì sedi non solamente in quasi tutte le provincie continentali dell'antico Regno, ma nelle principali città d'Italia, immobilizzando o distraendo il suo capitale. Governato da un numeroso Consiglio, o meglio da una folla di provenienza elettiva, subì per un pezzo le vicende parlamentari, donde le crisi frequenti dei suoi direttori e le lotte palesi ed occulte fra il direttore di nomina regia e il Consiglio, le inframmettenze del governo, ora provvide e ora nefaste, e la crescente prevalenza di elementi estranei alle provincie napoletane. E da questo Consiglio venivano fuori i delegati delle sedi, i consiglieri di amministrazione e i censori o sindaci: uffici variamente retribuiti, ma retribuiti tutti. Si può imaginare quale spettacolo di avidità e di volgarità presentasse questo Consiglio nella rinnovazione delle cariche, e quali influenze esercitassero questi consiglieri sugli sconti e sulle operazioni nelle rispettive sedi, alla loro vigilanza commesse! Una legge escluse dal Consiglio del Banco i membri del Parlamento: si credette così di epurarlo, ma il livello morale del consesso discese ancora più basso.[2]

Il Reggente del Banco delle Due Sicilie era contemporaneamente direttore della Zecca, o amministratore delle monete, ufficio che dipendeva anche dal ministero delle finanze e aveva sede in Sant'Agostino. Oltre alle officine di monetazione, c'era la raffineria chimica dell'oro; c'erano gabinetti d'incisione e di garentia, mangani ed argani per i fili d'argento e d'argento dorato. Altri gabinetti di garentia erano nei capoluoghi di provincia. Funzionava da segretario generale di quell'amministrazione Marcello Firrao e n'era razionale il Caropreso, consigliere alla Corte dei conti. La Zecca di Napoli, che aveva pure l'ufficio di fissare il valore delle monete estere, continuò a lavorare mediocremente fino al 1870, ma, colla soppressione delle

---

[2] Col nuovo ordinamento del ministro Sonnino, a parecchi di questi mali si portò rimedio, abolendo censori e consiglieri di amministrazione presso le sedi, riducendo il numero dei consiglieri, rendendo questi uffici interamente gratuiti; e con l'ultima riforma si fece ancora meglio, iniziando la liquidazione del credito fondiario e riducendo l'interesse delle cartelle, mettendo a profitto una parte delle riserve, diminuendo lo stipendio degl'impiegati e dando al Banco un direttore, quale forse non ebbe mai: un uomo come Niccola Miraglia, il quale salverà l'Istituto, se gliene lasceranno il tempo.

Zecche di Firenze e di Torino, fu chiusa anch'essa. Da allora non si è mai saputo dove sia andato a finire il suo immenso materiale, e quella stupenda collezione di conii, alla quale lavorarono, negli ultimi anni, due incisori di prim'ordine: l'Arnaud e il Piranesi. La Zecca di Napoli, cui fu annessa nel giugno del 1858, una scuola per l'incisione in acciaio, era forse la prima d'Italia, anche per valore tecnico. Bellissime davvero le monete di argento e di rame. Il Regno aveva un regime monetario monometallico a base d'argento. Monete d'argento e *fedi* del Banco formavano questo regime, e le *fedi* del Banco anche all'estero eran tenute in conto di valuta di prim'ordine. Dopo che nel 1835 Ferdinando II fece coniare la bellissima moneta d'oro di trenta ducati, divenuta preziosa per la purezza della lega e il valore intrinseco, monete d'oro non se ne coniarono sino al 1860. E oggi non esiste più neppure la Zecca, che dava da vivere a tanta gente, e non avrebbe dovuto davvero andar travolta in quel grande vortice di distruzione, che segnalò il nuovo regime, ferì e spostò tanti interessi e creò tanto malcontento.

Nella Borsa si accentrava il movimento economico del Regno. Primeggiava tra i valori, la rendita, vera preoccupazione di Stato, e vanità della Corte e d'ogni napoletano. Le contrattazioni passavano per le mani di agenti di cambio di gran credito. Del Pozzo, Marrucco, Spasiano e Zingaropoli erano fra i più rinomati, per la loro lunga ed onesta carriera e per le ricchezze accumulate. Nella rendita negoziavano banchieri, come Rothschild, Forquet, Meuricoffre e Sorvillo, allora uniti, Gunderschein e molti altri. Tutte le divise estere, delle quali il paese abbisognava, erano per questi, e per altri banchieri minori, lavoro attivo e proficuo, ed ogni ramo del commercio di esportazione trovava presso di essi a collocare le sue tratte, con facile metodo. Perciò la Borsa era frequentata da quanti avevano veramente interessi nei traffici, nella navigazione e nell'impiego di capitali. Per parec-

chie ore, ma più dalle 2 allo 4 pomeridiane, era affollata e febbril-
mente agitata; ed era ritenuta una delle più attive ed importanti
d'Europa.

L'uso di vendere merce di raccolti, ancora in erba, aveva dato vita
in Napoli ad un gran giuoco; ed attorno alle compre ed alle vendite
di genere effettivo, si giocava e si scommetteva al rialzo o al ribasso,
dando luogo a differenze di prezzo, liquidato mese per mese da appo-
siti agenti o sensali, come oggi usa per i fondi pubblici ed i valori.

Due sale attigue alla Borsa, a sinistra del gran portone del palazzo di
San Giacomo, dalla parte del Largo del Castello, erano riservate alla
contrattazione della rendita pubblica, nelle ore, in cui la Borsa stava
chiusa. Le riunioni per le contrattazioni dei grani e degli olii, nelle
prime ore del mattino e nella sera, si tenevano da molti anni nel primo
caffè a due porte, accosto a un *estaminet,* con sale di bigliardo, dirimpetto al Castelnuovo, all'angolo opposto, dove era il teatrino del
Sebeto. Questo *estaminet* era condotto da uno svizzero. Sentita la
necessità di un locale più adatto. Salvatore Ferrara e Michelangelo
Tancredi, seniore, regio agente di cambii e trasferimenti, tolsero in
fitto, verso il 1834, presso lo Spedaletto, la vastissima sala dell'antico
sedile de' nobili di Porto, detta poi *Sala di S. Giuseppe,* per la vicina
chiesa omonima. Nell'alta volta di quella sala era dipinto uno stupen-
do affresco, rappresentante il martirio di S. Gennaro. Sull'area di quel-
l'unica sala fu poi edificato il presente albergo di Ginevra. La *Sala di
S. Giuseppe* fu decorata con busti e con ornamenti in legno, e non
mancavano gabinetti per la lettura dei giornali francesi e inglesi. Dopo
qualche anno, avendo il Ferrara e il Tancredi subite gravi perdite,
cedettero il locale ad altri. I negozianti veri, i così detti speculatori,
cioè scommettitori a scadenza, che giocavano sul vuoto, i sensali
patentati, e i moltissimi non patentati, detti *marroni,* quando non
intervenivano alla Borsa a San Giacomo, si riunivano in questa sala,
ove trattavasi quasi esclusivamente di grani e di olii, esclusa la rendita.

Gli olii ed i grani, alla Borsa, si contrattavano in un modo speciale, che si adattava meravigliosamente alla condizione economica delle provincie napoletane. Case di commercio, fornite di grandi capitali, avevano vasti magazzini in alcune città della costa, dove si raccoglievano le mercanzie, e mettevano questi magazzini a disposizione di proprietarii, che avessero voluto depositarvi le loro merci, con facoltà di ottenere anticipazioni di danaro, e stabilirne a loro beneplacito lo ammontare in qualunque tempo: la qual cosa era facile, poichè ogni giorno il listino della Borsa segnava il valore delle derrate. Grandi masse si formavano, con tal metodo, atte ad alimentare il grande commercio, e che ricevevano incremento dai quotidiani acquisti, che ogni Casa faceva, di generi provenienti dall'interno del paese, i quali trovavano in tal modo prezzo sicuro, senza correre il rischio di costoso viaggio, per raggiungere il mercato di consumo. Manfredonia e Barletta erano le maggiori piazze di deposito e dal porto di Manfredonia partivano quei grani duri da far paste, così rinomati, prima che le terre nere di Russia ne producessero tanti, da non farne più sentire il bisogno nel mondo.

Gioia Tauro, in Calabria, e Gallipoli, in Puglia, raccoglievano gli olii, dividendoli ne' due distinti tipi, de' quali si compone la produzione napoletana. L'uno e l'altro erano grandemente richiesti in Russia; e, mentre per ardere era preferito quello calabrese; l'Inghilterra, il Belgio e la Francia, per lubrificare macchine, o lavar lana, preferivano il pugliese, il quale, grazie ai progressi tecnici introdotti dal Ravanas, era divenuto olio commestibile di eccellente qualità, e serviva pure per la conservazione delle sardine. Gli olii minerali non si conoscevano; nè le Americhe mandavano olii di lardo. Se ne estraevano dalle sementi, ma in poca quantità, da non far concorrenza agli olii di oliva. Intorno ai tipi di Gioia Tauro e di Gallipoli, s'aggrupparono gli olii comuni di Brindisi e di Taranto, di Catanzaro e Petromarina, che erano negoziati dalla ditta dei fratelli Cricelli. Nella

Calabria, Cotrone e Petromarina erano scali spesso richiesti. Così si consumava una produzione, che dava all'esportazione da trecento a quattrocentomila quintali circa all'anno, ed allo Stato un introito cospicuo per il dazio d'esportazione.

Queste case di commercio avevano la sede principale a Napoli, e succursali più in questa, che in quella provincia, secondo l'articolo del loro commercio. Le più antiche ed importanti, meglio fornite di capitali, di provata buona fede ed onestà, prendevano facilmente il posto sulle altre; e poichè modo consueto di pagamento erano, come si è detto, le fedi del Banco, che circolavano per tutto il Regno, presto erano conosciute e rispettate ovunque. La larga considerazione, all'interno, le accreditava all'estero; tanto più, che tutta la merce, la quale per l'estero si caricava, usciva dai loro magazzini, ed ogni acquisto, che l'estero faceva, si compiva mediante un *ordine di consegna*, a presentazione, su una piazza indicata, della mercanzia nell'ordine espressa, con forme e particolari di qualità, di peso e di misura, sagacemente e nettamente designate. Queste case emettevano numerosi ordini, durante l'anno. Erano di mille tomoli ognuno, se si trattava di grano; di cento salme, se di olio di Puglia; di cinquanta botti, se di olio di Calabria: e questi ordini di consegna non tutti andavano ad estinguersi nell'anno; sia perchè veniva via via a cessare la convenienza d'esportarne, sia perchè, chi ne possedeva, preferiva esperimentare, col tempo, un miglior prezzo: sicchè essi, passando di mano in mano, costituivano una circolazione fiduciaria, accetta a tutti. E quando la firma della Casa traente, col passare degli anni, aveva il suo credito bene stabilito, di comune e tacito consenso, veniva detta *firma di piazza:* espressione, che, nel linguaggio generale, sostituisce ancora in queste provincie ciò che gl'inglesi dicono *first rate.*

Erano sorti due distinti gruppi di case d'ordini: l'uno per gli olii; l'altro, per i cereali. Primeggiavano i Rocca, la casa di Giacomo e quella di Andrea: amendue legate con quei Rocca di Genova, che avevano piantate le loro filiali a Marsiglia, a Londra, negli scali levantini, ed in quelli dell'Adriatico. Erano i Baring italiani: mercanti, banchieri ed armatori ad un tempo. La pace, che tenne dietro la guerra di Crimea, li colpì. Grande massa di mercanzia, mandata a fornire il campo degli alleati, o tratta di Russia prima del blocco, era rimasta invenduta. Si manteneva bensì intatto il loro credito, ma già don Andrea non più comprava, e Pietro Rocca, erede principale della fortuna di Giacomo, e più dell'avarizia genovese, piuttosto frenava, che allargava gli affari. Attorno a loro, per gli olii, vi era una pleiade di forti case: Cardinale e Piria erano le più accreditate, dopo che don Girolamo Maglione erasi ritirato, parendogli che al giocare ed allo scommettere si volgesse, più che agli affari reali, la speculazione. Piena di giovanile baldanza si affermò la casa Minasi e Arlotta, il cui centro di operazione fu specialmente Gallipoli. Questa ditta tenne testa al Rothschild, quando nel 1866, s'invogliò di essere firma di piazza, per l'olio. Giovandosi de' suoi capitali, Rothschild aveva comprati olii ad alto prezzo; ma l'estero poco volendone, ed essendo scoppiata la crisi americana, i fallimenti si seguirono, e tutt'i prodotti ribassarono. I proprietarii intanto accorrevano da lontano a portare mercanzia ed a richieder danaro in anticipazione. Rothschild, incapace di governare simile operazione, nuova per lui, si perdette d'animo, anche perchè la ditta Minasi e Arlotta non cessava di punzecchiarlo, per mezzo dei suoi sensali e di alti ribassisti, con vendite al ribasso, giustificate dalla splendida apparenza del raccolto futuro. E così Rothschild fu costretto a capitolare, vendendo tutto l'olio comprato, e quant'altro aveva nei magazzini a Gallipoli al prezzo di 23 a 24 ducati la salma. Fuori lui, la casa Minasi e Arlotta divenne la prima casa d'ordini, per gli olii, sulla piazza di Napoli.

Per i grani, in quegli anni, quattro erano le case d'ordini. Pietro Rocca fu Giacomo, Andrea e fratelli Rocca, Raffaele e Pasquale

Perfetti e Giuseppe de Martino. Le prime poco operavano; ma le due ultime, tenaci in un duello, cominciato da lunga data, tenevano la Borsa divisa in due campi, ed inasprivano, con astii personali, quella lotta, che già si combatteva per il ribasso o l'aumento. Negli annali della Borsa, erano più antichi i De Martino. Venivano dal piano di Sorrento; armatori e capitani di nave, che, abbandonato il mare, avevano, per conto di case inglesi, molto comprato e molto imbarcato di granaglie. Erano gente larga, dallo spirito elevato, e tenaci nel sostenere una lotta; impressionabili, sposavano simpatia ed odio con facilità; e con pari facilità erano generosi, più che loro non convenisse. Il Perfetti era tutt'altro uomo. Veniva da umile condizione, e se ne faceva vanto; aveva venduti arnesi da magazzino, e vissuto fra sensali e piccoli speculatori, e a poco a poco intuito quanto potevasi trarre di utilità, rappresentando i proprietarii coltivatori, presso i mugnai di Napoli, senza passare per la Borsa. I grani, consegnabili in forza d'ordini, si erano discreditati; per darne all'estero nell'abbondanza richiesta dallo sviluppo crescente del commercio, bisognava raccoglierne di ogni qualità; per la qual cosa, chi aveva produzione bella e scelta, era disperato di doverne cavare prezzo pari a quello delle qualità comuni.

Perfetti, nativo di Terra di Lavoro, cominciò a portar grano con carri, poi con barche, al mercato di Napoli: gli utili gli accrebbero ardire e lavoro, e fece la sua apparizione in Borsa, ne' ranghi degli aumentisti. Vi portava, contingente prezioso, il sentimento dei proprietarii e quello dei mugnai, due potenti alleati. Perfetti non aveva studii, ma l'ingegno aveva acuto e ne diè prova presto, chiamando intorno a sè la gente più capace e più adatta a quel genere di commercio. Ricercò ed ottenne commissioni dall'estero, e le disimpegnò con lode consegnando qualità migliori, che altre case non facessero: avvedutezza questa, che lo fece salire in eccellente fama a Genova ed a Marsiglia. La situazione economica del Regno in tanto s'avvantaggiava. Le miti imposte permettevano il risparmio; i coloni si erano rifatti e opponevano maggior resistenza ai prezzi ribassanti della Borsa, preferendo tenere ne' granai la merce, anzi che venderla; ciò che tornava in danno di chi avesse venduto allo scoperto. Le qualità dei grani di Polonia e di Odessa erano migliorate; quelle di Barletta non guadagnavano più la gran differenza, che prima avevano goduto; bisognava quindi che esse, alla loro volta, fossero divenute migliori; e Perfetti, pagando in Puglia prezzi alti, secondo il merito della merce, stimolò a meglio produrre. Capitanando in Borsa gli aumentisti, egli attrasse a sè tutt'i produttori pugliesi; e pigliando da questi la roba migliore, accrebbe all'estero, rapidamente, la sua rinomanza e i suoi guadagni. Gli ordini di sua firma, prima accettati soltanto per caricazione, furono ammessi alla liquidazione mensile; e la sua casa prese posto officiale nella Borsa, come casa d'ordine.

Il duello divenne lotta accanita. Al caffè de' commercianti, là dove sorge il nuovo grandioso palazzo del presente albergo di Londra, dal mattino sino a mezzogiorno, e nelle ore pomeridiane, sotto i platani della spianata, gruppi di sensali e di speculatori si adunavano e si disfacevano a vista d'occhio: avvisaglie queste, che finivano alla Borsa con lotte, dalle quali le fortune rapidamente venivano intaccate, o rapidamente si accumulavano: onde poi la gente di Borsa andava notata come la più spendereccia della città.

Era un correre di sensali, ed un agitarsi di gente a far premii o affari a fermo; lottatori esercitati a tener conto di ogni piccola variazione di mercato, d'ogni possibile circostanza, di ogni qualsiasi accenno a variazioni future. Le nuvole e il variare dei venti erano seguiti con maggior cura, che non avesse mai fatto astronomo, per cavarne prognostici circa l'approdare dei navigli, e le condizioni favorevoli o meno alle raccolte. Notizie, staffette, gherminelle, agitazioni effimere e falsi allarmi erano, con combinazioni infinite, messi in movimento. Compari numerosi e commessi seguivano i sensali più in vista, notati e sospettati quale fosse sostenuto, quale combattuto da De Martino o da Perfetti. Era un tal Noviello, il primo sensale di Perfetti; ma don Nicola Stella e Savini, detto *California*, Porzio, Ricciardi, Imperato, Amendola, i fratelli di Pompeo ed altri componevano lo stato maggiore, che le operazioni del Perfetti accompagnavano con le proprie. De Martino aveva Vincenzo Mollo, quel Luigi Sgrugli, simpatico a tutti ed il romoroso Vincenzo Russo, cambiavalute a San Giacomo con grandi capitali; e con questi speculatori non meno potenti che arditi, combattevasi, sperando che una liquidazione o l'altra s'avesse a fare a dieci carlini il tomolo, e che i pugliesi ne dovessero fallire. Ricordo anche fra le case commerciali quella dei Fratelli Rogers, inglesi, i quali negoziavano molto in cambii, in rendite e anche in grani ed olii.

Ma l'Impero in Francia, con la sua politica doganale, favoriva lo sviluppo industriale; i traffici aumentavano, stimolando, con l'aumentato lavoro, l'incremento della popolazione e de' consumi: i grani seguivano, come gli altri articoli, questo moto, e quello non meno efficace dell'arrivo in Europa delle masse del nuovo oro dalla California. Perciò era facile prevedere che ogni nuova lotta era una sconfitta per i ribassisti ed il loro capo; quantunque questi avesse trovato nel suo associato, Federico Pavoncelli, una nuova forza ed un uomo capace di riprendere la situazione in Puglia ed abbattere l'influenza di Perfetti, migliorare le qualità dei grani, coordinare il lavoro, e fare brillantemente la campagna del 1856, quando fu concessa l'esportazione dei grani, non creduta possibile da De Martino, il quale si trovò ribassista, e solo a sostenere l'urto di seicentomila tomoli di grano, da consegnare in pochi mesi. Perfetti morì nell'autunno del 1857. Nella primavera del 1856 manovrò con tanta abilità, da indurre il suo rivale De Martino a vendergli molti e molti grani, per consegna alla nuova raccolta, a prezzi di lire 1,65 e 1,70 il tomolo. Quando venne l'agosto, il grano valeva 2,10 e 2,20 ond'egli fece un grossissimo guadagno.

Federico Pavoncelli, rimasto arbitro del mercato dei grani nel 1850 e negli anni posteriori, morì vecchio, lasciando una cospicua sostanza. Uomo di talento commerciale non comune, egli creò dal nulla il suo patrimonio in circa mezzo secolo di lavoro perseverante e sagace, e di economia rigorosa. Era nato per eccellere dovunque rivolgesse la sua attività e il suo ingegno; e se invece di svolgere la sua azione nell'antico Regno, e più nella piccola Cerignola, centro delle sue operazioni nelle Puglie, avesse avuto per campo l'Inghilterra o l'Olanda, avrebbe accumulata una sostanza anche più cospicua. Io conobbi questo singolare vecchio un anno prima della sua morte. Giuseppe Pavoncelli, deputato al Parlamento, e già ministro de' Lavori Pubblici, fu il braccio destro del padre; da giovane, fece il sovrastante ai magazzini di grano a Barletta, e s'arricchì da sè stesso della geniale cultura onde è dotato. Il più grande impulso alla trasformazione agricola in Puglia è merito del padre e del figlio. Quando videro che, per le mutate condizioni del mercato dei grani, la Russia, l'India e l'America, riversavano nell'Europa torrenti di cereali, e che perciò il commercio di questi era finito, si volsero allo acquisto di terreni; e duemila ettari di terra trasformarono in un solo vigneto, con stabilimenti enologici, come non ne ho visti in Francia. Oggi la casa Pavoncelli è la maggiore produttrice di vini nel mondo.

Nella gran dogana si accentrava tutto il movimento delle mercanzie; al "Molo piccolo" si negoziavano le frutta; al Mercato, al Carmine, le frutta secche ed i legumi; a Portanolana, la crusca e le carrubbe – *sciuscelle* – e si negoziavano pure i grani provenienti per via di terra, e perciò detti "*della Vatica*". Interessante era il commercio dei carboni, per massima parte provenienti dalla costa romana, insieme alle fascine, che anche oggi occorrono largamente per provvedere ai numerosi forni della città. Questo commercio era nelle mani di un tal *Papaccio*, nel quale si raccoglievano tutte le furberie del mestiere. Le

fascine venivano con legnetti da cabottaggio, che caricavano sulla costa, da Terracina a Orbetello, ogni derrata, dal carbone all'olio. I facchini si chiamavano "*scaricanti*" e tra essi la camorra reclutava i suoi
migliori aggregati. Questi però costituivano la plebe, perchè la classe
aristocratica dei facchini era quella, che scaricava merce al
Mandracchio e carbon fossile al "Molo grande"; e stimavasi buon
posto e miglior fortuna il farne parte. Il commercio del carbone s'andava sempre più sviluppando, per il lavoro più attivo di Pietrarsa, e
per gli opificii, che aumentavano di numero. La casa Volpicelli teneva il primo posto in questo traffico, ed è ad essa che si ascrisse il De
Sanna, la cui casa, in poco tempo, divenne importantissima. Ma era
la gran dogana l'ambizione di tutti: colà si raccoglieva il commercio
di minerali, manifatture, droghe, coloniali. Imbert, Aimè, e Leriche
trattavano specialmente i prodotti chimici; Radice, le profumerie, e
la *haut du pavè* era tenuto da' Ceolini, da Jesu, da Caprile, da De
Angelis: tutti grossi e ricchi importatori di coloniali. Essi poi li span-
devano nelle provincie ai numerosi loro clienti; e questi, alla loro
volta, vendevano al minuto, con lucroso vantaggio, nelle piccole
città, insieme alle candele votive, la cannella, il pepe, il rosolio, lo sto-
matico, la cera ed i confetti di Sulmona, duri come pietre.

Seguivano i mercanti di tessuti, fra i quali eccellevano Cosenza,
Cilento, i fratelli Galante, Maresca, e i fratelli Palomba; e nell'articolo cotone, allora, come oggi, dominava la più vecchia e rinomata casa
estera forse del Regno, Wonviller, ora Asselmeyer. In lana negoziavano Porzio, Langensee, Buonanno, ed un tempo pure i fratelli Buono;
Cosenza, Giovanni Porzio, ed altri parecchi tessitori del Salernitano,
depositavano ne' magazzini della vecchia Napoli, dove maggiore era
il concorso de' compratori dei vicini paesi, i tessuti più adatti ai loro
bisogni ed alle non raffinate esigenze del mercato. Flescher forniva i
legnami provenienti dal Nord, usati specialmente per antenne alle
navi; ed insieme a questo, era reputato buon commercio quello del

legno da ebanista. Tali commerci, insieme a quelli della canapa, del lino, della robbia, allora sì ricercata, erano appoggiati a tradizione antica, con clientela fatta fra grossisti, gente sobria e di spirito acuto, che traeva gran profitto del suo capitale, con la vendita al minuto.

Erano ultimi i tradizionali mercatanti, che ingombravano le straduccie della Napoli d'altro tempo e specialmente i quartieri di Porto, di Pendino e di Mercato, con le caratteristiche botteghe, povere di *réclame* e di luce, ma ricche di merce e di quattrini contanti. Era celebre la via dei Mercanti, fra Porto e Pendino, ora mezzo distrutta dai lavori del Risanamento. Così, essendo varî i canali, per i quali si dispensava il credito e lento, ma sicuro, il modo del suo sviluppo, pochi erano gli sbalzi, difficili le crisi, quando non le provocava un decreto del principe, il che non accadeva facilmente. Basta ricordare il commercio delle cuoia. Si compravano all'estero, e si rivendevano ad otto mesi di termine, nè erano rari i contratti ad un anno, o a diciotto mesi. Alcuni rammentano ancora la vecchia ditta Tramontano. Sulla porta della bottega, modesto e tranquillo, il capo della ditta trattava i suoi affari. Pronto all'inchino, appena si vedeva dinanzi un negoziante straniero, acquistava tutta la sua fierezza di mercante, quando era innanzi alla sua Madonna del Carmine, tempestata di ricche gemme, protettrice del negozio e guardiana della cassa di legno, larga quanto un grosso letto di stile spagnuolo. Non firmava mai promesse di pagamento. Per quei vecchi era vergogna rilasciar cambiali; e dalla sua cassa pagava invece in oro, in argento o in fedi di credito, cento e anche dugento mila ducati all'occorrenza.

CAPITOLO XIV

SOMMARIO: I balli a Corte – Un incidente curioso – L'invito al duca di Ventilano – Il Club dell'Accademia Reale – I ricevimenti privati – Casa Torella, casa De la Feld e casa Craven – Una rappresentazione di beneficenza – Le più belle dame del tempo – Le *periodiche* della borghesia – I balli mascherati e un duello – I canzonettisti dialettali – Labriola e Cammarano – Gli avvocati – Loro perniciosa influenza nella vita sociale – Ferdinando II e Settembrini concordi nel giudicarli – Domenico Capitelli e suo ultimo colloquio col Re – Alcuni nomi – Le mode – I bagni – Le villeggiature – Madama Cardon e madama Giroux – I sarti più noti e i più noti *lions* – I principali *bazar* – La casa Tesorone a Toledo – *La bottega del bello Gasparre* – I caffè principali – I pasticcieri e le pizzerie – La Società Reale e la Pontaniana – Una curiosa requisitoria dell'Imbriani – Il premio Tenore a Carlo De Cesare – Un inno al Re.

La vita del Regno non era così varia e lieta come a Napoli. Nel capitolo consacrato alle provincie, la vita di queste è narrata ampiamente. L'ultimo decennio fu in verità molto diverso anche per Napoli, dagli anni che precedettero il 1848, quando la Corte vi dimorava e il Re dava frequenti feste e interveniva ai balli privati. Nel 1843, in occasione della inaugurazione della ferrovia che congiunse Napoli al *Real Sito*, aprì anche la Reggia di Caserta ad una festa, di cui in alcuni de' nostri vecchi dura ancora il ricordo. Aprì egli stesso le danze, essendo allora ballerino agile e instancabile, e la duchessa Teresa Ravaschieri ricorda che, giovanissima, facendo il suo primo ingresso nel mondo, aveva ballato un *valtzer* col Re, molto galante con le signorine più belle. Vi era allora fra la Corte, l'aristocrazia e l'alta borghesia maggior affiatamento, più facili essendone i contatti. Ma dal 1849 al 1859 le cose andarono altrimenti, come si è veduto. Una delle ultime feste date alla Reggia di Napoli la sera del 26 febbraio 1854, fu quel magnifico ballo in costume, di cui la memoria non si è ancora cancellata. Tutto il servitorame vestiva alla Richelieu e la quadriglia reale, alla Luigi XIII. Il Re indossava un costume di velluto grigio; il conte d'Aquila, di velluto nero; il conte di Trapani, di velluto bleuceleste; il conte di Montemolino, di velluto marrone chiaro; il principe don Sebastiano, di velluto marrone scurissimo e di scurissimo azzurro era il costume di don Fernando infante di Spagna. Vi convennero ancora alcuni principi tedeschi, coi relativi seguiti, anch'essi in costume, e grande fu la magnificenza dei merletti ed il luccichio delle gemme. A questo ballo, nel quale gl'inviti raggiunsero il migliaio, intervenne Giovannino Del Balzo sotto le vesti di brigante calabrese: costume più fantastico che reale. Fu fatto ritirare per comando del Re, che chiamò il maggiore Yungh, degli svizzeri, vestito da mugnaio, e gli disse: "*Avvisa Giovannino, che si vada a comporre*". Il Del Balzo uscì e più non comparve; e quando, due o tre giorni dopo, andò dal Re a presentargli le scuse, Ferdinando II gli disse: "*Ricorda che i briganti alla Reggia non debbono venire, neppure in maschera*". L'ultimo ballo ebbe luogo la sera del 14 gennaio 1856, con due mila invitati. Un altro era stato fissato nel gennaio del 1857, ma non fu potuto dare per una serie di disgrazie sopravvenute, a causa, si disse, dell'invito fatto al duca di Ventignano, *jettatore famoso*. Caratteristico il colloquio che in quella occasione ebbe il Re col duca d'Ascoli. Questi gli leggeva le vecchie liste degli invitati, cancellando gli assenti, i morti e quelli di non sicura fede politica e proponendone dei nuovi. A un certo punto si fermò sul nome del Ventignano, che aveva sollecitato un invito. Ferdinando II riconobbe la convenienza d'invitarlo, per le buone qualità e la provata fede del duca, consigliere della

Corte dei conti, ma disse al D'Ascoli: "*Tu sai i pregiudizi che corrono sul suo conto; io non ci credo; invitalo, ma ti annunzio che la festa non si darà*". Il Re credeva alla jettatura come si è veduto, ma in alcuni casi si studiava di non mostrarlo. Il duca fu compreso nella lista degl'invitati; ma, pochi giorni dopo, avvenne l'attentato di Agesilao Milano e la festa andò in fumo; anzi nelle Reggie di Napoli e di Caserta non vi furono più grandi feste, nè conviti di nessun genere. Due piccole veglie con danze diè il Re a Gaeta ad eletta schiera d'invitati, una la sera del 12 e l'altra del 15 febbraio 1858. L' "eletta schiera" secondo il linguaggio ufficiale, era formata da militari, da sindaci e personaggi autorevoli dei paesi vicini. Il Re e i principi si divertivano a dar la baia ai "pacchiani" imbarazzati e confusi. Altre grandi feste si preparavano per le nozze del principe ereditario, ma le sventure sopravvenute le mandarono in fumo. Durante gli agitati quindici mesi di Francesco II, vi furono ricevimenti, baciamani e circoli, ma balli punto. Tutto questo non fece che accrescere il pregiudizio sul conto del povero duca di Ventignano, il quale era uomo di spirito, zio paterno di Federigo, Cesare e Alfonso della Valle di Casanova e sopportava in pace quella specie di odiosa leggenda, che si era formata sul suo nome. Ne era il solo de' malcapitati, perchè di jettatori, reputati famosi, Napoli ne contava parecchi che ancora si ricordano con comico spavento. Ogni napoletano, più o meno confessandolo, ha sempre creduto al malefico influsso.

Nonostante l'assenza della Corte, furono quelli gli ultimi anni della grande società napoletana. A Napoli erano il corpo diplomatico, i grandi dignitari e i gran signori, men di oggi vogliosi di viaggi all'estero, nè dissestati dai crediti fondiari e dalle cambiali. Correva allora la voce in Europa che le feste da ballo di Napoli vincessero quelle delle Tuileries in eleganza, e le feste dell'Accademia Reale, nelle sale dov'è oggi il casino dell'Unione, si segnalavano per la loro magnificenza. Il *club* dell'Accademia Reale raccoglieva nobili con quattro quarti e l'ammissione vi era difficile. Pur non essendo un *club* politico, nove decimi dei suoi soci erano devoti o rassegnati al regime borbonico e temevano più che non stimassero Ferdinando II, il quale aveva ridonata la pace al Regno e garentiva l'ordine. L'Accademia aveva sede nel palazzo Berio, poi trasportò i suoi penati in piazza San Ferdinando, sul caffè di Europa. Eran qui le sale da giuoco e di conversazione, perchè i balli venivano dati nei locali sopra il San Carlo, che furono poi concessi da Vittorio Emanuele al nuovo Circolo dell'Unione, il quale sorse sul finire del 1860, raccogliendo la doviziosa borghesia e il patriziato liberale. L'Unione ebbe sede, prima al palazzo Ottaiano a Monteoliveto, poi al palazzo Buono a Toledo, poi al palazzo Nunziante, in via della Pace, ma voleva affermarsi in luogo più centrale, forse per atto di ostilità alla vecchia Accademia. Carlo Poerio fu eletto presidente onorario dell'assemblea dei socii; Gennaro de Filippo presidente effettivo e segretario Guglielmo Capitelli. All'autorità del Poerio e alla tenacità del Capitelli deve l'Unione gli splendidi locali, la cui perdita fu cagione di amarezza per l'Accademia, che divenne *club* ancora più chiuso e seguitò ad essere preseduta dal conte di Montesantangelo.

Se negli anni dei quali scrivo, non vi erano altri *clubs,* viceversa i ricevimenti nelle case signorili si succedevano senza interruzione. In casa Torella si riceveva tutte le sere dopo la mezzanotte, e anima della società cosmopolita che vi si raccoglieva, era la vecchia principessa figliuola di Cristoforo Saliceti, il famoso convenzionale che aveva letta la sentenza di morte a Maria Antonietta ed era stato il terribile ministro di polizia di Giuseppe Bonaparte. Società cosmopolita, perchè non vi era straniero di distinzione che non fosse presentato in casa Torella, nè diplomatico che non la frequentasse. Vi si faceva opposizione moderata, ma costante, al Governo e frequentavano gli eleganti saloni uomini di fede liberale, che erano gli amici di Cammillo. In

casa Torella spirò sempre un'aria di Fronda e quando nel 1851 venne
Gladstone a Napoli, vi fu presentato da sir William Temple, che vi era
costante commensale; nè quell'ambiente contribuì a sconsigliare
l'onesto inglese dal pubblicare le celebri lettere. Dei due figli maschi
del principe Giuseppe, che fu ministro dopo il 15 maggio nell'ultimo
ministero costituzionale, Niccola, divenuto principe di Torella dopo
la morte del padre, fu ministro costituzionale di Francesco II, come
si vedrà; e Cammillo, marchese di Bella, fu in mezzo alle cospirazioni liberali e poi arrestato e mandato in esilio nei primi mesi del 1860.
Riunioni e balli di straordinario splendore furon quelli di casa Bivona
e di casa Sclafani. I due fratelli abitavano il loro romantico palazzo
alla Ferrandina. Non meno splendidi i ricevimenti di casa Santa
Teodora, quando Luigi, duca di Sant'Arpino, prese moglie a Londra
e condusse in Napoli la magnifica signora, la cui apparizione nella
società napoletana fu un avvenimento. Si riceveva ancora e si ballava
in casa Bovino, in casa Sant'Antimo, in casa D'Angri; che anzi in casa
D'Angri fu dato, in quegli anni, un ballo in piena estate, sulla terrazza scoperta e la gente si affollava al largo dello Spirito Santo, tanto da
impedire la circolazione delle vetture. A questi balli, tranne a due in
casa Sant'Antimo, la Corte non intervenne mai e neppure i primi
figliuoli del Re; ma intervennero il conte di Siracusa, il conte
d'Aquila e il conte di Trapani, quasi sempre. Ricevevano i ministri
esteri e si distingueva, fra tutti, il ministro di Francia. Nelle gale del
San Carlo questo gran mondo appariva in tutto il suo splendore. Le
gale cadevano ogni mese, così per il compleanno come per l'onomastico dei Sovrani e dei principi del sangue; ma le più pompose eran
quelle per i compleanni del Re, della Regina e del principe ereditario.

Un centro, dove conveniva quasi tutta l'aristocrazia più eletta e
accorrevano i letterati e gli artisti di maggior grido, era casa Craven,
al Chiatamone, che continuava le geniali tradizioni del vecchio

Keppel Craven, figlio della margravia di Anspach, stabilitosi in Napoli parecchi anni prima e che aveva un bel palazzo al Chiatamone, una villa a Posillipo ed anche un castello cinto di bosco a Penta, presso Salerno. Faceva splendidamente gli onori di casa Paolina Lafferronnays, sposata ad Augusto Craven, donna di alto ingegno e di alto animo. La gran sala del palazzo Craven, decorata in istile del primo impero, raccoglieva Giuseppe Campagna, Enrico Catalano, il duca di Campomele, Stanislao Gatti, Gabriele Capuano, Giovanni Barracco, Pietro Laviano Tito, Cammillo Caracciolo, il duca Proto, Alfonso Casanova e il padre Alfonso Capecelatro. Delle signore, ricordo la marchesa di Rende Caracciolo, la principessa di Camporeale, la contessa di Castellana, la marchesa di Bugnano, la contessa di Bray, le sorelle Paolina, Adelaide e Clotilde Capece Minutolo e quella duchessa Ravaschieri, che amò la Craven di ardentissimo affetto ed ha consacrato alla sua memoria un libro che non si legge senza piangere. Fu in una recita di filodrammatici al palazzo Ferrandina, che la duchessa Ravaschieri conobbe la Paolina e ne divenne l'amica intima e diletta. In casa Craven vi era pure un teatrino, costruito dall'architetto Paris, dove si davano rappresentazioni in italiano e in francese. La duchessa Ravaschieri, Augusto Craven, Marcello Mastrilli duca di Gallo, il conte Carlo Lafferronnays, fratello di Paolina ed altri vi recitarono *vaudevilles* e commedie. Il teatrino di casa Craven era una delle maggiori attrattive della più intellettuale società napoletana, e il più valoroso filodrammatico dell'alta società parigina, il visconte di Magnieux, venne a Napoli a bella posta per recitarvi. Le rappresentazioni avevano quasi sempre uno scopo di beneficenza e i poveri ne ritraevano sollievo. Per il terremoto di Basilicata si rappresentarono due commedie francesi, e la duchessa Ravaschieri declamò il *Salmo* di Niccola Sole. La commozione fu grandissima quando ella disse:

Signore! I tuoi clementi occhi declina
Su le ripe lucane, ove la vita
Fra il terror si dibatte e la ruina!
Scapigliata una gente e sbigottita
Ignuda fugge il tuo divin furore,
E per gl'infermi campi erra smarrita! [1]

Quelle due rappresentazioni fruttarono, come ho detto, oltre quattromila ducati; i posti nella sala non erano che 200, e alcuni furono pagati dieci napoleoni l'uno. Nel 1859 la casa Craven divenne il luogo dove più liberamente e più vibratamente si parlasse delle speranze d'Italia, sull'esempio della padrona di casa, la quale, francese e bonapartista, credeva che Napoleone III fosse il veltro di Dante. Molto frequentati anche i ricevimenti in casa De la Feld. La contessa De la Feld era un vero valore nell'arte del canto, apparteneva alla famiglia Bevere di Ariano e fu educata a Napoli, dove sposò nel 1844 il conte Giuseppe De la Feld, ricco signore inglese, venuto a Napoli per diporto, a bordo del suo *Yacht* "Esmeralda". I ricevimenti di casa De la Feld ebbero importanza politica nel 1860, ma prima di quel tempo erano già celebri, perchè vi si faceva della musica eccellente e ai concerti prendevano parte, oltre ai migliori dilettanti del tempo, i più rinomati artisti di passaggio per Napoli. C'era un teatrino e vi si rappresentò, nell'aprile del 1857, il *Don Pasquale* di Donizetti. Fu un avvenimento musicale, per l'ottima esecuzione e per la qualità degl'invitati. Cantarono la padrona di casa, il barone Giovanni Genovesi, il barone Roberto Tortora Brayda e Melchiorre Delfico,

---

[1] Bonaventura Zumbini ha raccolto in un bel volume, edito dai Lemonnier, i canti di Niccola Sole, preceduti da una prefazione ch'è un atto di giustizia alla memoria del simpatico poeta, il quale, non ostante l'ultima sua incoerenza, quella di avere composta la celebre *cantata* per l'assunzione al trono di Francesco II, *lascia*, dice lo Zumbini, *non solo brani, ma interi e ampi e numerosi documenti di vera poesia, degni di essere ricordati per sempre.*

dilettanti di prim'ordine. Anche nell'orchestra, insieme ad artisti, erano anche alcuni bravi dilettanti. I De la Feld abitavano al piano nobile del palazzo Partanna, in piazza dei Martiri, che allora si chiamava "Calata santa Caterina a Chiaia". – Alla rappresentazione del *Don Pasquale* assistette il Re di Baviera, padre, il quale, sotto il nome di conte di Augusta, viaggiava per diporto e si fermò a Napoli tre giorni. In quello stesso mese di aprile giunse pure a Napoli il Re Massimiliano, sotto il nome di conte di Werdenfels, e fu molto festeggiato nell'alta società.

Fra le più belle dame del tempo, brillavano le tre figlie di Carlo Filangieri, chiamate le tre duchesse, cioè la duchessa di Bovino, la duchessa di Cardinale e la duchessa Ravaschieri Fieschi. La duchessa di Bovino aveva richiamata, in una delle feste delle Tuileries, l'attenzione di Napoleone III che volle conoscerla e fu con lei pieno di cortesie, ricordandole il padre e l'avo. Si distingueva anche per bellezza la contessa Latour, una delle figliuole del principe d'Angri e che vive ora a Parigi vita da santa. Suo marito Leopoldo, è stato il fedele cavaliere di compagnia di Francesco II. Una sorella di lei divenne principessa di San Cesario, l'altra, duchessa di Marigliano e una quarta fu principessa di Fondi: tutte parimente bellissime. Questa contessa di Latour non è da confondere con l'altra contessa di Latour, moglie di Francesco colonnello degli usseri, che si disse salvasse la vita a Ferdinando II nell'attentato di Agesilao Milano. Quest'ultima, morta da oltre trent'anni, fu dama della regina Maria Teresa, visse vita ritirata e devota, come tutti di casa Sangro a cui apparteneva. Il marito n'era golosissimo. Oltre alle Filangieri e alle sorelle d'Angri, splendevano, fiorenti di gioventù e bellezza, la marchesa di Bolla moglie di Cammillo Caracciolo, che era russa e aveva splendidi capelli biondi, che in ricci le scendevano graziosamente sulla fronte; e con lei la principessa di Camporeale, Laura Acton, la contessa di Castellana, oggi vedova del senatore Carlo Acquaviva; la principessa di Frasso, morta da poco più di un anno, moglie di Ernesto Dentice, che fu senatore del Regno d'Italia, e madre del presente deputato di Brindisi. La principessa di Frasso, nata contessa Chotek, era boema e alla elegante vaghezza univa una grande bontà. La Frasso, la Castellana, la Sant'Arpino, divorziata dopo il 1870, la marchesa di Bella e la principessa della Scaletta, nata contessa Wrbna di Vienna, dama di Corte e donna ricca di talento e di brio, erano gli astri venuti di oltre Alpi a rifulgere nell'olimpo delle bellezze del tempo. E vanno pur ricordate la contessa Porcinari, nata Santasilia, ora principessa di Piedimonte; la duchessa di Cirella; la Policastro, poi principessa di Gerace; la San Giuliano Ischitella; le due figlie del principe Dentice: la marchesa di Bugnano e la contessa di Bray, maritata al ministro di Baviera a Pietroburgo.

Queste belle dame formavano l'alto mondo dei balli e dei ricevimenti, rendevano il San Carlo una festa, assistevano alle prime rappresentazioni dei Fiorentini e ai più celebri concerti musicali. Furono famosi in quegli anni i concerti di Bottesini e di Sivori. Le abitudini di allora erano su per giù quelle di oggi. Allora le signore dell'aristocrazia andavano in carrozza alla Riviera e villeggiavano a Portici, a Posillipo, a Castellamare e a Sorrento. Erano frequenti le gite in campagna, ma, di rado queste varcavano Sorrento, Caserta, Cava, Lauro e San Paolo presso Nola. La cronaca mondana non aveva lo sviluppo che ha preso oggi, e i nomi delle signore non apparivano mai nei giornali a titolo di vanità.

L'alta borghesia della banca e del commercio aveva anche essa le sue feste e i suoi ricevimenti. Sontuose le feste di casa Wonviller, di casa Meuricoffre e di casa Sorvillo. V'intervenivano i professionisti di maggior grido, alti funzionarii, qualche ministro, quasi tutt'i direttori, i quali, tranne il Carafa, erano borghesi. Sono ugualmente da ricordare le serate non a scopo di divertimento, ma di piacevoli conversazioni, di casa Ferrigni, di casa Ulloa, di casa Baldacchini, dopo che don Saverio sposò la vedova di Luigi Bonghi, la intelligentissima madre di Ruggiero Bonghi. In casa di Leopoldo Tarantini e di Vincenzo Torelli si raccoglievano avvocati, letterati e artisti. Tarantini riceveva il sabato, e Giannina Milli, Niccola Sole e lo stesso padrone di casa improvvisavano versi ai quali, don Raffaele Sacco, il grazioso poeta dialettale, aggiungeva barzellette e aneddoti esilaranti. Vi andavano anche i migliori artisti dei Fiorentini e del San Carlo e i più noti compositori di musica. In queste riunioni si discorreva d'arte, di storia, di letteratura; si faceva buona musica e alle volte, nel teatrino di famiglia si rappresentavano commedie del padrone di casa, o di giovani suoi amici. Tarantini aveva simpatica cultura letteraria, vivace talento e genialità poetica, scriveva versi e drammi pregevoli ed era inoltre, tutti lo ricordano, col Marini Serra, il maggior lume del fôro penale. La borghesia di secondo e terzo grado contava le sue tradizionali *periodiche*, e poichè in quegli anni il *Trovatore* aveva fatta perdere la testa ai napoletani, non vi era *periodica*, dove un qualunque tenore non cantasse:

Di quella pira l'orrendo foco,

e un baritono non urlasse:

È l'amore, l'amore ond'ardo,

e una qualunque signorina sentimentale e un tenorino senza voce non ripetessero, al piano, il duetto fra Manrico e Leonora. Si cantava a tutto andare l'aria del *Rigoletto:*

La donna è mobile,

e l'altra, non senza malizioso significato:

Questa e quella per me pari sono.

Erano immancabili, nelle periodiche, le canzoni popolari, e *Santa Lucia*, la *Palummella janca*, *Scetete scè*, *'U cardillo*, e *Fenesta ca lucive* risuonavano dappertutto. *Fenesta ca lucive* conta forse più di un secolo di vita ed è sempre viva, perch'è la canzone di maggiore sentimentalità che abbia avuta la poesia popolare. *Te voglio bene assaje*, improvvisata dal Sacchi e anteriore al 1840, era morta da un pezzo, e *Santa Lucia*, a torto attribuita al Cottrau, in quegli anni furoreggiava. La Borghi Mamo faceva andare il pubblico in visibilio, cantandola in dialetto al San Carlo nella scena della lezione di musica del *Barbiere di Siviglia*, i cui primi versi erano stati così ridotti:

Comme se fricceca
La luna chiena,
Lu mare è scuro
L'aria è serena ecc.

I poeti canzonettisti dialettali più stimati e in maggior voga erano Domenico Bolognese, Michelangelo Tancredi ed Ernesto del Preite. Il maestro di musica più fecondo, più melodico e popolare era Pietro Labriola, già alunno del collegio di San Pietro a Majella e tenorino della cappella reale. Sposò la prima figlia del maestro Enrico Petrella ed oggi è povero, mentre altrove sarebbe divenuto milionario. Ogni canzone gli veniva dall'editore Giuseppe Fabricatore pagata appena dieci, dodici, o al più venti carlini. Raramente per qualcuna ne ebbe trenta. Non ostante la trascurata edizione del Fabricatore, quelle canzoni, quando incontravano il favore del pubblico, si vendevano a migliaja. Molte di esse, più popolari in quel tempo, resistono ancora, come *I capille 'e Carolina*, *Tu me vuo' bene, o no me vuo' bene? Terè, Parlate a papà* e si cantano da' suonatori ambulanti a Posillipo. Aveva fama di buon compositore popolare anche il Valenza.

Tra i cantanti di quel tempo, il Levassor di Napoli, famosissimo e ricercato, fu il tipico don Ciccillo Cammarano, della famiglia dei Cammarano, artistica in ogni genere. Don Ciccillo faceva notoriamente la professione di impegnatore di gemme, di ori, di tela, di vestiarii ed era facoltoso. Aveva scarsa voce, ma conosceva bene la musica e sottolineava il canto con gusto squisito e grande comicità. Non volea canzoni comuni, ma solo quelle che erano musicate appositamente per lui, per lo più dal Valenza o dal fratello Luigi Cammarano, eccellente compositore. Era una ilarità generale a sentirlo cantare *Lo 'mbriaco*, ricavata dal bellissimo ditirambo del Piccinni, *Lo cucchiere*, *Canta, cà*, *Le ffigliole 'nzocietà*, e specialmente il *Lazzarone*, il *Masto è scola* e la *Vajassa*, composte appositamente per lui da Michelangelo Tancredi.

Nei salotti della piccola borghesia, se mancava il lusso, abbondava la bonarietà, quella bonarietà caratteristica napoletana, che diviene in breve familiarità e poi degenera in poco misurata confidenza. "*Nuie simme gente 'e core*", dicevano i padroni di casa e soffocavano di premure e di profferte gli invitati, specialmente quelli che avevano una posizione superiore e dai quali potevano sperare qualche favore.

C'erano, nel carnevale, veglioni *masqués* al San Carlo e al Fondo, con i consueti intrighi e scherzi salaci. Una sera, in un veglione al Fondo, Niccola Petra in maschera, accostandosi a Vito Nunziante, tenente degli usseri, gli scaraventò sul viso queste parole: "*Sette sono i peccati mortali, sette furono le piaghe d'Egitto e sette sono i fratelli Nunziante*". E uditosi rispondere che egli non avrebbe osato ripetere quelle parole a viso scoperto, il Petra si levò la maschera e ne seguì uno scambio d'impertinenze, una sfida e infine un duello, nel quale il Petra ferì l'avversario. Egli ebbe per padrino Cesare di Gaeta tenente di artiglieria, che poi divenne suo cognato.

Il ceto che esercitava una vera influenza sopra tutte le classi sociali del Regno, era quello degli avvocati. A Napoli si nasce avvocati. L'acuta penetrazione, il vivace talento, la mutabilità delle impressioni, la facilità della favella e la passione della lite sono requisiti intrinseci delle popolazioni meridionali, per cui in nessun paese del mondo fu mai così numerosa la classe degli avvocati, la quale perfeziona le qualità naturali con lo studio del diritto e l'arte del cavillo. E poichè Napoli è la città dei contrasti, anche il ceto degli avvocati rappresentava questi contrasti, anzi in grado superlativo. Accanto ai sommi, per i quali il diritto era religione e passione e l'integrità norma della vita civile, pullulava una plebe di *paglietti*, loquaci, romorosi, difensori di ogni causa per amore del compenso, e per i quali era abilità mutare il bianco in nero e il giorno in notte, La facondia inesauribile era la grande arma; tutto si tentava con essa di sostenere, anzi più manifesto appariva il torto, e tanto maggiore doveva parere il valore oratorio dell'avvocato. Nell'ordine morale e nel politico l'influenza dei *paglietti* fu perniciosa a Napoli in ogni tempo, poichè non portando essi nelle cose umane un'opinione equanime, decisa e costante, non vedendole nel loro insieme ma solo fermandosi sui particolari, infiniti erano i cavilli, che, colla loro parlantina si studiavano di mettere in opera, imbrogliando così le teste e stancando la gente. Ferdinando II aveva un'invincibile antipatia per gli avvocati, e poichè non aveva ingegno atto a distinguere, li confondeva in un solo sentimento di disprezzo e li chiamava tutti *paglietti*, attribuendo alle loro ciarle e alle loro esagerazioni i fatti del 1848. E forse non aveva torto; anzi il Settembrini che scrisse nell'ergastolo di Santo Stefano le *Ricordanze* della sua vita, si trovò d'accordo con lui, quando, parlando della catastrofe del 15 maggio, rivolse agli avvocati quella terribile apostrofe: *o avvocati, anzi paglietti, voi meritate la servitù!*

Il ceto, scarse eccezioni a parte, non aveva coscienza politica. Molti di quelli che avevano più urlato nei giorni della libertà, si chiusero la bocca nei giorni della servitù, anzi i più voltarono casacca. Domenico Capitelli, la cui casa era stata sino al 1848 frequentatissima da una turba, che in lui adulava e corteggiava il principe del fôro e il presidente della Camera dei deputati, non fu più ricercato che da pochi fidi e coraggiosi amici, e lo stesso incolse a Carlo Troja. L'ex presidente del Consiglio dei ministri e l'ex presidente della Camera, amicissimi fin dalla prima giovinezza, abitavano a poca distanza, in via Toledo. Domenico Capitelli lasciò il suo appartamento al palazzo De Lieto e andò in quella via Quercia, che ora porta il suo nome, e poi al palazzo De Sinno a Toledo. Lo visitavano Gabriele Capuano, Innocenzo de Cesare, Raffaele Masi, Saverio e Michele Baldacchini, Leopoldo Tarantini e Vincenzo Sannia, e quando nella notte del 30 agosto 1864 morì a Portici nella villa Pietramelara, si trovarono intorno al suo letto, coi medici Pietro Ramaglia e Alessandro Lopiccoli, i soli amici Masi e Tarantini. I suoi affari professionali dopo il 1848 erano diminuiti; la sua casa, tenuta d'occhio dalla polizia e notate le persone che a frequentavano, per cui erano caratteristiche le paure del Masi, nel quale però l'affetto vinceva la trepidazione.

Con la morte di Domenico Capitelli venne a mancare il maggior astro del fôro napoletano; quello, che, al dire del Pessina, impossessandosi della dottrina storica del Vico, che nella sua mente era congiunta alle dottrine filosofiche dei contemporanei, inquadrò nella storia del diritto il concetto delle tre età, del senso, della fantasia e della ragione; quello che fu con Niccola Nicolini, a dire del Pisanelli, l'interprete del pensiero di Mario Pagano che entrambi intesero a fecondare. Esempio così raro di rettitudine, di disinteresse e di dignità umana che, avendo per oltre quarant'anni esercitata la professione, non lasciò che una modesta sostanza. I suoi *inviti* non erano superiori alle 20 e alle 30 piastre, e un giorno che il conte Coppola per un'importante causa, gli offerse un *invito* di 500 ducati, egli se ne maravigliò col cliente, al quale disse che riteneva quella somma non come invito ma come compenso. Dal 1849 al dì della sua morte, non rivide il Re che due volte, e fu per l'arresto di suo cognato Alessandro Lopiccoli, il quale era cognato anche di Giacomo Lacaita, sospettato non a torto di aver fornito a Gladstone le notizie per le sue lettere. Lopiccoli fu arrestato e confinato a Piedimonte d'Alife. Il Re era in Ischia. Capitelli vi andò e fu ricevuto con queste parole: "*Don Domì, che ghiate facenne? è da tanto tiempo che non ce simmo cchiù visto*".[2] Ed espostogli dal Capitelli lo scopo della visita, gli domandò: "*E a du sta?*"[3] "*A Piedimonte*", rispose il Capitelli; e il Re, cui parve di aver inteso Piemonte: "*In Piemonte? Don Domì, non te pozzo servì*". Ma chiarito l'equivoco, promise che avrebbe preso conto della cosa e lo licenziò con queste parole: "*Va bene, non ce pensà*". Due giorni dopo il Lopiccoli fu fatto tornare a Napoli. E il Capitelli col cognato tornò in Ischia per ringraziare il Re, che si dimostrò quasi affettuoso con l'ex presidente della Camera dei deputati. Naturalmente, neppure un cenno ne' due colloqui ai fatti del 1848.

Tra gli avvocati, che contavano fra i primissimi, dopo che le vicende politiche avevano mandato in esilio Giuseppe Pisanelli, Pasquale Stanislao Mancini, Roberto Savarese, Raffaele Confòrti e Antonio Scialoja, sono da ricordare, fra i civilisti: Antonio Starace, Teodorico Cacace, Vincenzo Villari, Giuseppe Ferrigni, il marchese Perez Navarrete, Giuseppe Lauria e Francesco Correrà e fra i penalisti: Giuseppe Marini Serra, Leopoldo Tarantini, Federico Castriota Scandemberg, Giovanni de Falco, destituito dalla carica di procuratore generale di Corte Criminale, Francesco Bax, Luigi Ciancio, Gennaro de Filippo e tre giovani di grandissimo valore, Enrico

---

[2] Don Domenico, che andate facendo? È da tanto tempo che non ci siamo più veduti.

[3] E dove sta?

Pessina, Emilio Civita e Giuseppe Polignani. Il Castriota, il Pessina, il Tarantini e il De Filippo avevano difeso gl'imputati politici nei due processi del 15 maggio e dell' "Unità italiana": difesa che non volle assumere il Marini Serra, borbonico convinto, com'era borbonico convinto un altro avvocato di minor conto, don Antonio Fabiani, suocero di Agostino Magliani. E vanno pur ricordati Cesare Marini, civilista e penalista, Luigi Capuano e Luigi Landolfi, gran raccoglitore di notizie sugli avvocati napoletani, Francesco Saverio Arabia, Gherardo Pugnetti, che insegnava diritto romano all'Università e don Guido Guidi. In fatto di quistioni demaniali, avevano fama Michele Giacchi, Raffaele Gigante ed Enrico Cenni, e nelle cause commerciali primeggiavano Tito Cacace ed Enrico Castellano. Molti di questi brillarono dopo il 1860 negli uffizi pubblici; altri morirono prima del 1860; altri tennero fede al vecchio regime: nel complesso il ceto degli avvocati non rappresentava, politicamente, nulla di particolare e, tranne pochi, gli altri amavano il quieto vivere e avevano una paura maledetta della polizia. La loro cultura giuridica era grande, s'intende nei migliori, ma deficiente in ogni altro ramo. Conoscevano il latino, pochissimi, il francese; di scienze politiche e sociali quasi neppur l'abbicì, e la storia era in essi o una reminiscenza della sacra o della romana, così come le avevano apprese nelle scuole, o memoria di fatti ai quali avevano assistito. Il sentimento municipale era comune a tutti; e poichè non avevano veduto altri paesi, essendo il viaggiare allora ben difficile, credevano in buona fede che Napoli fosse l'alfa e l'omega d'ogni bellezza e d'ogni civiltà. L'Italia per essi finiva al Tronto. In casa Starace si raccoglieva il fiore della borghesia e la frequentavano non pochi aristocratici, clienti dell'insigne avvocato; una difesa del Marini Serra era un avvenimento oratorio; un'arringa o un'allegazione di don Antonio Starace, di don Teodorico Cacace e di don Vincenzo Villari, erano argomento de' pubblici parlari, e quando si discutevano celebri cause in Cassazione o alla Corte Criminale, vi si andava come a pubblico spettacolo. Molti ricordano il Marini Serra, col suo faccione nudo di peli. Egli entrava nelle sale di Castelcapuano con le braccia infilate a quelle di due suoi giovani di studio, offrendo le guancie per farsele baciare dagli amici e dagli ammiratori, perchè un'altra caratteristica degli avvocati di allora ed anche de' napoletani in generale, era quella di dare e ricevere baci: abitudine che i nuovi tempi hanno un po' corretta, ma non distrutta.

Malgrado gli epigrammi e le caricature, la crinolina regnò sovrana nella moda in quegli anni. I giornalisti, i poeti dialettali, i comici Altavilla e Petito, come si è visto, non la lasciavano in pace; ma essa trionfò dei suoi oppositori. Le evoluzioni della moda erano allora più lente, e solo le signore di ricco casato le seguivano nei loro capricci. Non è già che la moda fosse più costosa, ma il prezzo del danaro era più alto, le comunicazioni con Parigi più difficili, maggior equilibrio regnava in tutta la vita sodale e meno acuto era il pungolo della vanità e delle fatuità rovinose. Parigi imperava dittatrice della moda, e il *Petit Courier pour Dames* portava le ultime novità per le signore, e Leveu, il celebre Leveu, forniva pomate, acque odorose e profumerie. Sebbene fossero in Napoli sarte e modiste così parigine come napoletane di gran valore, le *toilettes* sfarzose per balli, e le acconciature più distinte per teatri e passeggi, si ordinavano a madame Musard, a Parigi. Nell'estate del 1858 fu molto accetta la stoffa *popeline* ed usata dal bel mondo la *coteline*, tessuto leggerissimo di lana e seta. Abiti di seta, pochi; più numerosi quelli di *moerre* antico, a larghi quadri, lucidi e ricchi di fiori colorati su fondo nero. Ma la maggior voga l'ebbe il *taffettà* scozzese. Le vite degli abiti erano tagliate a più punte e a piccole falde rotonde, e i nastri profusi in gran copia. Le maniche, semiaperte, a grandi pieghe, si dicevano *à gigot*. I cappelli usavano di velo crespo a forma d'imbuto, con fiori ricamati e con blonde. Gli abiti da passeggio, veramente di ultima moda, erano due. Veste di taffettà *gros grain*, orlata d'una larga striscia, mantelletto guarnito di merletti a quattro ordini, e cappello di velo crespo con blonde. Le signore che indossavano questo costume, dovevano portare un ombrellino di taffettà, ricoperto di merletto, e stivaletti di pelle inglese a calcagni. L'altro abito di gran moda, e più ricco, fu una veste di mussola di seta, con collaretto di nastri *garnitures Desterbecq*, vita a quattro punte e mantellina di merletto di Alencon. A quest'abito andava unito un cappello di *tulle bouillounè*, con penne di gallo di due colori e scarpe *à bouffettes*.

Teatro dell'ultima moda era, nella stagione dei bagni, l'ampia sala dello stabilimento Manetti, alla Villa: addirittura una platea di giovani signore, dai colori vivaci. Da Gigliano, in fama di liberale, accorrevano la borghesia ricca e gli studenti meglio provvisti. La rivalità fra i due stabilimenti era grandissima, e fra i bagnanti avevano luogo le celebri battaglie d'acqua, alle quali spesso metteva fine la polizia. Manetti era borbonico. Avendo acquistata una casa a Mergellina, che dipinse in rosso, ispirò al D'Urso il noto epigramma:

> Arrossisco fino ai tetti
> d'esser casa di Manetti.

Personaggio importante della vita balneare di quel tempo era Giuseppe de Meo, detto *Don Peppino lo Speziale*, perchè aveva una *spezieria manuale* [4] a Santa Maria in Portico, a Chiaja. Era il più forte nuotatore e cacciatore che si conoscesse; maestro di nuoto di tutta la gioventù aristocratica napoletana, era l'anima dei bagni di Manetti e, legato com'era co' pezzi grossi, la faceva da bravo coi deboli.

Dopo i bagni si andava in villeggiatura e fuori il Regno vi andavano naturalmente i più ricchi. La moda in quegli anni fu di passare

---

[4] Pasticceria.

l'autunno in Brianza o sul lago di Como, e nel 1858 a Venezia. I giornali erano entusiasti di questa città, ne ricordavano le prische grandezze, lodavano la cortesia degli abitanti e la bellezza delle donne. Furono organizzate anche gite speciali, sbarcando a Genova o a Livorno. L'autunno del 1858 fu uno dei più eleganti. I vestiti di gala sparirono, perchè ritenuti di cattivo gusto. Non si vedevano che abiti, detti di confidenza, da viaggio o da campagna. Ampie casacche di *piquet* bianco a fiorellini, *bournous*, alla scozzeze; e vestiti di mussolo color pisello, oppure di stoffa grigia, guarniti di taffettà o di velluto. Tornò in vita per la campagna il genere *rococò*: gonnelle rialzate sopra sottogonne a colori; stivaletti e scarpe a talloni, che molte signore non potevano tollerare, perchè riuscivano loro stranamente incomode nel cammino, ma che erano in perfetta armonia con la crinolina. In campagna era molto *chic* per le signore portare di mattino uno scialle bianco di reticella ricamata, e di sera scialli di pizzo bianco. I cappelli erano di *crèpe*, di *tulle*, di *tarlata*, con pizzi e blonde fra cui s'intrecciavano fiori, specialmente viole. I cappelli di paglia per la campagna si guarnivano di fiori, di frutta, di penne di airone o di gallo, ma soprattutto di spighe. Si ornavano pure di velluto o di nastri di taffettà a mille righe. L'ampio cappello all'inglese, tanto di moda nel 1857 per la campagna, nel 1858 fu smesso.

Nell'inverno si abbandonò la *grisaille* e regnò sovrano il color marrone. Se le maniche furono meno larghe e le vite accollatissime, non si ebbe mai esempio di gonnelle più ampie; occorrevano non meno di otto teli e la gonnella più distinta ora assai poco guarnita od aveva un'orlatura di velluto. Le vite esigevano bottoni larghi e schiacciati sul davanti e lungo i fianchi. Questa moda era più semplice delle precedenti e perciò le sarte incontravano poche difficoltà, e le signore spese minori, potendosi accomodare i vestiti degli anni scorsi.

Usatissime furono le pelliccerie, specialmente sopra i mantelli di velluto ed ebbe gran voga una pelliccia nera, lucida, morbidissima, a pelo lungo, di cui non ricordo il nome. Chi non voleva pelliccerie, guarniva abiti e mantelli di una frangia di ciniglia, in lustrini e seta torta. Fu negli inverni del 1857 e del 1858 che madama Cardon e madama Giroux ebbero più da fare. Esse, venute di Francia a raggiungere i loro mariti, che le aveano in Napoli precedute alcuni anni prima, rappresentavano il *non plus ultra* dell'eleganza femminile, singolarmente in quegli anni ed accumularono una fortuna. Fu da loro che tutte le sarte e modiste presero nome di madame e madamine. La erede di Pietro Cardon sposò il signor Pilavoine, commesso del negozio, e l'unica figlia del Pilavoine sposò Giustino Fiocca. I Giroux si ritirarono dal commercio dopo il 1860, nè la ditta fu continuata. Ai Cardon successe madama Jourdan, che tuttora tien negozio nello stesso palazzo in via di Chiaia. Al palazzo Calabritto, prima del 1860, era un'altra casa di moda importante, quella di madame Fass. Modiste e sarte napoletane non mancavano, per la ricca borghesia e per le ricche signore di provincia, che non osavano ricorrere a madama Giroux o a madama Cardon, per il caro dei prezzi; le men ricche signore di provincia e quelle dei paesi intorno Napoli, si servivano poi ai Guantai Vecchi e Nuovi. Eccelse in quegli anni, fra le sarte napoletane di primo rango, donna Margherita Cepparulo, la quale aveva il negozio a Toledo, nel palazzo dove ora ha sede la compagnia inglese Gutteridge. Fra le sarte di seconda linea ricordo madama Bellet, madama Nethery, madama Caputo e, negli ultimi tempi, madama Grazini.

La moda per gli uomini non si può dire che abbia fatte radicali mutazioni, da allora. Napoli è il paese di Europa dove torse gli uomini han vestito sempre bene, conciliando la grazia francese con la proprietà del gusto inglese. Erano sarti di prim'ordine e di rigoroso taglio inglese Lennon, Taylor e Mackenzie; Plassenell di taglio francese e Trifari, Casamassima, Diaco e Franzi erano sarti napoletani, che la moda inglese e francese adattarono, con talento, al gusto locale.

Diaco vestiva quel Peppino Fernandez, che fu uno dei *lions* più alla moda. Luigi Caracciolo di Sant'Arpino, Moliterno, Policastro, Sansevero, Maurizio Baracco facevano testo in fatto di moda inglese. La loro eleganza era semplice e propria. Il desiderio del vestir bene ha rasentato a Napoli, in ogni tempo, quasi la frenesia. Anche allora un numero piuttosto considerevole di giovani non dava alla propria esistenza che lo scopo del vestir bene, e i sarti facevano guadagni profumati. Dopo la guerra di Crimea vennero di moda, per l'inverno, il *raglan*, cui diè nome e celebrità lord Raglan morto in quella campagna, e il *talmà*, una specie di mantella abbottonata in avanti. Era *chic* portare il *raglan*, il *talmà* o la *chemise* corta, in guisa da far uscire, di sotto, le punte della marsina. E questa si portava piuttosto chiusa, con duplice bottoniera e senza mostre di seta. Il *gilet,* non molto aperto, lasciava vedere i caratteristici *chabots* o camicie a pieghe sottilissime, accuratamente amidate. Colletti alti, molto alti, con pizzi sporgenti in avanti, e cravatte piuttosto larghe, dette *rabats*, fermate da spilli di corallo o di perle o di malachita. Il corallo rosa era molto elegante.

Sarti di qualche fama, ma di secondo rango, erano Panarello, Romito e quel Russo, specialista dei pantaloni, che aveva bottega di rimpetto al teatro San Carlo e serviva gli ufficiali di marina. Per ogni taglio e cucitura di pantalone prendeva una piastra. Se i pantaloni variavano di larghezza, nell'alto o nel basso, viceversa il *tait*, lo storico *tait* napoletano, non variò di taglio: soltanto variò il modo di abbottonarlo. Era pure molto adoperato il soprabito o *soprabitino* a due petti, molto chiuso sul davanti, più della moderna *redingote*, o addirittura aperto. L'antipatico *kraus* non venne di moda che dopo il 1860. Il *tait* era abito di rito nelle passeggiate alla Villa, nelle periodiche borghesi e nelle rappresentazioni ai Fiorentini. Non vi era esempio che nei teatri principali comparisse spettatore in giacca e senza guanti. Proibiti dalla polizia i cappelli a cencio, erano più frequenti quelli a cilindro, lunghi e dalle falde strette. Cappellai di moda erano De Francesco, Scalise e Apa, ma i cappelli di fabbrica napoletana non si adoperavano molto dagli eleganti, ed erano l'Inghilterra e la Francia che fornivano a preferenza cappelli e cravatte. Erano calzolai di prim'ordine Finoja, Spina e De Notaris; i migliori guanti vendevano Bossi, Cremonese e Pratico a Toledo, e Amendola a Chiaja. A Toledo e a Chiaia erano le botteghe dei parrucchieri più celebri: liaison, Paolucci, Carafa e Aubry; e a Chiaja, il gioielliere più alla moda che serviva la Corte, era il Vigliarolo. A Toledo stavano i fratelli Del Prato e don Felice Tafuri, gioielliere e orologiaio famosissimo. Questi portava lunghi i cappelli, che gli davano un aspetto da mago ed era intimo di molti liberali. Noto camiciaio, in via di Chiaja, il Della Croce, sulla stessa linea del negozio di Picardi, negozio di chincaglieria finissima e di genere francese. Picardi era un curioso tipo; quasi analfabeta, aveva modi burberi, anzi ruvidi, quando intuiva che l'avventore era provinciale e spilorcio. In origine fu legatore di libri, con meschina botteguccia al Monte di Dio, ma per l'eccellenza del lavoro, fu proclamato il primo legatore di libri di Napoli e seppe acquistar fama e guadagnarsi la ricca clientela di tutta l'aristocrazia che popolava quel rione. Aprì negozio a Chiaja, prima presso il Ponte, con la scritta: *Miscellanea – Prezzi fissi*, a lettere cubitali; poi passò più in su, dopo i Gradoni di Chiaja. Ivi la legatoria divenne l'ultima parte e la più trascurata del suo negozio. La bottega formava un elegantissimo *Bazar*, con un *cachet* proprio. Vi si trovavano le più eleganti novità di Parigi, di Londra, di Vienna, nelle quali città il Picardi recavasi ogni anno a fare incetta dei migliori oggetti in bronzo, in porcellana, in *biscuit*, in legno scolpito e in bulgaro. Intimo coi principi reali, faceva venire al loro indirizzo e col loro consenso, la mercanzia, la quale andava esente dal dazio! I principi prendevano per loro il meglio, spesso gratuitamente. Il Picardi, divenuto poi ricco, si ritirò dal commercio.

Il Peirce, con bottega a Toledo, smerciava il genere inglese, in quella sua specie di *bazar* elegante. Altro tipo di *bazar* era quello di *monsieur Germain* in piazza San Ferdinando, famoso pei cappelli e per le maschere di carnevale. Sulla medesima linea era la *Boulangerie française*, che rappresentava la finezza del gusto del palato rispetto al tradizionale Pintauro; come la vicina bottega, la *tabaccheria di eccezione*, rappresentava il lusso del fumo, rispetto alle sudicie tabacchiere di quel tempo.

Una casa importante per i generi di addobbo era quella dei fratelli Savarese, la quale occupava gran parte dei locali dell'attuale Gambrinus. Era messa con grande sfarzo e la Corte vi faceva grosse compere, dai ricchi bronzi ai famosi giocattoli di lusso. Il Re in persona inaugurò questo negozio, ove soleva ogni anno, nella passeggiata del venerdì santo (*lo struscio*), fermarsi ed accettare i rinfreschi che il Savarese gli offriva. Altra ricca casa commerciale era quella del Tesorone, una specie di *emporium*, ove si trovava di tutto, dagli oggetti di vestiario, ai tappeti, alle stoffe per mobili, agli scialli orientali, alle oreficerie, alla profumeria, ai bastoni, agli ombrelli. Occupava un grande appartamento al primo piano del palazzo Stigliano a Toledo, addobbato con lusso signorile, sin dal tempo in cui Toledo era tutt'altro che una via elegante. Anche questa casa, che per i soli generi di gran lusso e di prezzo stravagante, preludiava ai grandiosi *emporium* moderni dei Bocconi, dei Mele, dei Miccio e degli Spinelli fu inaugurata dalla Corte, la quale vi si fornì sempre, sino agli ultimi tempi. Fu il primo appartamento di Napoli illuminato a gaz. Il ricco scaffale in mogano di una delle sale, ora fa parte della biblioteca della regia Scuola degli ingegneri.

Al Tesorone, abruzzese di origine e di carattere intraprendente, arrise la fortuna. Fu il primo negoziante napoletano, che facesse viaggi all'estero, in Francia, in Inghilterra, nei Paesi Bassi ed in Germania, sin dal 1835, quando il viaggiare esponeva a mille disagi e pericoli.

Col gusto della moda e col seguire tutte le esposizioni mondiali, dalla prima di Londra del 1851, egli attinse in quei paesi la passione dell'arte. A questo devesi l'essere stato lui fra i primi raccoglitori napoletani di oggetti antichi e l'averne messa assieme una bella raccolta, di cui ha ornata la sua casa al palazzo Cariati. Altri collezionisti di quel tempo erano Antonio Franchi, anch'egli abruzzese, e Diego Bonghi (zio di Ruggero Bonghi), la cui bellissima raccolta ora ammirasi nel museo di San Martino. Seguirono il principe Filangieri, creatore dello splendido museo al palazzo Como; il duca di Martina, il cui ricco museo ora appartiene al nipote; Placido Sangro e molti altri. Pasquale Tesorone era fratello del celebre chirurgo don Federico, e padre di Giovanni Tesorone, oggi direttore tecnico del Museo artistico industriale, giovane di rara cultura, stato già il braccio destro di Gaetano Filangieri nella fondazione di quel magnifico istituto, di cui è uno dei più forti puntelli.

Altra casa di prim'ordine per addobbo di appartamenti, era quella della ditta Solei, Hebert e Inz, a Santa Brigida, dove erano depositate le ricche stoffe della manifattura Solei di Torino, casa sopravvissuta alla rivoluzione del 1860.

Fra le memorie di Napoli non bisogna lasciar perdere quella di una modesta, ma storica bottega, in via Chiaja, accosto al moderno teatro Sannazaro. Sull'insegna era scritto: *Bottega del bello Gasparre, e basta così*. Parecchi anni prima del 1860, vi si vedevano ancora due vecchi cadenti, rammendatori di calze, di quelle calze, che, decadute coi pomposi costumi del 1700, vivevano ancora nelle uniformi civili dei gentiluomini di camera, dei maggiordomi di settimana e dei valletti di Corte. Uno dei due vecchi era il *bello Gasparre*, un gobbo, che fu in gioventù bellissimo di viso; audace e fortunato corteggiatore di donne e famoso spadaccino. Il *basta così* era l'affermazione del suo valore di operaio e del suo carattere violento, che non ammetteva repliche. Intorno a lui si era creata una vera leggenda. Si diceva che un giorno, per non so quali avventure amorose, egli fu assalito sulla via, che menava a San Niccola Tolentino, ove ora è il corso Vittorio Emanuele, e allora era un posto deserto, dove sorgeva una grande croce con un immenso Cristo, noto col nome di *Cristo grande*. Il *bello Gasparre*, pronto a ricevere l'assalto dei due avversarli, tirò fuori lo stocco, si pose in guardia e, rivoltosi all'immagine del Cristo, esclamò: "*Gran Dio, ti raccomando l'anima di questi due moribondi*". I *moribondi* se la dettero a gambe. La bottega del *bello Gasparre*, esercitata da quei due vecchi, non viveva che di un resto di vecchia clientela, la quale serbava per le calze vistose il culto di altri tempi.[5]

Le Accademie più illustri erano la Società Reale e la Pontaniana. Bozzelli presedeva la Reale e il marchese di Pietracatella la Pontaniana. L'Accademia Reale, fondata da Giuseppe Napoleone, si chiamò nell'ottobre del 1816 Società Reale Borbonica, e fu divisa in tre Accademie speciali: una di archeologia, l'altra di scienze, la terza di belle arti. Aveva settanta soci: venti per la prima, trenta per la seconda, dieci per la terza. Fino al 1848 la Società Reale dipese amministrativamente dal ministero dell'interno, e solo nel 1848 passò alla dipendenza di quello dell'istruzione, quando, su proposta del ministro Paolo Emilio Imbriani, Ferdinando II ne nominò presidente perpetuo il Bozzelli, che vi rimase sino al 1861, con un assegno personale di 2000 ducati all'anno. Le rendite annuali della Società ammontavano a circa sedicimila ducati. Malgrado però il gran numero de' suoi soci ordinari, onorari e corrispondenti, nazionali e stranieri, non si può dire che la scienza e la cultura ricevessero un grande incremento. Vi appartenevano uomini illustri nel campo delle lettere, delle scienze e dell'arte, ma vi apparteneva pure una turba di ignoti, la cui

---

[5] SALVATORE DI GIACOMO ha consacrato nelle sue graziose *Celebrità Napoletane* (Trani, Vecchi, 1896) un breve capitolo al *Bello Gasparre*.

presenza non era punto giustificata. Carlo Troja non fu mai accademico, ma lo erano monsignor Apuzzo e monsignor Cocle i ministri e alti dignitari dello Stato e della Corte, quasi tutti spostati in un consesso di persone dotte. La nomina accademica alle volte era dovuta ad una lettera dedicatoria, a commendatizie di eccelsi personaggi, o a benemerenze politiche, mentre ne eran tenuti fuori scienziati di valore, come il Pilla, il Ferrarese, il Gasparrini e Giuseppe Fiorelli. Qual meraviglia che l'opera della Società Reale fosse così sterile? Nell'ultimo mezzo secolo l'Accademia delle scienze non aveva pubblicati che cinque volumi dei suoi atti. Tutto ciò fu messo in luce nell'aprile del 1861, da Paolo Emilio Imbriani in una violenta relazione, da lui scritta e che precede il decreto del 30 aprile di quell'anno, col quale il principe di Carignano, luogotenente, sciolse l'Accademia. Tal fatto suscitò un vespaio. Ricciardi e Romano ne mossero interpellanza alla Camera in Torino: quello stesso Ricciardi che nel 1834 aveva inveito nel giornale *Il Progresso* contro la Società Reale.

Ho potuto avere in mano gli appunti che servirono all'Imbriani per la sua relazione. Vi sono rivelazioni curiose. Dovendosi nominare un socio, il presidente Bozzelli e i due segretarii, il generale e il perpetuo, ponevano il posto a disposizione dei principi reali o di altri personaggi, specialmente ecclesiastici, i quali avevano trasformato l'Accademia Ercolanense quasi in un capitolo di canonici. Si mantenevano costantemente vuoti alcuni posti, per riparare al dissipamento dei fondi. Sarebbe di certo un'imprudenza il pubblicare le caratteristiche di alcuni accademici, le ragioni delle nomine loro e i giudizi, che su di essi portava l'Imbriani, esagerati forse per alcuni, ma giusti per altri. Per ricordare le più lievi, al colonnello D'Agostino, segretario particolare del Re, egli rimproverava di non aver mai pagato i sei carlini da lui perduti in casa di don Michele Fabiani, dove usava andare ogni sera a giocare il tresette. Di Domenico Spinelli, altro accademico, riferiva aver detto un giorno nella sala delle adunanze, che se

Ferdinando II gli avesse comandato di scopare le scale di Palazzo e le regie stalle, egli avrebbe adempiuto il sovrano comando con la faccia per terra; e Bernardo Quaranta era dipinto come il più untuoso adulatore del suo tempo, che ai preti baciava la mano, ai canonici faceva un profondo inchino, ai vescovi andava incontro con la testa piegata, dinanzi ai principi s'inginocchiava e dinanzi al le si prostrava lungo per terra. Si aggiungeva in lui, a dire dell'Imbriani, un'avidità insaziabile, per cui cumulava parecchi uffici, tanto che il Santangelo diceva, che se il boja fosse morto, il Quaranta avrebbe chiesto di succedergli. La nomina di Raffaele Napoli si affermava dovuta al D'Agostino; quella di Gaetano Barbati all'aver egli compilato il processo di canonizzazione di Maria Cristina e alla benevolenza del Re, e quella del canonico Scherillo all'aver educato il figlio del ministro Murena. Insomma, fu un'infinità di abusi e di favoritismi e un po' anche di pettegolezzi, che l'Imbriani mise in luce, ma che del resto, più o meno, accadono in ogni tempo e in tutte le Accademie del mondo.

La Pontaniana e l'Accademia medico-chirurgica, di cui era presidente il Lucarelli e vicepresidente Felice de Renzis, lavoravano con maggior frutto. L'Accademia medica fu riformata dal Re nel luglio 1858, ebbe il titolo di Reale e buon numero di soci.

Più attiva di tutte, la Pontaniana raccoglieva quanto allora vi era di più eletto in Napoli per ingegno e cultura. Non mancavano anche in essa gl'ignoti, ma erano in minor numero, che non all'Accademia Reale. Giovanni Manna, Luigi Tosti, Vito Fornari, Paolo Tucci, Michele Zannotti, Ernesto Capocci, Annibale de Gasparis, Michele Baldacchini, Costantino Baer, Luigi Palmieri, Marino Turchi, Giuseppe Campagna, Luigi Blanc, Giuseppe Ferrigni, Achille Costa, Scipione Volpiciella, Niccola Trudi, erano accademici residenti. Antonio Rosmini, Carlo Troja, Niccola Nicolini, Saverio Baldacchini, e più tardi Giannina Milli e Laura Mancini, ne furono soci onorarli. Angelo Brofferio, il padre Secchi, Giuseppe Regaldi, Paolo Volpicelli, Pietro Visconti, Salvatore Betti, Caterina Ferrucci, Giuseppe Maffei, il conte di Reumont, erano fra i soci corrispondenti, fuori di Napoli. La Pontaniana, la più antica fra le Accademie italiane, bandiva concorsi ed aggiudicava premii, alternando temi letterarii con temi scientifici.

Nel settembre del 1858 tenne seduta solenne, per il conferimento del premio istituito da Michele Tenore, sopra un tema d'indole sociale ed economica. I concorrenti dovevano *esporre le condizioni economiche e morali delle popolazioni agricole di tutta una regione del Regno, nei loro rapporti colla proprietà e coi diversi generi di coltura*. Il premio consisteva in una medaglia d'oro e 150 ducati. Su relazione del Manna, presidente della commissione giudicatrice, il premio fu conferito a Carlo de Cesare, che aveva compiuto uno studio accuratissimo sulle tre provincie di Puglia, indicando tutto un piano di riforme economiche e sociali.

Nella stessa tornata lessero interessanti memorie i soci Costa, Minervini, Volpicella e De Gasparis. Quintino Guanciali recitò un epigramma latino sul trasporto delle ceneri di Lablache da Napoli a Parigi; Domenico Bolognese, un sonetto e Carlo de Ferrariis uno stornello. A questa seduta assistette il socio don Sebastiano di Spagna il quale era un artista e viveva fra artisti, e nella intimità di Filippo Palizzi. Aveva una lunga barba, vestiva con eleganza e poteva dirsi un bell'uomo, pur avendo l'occhio sinistro guercio. Erano pontaniani il re Oscar di Svezia e il conte di Siracusa.

Le così dette accademie poetiche e musicali erano all'ordine del giorno e con esse, i saggi degli istituti privati con articoli nei giornali, quasi sempre compiacenti. Rifritture rettoriche, con musica, sonetti ed odi. Prosatori, poeti e dilettanti di musica, specialisti di queste accademie, erano molti. Anche dalle Provincie giungevano ai fogli

notizie di saggi e di accademie; e come, in un giorno del 1858, si lesse
nei giornali, che nel collegio Vibonese di Monteleone vi era stato un
pubblico saggio, nel quale si erano distinti i due giovanetti Bruno
Chimirri e Michele Francica, così in un altro giorno dello stesso anno
fu stampato l'inno, che la compagnia Rizzuti cantò nel regio teatro
Borbone di Vasto, per il genetliaco di Ferdinando II, e che cominciava così:

> *Coro:* Questo giorno andiam festando
>   Tutti lieti, tutti insieme;
>   Nacque in questo dì FERNANDO
>   Il Sovran che Dio ci diè.
>   Nostro amore, nostra speme,
>   L'ama ognun qual Padre e Re

> *Prima voce:* Pure un di squassar funeste
>   Le sue insegne ad ostil gente,
>   Là sui campi di Freneste
>   Il suo brando sfolgorò:
>   D'anarchia l'idra furente
>   Ei percosse ed atterrò.

> *Seconda voce:* Ma la voce del perdono
>   Spense quella del rigore,
>   Ei dall'alto del suo trono
>   Vide, vinse e perdonò;
>   E de' gaudi d'ogni core
>   Tutta Europa rimbombò.

Poeta don Giambattista Cely Colajanni, cavaliere costantiniano, e
musicista il maestro Dermino dei conti Maio. L'inno dà la misura di

quella comica letteratura politica, della quale si ebbero copiosi saggi dopo il 1848 e più tardi per il matrimonio del duca di Calabria, per la morte di Ferdinando II e l'avvento al trono di Francesco.

CAPITOLO XV

SOMMARIO: Vita sociale di Palermo – Vincenzo Florio – Politica economica del governo – L'interno dell'Isola giudicato dal Meli – Il clero e sua funzione sociale e morale – Il colera del 1854 e il cadavere di don Santo Migliore – La vita dei teatri – Principali spettacoli di quegli anni – Mirate, la Lotti e la Boschetti – Ricevimenti nelle grandi famiglie – Casa Starrabba, casa Pignatelli e casa Trabia – I signori siciliani domiciliati a Napoli – Le più belle signore dell'aristocrazia – Duelli e sale di scherma – Nascita del conte di Caltagirone e don Giacomo Crescimanno – I giornali e le Riviste – Il canonico Sanfilippo e il chierico Di Marzo – Il granduca Costantino di Russia a Palermo – Suo contegno e stravaganze.

Fin dai primi tempi della luogotenenza del principe di Satriano, la città di Palermo cominciò a rivelare nella vita aristocratica una gaiezza, che non ebbe forse Napoli negli ultimi dieci anni di dominazione borbonica. La grande città tornava allo splendore dei suoi balli, dei suoi conviti, dei suoi teatri e delle sue pompe religiose. Pur non concentrando la vita economica e morale di tutta l'Isola, perchè Catania, detta l'Atene della Sicilia, e Messina, avevano vita propria con le loro Università e nobiltà e borghesia, resa ricca dai commerci, Palermo fu in ogni tempo la capitale dove affluiva la vita amministrativa dell'Isola, che per i Palermitani era semplicemente il *Regno*. Per essi gli abitanti delle provincie erano regnicoli, e però considerati quasi come membri di una razza inferiore e fatti oggetto di facezie, di epigrammi, di burle e anche di frodi esilaranti e imbrogli diabolici, come per i provinciali del continente si costumava dai napoletani. In quegli anni si venne affermando tutta la forza delle varie iniziative di quel grande cittadino, che fu Vincenzo Florio, benemerito della Sicilia più di qualunque Re o dinastia. Comparando la Sicilia all'Inghilterra, vedendo da vicino ed apprezzando tutto ciò che il popolo inglese ha di buono, di forte e di grande, e tuttociò che il popolo siciliano ha di comune con esso, nonchè gl'insuperabili doni naturali, Florio ebbe il proposito di dare la ricchezza alla sua patria di adozione. Egli non era siciliano. Nato a Bagnara nel 1800, andò col padre a Palermo, per aprir bottega di droghiere, che tuttora esiste, in via dei Materassai. Morto il padre, fu aiutato da uno zio. Da giovinetto viaggiò molto e molto apprese, e lavorando senza tregua, con lo spirito aperto alle più audaci iniziative, divenne il restauratore dell'economia siciliana. Istituendo fin dal 1846 la prima linea di navigazione a vapore, aprì la Sicilia al mondo, ma singolarmente all'America e all'Inghilterra. Istituì una fonderia di ferro, trasformò su basi razionali l'industria della tonnara, col magnifico stabilimento della Favignana, diè notorietà mondiale al vino Marsala, creandone un tipo più confacente al gusto generale, e ai prodotti principali dell'Isola fece acquistare un valore che non avevano. L'industria siciliana si affermò ad un tratto sul nome di Vincenzo Florio. Morì nel 1868, senatore del Regno d'Italia e molte volte milionario, *nè mai ricchezza al mondo potè dirsi di migliore acquisto della sua*, come di lui scrisse lo Smiles, che gli diè un posto d'onore fra gli uomini più benemeriti del suo secolo. Il nipote ne continua l'opera e seguita ad illustrarne il nome onorato.

La vita nelle città era a un buon mercato inverosimile, e scarsi dappertutto i bisogni morali, anzi limitati alle classi più ricche. Nessuna legislazione fiscale inceppava il movimento della proprietà, e le fittanze a lunga scadenza, le enfiteusi temporanee e perpetue, le vendite, le espropriazioni e le stesse donazioni erano favorite da un sistema legislativo, che non le opprimeva, benchè una gran parte delle proprietà immobiliare fosse gravata di vincoli enfiteutici. In Sicilia, più della metà del territorio, forse i due terzi, sottostà anche oggi ad enfiteusi e subenfiteusi, governate dalle antiche leggi. Allora la situazione pareva peggiore della presente per l'inalienabilità dell'immenso patrimonio delle chiese, delle corporazioni religiose e di altri corpi morali: dico pareva, perchè questa grande manomorta rispondeva a fini sociali e morali che la rivoluzione, quando divenne governo, distrusse senza discernimento. Garibaldi e i suoi prodittatori la rispettarono, perchè, tranne che richiamare in vigore la legge del 1848 contro i gesuiti e i liguorini, non fecero di più. Bisognava distinguere molto e procedere per gradi, ma invece si confuse tutto, si soppresse tutto, ignorandosi che la manomorta in Sicilia era diversa da tutte le altro.

Il principe di Castelcicala continuò, come aveva fatto Filangieri, ad applicare il sistema economico del governo di Napoli. Così, se nell'ottobre del 1849 Filangieri non aveva creduto pericoloso permettere l'esportazione di granoni e legumi, e nel luglio del 1853 aveva ritenuto utile vietare l'uscita dei grani, dell'avena, degli orzi e più tardi quella delle patate, Castelcicala, finito il pericolo, permetteva l'esportazione delle patate e delle paste lavorate, e se proibiva quella dei bovini e degli ovini, permetteva la libera importazione dei cavalli e degli animali destinati al macello ed esentava dal dazio d'entrata per un anno i formaggi e per tre mesi i carboni. La libera importazione degli animali da macello era necessaria, perchè nei sedici mesi di rivoluzione e di guerra se n'era fatto grande consumo. I raccolti e i bisogni della popolazione continuavano ad essere regolati dalla bilancia doganale. Nella misura dei dazi di esportazione vi era trattamento di favore per la Sicilia. Così, quando nel 1856 venne ridotto il dazio di esportazione sugli olii di oliva, il dazio sugli olii di Sicilia fu della metà inferiore a quello, che colpiva gli olii del continente. Era favorita la marina mercantile nazionale, perchè questi dazi salivano del doppio se l'esportazione si compiva con legni esteri. Grazie al Florio l'esportazione era più che triplicata. Gli zolfi, il sommacco, i vini, gli olii, le paste, gli agrumi erano i prodotti che l'Isola esportava, e il Governo, come si è veduto, ne favoriva l'esportazione, prendendo alla sua volta dai contribuenti siciliani il meno possibile. Essi si lagnavano a torto per questa parte. La Sicilia, che paga oggi 120 milioni d'imposte, ne pagava allora poco meno di ventidue, e se mancava di ferrovie e di strade, di telegrafi elettrici e di cimiteri, aveva il porto franco di Messina, l'esenzione dalla leva e dalla gabella del sale e la libera coltivazione del tabacco. Il Governo si studiava di garantire ai poveri i generi di prima necessità a buon mercato, e la sicurezza alle classi benestanti. L'apparenza del benessere vi era tutta nelle grandi città marittime, le quali vivevano sfruttando le risorse della parte interna dell'Isola, la quale se non era nelle condizioni di cinquant'anni prima, descritte dal Meli, di poco ne differiva. "Il primo aspetto della maggior parte dei paesi e dei casali del nostro Regno – scriveva il Meli – annunzia la fame e la miseria. Non vi si trova da comprare nè carne, nè caci, nè tampoco del pane, perchè tolto qualche benestante, che panizza in sua casa per uso proprio, tutto il dippiù dei villani e dei bifolchi si nutrono d'erbe e di legumi, e nell'autunno, di alcuni frutti spesso selvatici e di fichi d'India... Non s'incontrano che facce squallide sopra corpi macilenti, coperti di lane cenciose. Negli occhi e nelle gote dei giovani e delle zitelle, invece di brillarvi il natural fuoco d'amore, vi alberga la mestizia, e si vedono smunte, arsicce, deformi sospirare per un pezzetto di pane, ch'essi apprezzano per il massimo dei beni della loro vita".[1]

Il quadro è triste, e se dal tempo in cui scriveva il Meli, qualche cosa si era fatta, purtroppo nel complesso le condizioni erano rimaste le medesime, soprattutto nella regione del latifondo e delle miniere. Lo

[1] *Riflessioni sullo stato presente del Regno di Sicilia (1801) intorno all'agricoltura e alla pastorizia*, autografo pubblicato per cura del prof. GIUSEPPE NAVANTERI. - Ragusa, Piccitto e Antoci, 1896.

scritto del Meli è pieno di buon senso e di verità. Egli sembra un
buon socialista dei nostri tempi: sposa coraggiosamente la causa dei
lavoratori della terra contro "quell'immenso stuolo di parassiti, di cui
abbondano le città e specialmente la capitale e che, a guisa di mignat-
te, succhiano e si nutrono del sangue e dei sudori degli uomini onesti, utili e industriosi". Spiega e deplora il crescente spopolamento
delle campagne e il continuo aumento degli accattoni nella città; e
perchè medico e poeta, riproduce nel manoscritto un'ottava dei suoi
versi, bellissima d'impeto lirico e sociale:

> Vui autri picurara e viddaneddi,
> Chi stati notti e jornu sutta un vausu
> O zappannu, o guardannu picureddi
> Cu l'anca nuda, e cu lu pedi scausu,
> Siti la basi di cità e casteddi,
> Siti lu tuttu, ma 'un n'aviti lausu;
> L'ingrata società scorcia e maltratta
> Ddu pettu, chi la nutri, ed unni addatta.

Non si era divenuti più umani, con la povera gente delle campagne,
che nelle apparenze. Se non si vedeva più lo spettacolo, contro il
quale insorgeva lo stesso Meli, di buttare addosso ai campagnoli pietre, torsi e sporcizie e di metterli in dileggio nelle commedie dialettali, non si era più giusti con essi. I signori vivevano lontani dai loro
fondi sterminati, dei quali forse ignoravano il confine, nè vi andavano per difetto di strade principalmente, così come oggi non ci vanno
per difetto di sicurezza, e ignoravano veramente le condizioni dei
lavoratori di campagna, affidati alla mercè dei così detti "gabelloti".
    Il popolo siciliano è uno dei più rassegnati della terra. La domina-
zione musulmana vi lasciò una larga, anzi doviziosa eredità di fede
incrollabile in una forza superiore, da cui tutto dipende. È qualità di

razza e però non muta, e solo lentamente potrebbe modificarsi. Così si spiega come nella terra più ferace del mondo, vi erano allora ed esistono anche oggi pregiudizii ed esempii di miseria materiale e morale, che non sembrano credibili, e a pochissima distanza, quasi l'una accanto all'altra, l'estrema civiltà e l'estrema barbarie; e come, infine, negli anni che son corsi dal 1860 ad oggi, la classe più pervertita è sempre quella contro la quale alzava la voce il Meli: la classe dei paglietti, dei fiscali e dei parassiti, precisamente di quelli che formano oggi la così detta clientela elettorale, da cui emana il potere. Allora la rassegnazione aveva due elementi maggiori a suo vantaggio: uno materiale, la Chiesa con le corporazioni religiose che esercitavano un'azione economica moderatrice; ed uno morale e politico, che vi era cioè un nemico comune, autore di tutti questi mali e di tutte queste miserie: un nemico forestiero, contro il quale, un giorno o l'altro, sarebbero tutti insorti e il nemico era il Re e col Re, i napoletani. Questo sentimento, diffuso nelle campagne non senza malizia dai proprietari stessi e dai loro fattori, teneva sempre vivo il malcontento contro le autorità, non lo rivolgeva mai contro i padroni, reputati vittime anche loro; e rendeva facile la formazione delle squadre, quando v'era da menar le mani contro il governo. Il latifondo, in ispecie, mutava i miseri contadini in insorti, o li raccoglieva e nascondeva, divenuti malandrini.

Ho accennato alla funzione sociale ed economica che esercitava il clero, ricchissimo. La terza parte del patrimonio dell'Isola era manomorta ecclesiastica, la quale rappresentava un'altra Provvidenza, che sovveniva con le sue larghe entrate tanti infelici, reintegrando così alcuni bisogni sociali, ed era meno esigente nei suoi feudi coi proprii salariati e dipendenti. Sulla Sicilia non era passata la pialla livellatrice della rivoluzione francese. Ricchissime le diocesi di Palermo, di Catania, di Cefalù, di Mazzara, di Messina e di Girgenti. I gesuiti e i liguorini, soppressi nel 1848 dalla rivoluzione, tornarono nel 1850 e riebbero patrimonio, privilegi e istituti d'insegnamento, missioni, congregazioni e noviziati: in tutto, quattordici case e, fra i collegi, quello dei Nobili in Palermo, ma i gesuiti erano malveduti dal clero indigeno e malveduti i liguorini, perchè ad essi devoti. L'Ordine religioso, veramente straricco, era quello dei benedettini, di cui si è parlato innanzi, con le case di Palermo, di Monreale e di Catania. Il clero secolare numeroso e ricco anch'esso; ma, in Sicilia, come nel Napoletano, il sacerdozio rappresentava uno stato di passaggio fra il ceto campagnolo e la borghesia. Dei due sacerdozii, il regolare valeva più del secolare, per cultura e moralità, ma l'uno e l'altro valevano forse poco, pure non dimenticando che nell'uno e nell'altro erano filosofi, come il D'Acquisto riformato, il Romano gesuita; letterati come il Pardi paolotto, il Previti gesuita, il Galeotti e il Villareale scolopii, il Vaglica prete; orientalisti come l'Ugdulena prete; eruditi quali il sommo Alessio Narbone gesuita, e il Ferrara gesuita anche lui, e il Casano, il Di Chiara e il Cultrera; e poichè le leggi e la distanza li sottraevano quasi interamente da Roma, e non avevano altra dipendenza che dai rispettivi vescovi e dal tribunale della Monarchia, i vincoli della disciplina erano piuttosto fiacchi. Il clero siciliano ritraeva le qualità e possedeva i pregiudizi tutti delle classi, da cui emanava e alle quali rimaneva affratellato. Nutriva lo stesso senso d'orgoglio e sentiva lo stesso aborrimento per i Napoletani, e l'affermazione che la Sicilia era considerata da Napoli come l'Irlanda dall'Inghilterra, era comune anche agli ecclesiastici. L'alto clero non avea perdonato ai Borboni l'abolizione della Costituzione del 1812, che gli dava il diritto di sedere nella Camera dei Pari, in numero di 65 membri, fra arcivescovi, vescovi, archimandriti, gran priori, priori e abati. Il sentimento d'indipendenza era dunque vivacissimo nel clero, anche perchè in quello regolare, soprattutto nei filippini e benedettini, le più nobili famiglie dell'Isola vi erano rappresentate, e ricorderò i due

Lanza di Trabia, padre Ottavio e padre Salvatore, tra i primi; il padre Castelli di Torremuzza, il padre Benedetto Gravina e il padre Lancia di Brolo, oggi arcivescovo di Monreale, fra i secondi. La rivoluzione non poteva che trovar favore in esso: favore, non aiuti comprometten-ti, perchè il prete siciliano è un dialettico, discute e riflette molto prima di risolversi, rifugge dalle risoluzioni rischiose e parla il meno che può. Giudice della Monarchia era monsignor don Diego Pianeta, siciliano, arcivescovo di Palermo monsignor Naselli, di famiglia sici-liana, benchè nato a Napoli, e siciliani quasi tutti gli altri arcivescovi e vescovi dell'Isola, tranne il vescovo di Catania, Regano, nativo di Andria; monsignor Salomone, vescovo di Mazzara, nato in Avellino, e monsignor Attanasio, vescovo di Lipari, nato a Lucera. I primi due erano molto amati per la pietà e la dottrina. Un solo cardinale, l'arci-vescovo di Messina, Villadicani. Un vescovo aveva autorità vera, per-chè le diocesi essendo sole quattordici, in media due per provincia, erano vaste di territorio e i seminari, pochi anch'essi e nell'insieme discreti, anzi, quelli di Palermo e Monreale avevano una storia illu-stre.

Tutto ciò contribuiva a mantenere un certo equilibrio sodale, per cui ciascuno era al suo posto, e in luogo delle corrotte e piccole tiran-nie che pullularono nei tempi della libertà, era la grande tirannia coi suoi sfarzi e le sue apparenze non volgari, le quali nascondevano magagne d'altro genere. Chi visitava la Sicilia, limitandosi a vedere Palermo, Messina e Catania, Taormina, Siracusa e l'Etna, ne riporta-va un'impressione indimenticabile, così come la riportava da Napoli, percorrendola nelle sue strade principali ed osservandola dal mare, o visitandone i dintorni. I signori non erano odiati, anzi il rispetto per essi aveva qualche cosa di molto caratteristico, e il clero era davvero amato dalla povera gente; e nobili, borghesi, clero e povera gente tutti affratellati, come ho detto, contro il comune nemico, il governo di Napoli, ritenuto autore persino del colera, che nel 1854 e 1855 fece

grandi vittime a Palermo e a Messina, sebbene inferiori di molto a
quelle del 1837, quando morirono nella sola Palermo 40 000 persone. Nel 1854 i morti furono 6000, e se non si rinnovarono le scene
barbariche del 1837, fu perchè le autorità fecero il loro dovere.
Maniscalco si recava egli stesso a portar soccorsi, vigilando con energia e umanità il servizio sanitario. Ma non mancò qualche incidente
bizzarro, che rivela come il contagio fosse ritenuto opera di umana
malvagità. Fu tra i morti don Santi Migliore, che era stato direttore
di polizia prima del 1848 e poi, per poco tempo, intendente di
Palermo. Abitava al palazzo Orléans. Egli era nativo di Borgetto, paesello presso Partinico, e i suoi concittadini l'avevano in gran conto.
Come seppero ch'era morto, corsero a Palermo in gran numero, con-
vinti che il Migliore era stato avvelenato, per rapirne il cadavere nella
notte e portarlo a Borgetto, dove, secondo loro, avrebbe avuta più
degna sepoltura che non nell'ospedale dei colerosi. E così fecero. La
commissione sanitaria della sezione Oreto, composta dai dottori
Lodi, Moleti, Macaluso e Lamanna, riferì la cosa al senatore della
sezione don Antonino Benso e il luogotenente ordinò che la salma
fosse riportata a Palermo ad ogni costo. Maniscalco eseguì l'ordine
con una rapidità, che il fatto strano si venne a sapere dopo che il
Migliore era stato sepolto ai Rotoli.

Il 26 dicembre, festa di Santo Stefano, si apriva il maggiore teatro,
che era il Carolino, oggi Bellini, sempre con compagnie di prim'ordine e ballerine di cartello e relativo strascico di critiche teatrali, polemiche e duelli. Ma di teatri Palermo difettava veramente. Oltre al
Bellini, non ampio, a cinque ordini di palchi, grazioso ed elegante,
ma senza vestibolo e dove si andava in gran lusso, vi era il teatro di
Santa Cecilia, che serviva per la prosa nell'inverno e nell'estate per le
operette, allargato e abbellito dal bravo architetto Giachery. Solo nei
nuovi tempi Palermo potè veder esaudito il suo desiderio, quello di

avere un grande teatro: il Politeama e più tardi il Massimo, il quale se
fu una follia economica e costò la demolizione di un grande monastero, che si sarebbe potuto mettere a profitto come uno dei tanti edifici scolastici o di servizi pubblici, dei quali la città ha tanto bisogno;
se fece sparire la chiesa delle Stimmate, ov'erano stupendi stucchi del
Serpotta, la chiesetta di Santa Marta e tutto il monastero con la sua
caratteristica e proverbiale cupola di San Giuliano e la chiesa di
Sant'Agata *li Scorruggi*, opera del Quattrocento, conta oggi fra i più
ampii e belli di Europa e forse del mondo. Venne costruito per l'ostinazione di quel forte e sventurato cittadino, Emanuele Notarbartolo
di San Giovanni, sindaco della città.

La vita dei teatri e dei *clubs* era di certo la più mossa. Nella stagione di carnevale del 1854 si rappresentò al Carolino, con esito brillante, la *Saracena* del maestro siciliano Andrea Butera, rappresentata
poco tempo prima alla Cannobbiana di Milano, con esito egualmente felice. Questo maestro, del quale si è perduta la memoria, aveva
scritta un'altra opera, l'*Atala*. La stagione teatrale del 1855 fu magnifica. Cantarono al Carolino, con ottimo successo, Carlotta Carrozzi
nei *Foscari* e nel *Birraio di Preston,* e Marcellina Lotti nel *Trovatore*,
nel *Rigoletto* e nella nuova opera del giovane maestro Geraci, l'*Ettore
Fieramosca*. La Lotti fece andare in visibilio il pubblico palermitano,
il quale nella stagione intera le prodigò fiori, applausi e inni nei giornali. La sua beneficiata ebbe luogo la sera del 14 febbraio di quell'anno e fu un avvenimento. Gli articoli dei giornali palermitani sembre-
rebbero iperbolici, se tutti quelli della mia generazione non ricordas-
sero il valore di questa maravigliosa cantatrice, che più tardi creò la
parte di Amelia nel *Ballo in Maschera,* o concorse ad assicurare alle
opere maggiori di Giuseppe Verdi un successo mondiale. *La Zanzara*,
a proposito della beneficiata della Lotti, scriveva così: "....Per la Lotti,
però è stato ben altrimenti: v'erano le poesie, i fiori; vi erano i nastri,
ma al disopra degli uni e degli altri, v'era l'emozione e il fremito con-

tinuato e perenne di un pubblico intero, che, magnetizzato dalla voce e dal talento della incomparabile artista, si attaccava alle sue sublimi ispirazioni e batteva le mani, e gridava ed urlava, come fa chi non ha ricevuto altro mandato che quello del suo cuore e delle sue ispirazioni". L'orchestra le offrì una corona d'alloro con un superbo nastro, sul quale erano impressi i nomi dei professori. Fu una serata indimenticabile. Ebbe per compagni, veramente degni di lei, il Graziani, uno dei grandi tenori dei suoi tempi, il Fiori e la signora Orlandi.

Nel gennaio del 1857 andò in iscena allo stesso teatro il *Roberto di Devereux,* con la Sardesi, la Briol, Mirate e Pizzigati. Tranne Mirate, il quale, a dire del cronista del *Tutto per tutti*, "strappò quegli applausi pieni e sinceri, nei quali la mano si muove, perchè il core si è mosso, e le ha detto: muoviti e batti", gli altri cantanti fecero naufragare la bella musica del Donizetti. E così nel nuovo ballo, *La ninfa Cloe*, si salvò la sola prima ballerina Ernestina Wuthier, la quale "a furia di grazia e di maestria, spiegata costantemente nei più piccoli passi e nelle più piccole movenze, ispirò al pubblico (è sempre lo stesso cronista) tale simpatia, che l'apparizione di lei e gli applausi più entusiastici divennero una cosa sola". E trascinato da un'iperbole tutta meridionale, il cronista, che poi era il direttore del giornale, il galante Stefanino de Maria, scriveva: "ella è stata la colonna, che si è posata sulle acque di quel mare in tempesta, l'arcobaleno, che ha rischiarato quel cielo burrascoso, colei infine che è stata e sarà sempre segno all'entusiasmo del pubblico intero, colei, che si farebbe sin anco applaudire da uno degli automi del teatro meccanico". Un vero entusiasmo aveva destato l'anno innanzi la Boschetti nel ballo *Beatrice di Gand* del coreografo David Costa, e nell'altro, la *Silfide*. Un giornale la chiamò *danzatrice acrobatica*; vi furono polemiche, e per poco non scesero sul terreno entusiasti e critici della signora Amina.

Le maggiori famiglie palermitane ricevevano con la tradizionale grandiosità. In casa Riso era un succedersi di pranzi e di balli, e per la novena di Natale del 1859 vi si ballò per nove sere con brio inenarrabile. In quei giorni tutte le case patrizie, per antica tradizione, si aprivano a sfarzosi ricevimenti. Dicembre era il mese più allegro dell'anno, perchè cominciava con le feste e la processione dell'Immacolata, protettrice di Palermo, e dove la credenza nella verginità di Maria aveva preceduto, per sentimento di popolo, la definizione del dogma, tanto che nel secolo XVII il Senato della città aveva fatto il così detto *giuramento del sangue*, cioè di voler sostenere fino al sangue la verginità di Maria, e si compiva nella notte di Capodanno, con balli nelle case patrizie e nella Reggia, e balletti e giuochi nelle famiglie della borghesia.

Si riceveva in casa Rudinì il lunedì, nel palazzo ai Quattro Canti, allora di proprietà della famiglia. Don Franco Starrabba aveva sposata una delle figliuole del principe di Cassaro ed era sopraintendente dei teatri e spettacoli: semplice uomo ed alieno da politica e da studii, borbonico convinto, ma senza ardore, era andato o piuttosto l'avevano mandato a Caltanisetta i suoi congiunti Statella, a portare le chiavi della città di Palermo al generale Filangieri; ma quando Vittorio Emanuele andò a Palermo per la prima volta nel 1860, fu lui, il quale, avendo conservato l'ufficio di sopraintendente dei teatri, lo ricevette al Carolino.

In casa Monteleone si giocava molto, perchè la duchessa, Donna Bianca nata Lucchesi Palli, era giocatrice appassionata. Questa casa rappresentò la maggior fortuna dell'Isola fino al principio del secolo, quando pel matrimonio di Stefania Branciforti, principessa di Butera e ultima della sua casa, con Giuseppe Lanza principe di Trabia, i due casati divennero un solo, e i due cospicui patrimonii un solo immenso patrimonio. Casa Pignatelli aveva una rendita superiore ai duecentomila ducati, tenuto anche conto dei beni di Calabria e del Messico; e il vecchio duca, noto per la sua bontà, forse non priva di qualche

stravaganza, fu Pari nel 1848, votò la decadenza dei Borboni e sottoscrisse poi la revoca di quell'atto con tutto l'alto patriziato, ma senza
dichiarazioni vergognose, come fecero altri. A dar brio ai ricevimenti di casa Monteleone contribuivano le cinque figliuole del duca, una
delle quali, che divenne poi marchesa Airoldi, contava fra le maggiori
bellezze. Dei figliuoli, il primogenito Diego viveva ordinariamente a
Napoli e Antonio a Palermo. Erano due tipi assai diversi, anche fisi-
camente, ma si volevano un gran bene. Diego, il quale non ebbe
figliuoli ed assunse alla morte del padre il titolo di duca di
Monteleone, era uomo tutto pace e aborriva da impicci di ogni genere. Morì senatore del Regno d'Italia nel 1880. Antonio, invece, irrequieto, vivacissimo, un po' anche prepotente e noncurante di pericoli, ebbe dei duelli e fu uno dei pochi liberali del patriziato e forse il
più audace. Messo in prigione per i fatti del 4 aprile, corse rischio di
essere fucilato coi compagni, come appresso si dirà; eletto deputato
di Terranova nel 1874, morì a 53 anni nel 1881. Antonio fu padre di
Peppino, presente duca e deputato di Terranova.

In casa San Cataldo davano rappresentazioni i filodrammatici, e benchè il principe fosse in fama di liberale, egli invitava il luogotenente, i
direttori e tutto il mondo ufficiale, non escluso il Maniscalco, come
facevano tutti gli altri. Sontuosi i balli in casa Montevago, Tasca,
Niscemi e Manganelli. Casa Trabia fu chiusa in quegli anni ad ogni
festa o conviti. Il vecchio principe era inconsolabile per la lontananza
del primo figliuolo, il principe di Scordia e Butera, che era stato ministro durante la rivoluzione, e poi uno dei 43 esclusi dall'amnistia. Il
vecchio principe morì nel 1855, senza il conforto di rivederlo, perchè
il governo di Napoli non permise che l'esule tornasse. Il principe di
Butera sopravvisse al padre di pochi mesi soltanto, essendo morto a
Parigi nel giugno dello stesso anno, come si dirà più innanzi. E della
borghesia vanno ricordate le riunioni in casa Amari e Ondes, e quelle
tanto interessanti in casa Bracco, dove intervenivano Corrado Lancia di

Brolo e Andrea Guarnieri, oggi senatori; Domenico Peranni, che poi fu benemerito sindaco di Palermo, e quel Benedetto Travali, che divenne segretario generale della segreteria di Stato della Dittatura e poi direttore del Tesoro. Casa Bracco fu centro di cultura e di liberalismo in quegli anni. La padrona di casa era sorella di Emerico Amari. Del circolo dei Cavalieri o casino dei nobili, annesso al teatro Carolino, facevano parte nobili di antico lignaggio e perciò difficili vi erano le ammissioni. Vi si ballava più volte nell'anno, ed erano forse i balli più sontuosi, ma la vita del *club* si affermava piuttosto di giorno. Si preferiva passar la sera con le signore, reputandosi molto *chic*, finito il teatro, correre nelle case dove si riceveva e rimanervi fino ad ora tarda. Palermo, più di Napoli, era ed è anche oggi una città dove si vive molto la notte.

Una parte del patriziato dimorava a Napoli e ricorderò, tra gli altri, il vecchio principe di Cassaro, Antonio Statella, don Vincenzo Ruffo, principe della Scaletta, capitano delle guardie del Corpo e brigadiere effettivo nell'esercito, il principe di Aci, maggiordomo e il giovane marchese della Sambuca, il quale, seguendo a Napoli suo padre, il principe di Camporeale, cavallerizzo maggiore, vi sposò la bellissima Laura Acton nel 1847. Il vecchio principe di Cassaro, unico suddito del Re delle Due Sicilie insignito del collare dell'Annunziata, per aver condotto a termine da ministro le trattative di matrimonio tra Ferdinando II e Maria Cristina di Savoia, era uomo di assai mediocre levatura, ma retto. Borbonico convinto, tutto d'un pezzo e senza paura, fu l'ultimo primo ministro di Francesco II, Re assoluto, ultimo ministro di Sicilia a Napoli e capo di quella numerosa famiglia degli Statella, la più beneficata e protetta dai Borboni. Era tanta la penuria degli uomini di Stato, che il principe di Cassaro per la Sicilia e Ferdinando Troja per Napoli passavano per tali.

Le più belle ed eleganti signore dell'alto patriziato erano la marchesa Airoldi, nata Monteleone; la baronessa di Colobria, Riso, nata Du

Hallay-Coetquene, figlia del conto Du Hallay famoso per i suoi duelli, ma emergeva su tutte la Stefanina Starrabba di Rudinì, oggi vedova principessa di Paterno, bellezza rara a giudizio di tutti, e colla quale
rivaleggiava soltanto l'Eleonora Trigona di Sant'Elia, divenuta poi
principessa di Giardinelli e detta *la bellezza bionda*, così come la
Stefanina era detta la *bellezza bruna*. Brillavano inoltre la Mariannina
Lanza Mirto, ora principessa Papè di Valdina, e la Lauretta Pignatelli
di Monteleone, per breve tempo duchessa di Cumia. Quest'ultima e
la marchesa Ugo non sono più. La duchessa di Cumia morì a diciannove anni nel marzo del 1852, e la sua morte fu davvero pietosa.
Alcune di queste signorine erano state alunne dell'istituto Scalia,
dove avevano avuto per professore d'italiano il vecchio barone Pisani,
il quale, dopo i casi del 1848, si era dato all'insegnamento.

C'era la mania dei duelli, e benchè il codice li punisse severamente, la pena era resa vana dal costume. Non si faceva degno ingresso
nel mondo senza essersi battuti almeno una volta. Indole ombrosa e
orgogliosa il siciliano, un qualunque motivo anche frivolo, un gesto
male interpretato, una parola equivoca, era motivo o pretesto per
scendere sul terreno. Dopo un gran ballo dato dal principe di
Sant'Antimo, nel suo palazzo in via Toledo, ci fu al guardaroba lo
scambio di qualche parola fra il conte di San Marco e Francesco
Fazio, direttore della *Zanzara* e usciere di Palazzo, *regiae aulae porte-
rius*, che equivaleva a introduttore degli ambasciatori. Causa del duello fu la mantiglia della Stefanina di Rudinì, facendo a gara i due cavalieri a chi dovesse ritirarla prima! Il dì seguente ebbe luogo lo scontro
e il Fazio fu ferito gravemente. Il principe di Paternò contava parecchi duelli, e suo figlio, il conte di Caltanisetta, che aveva natura mite
e detestava gli accattabrighe, ne ebbe uno con Emanuele Notarbartolo di San Giovanni, di cui era amicissimo, per futili motivi. Si
battevano nobili e borghesi, e le polemiche letterarie ne erano soven-
ti l'occasione; ma talvolta la cagione vera era un'antipatia momenta-

nea e allora bisognava trovare subito il pretesto per scambiarsi delle sciabolate.

Il duello era in società il tema del quale forse più si parlava, dopo i teatri. Stefano de Maria, morto prefetto di Lucca, famoso per le sue avventure d'amore e i cosmetici dei quali faceva largo uso, si battè con un ufficiale dei cacciatori e poi con Aristide Caiani. Martino Beltrami Scalia, insegnante di geografia, d'italiano e di francese e oggi senatore del Regno, si battette per frivoli motivi con Pietro Thonckowich e rimasero feriti entrambi. La nota comica di questo duello fu che ebbe luogo nella villa reale della Favorita, poichè la polizia aveva reso impossibile ogni altro posto. Negli ultimi tempi che precorsero al 1860, Pietro Ilardi si battette col barone Gaetano Mazzeo e il marchese di Fiume di Nisi, morto duca di Cesare e deputato al Parlamento italiano, col principe di Giardinelli. Francesco Brancaccio di Carpino, che aveva autorità in questioni di cavalleria, fu padrino negli ultimi tre scontri. Le sale di scherma non erano pubbliche, ma alcuni signori, come Antonio Pignatelli, Pietro Ugo delle Favare, Emanuele e Giuseppe Notarbartolo e i giovani Sant'Elia, dei quali era primogenito l'elegantissimo duca di Gela, oggi senatore del Regno e principe di Sant'Elia, invitavano per turno a casa loro gli amici a esercitarsi. Non vi era giovane signore, o giovane della ricca borghesia, che non sapesse tirare di sciabola o di fioretto; la scherma compiva l'educazione e perciò le partite di onore si succedevano con frequenza. I maestri di scherma più in voga erano Francesco Pinto, Claudio Inguaggiato, Giambattista Vella, Raffaele Basile. Un tal Neli, detto *'u quarararu*, tirava benissimo con la mano sinistra e molti signori si misurarono con lui. Fu curiosa nel 1857 una polemica schermistica fra l'Inguaggiato e Blasco Florio, maestro di scherma a Catania. Si affermò che l'opuscolo dell'Inguaggiato in questa polemica fosse stato scritto da Corrado Lancia di Brolo, il quale aveva lasciato il servizio militare dopo la restaurazione e si era dato agli studi legali e meccanici, e visse a Palermo senza ricevere mai molestie. Sovente faceva un viaggio all'estero o andava a Roma dov'era suo zio, il cardinal Grassellini. Un opuscolo di notevole valore scientifico, da lui pubblicato nel 1856, a proposito di una macchina idraulica inventata dal sacerdote don Giuseppe Vaglica, gli procurò la nomina di socio dell'Istituto d'incoraggiamento.

Una parte notevole del giornalismo siciliano era rappresentata da Riviste, dirette a promuovere lo sviluppo industriale e particolarmente agricolo dell'Isola. Ricordo gli *Annali d'agricoltura siciliana*, redatti dal professore Giuseppe Inzenga; il *Giornale della Commissione d'agricoltura e pastorizia*, della quale era presidente Filippo Majorana e il *Giornale del R. Istituto d'incoraggiamento di agricoltura, arti e manifatture per la Sicilia*: pubblicazioni che il Governo sussidiava in vario modo. Nel 1850, Giuseppe Biundi, impiegato al ministero d'istruzione, fondò l'*Empedocle*, una vera Rivista, di cui ogni fascicolo conteneva monografie originali, rubriche di varietà e rassegne bibliografiche fatte assai bene. I libri di Placido De Luca, di Gioacchino di Marzo, di Longo Signorelli, di Gaetano Vanneschi, del barone Anca e di altri scrittori ebbero *nell'Empedocle* ampie recensioni e autorevoli giudizi. Nonostante l'indirizzo piuttosto teorico per la necessità dei tempi, la rivista mirava anche ad effetti pratici e utili alla Sicilia. Trattò della coltura delle canne da zucchero, rilevando che non c'era convenienza ad estenderla in Sicilia; ammaestrò circa la coltura della vite e dell'ulivo e sul modo più adatto e sollecito di rimboschire l'Isola; patrocinò l'istituzione d'una banca territoriale nell'interesse dell'agricoltura e trattò pure della pubblica beneficenza, con notevoli studii del Biundi stesso sui Monti di pietà, e sui rapporti fra la popolazione dell'Isola e le sue condizioni economiche. L'*Empedocle* finì nel 1860 e il Biundi passò impiegato al ministero d'istruzione del Regno d'Italia. Quella sua Rivista, dati i tempi, fu un

primo tentativo che gli costò dieci anni di lavoro e non pochi sacrifi-
cii; ma nessuno ha pensato finora a fondarne una sul genere di quella, la quale, se pubblicava articoli che duravano anni, e se alcuni di
questi erano scritti per non farsi leggere, l'*Empedocle* rivelava nell'insieme che le condizioni della cultura nell'Isola erano assai più alte di
quanto non rivelassero i giornaletti letterarii.

Va certamente ricordato e con la maggior lode, il *Giornale di
Statistica*, compilato nella direzione centrale della Statistica di Sicilia,
della quale era capo il barone D'Antalbo. Esso pubblicava interessan-
tissimi studi di statistica comparata, scritti dallo stesso direttore, e
principalmente dal Ferrara e dal Busacca, esuli entrambi, e più da
Gaetano Vanneschi, uomo eccellente per virtù d'intelletto e di animo
e autore di *Alcuni elementi di statistica* che videro la luce nel 1851. Io
devo rendere alla memoria di lui, che fu dopo il 1860 presidente del
Collegio di musica, un tributo di riconoscenza, perchè nel *Mondo
Culto* scrisse con grande affetto di mio padre, Antonio de Cesare, che
gli era amico e morì a Napoli nel gennaio del 1860 a 37 anni.

Altri tentativi di fondare una seconda Rassegna furono fatti, ma
senza fortuna. Nacque nel 1855 una *Rivista scientifica, letteraria, artistica*, fondata dal Ventimiglia. Visse un anno e le successe il *Poligrafo*,
anch'esso Rivista di scienze, lettere ed arti, ma durò due anni e cedette il posto nel 1857 alla *Favilla*. Giova però osservare che questi periodici raccoglievano, intorno a loro, gruppi di scrittori non omogenei e
di tendenze politiche ben diverse. Il *Poligrafo*, perchè fondato dal
Ventimiglia, non poteva partecipare ai sentimenti che più tardi tra-
sparirono dal gruppo dei collaboratori della *Favilla*, che avevano tendenze liberali, spesso mal celate. Pare che al Ventimiglia fossero stati
promessi aiuti dal Governo e poi mancassero. Il Ventimiglia era irrequieto e perciò non poteva la sua attività esaurirsi nel *Giornale di
Sicilia*, la cui ufficialità non gli permetteva nessuna delle esercitazioni
letterarie, alle quali si abbandonavano i giornaletti d'occasione, mezzo

umoristici e molto rumorosi, come il *Rigoletto*, che nacque e morì nel 1855; la *Zanzara* di Francesco Fazio; il *Somaro*, giornale pei dotti, come s'intitolava; il *Baretti* di Giovanni Villanti, l'*Armonia*, il *Vapore* e il *Passatempo per le dame*: piccoli fogli, i quali a leggerli ora non s'intendono più, tanto è mutato l'ambiente in cui vissero e in cui parvero persino spiritosi: giornaletti che resistevano qualche mese o qualche anno, e poi finivano o mutavano nome, come a Napoli, tale e quale. Qualche volta le riviste dei teatri erano spiritose, ma più sovente, diluite e insipide. Il *Tutto per tutti,* il *Mondo Unico,* seguito dal *Mondo Culto,* poi la *Ricerca,* la *Lira* e la *Gazzetta di Palermo* avevano miglior forma di giornale; il *Tutto per tutti* giunse a sei numeri; il *Mondo Unico* ad otto; la *Ricerca,* che si diceva *giornale di utili scoverte e di letterarie conoscenze,* visse dal 1855 al 1858; due anni visse la *Lira* e tre anni la *Gazzetta di Palermo,* il *Giornale del commercio* e il *Vapore.* Rileggendo quei fogli, i quali erano settimanali, quindicinali o mensili, si prova davvero un senso di stupore anche per gli abbonamenti, non solo alti, ma sproporzionati al formato stranamente minuscolo. Solo la *Favilla* rappresentò, in fatto di giornali letterari, il tentativo meglio riuscito. Fu messo insieme da un nucleo di giovani di valore. Ricorderò Achille Basile, morto prefetto di Venezia e senatore, Carmelo Pardi, Luigi Sampolo, Giuseppe Lodi, Giuseppe Sensales, impiegato al ministero dell'interno. Vi collaborarono Isidoro La Lumia, Gaetano Daita, Luigi de Brun, Onofrio di Benedetto e Cammillo Randazzo. La cronaca, non esisteva affatto: tutta la vita locale era muta, tranne pei teatri. Ricorderò infine l'ultimo di questi periodici, *L'Idea* di F. Maggiore-Perni, rivista tra statistico-economica e letteraria, nata nel 1859 e morta poco dopo il 1860.

Sulle cose della politica d'Italia tacevano, o rivelavano una mirabile ingenuità. Nel suo secondo numero, ch'è quello del 12 novembre 1856, il *Tutto per tutti* annunziava fra le notizie varie, che il 20 ottobre di quell'anno aveva avuto luogo l'*inaugurazione della ferrovia*

Vittorio Emanuele, che partendo da Chambery, conduce a Venezia, per Torino e Milano! E dire che Chambery non fu congiunta per ferrovia a Torino prima dell'apertura del Frejus, cioè quindici anni dopo, quando non apparteneva più al Piemonte, e Torino, Milano e Venezia facevano parte del Regno d'Italia. E nel sesto numero, fra le stesse notizie varie, vi erano queste, che l'archeologo Canina era morto di veleno e che "fra pochi giorni uscirà dalla tipografia Pelazza un nuovo giornale di gran formato, intitolato *L'Indipendenza* e ne saranno principali redattori La Cecilia, Angelo Brofferio e l'avvocato Villa". Ma dove fosse morto il Canina, che poi era vivo, e dove sarebbe uscito *L'Indipendenza* vi è affatto taciuto. In quel numero del *Tutto per tutti* il barone Pisani pubblicò un geniale articolo: *Un'ironia alla moda.*

Tutto compreso, il *Giornale di Sicilia* era il più completo. Pubblicava in quarta pagina il servizio postale, con l'itinerario delle vetture per la Sicilia, lo stato civile di Palermo, una rivista della borsa e l'annunzio dei teatri, oltre alla parte ufficiale che si stampava in prima pagina a lettere più grosse. Era il solo foglio quotidiano, ma, ripeto, esso non assorbiva che una piccola parte dell'attività del Ventimiglia, per il quale tutto il lavoro giornalistico si riduceva ad una visita quotidiana a Maniscalco e alla permanenza per una o due ore nell'ufficio, allogato nello stesso palazzo dei ministeri. Gli altri redattori erano impiegati *sine cura*. Il foglio seguiva il suo andare, e poichè non richiedeva alcuna fatica speciale, tutti vi attendevano il meno che potessero, e così avvenne che nella parte ufficiale, a grossi caratteri, scivolò più tardi l'annunzio della vittoria di Solferino!

A Palermo, tranne per le opere teatrali, non esisteva un vero ufficio di revisione. Era compreso nel primo carico del ripartimento di polizia, sotto il nome di *stampa e revisione*. Sulla decenza degli spettacoli e sulla polizia interna delle sale vigilava la soprintendenza, che decideva anche su tutte le controversie fra impresarii e compagnie, fra impresarii, governo e pubblico. Ed era sopraintendente, come si è detto, lo Starrabba di Rudinì, che esercitava quell'ufficio con apparente passione, ma chi faceva tutto era il segretario Zappulla. Per le produzioni teatrali in prosa e in musica e per i balli, aveva ufficio di revisore il Bozzo, professore di eloquenza e letteratura italiana all'Università: mite uomo, per cui non si verificavano a Palermo le inesauribili scempiaggini di Napoli, anzi i giornalisti facevano alla revisione curiosi scherzi. Il dottor Lodi, redattore della *Lira*, vi pubblicava articoli letterarii sottoscritti *G. M.* ed erano brani cavati dalle opere di Giuseppe Mazzini; o sottoscritti *G. L. F,* ovvero *B. C.*, e che appartenevano a Giuseppe La Farina e a Benedetto Castiglia, e di questo il Bozzo non si accorse mai. Per i libri la revisione era dalla polizia affidata ai redattori del *Giornale di Sicilia*, o a persone ritenute competenti, ma un ufficio speciale come a Napoli non esisteva, nè esisteva neppure presso la posta, nè presso la dogana per i libri provenienti dall'estero; onde libri, opuscoli e giornali politici entravano nell'Isola assai più che a Napoli, e provenivano da Genova e da Malta ordinariamente, e in alcuni casi, da Livorno, da Marsiglia e da Alessandria di Egitto.

Pubblicandosi qualche opera di non comune importanza, si affilavano le armi della critica. Il canonico Pietro Sanfilippo, della Metropolitana di Palermo, pubblicò nel 1855 una storia della letteratura italiana, nella quale espresse l'opinione che la popolazione di Sicilia contenendo molti elementi arabi, la sua poesia del Medio Evo potè acquistare più direttamente quella maniera di sentimento e quella forma di versificazione, che aveva più attrattive per le orecchie di quei Re, poeti essi stessi. Ebbe vivaci critiche, essendo l'opinione sua in opposizione con tutte le altre, che fanno derivare quella poesia dalla maniera dei trovatori provenzali, numerosi alla Corte di Palermo. Ma si fu giustamente benevoli col chierico Gioacchino Di Marzo, che traduceva dal latino il celebre Lessico topografico della

Sicilia di Vito Amico, completandolo con annotazioni erudite ed opportune. Il Di Marzo aveva allora ventidue anni, e quella traduzione fu l'inizio della sua fortunata carriera scientifica, che lo rese tanto benemerito della cultura storica e archeologica della sua Isola.

Nel febbraio del 1857 la regina Maria Teresa si sgravò dell'ultimo figliuolo, al quale fu dato il nome di Gennaro e il titolo di conte di Caltagirone. Non è immaginabile la gioia ufficiale e pubblica che invase quella caratteristica e popolosa città, per l'alto onore che volle concederle il Re. Fu mandata a Napoli una deputazione per umiliare ai piedi del trono un indirizzo di ringraziamento. Era patrizio il cavaliere don Giacomo Crescimanno, il quale disse al Decurionato: "*Tutto quello che faremo sarà poco, misurato con l'immensurabilità del nostro affetto verso colui, che può dirsi padre piuttosto che Re*". Vi furono feste religiose e civili e atti di beneficenza che costarono al Comune 3500 ducati, somma grossa in quei tempi. La deputazione andò a Napoli, umiliò l'indirizzo ai piedi del trono e portò al marmocchio una reliquia miracolosa dell'apostolo San Giacomo maggiore, protettore della città. Il Re accolse con vero compiacimento questo dono, che del resto non portò fortuna al principe, morto a dieci anni di colera, ad Albano Laziale e fece ringraziare anche con lettera il Decurionato di Caltagirone. E perchè la memoria di quanto vi si era compiuto non andasse obliata, venne ogni cosa raccolta in un grosso volume in folio, del quale fu principal poeta e prosatore il professore Audilio, che tuttora vive. Il volume venne pubblicato dal Galatola a Catania, con rara eleganza di tipi.

La venuta del granduca Costantino, fratello dello Czar e della arciduchessa Alessandra col figliuolo Nicola, risuscitò le simpatie del patriziato siciliano per i principi russi. Costantino prese alloggio nella stessa villa Serradifalco, all'Olivuzza, dove, meno di quattordici anni prima, aveva abitato l'imperatore Nicola con l'imperatrice Alessandra e la figlia, la bellissima arciduchessa Olga ed egli stesso, Costantino, appena diciottenne. La Corte russa andò a Palermo nell'ottobre del 1845, per curare una malattia dell'Imperatrice, vi restò quarantadue giorni e fu visitata dal Re e dai principi reali, onorata e festeggiata in prosa e in versi. Giuseppina Turrisi Colonna, non ancora divenuta principessa di Galati, indirizzò alla bella e interessante Olga inspirate ottave, e scrittori coraggiosi, come il giovane principe di Scordia, misero insieme una pubblicazione commemorativa, dal titolo l'*O-livuzza,* tutta piena di allusioni sullo stato della Sicilia. Si ricordava pure che in quell'occasione erano state scelte le più belle fanciulle di Palermo, dai dieci ai dodici anni, ad eseguire dinanzi alla Corte russa il ballo nazionale, la tarantella, e la ballarono le due Starrabba di Rudinì, Caterina e Stefanina; la Monroy, attuale principessa Alcontres di Messina; l'Elisabetta Niscemi, maritata poi al marchese Ugo; l'Agatina Villarosa, divenuta baronessa Piccolo e l'Eleonora Trigona di Sant'Elia, presente principessa di Giardinelli.

Questo granduca russo mise a dura prova tutta la pazienza di Castelcicala e di Maniscalco per il suo contegno stravagante, anzi scorretto. Viaggiava con gran seguito e cinque navi da guerra, e pretendeva entrare nel porto di Palermo a capo della sua flotta. Il luogotenente non lo permise, e Costantino dovè sottostare all'ordine di entrare con due navi soltanto, mandando le altre a Castellamare. Questo lo irritò, perchè seppe che l'ordine era venuto da Napoli. Aveva dei cani mastini che incutevano terrore e chiese anche un orso, ma gli fu risposto che nelle foreste della Sicilia non vi erano orsi. Assunse un contegno addirittura irriverente verso la persona del Re. Chiedeva notizie della salute di lui, ma solo per contraddirle, rispondendo: *Ce n'est pas vrai, il est mort, je vous l'assure: le roi est mort.* Manifestò un'incredibile crudeltà, infliggendo a quattro suoi marinari pene bestiali. Ne fece legare quattro rei di ubriachezza, e ordinò che così legati fossero per quattro volte costretti a girare sotto la carena della nave ammiraglia. Morirono tutti e quattro. Castelcicala andò in gran pompa a visitarlo, ma appena il granduca cominciò a dir male del Re, si levò e con inglese cortesia gli chiese il permesso di ritirarsi. Per non mancargli di riguardo, pose il Gallotti a disposizione di lui, e Costantino finì con l'avere molta benevolenza per il cortese segretario del luogotenente. Ne ebbe anche per il Maniscalco, ma quando seppe che lo faceva spiare, come aveva fatto spiare l'anno innanzi il duca di Aumale, andato a Palermo per visitare le sue tenute, non volle più vederlo. Il granduca partì il 21 marzo, e fu la sua partenza una liberazione per le autorità, ma non per l'alta società che perdette una desiderata occasione di svaghi. Si fermò a Napoli sino al 19 aprile e andò a Caserta a visitare il Re. Il contegno di lui rispetto a Ferdinando II e alla famiglia dei Borboni, rivelava non solo un astioso suo sentimento personale, ma il sentimento della Corte di Pietroburgo, di cui si era avuta una prova nel silenzio serbato dai plenipotenziarii russi al Congresso di Parigi, tre anni prima.

CAPITOLO XVI

SOMMARIO: Le tre Università dell'Isola – I tre Cancellieri – I professori di maggior fama – Sampolo, Pantaleo e Gorgone – Quel che si richiedeva per essere levatrice – Monsignor Crispi e l'architetto Giachery – Altri professori – Gli studii privati e gli studenti – Il Municipio di Palermo – L'ultimo bilancio dal 1856 al 1860 – Alcuni particolari caratteristici – Le spese di culto – Gli ultimi pretori – Il principe di Galati – Alcuni sindaci dei nuovi tempi – Confronti – La bonifica di Mondello – L'Università di Catania – Professori e studenti – Una curiosa lettera dell'intendente Panebianco – L'Università di Messina e i suoi insegnanti.

La Sicilia aveva tre Università, a differenza delle provincie continentali, le quali ne avevano una sola. Le Università di Sicilia contavano gloriose tradizioni, ed hanno avuto recentemente qualche storico di valore. Dal 1849 al 1860 le tre Università ebbero insegnamenti incompleti, e soltanto quella di Palermo contava un numero discreto di studenti perchè poteva accoglierne da quattro provincie, mentre l'Università di Catania raccoglieva quelli di Catania e Siracusa, e Messina solamente quelli di Messina. Benchè a Palermo convenissero gli studenti di quattro provincie, nondimeno il loro numero di rado superò i 500, fra tutte le cinque facoltà; anzi nell'anno scolastico 1853-54 furono 407, nel 1854-55, forse a causa del colera, discesero a 364. Il maggior numero era di studenti di diritto; scarsissimi quelli di filosofia e lettere; irrisorio il numero degli studenti nella facoltà di teologia. Il giovane clero preferiva l'insegnamento dei seminari, benchè all'Università insegnasse diritto canonico quell'abate Crisafulli, vera autorità in questa materia e nel diritto feudale e che

ebbe tante vicende dopo il 1860. È tuttora vivente, ha ripreso il collare, che smise nei primi giorni della rivoluzione, non è più professore, nè economo generale dei benefizi vacanti, ed è oggi nelle grazie
dell'arcivescovo Celesia, al quale non parve vero che il Crisafulli
lasciasse l'ufficio e tornasse all'ovile.

Il rettore, il maestro di spirito e il bibliotecario erano di nomina
regia, su proposta della commissione di pubblica istruzione, e a
Palermo si dovevano scegliere tra i padri Teatini della casa di San
Giuseppe, rimanendo in vigore una curiosa disposizione, contenuta
in un rescritto del 1805, che concedeva i tre uffici a quei frati, in
compenso di una parte del locale che essi cedettero all'Università. Gli
Studii siciliani avevano, nominalmente, sei facoltà: teologia, giurisprudenza, medicina, fisico-matematica, filosofia e lettere e belle arti;
ma, dove più dove meno, queste facoltà erano, come già si è detto,
incomplete. Sembra strano, ma nessun concorso fu mai bandito nel-
l'ultimo decennio per provvedere alle cattedre che venivano a mancare, ad esse provvedendosi con sostituti interini o provvisori. Messina
e Catania non avevano l'insegnamento della lingua ebraica, nè la spiegazione della sacra scrittura, anzi Messina non aveva neppure la cattedra di teologia morale. Della facoltà di giurisprudenza, Catania e
Messina non avevano la medicina legale, ed in quest'ultima
Università mancava persino l'insegnamento dell'economia, dell'etica
e del diritto naturale. I tre teatini, che in quegli anni stettero a capo
dell'Università palermitana, furono il padre Laviosa, rettore, il padre
Giambanco, bibliotecario e il padre Filippo Cumbo, maestro di spirito, i quali vissero senza infamia e senza lode.

La deputazione universitaria, che il Filangieri fece ottenere all'ateneo di Palermo, in luogo dell'antica commissione di pubblica istruzione, era preseduta da don Pietro Crispo Floran, col titolo di Gran
Cancelliere. Uguale ufficio nell'Università di Messina era tenuto dal-
l'arcivescovo, e a Catania da don Carmelo Martorana. Il Crispo

Floran, presidente del tribunale civile di Palermo, dotto giurista, percorse tutti i gradi della magistratura e morì nel 1884 primo presidente della Corte di Cassazione di Palermo e senatore del Regno d'Italia, benchè non riuscisse a prestar giuramento. Il Martorana, consigliere della Gran Corte Civile di Catania, aveva fama di buon magistrato e morì vecchio nel 1870. Ma l'arcivescovo di Messina, cardinal Villadicani, non aveva davvero alcun titolo per così alta carica. Bonario e pietoso con gl'infelici e di tendenze piuttosto larghe in politica, egli non era uomo di studi, anzi a Messina ancora si ricordano parecchi aneddoti di sua poca sapienza.

A Palermo, nella facoltà giuridica, si distingueva Pietro Sampolo, che insegnava codice civile e pandette. Era stato fra i difensori delle vittime della Fieravecchia, e aveva raccolte delle somme per far celebrare un funerale in Genova a quei disgraziati. Gli studenti accorrevano numerosi e plaudenti alle sue lezioni. Lesse parecchie prolusioni, che sono pregiate monografie giuridiche e, nel 1859, l'orazione inaugurale che gli procurò non poche molestie, non avendovi egli fatta menzione del Re, nè del suo luogotenente, che assisteva alla cerimonia. Fu ucciso da mano ignota nel 1861, mentre tornava da una sua campagna presso Palermo, nè dell'assassino si seppe nulla. I nomi illustri nella facoltà di medicina erano il Gorgone e il Pantaleo, un chirurgo e un ostetrico, i quali esercitavano la professione con grandissimo successo. Il Pantaleo fu il primo ostetrico dei suoi tempi, e i suoi alunni, oggi uomini maturi, ne ricordano la memoria con venerazione. Creò una clinica ostetrica, di cui non vi era l'ombra. Prima di lui, come ne ha scritto il Pitrè, Palermo non aveva che un *rifugio* di maternità, alla cui porta le donne andavano a battere, o strette dalla durezza della povertà, o spinte dal pudore di colpe da nascondere; e, come ricorda il professore Chiarleoni: "poche stanze erano nell'ospedale comune, destinate al ricovero delle gravide e partorienti, sotto l'immediata direzione di una levatrice maggiore, mentre era fatto divieto al professore di penetrare nelle sale, se non chiamato dalla levatrice!" Del resto non in Sicilia soltanto, ma in tutto l'antico Regno, l'esercizio della ostetricia era nelle mani delle levatrici, poichè nelle famiglie, senza distinzione di ceti, la levatrice godeva maggior fiducia che non ne godesse il chirurgo. Se il Pantaleo non ottenne quanto voleva, dati i tempi e i pregiudizi, ottenne però molto, perchè vennero abrogati i regolamenti vecchi e il professore di ostetricia fu riconosciuto indipendente nell'ospedale, e le sale delle ricoverate messe a sua disposizione. Ma per le levatrici seguitò a bastare, secondo le prammatiche viceregie e i sinodi diocesani, che fossero sui quarant'anni, "maritate o vedove, non mute, nè scilinguate, pulite, monde di morbo gallico e di malinconia, istruite nella dottrina cristiana". Di una scuola per le levatrici, le quali erano adoperate a giudicare e trattare tutto ciò che offrono di morboso la gravidanza e il puerperio, a regolare l'allattamento e a dar pareri nelle malattie dell'utero, di una scuola così necessaria insomma, il governo borbonico non volle mai sapere. Occorrevano i nuovi tempi, perchè le idee del grande ostetrico divenissero un fatto compiuto.

Il Pantaleo fu il creatore della sua fama e della sua fortuna. Era di Nicosia, di famiglia poverissima. Vestito da chierico, giovanetto a 18 anni, partì dalla sua terra di origine fra le lagrime dei parenti, a cavallo di un mulo. I primi anni furono assai penosi, ma trionfò di ogni ostacolo e si affermò il maggior ostetrico dei suoi tempi, e dopo avere assistito alla propria apoteosi, colla celebrazione del cinquantesimo anniversario del suo insegnamento ufficiale, morì nel dicembre del 1896, a 85 anni, lasciando un ricco patrimonio. Vincenzo Pantaleo, autore di graziosi racconti per l'infanzia, è il suo unico figliuolo maschio e ne porta degnamente il nome.

Se Pantaleo fu il creatore della clinica ostetrica, Giovanni Gorgone fu il creatore della clinica chirurgica, come il primo anatomista dell'Isola. Operatore di rara abilità e scienziato di molta dottrina, egli scrisse memorie e dissertazioni ed un trattato di anatomia descrittiva in due grossi volumi. In quei tempi, in cui la chirurgia non aveva l'immenso aiuto degli antisettici, compì operazioni audacissime, introducendo nuovi processi e rimedii. Fu membro di varie accademie italiane e straniere, e alcune sue memorie sono ancora consultate. Nativo di San Pietro sopra Patti, era professore in seguito a concorso, a 25 anni, e la sua carriera scientifica fu tutta un trionfo. Morì nel 1868. Non di pari fama del Pantaleo e del Gorgone, ma di forte ingegno, era il dottor G. B. Gallo, che insegnava anatomia e aveva nome di clinico esperto e di uomo eccentrico. Viveva solo, nè mai volle vicino chi ne avesse cura, neanche il gigantesco fratello Giuseppe, medico anche lui, ma d'ingegno molto inferiore.

Nella facoltà di filosofia e lettere brillava monsignor Giuseppe Crispi, professore di lingua e archeologia greca, ritenuto il maggior ellenista dei suoi tempi. Vescovo titolare di Lampsaco e zio di Francesco Crispi, si disse ch'egli aiutasse il nipote durante l'esilio, ma non è vero, anzi ne deplorava i principii liberali. Salì a meritata fama e lo attestano le sue pubblicazioni, soprattutto i tre volumi della grammatica greca. Fu anche presidente della Reale Accademia di scienze, lettere ed arti di Palermo. Il professore di lettere italiane era Giuseppe Bozzo, brav'uomo, mite regio censore, ma senza levatura, che morì una dozzina d'anni fa, ultimo degli arcadi in Palermo. I letterati del tempo gli preferivano Gaetano Daita, il quale non era professore all'Università; anzi nel concorso universitario per la cattedra di eloquenza, poesia e letteratura italiana era stato posposto al Bozzo; ma dirigeva un istituto privato, che ebbe vita florida. Martino Beltrami Scalia vi dava lezioni di geografia, e quello spirito eletto di Carmelo Pardi, monaco o, come si dice in Sicilia dei non Benedettini, frate nell'Ordine dei Minimi, insegnava lettere italiane e storia. Era il Pardi uomo di varia cultura, grazioso poeta e fu uno dei fondatori della *Favilla*. Morì a 53 anni nel 1875 e di lui scrisse con affetto il professore Luigi Sampolo. Nella lista degli scrittori colti, che rifulsero in Palermo negli ultimi dieci anni, il Pardi sta tra i primi. Ma per tornare all'istituto Daita, dirò che esso fu davvero un vivaio di giovani, i quali ebbero parte nel movimento liberale e poi nei pubblici unici, e godeva maggior credito dello stesso real convitto San Ferdinando, tenuto dai gesuiti, e dello "stabilimento letterario Vittorino e Ginnasio", posto sotto gli auspicii del principe di Galati, pretore della città. Il Daita era fuggito a Malta, dopo la restaurazione; era stato deputato fra i più caldi nel 1848; tornò a Palermo nel 1851; aprì il suo istituto e non ebbe molestie. Nell'elenco degli ex deputati, che sottoscrissero la nota abiura, il suo nome non figura. Il Bozzo e il Daita erano gli epigrafisti del tempo: il Daita, più spontaneo e meno retore; il Bozzo, stentato e arcadico commentatore di Dante e di Petrarca, ma quanto lontano da quel G. B. Niccolini, che gli fu amico!

Nella facoltà di belle arti va ricordato Carlo Giachery, uno dei migliori architetti di allora. Il Giachery era di Padova, andò giovinetto a Palermo con la famiglia, vi fece gli studii, si laureò nel 1833 e si perfezionò poi a Roma, ispirandosi nelle opere dei grandi maestri. Tornato a Palermo, divenne professore di architettura civile, e via via si affermò architetto di potente ingegno. Ingrandì il palazzo dei ministeri, rifece il teatro di Santa Cecilia, la facciata e il vestibolo dell'Università, costruì i primi molini a vento e fu il braccio destro di Vincenzo Florio, innalzò l'ospizio di beneficenza e, nominato nel 1855 ispettore di ponti e strade, compì altri lavori d'interesse pubblico. Era un architetto di gusto. Nella villa Florio all'Arenella costruì una sala da pranzo in istile gotico, così ben riuscita, che l'imperatore Niccolò di Russia, visitandola, fece rilevarne i disegni e ne volle una simile a Pietroburgo, la quale, in memoria di Palermo e dell'architetto, chiamò sala Arenella. Morì a 53 anni, nel 1865.

Nella facoltà di scienze fisiche e matematiche insegnava astronomia don Domenico Ragona Scinà, nominato nel 1850 direttore della Specola, dopo che fu destituito Gaetano Cacciatore, figlio del celebre Niccolò. E quando, nel 1860 tornò il Cacciatore alla Specola, il Ragona Scinà, dopo alcuni anni, fu mandato all'Università di Modena. Giuseppe Inzenga era sostituto alla cattedra di agricoltura. Vera competenza in fatto di scienza agraria, aveva fama di liberale e di spirito spregiudicato in fatto di religione. Scriveva versi dialettali, che rispecchiano queste sue tendenze, non sempre di buona lega. Anche in tarda età, vegeto e robusto, dirigeva l'istituto agrario Castelnuovo ai Colli, che la munificenza del principe Carlo Cottone lasciò a scopo di pubblico insegnamento. Dirigeva inoltre gli *Annali* dell'agricoltura siciliana, effemeride non priva di valore. Indomabile nella sua avversione ai Borboni, fu più tardi indomabile avversario della parte moderata, del Papa e dei preti. Era un libero pensatore, cui piaceva la vita allegra e gioconda. Insegnava botanica ed era direttore dell'Orto, don Vincenzo Tineo, che di numerose scoverte aveva arricchite le scienze naturali. Prima d'insegnar botanica, il Tineo aveva dettate lezioni di materia medica. Altro esempio d'intelletto versatile fu più tardi Agostino Todaro, che gli successe nell'insegnamento della botanica. Insigne avvocato prima, da competere coi maggiori, e poi insigne botanico, morì nel 1892, senatore del Regno.

Ricorderò fra i professori della facoltà giuridica Giuseppe Mario Puglia, sostituto alla cattedra di diritto penale, avvocato animoso, che difese il Garzilli e i suoi compagni della Fieravecchia e poi Francesco Bentivegna e Mariano Siragusa, e aveva assunta la difesa di Giovanni e Francesco Riso, per i fatti della Gancia. Le poche e commosse pagine, che di lui scrisse Giuseppe Falcone, rivelano l'ingegno e la mirabile attività del Puglia, che fu deputato di Palermo e morì nel 1894. Giovanni Bruno insegnava economia, non politica o sociale, ma *civile*, fin dal 1846; deputato e giornalista nel 1848 e amico di Ferrara e di Crispi, fu persona colta e antico apostolo del libero cambio e delle casse di risparmio. Benchè avesse sottoscritto anche egli la nota ritrattazione, era tenuto d'occhio dalla polizia, anzi si asseriva che un poliziotto travestito assistesse alle lezioni di lui. Certo è che il giorno 18 marzo del 1858 gli fu mandato da Maniscalco questo monito: "*il direttore del dipartimento di Polizia avverte il sig. professore Bruno di essere più castigato nel linguaggio quando sulla cattedra svolge alcune teorie di economia, nelle quali balenano concetti arditi, che infiammano una gioventù ardente e facile a concitarsi alle idee, che sconfinano in esagerazioni politiche*".

Liberista, era molto applaudito dagli studenti. Nel 1852 sostenne una lotta per la libertà del panificio, e negli anni 1859-1863 pubblicò la sua opera maggiore: *Scienza dell'ordinamento sociale*. Morì regionista, anzi autonomista convinto, a Palermo, nell'aprile del 1891.

Questi professori, che ho voluto rammentare, erano i più amati dalla scolaresca, mentre il più odiato era Giuseppe Danaro, sostituto alla cattedra di codice civile, già liberale, poi ultraborbonico e infine prefetto di polizia. Da principio credette conciliare i due unici, ma gli studenti prima lo fischiarono, poi disertarono le sue lezioni ed egli fu costretto a lasciare la cattedra.

A Palermo fiorivano, meno che a Napoli, gli studi privati, e soli pochi professori universitarii avevano studio nelle proprie case. Tra gl'insegnanti privati mi limiterò a ricordare il professore Luigi Sampolo, che dettava dotte lezioni di diritto civile e il cui studio era il più frequentato, nonchè l'avvocato Niccola Uzzo, che insegnava procedura civile. Il Sampolo era fratello di Pietro e lo supplì per pochi mesi nel 1853. L'Uzzo, autore di opere non ispregevoli, fu nominato nel 1859 insegnante provvisorio di procedura civile all'Università.

Gli studenti non formavano a Palermo, come a Napoli, un piccolo mondo a sè, nè abitavano in quartiere speciale della città. Si allogavano alla meglio in qualche locanda di più che mediocre ordine, o in qualche convento di frati, specialmente nella cosiddetta infermeria dei Cappuccini, o in pensioni, ed erano da essi preferiti i paraggi più vicini all'Università e le molte locande di Lattarini e dell'Albergheria. Non avevano ritrovi speciali, nè erano fatti segno alle continue vessazioni della polizia, come a Napoli e a Catania. Di certo la polizia li teneva d'occhio, e chi entra oggi nell'atrio dell'Università trova a man diritta una porta, chiusa da trentotto anni. Quella porta dava in una stanza, dov'erano permanentemente un ispettore di polizia e due agenti di sicurezza, messi là per accorrere, se mai nell'atrio si fosse fatto chiasso fra una lezione e l'altra, o si fosse fischiato qualche professore. Non erano però temuti, anzi spesso prendevano anche loro una parte di fischi, senza riuscire a scoprire i fischiatori. Ma quei fischi e quei tumulti erano un nonnulla rispetto ai tumulti di oggi. Gli studenti potevano prendersi giuoco della polizia, fino a un certo punto. Essendo pochi, era facile saperne vita e gesta. Nella stessa Università esisteva un oratorio, con obbligo agli studenti d'intervenirvi, occorrendo un certificato del prefetto di spirito, per conseguire i gradi accademici: l'oratorio non era mai affollato, ma i certificati non si negavano. La polizia lasciava correre, ma i giovani non ne abusavano. L'Università presentava una vita piena di moto, perchè la popolazione scolastica non era formata solo da studenti, ma ad essi si aggiungeva un numero notevole di uditori estranei, i quali amavano lo studio di alcune scienze e ne seguivano i corsi. Le tendenze politiche più liberali erano quelle della scolaresca: tutti sognavano una Sicilia libera da Napoli e dai Borboni, e molti, negli anni più vicini al 1860, un'Italia libera con Vittorio Emanuele, o costituita in repubblica. Mazzini esaltava quei cuori avidi d'ideali; ma negli ultimi tempi la tendenza monarchica con Casa di Savoia prese il disopra sulla tendenza mazziniana. Però non giova anticipare la narrazione. Non ostante le distanze, i pericoli e la vigilanza di Maniscalco, penetravano fra i giovani le opere politiche di maggior conto, soprattutto quelle degli esuli scrittori siciliani. La storia di Giuseppe Lafarina, pubblicata a Capolago nel 1850, ebbe fra i giovani larghissima diffusione, e molti recitavano pagine intere di quel libro emozionante. Coloro, fra i librai, che riuscivano a far penetrare in Palermo l'*Assedio di Firenze* del Guerrazzi, facevano non iscarsi guadagni. Conosco frati in Palermo, mi scrive il Pitrè, ch'ebbero e lessero e fecero correre per lungo e per largo quel libro. Molto affiatamento era tra i giovani e i professori, e se ad ogni minaccia di dimostrazioni, l'ateneo era il primo ad essere chiuso e seguiva l'arresto di qualche studente, i compagni e i professori facevano a gara perchè fosse liberato. Tra i più attivamente cercati era quel grande audace di Cocò (Niccola) Botta da Cefalù, che noto come studente cospiratore, era costretto a barattare di continuo abiti coi fidi compagni ed a mutar sempre nascondigli, per sottrarsi alla vigile e sempre agitata polizia. Se l'insegnamento non era completo, nè libero; se molti professori erano mediocri; se mancavano i gabinetti e difettavano le cliniche, questo non impedì che venissero su uomini di valore. Oggi le cattedre sono cresciute, abbondano i professori nominati per concorso, i gabinetti sono largamente forniti, l'insegnamento è libero, ma l'Università siciliana ritrae tutte le magagne dell'Università italiana, in genere: è folla senza ideali, è fabbrica di laureandi, che aspirano al diploma, e se non l'hanno, tumultuano, abbandonandosi ad eccessi del tutto ignoti agli studenti di quarant'anni fa.

Col reale decreto del 7 maggio 1838 veniva estesa alla Sicilia la legge del 12 dicembre 1816 sull'amministrazione civile nelle provincie napoletane, uguagliandosi l'amministrazione dei municipi di Palermo, Messina e Catania a quella stabilita per la città di Napoli, ma conservandosi al sindaco di Palermo il titolo di *Pretore*, e di *Patrizio* a quelli di Messina e di Catania. Per effetto di quel decreto, il comune di Palermo fu amministrato da un Corpo di Città, composto del Pretore e di sei Eletti col titolo di *Senatori,* corrispondenti alle sei sezioni, in cui era divisa la città, coadiuvati da un cancelliere, da un controllo (ragioniere), un tesoriere e un archivario. Eranvi inoltre un maestro di cerimonie con alcuni paggi, un capitano della minuscola guardia urbana ed altri impiegati subalterni, nonchè una cappella senatoria. Questo Corpo di Città ritenne il titolo di Senato, e il Consiglio, che poteva considerarsi come la diretta rappresentanza della città, fu composto di trenta cittadini e si chiamò, come nel continente, Decurionato.

I comuni erano distinti in tre classi, secondo che avevano seimila o più abitanti, o erano sedi di Intendenza, Corte di Appello o Corte Criminale, o avevano una rendita ordinaria di ducati 5000. Con tali norme il comune di Palermo, che allora contava poco meno di 180 000 anime,[1] venne classificato fra quelli di prima classe, pei quali il sindaco, gli eletti e i decurioni erano di nomina sovrana, su proposta del ministro dell'interno. E mentre poi i sindaci, gli eletti e i decurioni, che non adempivano al loro ufficio, potevano essere ammoniti dall'intendente e provvisoriamente sospesi, per quelli di Napoli, Palermo, Messina e Catania, la sospensione non poteva essere ordinata se non dal Re, ed apparteneva anche al Re la facoltà di destituirli, su proposta del ministro dell'interno.

Ho innanzi ai miei occhi l'ultimo stato discusso del comune di Palermo per gli esercizi dal 1856 al 1860. È da avvertire innanzitutto, che, per le difficilissime condizioni in cui era ridotta la finanza comunale dopo la rivoluzione, con rescritto del 23 ottobre 1854 il vicepresidente della Gran Corte dei conti dei domini oltre il Paro, barone Pietro Scrofani, venne nominato regio delegato per la compi-

---

[1] V. *Giornale di statistica* - Tavola dei movimenti della popolazione siciliana nell'anno 1851-1852.

lazione dello stato discusso pel quinquennio anzidetto. Il bilancio è suo, non del Decurionato, che l'accettò tal quale, e il pretore e i senatori l'eseguirono. A tutto il 1855, dunque, l'erario comunale di Palermo presentava l'enorme deficienza di ducati 260 000, pari a lire 1105000. I creditori erano molti e insistevano per essere soddisfatti. Il regio delegato riuscì a formare, dopo molto lavoro, un bilancio, con un'entrata ordinaria di ducati 219 404 (lire 932 467), e straordinaria di ducati 229 727 (lire 976 339): in totale ducati 449 131 (lire 1 908 806).

La maggiore entrata era costituita dai dazi di consumo, dalle tasse e dalle privative, che rendevano complessivamente la somma di ducati 382075, mentre ben poca cosa erano le entrate provenienti dalle multe per contravvenzioni di polizia o per la tassa per occupazioni di spazi ed aree pubbliche, conosciute sotto il nome di *posti fissi* e *volanti*.

Sembra incredibile, che fino all'anno 1856 non esistesse pel comune di Palermo un regolamento per la polizia urbana e rurale della città e del territorio. Invano Filangieri ne aveva fatte le più vive premure all'intendente della provincia ed al pretore. Nè è meno credibile che fino al 1854 un privato, il barone Xaxa, avesse riscosso la tassa dell'uno per cento sul carbone, detta *dritto del tumoliere*, obbligando tutti coloro che recavansi in Palermo per ismaltirvi del carbone, a servirsi di un suo tomolo, e a corrispondergli l'uno per cento sulla derrata! Morto il barone, il comune aveva avocato a sè questo diritto, ma l'intendente con sua ordinanza del 27 maggio 1854 credette di sopprimerlo.

Si verificavano cose inverosimili. Fino al 1856 un altro privato, sotto il nome di "aggiustatore pubblico dei pesi e misure" esercitava l'ufficio di verificatore e ne riscuoteva i diritti. Ed anche più notevole abuso era quello del Monte di Pietà, che esigeva, per suo conto, la tassa de' posti *fissi* e *volanti*, secondo le antiche concessioni, e ci volle un regio delegato per proporre che, a norma di legge, la tassa venisse avocata dal comune. È anche da notare, che nè il comune, nè il regio delegato credettero di giovarsi mai della sovrimposta addizionale alla contribuzione fondiaria, la quale era consentita dalla legge nella misura di sole grana due per ogni ducato e che avrebbe prodotta una discreta entrata. E la conseguenza era che, mentre sulla generalità dei cittadini pesavano i dazi sui consumi e le tasse, i proprietari fondiari non concorrevano quasi punto all'erario comunale.

Per il personale dell'amministrazione si spendeva relativamente poco, pur essendo abbastanza numeroso. Vi erano 47 impiegati e 19 alunni nella cancelleria centrale; 32 impiegati nelle cancellerie delle sei sezioni; 9 commessi presso gli eletti dei comuni riuniti e 12 uscieri. Si spendevano ducati 12938, più ducati 2067 per cancellerie. Queste cifre rivelano un grande disquilibrio tra il numero degl'impiegati e i loro assegni; alcuni avevano assegni affatto irrisori. Con un rescritto del 20 aprile 1858 approvavasi il progetto compilato dallo Scrofani, e si disponeva che il Decurionato, nel termine improrogabile di tre mesi, proponesse un nuovo organico, *limitando il numero degli impiegati al preciso bisogno*, e regolando i loro stipendi nei termini della legge amministrativa. E non meno meritevole di considerazione è il fatto che l'intendente della provincia, don Francesco Benso, duca della Verdura, di fronte ad ordini sovrani così perentori, si limitasse filosoficamente a trascrivere al pretore il reale rescritto *pel corrispondente adempimento, perchè nel più breve termine possibile ne facesse eseguire la stampa!*

Oltre agli stipendi per gl'impiegati degli uffici, bisogna notare quelli per altri agenti subalterni, come il massaro, i due orologiari, il notaio comunale e il ministro delle Quarantore, retribuiti complessivamente con annue lire 867.

Al pretore era concessa l'indennità annua di ducati 1440, e l'indennità di ducati 300 per la festa da celebrarsi il 14 luglio nel palazzo di città, in onore di Santa Rosalia, mentre ai sei senatori era data una indennità di ducati 2592, poco meno di due mila lire per uno, come a Napoli. Vi era inoltre l'assegnamento al pretore e senatori di annui ducati 790 per le funzioni civili e religiose, alle quali avevano l'obbligo d'intervenire in forma pubblica. Queste funzioni non erano meno di trentotto all'anno e le indennità servivano specialmente per la manutenzione di carrozze e livree, per l'affitto dei cavalli, pei trombettieri e tamburi che precedevano il corteo, per le mercedi ai cocchieri e a ogni altro servidorame, per la cera e per altre spese. Così fra stipendi, indennità ed assegnamenti, si erogava la non lieve somma di lire 88 982,25, sopra un bilancio che non arrivava, come si è visto, tra ordinario e straordinario, a due milioni di lire. Eccessive ed innumerevoli le spese pel culto. Il comune pagava il predicatore quaresimalista piuttosto largamente, il mantenimento della cappella senatoria, il santuario e la collegiata del monte Pellegrino, il capitolo e il clero della cattedrale, i parroci, cappellani ed altri ministri del culto, la cappella di Santa Rosalia alla cattedrale medesima, quella dell'Immacolata nella chiesa di San Francesco, il cereo a Maria Santissima di Trapani, il *Te Deum* del 12 gennaio nella cattedrale, l'altro *Te Deum* per la commemorazione dei terremoti del 1783 e del 1823, la festa di Santa Rosalia in luglio, l'assegnamento alla cattedrale e alla cappella di Sant'Antonio pel Santo Sepolcro, le prestazioni di cera in denaro, la celebrazione di varie feste religiose, alla cattedrale, a diverse chiese e conventi, ed a compagnie; e varie sovvenzioni ed esiti diversi ai conventi de' padri cappuccini, dei frati di Sant'Antonino, di Santa Maria di Gesù, delle vergini cappuccinelle e alle due congregazioni sotto il titolo dell'esposizione e dell'elevazione del SS. Sacramento; e pagava infine una sovvenzione speciale ai padri cappuccini, l'illuminazione delle lampade innanzi all'immagine di Maria SS. ai Quattro Venti. È questa veramente la parte caratteristica di quel bilancio. La metà di questa somma era assorbita dal capitolo della cattedrale e dai parroci della città, i quali erano, e sono anche oggi, di nomina municipale.

All'infuori di un capo maestro comunale, al quale si dava un salario di ducati 36, nulla spendeva il municipio per l'ufficio tecnico che, nonostante il pomposo titolo di *Corpo degli Ingegneri*, ora portato alla bellezza di 32, era costituito da un direttore e da quattro ingegneri di sezione, che avevano piccole indennità dirette, ma venivano pagati da un diritto del tre per cento da riscuotersi dagli appaltatori delle opere pubbliche comunali. Se nulla si spendeva per l'ufficio tecnico, pochissimo o quasi nulla, per l'istruzione elementare. Non si avevano che sei scuole lancastriane di mutuo insegnamento; due scuole serali, una nel villaggio Altarello di Baida ed una scuola per le fanciulle a Bocca di Falco, sotto la vigilanza di un direttore speciale: in tutto, gli alunni non sommavano a ottocento. I maestri prendevano complessivamente lire 765, poco più di 100 lire per uno all'anno, quelli delle scuole serali ducati 36 e il direttore ducati 120. Lo Scrofani aveva timidamente proposto di istituire altre due scuole serali, ma Castelcicala trovò che nelle angustie del bilancio non era ammissibile l'aumento di altri ducati 108 all'anno, e rimandò l'attuazione della proposta a miglior tempo, pur dichiarandola utilissima.

Ma se egli fu così zelante per una spesa tanto lieve, non lo fu per la *Milizia Urbana*, chiamata comunemente dei *soldati di marina*. Si componeva questa, come abbiamo detto, di un capitano, un sergente, un caporale, diciannove soldati e tre trombettieri. L'ufficio del capitano era onorifico. Parrà strano, che per diciannove soldati vi fossero tre trombettieri, ma questi erano i superstiti della banda musicale del Senato, soppressa nel 1855. I tre trombettieri furono aggregati alla milizia urbana, perchè non mancasse l'uso delle trombe e tamburi nei solenni cortei.

L'assistenza sanitaria era burlesca. Non vi era che un medico comunale, ma è da notare a titolo di lode, che i vaccinatori non potevano riscuotere il compenso, se non quando il senatore della sezione avesse personalmente verificato, in compagnia del parroco, che tutti i nati nell'ambito della propria giurisdizione erano stati vaccinati.

Si era più generosi per le istituzioni, che miravano all'istruzione superiore ed ai progressi delle lettere, delle scienze e delle arti. Ed invero il Decurionato sussidiava la biblioteca pubblica comunale, l'istituto dei sordomuti, l'istituto d'incoraggiamento, l'accademia già del Buon Gusto e divenuta poi di scienze, lettere e belle arti, e l'Università degli studi, per la quarta parte della cattedra di architettura decorativa e di disegno topografico. E se fra le istituzioni educative e promotrici della cultura dell'arte musicale si può noverare il teatro, il comune forniva la dotazione di ducati diciottomila al teatro Carolino.

La città era illuminata ad olio e l'illuminazione costava lire 127 500. Solo il Fôro Borbonico era illuminato a gaz, ma i rari fanali non si accendevano che nei tre mesi estivi. Per lo spazzamento della città e l'annaffiamento delle strade interne e di una parte delle esterne, la cifra era irrisoria, sole lire 13 277; e però non è da meravigliare, se, nonostante la passione dei palermitani per la nettezza, la città fosse tra le più sporche, ma sempre meno di Napoli, e quasi non vi fosse strada, dai cui balconi e finestre non pendessero biancherie o cenci ad asciugare.

Il regio delegato aveva introdotto, rispetto ai bilanci degli anni passati, una economia di ducati 46 585,66, ma quanti altri risparmi non sarebbe stato possibile ottenere! Egli ne fu impedito, sia da ostacoli incontrati da parte di altre amministrazioni nel fornirgli le debite spiegazioni, sia da inveterate tradizioni e pregiudizii popolari, che non credette opportuno di offendere. Egli avrebbe voluto far concorrere le opere di beneficenza della provincia al mantenimento degli stabilimenti pubblici della capitale; ma il Consiglio degli ospizi gli fece intendere di non potersi contare sui legati di messe, *perchè destinati in suffragio delle anime purganti*; non potersi far uso dei legati a favore di persone determinate, perchè di diritto privato, e non potersi fare assegnamento sulle opere di vera pubblica beneficenza, perchè ridotte in modo, da non potersene cavare il menomo costrutto. Aveva ritenuta maggiore del bisogno la somma di ducati 30 000 per l'illuminazione notturna della città e dintorni, e rivoltosi al pretore pei debiti chiarimenti, ne ebbe tale risposta da convincerlo, che allora solamente poteva farsi un'economia in questa spesa, *quando sarebbe riuscito a chi toccava di superare gli ostacoli.*

I due ultimi pretori di questi anni furono il principe di Manganelli, don Antonio Alvaro Paternò, brav'uomo, ma una vera nullità amministrativa, e il principe di Galati, Giuseppe de Spuches, uomo di larga cultura, specialmente classica, che ebbe molte critiche per l'offerta fatta a Ferdinando II, della sella di Re Ruggiero, offerta dicevano alcuni, da lui subita. Il Galati, che fu nei nuovi tempi deputato di Caccamo, di cui portava pure il titolo, sposò in prime nozze la poetessa Giuseppina Turrisi Colonna, che gli morì dopo undici mesi. Era un uomo di studii, ellenista e poeta. Tradusse Euripide e scrisse poemi non senza pregi ed elegie greche e latine. Morì nel 1884, presidente dell'Accademia delle scienze e lettere: mite uomo, che nei giorni più agitati del 1860 si rifugiò a bordo di un bastimento nel porto di Palermo, e invitato da Garibaldi a rimanere a capo del nuovo Municipio, non volle accettare, secondo afferma Vincenzo di Giovanni, il quale nei funerali, celebrati nella chiesa dei Crociferi, ne disse l'elogio. Con un bilancio quale abbiamo esaminato, e con sì rigorosa dipendenza da Napoli, il sindaco di Palermo era in verità il luogotenente, e neppure il principe di Galati potè fare tutto quel bene che desiderava. Erano in verità cariche decorative per le grandi cerimonie civili e religiose, anzi più religione che civili, e durante la luogotenenza del Castelcicala, il pretore di Palermo fu il marchese di Spaccaforno, direttore per l'interno; come, durante la luogotenenza di Filangieri, il pretore effettivo fu lui stesso, il principe di Satriano.

Nei nuovi tempi invece Palermo ebbe sindaci di prim'ordine. Ricorderò i maggiori, morti tutti: Mariano Stabile, il quale, reduce dall'esilio, si dedicò alla trasformazione della sua città natale; Salesio Balsano, Domenico Peranni ed Emanuele Notarbartolo. Il sindacato del Peranni si ricorda principalmente per questo, ch'egli lasciò la cassa in buone condizioni e i servizii benissimo ordinati. Il Peranni, che fu amicissimo del Minghetti, morì nel 1875, senatore del Regno. Durante il sindacato del Notarbartolo, nel quale ebbe parte, come assessore, Emanuele Paternò, giovanissimo e più tardi sindaco anche lui di Palermo, fu cominciato il teatro Massimo e votate altre opere pubbliche; ebbe grande impulso l'insegnamento elementare e fu sottoposto a processo e condannato il vecchio tesoriere, sul quale le precedenti amministrazioni avevano chiuso gli occhi. Oggi Palermo, grazie al valore e alle cure di questi bravi uomini, è una delle più belle e salubri città d'Italia; è una città che non ha perduto il suo aspetto caratteristico, ma il nuovo si è così armonicamente innestato sul vecchio, che non sembra quasi possibile che prima del 1848 non vi fosse la via della Libertà, e la città finisse a Porta Macqueda e al *ferriato di Villafranca*; non sembra possibile che non esistesse fino al 1870 lo splendido Politeama, e fino al 1892 non esistesse il nuovo magnifico quartiere, dove fu l'Esposizione, e la passeggiata non si estendesse oltre la Favorita, fino a Mondello e a Partanna da una parte, e ai Colli dall'altra, in quell'incantevole foresta di agrumi, che sino a pochi anni fa era una palude, prosciugata da un consorzio di cittadini, a capo dei quali è un uomo illuminato e tenace, il senatore Francesco Lanza di Scalea. Quell'opera può dirsi oggi compiuta e la malaria, che infestava quelle contrade, è scomparsa. Da pochi e incerti fanali a gaz, che illuminavano nelle sere estive il Fôro Borbonico, alla presente illumi-

nazione, per cui i Quattro Canti sono trasformati in un salone, e la
villa Giulia in una *féerie* che non ha l'eguale nel mondo; quanto cammino! Palermo, che aveva acqua bastante sol per dissetarsi, ora n'è largamente fornita dalle sorgenti di Scillato, e ne va il merito in gran
parte al sindaco marchese Ugo delle Favare, che ne fece il contratto.
E di tutto questo progresso, compiuto in poco più di sei lustri, si vedono i segni nel bilancio comunale, aumentato ben dieci volte da
allora. Se nel quinquennio 1856-1860 non era che di lire 1 908 806,
nel 1897 era già salito a lire 19 332 347.

L'Università di Catania, chiamata *Siculorum Gymnasium*, aveva
fama superiore a quella di Messina, e forse pari a quella di Palermo. I
suoi professori avevano preso parte alla rivoluzione del 1848, anzi
l'insegnante di diritto romano, Francesco Marletta, era stato presidente del Comitato catanese e poi Pari elettivo. Per ragioni politiche
venne destituito nel 1852 Salvatore Marchese, giurista egregio, e
uomo per carattere e per cultura veramente superiore. Non rientrò
nell'Università che nel 1860, con decreto di Garibaldi; nel 1861 resse
il dicastero della pubblica istruzione presso la luogotenenza di
Palermo; fu deputato di Catania e morì senatore del Regno, ma non
prese parte alle sedute del Senato, e credo non abbia nemmeno giurato. Era uomo di forti convincimenti patriottici e parlava poco.
Nato in Misterbianco nel 1811, vi morì nel novembre del 1880.
Sostituto del professore Scuderi, ancora giovanissimo, insegnò economia politica all'Università e, morto nel 1841 lo Scuderi, fu nominato per merito professore di diritto naturale. Nel 1848 fondò in
Catania col detto Scuderi e Mario Rizzari il giornale l'*Unità*, donde
la sua destituzione, restaurati i Borboni. Scrisse, fra l'altro, un libro
sull'Università di Catania dalla sua fondazione al 1872, e
dell'Università egli fu rettore per oltre un decennio, dal 1869 al 1880,
e molto concorse al suo progresso, creando il consorzio del comune e

della provincia per assicurarne le sorti. Furono destituiti anche il canonico Geremia e Giuseppe Catalano, ma vennero poi rimessi. Più devoto al Re fra i professori era l'abate Ferrara, il quale, dopo avere atteso al riordinamento della biblioteca di Casa reale, insegnò letteratura greca, prima a Palermo e poi a Catania. Ma degl'insegnanti di allora la figura più caratteristica era quella di Vincenzo Tedeschi Paterno Castello, della famiglia dei Francica, il quale, divenuto cieco all'età di tredici anni, invece di imparare a suonare il violino come voleva il padre, con l'aiuto di un buon lettore, si approfondì nelle scienze morali e tenne la cattedra di logica e metafisica. Le truppe borboniche, entrando in Catania, fecero crudele scempio della famiglia di lui. Insegnava matematiche sublimi una sommità della scienza: Giuseppe Zurria, morto di recente a 86 anni, dopo quarantaquattro d'insegnamento: mirabile esempio di diligenza, di bontà e di modestia. Anche negli ultimi anni, nessuna rigidità di stagione gl'impedì mai di far lezione; e pochi mesi prima di morire, a Mario Mandalari, direttore della segreteria di quell'Università che, in una fredda giornata di gennaio, lo pregava con affetto filiale di non esporsi alle inclemenze della stagione, rispondeva: " *'U duviri, figghiu!*" La morte dello Zurria, avvenuta nel settembre del 1896, fu pubblico lutto a Catania. Vasta, svariata, multiforme, sebbene non sempre profonda cultura aveva il professore don Agatino Longo, che insegnava fisica, ed era cattolico osservantissimo; e scienziato di fama mondiale era Carlo Gemellaro di Nicolosi, celebre per i suoi studi sull'Etna. Egli insegnava geologia e mineralogia, dirigeva il gabinetto di storia naturale e fu anche rettore. Insegnavano i due fratelli Fulci: Francesco, ritenuto il più reputato medico di Catania, e Innocenzio, professore di letteratura italiana, ed erano abbastanza animosi nei loro insegnamenti. È giustizia ricordare Euplio Reina, buon chirurgo e ostetrico, e Salvatore Ursino, il quale insegnava codice civile confrontato col diritto romano: giureconsulto e magistrato di grande rettitu-

dine, sedendo tra i giudici della Gran Corte Civile. Molto affiatamento esisteva fra i professori e gli studenti, che negli ultimi tre anni
superarono la cifra di seicento. Oggi, secondo risulta dall'ultimo
Annuario, sommano a 986; e mentre in quegli anni la facoltà di filosofia e lettere non ebbe alcun iscritto, oggi ne conta settantanove. Il
maggior numero degli iscritti era allora nelle facoltà di giurisprudenza e di matematica, perchè in quelle facoltà erano i professori più valorosi. Nella facoltà di teologia ve ne furono due soli nel
1858, e cinque negli anni successivi.

La polizia teneva d'occhio la studentesca, trattandola con maggior
severità, che non a Palermo e a Messina. Assai rigido era l'intendente Panebianco che non risparmiava nemmeno i proprii figli, da lui un
giorno puniti, si disse, con l'arresto in casa. Si rileva dal bel libro di
Emanuele de Marco,[2] come l'autorità politica cercasse anche in questo l'aiuto del rettore, che doveva trasmettere alla polizia i nomi degli
studenti, per il rilascio delle carte di soggiorno. Ed anche più in là si
spinse il Panebianco con questa lettera, comicissima di certo, se giudicata coi criteri di oggi, e da lui diretta al rettore, in data 20 ottobre
1852, quattro giorni prima dell'arrivo del Re: "Per ordine superiore
essendosi considerato che le barbe non sono più di moda, e che il
portarle fuori d'uso, richiama tristi rimembranze, è necessario che
tutti coloro, i quali amino comparire di buona morale, levassero dai
loro volti quel segno. Epperò io mi rivolgo a lei, affinchè sotto la sua
responsabilità, nessun professore, studente o impiegato della R.
Università indugi all'osservanza dell'ordine suaccennato".

Messina riebbe da Ferdinando II, nel 1838, la sua Università, che
le era stata tolta due secoli prima dal vicerè, conte di San Stefano.

---

[2] *La Sicilia nel decennio avanti la spedizione dei Mille.* - Catania, Tip. Sicula, Monaco e
Mollica, 1898.

Tranne la facoltà di matematica, pur non interamente completa, le altre facoltà, come si è detto, mancavano di insegnamenti anche principali, e il numero degli studenti era molto esiguo. Ne fu rettore fino al 1854 Luigi Bruno, che insegnava logica e metafisica; e, morto lui, gli successe il parroco Gaetano Messina, il quale insegnava teologia dommatica ed era uomo di soda cultura. Nella facoltà di lettere ricordo Giovanni Saccano, studioso della *Divina Commedia* e latinista insigne. Insegnava eloquenza don Mauro Granata, cassinese, purista e autore di un dizionario dantesco. Morì nei primi mesi del 1860, non essendosi mai riavuto dallo spavento, che provò nel giugno del 1859, quando, leggendo nel duomo l'elogio funebre di Ferdinando II, vi scoppiò una bomba con grande fracasso. Insegnava letteratura italiana Felice Bisazza, poeta ispirato forse più che qualunque altro isolano suo contemporaneo, e filosofia l'ontologo Catara-Lettieri. La cattedra d'incisione fu tenuta interrottamente da Tommaso Aloysio Iuvara, che creò allievi come il Di Bartolo, Micali e quel Saro Cucinotta, intimo amico di Vittorio Imbriani e mio, ucciso dai Versagliesi nel 1871, a Parigi, essendo stato guardia mobile per forza, durante la Comune. L'insegnamento della pittura e del disegno fu affidato sino al 1848 a Letterio Subba, artista d'ingegno vasto e multiforme. Ma avendo preso molta parte alla rivoluzione, fu destituito e gli successe Michele Panebianco, pittore e disegnatore distinto, il quale creò una scuola di valorosi alunni. Nel concorso fatto nel 1852 per il sipario del teatro di Santa Elisabetta, ora Vittorio Emanuele, vinse egli il premio col bozzetto, che si disse suggeritogli dal principe di Satriano, allusivo alle vicende del 1848: "Gerone, che concede la pace ai Cartaginesi, a patto di non sacrificar vittime umane".

Negli ultimi anni occupava la cattedra di estetica Riccardo Mitchell, poeta vigoroso, galantuomo a tutta prova, cognato al Bisazza, ma da lui, che era ultra-borbonico, assai discordante; amico del principe di Galati, intimo di don Lionardo Vigo di Acireale e traduttore di Teocrito. La facoltà di medicina era, dopo quella di matematica, la meno incompleta; e tra gli insegnanti avevano maggior fama il Coco, naturalista ittiologo che insegnava materia medica; il Minà, professore di fisiologia; Pispisa, di patologia medica, e noto anche per i suoi spiriti liberali. Il padre del Pispisa, imprigionato per ragioni politiche, era morto in carcere. Ricordo inoltre il Catanoso, che insegnava istituzioni cerusiche ed era operatore arditissimo: a lui era successo il professore Garufi; e, più insigne di tutti, il Pugliatti, che insegnava clinica chirurgica. Figura simpatica, e alla quale gli studenti si mostravano molto affezionati, era quella del bidello don Spiro Cortimiglia, che li aiutava a tenersi in guardia dalla polizia. Gli spiriti liberali prevalevano fra gli studenti per vecchia tradizione. Gli studenti si erano particolarmente distinti anche nei moti del settembre 1847 e del 1848. Fra i più romorosi agitatori era lo studente di terzo anno di medicina Francesco Todaro di Tripi, oggi senatore del Regno e professore di anatomia all'Università di Roma. La polizia perciò non li lasciava tranquilli, ma non erano persecuzioni feroci: si limitavano ad arresti, che duravano poche ore, ma in compenso erano frequenti e l'Università non venne chiusa che una sol volta, dopo i moti dell'aprile 1860, come si dirà più innanzi.

CAPITOLO XVII

SOMMARIO: Il matrimonio del duca di Calabria – I consigli di Ramaglia – La sposa – La cerimonia della richiesta ufficiale – Donna Nina Rizzo – Un incidente fra le due cameriere – Gli augurii per il matrimonio – L'inno di Mercadante scritto da Niccola Sole – Il viaggio della famiglia reale nelle Puglie – *Mostaccione* – Le guardie d'onore – La partenza da Caserta – Due cappuccini e le parole del Re – La formata a Mugnano – Il santuario di Santa Filomena – Aneddoti – Il Re e un postiglione – L'arrivo ad Avellino – L'intendente e le autorità – I liberali e il colonnello de Concily – Un motto del Re – Partenza da Avellino – La faticosa discesa di Dentecane e l'ardua salita di Scarnecchia – Arrivo in Ariano – Particolari della notte in Ariano – La favola dell'avvelenamento – A Foggia – Feste ed epigrafi – La Madonna dei Sette Veli – Un decreto di amnistia.

Nel 1859, quando Francesco, duca di Calabria, sposò Maria Sofia Amalia di Baviera, contava ventitre anni. Ferdinando II, deciso che ebbe di dargli moglie, condusse da sè e in segreto le trattative, che furono parecchie in più di una Corte di Europa. Si era trattato due anni prima con la Corte belga, per dare in moglie all'erede della Corona la bellissima principessa Carlotta, figlia del Re Leopoldo I, la quale sposò poi l'arciduca Massimiliano d'Austria e perdè la ragione dopo la tragedia di Queretaro; ma tanta fu la discrezione, con cui quelle pratiche si svolsero, che non se ne seppe nulla, come nulla si seppe del fidanzamento con l'arciduchessa Maria Sofia di Baviera, prima della richiesta ufficiale. Si disse, e non è improbabile, che la scelta della sposa fosse consigliata al Re dal conte Guglielmo Ludolf, ministro in Baviera; ma considerazioni politiche di non lieve importanza dovettero indurre il Re di Napoli a stringere maggiormente i legami di famiglia con l'impero austriaco, dando in moglie al figliuolo una cognata dell'Imperatore. Memore forse dei versi, uditi un anno prima alla rappresentazione della *Stella di Mantova*, egli passò in rassegna le principesse italiane, e forse si fermò su Maria Clotilde di Savoia, figliuola di Vittorio Emanuele II; ma non pare che vi siano state trattative neppure alla lontana. Il ricordo del suo matrimonio con una principessa di Savoia e l'astio, che palesemente nutriva verso la Corte ed il governo sardo, non potevano certo favorevolmente disporre l'animo del Re a quella scelta. A determinare invece quella della giovane duchessa di Baviera e a vincere le perplessità di lui, se mai ne ebbe, dovè concorrere la regina Maria Teresa. Ferdinando II teneva dietro, non senza inquietudine, agli avvenimenti che si succedevano in Europa; le sue diffidenze verso Napoleone e il Piemonte aumentavano di giorno in giorno, e pur non credendo ancora o fingendo di non credere, che i francesi sarebbero scesi in Italia per far guerra all'Austria e venire in aiuto della rivoluzione, un senso di timore lo aveva invaso.

Da qualche tempo il Re non si sentiva bene. Era incanutito, divenuto pingue, in maniera da non poter più montare a cavallo agilmente, nè rimanervi a lungo e di tanto in tanto, avvertiva una grande spossatezza. Il Ramaglia, qualche mese prima, aveva scoperta intorno al collo di lui un'eruzione erpetica di un rosso vivace, che lo impensierì e prescrisse una cura che non fu eseguita. Dieci giorni prima di lasciare Caserta, la Regina volle consultare nuovamente l'insigne clinico circa l'opportunità del viaggio, e il Ramaglia rispose: "*Il Re non ha florida salute, ed io sono di parere che il viaggio nelle Puglie si dovrebbe rimandare alla prossima primavera; se irrigidisse il tempo, non so quanto ne soffrirebbe la salute del Re*". Alla Regina non piacque quel franco linguaggio e licenziò il Ramaglia con freddezza. Fu riferito anzi, che il Re dicesse al Ramaglia: "*Don Piè, quant'hai avuto pe darme sto consiglio?*" E risolvette due cose: partire il giorno 8 gennaio per le Puglie e far celebrare per procura il matrimonio, nello stesso giorno, a Monaco di Baviera. Ordinò inoltre che la sposa, imbarcandosi a Trieste il 15 gennaio a bordo del *Fulminante*, sbarcasse a Manfredonia, rinnovandosi così, dopo 62 anni, la cerimonia che nel 1797 ebbe luogo a Foggia, nella chiesa della Madonna dei Sette Veli, quando Francesco I, allora principe ereditario, condotto da suo padre Ferdinando, sposò in prime nozze Maria Clementina, arciduchessa d'Austria, sbarcata appunto a Manfredonia. Colà cominciarono subito i preparativi per lo sbarco, venne stabilito minutamente tutto il cerimoniale, si pose mano a costruire il padiglione sullo sbarcatoio, e a ridurre in modo conveniente l'episcopio, dove la famiglia reale avrebbe alloggiato.

Le condizioni esteriori della felicità coniugale forse non mancavano. Cattolica e devota la Corte di Baviera, semplice l'educazione delle figliuole di Massimiliano Giuseppe e di Luisa Guglielmina, duca e duchessa di Baviera, tra per avito costume, tra perchè otto erano i figliuoli, e tra perchè assai modesto il patrimonio, tanto che Maria Sofia ebbe in dote soli 25 000 ducati, cioè cinquanta mila fiorini bavaresi, come risulta dal contratto nuziale stipulato a Monaco il 4 novembre 1858 e firmato dal barone De Pfordten, presidente del Consiglio dei ministri e ministro della Real Casa, e dal conte Ludolf. Ferdinando II costituì alla futura nuora una controdote di ducati trentaseimila. La dote fu pagata a Napoli, per mezzo del banchiere Hirsch. Ma quella semplicità era libertà nel tempo stesso, libertà comune alle grandi e alle piccole Corti tedesche. Maria Sofia e le sue sorelle giravano Monaco da sole, in carrozza e a piedi, guidavano cavalli, tiravano di scherma, si esercitavano al nuoto, avevano, insomma, educazione affatto moderna. Il padre loro, bellissimo uomo, il più bell'uomo di Baviera ai suoi tempi, era in fama di stravagante. Separato da sua moglie, viveva a Wiitzbourg fra amici e dissipazioni; e la moglie, zia del Re e sorella dell'arciduchessa Sofia, madre dell'Imperatore, attendeva personalmente all'educazione delle cinque figliuole. Non bella, la duchessa Guglielmina era dotata di grande energia e di vivace spirito d'intrigo. Non senza orgoglio aveva veduta la seconda delle sue figlie, la bellissima Elisabetta, divenire imperatrice d'Austria, e vedeva ora la quarta, Maria Sofia, avviarsi, non ancora compiuti i diciotto anni, al trono delle Due Sicilie. Fu lei, che condusse le trattative del matrimonio, mentre il duca se ne stava a Wiitzbourg e solo tre volte comparve a Monaco: il giorno della richiesta ufficiale, 22 dicembre 1858; il giorno del matrimonio, 8 gennaio 1859, e il 13 gennaio, quando la sposa partì. Una principessa bellissima e giovanissima, cresciuta in un ambiente non volgare, ardita e fantastica come suo padre e le sue sorelle, e vivace come la madre, non era la più adatta a entrare veramente nella Corte napoletana, immagine di tristezza, di vecchiezza e di pregiudizio; nè a divenire moglie di un principe bonaccione e credulone, soggiogato dagli scrupoli religiosi e inesperto della vita, che non aveva conosciuto mai donne, anzi le fuggiva, facendosi rosso nel viso quando non ne poteva evitare gli sguardi, e con un suocero giovane e vigoroso, soggiacente alla imperiosa volontà della Regina, matrigna del principe ereditario e austriaca.

Ma a tanta disparità intrinseca Ferdinando II non badò più che tanto, persuaso che avrebbe fatta lui l'educazione della principessa ereditaria: pretensione e leggerezza tutta borbonica, dalla quale non bastò a stornarlo l'esempio del suo primo matrimonio con Maria Cristina di Savoia, la cui educazione e le cui tendenze erano tanto diverse dalle sue.

La richiesta ufficiale venne fatta dunque, con grande solennità, il 22 dicembre a Monaco, dal conte Ludolf, ministro di Napoli. Era aggiunto di legazione Domenico Bianchini, oggi direttore capodivisione al ministero degli affari esteri, il quale ebbe l'incarico di presentare alla sposa sopra un cuscino di velluto il ritratto del fidanzato, dopo che la sposa ebbe dato pubblicamente il suo assenso. Era una miniatura ovale, molto fine. Francesco vi era raffigurato in costume di ufficiale degli usseri della guardia, e a tutti fece buona impressione. Corse la voce che fosse offeso in un occhio, tanto che una principessa di Corte ne chiese, riservatamente, al ministro e all'aggiunto, i quali si affrettarono a smentirla. Il matrimonio religioso ebbe luogo, con la stessa solennità, il giorno 8 gennaio. Procuratore dello sposo fu il principe Luitpoldo, fratello del Re e attuale Reggente. Il 13, la sposa lasciò Monaco, accompagnata dal fratello Luigi, dalla contessa Rechberg, dama di palazzo, dalla baronessa di Taenzl-Tratzberg, dama d'onore, dal tenente colonnello Heüsel, aiutante di campo del duca di Baviera, e da donna Nina Rizzo, mandata da Napoli come cameriera personale della giovane duchessa e che divenne via via, come si dirà, la persona che più Maria Sofia amasse in Napoli e con la quale avesse maggiore familiarità. A Trieste, la duchessa di Calabria fu ricevuta a bordo del *Fulminante* dalla principessa di Partanna-Statella e dalla duchessa di San Cesario: signore piuttosto anziane e dal conte di Laurenzana, e che l'accompagnarono sino a Bari, insieme col duca di Serracapriola, commissario per la consegna della sposa. Ferdinando II aveva mandata a Monaco, oltre a donna Nina Rizzo, un'altra cameriera, donna Giovannina Lo Giudice, ma le due donne, contendendosi l'onore di *fare 'a capa*[1] alla duchessa di Calabria, si bisticciarono così clamorosamente, che Ludolf fu costretto a rimandarne una. Restò donna Nina, di certo più intelligente e vivace; e tornata l'altra in Napoli, andò in ogni parte narrando il caso suo, contandone di tutte le tinte contro la rivale, come napoletanamente si costuma, nè apparve più in Corte.

---

[1] Frase di gergo dialettale, che vuol dire pettinare.

I giornali di Napoli ebbero tutti parole cortesi e auguri per il matrimonio. Il *Nomade* scriveva: "*Ecco benedetto dal Cielo un legame, che riempie di gioia due Regni e compie i voti più cari di due Reali Corti. Possa la loro gioia esser duratura, secondo gli augurii reciproci degli uni e delle altre*". Auguri sinceri, perchè Francesco, in fondo era assai ben voluto e si aveva fiducia in lui, come si ha generalmente nei principi ereditarii: fiducia alla quale purtroppo risponde spesso, dopo che sono saliti al trono, il più malinconico disinganno. Tutti eran curiosi di vedere la sposa, che i giornali decantavano per la bellezza, per lo spirito e l'ardimento. Si diceva che, arrivando lei, la Reggia si sarebbe riaperta alle feste ed ai ricevimenti; che sarebbe ritornata la Corte a Napoli, e un nuovo soffio di vita avrebbe animato tutto quel vecchio mondo aristocratico e brontolone, condannato all'inerzia, pur essendo così avido di svaghi gratuiti. Nessuno fece sinistri prognostici, anzi tutti bene augurarono da quella unione, che riscaldò la musa di tanti poeti, ispirò narrazioni iperboliche a prosatori, e procurò forse la morte di quel povero Niccola Sole, il quale, non sapendosi sottrarre agli inviti insistenti di scrivere la celebre cantata, che Mercadante musicò e fu poi eseguita al San Carlo, n'ebbe, lui già cantore dell'*Arpa Lucana* e autore delle famose ottave sulla tomba di Alessandro Poerio, tale pentimento o rimorso, che ne morì di crepacuore, si disse, nel Natale del 1859.

> Poi avrà luogo la gran cantata,
> Da Mercadante già musicata,
> E della quale fè le parole
> Niccola Sole.

Così mordacemente verseggiava Carlo Zanobi Cafferecci in una specie di satira, dopo che egli stesso aveva stampata nell'Omaggio

Sebezio, volume di occasione per festeggiare il matrimonio, un'enfatica ode alla sposa. Eccone un saggio:

> Oh! bel connubio! Qual d'avventurosi
> Giorni è promessa del Sebeto ai figli
> Questo bel fiore, aggiunto ai gloriosi
> Borbonii gigli!

Preparativi per il viaggio del Re nelle Puglie, e addobbi d'intendenze o di palazzi di signori non vi furono, nè dissipazioni di amministrazioni provinciali; che anzi, fino all'ultimo, l'itinerario fu tenuto segreto. Il Re stabilì di compiere il viaggio in una quindicina di giorni, distribuendo le tappe così: da Caserta ad Avellino, da Avellino a Foggia, da Foggia ad Andria, da Andria ad Acquaviva, da Acquaviva a Lecce, da Lecce a Bari per l'andata; e per il ritorno: da Bari a Barletta, a Manfredonia, a Foggia, ad Avellino e a Caserta. Sarebbe stato ospite degli intendenti o dei vescovi, e mai di privati, anzi da nessuno avrebbe accettato colazioni o pranzi, così come fece nell'ultimo viaggio in Calabria. Aveva disposto che la cucina reale, col cuoco direttore Cammarano, facesse parte del seguito, portando tutto, anche l'acqua da bere in recipienti chiusi con lucchetto, perchè il Re era abituato a bere l'acqua detta del Leone di Posillipo. Gl'intendenti e i vescovi erano persone di sua assoluta fiducia, anzi dal Mirabelli, intendente di Avellino che sapeva a lui devotissimo, accettò un'ospitalità completa. Al Re erano poi fedelissimi il vescovo di Andria, Longobardi e l'arciprete mitrato di Acquaviva, Falconi.

Le carrozze da viaggio erano sei: tre di Corte e tre postali. L'amministrazione delle poste provvide al servizio dei cavalli. Il marchese Targiani e i fratelli Maldura avevano l'appalto del servizio delle poste e procacci; e loro ispettore, incaricato del servizio cavalli e postiglioni, era Federico Lupi, in questo genere, assai capace. Egli ebbe pieni poteri per la scelta delle bestie e la loro impostazione lungo la strada. Fu uno dei pochi, che conoscesse *tutto* l'itinerario dal primo giorno. Egli portava, anche allora, trionfalmente, i suoi enormi baffi biondi, e fu perciò soprannominato dal Re, durante il viaggio, *Mostaccione*. Il Cervati era amministratore generale delle poste; lo stesso uffizio che ebbe nel 1860 il barone Gennaro Bellelli, quando andò a ricevere Vittorio Emanuele al confine di Abruzzo. Le poste dipendevano dal ministero delle finanze.

Opportune disposizioni furono date per la sicurezza delle strade. Squadroni di cavalleria e di gendarmi a cavallo perlustravano la strada consolare: più frequenti alla salita di Monteforte e nel vallo di Bovino, vecchi nidi di malandrini. Furono dati ordini alle guardie d'onore delle provincie di Terra di Lavoro e di Napoli di tenersi pronte ad accompagnare il Re, di tappa in tappa, e di raccogliersi a Nola, dove difatti si raccolsero, sotto il comando del duca di San Teodoro, caposquadrone, e di don Pasquale del Pezzo, duca di Cajaniello, caposquadrone in secondo. Il brigadiere don Riccardo di Sangro, comandante in capo di quelle guardie e cavaliere di compagnia del Re, fece parte del seguito dei Sovrani, il quale oltre al Re, alla Regina e ai reali principi: il duca di Calabria, il conte di Trani e il conte di Caserta, era formato dal Murena, ministro delle finanze; dal Bianchini, direttore dell'interno e della polizia generale; dal principe e dalla principessa della Scaletta; dal colonnello Severino, segretario particolare del Re; dal generale Ferrari, aiutante del duca di Calabria; dal colonnello Cappotta, istruttore dei principi secondogeniti e dal conte Francesco Latour, gentiluomo di settimana. Era un seguito ristretto, addirittura intimo. Il principe della Scaletta, Vincenzo Ruffo, e la bella principessa, nata contessa Wrbna di Vienna, dama di Corte della Regina, erano come persone di famiglia. Maria Teresa condusse inoltre una cameriera, la Rossi, moglie di un alabardiere, e il Re, il suo cameriere fido Gaetano Galizia. Vi andò pure una sorella nubile della Rossi, e si rise lungo il viaggio, credendosi che il Galizia facesse la corte a questa ragazza.

Gli addii di famiglia furono commoventi. Il Re e la Regina abbracciarono più volte i piccoli principi, che restavano, ma il Re pareva preoccupato; e se ostentava un po' di loquacità scherzosa, tutti sentivano che quella loquacità non era spontanea, e difatti sparì appena varcata la soglia della Reggia. Nè la Regina, nè i principi che partivano e neppure lo sposo davano segno di gaiezza; anzi alcuni del seguito, napolitanamente, mormoravano, confidandosi paure e prognostici non lieti, per l'ostinazione, anzi per il capriccio del Re di compiere un lungo viaggio nel cuore dell'inverno.

Si fece colazione a mezzogiorno. Era di sabato; rigida la giornata, anzi cruda. Pesanti mantelli e pellicce coprivano gli augusti viaggiatori. Ferdinando II vestiva, come al solito, l'uniforme col tradizionale berretto di colonnello, portava guanti scamosciati e fumava i suoi favoriti sigari napoletani: anche i tre principi vestivano da militari.

Nel *Chiuso* – così chiamavasi quel punto del parco ad occidente del palazzo, dove la famiglia reale era solita salire in carrozza – si trovavano raccolti ministri, generali, direttori, impiegati e personale di servizio, per baciar la mano ai Sovrani e dar loro il buon viaggio. Le carrozze, dove montarono, erano naturalmente coperte. Nella prima presero posto il Re, la Regina, il duca di Calabria e il conte di Trani; nella seconda, il conte di Caserta, il generale Ferrari, il colonnello Cappotta e il colonnello Severino; nella terza, il principe e la principessa della Scaletta, il duca di Sangro e il conte Latour; nella quarta, Murena e Bianchini coi rispettivi segretari, Costantino Baer e Florindo de Giorgio; nella quinta carrozza, Galizia e le due donne di servizio della Regina, e nell'ultima, il cuoco Cammarano e due servi di cucina. Quest'ultima carrozza portava alcune provviste e quanto occorreva per mangiare, non che due brande e alcuni piccoli materassi. Seguiva un'altra vettura, ma non di Corte e vi prese posto Federico Lupi, supremo condottiero della spedizione, il quale calzava stivaloni sino al ginocchio e si dava molto da fare. Ad ogni carrozza erano attaccati quattro cavalli a coppie, con postiglioni.

Saliti tutti in vettura a un'ora pomeridiana, il Re diè ordine di aprire il cancello di fronte al quartiere della cavalleria ed aperto che fu dal vecchio guardaportone, Giuseppe de Flora, avendo visto appoggiati due cappuccini alle mura del quartiere, i quali si sprofondavano in inchini, Ferdinando li salutò, ma voltosi alla Regina, le disse: "*Terè, che brutto viaggio che facimmo sta vota!*" [2] Varcando il cancello, i Sovrani si segnarono e cominciò così quel viaggio, che doveva avere per epilogo una triste tragedia.

Verso il tramonto dello stesso giorno si scatenò un violento aeremoto su Caserta, che schiantò alberi secolari del bosco e mandò in frantumi parecchi vetri del palazzo reale. Il mattino seguente, neppure il treno tra Caserta e Napoli potè passare liberamente, perchè la via era ingombra da un grosso pino abbattuto dalla bufera nel giardino Ciccarelli, presso la stazione.

La prima tappa fu Avellino, dopo una sosta al celebre santuario di Santa Filomena, in Mugnano. Questo santuario fu, sino alla metà del secolo, celebratissimo per opera di don Francesco de Lucia, sacerdote mugnanese, il quale si era assunta la missione di far conoscere al mondo i miracoli di Santa Filomena, una *santa bizzarra*, come la chiamava lui. Per fortuna del santuario, Mugnano divenne per Ferdinando II un altro San Leucio. Quand'era a Caserta, vi andava per divertimento anche due volte il mese, nella buona stagione, e le sue gite avevano creata molta intimità fra lui e i mugnanesi. Se uno di questi riceveva un torto, esclamava invariabilmente: "*Va bene; ce la vedremo quando viene il Re*". Al De Lucia erano succedute nella dire-

---

[2] Teresa, che brutto viaggio facciamo questa volta!

zione del santuario le suore della carità, ma i decurioni, su proposta del sindaco Giuseppe Cavaliere, si avvisarono di donare il tempio a Ferdinando II, credendo con questo eccesso di zelo recar maggior vantaggio al paese. Però il Re non accettò il dono curioso e solo per soddisfare la molta vanità del marchese Del Vasto e di Pescara, lo nominò nel 1850 sopraintendente di quel santuario. A Mugnano si recò anche Pio IX nel 1849; vi celebrò la messa e dalla foresteria benedisse il popolo.

Il marchese d'Avalos fece gli onori del ricevimento, nella chiesa di Santa Filomena. Le case del paese erano imbandierate; e da ogni parte si allineavano compagnie di fanteria e squadroni di cavalleria. Le musiche militari annunziarono l'arrivo dei Sovrani. Alla porta del santuario, li attendeva monsignor Formisano, vescovo di Nola, che li benedisse con l'acqua santa, mentre le alunne dell'educatorio Maria Cristina cantavano un inno. La reale famiglia si prostrò innanzi all'altare di Santa Filomena, e il Re vi stette sempre con gii occhi bassi. Il suo contegno fece a tutti impressione: nessuno riconosceva più in lui il Sovrano, che tante volte nella stessa chiesa aveva suscitate le risa di tutti, con i suoi motti napoletaneschi e salaci. Si ricordava che la penultima volta, in cui egli era tornato a Mugnano per far celebrare le solite messe pontificali, volgendosi alla Regina, aveva esclamato a voce abbastanza alta, additando il capitano di gendarmeria Rega: "*Guarda, Terè, com'è brutto Rega!...*" Che era accaduto? Il calore della chiesa piena di gente aveva disciolta la mala mistura, con cui il Rega si tingeva i capelli, e la mistura, colando, gli rigava di nero la fronte ed il volto. In quel giorno invece, non una parola scherzevole uscì dalle labbra del Re. Dopo mezz'ora gli augusti viaggiatori, ricevuta la solenne benedizione, lasciarono Mugnano. Prima di partire, il Re volle che i principi donassero al santuario i bottoni di ametista e malachita, di cui avevano fregiate le camicie, per farne un ostensorio nel quale dovesse conservarsi il sangue di Santa Filomena. Il rettore della chiesa di Mugnano non dimentica di raccontare questo presente dei bottoni, quando narra le glorie del tempio ai pellegrini.

A Mugnano furono attaccati alle carrozze sei cavalli vigorosi, provveduti dal maestro delle poste Antonio Ippolito, che ebbe una lauta gratificazione. Tre erano i postiglioni del Re. Guidava la prima coppia di cavalli, Modestino Testa; la seconda, Giuseppe Tuccillo, tutt'e due di Avellino, giovanissimi; e la terza, un vecchio postiglione, detto *Bellavomma*. Il Re non parve soddisfatto di vedersi in balìa di due giovanotti, ma *Mostaccione*, il quale nelle salite scendeva dalla sua vettura e camminava a piedi accanto a quella del Re, lo rassicurò pienamente.

Così mossero da Mugnano, in mezzo al popolo plaudente, scortati da un plotone di gendarmi a cavallo. Cresceva il freddo e cominciò a cadere la neve. I cavalli non potevano andare sempre di trotto; anzi, alla salita del Gaudio, il Re e alcuni del seguito dovettero fare un piccolo tratto a piedi. Fu questo l'unico momento durante il viaggio, in cui parve che al Re tornasse il suo umore abituale. I postiglioni erano scesi di sella e, camminando il Re accanto alla prima coppia di cavalli, poco discosto da Modestino, questi, vedendolo fumare, gli disse: "*Maestà, me vuliti rà stu mozzone?*" [3] Il Re, credendo di fargli cosa più gradita, gli dette un sigaro intiero, che l'altro prese di mala voglia, rigirandolo fra le dita e non decidendosi ad accenderlo, nè a metterlo in tasca. Il Re capì, e ridendo gli disse: "*Nè, Modestiniè, te vuoi sfizià 'nfaccia 'o mozzone, eh? E pigliatìllo*".[4] Rimontando in vettura, il Re ricadde nel suo mutismo. Nella discesa di Monteforte, per quella strada serpeggiante con dolce pendìo che egli aveva fatto costruire dodici anni prima, allorchè, discendendo per l'antica via, era ribaltata la sua carrozza, rima-

[3] Maestà, mi volete dare questo mozzicone?

[4] Nèh, Modestiniello, vuoi gustarti il mozzicone, eh? - Prendilo.

nendone incolume, Ferdinando II invitò la Regina e i figli a recitare il rosario, in memoria dello scampato pericolo.

Era già notte, e i cavalli andavano adagio fra la neve. Alla borgata Speranza, quasi alle porte di Avellino, s'incontrò un plotone di guardie d'onore con alcune carrozze di autorità e di notabili, e fu udita rumoreggiare, fra tutte, la voce stridente e calabrese dell'intendente Mirabelli, che ossequiava i Sovrani e i principi. Le guardie d'onore, dopo aver roso il saluto militare, presero il posto dei gendarmi attorno alla carrozza reale. Le comandava Giuseppe de Conciliis, e ne facevano parte parecchi giovani delle primarie famiglie. È da ricordare che ogni guardia d'onore doveva avere almeno una rendita di trecento ducati e mantenere il cavallo a proprie spese. Si giunse in Avellino alle sei e mezzo.

La città era illuminata e, nonostante il gran freddo, il popolo si accalcava per le vie. L'accoglienza però non fu molto clamorosa. Era corsa voce che il Re mal avrebbe sopportato un chiasso smodato, e si confortavano gli zelanti con la speranza di preparare feste maggiori per il ritorno, cioè all'arrivo degli sposi. Il contegno di Ferdinando II non era tale da suscitare entusiasmi. Il corteo riuscì confuso e disordinato, e chi volle entrò nel palazzo dell'Intendenza, dove si erano preparati per gli augusti ospiti tre stanze a un angolo del palazzo: quelle che si chiamano anche oggi appartamento reale, e formano i gabinetti del prefetto e del suo segretario. Su uno dei terrazzini di quel palazzo, sporgenti sul corso, che ora s'intitola Vittorio Emanuele, e allora si chiamava via dei Pioppi, Ferdinando II, quattro anni prima, sull'imbrunire di una splendida giornata estiva, prendeva un gelato conversando con vari personaggi. Scorgendo sulla via alcune signore, che passavano in carrozza sventolando i fazzoletti, il Re si sporse per salutarle, e nel fare quell'atto, gli scappò di mano il cucchiaino d'oro che cadde sulla strada. Era a guardia del portone un vecchio caporale di gendarmeria, Antonio Tamburrino, noto al Re. Ferdinando II,

temendo che il cucchiaino venisse rubato, gli gridò dal balcone:
"*Tamburrì, Tamburrì: piglia sto cucchiarino, primma che i guaglioni 'o
fanno volà*".[5] Questa volta però i balconi erano ermeticamente chiusi
per la tramontana, che soffiava gelida e tagliente, e il Re, in cambio
del gelato, prese una bibita calda, poi assistette alla presentazione
delle autorità che gli venne fatta dall'intendente, con teatralità e lusso
di aggettivi. La Regina fu ricevuta dalla signora Mirabelli e dalla gentile figliuola.

Don Pasquale Mirabelli Centurione era mezzo calabrese e mezzo
basilisco, e da circa dieci anni governava quella provincia. Fedelissimo
al Re, cui doveva l'elevato posto, per la simpatia ispiratagli dai suoi
modi di attore da arena e dal suo spirito rozzo, ma non senza qualche
acume, egli, nativo di Amantea, vi era stato sindaco e poi sottointendente, dalla quale ultima carica fu destituito durante il periodo costituzionale del 1848. La gesticolazione teatrale e l'enfasi calabrese
erano gran parte della sua natura, ed egli, anzichè temperarle, le esagerava simulando sensi feroci, mentre in fondo aveva indole non cattiva, tranne coi liberali. Per questi perdeva addirittura la testa. Erano
nemici del Re, e tanto bastava, perchè egli si potesse permettere ogni
nequizia a loro danno, come fece con Poerio, Castromediano,
Schiavoni, Braico, Pica, Nisco e gli altri condannati politici, rinchiu-
si nelle galere di Montefusco. Il suo governo fu demoralizzatore per
necessità degli eventi e per la quasi assoluta assenza di carattere. Certo
la dignità umana non deve molta riconoscenza al Mirabelli, ma egli
fu personalmente onesto, e, perduto l'ufficio nel 1860, visse a Napoli
in miseria il resto della sua vita. Suo figlio Filippo era sottointendente di Altamura.

Primi ad esser presentati furono il sindaco della città, don Niccola

---

[5] Tamburrino, Tamburrino, raccogli questo cucchiaino, prima che i ragazzi lo facciano
volare.

Maria Galasso, vecchio ed onesto amministratore; il segretario generale dell'intendenza Tortora-Brayda, che da poco tempo vi era stato destinato da Foggia; don Michele La Mola, presidente della Corte criminale e padre dell'attuale prefetto; don Giuseppe Spennati, procuratore generale; il presidente del tribunale Giuseppe Talamo e don Gaetano Barbatelli, ricevitore generale della provincia, il quale, perchè devoto ai Borboni, fu destituito nel 1860, e non avendo svincolata a tempo la grossa cauzione, vide andare in fumo la sua sostanza. Il Talamo, presidente del tribunale, aveva sensi liberali, nè li nascondeva. La casa sua e quella del vecchio colonnello de Concily erano il ritrovo dei liberali. Quest'ultimo, tornato nel Regno in virtù della Costituzione del 1848, era stato invitato dal Re a riprender servizio nell'esercito col suo grado di colonnello, ma ricusò e solo cedette alle insistenze dei suoi amici, Raffaele Carrascosa e Guglielmo Pepe, i quali lo vollero colonnello della guardia nazionale di Napoli. Abolita la Costituzione, si ritirò in Avellino e visse quasi da solitario. Garibaldi con decreto del 10 settembre 1860, lo promosse generale, e Cavour, senatore del Regno, subito dopo l'annessione delle provincie meridionali. Morì nel 1866 in Avellino, all'età di 92 anni. In casa del De Concily convenivano in quegli anni Pirro de Luca, nobile animo e mente colta e geniale; Emidio de Feo, che ha lasciata onorata fama di sè; Gioacchino Orta, Domenico Capuano, Gioacchino Testa, Enrico Capozzi conservatore delle ipoteche, che univa alla grande fortuna spirito colto e gusto d'artista, il dottor Giuseppe Amabile, padre di Luigi, Angelo e Giuseppe Santangelo, Niccola e Vincenzo de Napoli, Tommaso Imbimbo e, fra i più giovani, Raffaele Genovese, Vincenzo Salzano, Florestano Galasso e Tito Criscuolo, i quali più tardi vedremo figurare tra i più ardenti nel movimento rivoluzionario. Motto d'ordine dei liberali avellinesi fu l'astensione completa dalle feste. La rigidità della stagione e l'età del De Concily, che aveva superato gli 85 anni, potevano rendere non sospetta l'assenza di

lui, ma Ferdinando II la notò, nè mancò chi a lui la commentasse
malignamente. Furono poi presentati il commissario di polizia
Iannuzzi, assai malvisto per i suoi eccessi sbirreschi, il capourbano
don Domenico, o don *Micariello* Festa, innocua persona e il generale Michelangelo Viglia, comandante militare della provincia. Viglia
era succeduto al barone Flugy, morto tre anni prima, lasciando buona
fama di sè, perchè non aveva mancato più volte di rilevare in Corte
gli eccessi sbirreschi del Mirabelli. Svizzero di origine, egli aveva natura generosa; era stato fedele soldato di Murat, compagno del De
Concily e intinto di carbonarismo anche lui,

Queste furono le autorità avellinesi presentate al Re, insieme al mite
vescovo monsignor Gallo ed ai principali cittadini: don Carlantonio
Solimene, don Fiorentino Zigarelli, don Gianfrancesco Lanzilli, l'avvocato Luigi Trevisani, padre di Gaetano, ma per sentimenti politici
da costui assai diverso e don Crescenzo Capozzi, fratello di Enrico e
padre di Michele, deputato di Atripalda. Don Crescenzo era inquisitore costantiniano per la provincia. Erano tutti, naturalmente, in
giamberga e guanti gialli. Il ricevimento fu breve e freddo. Il Re era
visibilmente impaziente, parlò poco e tagliò corto sulle iperboliche
adulazioni, che riuscivano insopportabili anche a lui; e alla fine, quasi
seccato da tante cerimonie, chiese all'intendente: "*Nè, Mirabè, che ce
dai da magnà stasera?*" [6] "*Pacchere, pacchere, Maestà*", rispose il
Mirabelli, ridendo e saltellando. E il Re: "*E comme pacchere? Bella accoglienza ca ci fai coi pacchere; non è vero, principè?*" [7] rivolgendosi alla
principessa della Scaletta. Alle otto si andò a pranzo, e alla mensa reale
presero posto i personaggi del seguito, l'intendente e la sua famiglia.
Si mangiarono i famosi *paccheri*, fatti preparare dal cuoco del

[6] Nè, Mirabelli, che ci dai da mangiare questa sera?

[7] *Paccheri*, specie di grossi maccheroni, che sono una ghiotta specialità di Avellino. Nel linguaggio dialettale *paccheri* vuol dire schiaffi, e perciò il Re scherzava sul doppio senso della
parola.

Mirabelli, felice che incontrassero il favore dei Sovrani, dei principi, ma soprattutto del principe ereditario. Il Re mangiò poco, seguitò a celiare con l'intendente, e levandosi di tavola, prima che il pranzo finisse, con un asciutto *buona sera* salutò i commensali e se ne andò a letto, seguito pochi minuti dopo dalla Regina. Il seguito alloggiò in case private, e il principe e la principessa della Scaletta furono ospiti dell'avvocato Carlantonio Solimene.

La dimane il Re si levò di buon'ora. Era impaziente di partire, benchè il tempo fosse orribile e seguitasse a cadere la neve, resa più tormentosa dal vento che soffiava gelido. Non ascoltò quanti lo consigliavano a sospendere la partenza. Volle mostrarsi anzi faceto, perchè alla principessa della Scaletta disse, appena la vide: *"principe, vi che bella sorpresa v'aggio cumbinata! Non ve pare de sta a Vienna, co tutta sta neve?"* [8] Il Re aveva ricevute molte suppliche per grazie e sussidi, e prima di lasciare Avellino dispose, insieme con l'intendente, alcune elargizioni di pani, doti, abiti e letti, ed offrì un sigaro al Mirabelli, che questi conservò, finchè visse, sotto una campana di cristallo. Elargizioni ne fece in tutti i luoghi dove si fermò, onde, quando giunse a Bari, si erano già distribuiti 35 000 pani, 400 doti di 60 e di 30 ducati, 230 abiti, 109 gonne, 540 camicie, 60 letti, oltre i sussidii in danaro. Atti di amministrazione, però, di cui si serbi memoria, non ne compì in Avellino, e si astenne persino dal visitare la cattedrale, come poi fece nelle altre città. Ma atti di amministrazione, rimasti memorabili, egli li aveva compiuti in Avellino tre anni prima, in un pomeriggio estivo, quando vi giunse, all'improvviso per la via di Monteforte, in un carozzino scoperto a due posti guidato da lui, con un altro personaggio, di cui non si ricorda il nome. Arrivò di cattivo

---

[8] Principessa, guardate che bella sorpresa vi ho preparata! Non vi pare di stare a Vienna, con tutta questa neve?

umore, e fece subito chiamare alla sua presenza il direttore dei ponti e strade, non che l'ispettore e il vice-ispettore forestale. Con parole brusche rimproverò a quest'ultimo la sua improvidenza, avendo viste dissodate alcune terre a pendio a Monteforte, e senz'ascoltar ragioni lo sospese dall'ufficio. Rivoltosi poi al direttore dei ponti e strade, rampognò anche questo pubblicamente per il cattivo mantenimento delle strade, come disse aver notato egli stesso. E poichè il direttore osò timidamente osservare, che dalla carrozza Sua Maestà non poteva essere stata in grado di valutare esattamente lo stato della strada, il Re gli rispose bruscamente: "*Lo stato delle vie si valuta col c... e non con gli occhi*".

Da Avellino si partì alle 11, e le guardie d'onore si spinsero fino a Piano d'Ardine. Giunte qui, il Re volle che tornassero indietro, a causa della bufera che imperversava. Le ringraziò, assicurandole del suo prossimo ritorno con gli sposi e promettendo una fermata più lunga. Di là le carrozze reali tirarono via di corsa. I freschi rilievi, forniti dal maestro di posta, Vincenzo Siciliani, trottarono vigorosamente fino all'altura della Serra con soddisfazione del Re, cui il viaggio recava sempre maggiori disagi. Ma la soddisfazione ebbe corta durata. Da quell'altura la strada precipita sull'opposto declivio, in linea quasi retta, sino a Dentecane. Due miglia di fortissima pendenza e due palmi di neve ghiacciata! I cavalli sdrucciolavano, parecchi caddero, le ruote delle carrozze non resistevano ormai più alle martinicche. Si dovette scendere e andare a piedi per un miglio. Il Re camminava a stento, appoggiandosi al braccio di don Leopoldo Zampetti, guardia d'onore di Montefusco, uomo di statura gigantesca. I terrazzani, i sindaci e i decurioni dei vicini borghi, accorsi al passaggio con stendardi e bande musicali, si studiavano di diminuire l'asprezza del cammino, o spargendo terra sopra il ghiaccio, o battendo con grida festive i piedi sopra la neve, in modo da lasciarvi le impronte, sulle quali le Loro Maestà potessero camminare più sicuramente. Anche le donne buttavano i caratteristici mantelli sulla via, per renderla più agevole alla Regina. Così si continuò, per tutta la forte discesa, fra una bufera di neve. Tali dimostrazioni d'affetto confortavano assai mediocremente il Re, ma resero possibile la continuazione del viaggio. A Dentecane si rimontò nelle carrozze, che i contadini avevano sorrette per mezzo di funi. A memoria d'uomo non si ricordava una nevicata simile. Alle cave di Scarnecchia, i cavalli si dovettero staccare e le carrozze trascinare dai contadini. Federico Lupi moltiplicava la sua attività e bestemmiava sottovoce come un eretico, perchè il Re non lo udisse. Questi e alcuni del seguito scesero di nuovo e percorsero a piedi un altro buon tratto di strada. Non avevano stivaloni ferrati e perciò scivolavano, malamente ruzzolando per terra, e la Regina che aveva scarpine di seta fu lì lì per cadere anch'essa. Si sorreggevano al braccio delle guardie d'onore, imbarazzate nell'uniforme che non erano avvezze a indossare. Alle cinque, come Dio volle, si giunse sotto Ariano, dov'era il cambio dei cavalli.

Il Re era assiderato e con lui quasi tutto il seguito, di cui facevano parte uomini avanzati negli anni e non avvezzi a tali disagi. Di tratto in tratto, egli prendeva qualche sorso di *rum*. La Regina mostrava una certa intrepidezza, che non riusciva però a dissipare la nota di malinconia, che su tutti incombeva. Non pareva gente diretta a una cerimonia di nozze, ma un corteo funebre, che la rigidità della stagione rendeva più lugubre, e un destino inesorabile spingeva su quelle vette solitarie, coperte di neve. Tutta Ariano aspettava alla stazione della posta. I Sovrani furono ricevuti dal sindaco Ottavio Carluccio, dal sottointendente Ercole della Valle, dal vescovo monsignor Michele Caputo e dalle minori autorità. Era calato il sole e il freddo si sentiva più intenso. Ariano non era segnata fra le tappe, e perciò, cambiati i cavalli, si sarebbe dovuto proseguire immediatamente per Foggia. *Mostaccione* affermava che nel vallo di Bovino era caduta una *canna* di neve e sconsigliava di andare innanzi. Il Re, disceso dalla vettura, andò a chieder consiglio ai personaggi del seguito, i quali risposero che si rimettevano a lui. Le autorità e la popolazione imploravano con alte grida che il Re rimanesse quella notte in Ariano, e il Re finì per acconsentirvi, rassegnato innanzi a forza maggiore. Si salì in città e bisognò, in fretta e in furia, preparare gli alloggi nella casa del vescovo per il Re, i principi e gli Scaletta, nel seminario e in case private per gli altri. Il Re scelse per sua camera da letto il salone e vi fece rizzare la branda. Volle che nella camera accanto dormissero gli Scaletta. Le due camere erano in comunicazione mercè una porta, ma don Vincenzo Ruffo vi addossò il letto, per rendere più libera la camera del Re. Aiutato dal cuoco del vescovo, Cammarano preparò in due ore un discreto pranzo, e alle 8 si andò a tavola e si mangiò di buon appetito, facendo specialmente tutti onore al piatto dolce, formato da magnifiche "meringhe". Si tentò di riscaldare le camere con bracieri, ma vi si riuscì molto imperfettamente. Quella notte non fu allegra per nessuno. La mattina di buon'ora il Re picchiò alla porta della camera dove dormivano gli Scaletta, dicendo al principe: "*Paisanuzzo, sienti che friddo; che stai facenno?*" [9] E Scaletta: "*Maestà, sto dormenno*". Scaletta era siciliano e Ferdinando II, nato anch'egli in Sicilia, lo chiamava con quel vezzeggiativo familiare e parlava con lui il natio dialetto.

Si disse che il Re nella notte fosse colto da fortissima febbre e tormentato da visioni paurose. Fu anche stampato che Galizia, udito rumore nella stanza del Sovrano, vi entrasse e vedesse Ferdinando II in piedi, con una pistola in pugno, in atto di difendersi da un assassino immaginario. Si disse pure che il Re passasse il resto della notte insieme col Galizia e coi marinai di scorta, che non c'erano. Fantasie e bugie non si può dire se più strampalate o più sciocche. Alle nove

---

[9] Paesanuzzo, senti che freddo; che fai?

del dì seguente, il Re scese in duomo, per ascoltare la messa celebrata dal vescovo e i numerosi convenuti rimasero impressionati dal volto pallido di lui, dopo quel viaggio e quella notte così disagiata. Ma forse questa circostanza contribuì a creare la favola postuma che monsignor Caputo avesse avvelenato Ferdinando II. Il vescovo di Ariano apparteneva all'Ordine dei Predicatori ed era nato nel 1808 a Nardò; preconizzato, nel 1852, vescovo di Oppido in Calabria, fu traslato nel 1858 ad Ariano. Non era uomo da immaginar regicidii, anzi, fino al 1860, nessuno seppe mai che avesse nutriti sentimenti liberali, e lo si aveva invece in conto di fanatico reazionario. Fu solo dopo il 1860, che venne fuori la favola dell'avvelenamento, avvalorata dalla circostanza che il Caputo fu dal governo dittatoriale nominato cappellano maggiore, e dalla sua amicizia con quel padre Prota, domenicano anche lui, che svestì e rivestì la tonaca dell'Ordine. Monsignor Caputo era un bell'uomo, cui aggiungeva dignità l'abito bianco, ornato della croce episcopale. L'avvelenamento per cibo o per bevanda era impossibile, perchè il Re mangiò quello che mangiarono gli altri, e il pranzo non fu fornito dal vescovo, ma preparato dal Cammarano. Si disse che l'avvelenamento fosse stato compiuto per mezzo di un sigaro estero, regalato al Re dal vescovo dopo il pranzo, mentre è noto che Ferdinando II fumava solo sigari napoletani, e per quanto il suo fervore religioso gli facesse baciare la mano ai vescovi, nessuno di questi, e meno di tutti il Caputo, era con lui in tale dimestichezza, da prendersi la libertà di offrirgli un sigaro. Però la tradizione è rimasta viva fra i vecchi legittimisti, ed a conservarla contribuirono l'inconcludente vanità, o meglio l'imbecillità del vescovo, il suo postumo liberalismo e l'affermazione di *Mostaccione,* che il vallo di Bovino biancheggiasse di una canna di neve, mentre non ve n'era punta. Si ritenne che il vescovo Caputo e Federico Lupi ubbidissero alla "setta" che aveva giurata la morte di Ferdinando II. E vi contribuì anche il bisogno di attribuire la morte del Re, giovane a quarantanove anni e di complessione atletica, a ragioni straordinarie: tanto parve strana, nei suoi fenomeni, la malattia e più strana la circostanza, che nessuno degli altri viaggiatori, multi dei quali erano più anziani, soffrì nulla di grave, oltre l'incomodo del viaggio; nulla soffrì la Regina e nulla i giovani principi, i soli che si permettessero qualche volta di celiare, ma di nascosto, sull'imbarazzo dei *pacchiani* cerimoniosi e intirizziti dal freddo.

Alle 10 ½ gli augusti viaggiatori mossero da Ariano per Foggia. Era la seconda parte di quella tappa assurda, che il Re voleva compiere da Avellino a Foggia: assurda, anche se le strade fossero state in buone condizioni, ma sempre però meno assurda dell'ultima tappa, da Acquaviva a Lecce, della quale si dirà appresso. Nell'atto della partenza non nevicava, anzi per un poco si vide il sole. Ma qualche miglio più in là, prima di entrare nello storico vallo di Bovino, riecco la bufera e con essa le difficoltà di andare innanzi. Alla salita di Camporeale, si scese di nuovo dalle vetture e il Re, che si sentiva molto stanco, si mise a sedere sopra un mucchio di sassi, che coprì col suo mantello e vi rimase alcuni minuti. Nel levarsi, sentì un acuto dolore all'inguine e stentò a rimontare in vettura. All'ingresso della Capitanata, là dove si succedono le montagne di Greci e di Savignano, si trovarono le autorità dei comuni del Vallo, con le guardie urbane e le bande musicali e con una folla di popolo, che acclamò i Sovrani. Al primo cambio postale presso Montaguto, furono incontrati da don Raffaele Guerra, intendente della provincia, dal comandante delle armi e da altre autorità provinciali. Tutto il Vallo era perlustrato da gendarmi a cavallo. L'intendente presentò al Re gli omaggi della provincia e n'ebbe in risposta poche e fredde parole. Fu ripreso il cammino che divenne men disagevole, di mano in mano che si discendeva in Puglia. La via era popolata da deputazioni dei vicini comuni e le guardie urbane, disposte in doppia fila, battevano i denti dal freddo, ma si sforzavano di simulare un aspetto marziale. Non vi era più neve. Le deputazioni e i decurionati avevano stendardi di mussolina bianca con gigli, e vi si leggeva il nome delle rispettive comunità, con la scritta *Viva il Re*. Al secondo cambio, al ponte di Bovino, altre autorità e nuove acclamazioni. Al terzo di Pozzo d'Albero, aspettavano le autorità comunali di Troja. Si giunse a Foggia alle quattro, tra una moltitudine di popolo plaudente.

Era sindaco di Foggia Vincenzo Celentano; caposquadrone delle guardie d'onore, Gaetano della Rocca; capo delle guardie urbane, Francesco Paolo Siniscalco. Foggia aveva fatti splendidi preparativi per l'arrivo dei Sovrani. Componevano la commissione dei festeggiamenti, Alessio Barone, Gaetano de Benedictis, Antonio Bianco, il marchese Saggese, Lorenzo Scillitani, che poi fu sindaco e deputato di Foggia e il notaro Andrea Modula. Rossi e Recupito furono gli architetti degli addobbi. Un arco trionfale sorgeva al principio del corso Napoli, ora Garibaldi: arco grandioso, coronato da statue rappresentanti il genio borbonico, che corona la Giustizia e la Virtù. Altro arco trionfale s'innalzava sulla via di Cerignola, e un tempio addirittura si estolleva accanto all'Intendenza, dove prese alloggio la famiglia reale. Su questo tempio erano dipinte su trasparenti le immagini delle Loro Maestà, con questa epigrafe: *A Sua Real Maestà – Ferdinando II – Re del regno delle Due Sicilie – monarca e padre augusto clementissimo – Foggia – glorificata da un avvento sospirato memorando – colma d'ineffabil gratitudine – l'omaggio avito di sua devoto sudditanza – e d'incrollabile fede – tributa reverente.*

Festoni di mortella, candele di bengala e illuminazioni dappertutto. Le feste costarono, si disse, 5000 ducati, anticipati dagli appaltatori dei diversi servizi. Si aprirono sottoscrizioni private, ma fruttarono poco e finì col pagare il Comune, stornando quasi tutta la somma dalla fabbrica del porticato della villa. L'entusiasmo dei foggiani si spiega anche con questo, che consideravano Ferdinando II quale uno de' loro, perchè era andato più volte alla loro celebre fiera di maggio, in borghese, con stivaloni e con grossa mazza ad uncino, a comprar cavalli e a vendere i prodotti delle sue tenute di Tressanti e di Santa Cecilia. Egli, che ci teneva ad essere un latifondista del Tavoliere, conosceva quasi tutti a Foggia, vi stava con grande fiducia e aveva preso a voler bene al brigadiere dei gendarmi, certo Fujano, borbonico furente.

Il corteo entrò da porta Napoli. Sotto il primo arco erano raccolte le altre autorità, col vescovo monsignor Berardino Frascolla, col clero e le congreghe. Il Re baciò la mano al vescovo e volle che la baciassero la Regina, i principi, l'intendente e tutti i personaggi civili e militari che l'accompagnavano. Mentre il Re baciava la mano al vescovo, si vuole che la statua della Giustizia, posta, come ho detto, sopra l'arco e fatta di cartapesta, girasse sul suo perno e che da ciò abbia poi avuto origine il detto locale, a riguardo della giustizia: *"purchè non si volti come la statua"*. Il reale corteo si diresse alla cattedrale e il Re entrò nel tempio sotto un ricco baldacchino dorato, retto da otto decurioni. All'ingresso, monsignor Frascolla gli offrì l'acqua benedetta e l'ossequiarono i vescovi di Sansevero e di Lucera. Sull'altar maggiore della chiesa, riccamente addobbata con damaschi e broccati, era posto il quadro della Madonna dei Sette Veli, protettrice della città. Tutti s'inginocchiarono e fu cantato il *Te Deum* a piena orchestra, poi le litanie, alle quali seguì la benedizione. Ferdinando II fissò il binocolo sul quadro della Madonna per vederla meglio e, non riuscendovi, pregò il vescovo di fargli trovare, al ritorno, il quadro più in basso. Il quadro fu infatti abbassato, ma Ferdinando non lo rivide più. Dalla chiesa al palazzo reale, o dogana del Tavoliere, fu un cammino trionfale in mezzo a tutta la popolazione, stranamente esaltata. Saliti che si fu nell'appartamento, le ovazioni non cessarono. Il Re dovette ringraziare dal balcone che guarda la piazza San Francesco Saverio, mentre la Regina rimase dietro i vetri. I principi occupavano un altro balcone, e il principe ereditario gettava *tarì* [10] al popolo, sollazzandosi coi fratelli a vedere il pigia pigia della folla per raccoglierli.

Durante la breve dimora in Foggia, Ferdinando II firmò l'atto sovrano, col quale volle "per così fausto avvenimento impartire i tratti della sua sovrana clemenza a coloro, che, per commessa violazione a' precetti di legge, sono colpiti dalla corrispondente retribuzione delle pene". Furono diminuite di quattro anni le condanne ai ferri, e di due le pene correzionali; vennero condonate le detenzioni ed ammende per contravvenzione, ma furono esclusi dalla sovrana indulgenza gl'imputati o condannati per furto, per falso, per frode, per bancarotta e per reati forestali. Quest'atto sovrano, datato da Foggia il 10 gennaio, comprese pure i condannati politici rimasti nelle prigioni, poichè a sessantasei di loro, ritenuti i più pericolosi, Ferdinando II, tre giorni prima di partire da Caserta, aveva commutata con altro decreto, come ho detto, la pena dell'ergastolo e dei ferri, in esilio perpetuo dal Regno. Di quei sessantasei, pochi sono i superstiti. Ricordo Achille Argentino e Domenico Damis, che furono dei Mille e poi deputati; Niccola Schiavoni, già deputato di Manduria e senatore del Regno. Damis entrò nell'esercito italiano, salì al grado di maggior generale e ora è in riposo anche lui; Argentino fu direttore di una succursale del Banco di Napoli; il duca di Caballino, Sigismondo Castromediano, morì nel 1895; due anni fa è morto Gennaro Placco, e l'anno scorso, Carlo Pavone, consigliere di Corte d'Appello a Roma.

[10] Moneta d'argento, equivalente a 85 centesimi.

CAPITOLO XVIII

SOMMARIO: Partenza per Andria – Da Foggia a Cerignola – Il bandito Niccola Morra – La colonia di San Ferdinando – A Canosa e ad Andria – Feste e aneddoti – L'arrivo a Bitonto – La visita dei Sovrani all'orfanotrofio Maria Cristina – Si giunge ad Acquaviva – Monsignor Falconi e il suo discorso – A Gioia e a Mottola – Il giudice Pirchio – La *grazia* dei Massafresi – Particolari intimi sulla fermata a Taranto – A Lecce – Una risposta curiosa – Lo stato di salute del Re – La visita al duomo e lo spettacolo al teatro – Un inno di Mastracchi – Il Re infermo – Si chiama il dottor Leone – Il flebotomo Marotta cava sangue al Re – Particolari e aneddoti – Il dottor Ramaglia e il dottor D'Arpe – Le passeggiato dei principi – Incidenti al duca di Calabria – La visita al liceo dei gesuiti – L'arrivo degli arciduchi d'Austria – Il Re migliora – Si decide la partenza per Bari – I preparativi di Gallipoli per festeggiare i Sovrani.

La mattina seguente, alle undici, il Re dopo di aver ascoltata la messa, detta nell'oratorio del palazzo da monsignor Frascolla, accompagnato dalle autorità e dalle guardie d'onore in grande uniforme, partì per Andria, quarta tappa del viaggio. A Foggia ebbe un numero infinito di suppliche. Le carrozze reali traversavano le vie in mezzo a fitta calca di popolo, che applaudiva fragorosamente. Ferdinando II, prendendo commiato, promise che sarebbe tornato con gli sposi, per rimanervi qualche giorno. Ma parve a tutti pallido e triste: nella notte aveva sentito aggravarsi il suo malessere.

Da Foggia a Cerignola, gli abitanti di Orta, di Ortona, di Stornara e di Stornarella – grosse borgate a destra e a sinistra del Gervaro e del Carapella e che si chiamavano siti reali – attendevano, lungo la via, i

Sovrani con le rappresentanze municipali e guardie urbane con bandiera. Applausi ed acclamazioni accolsero gli augusti viaggiatori, che, dopo aver fatta colazione al rilievo del passo di Orta, proseguirono al galoppo. Benchè si fosse nella mite Puglia, soffiava una tramontana tagliente. A poca distanza da Cerignola s'incontrò un plotone di cavalleggieri, che circondarono le carrozze reali. A Cerignola si dovevano cambiare i cavalli. Il Decurionato aveva fatto innalzare un arco trionfale all'ingresso della città, ma il popolo si era riversato fuori dell'abitato per quasi un miglio. Il vescovo, monsignor Todisco Grande, il sindaco Raffaele Palieri, il capo urbano Giuseppe Manfredi e gli altri decurioni e notabili, aspettavano le Loro Maestà sotto l'arco di trionfo sin dalle dieci, ma le carrozze reali non furono in vista che verso le due. I postiglioni dovettero far rallentare il passo ai cavalli, tanta era la folla che premeva da ogni parte. A un certo punto, un personaggio del seguito, che non fu distinto chi fosse, sceso di carrozza, si collocò allo sportello dalla parte del Re, per allontanare i più audaci. Al capitano Stoker, che comandava i cavalleggieri e teneva indietro il popolo a colpi di piattonate, Ferdinando II intimò di rimettere la sciabola nel fodero.

Quel miglio di strada durò un'eternità. Giunti che si fu finalmente all'arco di trionfo, nè il sindaco, nè il vescovo potettero per la ressa recitare le preparate concioni. Cerignola eccedeva in applausi e in acclamazioni, forse per far dimenticare al Re che era la patria del famoso bandito Niccola Morra, il quale, evaso da Nisida, scorrazzava quelle campagne. Le autorità non riuscivano a prenderlo e i suoi favoreggiatori, per paura e per guadagno, erano molti; anzi il Re credeva che i proprietari lo celassero per far opposizione a lui e screditare il governo in faccia all'Europa. Attorno al nome di Niccola Morra si era formata una leggenda di simpatia e di paura. Si raccontava che, vestito da gran signore, avesse largamente soccorsa una povera donna; in abito monacale, generosamente aiutato un vecchio infermo e, vestito

da mendicante, avesse schiaffeggiato l'intendente Guerra nella villa di
Foggia, senza che questi opponesse resistenza. I suoi ricatti erano
celebri. Al ricco Antonio Padula di Candela aveva estorti ottomila
ducati; a Leone Maury, sopraintendente dei beni del duca di Bisaccia,
duemila piastre; l'arciprete se lo era veduto innanzi in sagrestia; il tenente dei gendarmi, nella caserma; ma sopra tutti restò famoso il
ricatto di Gaetano Pavoncelli, giovane figliuolo di Federico
Pavoncelli, che aveva soccorso sino all'ultimo giorno il padre di
Niccola e tenuto questo al fonte battesimale. Il giovane Pavoncelli
riuscì però a fuggire, e il riscatto non fu pagato. Prima d'intraprendere il viaggio, il Re aveva mostrato desiderio che Niccola Morra, insieme col suo compagno Buchicchio, fosse preso o indotto a costituirsi.
Federico Lupi, il nostro *Mostaccione*, era stato mandato a Cerignola
alcuni giorni prima, perchè fossero adempiuti i desideri sovrani, ma
inutilmente. Tra la folla, che circondava ed applaudiva il Re, si notava un gruppo di donne, dalle quali partivano le grida più alte di *"grazia"* e di *"misericordia"*. Una di quelle, più ardita delle altre, quasi sollevata dalla folla, s'appressò alla carrozza e, afferratasi allo sportello,
dalla parte del Re, si diè ad urlare: "M*aestà, grazia, grazia per Niccola
Morra"*. Era Teresa Cibelli, zia del bandito. Ferdinando, a quel nome,
si scosse ed appoggiato il braccio sulle spalle di lei le disse a voce alta:
"*Digli che si presenti; si presenti; avrà la grazia.... digli che avrà la grazia*". Quanti l'intesero mandarono un grido di gioia, e le donne pian-
sero per la commozione, poichè Niccola Morra rappresentava, per il
popolino, la ribellione alle prepotenze dei signori. Il Morra non seguì
però il consiglio del Re; più tardi, ferito, mentre tentava il ricatto di
Giovanni Barone, ricco proprietario di Foggia, andò in prigione; ne
uscì e, scontata la pena, tornò in patria. Vive tuttora e ha fatte pubblicare le sue memorie, non prive d'interesse.[1]

---

[1] PASQUALE ARDITO, *Le avventure di Niccola Morra, ex bandito pugliese*. - Monopoli,
Gherzi, 1896.

Intanto si erano attaccati i nuovi cavalli alle carrozze, e i Sovrani e i principi partirono fra le acclamazioni del popolo cerignolano.

Anzi che andar difilato verso Canosa, il Re volle divergere, per qualche miglio, dalla strada consolare o visitare la colonia agricola di San Ferdinando, fondata da lui vent'anni prima, a fine di sottrarre alla malaria le misere famiglie, che abitavano attorno alle saline di Barletta. Egli aveva distribuiti gratuitamente i terreni da coltivarsi, fornito i capitali agricoli, e istituita una cassa di prestanza e un monte frumentario. La famiglia reale visitò la chiesa in mezzo agli applausi dei coloni; poi si recò al Comune, ed ivi il Re, preso conto dello stato della colonia, ordinò la costruzione di altre 140 case e diè ascolto a quanti dovevano porgergli suppliche. Fu notato che due sole suppliche furono presentate, ed una dalla figlia della levatrice, Anna Maria Forte, giovane ventenne, molto avvenente, di bella taglia e sveltissima, la quale chiese al Re la grazia di una quota di terra e di un po' di suppellettile di casa, *cca sò zita e m'agghia maritá*.[2] Il Re promise, ma precipitando gli eventi, la promessa non fu mantenuta.

Il sole era al tramonto e il freddo intenso. Lungo la strada s'incontravano gruppi di pastori e di terrazzani plaudenti o intontiti, e gruppi più fitti al monumentale ponte sull'Ofanto. Si giunse, ch'era già notte, a Canosa che splendeva per migliaia di lumi, ma questo spettacolo non commosse punto il Re, il quale pel gran freddo era tutto avvolto nel suo cappotto militare, aveva scialli sulle gambe e, di tratto in tratto, prendeva qualche sorso di *rum*. I cittadini di Canosa erano usciti fuori dell'abitato incontro ai Sovrani, con alla testa Salvatore Mandarini intendente di Bari, il sottointendente di Barletta, Niccola Santoro, ed altre autorità della provincia di Bari, nella quale si entra dal ponte sull'Ofanto. Sotto l'arco trionfale, eret-

---

[2] Vuol dire: *per età sono ragazza e mi debbo maritare.*

to all'ingresso della città, era stato innalzato un baldacchino. Il Re smontò, non senza stento; ricevette le autorità comunali e il clero palatino. Tutti portavano torce e davano allo spettacolo un'aria lugubre. Il Capitolo presentò al Re, in coppa d'argento, i due pani tradizionali: cerimonia stabilita da Guglielmo Normanno, come segno di regio patronato. Poi si avanzarono due gruppi di giovanetto vestite di bianco e di ragazzi, che accompagnati dalle bande musicali cantarono un inno. Il cocchio reale cominciò allora a muoversi, a stento, in mezzo alla folla che urlava *evviva,* dava suppliche e chiedeva grazie.

Si mosse alla fine per Andria, dove erano preparate più clamorose accoglienze. Si correva a tutta lena. Per fortuna non v'erano altre fermate. La popolazione di Andria si riversava per le vie: luminarie, archi di trionfo e grida festose. I Sovrani furono ricevuti dal vescovo Giovanni Longobardi, dal sindaco Giovanni Iannuzzi, da quasi tutti i decurioni e notabili, e dalle guardie d'onore Riccardo Iannuzzi, caporale, Riccardo Porro e Niccola Fasoli del fu Filippo. Scesero all'episcopio, dove, oltre la famiglia reale, alloggiò una parte del seguito. Il vescovo aveva provveduto all'alloggio con mobili fatti venire apposta da Trani. Le guardie urbane facevano ala. Le comandava Francesco Marchio, ed era sottocapo urbano Filippo Griffi, che il Re aveva conosciuto nell'altro viaggio del 1839 in Puglia, anzi gli aveva dato il soprannome di *mamozio*. La famiglia reale si mostrò al balcone, ed il pubblico, che gremiva la vasta piazza sottostante, non si stancava di applaudire. Poi si pranzò, ed è superfluo aggiungere che, sebbene il vescovo avesse tutto preparato sontuosamente, i cibi per i Sovrani furono serviti dalla cucina reale.

Il giorno dopo, 12 gennaio, ricorrendo il natalizio del Re, Ferdinando II aveva prescritto che, come al solito, si tenesse gran gala in tutto il Regno, si vestisse la grande uniforme dalle milizie, ed avessero luogo le consuete salve e l'illuminazione dei pubblici edifizii e

dei teatri; e così pure per il 16, natalizio del duca di Calabria. Egli ad
Andria si sentì un po' meglio. Occupò le prime ore del mattino a dare
udienze; più tardi s'intrattenne con Murena e Bianchini, ed alle 10,
ammise le autorità civili, militari ed ecclesiastiche, al real baciamano.
Compiuto il quale, la famiglia reale si recò al duomo, per ascoltarvi la
messa, pontificata da monsignor Longobardi. Dal palazzo vescovile,
per andare al duomo, si scendeva una scala segreta, angusta e buia, a
capo e a piè della quale erano state collocate due sentinelle. Il Re si
maravigliò della presenza di esse e, rivolto ad un piantone, bruscamente gli chiese: "*Nè, tu che fai cca?*" "*Maestà*, rispose quello, *sono di
piantone*". E il Re: "*Iatevenne, m'abbastano duie canuonice 'e ccà; iatevenne*".[3] Dal palazzo vescovile al duomo erano schierate le guardie
urbane, in uniforme, ma senza *kepì*, perchè, ne ignoro il motivo, già
da tempo era stato loro tolto. Mentre il Re passava, Raffaele Giannetti, caposquadriglia, gli si accostò e lo richiese di una grazia. Ed
avendo il Re dimandato qual grazia volesse, Giannetti lo pregò di
ripristinare pe' suoi militi l'uso del *kepì*. Nel duomo si ascoltò la
messa pontificale, ed il Re pregò inginocchiato, innanzi all'immagine
di San Riccardo, patrono della città.

Uscito dal duomo, il real corteo si recò al santuario della Madonna
dei Miracoli, dove si leggevano queste due iscrizioni: *Ai favori di
Maria de' miracoli – elettissimi – il devoto popolo andriano – riconoscente aggiunge – questo non ultimo – dell'ospitare i principi suoi*; e dall'altra parte: *Dio – nella giustizia e clemenza – di Ferdinando II – la gente
andriese – in questo dì memorando – festeggiante adora*.

Queste due iscrizioni per quanto ampollose eran vinte da quella che
si leggeva all'ingresso della città: *Alle Maestà – di Ferdinando II e di
Maria Teresa – ottimi augusti – che di lor presenza con la real famiglia
– questo popolo fedele onorano – saluto omaggio riconoscenza*; ed anche

---

[3] Andate, mi bastano due canonici di qui: andate.

da una delle tre, poste sulla macchina in piazza del municipio e che diceva: *Nel numero dei popoli soggetti – la potenza dei Re – nell'amore nella festa del popolo – la gloria di Ferdinando II.* Nel santuario, ventiquattro orfane, vestite di bianco, cantarono un inno. Poi ci fu la benedizione. Risaliti nelle carrozze, i Reali presero commiato dalle autorità, e, traversando le vie di Andria a trotto serrato, in mezzo a fitta calca di popolo plaudente, mossero alla volta di Acquaviva.

Da Andria ad Acquaviva, fu una marcia trionfale. I grossi paesi, lungo la strada percorsa dagli augusti viaggiatori, Corato, Ruvo, Terlizzi, Bitonto, Palo, Bitetto, San Nicandro, erano in festa. Dappertutto sorgevano baldacchini, archi di trionfo e festoni di mortella; le case erano addobbate con arazzi e coperte di seta, e l'inno borbonico risuonava a ogni passo. Lungo quei paesi popolosi, a poca distanza l'uno dall'altro, le carrozze reali trottarono quasi sempre fra guardie d'onore, sindaci e decurioni, magistrati e vescovi, capitoli e confraternite, e fra un fitto stuolo di cittadini che, tratti dalla curiosità o dalla vanità, volevano vedere i Sovrani, acclamarli, e fare augurii al principe ereditario per le sue nozze. Le pubblicazioni del tempo, nonostante la rettorica, rivelano, abbastanza esattamente, quanto riuscissero clamorose quelle accoglienze. Le quali, però, a Ferdinando II, che da tre giorni era tormentato da dolorosa lombaggine, arrecavano assai mediocre sollievo, e solo divertivano in qualche modo i principi, soprattutto il giovane conte di Caserta, che si studiava di ritrarre i tipi più comici di quei sindaci e di quei decurioni, e con tali facezie riusciva a strappare qualche sorriso al padre. La città, che più si distinse, fu Bitonto, culla di nobili e di cavalieri di Spagna. N'era sindaco il nobile Vincenzo Sylos Labini, il quale, nella confusione del ricevimento, perdè il cappello. Il Sylos morì senatore del Regno d'Italia. I Sovrani si fermarono colà due ore. L'arco di trionfo rizzato sulla porta della città ricordava le gesta guerresche di Carlo III, e ampollose, al pari delle altre dianzi ricordate, ne erano le iscrizioni.

La famiglia reale si recò prima in quel magnifico duomo, uno dei più splendidi monumenti dell'arte pugliese sotto i Normanni e gli Svevi, dove dal vescovo, monsignor Matarozzi, fu impartita la benedizione, e passò poi all'orfanotrofio Maria Cristina, affidato alle monache di San Vincenzo de' Paoli. Vi erano raccolte più di 200 orfanello, ed una pronunziò, dinanzi alle Loro Maestà, un discorso d'occasione, il quale fu detto essere stato scritto dal canonico Comes e che finiva con queste parole: "*Sì, o Sire! Voi spargete la beneficenza in tutti gli angoli del vostro Reame, e qui ne abbiamo raccolto i frutti abbondevoli ancor noi, che se tolte alla corruzione de' trivii siamo spinte sulla via della religione e della virtù, noi lo dobbiamo a Voi, che siete il padre dell'orfano e del derelitto*". Poi fu da tutte cantato un inno. La Regina ammirò i ricami eseguiti dalle orfanelle, e non fu parca di lodi, e il Re ricevette le autorità, che ammise al baciamano. Nella chiesa dell'orfanotrofio il vescovo diè ai Sovrani e ai principi un'altra benedizione, prima della partenza. Superiora del pio ricovero era suor Teresa Cecilia Goyeneche, francese, che io ho conosciuta, perchè morta da soli due anni; una monaca piena di talento, sana e ardita. Mi disse un giorno che la interrogai sul viaggio reale, ch'ella "*avait remarqué que le Roi était malade*", perchè era taciturno e triste, aveva gran fretta di partire e pareva che si annoiasse di tutto e fosse molto stanco. Mi disse pure, che, quando i Sovrani e i principi visitarono il refettorio, il duca di Calabria, avendo sete, tolse dalla tavola un boccale d'acqua e lo bevve d'un fiato, e tutti restarono ammirati di quest'atto *de vrai soldat*.

Non valsero a dissuadere il Re dal lasciare Bitonto le caldissime preghiere del conte Vincenzo Gentile, il quale, per sottrarlo ai rigori della stagione e alla rigidezza delle prime ore della sera, gli offrì ospitalità in casa sua, addobbata con opulenza, e dove era preparato un sontuoso pranzo per i Sovrani, i principi e tutto il seguito. Egli giunse a pregare il Re in ginocchio, perchè rimanesse, ma il Re voleva, a tutti i costi, arrivare la sera in Acquaviva; e benchè fosse già notte, ordinò che si partisse di galoppo. Il conte Gentile restò così mortificato della non accettata ospitalità, che per consolarsene in qualche modo, aprì per tre giorni di seguito il suo palazzo, perchè ciascuno vedesse la sala da pranzo, che aveva apparecchiata, con cuochi e camerieri fatti venire da Napoli.

Lungo la via da Bitonto ad Acquaviva furono fatte brevissime fermate a Palo, a Bitetto ed a San Nicandro.

Si giunse in Acquaviva alle dieci di sera. I preparativi per le feste erano stati diretti da monsignor Falconi. Case riccamente addobbate, alti archi di trionfo ed epigrafi ribocanti d'iperboli. Quella sulla porta della città, sotto l'immagine di Maria Santissima di Costantinopoli, diceva così: *Vergine di Costantinopoli – Madre di Dio e degli uomini – di questa città dopo Dio – speranza prima – tu che ne' nostri bisogni – la seconda prece non attendi – questa grazia – impetraci dal figlio tuo – che questi angioli di viaggiatori – che innanzi al tuo santuario – umilmente si prostrano – mai non muoiano – alla tua gloria, al nostro amore – alla felicità de' loro popoli.*

Sotto quest'arco di trionfo, all'ingresso della città, attendevano il Re, il clero con monsignor Falconi alla testa, le autorità circondariali e municipali e i primarii cittadini, con ceri accesi in mano. Vi erano pure sessanta bambini, vestiti con pantaloni bianchi e giacchette celesti e rami d'ulivo in mano. Quei poveri bambini tremavano dal freddo. Il Re non sostò un momento e andò dritto al palazzo dell'arciprete. I dolori gli si erano rincruditi, con lo stare in vettura tante ore.

Monsignor Falconi, direttore supremo delle feste e scrittore delle epigrafi, era sontuoso in tutto: nello stile, nelle immagini, nei conviti, nelle abitudini. Alto e vigoroso della persona, egli era nativo di Capracotta; ed essendo stato, per alcuni anni, segretario dell'arcivescovo Clary a Bari, aveva rivendicata la palatinità delle chiese di Acquaviva e Altamura e ne aveva ottenuto titolo di arciprete mitrato e giurisdizione episcopale: beneficio, che gli fruttava circa seimila ducati l'anno. Era fratello del procuratore generale Falconi, e zio dell'attuale deputato e sottosegretario di Stato per la giustizia. Tanta fiducia riponeva in lui Ferdinando II, che volle pernottare ad Acquaviva, ad ogni costo, nel palazzo dell'arciprete, non in quello che fu di casa Mari, e passò poi in possesso di don Sante Alberotanza. Nel palazzo di don Sante alloggiarono Murena, Bianchini ed altri del seguito e vi stettero assai a disagio. Il principe e la principessa della Scaletta furono obbligati a passare la lunga notte in veglia, tanti erano gl'insetti che popolavano la camera loro destinata. Il Re apparve a tutti dimagrito e invecchiato. Al pranzo dei Sovrani provvide la cucina reale; agli altri, molto suntuosamente, monsignor Falconi, che aveva un ottimo cuoco. Il vino fu offerto da don Girolamo Jacobellis, il quale, prima di consegnarlo, lo assaggiò alla presenza di molti, forse per eccesso di prudenza; ma il vino servì al seguito, non alla famiglia reale. Il Re si ritirò quasi subito con la Regina, nella sua camera da letto. Il solaio di questa, essendo poggiato su travi perchè malsicuro, era stato fatto da monsignor Falconi puntellare.

La mattina del 13, Ferdinando II si levò di buon'ora, e dopo di avere atteso agli affari della provincia e del circondario, accolse gli omaggi delle autorità, del clero e dei maggiorenti e diede pubblica udienza. Molte furono le suppliche presentate; Acquaviva rigurgitava di forestieri. V'erano convenute le guardie d'onore del circondario, i sindaci e i decurioni dei comuni vicini. La piazza, che separa l'episcopio dalla chiesa, era brulicante di popolo, e gremiti i balconi, le finestre e le terrazze. Tutti sventolavano fazzoletti e bandiere e applaudivano al Re, che, alle dieci, uscì dal palazzo vescovile, insieme con la Regina e coi principi reali e si recò, a piedi, alla vicina chiesa cattedrale. A una povera donna, che lo richiedeva di elemosina, fece largire trenta ducati. Alla porta della chiesa le guardie d'onore e le urbane facevano ala e, sull'ingresso, aspettava monsignor Falconi, circondato dal capitolo. Prima di benedire la famiglia reale con l'acqua santa, monsignore pronunziò un discorso, che, per le strane iperboli contenutevi, merita essere esumato. Con citazioni delle sacre carte, il prelato cominciò dal delineare la figura del vero Re, immagine di Dio in terra, e poichè tutte le virtù, che debbono adornare un Re, egli rinveniva, in grado eminente, in Ferdinando II, la cui gloria è *esaltata dalle prime intelligenze europee,* così chiudeva la sua concione: "*Sì, o Sire, d'oggi innanzi pregheremo ancor più; e pregheremo Dio che vi conservi lunga serie di anni alla sua Divina gloria, all'amore de' vostri popoli, che vi amano, e vi amano di cuore, ed alle delizie della Vostra Famiglia. Pregheremo che tenga lungi da voi ogni generazione di amarezze: che vi dia giorni sereni e tranquilli, e che compia ogni vostro desiderio, ch'essendo desiderio di padre, e di padre il più pio, il più giusto, il più tenero de' suoi figli, non può non essere accetto e caro a lui, Re dei Re, Sole di giustizia, Padre primo dei popoli tutti della terra. Pregheremo infine che vi colmi di ogni maniera di grazie con cotesta fulgidissima Stella che allato vi splende, esempio anch'Ella di virtù preclarissima, e col principe ereditario, erede veramente dell'ingegno e della pietà, della giustizia e degli altri pregi di mente e di cuore del padre, e cogli altri Reali principi e principesse*". Dopo il sermone, che il Re ascoltò in piedi sulla soglia, preceduti da monsignor Falconi, gli augusti viaggiatori entrarono nella chiesa, prendendo posto presso l'altar maggiore. Dopo il canto del *Domine salvum fac regem,* l'arciprete invitò il Re a prender possesso dello stallo canonicale che, come prima dignità del capitolo, gli spettava nelle chiese palatine. Compiuta la cerimonia del possesso, la famiglia reale si recò ad ascoltare la messa, detta dallo stesso prelato nella cappella della Vergine delle Grazie.

I Sovrani ed i principi furono ai presenti modello di devozione.

Finita la messa, uscirono dalla chiesa. Alla porta si trovavano pronte
le carrozze, attorno alle quali erano i sessanta bambini, che li avevano
ricevuti all'arrivo, nello stesso costume e cogli stessi rami d'ulivo.
Prima di salire in vettura, il Re si fermò dinanzi alla chiesa, rivolgen-
do al prelato varie domande sulla sua architettura. Si partì alle 11 per
Gioia, in mezzo alle acclamazioni del popolo. Le autorità
accompagnarono i Sovrani sino a Gioia. All'ingresso di questo grosso
comune, era stato innalzato un grande arco trionfale, sormontato da
epigrafe esprimente che i gioiosi, *con sensi di devoto e figliale attacca-*
mento – esultanti – imploravano lunghi e sereni giorni ai Sovrani. La
fermata di Gioia fu breve. Questa era l'ultima tappa di Terra di Bari,
ma in Terra d'Otranto dimostrazioni ancora più clamorose attendevano il Re. Da Noci, Castellaneta, Laterza, Ginosa, Palagianello,
Palagiano, Montemesola, Grottaglie e Mottola erano accorsi cittadini
e autorità in folla, e da tre giorni bivaccavano a San Basilio, grande
tenuta del duca di Sangro (dove ora sorge un bel monumento, che la
pietà paterna ha innalzato all'unico infelice figliuolo) circa quattromila persone, comprese parecchie compagnie di guardie urbane, con
bandiere e bande. V'erano arrivati, nella mattina, l'intendente della
provincia Sozi Carafa, il sottointendente di Taranto, De Monaco e
altre autorità. Era stato eretto, anche laggiù, un arco di stile dorico
con relative epigrafi. Acclamazioni e applausi, accompagnati dall'inno reale, salutarono i Sovrani al loro apparire. Questi si fermarono il
tempo necessario per il cambio dei cavalli, ma non discesero dalla vettura. Parve che il Re ricevesse freddamente il Sozi Carafa, memore, si
disse, della inchiesta, fatta fare due anni prima dal magistrato don
Scipione Jocca, sui lavori stradali della provincia, e che riuscì sfavore-
vole all'intendente, rimasto in carica, si aggiunse, per protezione della
Regina; ma erano voci create forse da malignità. Sozi Carafa, che io
ho conosciuto nel 1870, modesto impiegato in una casa di spedizioni marittime, morì poverissimo; e, politica a parte, fu uno dei miglio-

ri funzionarii mandati a reggere la Terra d'Otranto. Da San Basilio la
strada sale pittorescamente, per quattro miglia, sulla collina di
Mottola. E di mano in mano che gli augusti viaggiatori avanzavano,
seguiti da tutta quella turba a piedi e a cavallo, nel maggiore disordine, ma sempre plaudente ed acclamante, si dispiegava ai loro occhi il
maraviglioso panorama del golfo di Taranto, coi monti di Basilicata
e della lontana Calabria. Essendo stati cambiati i cavalli a San Basilio,
e dovendo essere ricambiati a Massafra, i Sovrani non sostarono a
Mottola che qualche minuto. Nel punto, in cui s'incrociano le quattro strade, innanzi alla locanda del paese, era accorsa tutta la cittadinanza, con alla testa il sindaco notar Leonardo Caramia, i decurioni, il giudice regio e le signore, le quali avevano apparecchiato il
cioccolatte da offrire ai Sovrani e imparato il cerimoniale dell'offerta
ma questi non presero nulla. Sollevò l'ilarità generale il giudice regio
Pirchio, giovane robusto ed elegante, che nella confusione, volendo
passare dalla parte della strada, dov'era aperto lo sportello della carrozza reale, non vide un mucchio di sassi e vi ruzzolò sopra, rialzandosi col viso pesto e gli abiti sporchi. Il Re non si potè tenere dal ridere, quando se lo vide dinanzi conciato a quel modo. Delle tre guardie
d'onore di Mottola, due erano andate incontro alle Loro Maestà a
San Basilio, don Giovannino Mignozzi e don Angelo Cardinali, e la
terza, don Titta Sabato, era confuso nella folla in abito borghese, perchè *attendibile*.

Partiti da Mottola, i Reali passarono sotto un altro arco di trionfo
a Massafra, eretto in segno di *fedelissima sudditanza*. A Massafra,
ch'era l'ultimo cambio di cavalli, prima di arrivare a Taranto, i
Sovrani sostarono dieci minuti, ricevendo gli omaggi delle autorità. I
Massafresi si abbandonarono alle più sfrenate esultanze e gridavano a
coro: *"grazie, grazie, Maestà»*. Il Re chiese: *"e che grazia volete?"* e quelli, con più alte grida: *"basta che t'avimmo visto, Maestà"*. Il Re, cui tardava di proseguire il viaggio, di tutte quelle dimostrazioni grottesche

era seccato. Era già il sesto giorno di viaggio; il moto della carrozza aumentava le sue sofferenze, e però aveva fretta di arrivare a Lecce, dove contava riposarsi a lungo.

Si giunse a Taranto alle 4 ½. Uno squadrone di dragoni precedeva le carrozze reali, salutate, al loro apparire, da acclamazioni ed applausi di tutti i tarantini, usciti fuori dalla città, incontro ai Sovrani. Attendevano, alla porta di Napoli, il sindaco Giacinto Mannarini, un uomo di corporatura enorme, e tutti i decurioni, fra i quali, ricordo, Tommaso Ciura, Luigi Grassi, Michele Franco, Francesco Piccione, Gaetano Latagliata, Gaetano Portacci e Niccola Greco. Vi erano i rappresentanti delle confraternite e delle corporazioni religiose. L'intendente Sozi Carafa non sapeva darsi pace della fredda accoglienza, che il Re gli aveva fatta a San Basilio. Il Re, senza fermarsi, si diresse all'episcopio; e poiché la carrozza reale a stento poteva procedere fra le anguste vie della città, e in mezzo ad una folla acclamante che faceva ressa da ogni parte, i gendarmi adoperavano il calcio dei fucili per far largo. Ferdinando li rimproverò aspramente, e furono coperte d'applausi le sue parole: "*Voi non sapete fare il vostro dovere; il gendarme non deve battere, deve occupare il posto*". E giunto all'episcopio, dove lo attendevano monsignor Rotondo, arcivescovo di Taranto, monsignor Margarita, vescovo di Oria, e tutte le dignità capitolari, suo primo atto fu di punire con gli arresti in fortezza il comandante dello squadrone di cavalleria, perchè i cavalli erano quasi sfiniti dalla stanchezza. E al figlio del comandante, che tentò intercedere per il padre, rispose parole severe. Il Re era di pessimo umore. Appena scese di carrozza, il comandante del castello gliene presentò le chiavi, sopra un cuscino di velluto. Il Re le respinse, dicendo: "*Stanno bene affidate*"; ed avendogli il comandante chiesto se si dovessero fare le salve d'onore, il Re rispose: "*Fate tutto quello che mi spetta*". E così il cannone cominciò a tuonare. Prima che il comandante s'allontanasse,

Ferdinando gli chiese, sorridendo: "*Che fanno 'e fratielli? Ce stanno fratielli a Taranto?*" [4] Egli chiamava con questo nome i liberali, e specialmente i repubblicani. Il comandante lo rassicurò, dicendogli essere Taranto città tranquilla e fedele.

Sull'episcopio salirono soltanto la Regina e i principi; il Re andò invece a vedere la batteria *Carducci*, allora in costruzione. Rimproverò la lentezza dei lavori; disse che si era speso troppo, e uscì in queste parole: "*Se se mettessero 'e pezze che se so spese, una 'n coppa all'auta, se farìa na torre chiù alta 'e chesta ccà*".[5] Poi si recò, con la Regina e i principi, nella cattedrale, dove fu cantato un *Te Deum*. Dappertutto lo seguiva una fitta calca di popolo; le vie, che egli attraversava, erano riccamente addobbate, nè avevano fine gli applausi e le acclamazioni. Dalla cattedrale si andò di nuovo all'arcivescovado, dove monsignor Rotondo aveva fatto preparare un lauto pranzo, ma il Re, la Regina e i principi non vollero accettar nulla, e all'arcivescovo, che insisteva perchè sedessero a tavola, Ferdinando II rispose che preferiva che gli si fosse apprestata qualche cosa in una cesta, per mangiarne lungo la strada. Osservando l'ampiezza delle sale dell'episcopio, disse iperbolicamente al vescovo, ch'egli aveva un palazzo più vasto della Reggia di Caserta. Al sottointendente De Monaco, il Re ordinò che si nettasse il porto e si riaprissero la salina e la salinella di San Giorgio: due piccole lagune, concesse fin dal 1849 dal demanio dello Stato in enfiteusi perpetua ai signori Onofrio Scarfoglio, Giovanni Milena e Luigi Epifani, con l'obbligo delle spese per mantenere la bonifica, la quale manutenzione era trascurata con danno della città. Cosa strana: di autorità municipali nessuna potè giungere al Re, e però non ebbero l'opportunità di esporgli i bisogni del paese,

---

[4] Che fanno i fratelli? Ci son fratelli a Taranto?

[5] Se si mettessero le piastre, che si sono spese, l'una sull'altra, si farebbe una torre più alta di questa qui.

come avevano in animo. Il Decurionato deliberò, il 19 gennaio, d'inviare per questo un'apposita deputazione a Lecce, la quale fu composta dal sindaco Mannarini, don Gaetano Portacci, don Domenico Sebastio di Santacroce, il commendatore Ferdinando Denotaristefani e Cataldo Nitti *"benemerito cittadino – sono parole testuali del verbale della deliberazione – che tanto seppe con la sua opera data alla luce interessarsi al sollievo della povertà di Taranto; i quali tutti, scienti delle bisogna del paese, troveranno modo come supplicare la Munificenza del Principe Regnante, ed ottenere a questa città tutti i possibili e duraturi vantaggi"*. Nel breve ricevimento delle autorità, la Regina si faceva baciare la mano, coperta da un guanto di filo di Scozia. Alle nove i Reali partirono per Lecce, tra le solite ovazioni.

Da Taranto a Lecce, il viaggio si compì tutto di notte. A pochi chilometri da Taranto scesero tutti alla masseria Cimino, a destra della strada, dove erano magnifiche robinie. Era un bel chiaro di luna, che si rifletteva sulle onde tranquille del mare Piccolo, e benchè fosse nelle prime ore della sera, il mite clima messapico temperava il rigore della stagione. La principessa della Scaletta, superstite di quel viaggio, ricorda con caratteristica compiacenza quella fermata e le barzellette del Re, al quale parve per un istante che tornasse il buon umore. Cenarono in piedi e si rimisero in viaggio. L'ampia strada consolare era densa di popolo, e qua e là sorgevano archi di trionfo, con lumi ed epigrafi. Gli abitanti di San Giorgio, Carosino, Fragagnano, Monteparano, Sava, Manduria, Oria, erano accorsi con i corpi municipali, le guardie d'onore e le guardie urbane, sfidando i rigori di una notte d'inverno, benchè non freddissima. Ma il Re passò senza fermarsi. Traversò Manduria a trotto serrato, ch'era scorsa la mezzanotte. Manduria, patria di Niccola Schiavoni e di altri condannati e profughi politici, era città antipatica al Re. La vecchia madre dello Schiavoni aveva preparata una domanda di grazia da consegnare al

Sovrano, ma non le fu possibile. Si arrivò a Lecce alle cinque, ed era notte fitta. Gli augusti viaggiatori erano aspettati dal giorno avanti, e nessuno credeva che sarebbero giunti in quell'ora, così mattutina e fredda. Le autorità ne ebbero avviso solo alle quattro, quando giunse improvvisamente la staffetta, che precedeva di cinque miglia la carrozza reale. La notizia si diffuse subito per la città, ma mancò il tempo di eseguire quanto era stato stabilito. Si era fissato che alcune signore sarebbero andate incontro alla Regina fuor di porta Napoli, ad offrirle dei fiori, mentre il sindaco avrebbe presentato al Re, secondo l'antico costume, le chiavi della città; ma non se ne potè far nulla. Poca gente si trovò ragunata a porta di Napoli, dove si era innalzato un arco di trionfo. Le autorità preferirono attendere i Sovrani sullo scalone del palazzo dell'Intendenza, dove il Re con la famiglia e il seguito doveva alloggiare. All'arredamento del palazzo per la circostanza avevano concorso le famiglie leccesi più cospicue. Pensini prestò la biancheria da tavola e da letto; Panzera e Romano, la mobilia e i lampadari, e Romano, ch'era sindaco, anche l'argenteria da tavola e da sala.

La carrozza reale, scoperta ai lati e tirata da quattro cavalli storni romani, giunse a trotto serrato, a porta di Napoli. La precedevano quattro dragoni, che illuminavano la via con torcie a vento; altri sei dragoni la seguivano. Tutte le campane delle chiese suonavano a festa, nè mancarono le solite acclamazioni. Al Re, nel salutare gli astanti, cadde di mano il berretto di color amaranto; un popolano lo raccolse, ma Ferdinando II non lo rivolle e, aperta una valigia, che aveva dinanzi, ne prese un altro. Le guardie d'onore, Giuseppe Libertini, Francesco Quarta, Francesco Russo, Gesualdo Sanguinetti, Pasquale Ceino, Attilio Jurlaro, Giuseppe Tresca-Giovinazzi, Pasquale Sauli, il cavalier Venturi formavano il drappello di servizio, ma Ludovico Tarsia e Giuseppe Maggi, di Martina Franca, bei giovani, aitanti della persona, si distinsero, per forza di resistenza, nel seguire al trotto serrato le carrozze del Re e dei principi, senza dar segno di stanchezza. Lentamente le vetture reali percorsero il viale di Napoli, illuminato con legna di pino su canestri di ferro, e le vie del Vescovado e delle Quattro Farmacie, addobbate con parati di carta. La meschinità degli addobbi era compensata dall'ampollosità delle epigrafi, che si leggevano in ogni punto e superanti in iperbole tutte le altre. Una diceva: *Vieni – o Ferdinando Augusto – fra i plausi ed i voti – della tua Lecce – se lontana di sito – vicinissima d'affetto;* e un'altra: *Reputò assai lontana la Reggia – Ferdinando II – principe munificentissimo – per intendere i voti e le suppliche – della Città di Matennio e sino a lei venne sollecito – malgrado i rigori jemali – 13 gennaio 1859 – per interrogarla egli stesso – e a tutti i bisogni di lei – paternamente provvedere.*

Alle finestre e ai terrazzini, nonostante l'ora incomoda, si sporgeva una moltitudine di signore e di signori, plaudenti e sventolanti bandiere e fazzoletti. La signora Stella Donadeo, vedova di Michele Spada di Spinazzola, che nonostante fosse fresca di parto, volle godersi quello spettacolo, ne prese una malattia, per la quale morì. Il cortile del palazzo dell'Intendenza era illuminato a luce elettrica: portentosa novità dovuta al padre Miozzi, professore di fisica nel collegio reale dei gesuiti e al professore Giuseppe Balsamo, che poi fu deputato per alcuni anni. La carrozza reale entrò nel grande atrio del palazzo e si fermò innanzi allo scalone, dove erano convenuti il sindaco, don Pasquale Romano, i decurioni Giovambattista Guarino e Pasquale Pensini, il segretario generale de Nava, il presidente e i giudici del tribunale, nonchè donna Maria Morelli, la baronessa Gualtieri, il barone Giovanni Casotti, il sacerdote Giuseppe Centonze, ex-cappellano militare, e altri pochi. Lungo lo scalone, da una parte facevano ala gli alunni del collegio dei gesuiti, dall'altra gli impiegati: tutti avevano torce accese in mano.

Sceso di carrozza, il Re chiese scusa di esser giunto in ora così mattutina e di aver disturbate tante persone; poi, tirando su con tutt'e due le mani i calzoni, com'era suo costume, disse alla guardia d'onore, Tommaso Caputo, che aveva accanto: "*Fa molto freddo, guardia*"; e il Caputo prontamente rispose: "*Maestà, questo freddo non è bastato a intiepidire la devozione della cittadinanza, che ha voluto vedervi e salutarvi*". La risposta piacque al Re, che la ripetè nel ricevimento delle autorità. Si fermò, quindi, ad ammirare il cortile illuminato a luce elettrica, e poi cominciò a salire l'erto scalone quasi penosamente. Dopo i primi scalini, notò un ufficiale di ponti e strade, addetto alla piazza di Lecce, Luigi Lamonica e, fermandosi dinanzi a lui, lo rimproverò severamente per le cattive informazioni, che disse aver ricevute sul suo conto; del che è facile immaginare quanto il pover'uomo si sentisse umiliato. Entrò nel suo appartamento dicendo che aveva freddo e chiese del fuoco. In nessuna sala si erano accesi i caminetti: si provvide come meglio si potè, ricorrendosi persino all'espediente di mettere cenere calda in catinelle, per riscaldare mani e piedi. Il Re non volle che una tazza di brodo e la bevve con le spalle appoggiate ad uno de' caminetti, che s'eran potuti accendere. E dopo un quarto d'ora, licenziato il seguito e fatti ringraziare gli altri, insieme con la Regina, si ritirò nella sua camera da letto, dove Galizia aveva distesa e apparecchiata la branda da campo, che era servita anche ad Ariano, a Foggia e ad Acquaviva. Il Re si buttò sulla branda, vinto dalla stanchezza, si fece coprire bene e riposò poche ore.

Si levò alle sette, e dopo aver ascoltata, con la Regina e i principi, la messa, detta dal vecchio monsignor Caputo nella cappella del palazzo, si trattenne con Murena e con Bianchini circa le cose dello Stato, e con Sozi Carafa su gli affari della provincia. Più tardi ammise al baciamano tutte le autorità e diè udienza pubblica a quanti volevano chiedergli grazie, e furono molti. Il Re era in piedi nel grande salone dell'Intendenza, la Regina gli sedeva a destra, e intorno i principi. Alle loro spalle, e a qualche distanza, stavano il principe e la principessa della Scaletta e gli altri dignitarii; alla porta del salone, l'intendente. Si recarono ad ossequiare i Sovrani, prima degli altri, oltre a monsignor Caputo, monsignor Vetta, vescovo di Nardò, monsignor Francesco Bruni, vescovo di Ugento, quasi tutti i signori di Lecce e della provincia, i priori delle congregazioni laicali e i capi degli Ordini religiosi. Le signore erano presentate alla Regina dalla moglie del sindaco, donna Felicetta Romano dei baroni Casotti. Alle due, i Sovrani e i principi, in carrozze offerte dai signori leccesi, andarono a visitare il duomo, aprendosi a stento un varco in mezzo alla folla plaudente. Nella navata maggiore erano schierati, in doppia ala, fin dal mattino, i dragoni della guardia; uno di essi, stanco dalla lunga attesa, cadde svenuto, ma si riebbe subito. I Sovrani si assisero sotto il trono del vescovo, il quale si collocò dirimpetto, *in cornu epistolae* e, dopo un enfatico discorso e il canto del *Te Deum*, impartì loro la benedizione. I principi, i dignitari, il sindaco e le altre autorità sedettero negli stalli canonicali. Il Re volle poi vedere l'altare di Sant'Oronzo, patrono di Lecce, ed accortosi che fra gli ornamenti mancava un paliotto d'argento, fece promessa di questo dono, promessa che, solo pochi anni or sono, venne sciolta dal figlio Francesco.

Usciti dal duomo, i Sovrani e i principi visitarono l'educandato delle fanciulle, detto delle *Angiolille*, diretto dalle suore della Carità; furono molto soddisfatti dei lavori delle alunne, e udirono composizioni poetiche per la circostanza. Erano fra le educande due nipotine di Niccola Schiavoni. Le ragazze, piangenti, presentarono al Re una supplica, ma il Re passò innanzi senza darsene per inteso. Tornati al palazzo, i Sovrani tennero circolo, cui presero parte le signore leccesi presentate nella mattina. Alle sei di sera, una sera splendida ma rigidissima, l'atrio dell'Intendenza fu di nuovo illuminato con la luce elettrica del padre Miozzi. La grande lampada era stata collocata nel mezzo del cortile; dagli archi pendevano candelabri, e ai lati, enormi fanali, con effetto veramente magnifico.

Alle sette era fissato lo spettacolo di gala al teatro, col *Trovatore*; ma il Re, saputo che in Lecce si trovava il noto buffo napoletano Mazzarra, disse: "*Che Trovatore e Trovatore, voglio sentì don Checca; me voglio divertì*". E, in poche ore, si dovette allestire il nuovo spettacolo. Il teatro, teatro così per dire, era allora dov'è presentemente il *Paisiello*: un locale vecchio e affumicato, a cui si addossavano catapecchie cadenti. Lo addobbarono alla meglio, con festoni di fiori, e con triplicata illuminazione. Il palco di mezzo fu destinato alla Corte. Molti spettatori occupavano gli altri palchi, ma la platea era sul principio quasi vuota per l'alto prezzo del biglietto di entrata, sei carlini, stabilito dal direttore don Alfonso Scarfoglio, onde l'intendente ordinò ingresso gratuito a quanti fossero decentemente vestiti, e così la platea si riempì in un attimo. All'ingresso prestavano servizio le guardie d'onore. Il Re venne ricevuto dalla commissione nel piccolo atrio; e poichè le cerimonie del ricevimento furono lunghe, dovè restare a capo scoperto per qualche minuto, sulla porta, mentre soffiava forte la borea di fuori e penetrava nella platea. La sua alta persona sporgeva quasi tutta fuori del palchetto, angusto per lui. Due gendarmi si collocarono sul palcoscenico, presso ai due palchi di proscenio. La Regina sedeva allato al Re, e i principi presero posto in un palchetto accanto. Alzato il telone, gli alunni del reale ospizio di San Ferdinando cantarono un inno achillinesco, scritto per la circostanza da Enrico Mastracchi e musicato dal maestro Carlo Cesi. Cominciava:

> Salve, o Re, che tua gloria ponesti
> Nella pietà, che in fronte ti brilla;
> Tu qual astro sui poveri mesti
> Balenasti di lieto fulgor.

E finiva:

> Ah, se un dì funestissimo, il tempo
> Da quest'alme il tuo nome cancelli;
> In quel dì restin muti gli augelli
> Manchi al sole l'usato splendor.

Il poeta serbò fede ai Borboni, e io lo conobbi, venticinque anni dopo, in Roma, direttore d'un giornale clericale e borbonico impenitente.

Durante la rappresentazione, Ferdinando II parlò con Murena, con l'intendente, col ricevitore generale Daspuro e con le altre autorità. E poichè, come ho detto, aveva l'abitudine di tirarsi su per la cintola i calzoni, gli spettatori dovettero levarsi, quattro o cinque volte, in piedi, credendo che egli si levasse per andar via. Alla fine del primo atto si alzò veramente per tornare all'Intendenza. Era stanchissimo; la notte avanti non aveva dormito; in teatro aveva sentito più forti brividi di freddo, nonostante il pesante cappotto militare. All'Intendenza ebbe luogo una suntuosa cena, dopo che dal balcone i Sovrani ebbero veduti i fuochi artificiali, che chiusero le feste di quel giorno. Alle dieci il Re si mise a letto. La partenza per Bari era fissata la mattina seguente, alle nove e mezzo.

Ma nella notte il Re si sentì peggio. Crebbe il suo dolore ai lombi e un senso di oppressione gl'impedì di chiudere occhio. Aveva la febbre. All'alba (era di sabato) l'intendente fu chiamato in tutta fretta dalla Regina; ed entrato nell'appartamento reale, apprese in anticamera il malessere e la insonnia del Re, nella notte. Dopo un momento comparve la Regina, che lo richiese di un medico. "*Ne abbiamo due, Maestà*, rispose Sozi Carafa, *il D'Arpe e il Leone; di maggior grido e valore il primo, ma vecchio liberale; l'altro più giovane, anche liberale, ma uomo d'ordine*". "*Si chiami il secondo*", ordinò la Regina. E fu chiamato il dottor Giuseppe Leone, di famiglia liberale, bel giovane, intelligente e assai stimato nella sua professione. Non vide subito il Re, ma dai sintomi della malattia, che la Regina gli espose, giudicò impossibile la partenza e fu risoluto di non partire. Le rappresentanze, venute per ossequiare i Sovrani, insieme con le rispettive bande musicali, formavano una folla, che assordava la città con grida ed evviva e occupavano tutto l'atrio dell'Intendenza e la spianata tra il palazzo e la villa. Nella giornata il Re si aggravò di più, nè migliorò durante la notte tanto da tener desto tutto il palazzo. Era cresciuta la febbre, sentiva una gravezza al capo e un peso allo stomaco; diventati più tormentosi i dolori ai lombi. La mattina seguente, 16, volle di suo capo cavarsi sangue. Fu mandato a chiamare il miglior flebotomo di Lecce che tuttora vive, don Antonio Marotta.

Il Marotta, sorpreso dell'invito, che ebbe da un gendarme, corse all'Intendenza. Il primo che vide fu Sozi Carafa, il quale per dargli coraggio gli disse: "*Marotta, come salassi me, salassa Sua Maestà*". Indi entrò nella camera del Re, dove già stavano la Regina e il dottor Leone. All'inchino del Marotta, Ferdinando II rispose: "*Bongiorno, masto*", e si levò a sedere sul letto, rimboccando la manica destra della camicia da notte, una camicia a righe bianche e azzurre. Poi entrarono i tre principi che gli baciarono la mano, dicendo: "*Buon giorno, papà; come state?*" e si allinearono come tre soldati accanto al letto. Ferdinando II chiese al Marotta se avesse portata una lancetta nuova, e poichè quegli rispose di no, volle che lavasse quella, che aveva, accuratamente. Allora entrarono i servi con tutto l'occorrente per il salasso. Il Re scese dal letto, si avvicinò alle immagini che stavano sopra il cassettone e, inchinato il capo, si unse la fronte con l'olio delle lampade che ardevano avanti ad esse. Il Marotta compì, con molta cura, il suo ufficio e al primo zampillo di sangue, un sangue di color rosso cupo, quasi nero, gridò: "*Salute, Maestà*". Due servi in ginocchio reggevano la catinella. Compiuto il salasso, il Re chiese: "*Quanto me n'avite cacciato?* – "*Dieci once; questa è la regola, Maestà*", rispose il Marotta. E il Re, stringendogli il braccio: "*Grazie, masto; m'avite data 'a salute; 'o signore v'o renne, figlio mio*".[6] Il duca di Calabria porse il taffetà per rimarginare la ferita. Al Marotta furon date trenta piastre per il suo servizio; ma il salasso non restituì punto il benessere al Re, come lui credeva; anzi il male si inasprì di più. Lo tormentavano con maggiore insistenza la tosse, il vomito e il peso allo stomaco, tanto che il dottor Leone, credendo che si trattasse di congestione polmonare con complicazione gastrica, prescrisse dell'acetato ammoniacale.

In città si sapeva che Ferdinando II era indisposto, ma nessuno immaginava la gravità del caso, perchè alle guardie d'onore e a quanti prestavano servizio presso i Sovrani, si erano impartiti ordini rigorosi di serbare il silenzio. Si accreditava la voce che tutto dipendesse dai disagi del viaggio, dalla rigidità della stagione e che si trattasse di lieve catarro. Il Re non voleva medicine, dicendo che lo stomaco non gli permetteva di prenderne. Per fargli bere l'acetato ammoniacale e per togliergli dall'animo ogni sospetto, il dottor Leone andò egli stesso alla farmacia Greco, insieme col maestro di casa Martello, che dirigeva il servizio all'Intendenza e se ne fece preparare dal farmacista, Pasquale Greco, due pozioni in due bicchieri distinti. Tornato dal Re, gli disse che un bicchiere era per Sua Maestà e uno per sè. Ferdinando II gli dichiarò di avere in lui piena fiducia; ma, nonostante, il dottor Leone bevve la pozione. Il Re sorrise e bevve la sua. Dopo quella volta, egli prese qualunque cosa gli fosse ordinata dal medico, che successivamente gli prescrisse sale inglese, tartaro e olio di ricino, ma con poco sollievo dell'infermo, che, non potendosi levare e volendo ascoltare ogni giorno la messa, ordinò che si preparasse l'altare sopra un tavolino, nella medesima camera sua. Monsignor Caputo vi cele-

[6] Grazie maestro; m'avete data la salute: il Signore ve ne renda merito, figlio mio.

brava la messa, assistito dai canonici Cosma e Campanaro, che furono poi nominati cavalieri dell'Ordine di Francesco I. La Regina sedeva accanto al letto del suo augusto consorte e non l'abbandonava mai.
Ella ed i principi si facevano servire il pranzo nella camera dell'infermo su di una tavola, che vi si portava ogni volta. Lunghi discorsi faceva il Re col dottor Leone, il quale, pregato dalla Regina, non abbandonava, neppure di notte, l'Intendenza. Ferdinando II, un giorno, lo
interrogò sulle sue idee politiche, ed alle franche dichiarazioni ricevu-
tene replicò confutandole con un lungo discorso, nel quale si affermò
il Sovrano più liberale d'Italia.

Nonostante le cure del dottor Leone, il male non accennava a cede-
re. Per maggior sicurezza, la Regina, fin dal secondo giorno, aveva
telegrafato al dottor Ramaglia di partir subito per Lecce. Ma il
Ramaglia arrivò cinque giorni dopo. Scese all'albergo, oggi del
Risorgimento, e di là, in marsina e cravatta bianca, si recò
all'Intendenza, tra la molta maraviglia di quanti videro questo vec-
chietto elegante e vispo, che nessuno conosceva, non alto di statura,
ma dall'aspetto signorile e sorridente, accompagnato da un giovane,
non più alto di lui. Quando poi si seppe che il primo era don Pietro
Ramaglia, e il secondo il suo assistente Domenico Capozzi (che doveva più tardi acquistarsi un nome da uguagliare quello del maestro),
cominciarono i primi sospetti sulla gravità della malattia. Giunto al
palazzo, il Ramaglia fu ricevuto dalla Regina, che non gli volle far vedere subito il Re per non allarmarlo, ma lo informò largamente del
suo stato.

I due dottori ebbero un primo colloquio o consulto. Il Ramaglia,
che aveva la debolezza, cresciuta con gli anni, di credere d'intuir le
malattie senza esaminare l'infermo, giudicò, da principio, il male del
Re una febbre *reumatico-biliosa*. Il dottor Leone l'aveva definita *reu-
matico-catarrale*, con complicazione gastrica; ma il Ramaglia insistè
per la *biliosa*, perchè egli sapeva, aggiunse, a quali dispiaceri fosse

andato soggetto il Re. Dopo averlo visitato, Ramaglia confermò la sua diagnosi, ma forse capì che il caso era più grave di quanto avesse supposto. E poichè si era maravigliato di non vedere presso il Re il valoroso dottor d'Arpe, suo amicissimo, volle andare a vederlo e gli chiese: *"E non ti chiamarono per il Re infermo"* – *"Non sono il medico del tempo"*, rispose il D'Arpe. *"Curiamo la febbre,* disse il Ramaglia, *ma temo che lo sfacelo andrà più oltre"*; e seguitò a curare la febbre, la quale dai sintomi, che si manifestarono posteriormente, apparve causata da quell'ascesso all'inguine, che, non curato da principio, come si doveva, avvelenò il sangue dell'infermo e lo portò alla tomba. Il Ramaglia aveva tutto il tipo del medico cortigiano: epperò cercava innanzitutto d'illudere sè stesso circa la gravità del male, se pure non si voglia ritenere quel che molti ritennero fin d'allora, ch'egli non avesse capita la malattia, e per non confessarlo, dichiarasse più tardi immaginarii i primi dubbi del dottor Niccola Longo di Bari. Era loquacissimo, sempre disposto al riso, alla barzelletta e all'adulazione. I maligni dicevano che, dopo il desinare, rifiutasse di far visite.

La notizia della malattia del Re, nonostante l'assoluto divieto di parlarne, si diffuse rapidamente nella giornata del 16, perchè ricorrendo in quel giorno il natalizio del duca di Calabria, la Corte non prese parte alle feste preparate. La mattina si distribuirono ventiquattro letti e ottanta camicie ai poveri, per il valore di trecento ducati e cento ducati furono largiti in elemosine. Suonarono le bande nelle piazze e a mezzogiorno si cantò in duomo un solenne *Te Deum*, con l'intervento delle autorità in grande uniforme, ma l'assenza dei principi contribuì ad accreditare le notizie allarmanti circa la salute del Re. A fine di attenuare questa impressione, il Re volle che nei giorni seguenti continuassero le feste, e i tre principi, scortati da dragoni a cavallo e da guardie d'onore, facessero lunghe passeggiate in carrozza sino ai paeselli intorno Lecce, e uscissero a piedi per la città, visitando gli stabilimenti o gl'istituti pii. In una di queste passeggiate, un operaio di Caballino chiese al duca di Calabria un ricordo e questi gli fece dare una piastra d'argento. Un altro giorno tornando in carrozza da un giro lungo lo mura, accompagnato dalle guardie d'onore Tommaso Caputo, Alessandro e Gaetano Sauli di Tricase e dalle guardie Carducci e Liberatore di Taranto, che, a cavallo facevano da battistrada, vide fermo all'angolo del palazzo Libertini, don Luigi de Vitis, un prete stravagante, il quale dopo il 1860 gettò la sottana alle ortiche. Appena il principe gli fu vicino, il prete cavò dall'abito una supplica, ma la mossa fu così rapida che si credette a un attentato, e le guardie d'onore si strinsero intorno al duca di Calabria, e dietro a loro si formò subito un po' di folla. Però, visto che si trattava di ben altro, tutti risero, ma Francesco, impaurito, gridò alle guardie d'onore: "*Caricate questa folla*", e volle rientrare in palazzo. I principi visitarono l'orto sperimentale e l'orto agrario, non che il liceo e il convitto, di cui era rettore il padre Carlo Maria Blois, napoletano, fratello dell'ingegnere di ponti e strade, Fedele Blois, che accompagnando il duca di Calabria a vedere i lavori di fortificazione a Gaeta, cadde e si ruppe un braccio. Francesco ricordò il doloroso incidente al padre Blois. Nella cappella del collegio, il duca di Calabria s'inginocchiò al disotto del gradino dell'altare, dicendo: "*Sul gradino, no, perchè questo è il posto dei preti*". Pietro Acclavio di Taranto, alunno del convitto, declamò in quella occasione una poesia scritta dal padre Baroni, maestro di rettorica, per accompagnare il dono d'un quadro rappresentante la Madonna col bambino. La poesia cominciava così:

> L'immagin di Colei che t'ama tanto
> E che tu riami...

Durante la visita al collegio, l'intendente Sozi Carafa, stanco e assonnato, si buttò sopra un divano e i principi nell'uscire lo sorpresero che russava. I principi videro anche gli orfanotrofi di San Ferdinando e di Santa Filomena e il convitto delle suore della Carità. Queste, per mezzo dell'intendente, avevano mandati alla Regina alcuni oggetti tessuti con lana di pesce che si raccoglie nelle acque di Taranto.

L'arrivo del Ramaglia aveva convinto tutti che le condizioni di Sua Maestà erano piuttosto gravi, ma, qualche giorno dopo la venuta del celebre medico, si verificò un notevole miglioramento. Diminuì la febbre, anzi scomparve addirittura il 23, vigilia dell'arrivo in Brindisi degli arciduchi d'Austria, Guglielmo e Ranieri e dell'arciduchessa Maria. L'arciduca Guglielmo e l'arciduchessa Maria erano germani della Regina Maria Teresa, e l'arciduca Ranieri era marito dell'arciduchessa Maria. Andavano a Lecce per informarsi della vera malattia di Ferdinando II, della quale erano pervenute notizie allarmanti alla Corte austriaca, e per fissare il giorno della partenza di Maria Sofia, la quale aspettava da più di una settimana a Vienna, col suo seguito.

Gli arciduchi la mattina del 24 sbarcarono dal vapore *Elisabetta* nel porto di Brindisi e furono ricevuti dall'intendente, mandatovi dal Re apposta. Partiti subito alla volta di Lecce, furono incontrati, a mezza strada, dai principi Francesco, Luigi e Alfonso: questi ultimi, loro nipoti. Giunsero in Lecce a mezzogiorno e si recarono subito dal Re, che li accolse con affetto. Questi si era levato, non aveva febbre e assistette al pranzo, conversando allegramente cogl'imperiali congiunti. Si stabilì di far sbarcare la sposa, non più a Manfredonia, ma a Bari, nei primi giorni di febbraio. Egli, il Re, partirebbe da Lecce, continuando il miglioramento, fra due o tre giorni e gli arciduchi promisero che si sarebbero trovati a Bari per l'arrivo della sposa e per assistere alla benedizione nuziale. La sera stessa ripartirono per Brindisi, che, impaziente di mostrare i magnifici preparativi fatti per il Re, colse l'occasione del ritorno dei cognati di lui, per illuminare la marina. Sotto un padiglione, l'arcivescovo, il sottointendente e le autorità civili e militari attendevano gli arciduchi, i quali, accolti gli omaggi, fra le acclamazioni tornarono a bordo dell'*Elisabetta*, che salpò per Palermo e Napoli.

Intanto l'annunzio della miglioría del Re, telegrafato anche a Vienna, si diffuse per la città e le dimostrazioni di gioia ricominciarono. Si volle cantare un *Te Deum* in duomo e s'invitò all'uopo *papa* Enrico Lupinacci, il miglior cantore ecclesiastico di Lecce; ma *papa* Enrico, buon liberale, nonostante le insistenze del Sozi Carafa, si finse infreddato e non volle cantare. Il Re riprese gli affari dello Stato e anche quelli della provincia, vietò al comune di Lecce di metter mano ad abbellimenti della città, per non aumentare i grani addizionali e promise una succursale del Banco di Napoli, promessa che non fu poi mantenuta.

La mattina del martedì, 25 gennaio, che era una bellissima giornata, Ferdinando II, sentendosi sempre meglio, mostrò desiderio di uscire, ed avendovi i medici acconsentito, uscì infatti a piedi per la città, con tutta la famiglia. Li seguiva una folla sterminata e acclamante. Camminava lentamente ed era pallidissimo. Al ritorno, l'artista Antonio Maccagnani gli offrì una statuetta di Sant'Oronzo, in cartapesta. Ferdinando gradì il dono e ordinò al maestro di casa di portarla nella sua camera da letto; anzi, per maggior sicurezza, lo seguì egli stesso per indicargli il posto preciso, dove la voleva collocata. Nell'attraversare il gran salone, il cui pavimento era incerato, raccomandò al Martello di guardarsi dal ruzzolare, temendo che la statuetta avesse a rompersi. La sera di quel giorno, il Ramaglia consigliò la Regina ad affrettare la partenza. Il Re stava bensì meglio, ma sentiva una grande prostrazione di forze, e i due medici non erano veramente tranquilli sulle condizioni di lui, anzi prevedevano una ricaduta e volevano evitare il pericolo, che questa avvenisse a Lecce, cioè a un punto estremo del Regno.

All'una pomeridiana del giorno appresso, la famiglia reale si recò in carrozza, con tutto il seguito, a visitare i vicini comuni di San Cesario e di Lequile. La visita era impreveduta e nulla vi si trovò preparato. Tornati a Lecce, gli augusti viaggiatori si recarono al duomo, dove furono ricevuti dal vescovo, dal capitolo e da tutto il clero, sotto un ricco baldacchino, sorretto dai canonici. Dopo aver ricevuta la benedizione, pregarono sull'altare di Sant'Oronzo; poi, rimontati in carrozza, fecero un giro intorno le mura e, alle 4, ritornarono all'Intendenza. La partenza fu fissata per il domani. Se alcuni paesi della provincia rimanevano delusi nelle loro speranze di vedere il Re, dopo di aver preparati archi e trofei, la salute del Sovrano imponeva di passar sopra a questi riguardi. Fra le città deluse va ricordata Gallipoli, che aveva fatti preparativi straordinarii e apparecchiata una ricca lancia, per condurre il Re e la famiglia reale a vedere i lavori del porto. Le iscrizioni di Gallipoli erano addirittura secentistiche. Uditene una, che, a caratteri cubitali, si leggeva sulla banchina del porto: *Qui – allo schermo della sacra parola del Re – muti tacciono i venti – e nel pietoso seno della misericordia – dileguasi il fremito dell'uragano – ancora una parola – e il truce demone della tempesta – abbandonerà per sempre – le rive Gallipoline.*[7]

---

[7] Altri particolari circa la dimora di Ferdinando II a Lecce, particolari d'importanza tutta locale, sono riferiti nell'interessante libro di Niccola Bernardini, che vide la luce a Lecce nel 1895, dal titolo: *Ferdinando II a Lecce*.

CAPITOLO XIX

SOMMARIO: Partenza da Lecce – L'arrivo a Brindisi – Aneddoti – I preparativi e le feste di Bari – Risposta di Ferdinando II a monsignor Rossini – Lo stato di salute del Re – La consegna della sposa a Trieste – Tornano gli arciduchi – La famiglia granducale di Toscana a Napoli – La morte dell'arciduchessa Anna – L'arrivo di Maria Sofia a Bari – Accoglienze clamorose – Ferdinando II e Maria Sofia – La cerimonia nuziale – Uno scherzo del conte di Caserta – Peggioramento del Re – I dottori Longo, Chiaia e Ferrara a consulto – Lo spettacolo di gala al teatro Piccinni – I divertimenti dei principi – Il segretario generale de Filippi – Si richiama il dottor Longo – Le sofferenze di Ferdinando II – Le reliquie miracolose – L'arrivo del conte di Siracusa – Voci di alleanza fra l'Austria e Napoli – Ferdinando Troja e Luigi Carafa.

Alle otto della mattina del 27 partirono i tre principi, con una parte del seguito. Alle nove, Ferdinando e Maria Teresa, ascoltata la messa nell'oratorio privato dell'Intendenza, ammisero al bacio della mano le autorità, riunite nella gran sala del palazzo. La cerimonia riuscì piuttosto fredda. Il Re non rivolse la parola a nessuno, in particolare, nè piacevoleggiò con questo e con quello, come era suo costume. Si temette che fosse rimasto poco soddisfatto delle accoglienze ricevute; ma il vero è, che non si sentiva bene e aveva fretta di partire. Ringraziò il dottor Leone e gli fece dire dal colonnello Severino, che si riservava di manifestargli la propria soddisfazione, appena giunto a Napoli.

Leone restò a Lecce, e Ramaglia, con l'assistente Capozzi, accompagnò il Re, il quale scese lentamente lo scalone, appoggiandosi al braccio del ricevitore generale Daspuro, cui disse, con accento triste: *"Ricevitò, so f.... Me sent'a capa comm'a nu trommone"*.[1] Circa le 10, i Reali lasciarono Lecce, fra gli applausi della folla, che li accompagnò sin fuori le mura. I cocchi reali furon poi seguiti, per alcune miglia, dalle carrozze della nobiltà leccese. E la via da Lecce a Bari fu un nuovo cammino trionfale. Campi, Trepuzzi, Squinzano, San Pier Vernotico e i paesi vicini avevano innalzati i soliti archi di trionfo con iscrizioni più o meno gonfie; e accanto ad ogni arco si trovavano le rappresentanze municipali, e le guardie urbane con bandiere. Un'iscrizione di Campi diceva: *La generazione de' giusti da Dio bene-detta – e la stirpe di San Luigi – non cesserà sino alla fine del mondo – Maria Teresa Regina ornamento del secolo nostro – per la pietà e per la purità della vita – sarà sempre la nostra madre – e la nostra mediatrice di grazie – presso il trono del Real Consorte.*

Ma dimostrazioni più clamorose aveva preparate Brindisi. I brindi-sini eran tutti fuori dell'abitato, con il sindaco Pietro Consiglio, col sottointendente Mastroserio, che, zoppo per cronica infermità, aveva fama di zelantissimo ed era temuto, si diceva, persino dal Sozi Carafa; nonchè i sindaci, decurioni e guardie d'onore del circondario. All'ingresso della città, era stato rizzato un arco di trionfo, sul quale si leggeva questa curiosa epigrafe: *Al benamato Sovrano – Restitutore della sua salute – Brindisi riconoscente – de' suoi figli la vita – consacra.* Attorno all'arco stava schierato un battaglione de' cacciatori, con la banda municipale. I Sovrani si recarono direttamente al duomo, dove furono ricevuti, sotto il baldacchino, dall'arcivescovo monsignor Raffaele Ferrigno, buona e gioviale persona, che per la circostanza aveva indossato il pluviale fin dalle prime ore della mattina e si dava gran moto; dall'arcidiacono Tarantini, dotto uomo, che il Re già conosceva e dal capitolo tutto. Attraversarono l'ampia cattedrale, in

[1] Ricevitore son rovinato; mi sento la testa come un trombone.

mezzo a due fila di seminaristi e di canonici, dietro ai quali stavano soldati e gendarmi, e poi una turba di popolo. Il Re si moveva con difficoltà e sembrava che soffrisse molto. Avvicinatosi al presbiterio, notò, più avanti di tutti, un uomo completamente calvo; nè sapendo spiegarsene la presenza, diè ordine al colonnello Latour di farlo allontanare, chi disse per timore di jettatura, chi di un attentato. Non si seppe mai il nome di quel calvo. Fu fatto allontanare anche Alfonso Ercolini, distinto signore, perchè si disse che al Re non piacesse il suo portamento poco edificante in chiesa. Nella folla ruzzolò per terra un povero vecchio, uffiziale di *presidio*, e tanto vicino al Re, che questi si chinò come se volesse rialzarlo. L'arcivescovo, non comprendendo il grave stato di Ferdinando II, si affaccendava a trarlo rapidamente al presbiterio, del che il duca di Calabria lo richiamò più volte, tirandolo per il piviale, e monsignor Ferrigno, indispettito, nè sapendo chi potesse essere così scortese con lui, gridò napolitanamente: "*Guagliò, che buò? lasciame sta*"; ma visto poi chi era, fece mille scuse. Monsignor Ferrigno, nativo di Napoli, era stato vescovo a Bova, in provincia di Reggio, ed è morto pochi anni or sono, vecchissimo.

Cantato il *Te Deum*, e ricevuta la benedizione, il Re e tutto il seguito salirono sull'episcopio annesso alla chiesa, dov'era preparata una lauta refezione, e dove si compì il ricevimento delle autorità col relativo baciamano. Ferdinando II chiese all'arcivescovo notizie sui liberali di Brindisi, e specialmente su Giovanni Crudomonte; e monsignor Ferrigno lo assicurò che Brindisi era città tranquilla, e che il Crudomonte e gli altri non erano poi così nemici della dinastia, come gli si era fatto credere. Il sottointendente aveva fatto chiamare, qualche giorno prima, Francesco Crudomonte, figliuolo di Giovanni, condannato a ventiquattr'anni di ferri per i fatti del 1848, e chiuso nel bagno di Procida, e gli aveva ingiunto, per mezzo del commissario di polizia, di radersi la barba, simbolo, come già altrove si è detto, di tendenze rivoluzionarie. Il Re era sofferentissimo e, benchè tutto avvolto nell'ampio mantello alla russa, tremava dal freddo. Dichiarò di non voler prendere cibo, e alle insistenze della Regina e dell'arcivescovo, perchè mangiasse qualche cosa, prese un'ostrica, di quelle gigantesche che si trovavano allora nel porto di Brindisi, la divise in quattro, e dicendo con molta cavalleria: "*Questa la mangio perch'è veramente brindisina*"; ne inghiottì una parte soltanto. Gli altri pranzarono lautamente, ma in gran fretta, chi in piedi e chi seduto, e v'è chi afferma di aver visto il duca di Calabria mangiare un pollo dietro i vetri di una finestra. Egli si divertiva a motteggiare l'arcivescovo, che era rimasto in pluviale e fece grandi lodi del pane di Brindisi, che trovava eccellente. Al tocco si discese dall'episcopio; le carrozze erano pronte, e fra le grida, non molto clamorose della folla, e gli augurii e gl'inchini delle autorità, si partì per Bari.

Da Brindisi a Bari, nuovi archi di trionfo e dimostrazioni di gioia e di ossequio, da parte degli abitanti di San Vito, Carovigno, Fasano, Monopoli, Mola, Polignano, Noia, i quali con le proprie autorità, corporazioni religiose e guardie urbane, con bande e bandiere, erano ragunati lungo la strada e acclamavano a perdita di fiato. Solo ad Ostuni non furono calde le accoglienze; e, benchè vi si fosse fatta sosta pel cambio di cavalli, non si udirono grida di festa. Essendovi piuttosto numerosi i liberali, questi avevano data la parola d'ordine di astenersi da ogni dimostrazione. A Mola erano andati a incontrare i Sovrani l'arcivescovo di Bari, monsignor Pedicini, l'intendente Mandarini, il procuratore generale della Corte criminale, Lillo, e il direttore dei dazi indiretti, Margiotta. A Bari non si giunse che alle 9 e mezzo, e il Re apparve visibilmente abbattuto.

Le accoglienze di Bari, dove i Sovrani erano attesi fin dal giorno 15, superarono in grandiosità tutte le altre. Giulio Petroni, che ne fu testimonio oculare e fece parte di una delle commissioni, che all'uopo si formarono, le ha narrate nel secondo volume della sua storia di

Bari, in tutti i loro particolari. Il telegrafo elettrico, unicamente occupato per i dispacci governativi, era insufficiente a trasmettere tutti i dispacci d'ufficio. In nessuna città, come in quella, furono staccati i cavalli dalla carrozza reale, che fu trascinata a braccia per le vie, fra grida assordanti. Il Re ricevette gli omaggi del sindaco, Giuseppe Capriati, delle autorità, dei capitoli palatino e metropolitano, dei seminaristi e delle confraternite, sotto l'arco trionfale di stile gotico innalzato all'ingresso della città, e sul quale arco era scritto: *Alle auguste maestà – di Ferdinando II e Maria Teresa – Bari riconoscentissima.* Nè il Re, nè i principi discesero dalle carrozze. Gli archi erano illuminati da lanternini di vetro, detti *lampariellli,* d'un bellissimo effetto. Alcune confraternite ebbero l'infelice idea di mandare i proprii rappresentanti vestiti del sacco, e questi fratelloni con le torce accese in mano, come le avevano tutti, davano alla cerimonia l'apparenza di un mortorio. Ma la nota più malinconica era data dall'incedere abbattuto del Re, con la barba e i capelli incolti e completamente canuti. Con visibile sforzo egli rispondeva agli evviva del popolo, agitando, fuori lo sportello della vettura, un fazzoletto bianco. Dall'arco di trionfo al palazzo dell'Intendenza, fu tutta una baldoria. Arrivato il corteo di fronte al palazzo, la folla fece tal ressa per entrare nell'atrio, che Ferdinando II ne fu quasi impaurito, e protestò che non sarebbe sceso se non si fosse sgombrato l'atrio. I gendarmi a cavallo, comandati dal loro capitano De Curtis, distribuendo piattonate a destra e a sinistra, fecero largo; l'atrio fu così sgombrato e il Re, con molte precauzioni, scese dalla carrozza, e dato il braccio alla Regina, cominciò a salire penosamente le scale. A monsignor Rossini, arcivescovo di Matera, che gli chiese conto della sua salute, rispose: "*Monsignò, sto nu pucurillo acciso*".[2]

---

[2] Monsignore, sono mezzo morto.

Le scale dell'Intendenza presentavano un aspetto imponente. Signore, signori, vescovi e arcivescovi facevano ala, con ceri accesi in mano. La signora Mandarini, moglie dell'intendente, la signora Capriati, moglie del sindaco, la signora Pappalepore e la baronessa D'Amely formavano la commissione per ricevere la Regina; e Vito Pappalepore, il conte Massenzio Filo, Enrico Capriati, Gerardo Sirone e Niccola Pollio formavano la commissione per le feste. Altri gentiluomini baresi erano schierati a destra e a sinistra. Il Re saliva a stento, fermandosi ogni tre o quattro scalini, e sostando a lungo su gli ampi pianerottoli. Arrivato nel suo appartamento, non volle mangiar nulla; ma, chiamato dalle grida assordanti della folla al balcone, vi comparve un momento. La città era illuminata a festoni e ad archi trionfali, costruiti sotto la direzione dell'architetto Lofoco, mentre i trasparenti erano stati dipinti dai pittori Zito e Sorace. Al Re era tornato acutissimo il dolore al femore; non si reggeva e volle andare subito a letto. Lo svestirono con ogni cura la Regina, Ramaglia e Galizia. l'appartamento del Re e quelli dei principi erano stati addobbati alla meglio, con mobili e soprammobili forniti dalle principali famiglie di Bari: Capriati, De Gemmis, Pappalepore, Elia. L'Intendenza era divenuta una locanda. Alcuni del seguito presero alloggio in case private; il Murena e il Bianchini in casa Diana.

Ferdinando II non potò l'indomani levarsi, ma le feste non vennero per questo sospese. Tutta la provincia era convenuta a Bari. Vi erano circa centocinquanta guardie d'onore, comandate da Filippo Esperti e Tommaso Melodia, caposquadroni delle guardie di Terra di Bari. Dalla mattina alla sera, le bande musicali suonavano nelle piazze, e la sera c'erano luminarie e fuochi d'artificio e s'innalzavano centinaia di palloni, dalle forme bizzarre. Bari era in preda alla più pazza gioia. Ferdinando II, dalla camera dove giaceva in letto, vedeva con un senso di pena le luminarie della facciata del teatro e udiva le grida della folla. A nessuno era permesso avvicinarsi al palazzo. Un cordone di soldati guardava l'Intendenza, e due sentinelle, giorno e notte, ne custodivano il portone. Nel secondo giorno avvenne un curioso incidente. Un tal Lapegna, arrampicatosi su per le sporgenze dei fregi di stucco della facciata, e quindi afferratosi a uno dei fanali del balcone di sinistra, riuscì a superare la ringhiera del gran balcone di mezzo, che era quello della camera da letto del Re, il quale, come vide dietro i vetri uno sconosciuto che metteva le mani in tasca per presentare una supplica, fu preso da paura e si diè a gridare. Il Lapegna venne arrestato dal capitano de Curtis e tenuto in prigione, per qualche giorno. I principali proprietarii della provincia avevano mandati copiosi doni di latticini, di caccia, agrumi, frutta e vini dolci; ma il Re poco o nulla potè gustarne per le sue condizioni di salute, e, in gran parte, quelle ghiottornie vennero mangiate dal servidorame.

La maggior attenzione di quanti erano convenuti a Bari in questa circostanza fu richiamata dai lavori del nuovo porto, del quale avevano l'appalto i fratelli Beltrani di Trani. Andarono a vedere questi lavori, il giorno appresso all'arrivo, accompagnati dall'intendente, il ministro Murena, il direttore Bianchini, il duca di Sangro e il generale Ferrari, e ne rimasero soddisfatti. Il Murena, nel rimontare in carrozza, disse all'intendente: "*Dirò tali e tante cose a S. M., da infervorarla in uno di questi giorni a venire a veder l'opera, od almeno, quando ciò riesca impossibile, da farla vedere da S. A. il Principe*". E di fatti, quattro giorni dopo, il duca di Calabria e i suoi fratelli, accompagnati dal loro seguito, visitarono minutamente i lavori, de' quali Francesco fu stupito, sì da esclamare ad ogni momento: "*Che bella cosa! Che bella cosa!*" E, scendendo per la scaletta del nuovo muraglione, aggiungeva: "*Proseguite a far così bene come sinora*". Continuò la visita per tutta la lunghezza del molo, e chiamati gl'ingegneri, raccomandò loro di non badare a spese, soprattutto per la gettata della scogliera, perchè, "*qualche centinaio di ducati spesi di più ora, varranno* – egli disse – *a non farne spendere quattrocentomila in seguito*". Durante la visita, un legno inglese, ancorato nel porto, faceva le salve di uso, alle quali rispondevano i legni della regia marina. Dopo la visita al porto, in quel giorno stesso, nel pomeriggio, il duca di Calabria, il conte di Trani e il conte di Caserta andarono a Capurso, a visitare il santuario della Madonna del Pozzo, e alle cinque rientrarono a palazzo. La Regina in quei giorni acquistò a Bari molti oggetti di porcellana e di cristallo, candelabri ed altro, esprimendo la sua maraviglia di trovare in provincia così belle cose e destinandole in regali, o in addobbi del palazzo.

In tre giorni dall'arrivo a Bari, non si era verificato alcun miglioramento nella salute di Ferdinando II. I medici lo consigliavano, anzi lo pregavano che non partisse, e neppure lui ne aveva desiderio e forza. Ma, non essendo più possibile ritardare la venuta della duchessa di Calabria, il Re, nel giorno 30 gennaio, fece noto quanto si era stabilito con gli arciduchi a Lecce, che cioè la sposa, non più a Manfredonia, ma a Bari sarebbe sbarcata. E poichè gli ufficiali di marina avevano consigliato di preferire il nuovo porto al vecchio, potendo in quello meglio approssimarsi alla banchina i grossi bastimenti a vapore, furono cominciati nel nuovo porto i lavori. Ma poi si mutò avviso, e fu scelto il vecchio porto, dove si sarebbe costruito un ponte dal lido sino a raggiungere la profondità di un metro, necessaria alle imbarcazioni: ponte che sarebbe cominciato in fondo al grande Corso; e in tal modo Maria Sofia, arrivando, avrebbe ricevuto buona impressione della città.

Stabilito così lo sbarco ne venne dato avviso ufficiale a Vienna, a Trieste, a Napoli e a Bari, dove il Re fece sospendere le feste, sino all'arrivo di Maria Sofia e ordinò, che tutte le spese per il mantenimento della Corte a Bari fossero sostenute dalla Casa Reale, ma amministrate dalla commissione per le feste, la quale divise le varie competenze tra i suoi componenti e assunse il governo interno del palazzo, cercando di mettere un po' d'ordine nella confusione magna dei primi giorni.

I preparativi per ricevere la sposa e per allestire gli alloggi dei personaggi, che sarebbero venuti ad assistere alla cerimonia, furono condotti alacremente. Il comune prese in fitto la casa Lamberti, che convertì in foresteria: le principali famiglie baresi, l'arcivescovo e il gran priore di San Niccola si dichiararono pronti ad alloggiare altri personaggi. Da Napoli giunsero abili paratori e tappezzieri, che trasformarono il salone dell'Intendenza in cappella per la cerimonia nuziale e apparecchiarono la camera da letto degli sposi. Enrico Capriati sopraintendeva al servizio del vitto e alle *cose segrete*, come si diceva allora, avendo alla sua dipendenza Vito di Gese, più generalmente noto sotto il nome di *Vito di Dio*, primo cuoco e primo albergatore di Bari; ma nè l'uno, nè l'altro potettero impedire dei trafugamenti. La loro attività nel provvedere a quanto occorreva era grandissima, perchè non c'erano ferrovie, e Bari d'allora non era Bari di oggi. Si faceva venire roba da Trieste per mezzo dei vapori del Loyd, che approdavano a Molfetta due volte la settimana, e per mezzo della messaggiera postale, che arrivava da Napoli ogni giorno. Si facevano provviste all'ingrosso, credendo di far meglio, ed era peggio, perchè la roba, consegnata alla signora Mandarini, moglie dell'intendente, la quale sopraintendeva alla cucina, andava dissipata e rapita dal servidorame. Un giorno il Capriati fece consegnare ottocento uova, e due giorni dopo, gliene furono richieste altre, perchè le uova consegnate erano state rivendute. Un altro giorno, un dignitario di Corte disse allo stesso Capriati, che bisognava nei conti accrescere di qualche migliaio il numero delle candele, le quali servivano per l'illuminazione interna di tutto il palazzo, e ad una risposta ingenua del Capriati replicò che, dal momento che pagava Casa Reale, era sciocchezza non aumentare le spese a beneficio del seguito di Sua Maestà.

La cucina reale serviva al Re, alla Regina e ai principi. Ogni sera, prima di cena, la Regina in una sala raccoglieva tutt'i signori del seguito e i familiari e con essi recitava il rosario. Dopo questo, si facevano altre speciali preghiere per la guarigione del Re, il quale, nei momenti che la malattia meno lo tormentava, attendeva col Murena e col Bianchini, agli affari dello Stato e, col Mandarini, a quelli della provincia. Decretò per Bari un tribunale di commercio e nuovi edifizii per il liceo, per il convitto, per la scuola nautica e la Società economica e approvò un prestito per i lavori del nuovo porto, continuando l'annua sovvenzione di 30 000 ducati dalla cassa della Tesoreria.

La duchessa di Calabria, con la sua Corte, bavarese e napoletana, lasciò Vienna il 30 gennaio. L'accompagnarono l'Imperatrice e il principe Luigi, loro fratello. Passarono la notte a Lubiana e giunsero a Trieste, a mezzodì del 31. Alloggiarono nel palazzo del governatore, e fu convenuto che la consegna della sposa, da parte del commissario plenipotenziario bavarese, conte di Rechberg, al regio commissario plenipotenziario di Napoli, duca di Serracapriola, si sarebbe fatta nella galleria di quel palazzo, all'una e mezza del giorno dopo. La cerimonia fu bizzarra e ricordò quella che aveva avuto luogo a Vienna, quando l'arciduchessa Maria Luigia era partita per la Francia, sposa di Napoleone I. Nel mezzo del salone si tracciò una linea, che raffigurava la divisione fra il territorio napoletano e il bavarese; sulla linea fu collocato un tavolino, coperto da un tappeto di velluto cremisi a frange d'oro, e ai due lati opposti del tavolo, due sedie a braccioli. Nella galleria si entrava per due porte: sopra una, erano collocate le bandiere e gli stemmi napoletani, e la custodivano guardie marine napoletane; sull'altra, le bandiere e gli stemmi di Baviera, e vi erano guardie imperiali di gendarmeria. All'ora fissata si trovarono, dalla parte del territorio napoletano insieme al plenipotenziario, il duca di Laurenzana, la principessa di Partanna e la duchessa di San Cesario: il primo cavallerizzo, le altre, dame della duchessa di Calabria, il segretario del duca di Serracapriola, De Bouquai, che ne lesse più tardi le credenziali ed il contrammiraglio Roberti, con gli ufficiali del *Tancredi* e del *Fulminante*. Dalla parte del territorio bavarese entrò la duchessa di Calabria, col suo seguito. L'Imperatrice e il principe Luigi assistevano da una tribuna. I due plenipotenziarii si avanzarono verso la linea di divisione e, vicendevolmente, lessero le credenziali. Il conte di Rechberg rivolse dopo ciò alcune parole di commiato a Maria Sofia, la quale, alzatasi in piedi, ammise in atto di congedo il suo seguito al bacio della mano. Poi il conte di Rechberg, presa la duchessa di Calabria per mano, la condusse fino alla linea di divisione e la consegnò al duca di Serracapriola, che la fece sedere su una poltrona nel territorio napoletano, rivolgendole un breve discorso di circostanza, e presentandole il seguito. Così ebbe termine la curiosa cerimonia, che durò un'ora. La duchessa di Calabria uscì per la porta, cui sovrastavano le armi napoletane, e alle tre salì sul *Fulminante*. L'accompagnarono a bordo l'Imperatrice e il principe Luigi. Il *Fulminante*, seguito dal *Tancredi*, sul quale s'imbarcò un'altra parte del seguito, levò l'ancora alle 4 pomeridiane del primo febbraio, dal porto di Trieste, sotto il comando, come si è detto, del contrammiraglio Roberti. Il giorno innanzi, il vapore il *Tasso* aveva lasciato Bari per rilevare la truppa di Capitanata e trasportare il corredo preparato a Manfredonia.

La partenza della duchessa di Calabria fu telegrafata da Trieste a Bari, dove si dava l'ultima mano ai preparativi per il ricevimento della sposa. Ogni giorno arrivavano nuovi personaggi, e, tra i più notevoli, il marchese Imperiale, cavallerizzo maggiore; il marchese del Vasto, primo cerimoniere; il conte Statella, maresciallo di campo e cerimoniere di Corte soprannumerario il generale Alessandro Nunziante, il principe di Ruffano e il generale Caracciolo di San Vito. Imperiale e Ruffano partirono insieme da Napoli, accompagnati dai due impiegati della segreteria particolare del Re, Giovanni Amati e Ruitz de

Balestreros, che poi fu segretario particolare di Francesco II. Giunti a Foggia, ebbero ordine telegrafico di fermarsi colà, perchè a Bari non vi era modo di alloggiarli. Dopo qualche giorno Ruffano e Imperiale proseguirono per Bari, ma Amati e Ruitz tornarono a Napoli. A Foggia erano pure parecchi servi di cucina, che più tardi raggiunsero la Corte a Bari. Il Re ordinò che a Bari si recassero alcune compagnie di granatieri della guardia reale, due squadroni di dragoni, nonchè cacciatori e gendarmi a cavallo. Rinascevano gli entusiasmi, che, per qualche giorno, lo stato di salute del Sovrano aveva sopiti.

Il dì seguente, altre feste per l'arrivo degli arciduchi Guglielmo e Ranieri e dell'arciduchessa Maria. L'intendente, per ordine sovrano, andò a incontrarli a Giovinazzo. Gli arciduchi erano arrivati a Napoli, a bordo dell'*Elisabetta*, il 30 gennaio, e andarono subito a salutare la famiglia regnante di Toscana, la quale vi era giunta il 22, prendendo alloggio alla Foresteria, per assistere alle feste nuziali, non ostante l'ansia in cui viveva per la malattia della giovane arciduchessa Anna, moglie del principe ereditario Ferdinando. La famiglia granducale era quasi al completo. Oltre al granduca Leopoldo, alla granduchessa Maria Antonia, sorella del Re, all'arciduca e all'arciduchessa ereditarii, all'arciduca Carlo e all'arciduchessa Maria Luisa, ultimi dei sei figliuoli di Leopoldo II, c'era un seguito numeroso. L'arciduchessa Anna, di 23 anni, sorella minore della duchessa di Genova, infermatasi a Firenze, era curata dai medici fiorentini Capecchi e Del Punta. Il granduca aveva chiesto al Re un buon medico napoletano, e il Re aveva mandato a Firenze don Franco Rosati, nel quale riponeva una fiducia assai maggiore che nel Ramaglia. Sotto le cure del Rosati la principessa parve guarita; ma quando la famiglia granducale venne a Napoli, il male riapparve e, in breve, degenerò in tisi. La curò anche in Napoli il Rosati, che abitava nello stesso palazzo della Foresteria, e si chiamò pure da Firenze il Del Punta, che giunse solo in tempo per firmare col Rosati gli ultimi bollettini. Morì il 10 febbraio; e, percossa da sì grave sciagura, la famiglia non ebbe più l'animo di rimanere a Napoli, e fatto quindi trasportare, due giorni dopo la morte, il cadavere della povera arciduchessa a Firenze, dove trovò sepoltura in San Lorenzo, l'addolorata famiglia partì, la mattina del 21 febbraio, imbarcandosi per Livorno. I napoletani restarono maravigliati della semplicità della Corte toscana. Il Granduca, noto nella Corte col nome di *Popò* di Toscana, per distinguerlo da *Popò*, conte di Siracusa; e l'uno e l'altro chiamati familiarmente dai figliuoli di Ferdinando II, *zì Popò*, faceva lunghe passeggiate a piedi, entrava nei caffè, pagando per lo più una piastra e rifiutando il resto. Così avvenne, che fu un giorno riconosciuto al caffè di *Testa d'oro* e festeggiato dai camerieri e dal padrone. Un lungo viaggio da Firenze a Napoli, una grave disgrazia domestica e un ritorno malinconico, senza vedere i Sovrani, nè gli sposi, commossero profondamente gli animi de' napoletani. L'arciduca Ferdinando si consolò però ben presto della perdita della buona e graziosa moglie, passando a seconde nozze, due anni dopo, colla figliuola della duchessa di Parma. Le maniere di lui, piuttosto rudi e qualche volta violente, mal si confacevano con quelle della arciduchessa, e quel matrimonio non fu modello di felicità coniugale.

Gli arciduchi d'Austria, dunque, giunti la mattina del 30 da Palermo, andarono il 31 a Caserta per visitare i piccoli principi e le principesse. Ne tornarono lo stesso giorno, assistettero, la sera, allo spettacolo del San Carlo e ripartirono, la notte, per Bari, con vetture speciali di posta. Avevano salute di ferro e mantennero la promessa fatta al Re, a Lecce, due settimane prima.

Quel giovedì, 3 di febbraio, fu una giornata di primavera. Il mare tranquillo aveva la sua caratteristica tinta azzurra carica, per cui si disegnavano, distintamente, sul lontano orizzonte, le ampie e bianche vele latine delle tradizionali "paranze".[3] Le strade, che conducevano a Bari, formicolavano di carrozze da viaggio e signorili, e di *chars à bancs.* Da ogni parte della provincia, ma soprattutto, da Barletta e da Trani, da Bisceglie e da Molfetta, da Bitonto e da Corato, da Terlizzi, da Mola e da Fasano, accorreva gente a frotte. I grossi casali intorno Bari rimasero quasi vuoti. Non duchessa di Calabria, non duchessa di Baviera, la sposa era stata battezzata col nome familiare di *Maria Sofia.* L'iperbole pugliese si sfogava ampiamente sul conto di lei. Si decantava la bellezza della sua persona, la nobiltà del portamento, l'aristocrazia delle maniere, i suoi gusti e l'eleganza delle sue acconciature. Nessuno l'aveva vista, ma tutti ne parlavano, come se fossero stati a Monaco per anni e anni e ne avessero goduta la confidenza, e avidi ne aspettavano una parola, un segno, uno sguardo di considerazione benigna. Bari era splendida per movimento, non mai veduto; per importanza e numero di personaggi che ospitava e per lo storico avvenimento, che si compiva dentro le sue mura. Non vi era famiglia senza ospiti; e le case più distinte alloggiavano i personaggi di maggior conto. All'Intendenza, oltre alle Loro Maestà e ai tre principi, dimoravano, al secondo piano, gli arciduchi d'Austria e al mezzanino, il principe e la principessa della Scaletta. Il Re, la Regina e i principi occupavano tutto il primo piano, e l'ampia sala, che ora serve alle adunanze del Consiglio provinciale, era stata trasformata in salone da pranzo. All'Intendenza doveva prendere alloggio anche il seguito della duchessa di Calabria, onde non vi rimase camera vuota. L'intendente e la sua signora si erano adattati in due camere remote del secondo piano.

---

[3] Son chiamate "paranze" lungo tutto il litorale adriatico italiano, le barche da pesca, che vanno per il mare a coppie, essendo raccomandati i due estremi della rete a ciascuna di esse, e distendendosi questa nel mare intermedio fra le due barche. Le paranze pugliesi si distinguono dalle marchigiane e dalle chioggiotte, per l'ampia vela tutta bianca, mentre queste hanno la vela gialla o rossastra, o variamente colorata. La forma del bastimento è identica.

I preparativi non avevano tregua. La commissione per le feste e singolarmente, Enrico Capriati, dava prova di singolare abilità, dovendo provvedere a tante cose. Erano state nominate per i principi e gli arciduchi altre commissioni di ricevimento e di cerimonie, e una di giovani delle primarie famiglie e più distinti negli studi. Ma una nota triste dominava in quell'allegria ufficiale: il Re aveva passata la notte fra atroci sofferenze. Ramaglia adoperò tutte le risorse della professione per lenirgli i dolori, ma invano. Aveva la febbre, non trovava requie in letto, nè gli bastava la forza di stare in piedi. Dimagrava a vista d'occhio e lo preoccupazioni morali rendevano più grave lo stato suo. Non era possibile che uscisse per andar incontro alla sposa, e neppure che si levasse un momento, per assistere alla benedizione nuziale, che si compiva a due camere di distanza dalla sua. Aver affrontato quel viaggio nelle condizioni descritte, per prender parte al matrimonio del suo caro *Lasa*, e non potervi assistere era estremamente triste per lui.

Alle dieci un colpo di cannone annunziò che il *Fulminante* e il *Tancredi* erano in vista. Mossero dal palazzo dell'Intendenza e s'avviarono al padiglione, appositamente eretto allo scalo, le autorità e i personaggi ufficiali in grande uniforme, il cerimoniere Statella, il sindaco Capriati e, insieme con loro, i vescovi della provincia, convenuti a Bari, non che monsignor Gallo, confessore della Regina, e monsignor Rossini, arcivescovo di Acerenza e Matera. Lungo il corso Ferdinando, erano schierate le truppe, sotto il comando del generale Caracciolo di San Vito; il padiglione di sbarco era custodito dalle guardie d'onoro e dai granatieri, e i due moli del porto, dalle guardie doganali. I legni mercantili erano parati a festa e le bande musicali non cessavano di sonare l'inno borbonico. Appena il *Fulminante* dette fondo, furono sparati cento colpi di cannone dal castello, e ogni colpo veniva ripetuto dai grossi bastimenti e dalle barche doganali. Sin dalle prime ore della mattina, l'ampio Corso e la più ampia via della piazza coperta e le mura bizantine che scendono a picco nel mare, erano gremite di una folla straordinaria e pittoresca.

Il corteggio reale era formato da dieci carrozze, circondate e seguite da guardie d'onore a cavallo. Era uno spettacolo imponente, ma il Re non c'era. A spiegare i commenti della folla circa l'assenza di lui, si fece correre la voce, che Sua Maestà non aveva voluto esporsi alla brezza marina, essendo ancora indisposto. Nella prima carrozza sedevano il marchese Imperiale, il duca di Sangro e il principe della Scaletta; nella seconda la Regina e il duca di Calabria, in divisa di colonnello degli usseri, con la fascia di San Gennaro e il Toson d'oro; nella terza, i conti di Trani e di Caserta, coi colonnelli Cappotta e Nicoli; nella quarta, gli arciduchi Guglielmo e Ranieri e l'arciduchessa Maria, e nelle altre carrozze Murena, Bianchini in grande uniforme, la principessa della Scaletta, la baronessa Andriana, dama di compagnia dell'arciduchessa Maria, i generali Ferrari, Del Re e Nunziante, e i colonnelli Severino e Latour. Le carrozze procedevano lente, in mezzo al popolo festante. Giunti al padiglione, il duca di Calabria, la Regina, i principi e gli arciduchi, accompagnati dalla principessa della Scaletta, dal marchese Imperiale e dai generali Ferrari e Del Re, montarono su ricche lance e andarono a bordo. La lancia reale era comandata dall'ufficiale Vincenzo Criscuolo, figlio di don Raffaele.

Grande l'animazione a bordo della fregata. La duchessa di Calabria aveva un po' sofferto lungo il tragitto; era piuttosto pallida, anche per l'emozione e col binoccolo guardava la città, il porto e il padiglione. Più che dalle dame di compagnia, partite con lei da Trieste, era stata assistita da donna Nina Rizzo, la quale non si tolse un momento dal suo fianco e, fin d'allora, prese su lei quel forte ascendente, che crebbe in seguito, come si vedrà. A lei, e al maggiordomo Leopoldo Raucci, Maria Sofia aveva più volte domandato, con infantile curiosità, durante il viaggio, se il duca di Calabria fosse veramente brutto, come n'era corsa voce a Monaco; e donna Nina e il Raucci l'avevano rassicurata che non era punto brutto ed era poi tanto buono; ma quando lo vide nella lancia reale, nel bel costume di colonnello degli usseri, ne riportò una grata impressione, e andandogli incontro sulla scaletta, con molta disinvoltura gli porse la mano e lo salutò con queste parole: "*Bon jour, Francois*". Ed egli afferrandole tutte e due le mani, la baciò in fronte, dicendole, non senza qualche imbarazzo: "*Bon jour, Marie*", e rimasero soli a parlare in un angolo del bastimento, sino a che non fu tutto pronto per lo sbarco. La duchessa fu abbracciata e baciata da Maria Teresa, che le presentò i suoi figli, anch'essi in divisa militare. Le domande della duchessa non avevano tregua. Chiese della salute del Re e mostrossi dolente di non vederlo; chiese della città e di tante cose, alle quali domande Francesco rispondeva impacciato, sia per l'emozione di trovarsi innanzi alla sposa, più bella ancora del suo ritratto, sia perchè, pur conoscendo il francese, lo parlava con difficoltà. Poi si montò nelle lance e si scese a terra. Nel padiglione fu fatta la presentazione dei rispettivi seguiti e delle autorità; e indi con lo stesso ordine di prima, il corteo si diresse all'Intendenza. La sposa vestiva un elegante abito da viaggio, con magnifiche pellicce, e fu naturalmente la più festeggiata. I suoi occhi neri, i copiosi capelli castagni, bizzarramente acconciati, l'alta ed elegante persona, l'espressione dolce e infantile del volto, e tutta l'aria di grande dama le conquistarono ad un tratto le simpatie di tutti, che a coro la proclamarono bellissima, felicitandone Francesco. Le grida salivano al cielo, e gli applausi continuarono insistenti sino al palazzo, al cui balcone gli sposi, chiamati dalle grida festive della moltitudine assiepata in piazza, si dovettero ripetutamente mostrare.

Francesco non entrava nei panni dalla gioia, ma era impacciato e confuso. Il suo volto, adombrato appena da due baffetti neri nascenti, non era atteggiato ad altro sentimento che a quello d'una puerile contentezza. Ritiratisi dal balcone, il duca e la duchessa di Calabria, con Maria Teresa e i principi, andarono nella camera del Re. Fu commovente l'incontro fra quella giovane creatura, fiorente di salute e di brio, e il Sovrano, invecchiato dal male e sofferentissimo. Ferdinando II si era levato a sedere sul letto; abbracciò la nuora e la tenne, qualche minuto, così abbracciata, piangendo per la commozione. Chiese notizie del viaggio e si scusò di averla fatta trattenere tanti giorni a Vienna. Conversarono insieme più di mezz'ora, con grande diletto di tutt'e due, e sin da quel momento si stabilì, fra suocero e nuora, una simpatia vicendevole. Uscita dalla camera del Re, la sposa si ritirò nel suo piccolo appartamento, per apparecchiarsi alla solenne cerimonia della benedizione nuziale, fissata per le due. Maria Teresa l'accompagnò nelle stanze a lei destinate, che erano le due a destra del salone con l'altra più piccola, quella d'angolo, trasformata in camera da *toilette*. Aiutata la donna Nina Rizzo, mutò l'abito da viaggio in una ricchissima veste bianca, guarnita di merletti preziosi e con grande crinolina, calzò lunghi guanti bianchi e si attaccò al capo un tralcio di fiori d'arancio, al quale era raccomandato un lungo velo, che nascondeva i suoi splendidi capelli e scendeva sino a terra.

Alle due, tutto era pronto per la cerimonia. Nel salone del palazzo era stato innalzato un altare con l'immagine della Vergine Immacolata, e un trono in velluto, ricamato in oro per i Sovrani. Ai lati del trono, le sedie per i principi e gli arciduchi. Le autorità, i vescovi, i personaggi ufficiali stavano tutti al loro posto. Solenne il momento, ma non tutti eran composti a gravità, anzi molti ridevano, studiandosi di non farsi scorgere. Che cos'era avvenuto? L'irrequieto conte di Caserta aveva trovato modo di appiccare sull'uniforme di un alto funzionario una coda di carta, e questo spettacolo, naturalmente, suscitava il riso di tutti. Nessuno osava togliere la coda, e fu un gentiluomo, che, accortosene, abilmente la strappò senza che quegli se ne accorgesse. Entrata nel salone la famiglia reale, tranne il Re, gli sposi furono fatti sedere su due sedie, collocate di fronte all'altare. Monsignor Pedicini, assistito dai canonici metropolitani e dai palatini, celebrò la messa, fece un discorso d'occasione agli sposi e li benedisse con l'acqua santa. Poi fu cantato il *Te Deum*, durante il quale le navi da guerra fecero le loro salve, e le bande musicali suonarono l'inno borbonico. Compiuta la funzione, alla quale conferì maggiore solennità la benedizione papale, mandata per telegrafo da Pio IX, la famiglia reale rientrò nei suoi appartamenti, e Ferdinando II, cui era stato riferito il comico incidente, chiamato il conte di Caserta, lo rimproverò aspramente e gl'inflisse tre giorni di chiusura in camera, che poi, a intercessione della madre, ridusse a uno solo. Il ragazzo raccontava egli stesso la storiella della coda e confessava che il Re gli aveva detto: *"Guagliò, sti scherzi non se fanno; so scherzi 'e lazzaro"*.[4]

Venuta la sera, sulla piazza di fronte al palazzo, brulicante di popolo e sfarzosamente illuminata, come tutta la città, s'innalzarono palloni in gran numero e di forme svariatissime, tra uno strimpellare assordante di bande musicali. Più tardi, nella stessa piazza, da un coro formato di dilettanti, tutti con ceri accesi in mano, fu cantato, in onore degli sposi, un inno composto da Giulio Petroni e musicato dal maestro Curci, sull'aria dell'inno borbonico. All'Intendenza ci fu gran pranzo ufficiale, nel quale furono serviti i tradizionali *maccheroni di zita*, preparati da Vito di Dio. Dopo il pranzo, il duca e la duchessa di Calabria andarono ad augurare la buona notte al Re, che li abbracciò entrambi, e si ritirarono nelle loro stanze. La camera da letto degli sposi era la seconda, a destra del gran salone, la stessa dove alloggiò Re Umberto, l'ultima volta che stette a Bari. Mandarini, appena fu ufficialmente certo che la sposa sarebbe sbarcata a Bari, aveva chiamato il sindaco Capriati, per ordinargli di allestire in modo

---

[4] Ragazzo, questi scherzi non si fanno; sono scherzi da lazzaro.

conveniente la camera nuziale. Il Capriati, che, proprio in quei giorni, avea acquistato un ricco talamo nuziale per una sua nipote, mandò quel talamo all'Intendenza. Biancherie e materasse vennero date da suo fratello Enrico. Sino alla camera da letto, gli sposi furono accompagnati dalla Regina, che li lasciò sulla soglia, dopo averli baciati. Nella camera nuziale non entrò, col duca e la duchessa di Calabria, che donna Nina Rizzo; anzi, veramente, Francesco non entrò, ma attese, timidissimo, nella camera precedente, che la Rizzo gli annunziasse che la sposa si era messa a letto. Francesco continuava a mostrarsi stranamente confuso, e passò il tempo a recitar preci, sino a che gli parve, che Maria Sofia avesse preso sonno, nè prima di allora, chetamente per non destarla, andò a letto. E così fu per tutto il tempo che stettero a Bari, il che spiega forse la tristezza di lei, il suo desiderio di svaghi d'altro genere, e il bisogno, che sentiva qualche volta di piangere.

Le commozioni di quel giorno e l'abbattimento morale del Re, inchiodato in letto, fra tanta clamorosa gioia, ufficiale e pubblica, aggravarono rapidamente e in modo allarmante, le condizioni di sua salute. La notte dal 3 al 4 febbraio, la prima della presunta luna di miele del duca e della duchessa di Calabria, fu angosciosa per lui. La Regina e Ramaglia non si tolsero dalla sua camera. Il male faceva progressi, e le sofferenze dell'infermo diventavano insopportabili. Lontano dalla capitale, in una città di provincia, dove non tutto si poteva ottenere e dove non era possibile serbare il segreto, Ramaglia, col solo aiuto del giovane dottor Capozzi, si trovava a disagio, nè voleva assumersi, più oltre, una grave responsabilità. La mattina del 5 febbraio disse alla Regina che sarebbe necessario chiamar da Lecce il dottor Leone, e coll'assenso del Re, da lei informatone, si telegrafò all'intendente Sozi Carafa. L'ordine di recarsi immediatamente a Bari sorprese il dottor Leone fuori di casa. Non ebbe neppure il tempo di correre a salutare sua madre; montò in carrozza e, la sera stessa, giun-

se a Bari. L'indomani ci fu lungo consulto tra lui e Ramaglia, ed
entrambi non si nascosero la gravità del male, nè la difficoltà della
cura, perchè cominciava a verificarsi qualche fenomeno di competenza chirurgica. Furono, due giorni dopo, chiamati a consulto il dottor
Niccola Longo di Modugno, il dottor Vincenzo Chiaia di Rutigliano,
residente a Bari, e il dottor Enrico Ferrara di Bitonto, tutti in fama di
dotti medici, e al consulto assistettero la Regina ed il duca di
Calabria, il quale, prima che il consulto cominciasse, intonò il *Veni
Creator Spiritus.* Ramaglia fece una lunga relazione, ma ai tre nuovi
medici dichiarò che loro non era concesso di visitare il Re, per non
procurargli penose emozioni. Tutti approvarono la diagnosi, che fu
criticata più tardi, come quella che non aveva tenuto abbastanza
conto dei fenomeni, che richiedevano la pronta mano del chirurgo.
In quei tempi la chirurgia non era arrivata al punto di aprire l'addo-
me, come si fa oggi. Si rimproverò a Ramaglia di non aver prevenuto il pericolo di un processo interno di suppurazione, nè intuito che
la febbre era sostenuta dalla infiammazione dei muscoli posti in
fondo e nella parte posteriore del bacino, per effetto degli sforzi enormi, che il Re aveva fatto, salendo prima su in Ariano e, poi su per l'er-
ta, non meno faticosa di Camporeale, fra il ghiaccio della strada e il
nevischio che cadeva abbondante. Il Longo, il Chiaia e il Ferrara
andarono via dal consulto malcontenti e quasi mortificati di non aver
veduto l'infermo, non senza comunicarsi a vicenda i loro dubbii circa
l'esattezza della diagnosi del Ramaglia.

I principi non parevano impensieriti della malattia del padre, anche
perchè s'imponeva loro di prender parte alle feste, per non accrescere
le inquietudini e le prevenzioni. La sera del giorno 4, in cui maggiormente si accentuò il peggioramento, e giunse Leone da Lecce, il duca
e la duchessa di Calabria, i principi, gli arciduchi d'Austria coi loro
seguiti e tutti i personaggi ufficiali assistettero allo spettacolo, dato in
loro onore al teatro Piccinni, illuminato a cera, con festoni di fiori e

ghirlande e riboccante di spettatori. Le signore di Bari vi erano tutte, in acconciature vistose. Alle prime file della platea sedevano gli ufficiali superiori e le guardie d'onore, in grande uniforme, mentre i granatieri vi prestavano servizio d'onore. L'aspetto della sala era semplicemente magnifico. Tutti gli sguardi erano diretti alla duchessa di Calabria, che indossava uno splendido abito bianco, con ampia crinolina e portava al collo e sulla testa splendidi diamanti. Quando entrò nel palco reale, sorridente e un po' impacciata, tutti si levarono in piedi e fu un applauso unanime, al quale ella rispose ringraziando più confusa che commossa. Un coro numeroso di signorine e di giovani dilettanti cantò un inno, composto anche esso dal Petroni e musicato dal De Giosa. Gli augusti personaggi si trattennero quasi sino alla fine, e gli stessi applausi, che li avevano salutati all'arrivo, li salutarono nell'uscire. Quello spettacolo pose fine alle feste nuziali. Nell'interno della Corte cominciò il giorno dopo un periodo di timori e di ansie, che non si riusciva più a nascondere.

I principi e gli arciduchi non trovavano distrazioni che in passeggiate per la città, e in brevi corse nei borghi vicini; e i principi, quando non uscivano, salivano sulla grande terrazza dell'Intendenza e si divertivano a saltare. Nei primi giorni, gli sposi non parteciparono a questi giuochi. Sofia avrebbe preferito uscire sempre a cavallo, ma non permettendolo il marito, usciva anche in carrozza. Lo prime nubi fra loro ebbero origine da questo, nè alla Rizzo riusciva dissiparle. Dopo alcuni giorni, anche gli sposi presero parte alle biricchinate dei principi. Uno degli scherzi preferiti, anzi quello prediletto dal conte di Caserta, era di andar a scostare i banchi dei letti dei familiari, in modo che questi montandovi sopra, nell'andare a letto, ruzzolavano giù. In quell'agglomeramento di ospiti e di familiari nell'Intendenza, più volte ripetettero questo scherzo, che li divertiva tanto. E il conte di Trani ne fece uno più crudele al segretario generale dell'Intendenza, Giuseppe de Filippi, che era stato sottointendente a Melfi, e che, in occasione delle nozze, aveva, anche lui pubblicato un sonetto apologetico a Ferdinando II. Era un brav'uomo, complimentoso e tutto inchini, il quale, durante tutto il soggiorno del Re a Bari, non smise mai l'uniforme. Un giorno il conte di Trani chiese delle arance, e il De Filippi, invece di ordinare a un cameriere di portarne in un vasoio, le portò egli stesso sulla terrazza. Questo eccesso di zelo, anzi di servilismo, indispose Luigi e Alfonso così al vivo, che decisero di liberarsi di lui su due piedi. Il conte di Trani invitò il De Filippi a partecipare al giuoco dei soldati, e il De Filippi non se lo lasciò ripetere. Lo mise prima sull'attenti, e poi gli ordinò di andare in avanti, sempre, sempre in avanti, sino all'uscio della scala, che il principe gli chiuse alle spalle con una grande risata. Non fu visto più, e i giuochi continuarono più liberamente. Maria Sofia si trovava volentieri in compagnia dei cognati, veri scolari in vacanza, i quali la chiamavano familiarmente *Sofia*, e la distraevano dalle sue ugge. Nel pomeriggio del 26, la duchessa e i cognati fecero una gita in mare, per divertirsi alla pesca. S'imbarcarono al nuovo porto, nella loro lancia e non si allontanarono dalle acque della costiera. Alcuni pescatori, chiamati in loro aiuto, concorsero a rendere abbondante la pesca e furono regalati di trenta piastre. Un altro giorno, Maria Sofia offerse al marito e ai principi di preparar di sua mano una frittata, alla bavarese, per mangiarla a colazione. Detto fatto. Le fu portato, insieme alle uova, un braciere, sul quale fu posto un fornello, ma mancavano una padella e un cucchiaio. Si diè allora l'incarico al sindaco Capriati di scendere e comprare una padella e un grosso cucchiaio; e il sindaco, il quale era in abito nero e calzoni corti, essendo quel giorno di servizio, scese in piazza e comprò l'occorrente, ma il risultato finale fu un fiasco: la frittata non riuscì, furono bruciati tre tovaglioli e bruciato il tappeto; si fè un gran ridere e Maria Sofia rinunciò ad ogni pretesa di cuciniera. La padella, chiamata nel dialettale barese *fresòla*, e il cucchiaio furono conservati dal sindaco per memoria e sono posseduti dalla vedova di lui.

Le sofferenze del Re non avevano tregua. Gli assistenti, nel voltarlo sulla branda, per fargli cambiar posizione, benchè usassero tutte le cautele possibili, non riuscivano a calmare i suoi atroci dolori. Egli si adirava, li rimproverava, li minacciava anche, ma poi, calmatosi, chiedeva loro scusa e quasi perdono. Il dolore acuto al femore impensieriva i medici, che vi facevano applicare grossi empiastri di semi di lino. Ma l'osso non si sentiva più al suo posto, ed era cominciato nella parte esterna corrispondente un arrossimento, per il quale Ramaglia e Leone cominciarono a prevedere la possibilità di una pronta operazione chirurgica; ma nessuno di loro era chirurgo, nè era facile persuadere il Re a farsi toccare dai ferri. Fu chiamato nuovamente il dottor Longo, che sulle prime si ricusò, dubitando che, neanche questa volta, gli avrebbero fatto vedere l'infermo; ma le insistenze dei parenti e degli amici lo indussero ad accettare l'invito. Fu subito introdotto nella camera del Re, che gli porse la mano e lo pregò di procurare di attenuare le sue sofferenze. Il Longo l'osservò minutamente e lo rassicurò che sarebbe guarito, sottoponendosi a una cura rigorosa. Si tenne nuovo consulto fra lui, Ramaglia e Leone, alla presenza del principe ereditario. Il Longo manifestò il parere che la causa efficiente del male fosse un ascesso alla regione femorale, e perciò consigliava l'uso dei risolventi; e questi non riuscendo, disse creder necessaria l'opera del chirurgo. Ramaglia non potè far a meno di convenirne; e pur non dando grande importanza all'ascesso, non disconobbe che si dovesse tenerlo di mira.

Ferdinando II finì col mostrar chiaramente di non aver più fiducia nei medici e nella medicina. Cominciò fin d'allora l'esposizione delle reliquie miracolose nella sua camera da letto, trasformata via via in un piccolo santuario. V'erano esposte immagini sacre, scapolari, pezzi di tuniche di santi, bottiglie di manna di San Niccola e di olio della lampada della Madonna di Capurso. Il Re, nel parossismo del dolore, recitava, a voce alta, speciali preghiere e invocava i santi e la Madonna Immacolata, nella quale aveva una divozione immensa. Era fiducioso di guarire, ma per opera della divinità, non degli uomini.

La sposa era arrivata, le cerimonie si eran compiute e la Corte non accennava a tornare a Napoli. La provincia era tutta in festa; e in quelle città, che la famiglia reale avrebbe toccato nel viaggio di ritorno, i preparativi non avevano fine. Erano dappertutto archi di trionfo, bandiere e luminarie con *lamparielli*. Molfetta aveva costruito all'ingresso un grande arco di trionfo, sul quale era scritto: *al Re Ferdinando II, la devota Molfetta*, e le autorità si davano moto, e i seminaristi non avevano requie, perchè dovevano essere l'ornamento maggiore della città, e perciò destinati a tutti i ricevimenti. Ma il ritardo cominciava già a suscitare commenti, e le voci più strane circolavano: persino quella che la partenza fosse ritardata dall'imminente sgravo della Regina, che non era incinta. Trani invidiava a Bari la lunga dimora della Corte, e un signore tranese scriveva in quei giorni ad un suo amico di Bari: "l'affare procede ben per le lunghe, poichè si parla di sgravo di S. M. la Regina a Bari. Quanti piaceri per i baresi! Alla fine avranno pure il piacere che la Real Principessa faccia la stessa funzione a Bari. Per ora si diverte a pescar merluzzi. Bisogna convenire essere una giovane molto virtuosa. A Trani almeno si sarebbero divertiti a vedere la gran copia di maschere, che la sera vanno girando e, dove si fermano, armano gran ballo". L'arcivescovo di Trani si dava un gran da fare, nella speranza che il Re passando per quella città si fermasse nel suo palazzo e lo aveva alla meglio addobbato con mobili ed utensili presi a prestito dalle famiglie più agiate. Già nel 1836 Ferdinando era stato in quello stesso palazzo, ospite dell'arcivescovo De Franci, già suo istitutore e maestro.

Oltre il solito arco di trionfo e le solite luminarie, che si erano preparate per la città, facea molto parlare di sè l'apparato in legno, fatto
costruire sulla facciata della propria casa, nella piazza, dal giudice
regio, don Niccola Ferrara, famoso improvvisatore di versi, che si possono leggere dall'alto in basso e dal basso in alto; da destra a sinistra
e da sinistra a destra; uniti e spezzati; ed in qualunque modo letti,
sono sconclusionati sempre. Questo strano tipo, dunque, volendo
farsi merito, ideò una specie di altare che chiamavano *tosello*, elevato
sui balconi della sua casa, e ricoperto con drappo di damasco rosso e
merletti del suo letto nuziale. Il *tosello* avea la forma di un gran baldacchino, sormontato dalla corona regale, e nel mezzo due ritratti
incorniciati delle LL. MM. E vi ardevano davanti, nelle prime ore
della sera, otto grandi torce a vento. Lo spettacolo durò quasi un
mese, a capo del quale il povero Ferrara, vide una sera andare in fiam-
me tutto l'apparato, per il forte vento che spirava. E questo fu l'incidente più comico di quel periodo a Trani. Gli altri magistrati, che
allora vivevano con rappresentanza e carrozza, guardavano con un
senso d'invidia lo sfarzo del giudice e non poco godettero del caso
capitatogli. Ferrara aveva per i suoi versi una fama non dissimile
dall'Ingarriga e dal Fenicia; ma, tranne questa debolezza, era un bra-
v'uomo ed è morto da poco, vecchissimo.

In Napoli, nonostante le notizie ottimiste del foglio ufficiale e il
silenzio mantenuto sulle vere condizioni del Re, cominciava a diffon-
dersi la persuasione che si trattasse di cosa molto grave. Gli stessi
membri della famiglia reale, rimasti là, non erano tranquilli. Il conte
di Siracusa volle recarsi di persona a vedere il fratello; e, insieme col
capitano Ayala, suo cavaliere di compagnia, giunse a Bari alle 7 pomeridiane del giorno 16. Alloggiò al terzo piano del palazzo
dell'Intendenza. Vide prima la Regina, poi Ramaglia e Leone, che lo
informarono di ogni cosa tutto, e lo pregarono di non mostrarsi quel-

la sera stessa al Re, per non allarmarlo. Occorreva anzi prevenirlo con qualche studio. Il conte di Siracusa lo vide, quindi la mattina seguente; e si racconta che, scendendo le scale per recarsi nell'appartamento di lui, ordinasse alla sentinella, posta sul pianerottolo, di non gridare il saluto militare. L'incontro dei due fratelli fu commovente. Si abbracciarono a lungo, e il Re apparve a don Leopoldo più disfatto di quanto questi avesse immaginato. Parlarono, da soli a soli, parecchio tempo, ed il conte uscì con gli occhi gonfi e visibilmente triste dalla camera del fratello. Durante il giorno, visitò la basilica di San Niccola, il porto, il castello, il teatro, e fatta una corsa a Carbonara e a Ceglie, ripartì la mattina del 18.

La lunga permanenza in Bari degli arciduchi Guglielmo e Ranieri, che i loro legami di parentela col Re non riuscivano interamente a giustificare, e la breve apparizione del conte di Siracusa, accrebbero i sospetti che i principi imperiali avessero la missione di stringere un'alleanza offensiva e difensiva fra l'Austria e il Re di Napoli. Nulla lo prova, ma non era però inverisimile. Gli avvenimenti incalzavano; tutto lasciava credere che l'imperatore Napoleone sarebbe sceso, nella prossima primavera, alleato del Piemonte, a cacciar l'Austria dal Lombardo-Veneto; la cospirazione liberale a Napoli usciva dal campo delle inconcludenze settarie, e la polizia, nonostante i suoi eccessi, si mostrava impotente a soffocarla. Si attribuì al viaggio del conte di Siracusa lo scopo di dissuadere il Re da quest'alleanza. Sono supposizioni, ripeto; ma allora le fantasie erano eccitate. La sola cosa vera è che i ministri non avevano voce nella politica estera, la quale dipendeva solo dal Re. E v'ha di più. Da dieci anni, Ferdinando II non aveva ministro degli affari esteri, ma un direttore, che fu costantemente il Carafa, fedele, anzi passivo esecutore degli ordini del Sovrano e che, semplice e bonario, non era sgradito ai diplomatici. Devotissimo al Re, gli spediva ogni giorno durante l'assenza, una relazione minuta sulla politica estera, e ne attendeva gli ordini.

Quando questi ritardavano, n'era desolato, e correva da Troja, il quale di politica estera non s'intendeva addirittura nulla, e che invariabilmente gli rispondeva: "Vui che dicite? scrivete a 'o Re".[5] E Carafa riscriveva. È anche probabile che, se nel febbraio del 1859 vi fu qualche tentativo di alleanza fra Vienna e Napoli, il Carafa ne rimanesse completamente al buio. Difatti, quando cessò di essere direttore degli affari esteri, giurava che la prolungata visita degli arciduchi austriaci a Bari, non ebbe altro scopo che il matrimonio del duca di Calabria e la salute del Re. Ma, tutto considerato, di un'alleanza coll'Austria, sembra che Ferdinando II non avesse mai voluto sapere, neppure in quei giorni.

[5] Voi che dite? Scrivete al Re.

CAPITOLO XX

SOMMARIO: Nomine, promozioni e decorazioni per il matrimonio – La malattia del Re si aggrava – Si richiama il dottor Longo – Colloquio tra lui e il duca di Calabria – *Imbarcateli a qualunque costo* – Padre Ludovico da Casoria – Il Re si decide a tornare a Caserta – Partenza degli arciduchi austriaci – Bianchini e Murena in giro per la provincia – La Regina e il dottor Longo – Il *Fulminante* e il *Tancredi* nelle acque di Bari – Preparativi della partenza – Stratagemma ben riuscito – Parole del Re nel lasciar Bari – Il chirurgo Capone visita il Re – La traversata – Le tristezze di Maria Sofia – L'intimità di Raffaele Criscuolo col Re – Un aneddoto esilarante – L'arrivo a Caserta – La camera da letto del Re e l'appartamento degli sposi – Maria Sofia e la sua predilezione per i pappagalli – Imbarazzi di donna Nina Rizzo e intervento del padre Borrelli – Notizie politiche – Altri aneddoti – Il granduca Costantino di Russia – I Sovrani di Prussia a Napoli e a Caserta.

Le feste per il matrimonio del duca di Calabria si succedevano in tutto il Regno. Tra i festeggiamenti ufficiali il Re aveva, come d'uso, disposta la gran gala delle milizie, le salve dei castelli e la illuminazione dei pubblici edifizi e dei teatri. Ogni giorno giungevano a Bari telegrammi di augurii e devozione. Ferdinando II se ne compiaceva con la duchessa di Calabria, alla quale era largo di sollecitudini o di riguardi. La forma più notevole per solennizzare il matrimonio furono la concessione delle onorificenze cavalleresche, e le nuove nomine e promozioni nelle cariche di Corte. Il numero delle onorificenze, distribuite in una circostanza così solenne, oggi farebbe ridere; ma allora fu un avvenimento, perchè, come già ho detto, Ferdinando II era assai parco nel concederle. Furono decorati i capi di Corte, i ministri, i direttori dei ministeri, i diplomatici, nonchè gli arcivescovi, molti vescovi, alti magistrati, intendenti, sottointendenti e ufficiali superiori di terra e di mare. Alla magna infornata tutti gli Ordini, quali più, quali meno, contribuirono. Ebbero la gran croce di San Ferdinando il principe di Castelcicala, luogotenente in Sicilia, il principe di Bisignano, il duca d'Ascoli e il duca di Serracapriola; furono concesse trentadue fasce di San Gennaro, una delle quali toccò a Ferdinando Troja e altre ai cardinali arcivescovi di Messina, di Benevento e di Capua. Troja ne fu felice, perchè quella onorificenza era stata l'ambizione di tutta la sua vita. Le più numerose decorazioni furon conferite nell'Ordine di Francesco I, che era il più modesto con quarantadue commendatori, sessantadue cavalieri di prima classe e sessantacinque di seconda. Di questa onorificenza furono insigniti il sindaco e i componenti della commissione per le feste di Bari, e tutti i vescovi e prelati che assistettero alla benedizione nuziale, tranne monsignor Mucedola, vescovo di Conversano. Al duca di Taormina, Carlo Filangieri e al duca Riccardo di Sangro, il Re concesse gli onori personali di capi di Corte, e taccio le minori promozioni e le nuove nomine di dame, di gentiluomini di camera e di maggiordomi di settimana, con relativo strascico d'invidie e di maldicenze, benchè la nobiltà napoletana e la siciliana avessero torto di mostrarsene insoddisfatte. Fra i maggiordomi di settimana furono compresi dei giovanotti, ancora imberbi, dell'aristocrazia napoletana e siciliana i quali, più tardi, figurarono negli alti ufficii della nuova Italia.

Il male intanto infieriva. I medici si sentivano impotenti ad attenuare i dolori al femore e all'inguine, che non davano requie all'infermo, nè lo lasciavano riposare. Fu nuovamente chiamato il dottor Longo, il quale, per i suoi modi franchi e bonarii, aveva fatta buona impressione al Sovrano. Si limitò a riprescrivere un risolvente, ma in quel giorno e nel successivo, alla presenza del principe ereditario, dichiarò francamente a Ramaglia che, per dovere professionale e per declinare ogni responsabilità, credeva necessario procedere immediatamente all'operazione, potendo ogni altro ritardo riuscire fatale. Il Ramaglia si mostrò titubante. Uscendo dalle sale dell'Intendenza, il duca di Calabria raggiunse il Longo e gli disse: "*Don Niccola, io non capisco niente; questa opposizione all'operazione mi scoraggia, il morbo cammina e le sofferenze aumentano. Io fido su di voi. Il Re ha per voi molta deferenza, vi ascolta volentieri, parlategli chiaro, ditegli che l'operazione è necessaria e vi si deve procedere senza indugio*". Il Longo promise che ne avrebbe parlato al Re. Continuando intanto più fieri i dolori, rendendosi addirittura tormentose le facoltà digestive e crescendo l'irrequietezza dell'infermo, Ramaglia e Leone, di accordo con la Regina, lo pregarono insistentemente di cambiar camera, anche per rinnovar l'aria; e ne scelsero un'altra esposta meglio tra mezzogiorno e ponente, la camera con due ampii balconi che guarda la presente piazza Massari. Ferdinando II vi si rifiutò da principio, ma alla fine parve piegarsi. Raffaele e Vincenzo Criscuolo, i quali erano giunti a Bari da qualche giorno e quasi non si toglievano dai fianchi del Re, con l'aiuto di due marinai da loro dipendenti e con l'assistenza della Regina e dei medici, sollevarono la branda dell'infermo. Nell'attraversare il salone dov'era una sua statua in divisa militare, Ferdinando II la guardò, e alludendo alle sue deperite condizioni, dolorosamente esclamò: "*Ecco due statue*". Ma, giunto che fu nella nuova camera, si diè a gridare che non gli piaceva, che c'era troppa luce, tropp'aria, e ordinò che lo riportassero in quella di prima. Nel ripassare per il salone, rivide la statua, e salutandola con la mano, disse con grande tristezza: "*Addio Ferdinando II!*". Tre giorni dopo, tornò il Longo a visitare il Re, e udito che il risolvente, a base di mercurio, non aveva prodotto effetto, insistette nella necessità di una piccola operazione. Le frizioni di mercurio erano fatte dalla Regina. Il

Re si scosse alle parole di Longo, anzi parve stranamente spaventato. Il coraggioso dottore non si perde d'animo e soggiunse: *"Maestà, la sventura vostra in questa contingenza è l'essere Re. Se foste un infelice, gettato in un ospedale, a quest'ora sareste probabilmente guarito"*. Gli astanti erano stupiti da così brusca franchezza, e solo il principe ereditario approvava col capo. Il Re, riavutosi dalla prima impressione, rispose: *"Don Niccola, adesso mi trovo sotto, fate di me quel che volete"*. Si convenne allora per l'operazione. Si propose di chiamare un chirurgo da Napoli, ma la Regina fece osservare che ciò avrebbe prodotto un allarme nella capitale e in tutto il Regno, e chiese quindi al Longo se in provincia vi fossero chirurgi capaci; nell'affermativa, quale credeva più adatto. Il Longo propose don Vincenzo Modugno di Bitonto, come colui che, alla scienza e al lungo esercizio, univa una mano invidiabile. Fu accettato; ma non se ne fece nulla, perchè la Regina e Ramaglia presero ad insistere che si partisse a qualunque costo, mentre il Re non voleva partire.

Il suo orgoglio di Sovrano e il suo puntiglio di napoletano si ribellavano al pensiero che i liberali avrebbero gioito, vedendolo tornare a Napoli in quello stato. La burrasca politica d'altronde si addensava e i rapporti di Carafa, sebbene all'acqua di rosa, non lo lasciavano tranquillo. Giunse inoltre in quei giorni la notizia che i prigionieri politici, diretti in America, erano sbarcati in Irlanda e vi avevano ricevute accoglienze clamorose di simpatia, le quali a Londra raggiunsero le proporzioni di un pubblico avvenimento. Egli ne fu quindi stranamente turbato. Nè va dimenticato che non più di un mese prima, aveva fatto rispondere da Bianchini al Brocchetti, il quale riferiva le gravi difficoltà, che incontrava a Cadice per farli partire: *imbarcateli a qualunque costo*. Nell'animo suo si combatteva pertanto una strana lotta di timori e di speranze. A vincere le riluttanze di lui, la Regina e Ramaglia fecero chiamare a Bari il padre Ludovico da Casoria, il quale parlandogli dei suoi doveri di principe verso Dio e verso i sud-

diti, e dei suoi doveri di capo di una numerosa famiglia che adorava,
lo consigliò, con efficacia di frate e di napoletano, alla partenza. Il Re
aveva nel padre Ludovico immensa fiducia, e le parole di lui finirono
per persuadercelo, come al compimento di un dovere politico, religioso e domestico.

Fissata infine la partenza per i primi giorni di marzo, gli arciduchi
austriaci lasciarono Bari il 24 febbraio, diretti a Napoli. Il duca e la
duchessa di Calabria, il conte di Trani e il conte di Caserta li accompagnarono sino a Molfetta. Le carrozze erano precedute e scortate da
uno squadrone di dragoni. All'ingresso di Molfetta trovarono l'arco
trionfale preparato per il Re, ma in città non si fermarono, anzi l'attraversarono a trotto serrato, e gli addii fra i congiunti ebbero luogo
al santuario della Madonna dei martiri, sulla via di Bisceglie. Al ritorno in città, il duca e la duchessa di Calabria e i principi furono osse-
quiati dalle autorità e da una folla più curiosa che espansiva. Io lo ricordo bene. I seminaristi erano schierati innanzi alla cattedrale e assistettero al duplice passaggio, che parve loro una visione.

Più utilmente erano andati a Molfetta, a Trani e in altre città della
provincia, il ministro Murena e il direttore Bianchini mandati dal Re,
perchè lo informassero circa le opere pubbliche più urgenti. Ebbero
onori sovrani e furono ospiti dei vescovi quasi dappertutto.
Visitarono Barletta e le Saline, giudicarono necessario un ponte
sull'Ofanto, osservarono i porti di Bisceglie e di Molfetta, l'ospizio di
Giovinazzo e le carceri di Trani, dove li mosse a pietà un notaio
novantenne quasi cieco, condannato ai ferri. Ne chiesero e ne ottennero la grazia dal Re, anche perchè il gesuita padre Palladino, confessore dei prigionieri, dette buone informazioni di quell'infelice.

Fu deciso partire ai 7 di marzo, che cadeva di lunedì. Quattro giorni prima il dottor Longo tornò a visitare il Re e trovò mutato tutto

ciò che pareva già stabilito: non più operazione, ma immediata partenza. La Regina, appena lo vide entrare in camera, gli disse: *"Don Niccola, abbiamo deciso di partire; collocheremo un letto in una messaggiera e vi adageremo il Re"*. Il dottore, maravigliato da così strana decisione, rispose che credeva un grave errore il viaggio, per la rigidezza della stagione e le scosse della vettura; ma poichè la Regina aggiunse, quasi ironicamente: *"Abbiamo due fregate a Manfredonia: non sarebbe neppur possibile servirci di esse per il viaggio?"*; il Longo fece le sue riserve con dignità e non disse altro. Lasciò il Re quasi ebete dalle sofferenze. La febbre, sempre alta, cominciava con brividi di freddo e decadeva con profusione di sudori, il che indicava che l'assorbimento del *pus* si compiva lentamente. Longo non vide più l'infermo, ma dopo qualche tempo ricevette una grossa tabacchiera d'oro con brillanti, monogramma del Re e corona reale, accompagnata da una lettera cortese del principe ereditario. Tabacchiera di minor valore ebbero anche i dottori Chiaia e Ferrara.

Nelle acque di Bari giunsero da Manfredonia, la mattina del 6 marzo, il *Fulminante* e il *Tancredi*. Il primo aveva trasportato da Trieste la duchessa di Calabria e il secondo era la nave da guerra, destinata per il servizio del Re e della famiglia reale. Fu scelto il *Fulminante*, nave di maggiore velocità e grandezza, e però più adatta alla circostanza, anche perchè era stata per l'occasione rifatta a nuovo. Il *Fulminante* era comandato nominalmente dal viceammiraglio Federico Roberti, incaricato del real servizio, ma effettivamente dal capitano di vascello Vincenzo Lettieri; n'era sottocomandante Carlo Longo, ed aveva tra gli ufficiali Cesare Sanfelice, e per primo medico e chirurgo di bordo, un giovane molto stimato nell'arte sua, Cristoforo Capone. Il *Tancredi* era comandato dal capitano di vascello Ferdinando Rodriguez ed aveva tra gli ufficiali Amilcare Anguissola.

Per risparmiare all'infermo scosse e sforzi, che avrebbero potuto riuscirgli fatali, si decise di trasportarlo a bordo, nel suo stesso letto, coperto da una cortina. Si andò a verificare se la branda, su cui Ferdinando II giaceva, potesse entrare nel boccaporto a poppa, ma poichè questo fu trovato angusto, bisognò allargarlo a colpi di scure. Tutto questo servizio fu eseguito con esattezza e sollecitudine dai due Criscuolo, e con tanta discrezione che non se ne seppe nulla, mentre nel palazzo dell'Intendenza era un affaccendarsi di tutti per fare i bagagli. Nessuno può dire quanta roba, in quella confusione, andasse smarrita o sottratta. Le famiglie baresi, che avevano dato biancherie, mobili e argenterie, potettero riaverle in parte e piatendo molto. L'avidità di alcuni familiari di Corte non conobbe limite, e qualche pezzo grosso non aveva ritegno di chiedere caciocavalli e barili di vino, per fare, come dicevano, le piccole spese.

La mattina della partenza, il Re si sentì meglio. Ricorreva il penultimo giorno di carnevale, la temperatura era calda e il mare tranquillo. Le sofferenze erano un po' diminuite nella notte, ed egli appariva sollevato di spirito. Volle mangiare la *caponata*, di cui era ghiotto e nessuno ardì opporsi a questo strano desiderio. La partenza fu fissata per l'una pomeridiana. Bisognava impedire le scene piazzaiuole dell'arrivo e si ricorse ad uno stratagemma che pienamente riuscì. Le truppe si schierarono nella piazza dell'Intendenza, lungo il corso Ferdinando, sino all'imbarcatoio; nel porto ormeggiava il *Tancredi* con le sue bandiere spiegate. Il *Fulminante*, senza nessun segno di festa, era ancorato nel porto nuovo. A questi indizii d'imminente partenza la folla si precipitò per il Corso e in Piazza Ferrareccia, sui due moli del vecchio porto e su quel tratto di via della Muraglia, che dalla piazza conduce al fortino Sant'Antonio, credendo che di là il Re sarebbe passato.

Alle 9, cominciarono ad uscire dall'Intendenza le vetture ed i carri che trasportavano i bagagli. Di tanto in tanto ne usciva qualche carrozza che andava all'imbarcatoio. La folla, credendo che in qualcuna di quelle carrozze dovesse essere il Re, rompeva in alte grida, e tutti gli occhi erano rivolti all'ingresso principale del palazzo. Nessuno immaginava quel che avveniva dentro. Alle 11 e mezzo si aprì, quasi di soppiatto, l'altro portone dell'Intendenza, quello che dà sulla piccola via di San Domenico, e di là uscì l'infermo, in barella, seguito dalla famiglia reale. La barella, coperta da una cortina a festoni bianchi e rossi, veniva portata a spalla da quattro marinai guidati dai Criscuolo, i quali dirigevano il trasporto. Il sindaco, l'intendente, il segretario generale, il comandante militare della provincia, il commissario di polizia e poche guardie d'onore precedevano il triste corteo. La Regina era in abito nero, fra la duchessa e il duca di Calabria; seguivano alcuni del seguito e i medici Ramaglia e Leone. Altri del seguito partirono il giorno stesso, per via di terra, e fra questi, il principe e la principessa della Scaletta, il duca di Sangro, Murena e Bianchini. Alla principessa della Scaletta che aveva interrogato il Re, se desiderava che ella partisse per mare, il Re rispose, celiando: "*Iatevennne pe terra, ccà pe mare non ce sò taverne*".[1] Il corteo sembrava un funerale. Giunto al bivio fra l'arcivescovato e la chiesa di San Vito, i marinai si dettero il cambio. Il Re sollevò un lembo della cortina per guardare la facciata del duomo, ed Enrico Capriati, presente, potò sorprendere dalla espressione degli occhi e dal muoversi delle labbra, qualche preghiera. Alcuni, che per caso si trovavano a passare di là, si accorsero di tutto, ma il sindaco e l'intendente fecero loro cenno di tacere. Si riprese il cammino incontrando rarissime persone, e si giunse al porto nuovo, dove era stato costruito un piccolo ponte sino alla nave.

Il letto del Re venne imbracato, sospeso e poi ammainato sotto coperta. La manovra avendo procurato un lieve movimento ondula-

---

[1] *Andate per terra, chè per mare non vi sono taverne.* Antica e sempre viva espressione dialettale, per significare i pericoli di un viaggio per mare.

torio del letto, il Re esclamò: "*Vuie me facite cadé*";[2] e quando la
barella venne deposta sotto coperta, aggiunse: "*Questa è l'anticamera
della tomba*". Poi si congedò dall'intendente e dal sindaco, incarican-
doli di ringraziare le autorità e i cittadini: "*Manifestate a tutti* – egli
disse – *il mio compiacimento, e fate a tutti sapere, che se io non era alle
feste con la persona, v'era sempre col cuore*". Dal segretario generale De
Filippi tolse speciale commiato colle parole: "*Segretario generà, te sò
servo*". Pochi minuti dopo fu tirato dal *Fulminante* un colpo di cannone. Era il segnale che la nave levava l'ancora, ed al quale risposero
le salve del castello. Le truppe schierate cominciarono a muoversi per
tornare in caserma, e tutti capirono che la Corte si era imbarcata al
porto nuovo. Fu una canzonatura ben condotta, che provocò anche
dei fischi ad alcuni zelanti in giamberga, che tornavano dal vecchio
porto con un palmo di naso.

Un'ora dopo che il *Fulminante* si era messo in rotta, il Re fece chiamare l'ammiraglio Roberti, e da lui volle sapere chi fosse il primo chirurgo di bordo. Saputo ch'era un giovane molto bravo, di nome
Cristoforo Capone, ordinò che fosse andato da lui. Al colloquio non
fu presente alcuno. Il Re accolse il Capone con queste parole:
"*Considera che io sono un marinaio, osservami e curami come faresti con
un marinaio, ma dimmi la verità*". Capone l'osservò, e tastando presso l'inguine, dove l'infermo accusava più acuto dolore, il Re gettò un
grido. La diagnosi non fu un mistero per il giovane chirurgo, il quale
con tutta sincerità disse al Re trattarsi di una suppurazione presso
l'inguine; essere la marcia, raccolta in quel punto, la causa delle sofferenze e della febbre; doversi subito procedere a una piccola incisione. Come senti parlare di suppurazione e di taglio, Ferdinando II si
ricordò di quanto gli aveva detto il dottor Longo e diè in ismanie.

---

[2] Voi mi fate cadere.

Ramaglia e Leone, chiamati subito, riconobbero senza altro mistero l'esattezza della diagnosi, ma Ramaglia opinò che non si dovesse eseguire l'operazione a bordo, e che, appena dopo lo sbarco, si sarebbe telegrafato ai chirurgi De Renzis e Trinchera di recarsi a Caserta. Il Re parve acquetarsi, ma la Regina mal celava le lagrime. Furono applicati grandi empiastri di farina di semi di lino, che preparò il Capone, sulla parte addolorata, e il Re vi trovò un po' di refrigerio durante il viaggio.

Mercoledì, 9 marzo, che fu l'ultimo di quella navigazione tranquilla e senza incidenti, era il giorno delle Ceneri. Si celebrò la messa a bordo, sopra un altare collocato in modo che il Re potesse vederlo. Vi assistettero la famiglia reale e il seguito. Celebrò il cappellano Capobianco e fungeva da chierico Giuseppe Turco, oggi maresciallo di marina in pensione. Presero tutti la cenere; ma quando il cappellano si avvicinò al letto del Re e, segnandolo sulla fronte, ripetette le parole di rito, l'augusto ammalato scoppiò in singhiozzi. Durante la traversata, Maria Sofia stette quasi sempre sopra coperta: seduta sopra un affusto di cannone, fumava le sue preferite sigarette, prendeva parte alle manovre della nave e pareva si deliziasse nella vista del mare infinito, più che nella compagnia del suo consorte, che le era sempre dintorno e le offriva dei *bombons* e le dava, furtivamente, qualche bacio in fronte o sui capelli.

Durante la navigazione, il Re fu sempre assistito dai due Criscuolo. Raffaele cercava distrarlo con le sue barzellette, che strappavano qualche sorriso al Re, il quale lo chiamava *Ras*, nome, dato in Sicilia al comandante della "mattanza" nella pesca del tonno. Criscuolo era del rione di Santa Lucia. Chiamava il Re *signò*, non mai maestà; e, parlando coi terzi, lo chiamava *'o signore*; come chiamava la Regina, *'a signora*; i principi, *'e signorini*; oppure i principi, *'e guagliuni*; e le principesse, *'e piccirelle*, quando di loro parlava col Re. L'intimità nella quale egli viveva con tutta la famiglia reale, era pari alla devozione, ma non ne abusava. E il Re era tanto convinto della fedeltà di lui e di suo figlio Vincenzo, che fece partire sul *Fulminante* don Raffaele, perchè guidasse lui la lancia, che doveva imbarcare Maria Sofia a Trieste, e volle che la lancia la quale doveva sbarcarla a Bari, fosse comandata dal figliuolo Vincenzo. Ed anche il vapore, sul quale s'imbarcò Maria Teresa coi figli quando fuggì a Gaeta nel luglio del 1860, era comandato da Raffaele, come il vapore, sul quale Francesco II s'imbarcò a Napoli, il 6 settembre dello stesso anno, era comandato da Vincenzo. Dal giorno dell'arrivo di Maria Sofia, i due fedeli servitori non lasciarono un solo istante l'infermo, sino alla sua morte.

I Criscuolo seguirono a Roma Francesco II. Ed ecco un aneddoto esilarantissimo, che rivela quanta fosse la familiarità tra don Raffaele e i principi, e rivela pure il genere degli scherzi usati nella Corte borbonica. Raffaele abitava un quartierino nel soffitto del palazzo Farnese. Era un dopo pranzo di estate, ed egli, secondo il costume napoletano, s'era messo a letto. I più giovani fratelli del Re allontanarono con un pretesto un cameriere; e, preso un asinello dalla scuderia, lo portarono nella camera dove Criscuolo riposava; lo trascinarono presso il letto e lo legarono in modo, da costringerlo ad alitare sul volto di lui. Poi si nascosero, aspettando che Raffaele si destasse; nè attesero molto, perchè il vecchio marinaio si svegliò di soprassalto e per primo atto, tra veglia e sonno, lasciò colla mano andare un colpo all'asino. I principi scoppiando in fragorose risa se la battettero, ed allora don Raffaele, buttatosi giù dal letto, fece mostra di prendere una pantofola per inseguirli. Ma non avendo potuto raggiungerli, li caricò di contumelie, e sentendo che anche le principesse ridevano, inveì contro di loro dicendo: "*Vì che te fanno ste ciantelluzze; se v'afferro, ve faccio ricordà 'e piresicche che ve reva a Napoli*".[3] Il giorno seguente, Francesco II, anche lui a parte della baia, disse a Criscuolo: "*Ras, ho saputo che non mi sei più fedele, tu mi nascondi una cosa"*. E Criscuolo, fattosi serio in volto, rispose: *"Signò, non pazzià accussì"*.[4] E il Re di rimando: *"Ho saputo che jeri hai rice- vuto una visita nella tua stanza e non me ne hai informato"*. Don Raffaele capì e sorrise. Rozzo e bonario, egli era abile e coraggioso uomo di mare e non una, ma cento volte, avrebbe data la vita per il suo Re. Lo soprannominavano *don Raffaele la lancia*, perchè coman- dante della lancia reale; era cavaliere e direttore delle reali pesche.

Dopo cinquanta ore di viaggio, durante le quali il *Tancredi* navigò a poca distanza dal *Fulminante*, alle due pomeridiane, si giunse alla Favorita. Alle tre e mezzo con un treno speciale si arrivò a Caserta, Dalla stazione alla Reggia il Re fu portato, nello stesso suo letto, da quattro marinai agli ordini del Criscuolo.

Entrando nel palazzo reale, e prima di farsi condurre nel suo solito appartamentino del pianterreno, il Re alzò la cortina e salutò con la mano i familiari. Furon tutti compresi di spavento e di pietà; i più vecchi servitori piangevano, rivedendo in quello stato il Re che, due mesi avanti, fiorente di vita e di vigore, aveva lasciata Caserta, precor- rendo col pensiero la gioia di un lieto avvenimento. La scena era tri- ste, ma divenne pietosa quando principi e principesse corsero ad abbracciare i genitori. Il Re abbracciò e baciò più volte i figliuoli, piangendo e piangevano anch'essi nel vedere il padre cosi mal ridot- to. Per timore che la prolungata commozione aggravasse le condizio- ni del Re, la Regina tolse dalle braccia di lui i più piccini e li condus- se fuori. Il piccolo conte di Bari, don Pasqualino, che aveva sette anni, si diè a fuggire per il vasto palazzo, vi si smarrì nè fu ritrovato che

[3] *Vè che ti fanno queste pettegole: se vi afferro, vi fo ricordare le sculacciate che vi davo a Napoli.* Parole che rivelano la troppa familiarità tra il vecchio marinaro e la famiglia reale. *Piresicche* è un'espressione volgare, che vorrebbe dire in italiano: pere secche, ma che, nel gergo figurato dia- lettale, vuol dire sculacciate o pizzichi forti.

[4] *Signore, non scherzare così.*

un'ora dopo. Accanto al Re rimasero, oltre alla Regina, i figli maggiori, i Criscuolo, i medici Ramaglia, Leone e Capone, e verso sera giunsero da Napoli don Franco Rosati, don Felice de Renzis e don Stefano Trinchera, i quali, udita la relazione di Ramaglia e di Leone e visitato l'infermo, convennero trattarsi di uno dei più gravi casi di coxalgia, con sospetti di piemia: doversi, senza indugio, operare un primo taglio alla coscia.

Nel suo appartamentino il Re stette pochi giorni. Fu poi trasportato al primo piano nobile, nella camera ch'è la settima a sinistra del gran salone centrale, giudicata più salubre e più comoda. Quella camera è davvero molto ampia, con due finestre e quattro porte. Due di queste comunicano con le sale accanto, e due coi gabinetti da bagno e da *toilette* e col guardaroba. Oggi è assai diversa da allora. Il letto, i mobili e le tappezzerie che vi erano, furono bruciate dopo la morte del Re, ritenendosi infettiva la malattia di lui. Venne strappata e bruciata anche la tappezzeria in seta della camera precedente, perchè di là passò il cadavere quando, per la scala riservata, fu disceso giù nel portone a sinistra, donde venne trasportato alla ferrovia. Il letto era appoggiato al muro, dov'è oggi uno specchio in faccia di chi entra: letto basso, ad una piazza e mezza, poco più ampio della branda di Lecce e di Bari. Oggi quella camera, seguita a essere da letto, ma il letto sta nel mezzo e guarda le due finestre. Vi dormì il principe Amedeo con la principessa Letizia, appena dopo il loro matrimonio e vi dormì pure il principe di Napoli. Come camera da dormire, è veramente la più bella, e aveva fin d'allora i cessi con acqua scorrente e un ascensore a mano. Le camere che seguono, fra le quali i due gabinetti detti degli specchi, con splendido decorazioni di stile Luigi XV, sono oggi nelle stesse condizioni. Il duca e la duchessa di Calabria presero stanza allo stesso piano nobile, nel grande appartamento a destra, dalla parte opposta alla camera del Re. Quell'appartamento si conserva oggi tal quale, col letto nuziale, gli specchi, i quadri, le immagini sacre, la *toilette* di marmo, la vasca di porfido per il bagno e la scrivania, che servì al duca di Calabria e che era servita a Murat. Vi è inoltre la tavola barocca donata dal municipio di Napoli al principe ereditario, in occasione delle sue nozze, con miniature di costumi fantastici.

L'appartamento ampiamente soddisfece la duchessa di Calabria. Per lei, il passaggio dalle due infelici camere dell'Intendenza di Bari, che formarono nei primi trenta giorni della luna di miele tutto il suo mondo, alla nuova dimora, fu una sorpresa che non immaginava. Il palazzo di Caserta, con i giardini, il parco, la cascata, il lago, i romantici viali, la libertà grande, le grandi passeggiate e le clamorose *ciucciate* quotidiane, rappresentavano per la giovane sposa una certa felicità e se ne mostrava quasi riconoscente con la Rizzo, la quale aveva a lei tanto decantata quella dimora, per tenerne sollevato lo spirito nei malinconici giorni di Bari. I cognati Luigi e Alfonso, ai quali si aggiunse don Gaetanino, di tredici anni, loquace e fantastico, facevano a gara per distrarla. Anche le due maggiori cognate le si mostravano molto affettuose, sebbene fossero poco espansive e ritraessero l'indole schiva e fredda della loro prima camerista, donna Antonietta de Palma. Maria Annunziata aveva sedici anni e Maria Immacolata, quindici. Le altre due erano fanciullette, e piccino l'ultimo figliuolo Gennaro Maria, anzi *don Gennarino*, conte di Caltagirone. Ma la passione più forte della duchessa di Calabria, che si rivelò subito a Caserta, fu quella dei pappagalli. Cominciò ad averne due, poi quattro, poi salirono a dodici. La maggior parte del suo tempo era consacrata alla cura di quell'uccellame, compiacendosi a imparar loro parole tedesche, che, straziatamente ripetute, provocavano la sua ilarità: la sola ilarità alla quale fu vista abbandonarsi. Anche in compagnia dei suoi giovani e romorosi cognati, non mutò il suo contegno riservato, che molte volte pareva inconsapevolezza, o infantile inesperienza della vita, o malinconia, anzi più spesso malinconia. Vi erano giorni, nei quali non usciva dal suo appartamento e non scambiava una parola col marito. Unica confidente, la Rizzo, alla quale e al Raucci, suo maestro di casa, uomo prudente e fedele, aveva più volte detto: "*Se avessi le ali, me ne volerei al mio paese*". La Rizzo ne intendeva la ragione intima, ma non osava confessarla ad alcuno; era incerta sul partito da prendere anche perchè Ferdinando II peggiorava di giorno in giorno, nè a lei, cameriera, non camerista, era concesso giungere sino al Re; e molto meno si fidava della Regina, sapendo quali fossero i sentimenti di lei verso il duca e la duchessa di Calabria. Decise finalmente di confessar tutto al padre Borrelli, il quale, da uomo di mondo, le ingiunse il silenzio, lasciando a lui la cura di provvedere, e pare che non senza difficoltà ne fosse finalmente venuto a capo.

Tornato il Re a Caserta, cominciò il viavai dei ministri, dei direttori, dei grandi dignitari e delle principali autorità. Vi furono quasi immobilizzati il marchese Imperiale, cavallerizzo maggiore, e il duca d'Ascoli, somigliere del corpo, nonchè i membri del gabinetto particolare del Re, sotto la direzione del colonnello Severino. Il principe di Bisignano, maggiordomo maggiore e il marchese del Vasto, primo cerimoniere, andavano e venivano. Dei ministri, si vedevano più sovente il presidente del Consiglio e i ministri della guerra e delle finanze; dei direttori, il Bianchini e il Carafa, ma con maggiore frequenza il Carafa, che vedeva ogni volta il Re da solo a solo. Egli riferiva le notizie dell'estero, e dava specialmente comunicazione dei dispacci di Antonini da Bruxelles e di Canofari da Torino, che erano i più interessanti. Spesso andava alla firma reale Gaetanino Zezon, il quale aveva sposata una figliuola del generale Carrascosa, e questi scrivendo al genero, chiudeva sempre le sue lettere con le parole: "*Non dimenticare di baciare per me la paffuta mano di Sua Maestà*". In uno dei primi giorni, quando ancora il Re conservava un resto del suo partenopeo stoicismo, Zezon gli lesse il brano della lettera del suocero, e il Re, guardando la mano diventata scarna, disse: *"Paffuta, paffuta, quale ironia! la carne è ita, e non resta a pensare che allo spirito; Gaetanì, damme nu sigarro"*.[5] E avuto il sigaro, lo accese nervosamente, confessando che, solo nel fumo dei suoi prediletti sigari napoletani, trovava un conforto alle sue atroci sofferenze.

Non era iperbole quanto scriveva il *Giornale Ufficiale*, che il Re, benchè gravemente infermo, seguitasse ad occuparsi degli affari dello Stato. Il governo di esso era tutto accentrato in lui. Gli avvenimenti precipitavano. Antonini e Zezza scrivevano da Parigi e da Bruxelles non essere dubbio che l'Imperatore sarebbe sceso in Italia a far guerra all'Austria e, con maggior inviluppo di parole, scriveva le stesse cose Canofari da Torino. Si era alla metà di marzo. La Russia aveva proposto un Congresso per la questione italiana, e la Francia aveva dichiarato di accettarlo. Carafa assicurava il Re che il Congresso avrebbe sciolto il nodo; il ministro di Napoli a Pietroburgo mandava le stesse assicurazioni, ma Antonini manifestava i suoi timori che l'adesione della Francia al Congresso non fosse sincera. La Corte d'Austria faceva noto al Re di Napoli di aver aderito al Congresso, a patto che si limitasse alle cinque grandi potenze: Russia, Austria, Francia, Inghilterra e Prussia; di esser disposta a mutare i trattati italiani, ma rimanendo colla mano sull'elsa della spada. Cavour, dal canto suo, si agitava senza posa, affermando dover il Piemonte intervenire con voto deliberativo; non potersi discutere delle cose d'Italia senza il rappresentante della sola potenza, la quale, nel Congresso di Parigi, aveva sollevata la questione italiana, discutendola, da pari a pari, con i rappresentanti dei grandi Stati. L'atteggiamento del Piemonte molto impensieriva il Re di Napoli, che nel Piemonte vedeva fin dal 1848 il suo peggiore nemico, ne diffidava in tutte le manie-

---

[5] Gaetanino, dammi un sigaro.

re e non celava le sue diffidenze, sempre imprudenti e spesso volgari. Sebbene, per la pace del suo spirito affranto dal male, Ferdinando II inclinasse a un certo ottimismo, non era tranquillo, ed al Carafa ordinava di non nascondergli nulla, anzi di portargli a leggere, originalmente, i dispacci dei ministri napoletani presso le Corti di Europa, ma soprattutto quelli ufficiali di Antonini e di Canofari, e quelli di Zezza, ufficiosi, perchè, come si è detto, Zezza era rimasto a Parigi come agente ufficioso. L'agitazione sua cresceva di giorno in giorno e sinistramente influiva sulla malattia, che andava assumendo un carattere sempre più grave.

Il 21 marzo, giunse a Napoli da Palermo il granduca Costantino di Russia, la famiglia e il numeroso seguito, e furono ricevuti con dimostrazioni d'onore. Il conte d'Aquila, viceammiraglio, si recò a complimentarli a bordo. I granduchi presero stanza nel palazzo reale del Chiatamone e il seguito alla Foresteria. Il Re destinò ad accompagnarli il marchese de Gregorio, maggiordomo di settimana, e la principessa d'Angri, dama di Corte. Il 24 marzo, con treno speciale si recarono a Caserta, e il Re ebbe dal granduca assicurazioni esplicite circa il mantenimento della pace. Le grandi potenze avevano aderito alla proposta del Congresso, fatta dalla Russia; e se Napoleone III non era sincero, lo era l'Inghilterra; la missione di lord Cowley a Vienna poteva dirsi riuscita, poichè l'Austria dichiarava di non aggredire il Piemonte e di accettare il Congresso per discutere la questione italiana. La visita fu lunga e parve cordialissima anche da parte dell'arciduca, per quanto costui non nudrisse sentimenti di benevolenza per il Re, come aveva dimostrato a Palermo. Il 26, poco dopo il mezzogiorno, il duca e la duchessa di Calabria, i conti di Trani e di Caserta, con numeroso seguito di dame e cerimonieri, restituirono la visita a Napoli. Era la prima volta che Maria Sofia si mostrava per le vie di Napoli in forma ufficiale, ed ebbe un gran successo di simpatia e di ammirazione. Gli applausi clamorosi, ai quali non era abituata, la stordivano: tornò a Caserta, compiaciuta di Napoli e dei napoletani.

Il 30 marzo, giunsero in istretto incognito da Roma il Re e la Regina di Prussia, sotto il nome di conte e contessa di Zollern. Alloggiarono all'albergo d'Inghilterra alla Riviera, e visitarono i dintorni, fermandosi a Pozzuoli e a Baja; videro il Museo e il grande archivio, dove furono ricevuti da Bianchini e dal principe di Belmonte, che n'era il sopraintendente. Rimasero incantati del soggiorno di Napoli. Nonostante il loro stretto incognito, il Re volle che il duca e la duchessa di Calabria andassero a salutarli a suo nome, due giorni dopo l'arrivo, il primo di aprile. Vi andarono, e la principessa ereditaria apparve *enchantée* di quella seconda gita a Napoli. I Sovrani di Prussia resero la visita alla famiglia reale a Caserta, ma non videro il Re. Il duca di Calabria e i conti di Trani e di Caserta li ricevettero alla stazione. Alla Regina e al principe ereditario i Sovrani di Prussia non risparmiarono cordiali dichiarazioni della parte, che prendevano al dolore della famiglia reale per la malattia del Re, benaugurando per la prossima sua guarigione. Al duca di Calabria poi Federico Guglielmo diè incarico di rassicurare Ferdinando II, che la pace non sarebbe turbata, e che tutto lasciava sperare un lungo periodo di tranquillità. Rinnovati gli augurii e le cortesie, tornarono a Napoli, riaccompagnati sino alla stazione di Caserta dai principi e dalla duchessa di Calabria, che oramai rappresentava la sua parte ufficiale, ancora con qualche imbarazzo, ma non senza grazia. Tante assicurazioni di pace tranquillizzavano assai poco il Re, che le vedeva distrutte dai fatti, i quali rapidamente si succedevano.

Il 17 aprile, i granduchi di Russia lasciarono Napoli e il giorno dopo partirono i Sovrani di Prussia. In Europa gli armamenti continuavano, e il 16 aprile l'Austria poneva il disarmo del Piemonte come condizione imprescindibile per il Congresso. Il giorno 20 si mobilizzava l'esercito francese; il 27 accadeva la rivoluzione militare a

Firenze, con la partenza del granduca, e il 29, il conte Giulay da Milano lanciava ai popoli sardi quel celebre proclama, col quale si affermava di non portar *"guerra ai popoli nè alle nazioni, ma a un partito provocatore, che sotto il manto specioso di libertà avrebbe finito per toglierla ad ognuno, se il Dio dell'esercito nostro non fosse anche il Dio della giustizia"*. La procella si addensava inesorabile, e Ferdinando II procedeva lentamente verso la sua fine preveduta.

CAPITOLO XXI

SOMMARIO: La prima operazione chirurgica – Il Re peggiora –
Consulto con Lanza, Prudente e Palasciano – Prognostici di Lanza
– Il segretista Manigrasso – I bollettini dei medici – Monsignor
Gallo porta il viatico all'infermo – Scena commovente –
Raccomandazioni di Ferdinando II ai fratelli – Le notizie politiche
– La partenza del granduca di Toscana – Un episodio – I consigli al
duca di Calabria – La ferita di Agesilao Milano – Il Re e il dottor
Capone – Il testamento – La fortuna privata del Re – Ferdinando
II riceve l'olio santo – Sue parole – La commozione della famiglia
reale – Le ultime parole del Re – La morte – Difficoltà della Regina
per l'imbalsamazione – Il *Giornale Ufficiale* – Il pittore Caldara e i
suoi dipinti – L'atto di morte – Inesattezze degli scrittori legittimisti e liberali – Una vita di Ferdinando II – Leggende ed esagerazioni circa la morte del Re.

Sin dal giorno che il Re tornò a Caserta, erano venuti a visitarlo,
come ho detto, il Rosati, primo medico di camera e i chirurgi De
Renzis e Trinchera, e si tenne da essi il primo consulto. De Renzis e
Trinchera confermarono la diagnosi, riconoscendo trattarsi di una
raccolta di *pus* nella regione iliaca destra, per effetto della coxalgia.
Convennero tutti nella necessità di operare senza indugio, per ottenere l'uscita della materia ed arrestare l'assorbimento. E allora chiamarono il Capone, e a lui, che era il più giovane, commisero di eseguire
l'operazione nella regione posteriore della coscia, sul punto indicato
dal Trinchera, il quale sperava di determinare così una più facile corrente di *pus*. Ma, eseguita l'incisione, non si trovò materia, e soffren-
do l'infermo atroci dolori, si dovette sospendere, medicare la ferita e

non fare altro per qualche giorno. Trinchera s'era sbagliato sul punto del taglio. E aumentando le sofferenze, e non potendo il Re più tollerarle, decisero un secondo taglio, che il Capone eseguì felicemente, aprendo il femore. L'esito ne fu maraviglioso, perchè uscirono parecchie libbre di marcia. L'operazione confermava la diagnosi, ma troppo tardi.

L'uscita del *pus* recò qualche sollievo all'infermo e confortò le speranze della Regina in una lontana guarigione. Ma il miglioramento non durò a lungo, e dopo cinque giorni dal secondo taglio, si manifestarono i primi segni, i più caratteristici, dell'infezione purulenta in tutto l'organismo. Il morbo invadeva organi esterni ed interni; congestioni polmonari ed ascessi sotto l'ascella destra e in altre parti del corpo si succedevano, senza che gli umani rimedii avessero efficacia alcuna. Correttivi e ricostituenti non servivano a nulla, e i medici, sconfortati e disperanti, dichiararono alla Regina e al principe ereditario la impossibilità, a cui si vedevano ridotti, e consigliarono di chiamare altri a consulto. Proposero i medici Lanza e Prudente e il chirurgo Palasciano. Di certo, chiamando anche questi, non vi era grande capacità medica e chirurgica messa da parte. Il Lanza era tornato, tre anni prima, dall'esilio. Non si sarebbe voluto lui, noto per le sue idee liberali, ma la gravità del caso s'imponeva e fu deciso chiamarlo. Volle però la Regina che nessuno dei tre dovesse vedere l'infermo: avrebbero manifestato il proprio parere su relazione del Ramaglia. Il Lanza mal patì il divieto di vedere il Re e, vivace e franco com'era, non celò il suo malcontento, soggiungendo che veramente non era il caso di farlo andare a Caserta, perchè anche a Napoli avrebbe potuto leggere una relazione e dare il suo parere. Udita la relazione, borbottò ironicamente: *"Il Re starà bene, fatelo nutrire di latte di donna"*. Rosati non potè tenersi dal ridere, e il Lanza, a lui rivolto, disse: *"Innanzi a Vincenzio Lanza* (così egli diceva, e non *Vincenzo) non si ride. Ferdinando II morirà dopo aver contemplato il suo cadavere; non c'è più rimedio; la fitiriasi si svilupperà subito, in seguito alla piemia"*. Tornato a Napoli, raccontò ai più intimi questi incidenti, e alludendo alla grazia ottenuta dal Re di tornare in patria, aggiunse sorridendo: *"Io ebbi da lui un passaporto e son ritornato, ma con quello rilasciatogli non vi è speranza di ritorno"*. Con Lanza si trovarono d'accordo Prudente e Palasciano, anzi tutti quanti. Oramai la scienza aveva detta l'ultima parola e decretata la condanna di Ferdinando II: la materia, raccolta nella regione ileo-femorale destra, era via via irreparabilmente assorbita dall'organismo e formava depositi purulenti nei polmoni, negl'intestini, nelle glandule sottoascellari principalmente, donde poi la consunzione, la quale nelle ultime settimane assunse forme rapide e spaventose.

Le immagini dei Santi e delle Madonne, i crocifissi e le reliquie miracolose, le lampade accese innanzi alle immagini sacre, e quanto di religiosa superstizione era nel Regno, dove la superstizione imperava largamente, tutto si vedeva radunato nella camera da letto del Re. Ogni giorno arrivavano nuove acque, nuove tuniche, scapolari e immagini sacre, ed egli tutto vedeva, toccava e baciava con una fede che stupiva, la fede che sarebbe guarito, mercè l'opera della divinità. Tornò il padre Ludovico, ma più frequente e gradito ospite era il buon cardinale Cosenza, arcivescovo di Capua, il quale recava all'infermo grande conforto con le sue parole. Non furono trascurati i segretisti. Va ricordato quel celebre Manigrasso, notissimo nel quartiere dei Vergini, il cui metodo curativo consisteva nel dipingere l'infermo con sostanze vegetali, ma neppure il Manigrasso potè nulla coi suoi segreti e le sue erbe. Il genere del male rendeva faticosa l'assistenza all'infermo. Due marinai della lancia di Criscuolo, Tommaso Craus e Francesco Morvillo, uomini vigorosi e devoti, erano particolarmente destinati a sollevare, sopra un lenzuolo, l'emaciato corpo del Sovrano, per mutargli la biancheria grondante *pus* e sangue guasto.

Ogni movimento procurava al Re dolori atroci, tra i quali rompeva in grida ed in strazianti invocazioni alla Madonna ed ai suoi santi protettori. Non v'era biancheria che bastasse. Ed il disgraziato soffriva anche moralmente, per il genere del suo male. Egli, che aveva sempre avuto un pauroso orrore per i morbi infettivi e particolarmente per la tisi, si vedeva condannato a morire di un morbo, che a lui stesso faceva ribrezzo.

Il male procedeva inesorabile, e lo sofferenze dell'infermo divenivano sempre più strazianti. Fino al 12 aprile, i medici non credettero necessario pubblicare alcun bollettino, e più che i medici, non lo ritenne opportuno la Regina, per non allarmare il pubblico. Ma in Napoli tutti conoscevano la gravità del caso e se ne parlava liberamente, non prestandosi fede alle pietose attenuazioni ufficiose. Il primo *Bullettino della salute di S. M. il Re N. S.* apparve nel *Giornale Ufficiale* il 12 aprile, quando la gravità non si potè più nascondere, perchè il Re in quella mattina volle ricevere il viatico. Questo gli fu portato alle otto da monsignor Gallo in gran pompa, presente tutta la famiglia, tranne i figliuoli piccini. Uscì la processione dalla grande cappella, seguita dai dignitari di Corte, dai ministri e direttori. Il Re si levò con grande stento a sedere sul letto; e quanti lo videro, rimasero esterrefatti, perchè era l'ombra di Ferdinando II che loro si offerse dinanzi. La cerimonia fu spettacolosa e commovente. Erano presenti anche i fratelli del Re. L'infermo li fece avvicinare al letto, ed a ciascuno rivolse speciali preghiere. Raccomandò al conte d'Aquila di curare l'armata, e al conte di Trapani rivolse le stesse raccomandazioni per l'esercito. Solo al conte di Siracusa non disse nulla, ma lo tenne qualche minuto stretto al petto e lo baciò più volte, piangendo. Dal principe di Satriano e dal generale Ischitella, tutti e due presenti, volle la promessa che avrebbero assistito e consigliato negli affari il nuovo Re. Era chiaro che non si facesse più illusioni, preparandosi alla morte con rassegnata dignità.

Il primo bollettino, dunque, redatto alle nove e mezzo di quel giorno, diceva così: "*La recrudescenza della malattia, annunziata ieri, si è molto aumentata nel corso sì del giorno come della notte, sino ad esservi stato bisogno questa mattina di prescrivere la somministrazione del Santissimo Viatico*". Portava le firme di tutti e sei i medici e chirurgi curanti, in questo ordine: Rosati, Ramaglia, Trinchera, De Renzis, Leone, Capone. In segno di lutto, dal 12 aprile rimasero chiusi tutti i teatri. I bollettini continuarono a pubblicarsi, quasi ogni giorno, sino al 27 aprile nella stessa forma nebulosa. Si parlava di miglioramento o aggravamento, di maggiore o minore accentuazione dei consueti fenomeni, ma dell'aggravamento non si conosceva la misura, i lievi miglioramenti si esageravano, e ogni linguaggio scientifico, per dare almeno un'idea precisa di questi *fenomeni*, era bandito. Così voleva la Regina, ed avvenne perciò che intorno a quella malattia si creasse una specie di leggenda. Il 22 aprile, apparve davvero una leggera miglioria che per altro non assicurò punto i medici. Fra questi, godevano veramente la fiducia del Re, Rosati e Capone, il quale ultimo gli era entrato in grazia fin dal primo momento; ma la maggior confidenza l'infermo l'aveva in don Franco Rosati. Nei suoi momenti di buon umore, lo si era udito ripetere più volte, non esservi in Corte che un solo galantuomo, il Rosati. A Caserta volle che dormisse nella camera accanto alla sua. Del de Renzis soleva dire: "*Don Felice ha la mano troppo pesante*"; nè da lui voleva lasciarsi toccare.

Anche nei giorni di maggiori sofferenze, che furono quelli dal 25 aprile alla morte, con brevi interruzioni, il Re non lasciava di prender conto degli affari dello Stato, ma soprattutto e molto ansiosamente, delle cose della guerra. La conferenza sfumata, il Piemonte si era apertamente messo a capo della rivoluzione italiana per resistere all'Austria; l'imperatore Napoleone faceva partir per l'Italia i tre primi corpi di armata e si disponeva a scendervi lui stesso, per prendere il comando di tutto l'esercito. Ferdinando II aveva fede nelle forze dell'Austria, che credeva sarebbe stata aiutata dalla Russia e dalla Prussia, e confidava ancor più nell'intangibilità degli Stati della Chiesa. Si cercava di tenergli occulte, o di comunicargli, con arte, le notizie le quali potevano fargli penosa impressione. Questo incarico era affidato alla Regina che, veramente, durante tutta la malattia, non poteva dar prova di maggiore abnegazione e di maggior affetto verso il marito. Molte notti le vegliava accanto al letto di lui, dormicchiando sopra una poltrona, o buttata sopra un canapè, o pregando con lui, in ginocchio, nè egli voleva che si allontanasse, chiaramente mostrando di avere soltanto in lei una fiducia senza limite.

Le notizie politiche più gravi venivano quindi comunicate prima alla Regina. Nella notte dal 27 al 28 aprile, giunse il dispaccio, che annunciava la partenza da Firenze del granduca e della sua famiglia, in seguito a un tentativo di sedizione da parte delle truppe. Incredibile lo sgomento che la notizia produsse in Corte. La famiglia reale di Napoli era molto affezionata alla Corte di Toscana, per vincoli stretti di parentela; e il granduca Leopoldo II, come ho già detto, veniva chiamato dai suoi nipoti, napolitanamente, *Zì Popò di Firenze*, per distinguerlo da *Zì Popò di Napoli*, ch'era il conte di Siracusa. La mattina del 28 aprile, il principe ereditario entra nella camera del padre e, tutto spaventato, gli dice: *"Papà, hanno cacciato zì Popò."* *"Quale zì Popò?"* domanda il Re stranamente sorpreso. *"Zì Popò di Toscana"* risponde il principe. Il Re gli chiede altre notizie che Francesco non sa dare; le chiede alla Regina che cerca nasconderle, e s'imbarazza. *"Chiamatemi Carafa"*, grida allora, raccogliendo tutte le sue forze e dando un'ultima prova della sua energia. Carafa, quasi balbettando, lo informa di quanto era avvenuto, mostrandogli il dispaccio del ministro di Napoli a Firenze. Si narra che leggendo come il granduca avesse lasciato Firenze, solo per la paura di un *pronunciamento*, egli esclamasse: *"C...., è andato, e non è degno di ritornarvi"*.

Quegli ultimi giorni di aprile, sino alla morte, furono il suo calvario. Progrediva il male e le notizie della guerra non erano quali egli le desiderava. Fu invaso da un senso di paura, che manifestava senza mistero. Si faceva venire in camera il principe ereditario, gl'indicava i veri e i *falsi* amici della dinastia e lo ammoniva a non transigere con la rivoluzione e a non prender partito con l'Austria, aspettando gli avvenimenti con tranquillità, perchè aveva il Papa per antemurale. Lo ammoniva su varie cose, ma principalmente di non risparmiare il suo zelo per la religione degli avi, e lo raccomandava particolarmente al cardinal Cosenza ne' frequenti colloquii che avea con quel prelato.

Nei primi giorni di maggio, i medici notarono un nuovo peggioramento. Corrompendosi il sangue, si alteravano tutte le funzioni, si perturbava il sistema nervoso e la persona incadaveriva a vista d'occhio, rivelando tutti i fenomeni della rapida corruzione purulenta e della prossima fine. Un giorno, al chirurgo Capone, particolarmente destinato alle medicazioni, il Re rivolse una domanda caratteristica. Essendogli sempre rimasto il dubbio, che la punta della baionetta di Agesilao Milano fosse avvelenata, teneva costantemente sulla cicatrice una piccola pietra, che gli avevano fatto credere avesse la virtù di un antidoto. Chiese al Capone che gli dicesse se anche quella cicatrice era venuta a suppurazione. Dopo averla osservata, Capone rispose che era intatta, e nel dargli questa risposta, ricordò coll'appellativo di *infame* il regicida. Il Re lo riprese: "*Non si deve dir male del prossimo; io ti ho chiamato per osservare la ferita e non per giudicare il misfatto; Iddio lo ha giudicato, io l'ho perdonato, e basta così*". Il peggioramento si accentuò dal 10 al 18 maggio. Il bollettino del 13 fu di nuovo allarmante. La mattina del 16, i medici e i chirurgi, a scanso di ogni loro responsabilità, consegnarono al principe ereditario una relazione in iscritto della malattia, con tutti i particolari, che io ho narrati.

Fu pure in quei giorni che il Re volle disporre, per testamento, delle sue sostanze private. Fino allora, per quanto giudicasse non lontana la sua fine, non aveva disposto nulla circa il suo patrimonio. Vi si decise a insistenza della Regina, e per le esortazioni di monsignor Gallo. Chiamò quindi a sè il principe ereditario, e alla presenza della Regina, di monsignor Gallo, dei conti di Trani e di Caserta, gli tenne un altro discorso sulle cose del Regno. Lo consigliò a cambiar ministero, ma non l'indirizzo di governo nelle sue linee generali, gl'impose di non allearsi con l'Austria, nè col Piemonte, e a non farsi prender la mano dalla rivoluzione; gli parlò di Filangieri, come della persona sul cui ingegno e coraggio poteva far securo assegnamento, ma solo nei *momenti perduti,* quando ogni altra risorsa venisse a mancare; e conchiuse col dettargli con molta chiarezza mentale questo testamento:

"Raccomando a Dio l'anima mia, e chiedo perdono ai miei sudditi, per qualunque mia mancanza verso di loro, e come sovrano e come uomo.

"Voglio che, eccetto le spettanze matrimoniali alla Regina, e gli oggetti preziosi con diamanti al mio primogenito, si facciano della mia eredità dodici uguali porzioni: vadano una alla Regina, e dieci ai miei dieci cari figli. La dodicesima, a disposizione del primogenito, stabilisca messe per l'anima mia, suffragi ai poveri, e restauri e costruzioni di chiese nei paesetti, che ne mancassero, sul continente e in Sicilia.

"I secondogeniti entreranno in possesso, compiuti gli anni trentuno; sino al qual tempo, ancorchè fossero coniugati, staranno a spese della Real Casa. Ciascuna quota di secondogenito sarà a vincolo di maggiorato; e ove s'estingua, torni a Casa Reale.

"Delle quattro porzioni delle femmine voglio da ciascuna si tolga il terzo, il resto sia loro proprietà extradotale, con vincolo d'inalienabilità; e se, maritate, finissero senza figli, ritornino a Casa Reale.

"Da tai prelevati quattro terzi, dono ducati ventimila a ciascuno dei miei quattro fratelli, Carlo, Leopoldo, Luigi e Francesco; ducati quindicimila al principe di Bisignano, e ducati cinquemila alla gente del mio servizio.

*"Del rimanente si cresca la porzione dei maschi secondogeniti, ma disu-
gualmente, distribuiti in ragion diretta degli anni d'età di ciascuno:
affinchè i minori d'età abbiano, col moltiplicamento di più anni, raggiunta la porzione pari a quella dei maggiori fratelli.*

*"La villa Caposele a Mola, come bene libero, lascio al mio primogeni-
to, al mio caro* Lasa.

*"E voglio questa mia disposizione abbia forza di legge di famiglia, non
soggetta a giudizio di magistrato; ma giudice unico ed arbitro ne sia il
mio successore, o chi lo seguirà".*

Fattoselo rileggere, sottoscrisse il testamento con mano tremante. In
quegli ultimi giorni anche la sua scrittura, così chiara e nitida, aveva
subita alterazione. Il patrimonio privato, del quale il Re disponeva, si
componeva di rendite napoletane, siciliane ed estere, di oggetti preziosi, valutati circa 60 000 ducati, e di più che 40 000 ducati in doppie
d'oro: in tutto superava i sei milioni e mezzo di ducati. La parte del
duca di Calabria ascese a 566 256 ducati, e uguale fu quella della
Regina; al conte di Trani toccarono 756 521 ducati, e poco meno agli
altri fratelli, in proporzione dell'età. Le principesse ebbero ciascuna
377 504 ducati. Nella fortuna privata, di cui Ferdinando II dispose
con questo testamento, non entrava il borderò di undici milioni di
ducati, che egli aveva donato al duca di Calabria quando uscì di minor età. Questi undici milioni rappresentavano i risparmi, le economie, le doti delle principesse, nonchè la fortuna ereditaria della defunta Maria Cristina di Savoia, perchè Ferdinando II, dopo la morte di
lei, non volle possedere più nulla in Piemonte e alienò pure il palazzo
Salviati, che la Regina possedeva in Roma. Il prezioso borderò era inte-
stato a don Gaetano Rispoli, primo uffiziale controllore a Casa Reale
e custodito da don Giovanni Rossi, uffiziale di ripartimento nella stessa Casa Reale. Il Rossi, nell'ottobre del 1860, lo consegnò al governo
della Dittatura che lo confiscò, destinandolo ai danneggiati politici.

Il 20 maggio, la gravità del male crebbe tanto, che i medici ritennero imminente la catastrofe. Erano sopravvenuti acuti dolori al polmone sinistro e l'espettorazione veniva mancando. Alla Regina, al principe ereditario, a monsignor Gallo e al presidente del Consiglio dei ministri, i medici manifestarono che il triste momento si appressava. Nella Reggia non fu più un mistero che il Re era moribondo. Erano tutti costernati; il duca di Calabria, i principi e le principesse più grandi piangevano, ed era muta dal dolore Maria Sofia, sinceramente affezionata al suocero. Per mezzo del nunzio e del ministro di Napoli a Roma, fu chiesta per telegrafo la benedizione papale, che giunse poche ore dopo, con affettuose parole di Pio IX. Monsignor Gallo ebbe l'incarico di preparare il Re a ricevere l'estrema unzione e la benedizione del Papa. Ferdinando II non si mostrò sorpreso dell'annunzio, anzi volle ordinar egli stesso il necessario per la cerimonia religiosa. Disse che, oltre al cero rituale, se ne accendessero altri tre: uno della Candelora, uno del Supremo e uno della Santa Casa di Loreto, e ordinò che si portassero in camera due immagini, l'una rappresentante Gesù, che cade sotto la croce e l'altra, l'Addolorata. Quest'ultima fu tolta dalla stanza, dove gli era morto un figliuoletto, in ricordo del quale Ferdinando II aveva fatto voto di morire, con gli occhi rivolti a quell'immagine. I due quadri vennero collocati sopra due sedie, dirimpetto al letto. Durante la messa, che fece celebrare nella sua camera, il meno commosso dei presenti apparve lui, che stringeva in mano una effige della Immacolata, impressa su drappo di seta.

Ricevuto l'olio santo, volle vedere tutti di sua famiglia anche i piccini e con le lagrime agli occhi li abbracciò e baciò tutti, li benedisse e loro raccomandò di amare la madre, di essere buoni, religiosi e devoti della Madonna. Abbracciò, baciò e benedisse Maria Sofia. Faceva grandi sforzi per apparire sereno e rassegnato. Raccogliendo la sua voce, già divenuta fioca, disse: "*Lascio questa bella, cara ed amata famiglia; il Signore in questo momento mi dà la grazia di essere tranquillo e di non soffrire alcun dispiacere, di distaccarmi dalle persone e dalle cose le più amate; lascio il Regno, le grandezze, onori, ricchezze, e non risento dispiacere alcuno. Ho cercato di compiere, per quanto ho potuto, i doveri di cristiano e di Sovrano. Mi è stata offerta la corona d'Italia, ma non ho voluto accettarla; se io l'avessi accettata, ora soffrirei il rimorso di avere leso i diritti dei Sovrani, e specialmente poi i diritti del Sommo Pontefice. Signore, vi ringrazio di avermi illuminato.... Lascio il Regno ed il trono come l'ho ereditato dai miei antenati....*" Il Re avrebbe continuato nel suo esaltamento, ma i medici, temendo che la fatica del discorrere potesse accelerarne la fine, insistettero perchè tacesse e pregarono i principi a uscire dalla camera. Intorno al letto del malato rimasero i medici, i Criscuolo, i marinai e Galizia. La Regina non aveva requie; andava e veniva, come fuori di sè, e il principe ereditario, che non si mosse, singhiozzava in un angolo.

Nella sera dal 21 al 22, il Re ebbe qualche ora di calma, ma, dopo la mezzanotte, peggiorò.

L'abbattimento e la prostrazione delle forze crescevano; i polsi erano debolissimi, intermittenti e quasi evanescenti, e la respirazione affannosa. All'alba, la circolazione periferica venne a mancare; cominciarono a raffreddarsi le estremità; si manifestò un sudore freddo al volto, e la deglutizione divenne difficile. Però le facoltà intellettuali ed i sensi erano tuttora integri. Udiva persino le parole de' vicini e il suono dell'orologio. Verso le dieci, voltosi al chirurgo Capone, che stava al capezzale, gli disse: "*Per questa sera ti tolgo l'incomodo di assistermi. Ti ringrazio delle affettuose cure prodigatemi: tu me le hai fatte non perchè sono Sovrano, ma per opera di carità, ed il Signore ti renda la carità*". E visto che Capone piangeva, soggiunse: "*Non piangere, prega per me, ed io pregherò per te nell'altra vita*". Verso mezzodì, accennò a voler dormire, ma, dopo trenta minuti, parve che entrasse in agonia. Monsignor Gallo recitava le preci, mentre tutti, inginocchiati intorno al letto, piangevano a singhiozzi. L'infermo si riebbe ad un tratto, riaprì gli occhi e balbettò: *"Perchè piangete?... Io non vi dimenticherò"*; e alla Regina: *"Pregherò per te, pei figli, pel paese, pel Papa, pei sudditi amici e nemici e pei peccatori"*. Poi perdè la parola, stese una mano sul crocifisso del confessore, l'altra alla Regina in segno d'addio, reclinò il capo sul lato destro e spirò. L'orologio segnava l'una e mezza dopo il mezzogiorno. Era domenica.

La famiglia reale si ritirò nei suoi appartamenti. Il cadavere fu lasciato nel letto, sotto la guardia dei marinai e di altri familiari e con l'assoluto divieto di farlo toccare da alcuno. Si pensò subito all'imbalsamazione, e verso sera il principe di Bisignano e il Ramaglia ne parlarono alla Regina, la quale sulle prime recisamente si rifiutò; ma insistendo quelli a dichiarar necessaria l'operazione, dovendo il corpo restare esposto più giorni, fu chiamato Capone, il quale, con Ramaglia e Rosati, persuase Maria Teresa che per l'imbalsamazione bastava una piccola incisione alla carotide. La Regina credè alle parole dei medici e consentì, ma da Capone si fece promettere che a nessun patto si sarebbe aperto il cadavere. Così si chiuse la giornata del 22 maggio.

La sera di quel giorno, il *Giornale Ufficiale* in supplemento straordinario annunziava la morte del Re, facendo precedere l'elogio del Sovrano estinto da questi strani periodi: *"La parola in noi sì pronta all'impulso del dovere, or lo seconda a fatica. Mentre le lagrime ci solcano il volto, mentre la funerale caligine di tanta morte si addensa su la Reggia, su la città e sul Reame, noi non potrem dire che del proprio e dell'altrui pianto. La profonda costernazione della Real Famiglia, il nome augusto di Consorte, di Padre, di Fratello ripetuto fra' singulti intorno alla spoglia mortale del gran Monarca, l'eco dolente che agli amari pianti della R. Corte rende dolentissima la popolazione, sdegnano ogni detto,*

che di cordoglio non sia. Deh! poiché scriver dobbiamo, la Religione ci
regga la penna, un raggio della luce superna ci rischiari la tenebria in cui
siam caduti".

La mattina seguente, Capone andò a Napoli a provvedersi
degl'istrumenti necessari per l'imbalsamazione. A Napoli pregò il
dottor Davide Panzetta, suo amico e chirurgo di marina anche lui, di
volerlo aiutare nella delicata operazione. La mattina del 24, eseguirono l'iniezione alla presenza di Rosati, di Ramaglia e di Leone.
L'iniezione per la carotide fu compiuta senza difficoltà, e l'imbalsamazione riuscì completamente, tanto che il volto del Re riprese quasi il
suo aspetto naturale e la decomposizione si arrestò.

Nello stesso giorno, invitato dal principe don Sebastiano di Spagna,
andò a Caserta il pittore Domenico Caldara, per ritrarre le ultime
sembianze del Re morto. Fu subito introdotto nella camera, dove
trovò due soldati di marina, che custodivano il cadavere e di tanto in
tanto lo scoprivano per ripulirne con un piumino, che prima bagna-
vano in un disinfettante, le piaghette livide e purulente. Il pittore
ritrasse a grandezza naturale il volto del Sovrano: volto atteggiato ad
una perfetta calma, ma sparuto, rimpicciolito e reso quasi irriconosci-
bile. Il dipinto fu trovato somigliante e la Regina ne ordinò dodici
piccole copie, per distribuirle ai capi della Corte. Il ritratto venne
pagato al Caldara duecento piastre, e ciascuna copia, ottanta ducati;
ma l'originale e le copie nessuno ha potuto dirmi dove siano andate
a finire. Il Caldara mi scrisse che le copie veramente furono tredici, e
la tredicesima la possedeva lui. Più tardi, la Regina madre ordinò allo
stesso Caldara di ritrarre su tela di quattro palmi per quattro e mezzo,
gli ultimi momenti di Ferdinando II, e l'artista eseguì il lavoro, tornando più volte a Caserta e servendosi anche di una fotografia della
camera mortuaria, datagli dal principe don Sebastiano. Il Re è dipinto nel suo letto di morte, avendo da un lato monsignor Gallo nell'at-

to di recitare orazioni, e dall'altro, la Regina in ginocchio con un crocifisso in mano. La Regina e il prelato posarono più volte innanzi
all'artista, al quale fu pagato il quadro 2600 ducati. Neppure di questo dipinto si ha memoria. Solo il Caldara ne aveva una fotografia.

L'atto di morte fu rogato a Caserta, alle tre pomeridiane del giorno
23, da Scorza, direttore del ministero degli affari ecclesiastici e incaricato della firma del ministero di grazia e giustizia, e in tale qualità,
funzionante da ufficiale di stato civile della Real Casa. Denunziarono
la morte del Re il marchese Michele Imperiale e il duca d'Ascoli.
Intervennero, come testimoni della denunzia, Ferdinando Troja e il
principe di Bisignano. Lo sottoscrissero tutti e cinque, in quest'ordine: Ferdinando Troja, Pietrantonio Sanseverino, Michele Imperiale,
Sebastiano Marulli, Francesco Scorza. Appena compiuto, l'atto fu
consegnato a don Michele Leonetti, sindaco di Caserta e al cancelliere Cassano, e trascritto negli atti dello stato civile di quel Comune,
sopra i due registri, al foglio 71, numero d'ordine 54. Ferdinando II
contava, quando morì, 49 anni, quattro mesi e dieci giorni. Com'è
noto, nacque a Palermo il 12 gennaio 1810.[1]

La malattia e la morte di Ferdinando II offrirono largo campo agli
scrittori amici della dinastia di magnificare, prima e dopo il 1860, la
rassegnazione, che chiamarono addirittura da santo, con la quale il
Re passò da questa vita. Il *Giornale Ufficiale* narrò gli ultimi momenti di lui, nel solito stile stravagante, con l'intento di farlo apparire un
santo, desideroso di riunirsi al Signore. Le parole dette alla Regina e
gli scrupoli di lui, il quale credeva peccato desiderare la morte, sino a
domandarne a monsignor Gallo, che gli rispose col sacro testo:
"*Cupio dissolvi et esse cum Christo*": furono i due soli particolari sugli
ultimi momenti del Re, dati dal *Giornale Ufficiale*. E nei fogli del

---

[1] Il testo dell'atto di morte fu pubblicato da Niccola Bernardini nel succitato libro:
Ferdinando II a Lecce.

tempo non si trova altro, perchè non era permesso dire più di quanto pubblicava il detto giornale. Poco tempo dopo, venne alla luce una vita di Ferdinando II, scritta da Stanislao d'Aloe, che ricordo d'aver letta tanti anni fa: un libro addirittura sparito adesso. Ricordo, che egli faceva morire il Re con invocazioni a Gesù, a Maria, a San Giuseppe; il Re sarebbe spirato coi loro nomi sulla bocca, invocandoli con queste parole: *venite, venite*; e, vedendoli andare a lui, avrebbe detto, sorridendo: "*sì, sì.... vengono, vengono*". Al D'Aloe seguirono il De Sivo e altri. All'inno iperbolico degli scrittori dinastici successe, più tardi, il coro ingeneroso degli scrittori liberali, i quali vollero vedere nella fine di Ferdinando II, a 49 anni, due giorni dopo la vittoria di Montebello, la mano di Dio e lo dissero morto della malattia di Silla e di Filippo II, e mangiato dai vermi, ancora vivo. Qualcuno accreditò la voce assurda dell'avvelenamento di Ariano, e qualche altro affermò che l'origine del triste morbo risalisse alla piccola ferita di Agesilao Milano. Ma, a parte le esagerazioni partigiane, la verità è, che la malattia fu quella che io ho riferita in tutte le sue fasi, e che la rassegnazione del Re, in punto di morte, dopo 114 giorni di un'infermità che faceva ribrezzo, fu esemplare. Io ho raccolto da testimoni inoppugnabili le notizie e le ho scritte imparzialmente.

INDICE

7   Svetonio sotto il Vesuvio – di Marcello Donativi

LA FINE DI UN REGNO

15   Dedica

PARTE I - REGNO DI FERDINANDO II

21   Capitolo I
Luogotenenza in Sicilia e ministero di Sicilia a Napoli - Carlo Filangieri,
luogotenente del Re - La rivoluzione del 1848 nell'Isola, sue ingenuità,
errori e contradizioni - L'opera del principe di Satriano - Cassisi, ministro
di Sicilia a Napoli - Il primo Consiglio di governo in Sicilia. - Ferri,
Antonelli e Ventimiglia - Lo stile del Giornale di Sicilia - Il biribisso -
Maniscalco, direttore di polizia - Alcuni particolari su la polizia d'allora -
Le ritrattazioni degli ex Pari od ex deputati - Diversità di sistema a Napoli
e in Sicilia - Testo ufficiale della petizione per abolire lo Statuto - Come si
raccoglievano le firme - La politica di Filangieri in Sicilia - Opinione posteriore di Francesco Crispi - Rimesso l'ordine, rinasce la vita sociale nell'Isola
- La villa del duca di Caccamo e i versi del Meli - Il Re promette di andare
in Sicilia, non a Palermo.

38   Capitolo II
Il viaggio del Re in Calabria - Prime tappe: Torraca, Lagonegro,
Castelluccio, Morano, Castrovillari e Spezzano Albanese - Arrivo a Cosenza
- Dorme nel casale Donnici - Contegno del Re e incidente col presidente

Corapi - A Rogliano - Fra' Ntoni - Doppia tappa a Coraci - Arrivo improvviso a Catanzaro - Incidenti esilaranti - Ire e stravaganze del Re - Le deputazioni di Pizzo e di Cotrone - Al collegio - Mettetece 'e lattughe - Ritorno
a Tiriolo - Commuta la pena di morte a Spaventa e a Barbarisi, e la reclusione a Scialoja - Al ponte sull'Angitola - Passa una notte a Pizzo - Va a
Mongiana - Condizioni dello stabilimento, secondo un rapporto ufficiale -
A Monteleone e a Bagnara - Arrivo a Reggio - Varii incidenti - Partenza per
Messina - Viva l'eroe delle Due Sicilie! - Spettacolo al teatro - Arrivo a
Catania - Dimostrazioni clamorose - Alloggia dai Benedettini - Il giovane
Carnazza e il professore Catalano - Riparte per Messina - Provvedimenti di
governo - Le bonifiche doganali - Gran ballo alla Borsa - Il conte di Trapani
e il duca di Calabria - Partenza per Pizzo - Visita a Paola il santuario di San
Francesco - Ritorno a Napoli - La morale del viaggio.

73 Capitolo III

Filangieri studia un piano di riforme economiche per la Sicilia - Suoi dis-
sensi con Cassisi - Due memorie importanti sull'autonomia dell'Isola -
Sfoghi di Filangieri contro Cassisi - La quistione delle nuove strade -
Contratto firmato e non eseguito - Don Gaspare Giudice - Il bilancio della
Sicilia e particolari inediti - Altre cause di dissensi - Rinunzia di Filangieri
- Sua opera in Sicilia - Il caso di alcuni emigrati - Confessioni e disinganni
di Filangieri - Strano esempio di pietà filiale.

91 Capitolo IV

Il principe di Castelcicala succede al Filangieri - Suoi precedenti e indole -
Un aneddoto con Luigi Filippo - Conduce a Palermo Domenico Gallotti
per suo segretario - Nuovi direttori - Il marchese di Spaccaforno - Sue spavalderie e finzioni - La storia di un calcio - I ministeri di Sicilia - Il governo di Castelcicala - A proposito delle condanne di Bentivegna o di Spinuzza
- Discussione alla Camera piemontese e discorsi di Brofferio e di Cavour -
Rivelazioni postume - Due telegrammi - La responsabilità a chi spetta.

105   Capitolo V

Il ministero napoletano nel 1855 e 1856 - Ministri e direttori con cartiera e senza cartiera - La segreteria particolare del Re dopo il ritiro del Corsi - Ferdinando Troja e un epigramma del marchese di Caccavone - Le attribuzioni del Decurionato - Le condizioni della città - Antonio Carafa Noja, sindaco di Napoli - Gli eletti e gli aggiunti - Alcuni eletti promossi sottointendenti - Carlo Cianciulli, intendente della provincia di Napoli - La polizia e i suoi agenti - Morbilli e Campagna - Aneddoti - Quel che costava la polizia nella sola capitale - L'Università e i suoi professori - Carrillo e Testa - Gli studenti - Un po' di confronto - I collegi e gl'insegnamenti privati del 1848 - Vita e tribolazioni degli studenti - Ricordi di alunni - Il collegio dei teologi - Don Emilio Capomazza - I revisori dei libri e dei teatri - Don Gaetano Royer - Aneddoti - La Magistratura - Nicolini, Falconi, Niutta, Jannaccone e Spaccapietra - Confessioni di un magistrato di allora.

130   Capitolo VI

La diplomazia napoletana - Il principe di Petrulla, ministro a Vienna e i suoi foschi precedenti - Giorgio di Brocchetti, diplomatico e frate - Altri ministri ed aggiunti - Il principe di Carini, il marchese Antonini e Giacomo de Martino - Rivelazioni e aneddoti - Il corpo diplomatico accreditato a Napoli - Bermudoz de Castro, le sue sciocchezze erotiche e le sue ingordigie - Un testamento vanitoso - Il nunzio Terrieri e il conte di Gropello - Le alte cariche di Corte - Gentiluomini di camera e maggiordomi di settimana, detti chiavi d'oro - Gli aiutanti generali, la segreteria particolare e il cameriere particolare del Re - Il padre Pompeo Vita e il padre Niccola Borrelli - Particolari curiosi - La Corte della Regina - Medici, avvocati, architetti e altri uffici di Corte - Confessori e istruttori - La politica ecclesiastica del Re - Arcivescovi e vescovi - Pastori miti e pastori zelanti - Monsignor Mucedola e il cardinal Riardo Sforza - Un aneddoto di pochi anni dopo - La Consulta di Stato - Monsignor Salzano e le sue facezie plebee - Altri consultori e relatori - Monsignor Caputo e Antonio Scialoja.

158   Capitolo VII

I giornali - Loro forma e contenuto - I giornali commerciali e il Giornale
delle Due Sicilie - L'Omnibus - Verità e Bugie - Il Nomade - Il Diorama -
L'Epoca - Le Riviste - Gli epigrammi e gli epigrammisti - Genova,
Caccavone, D'Urso e Proto - Vincenzo Torelli e l'attentato contro di lui -
L'Iride e il Secolo XIX - Giornali minori - Lo polemiche letterarie - Duello
fra Cammillo Caracciolo o Luigi Indelli - Le Strenne - Poeti e poetesse - I
Teatri - Il San Carlo e il Fondo - I maggiori spettacoli di quegli anni -
Giuseppe Verdi citato in tribunale - Verdi e la Penco - I Fiorentini e Adamo
Alberti - La compagnia dei Fiorentini - Lo Sadowski, Majeroni, Bozzo e
Taddei - Povertà degli allestimenti scenici - La Saffo e la Gaspara Stampa -
La Fenice, il San Carlino e il Sebeto - I filodrammatici - I teatrini di casa
Lucchesi Palli e Proto Cicconi - La Stella di Mantova al teatro del conto di
Siracusa - Interessanti particolari - Un motto del Re - I filodrammatici
superstiti - Un dono da gran signore.

195   Capitolo VIII

L'esercito - Suo numero e sua costituzione - Lo spirito dinastico - Le cure
di Ferdinando II per la milizia - Gli ufficiali - I reggimenti svizzeri - Lo stato
maggiore - Le pratiche religiose dei soldati - La disciplina e la severità delle
pene - Il valore dell'esercito nel Regno o fuori - I Napoletani nelle milizie
napoleoniche - La condizione morale delle truppe - La marina militare e la
mercantile - Loro deficienza - Gl'istituti di marina e l'alta Corte militare -
L'attentato di Agesilao Milano - Feste e ringraziamenti per la salvezza del
Re - La protesta di San Benedetto Ullano - Agesilao non cospirava - Il contegno del Re dopo l'attentato - Ferdinando II al ministro di Sardegna - Gli
amici di Agesilao Milano in pericolo - Astuzie per farli fuggire - Lo scoppio
della polveriera e del Carlo III - Rigori della polizia - A Maria Concetta
Senza Macchia.

222   Capitolo IX

Antonio Scialoja e i bilanci napoletani - Importanza del suo opuscolo - Un
motto di Ibrahim Pascià - L'amministrazione pubblica del Regno - Le taglie

della polizia - Un curioso interrogatorio per i passaporti - Le nove confutazioni all'opuscolo di Scialoja - Loro argomenti - Lo stile di Niccola Rocco - La spedizione di Sapri - Il processo di Salerno - Particolari interessanti - Le escandescenze del colonnello Ghio - Gli Ordini cavallereschi - Parsimonia nel conferirli - L'Ordine del Bagno - I cavalieri costantiniani, quelli di San Gennaro e di San Ferdinando - Cavalieri di altri Ordini - Le divise cavalleresche - La commissione dei titoli di nobiltà.

239 Capitolo X

Ferdinando II e il suo governo - Il 1848 - Aneddoti - Ferdinando II principe napoletano - Ferdinando II nella famiglia - Sue abitudini - Particolari interessanti - La geografia della Corte - I sospetti del Re - I suoi fervori religiosi - Una lettera del cardinale Riario Sforza - Il caso del conte di Siracusa - Ferdinando II e l'architetto Gavaudan - La Madonna di Campiglione e la Madonna del parto - I pregiudizi del Re per la iettatura - Aneddoti - Le paure di lui per le malattie contagiose - I prigionieri politici - Il padre Cutinelli a Caserta - Gli scherzi del Re - Don Raffaelo Caracciolo e una risposta caratteristica - Stravaganze del Re in occasione del suo primo matrimonio - Una scommessa perduta e un pranzo a Posillipo - Altri ricordi di quel matrimonio.

267 Capitolo XI

Una burla geniale - Il terremoto del 16 dicembre 1857 - Elargizioni ai danneggiati - Cronisti e poeti del terremoto - Un sonetto del presidente Fenicia - Il telegrafo elettrico - Le sette divisioni telegrafiche del Regno - Il cavo sottomarino fra Reggio e Messina - Feste per l'inaugurazione delle stazioni telegrafiche - Concessioni e privilegi industriali - Le fiere - Ferdinando II alla fiera di Caserta - Vita economica del Regno - Commissione per le tariffe doganali e un libero scambista - Le Società Economiche e le industrie - Il taglio dell'istmo di Suez - I francobolli.

291   Capitolo XII

Carlo Troja - La sua storia d'Italia nel Medio Evo - Il ministero del 3 aprile, suoi errori e ingenuità - Il Troja durante la reazione - Sua deposizione nel processo del 15 maggio - I neoguelfi di Napoli - Malattia del grande storico - Don Ferdinando al letto di suo fratello - Morte ed esequie - Quel che ne dissero i giornali - Una coraggiosa e vana proposta - Il Veltro allegorico - L'epigrafo dell'abate Fornari - Il testamento - Le carte ed i libri di Carlo Troja - La biblioteca dei Girolamini - Gli Annali del Muratori e le postille del Troja - Il padre Mandarini, il padre Spaccapietra e il padre Capecelatro - Desiderii e proposte - Articoli di Carlo Troja nel Tempo sulla questione siciliana del 1848 - Il libro di Giuseppe del Giudice - Chi potrebbe scrivere un libro completo sul Troja - Un documento curioso e inedito.

316   Capitolo XIII

Il Banco delle Due Sicilie - Le tre casse di Corte - Le fedi di credito - Il reggente Ciccarelli - Le tribù degl'impiegati - Mancanza di succursali nelle Provincie - Banco di Sicilia - Le spese considerevoli - Antonio Monaco e Andrea de Rosa - Gl'inconvenienti d'allora e le vicende degli ultimi tempi - La Zecca - La Borsa - Il commercio dei grani e degli olii - I magazzini dei grani - Case d'ordini e un tentativo di Rothschild - Perfetti, De Martino e Pavoncelli - Ribassisti e aumentisti - I sensali, i commessi e gli agenti - Il commercio alla gran dogana - Carboni e fascine - Gli scaricanti - I mercanti di tessuti, di coloniali e di altri generi - La ditta Tramontano - Vecchi costumi mercantili.

336   Capitolo XIV

I balli a Corte - Un incidente curioso - L'invito al duca di Ventilano - Il Club dell'Accademia Reale - I ricevimenti privati - Casa Torella, casa De la Feld e casa Craven - Una rappresentazione di beneficenza - Le più belle dame del tempo - Le periodiche della borghesia - I balli mascherati e un duello - I canzonettisti dialettali - Labriola e Cammarano - Gli avvocati - Loro perniciosa influenza nella vita sociale - Ferdinando II e Settembrini concordi nel giudicarli - Domenico Capitelli e suo ultimo colloquio col Re

- Alcuni nomi - Le mode - I bagni - Le villeggiature - Madama Cardon e madama Giroux - I sarti più noti e i più noti lions - I principali bazar - La casa Tesorone a Toledo - La bottega del bello Gasparre - I caffè principali - I pasticcieri e le pizzerie - La Società Reale e la Pontaniana - Una curiosa requisitoria dell'Imbriani - Il premio Tenore a Carlo De Cesare - Un inno al Re.

366 Capitolo XV
Vita sociale di Palermo - Vincenzo Florio - Politica economica del governo - L'interno dell'Isola giudicato dal Meli - Il clero e sua funzione sociale e morale - Il colera del 1854 e il cadavere di don Santo Migliore - La vita dei teatri - Principali spettacoli di quegli anni - Mirate, la Lotti e la Boschetti - Ricevimenti nelle grandi famiglie - Casa Starrabba, casa Pignatelli e casa Trabia - I signori siciliani domiciliati a Napoli - Le più belle signore dell'aristocrazia - Duelli e sale di scherma - Nascita del conte di Caltagirone e don Giacomo Crescimanno - I giornali e le Riviste - Il canonico Sanfilippo e il chierico Di Marzo - Il granduca Costantino di Russia a Palermo - Suo contegno e stravaganze.

390 Capitolo XVI
Le tre Università dell'Isola - I tre Cancellieri - I professori di maggior fama - Sampolo, Pantaleo e Gorgone - Quel che si richiedeva per essere levatrice - Monsignor Crispi e l'architetto Giachery - Altri professori - Gli studii privati e gli studenti - Il Municipio di Palermo - L'ultimo bilancio dal 1856 al 1860 - Alcuni particolari caratteristici - Le spese di culto - Gli ultimi pretori - Il principe di Galati - Alcuni sindaci dei nuovi tempi - Confronti - La bonifica di Mondello - L'Università di Catania - Professori e studenti - Una curiosa lettera dell'intendente Panebianco - L'Università di Messina e i suoi insegnanti.

413 Capitolo XVII
Il matrimonio del duca di Calabria - I consigli di Ramaglia - La sposa - La cerimonia della richiesta ufficiale - Donna Nina Rizzo - Un incidente fra le

due cameriere - Gli augurii per il matrimonio - L'inno di Mercadante scritto da Niccola Sole - Il viaggio della famiglia reale nelle Puglie - Mostaccione - Le guardie d'onore - La partenza da Caserta - Due cappuccini e le parole del Re - La formata a Mugnano - Il santuario di Santa Filomena - Aneddoti - Il Re e un postiglione - L'arrivo ad Avellino - L'intendente e le autorità - I liberali e il colonnello de Concily - Un motto del Re - Partenza da Avellino - La faticosa discesa di Dentecane e l'ardua salita di Scarnecchia - Arrivo in Ariano - Particolari della notte in Ariano - La favola dell'avvelenamento - A Foggia - Feste ed epigrafi - La Madonna dei Sette Veli - Un decreto di amnistia.

438   Capitolo XVIII
Partenza per Andria - Da Foggia a Cerignola - Il bandito Niccola Morra - La colonia di San Ferdinando - A Canosa e ad Andria - Feste e aneddoti - L'arrivo a Bitonto - La visita dei Sovrani all'orfanotrofio Maria Cristina - Si giunge ad Acquaviva - Monsignor Falconi e il suo discorso - A Gioia e a Mottola - Il giudice Pirchio - La grazia dei Massafresi - Particolari intimi sulla fermata a Taranto - A Lecce - Una risposta curiosa - Lo stato di salute del Re - La visita al duomo e lo spettacolo al teatro - Un inno di Mastracchi - Il Re infermo - Si chiama il dottor Leone - Il flebotomo Marotta cava sangue al Re - Particolari e aneddoti - Il dottor Ramaglia e il dottor D'Arpe - Le passeggiato dei principi - Incidenti al duca di Calabria - La visita al liceo dei gesuiti - L'arrivo degli arciduchi d'Austria - Il Re migliora - Si decide la partenza per Bari - I preparativi di Gallipoli per festeggiare i Sovrani.

468   Capitolo XIX
Partenza da Lecce - L'arrivo a Brindisi - Aneddoti - I preparativi e le feste di Bari - Risposta di Ferdinando II a monsignor Rossini - Lo stato di salute del Re - La consegna della sposa a Trieste - Tornano gli arciduchi - La famiglia granducale di Toscana a Napoli - La morte dell'arciduchessa Anna - L'arrivo di Maria Sofia a Bari - Accoglienze clamorose - Ferdinando II e Maria Sofia - La cerimonia nuziale - Uno scherzo del conte di Caserta - Peggioramento del Re - I dottori Longo, Chiaia e Ferrara a consulto - Lo

spettacolo di gala al teatro Piccinni - I divertimenti dei principi - Il segretario generale de Filippi - Si richiama il dottor Longo - Le sofferenze di Ferdinando II - Le reliquie miracolose - L'arrivo del conte di Siracusa - Voci di alleanza fra l'Austria e Napoli - Ferdinando Troja e Luigi Carafa.

496   Capitolo XX

Nomine, promozioni e decorazioni per il matrimonio - La malattia del Re si aggrava - Si richiama il dottor Longo - Colloquio tra lui e il duca di Calabria - Imbarcateli a qualunque costo - Padre Ludovico da Casoria - Il Re si decide a tornare a Caserta - Partenza degli arciduchi austriaci - Bianchini e Murena in giro per la provincia - La Regina e il dottor Longo - Il Fulminante e il Tancredi nelle acque di Bari - Preparativi della partenza - Stratagemma ben riuscito - Parole del Re nel lasciar Bari - Il chirurgo Capone visita il Re - La traversata - Le tristezze di Maria Sofia - L'intimità di Raffaele Criscuolo col Re - Un aneddoto esilarante - L'arrivo a Caserta - La camera da letto del Re e l'appartamento degli sposi - Maria Sofia e la sua predilezione per i pappagalli - Imbarazzi di donna Nina Rizzo e intervento del padre Borrelli - Notizie politiche - Altri aneddoti - Il granduca Costantino di Russia - I Sovrani di Prussia a Napoli e a Caserta.

515   Capitolo XXI

La prima operazione chirurgica - Il Re peggiora - Consulto con Lanza, Prudente e Palasciano - Prognostici di Lanza - Il segretista Manigrasso - I bollettini dei medici - Monsignor Gallo porta il viatico all'infermo - Scena commovente - Raccomandazioni di Ferdinando II ai fratelli - Le notizie politiche - La partenza del granduca di Toscana - Un episodio - I consigli al duca di Calabria - La ferita di Agesilao Milano - Il Re e il dottor Capone - Il testamento - La fortuna privata del Re - Ferdinando II riceve l'olio santo - Sue parole - La commozione della famiglia reale - Le ultime parole del Re - La morte - Difficoltà della Regina per l'imbalsamazione - Il Giornale Ufficiale - Il pittore Caldara e i suoi dipinti - L'atto di morte - Inesattezze degli scrittori legittimisti e liberali - Una vita di Ferdinando II - Leggende ed esagerazioni circa la morte del Re.

PILLOLE PER LA MEMORIA

1   GIUSEPPE BUTTÀ, *Un viaggio da Boccadifalco a Gaeta*
2   VITTORIO ALFIERI, *Il Misogallo*
3   ENRICO MORSELLI, *L'umanità dell'avvenire*
4   ALBERTO MARIO, *La camicia rossa*
5   CARMINE CROCCO, *Come divenni brigante*
6   MASTRO TITTA, *Memorie di un boia*
7   NAPOLEONE COLAJANNI, *Nel regno della mafia*
8   GIACINTO DE SIVO, *Storia delle Due Sicilie 1847-1861*, vol. I
9   GIACINTO DE SIVO, *Storia delle Due Sicilie 1847-1861*, vol. II
10 GIUSEPPE BUTTÀ, *Edoardo e Rosolina o le conseguenze del 1861*
11 GIUSEPPE BUTTÀ, *I Borboni di Napoli al cospetto di due secoli*, vol. I
12 GIUSEPPE BUTTÀ, *I Borboni di Napoli al cospetto di due secoli*, vol. II
13 GIUSEPPE BUTTÀ, *I Borboni di Napoli al cospetto di due secoli*, vol. III
14 BASILIDE DEL ZIO, *Il brigante Crocco e la sua autobiografia*
15 AAVV, *Manhès - un generale contro i briganti*
16 GASPERO BARBERA, *Memorie di un editore*
17 GIACINTO DE SIVO, *Scritti politici*
18 EDUARDO XIMENES, *Sul campo di Adua*
19 ADOLFO ROSSI, *Un Italiano in America*
20 LOUISE MACK, *Una donna alla Prima Guerra Mondiale*
21 GIOVANNI LIVI, *Napoleone all'isola d'Elba*
22 PAOLO MANTEGAZZA, *Antropologia del Parlamento Italiano*
23 ATTILIO FRESCURA, *Diario di un imboscato*
24 WILLIAM E. GLADSTONE, *Lettere sul Regno di Napoli*

SCARICA GRATIS L'EBOOK
DI QUESTA OPERA
IN FORMATO EPUB

www.edizionitrabant.it/utkb73
PASSWORD: **rta62p97**

www.ingramcontent.com/pod-product-compliance
Lightning Source LLC
Chambersburg PA
CBHW031936080426
42735CB00007B/155